守望者
The Catcher

阅读 你的生活

THE

HISTORY

OF

THE

FIRST

WORLD

WAR

和平的毁灭

第一次世界大战及其遗产

上册

[英]
戴维·史蒂文森
（DAVID STEVENSON）
著

罗永忠
译

中国人民大学出版社
·北京·

目　录

关于军事和海军术语的说明

  1914年，一个完整的德国陆军步兵师由17 500名官兵、72门火炮和24挺机枪组成；一个法国陆军师包括15 000名官兵、36门火炮和24挺机枪；一个英国步兵师有18 073名官兵、76门火炮和24挺机关枪。这些都是标准配置，而战役开始后，各国部队的配置几乎都下降了。战争期间，大多数军队在增强火力的同时，减少了人员数量。然而，在1917年，部署到法国的美国步兵师的标准比欧洲标准要高得多，每个美国步兵师大约有2.8万名官兵。

  一个军通常由两个步兵师组成，一个集团军由两个或更多个军组成。一个集团军群（1914年后在法军和德军出现，大致相当于俄军的西北方面军和西南方面军）由许多个军组成，总数从50万到 100 多万人不等。步兵师的正常组成是旅（4 000～5 000 人）、团（2 000～3 000 人）、营（600～1 000 人）、连（100～200 人）、排（30～50 人）和班或分队（8～11 人）。

1914 年，一个德国骑兵师由 5 200 名官兵、5 600 匹马、12 门火炮和 6 挺机枪组成；一个英国骑兵师由 9 269 名官兵、9 815 匹马、24 门火炮和 24 挺机枪组成。

火炮分为加农炮、榴弹炮和迫击炮，其中加农炮枪管长、炮弹弹道低平；榴弹炮和迫击炮的枪管短、弹道弯曲。火炮也可根据口径（炮管直径）来分类，也有很多英国火炮是以弹药重量命名的。法国陆军的标准野战炮是 75 毫米炮，德军的为 77 毫米炮，英军的为 18 磅炮；中型榴弹炮包括德国的 120 毫米火炮和 150 毫米火炮，1915 年以后法国的 155 毫米火炮和英国的 6 英寸火炮；重型野战炮的口径一般在 170 毫米以上；巨型榴弹炮的口径在 200 毫米到 400 毫米之间，其中奥匈帝国的为 305 毫米炮、德国的为 420 毫米炮。

xviii

机枪分为轻机枪和重机枪两种。1914 年使用的所有机枪都很重，至少重达 40～60 公斤，需要 3～6 名军人操作。轻型机枪为 9～14 公斤，是在一战期间研制的，可以由一人携带或安装在飞机上。

本书将 1914 年最强大的军舰称为主力舰，它包括战列舰和巡洋舰。巡洋舰的火炮与战列舰相当，但巡洋舰速度更快，因为它的装甲更轻。最现代化的主力舰被称为无畏级战列舰或战列巡洋舰，排水量约 1.7 万吨或更多，它们的速度和火力与 1906 年的 HMS "无畏"号战列舰相当，或者比后者更快、更大。1914 年，大多数海军同时使用无畏级战列舰和前无畏级战列舰。巡洋舰分为重型巡洋舰、装甲巡洋舰（排水量超过 1 万吨）和轻型巡洋舰（排水量为 2 000～14 000 吨），前者作为侦察舰，在舰队行动中与主力舰并肩作战；轻型巡洋舰的自身护卫功能较弱，主要用于守卫贸易路线或殖民前哨。1914 年，驱逐舰的排水量为 500～800 吨，它们通常以舰队形式部署，装备鱼雷和轻型火炮。[1]

---

[1] 资料来源：巴奈特（Barnett）《持剑者》（*Swordbearers*）第 363 页，鲍勃（Pope）与威尔（Wheal）的《麦克米伦第一次世界大战词典》（*Macmillan Dictionary of the First World War*）以及麦格雷戈·诺克斯（MacGregor Knox）教授提供的信息。

导　论

为什么还要纪念 11 月 11 日？1898—1998 年，全世界有 2 000
万人死于交通事故，1918—1919 年有 3 000 多万人死于大流感[1]，
为什么要纪念 1914—1918 年近 1 000 万军人的死亡？部分原因在
于，第一次世界大战具有一些特征，这些特征贯穿 20 世纪及其后
的其他现代战争。它给战斗人员带来了可怕的新体验，迫使各国在
后方进行前所未有的动员。一战不仅本身是一场灾难，而且成为进
一步灾难的先决条件，包括伤亡人数更多的二战。面对大规模死
亡、伤残和丧失亲人之痛，它迫使社会建立新的应对机制，然而在
世界上的许多地区，一战的遗产至今仍在助长杀戮。最后，这是一
场特殊的大灾难，一场由政治行为造成的人为灾难，因此，在一个

世纪之后，一战仍然会引发人们强烈的情绪以及令人不安的问题。一战的受害者既不是死于看不见的病毒，也不是死于机械故障和个人失误。他们的命运取决于政治家们深思熟虑后制定的国家政策，这些政策是由政府决定的，这些政府一再拒绝暴力之外的其他解决方式，政府的行为不仅得到默许，而且得到数百万人民的积极支持。当时，交战双方都憎恨这场杀戮，但又无法从中脱身，卷入了一场传统意义上的悲剧。

　　当战争降临和平的大陆时，人类似乎又回到了原始时代，人类又用原始的方式展开了种族间的暴力斗争。然而，一战吞没了当时最富有、最先进的社会，一战前的世界已经被拿破仑战争以来的工业化、民主化和全球化大大改变。一战确立了一种新的战争模式。四年的战争见证了一场引人注目的军事革命，战争期间交战双方都在摸索——并最终发现——使用现代武器的更有效的方法。特别是在预先准备的作战计划失败后，那代人强烈地意识到一战的新奇性，同时也意识到一战没有历史先例。许多人感到他们的政治家和将军们已经力不从心。然而，由于意外，这场斗争突然开始、突然结束，所以有人将一战描绘成一场吞噬欧洲儿童的活动，当权者也无力平息这一事件，这是具有误导性的。是的，没有一个政府能控制整个国际体系，但是每个国家仍然可以在战争与和平之间为自己的国家做出决定。正如普鲁士军事理论家克劳塞维茨（Clausewitz）从他对拿破仑时代的思考中得出的结论：“战争包含着一种走向更大破坏性的内在冲动，但矛盾的是，战争也是一种政治行为，是一种超负荷的情感、理性和意志的产物。”[2]

　　一战是一场巨大的动荡，由此产生的文学作品汗牛充栋。近年来出现了很多关于一战的新作品，这是一战魅力经久不衰的一个表现——在此之前，已有大量相关研究和专业文献出现。显然，已经解决甚至固化的论点被重新审视，那些看起来熟悉的事件重新焕发出新鲜感。因此，任何撰写历史的尝试都面临着舍弃哪些内容的困境。语言不管多么委婉，都难以掩饰战争本质上所具有的伤害性和残酷性，即俘虏、残害和杀戮以及破坏财富。战争的特点还在于，它是一个互动的过程，是一种残酷的竞争，即使是和平爱好者，在受到伤害后也可能成为杀手。[3]再次引用克劳塞维茨的话："战争是一种迫使敌人服从我们意志的暴力行为。"[4]在接下来的内容中，我既没有试图忘记战争的这一本质，也没有试图消除战争对个人生活的巨大影响，其他作家也开始重新强调战争残酷性的本质，这一做法令人感动。[5]尽管如此，我仍试图把战争作为一个整体来呈现，因此我特别强调战争的基本过程和决定，这一决定使数百万人拥有毁灭性武器，使他们进行你死我活的战斗，并使他们年复一年地处于最可怕的环境之中。

　　本书包括四个部分：战争为何开始、战争为何升级、战争如何结束以及战争的影响。其中，在本书的第二部分，我按照时间顺序，采用专题处理的方法来分析战争的基本动态。当时的人们不知道他们在创造历史，描述一战对于传达一战的戏剧性情节和理解一战至关重要。

　　像其他书写一战的人一样，我关注一战和我的家庭有部分关系。我的祖父约翰·霍华德·戴维斯（John Howard Davies）于

1914 年 11 月入伍，曾在皇家韦尔奇火枪队和南威尔士边防军服役。1916 年，他在新沙佩勒（Neuve Chapelle）附近受伤，1917 年又在伊普尔（Ypres）附近被弹片炸伤。他是一个冷漠的人，但 60 年后，随着年龄的增长，他的记忆变得清晰起来，他在去世前一天仍回忆着西线战争。在服役前，祖父就和伊妮德·莉娅（Enid Lea）订婚，服役后与她结婚，祖母没有祖父那么沉默寡言，祖母经常说"战争是可怕……可怕的"。我的父亲爱德华·史蒂文森（Edward Stevenson）曾在二战中服役，在我 14 岁时他给了我一本 A. J. P. 泰勒（A. J. P. Taylor）的著作，即《第一次世界大战：插图历史》（*The First World War: An Illustrated History*），从而引发了我对一战的兴趣。虽然在接下来的内容中，我对泰勒的解释进行了限定，但我仍然非常感谢他，还要感谢英国广播公司（BBC）最近重新上映的具有里程碑意义的电视纪录片《大战》（*The Great War*）。当然，重新书写必然要仰赖其他几十位历史学家的工作，他们的工作都很出色。引注他们的内容时，我都力争保持原意，刻意限定了自我解释，目的是承认这些历史学家的贡献，并引导感兴趣的读者进一步阅读他们的著作。

我还要感谢凡尔赛的法国陆军历史档案馆、弗赖堡的德国联邦档案馆军事档案部、伦敦国王学院的李德·哈特军事档案中心、利兹大学图书馆的利德尔收藏中心、伯明翰大学图书馆手稿部、丘吉尔学院档案中心、公共档案局（现更名为国家档案馆）和帝国战争博物馆。我还要感谢在伦敦政治经济学院选修我的"第一次世界大战：1914—1918"这门课的学生，以及我在国际历史系的同事们，尤其是杜鲁门·安德森（Truman Anderson）博士和麦格雷戈·诺克斯教授。我感谢罗伊·布里奇（Roy Bridge）教授，他阅读了我的手稿终稿，并修正了其中的错误。感谢克里斯汀·柯林斯（Christine Collins），他对稿件进行了完整编辑，值得称赞。企鹅出版社的西蒙·温德尔（Simon Winder）委托我写这本书，在准备过程中，他始终保持着热情并给我提出了建设性的建议。我特别感谢巴西克图书公司的奇普·罗塞蒂（Chip Rossetti），他对我的书稿进行了仔细阅读和编辑评论。企鹅出版社的理查德·杜吉德（Richard Duguid）和克洛伊·坎贝尔（Chloe Campbell）也给了我很大帮助。最后，我要特别感谢家人的宽容，尤其是我的妻子苏 *xxii*（Sue），她忍受了我漫长写作过程中的痛苦。这本书最终面世，我希望所有帮助过我的人都能分享这份喜悦。毫无疑问，对于书中存在的缺点，我个人承担全部责任。

戴维·史蒂文森

2003 年 8 月

第一部分　爆发

第1章　和平的毁灭

今天，在西欧几乎任何一个地方旅行，所见风景皆为繁荣与和平。在购物区、高速公路和建于 20 世纪 50 年代的高楼大厦之间，坐落着工厂、铁路和 19 世纪工业化时期的公寓，其中还保存着古老世界的遗迹，包括教堂、农舍和宫殿。望着这片风景，旅行者可能会认为，欧洲已经开辟了一条通往现代经济增长和超国家一体化的道路，这条道路宽阔而平静。然而，在 19 世纪的扩张和繁荣与后来 20 世纪的扩张和繁荣之间，欧洲经历了 30 年的毁灭和贫困，在这 30 年内，欧洲工业停滞，政治动荡。当代场景仍留有过去的痕迹，尽管辨别它们需要更敏锐的观察。过去的痕迹给那一代人留下的烙印将会持续余生。整个 20 世纪包含了两场相隔 20 年的世界大战，尽管两次世界大战离我们越来越远，但它们的痕迹仍在，两次世界大战高度相关，似乎可以合并为一个篇幅，这一篇幅始于第一次世界大战。

起源于欧洲的第一次世界大战是一场全球性战争。它打破了一个世纪的和平。法国大革命和拿破仑战争从 1792 年一直持续到 1815 年，最终法国失败。在英语中，拿破仑战争至今仍被称为 "Great War"（大战）[1]，此后，欧洲还没有发生过涉及所有大国的全面战争。欧洲各国政府和人民已经习惯了想象中的未来战争，习惯了军事规划者的战争规划，习惯了 1914 年前流行的关于未来战争的想象文学。那时的人们应对战争的能力并不比现在的我们应对核打击的能力强多少。[2]然而，欧洲人对于战争并不陌生，他们早已熟知战争的惯例和仪式，关于之前战争的记忆也是欧洲文化中不可或缺的组成部分。欧洲人都知道，直到 18 世纪，欧洲大国没有几年不打仗。只是从 18 世纪开始，几十年和平的现代格局才开始出现，但是其间也经常有更大规模的战争。和平——即使简单意义上的没有杀戮——也是一个现代现象，只是 1914 年结束了长时间的大和平，截至那时，欧洲从未经历过任何可以与一战相提并论的大战。[3]

然而，一战前的和平是脆弱的。19 世纪中期发生了五次局部战争：1853—1856 年的克里米亚战争、1859 年的意大利战争、1866 年的普奥战争、1870—1871 年的普法战争和 1877—1878 年的俄土战争。克里米亚战争夺走了 40 万人的生命，普法战争包括西欧腹地的激战以及对巴黎长达 6 个月的包围和轰炸，导致成千上万的平民丧生。欧洲以外的战争规模更大。1861—1865 年的美国内战导致 60 万人死亡，1851—1864 年的太平天国运动导致数百万人死亡。此外，在 1914 年之前，几个欧洲大国在欧洲大陆之外进行了大规模战争：1899—1902 年英国与南非布尔人的战争、1904—1905 年日俄战争、1911—1912 年意大利与土耳其争夺利比亚的战争。在 1912—1913 年的第一次巴尔干战争中，巴尔干各国先是与土耳其交战，然后又互相交战。正如大众所知，人类不可能没有战争，也不可能排除战争。战前的几十年充满了外交危机，各大国在判断自身重大利益的问题上发生冲突，政治家们在妥协还是斗争的问题上争论不休。[4]有时这些危机是孤立的，有时又是相互联系的，发生在某些国家的危机事件迅速蔓延，造成国际局势普遍紧张。19世纪 80 年代如此，1905—1914 年也是如此。

只有大国才能发动大战，当时欧洲有六个大国：英国、法国、俄国、奥匈帝国、意大利和德国。其中奥匈帝国是 1867 年由奥地利和匈牙利联合而成的，两国共享一个主权；意大利是 1861 年在撒丁王国的领导下建立的；德国是 1871 年在普鲁士的主导下建立的。尽管六个大国的政治影响力和军事实力不对等，但至少在表面上它们都比其邻国强大。这些大国的形成部分归功于暴力，而且它们都愿意使用暴力。这种意愿证明，几个世纪文明治下的欧洲，即使熠熠生辉，也有其致命缺陷。诚然，拿破仑战败后，战胜国同意定期举行首脑会议，以促进各方达成共识。维也纳体系在十年内就崩溃了，到 20 世纪初，维也纳体系的遗产"欧洲协调机制"变得模糊起来。欧洲协调机制没有成文规则，也没有固定机构。它包括大国谅解，即在危机时刻，任何一个大国都可以由其代表建议举行会议。它终结于 1912—1913 年讨论第一次巴尔干战争的伦敦会议。
5　1914 年，尽管英国提议召开会议，但是被奥匈帝国和德国拒绝。
这不是维也纳体系的首次失效，只是进一步凸显了它的弱点。只有
在各大国同意的情况下，会议才能发挥作用：这只是一种保全颜面
的便利手段，仅此而已。欧洲缺乏共同的政治机构，欧洲只有一个
基本的国际法框架，在欧洲以外甚至没有类似的"欧洲协调机制"。
英美的进步运动敦促列强通过仲裁来解决彼此之间的争端，通过制
定规则框架使战争人性化。尽管 1899 年的海牙和平会议建立了一
个国际仲裁法庭，但各国政府只有在对它们有利时才会向国际仲裁
法庭上诉，所以很少出现向国际仲裁法庭上诉的情况。[5]同样，虽然
到 1914 年，国际上已经形成了一系列公约，比如在敌对状态下保
护战斗人员和平民[6]，但一旦战争爆发，这些规则就会被抛之脑后。

　　因此，国际组织几乎未能制约大国。在这个方面，欧洲协调机
制似乎是上个时代遗留下来的不合时宜的产物。长期和平导致了人
们的认知出现了巨大变化，乐观的评论人士认为，长期和平可能使
战争很难爆发，战争越来越成为一种假设。技术进步和经济进步促
进了全球化、民主化，也加剧了战争的破坏性，潜在地加强了对战
争发动者的威慑力。尽管这些新的事态发展在一定程度上制约了各
国政府诉诸武力，但没有什么能真正阻止各国政府诉诸武力。

　　1914 年以前，世界已开启了全球化时代，直到二战后很久，
世界才重现了经济的相互依存现象。当时，西北欧是全球化的中
心，其基础是维多利亚时代以铁路、电报和蒸汽船为代表的交通革
命，以及农业和制造业生产率的大幅提高。到 1913 年，出口占英

国、法国和德国国民生产总值的 1/5 到 1/4。1900 年至 1914 年，世界范围内的国际投资几乎翻了一番，其中超过 3/4 的投资来自欧洲，欧洲大陆各国之间相互出口商品和输出资本，而英国的贸易和投资主要在欧洲以外。[7]这一时期出现了移民潮，移民开辟了从潘帕斯草原到落基山脉以及澳大利亚内地的新农业区，并将欧洲置于全球经济链条的中心。[8]1904 年到 1914 年的十年间，所有欧洲国家都成为大西洋商业圈的一部分。[9]法国、德国和低地国家共同在莱茵河（Rhine）流域建立了一个相互依存的重工业综合体，这些国家通过跨国企业、移民工人以及跨境流通的煤炭和钢铁而相互连接。[10]

　　日益增长的经济上的相互依赖可能会迫使大国合作，但事实上，经济依赖对大国合作的影响十分有限。[11]各国签署了国际邮政、电报和无线电方面的合作公约，协调了跨境铁路的时刻表，但是这些合作对推动经济发展的作用并不大，不阻碍经济发展就不错了。19 世纪 70 年代后，工业衰退和进口美国谷物推高了欧洲关税，但在一战前夕，欧洲的关税仍处于接下来几十年来的较低水平。从 19 世纪 90 年代开始，欧洲列强、美国和日本建立了一个事实上的货币联盟，即国际金本位制[12]，根据这些国家不成文的规则，各国货币可以自由兑换，也可以以固定汇率兑换黄金。然而，这一体系也是由一系列单个协议建立起来的，而不是由具有约束力的多边协议建立起来的。各国央行偶尔采取的临时联合行动足以维持国际金本位制。开放型世界经济就像"欧洲协调机制"一样，建立在最低限度的有组织的合作基础之上，到 1914 年，各国的经济合作和欧洲协调机制一起消亡了。与战前畅销书诺曼·安吉尔（Norman Angell）的《大幻觉》（*The Great Illusion*）中的分析相反，金融上的相互依赖非但没能阻止战争，国际上的债务关系实际上还会催生金融战争。[13]英国海军部估计，经济战对德国的伤害将大于对英国的伤害；德国总参谋部希望德国继续与外部世界进行贸易，同时粉碎其大陆上的敌人。

1914 年前的全球化不仅表现在经济方面，也表现在文化和政治方面，帝国扩张是全球化最显著的表现。帝国主义把欧洲各国之间的对抗投射到世界各地。从 1800 年到 1914 年，欧洲人占有的殖民地由地球表面的 35％上升到 84.4％。[14]如果英国加入一场战争，那么它的殖民地包括自治领也将自动卷入其中。欧洲扩张也影响到其他独立国家。在 19 世纪 80 年代非洲被瓜分后，19、20 世纪之交的中国似乎注定要步其后尘，而且就像奥斯曼土耳其帝国和波斯帝国一样，中国已经非正式地被列强划分了势力范围。不可否认，美国和日本也具有大国的特征。1898 年，美国打败了西班牙，将其驱逐出古巴和菲律宾。日本在 1904—1905 年打败俄国。但美国、日本在欧洲的战略评估中都没有太大分量。日本虽然军事发达，但是经济落后且远离欧洲。当时美国的经济已是世界第一，海军规模庞大且发达，但各国都认为美国会在欧洲的冲突中保持中立，并且美国的陆军规模很小。如果欧洲各国之间发生争端，似乎没有任何外部力量能阻止它们交战。

经济发展也改变了欧洲各国的国内政治。面对不断扩大的城市、逐渐觉醒的资产阶级和工人阶级，欧洲各国的君主们只能承认选举产生的议会，并尊重公民自由，以赢得被统治者更积极的支

持。在英国，1832 年议会改革试图团结中产阶级支持宪法；在
1871 年建立的德意志帝国，普鲁士君主政体与帝国议会下院（所
有人都可以投票参选）艰难地相处；自 1905 年以来，沙皇就接受
了选举产生的议会。到 1914 年，欧洲成年男性可以自由组建工会、
反对团体和政党，尽管这些活动是在警察的监督下进行的。大多数
国家基本上都不再审查本国的大众媒体。报纸、电报和新闻机构加
强了世界各地之间的联系，通过铁路和轮船传送信息，这些都是评
论和信息的主要传播渠道，并且通信费用在可以承受的范围内。媒
体数量反映了城市的发达程度：像柏林这样的发达城市有 50 多种
报纸，而弱小贫穷的塞尔维亚只有 24 种报纸。[15] 战争和外交政策是
这些媒体激烈辩论的话题。[16]

　　自 20 世纪 90 年代苏联解体以来，扬扬得意的西方政治分析人
士一直坚称，民主国家之间从来不会发生战争。[17] 这一论点在 1914
年前的自由派中普遍流行。但是，民主制度并没有根除武装冲突。
部分原因是民主化的过程仍然不完善。1870 年成立的法兰西第三
共和国可能拥有欧洲最进步的宪法，即便如此，议会也很难审查法
国的外交政策和军事计划。在奥匈帝国、德国和俄国，哈布斯堡王
朝、霍亨索伦王朝和罗曼诺夫王朝对外交事务行使着广泛的自由裁
量权。此外，即使公众舆论确实产生了影响，对和平的影响可能也
微不足道。大多数欧洲大陆国家都有社会主义政党，这些政党与中
产阶级进步人士一样，反对除了自卫之外的其他一切形式的战争。
然而，中间派和右翼政党通常会坚定地呼吁维护国家利益，其观点
得到多数报纸和很多集团的支持。1914 年，大多数政治家和军事

领袖都认识到，一场重大战争需要公众的支持。然而，无论是全球化还是民主化，都没能阻止战争的爆发。

8 现代工业化的第三个后果是军事技术变革，军事技术变革分为两个阶段。第一阶段以蒸汽机为代表。从 19 世纪 40 年代开始，战舰从帆船发展为蒸汽船，木质船体被改进为钢制船体，铁路运输的军队数量也大大增加。普法战争结束后，德国通过铁路运输的军队数量超过法国，大规模征召军队和密集的铁路建设成为德国的军事常态。第二阶段主要为火炮革命。19 世纪后期，烈性炸药使传统火药过时。后膛装填炮弹取代前膛装填炮弹，借助线膛枪管（在膛内借助螺旋槽以旋转炮弹），炮弹打得更远、更快、更准。海军在战舰上装备了望远镜、瞄准器和发射高爆炮弹的速射炮。到 20 世纪初，速射炮首次在远离陆地的公海上作战，作战范围可达 5 英里。[18] 在 1905 年的对马海峡海战中，日本火炮摧毁了一支俄国舰队，但这并非未来军事发展潮流的征兆，因为鱼雷、水雷和潜艇等一系列军事技术革新使战列舰变得更加脆弱，战列舰更不愿主动攻击。在陆地上，类似的武器革命同样增强了杀伤力，从而限制了军人的行动自由。火枪被后膛装弹式步枪取代，步兵可以躺着反复射击而不暴露他们的位置，弹匣和无烟弹药成为标准配置。自 19 世纪 80 年代开始发展起来的马克沁重机枪，每分钟发射 600 发子弹，进一步增强了杀伤力。从 19 世纪 90 年代开始，军队引进了速射野战炮，它配备一个液压活塞，以限制炮管的后坐力。在不需要重新定位的情况下，速射野战炮每分钟发射多达 20 枚高爆炮弹。在进攻战和防御战中，机枪和步枪可以带来很强的杀伤力，野战炮能进一步增强这种杀伤力，虽然现代重炮能够击溃守军，但是它的发展要缓慢得多。军事技术变革能遏制短视、草率和鲁莽的战争。

这些军事技术的威慑力本来应该减少武力的使用，从而保持各大国之间的平衡。但实际上，它们没有发挥应有的作用。[19]欧洲领导人深知军事准备可以阻止侵略，正如在 1870 年后的许多年里，德国相信只要本国的军队足够强大，就可以阻止他国入侵。"战争的破坏性如此之大，以至于没有人会赢"，但这只是个别人的先见之明，并非社会的普遍观点。比如，俄国银行家伊万·布洛赫（Ivan Bloch）就在他的畅销书《战争的未来》（*The Future of War*）中提出了这一观点。他预示未来战争将是一场旷日持久的毁灭性屠杀，会造成经济动荡和社会混乱，所以防守重于进攻。[20]尽管如此，大多数欧洲军队还是从其对日俄战争的观察中得出以下结论：步兵只要士气高昂，就能占领敌方战壕，即使这些战壕有铁丝网和机枪保护。[21]欧洲各国的总参谋部明白，战争极其残酷，而且可能持续很长时间，但各国总参谋部对本国的政治领导人隐瞒了战争具有残酷性和长期性的事实。[22]它们建议不要冒险发动战争，是因为它们认为赢得战争的机会很小，而不是因为它们认为技术变革已经让战争过时。如果双方都认为战争是必要的，并且每个人都相信自己能取得胜利，威慑就可能失效。全球化、大众参与、工业化和科技化等新因素将使战争更具有破坏性。

各国通过结盟形成战略优势，并能威慑对方。两大集团的核心伙伴关系是 1879 年签署的德奥同盟以及 1891 年至 1894 年通过谈判达成的法俄同盟。两大同盟都是防御性的，分别针对俄国和德

9

国。从 1882 年开始，意大利与德奥同盟建立了松散的联系，从 1907 年开始，英国与法俄同盟也建立了类似的松散联系。这种和平时期的长期结盟对于欧洲来说是一种全新的政治形态，在某种程度上预演了 1945 年后东西方集团之间长达几十年的对抗。多年来，结盟确实有助于相互威慑，尽管结盟条约的条款是秘密的，但它们确实在现实中发挥了威慑作用。然而，结盟也意味着，两国之间的任何冲突都可能引发两大集团之间的冲突，结盟应建立在制度化战略规划的基础之上。1866 年和 1870 年的德国统一战争凸显了确立制度化战略规划的重要性。普鲁士的胜利不仅是技术上的胜利，也是普鲁士总参谋部在总参谋长老毛奇（Helmuth von Moltke the Elder）领导下进行的战略规划的胜利。后来，普鲁士的军事力量更强大、更复杂，控制和协调这些军事力量更具有挑战性。因此，其他国家或多或少都在效仿普鲁士，即通过竞争考试选拔出一批精英军官。军队指挥官都配备一些参谋人员，以确保他们做出的决定更规范。其他军人需要在总参谋部轮训，学习军事历史，通过战争演练、演习和人员转移来模拟战役，制定战术规则和战争计划。制定战争计划需要收集潜在敌对国的信息和情报，这一任务大都由派驻海外的参谋人员以驻外武官的身份来完成，这成了国际惯例。这些战略计划是作为应急安排而准备的，不一定真要使用，它们可能会成为历史奇闻，就像冷战时期易北河（Elbe）两岸的核威慑一样。其基本假设是，如果威慑失败，就会执行这些战略计划。事实上，在 1905 年至 1914 年，随着两大集团军事实力的接近，它们之间的军备竞赛和政治对立日益加剧（在地中海和巴尔干地区的一系列外交危机加剧了这种对立），两大集团相互威慑的基础瓦解了。尽管双方都认为战争是可以控制的，但双方都越来越愿意考虑发动战争的可能性。到 1914 年，奥匈帝国在东南欧感觉被包围了，受到了威胁，德国也有类似的感觉。地区冲突乃至整个欧洲的紧张局势都达到了顶点。一战就是在这种氛围中爆发的。

一战导火线源自欧洲的一次恐怖行动。[23] 1914 年 6 月 28 日，在奥匈帝国波斯尼亚（Bosnia）首府萨拉热窝（Sarajevo），19 岁的塞尔维亚青年加夫里洛·普林西普（Gavrilo Princip）枪杀了奥匈帝国皇储弗兰茨·斐迪南（Franz Ferdinand）大公及其妻子霍恩伯格（Hohenberg）女公爵。斐迪南大公相貌平平、独裁专制、容易发怒、极端排外，但对女公爵十分专一，他不顾弗兰茨·约瑟夫（Franz Joseph）皇帝的反对，和她结婚，女公爵出身低贱，她的血统达不到哈布斯堡王室的要求。霍恩伯格女公爵和斐迪南大公一起访问萨拉热窝，参观军队的年度演习，二人在公开场合骑马，这些活动都是公爵夫妇二人难得的在公开场合一起露面的机会。然而，斐迪南大公对萨拉热窝的访问招致了灾难。1389 年 6 月 28 日，塞尔维亚在科索沃战役中被奥斯曼土耳其帝国击败，此后塞尔维亚成为土耳其的附庸，这是中世纪时期塞尔维亚王国的一场灾难，塞尔维亚人随后刺杀了土耳其苏丹，所以 6 月 28 日是科索沃战役纪念日。[24] 尽管萨拉热窝出现了针对奥匈帝国官员的恐怖活动，但安保异常松懈。那天先是普林西普的团伙成员用炸弹袭击了斐迪南大公的车队，没有成功。斐迪南大公临时决定改变行程，去看望一个在袭击中受伤的人，他正好经过普林西普埋伏之处，普林西普没有错失机会。这些细节很重要。因为尽管 1914 年夏天的国际局势十分紧张，但大战并非不可避免。如果危机处理得当，战争可能不会爆发。正是哈布斯堡王室对萨拉热窝事件的反应引发了这场危机。起初，奥匈帝国只是下令调查此事。但奥匈帝国得到了德国的秘密承诺，德国支持奥匈帝国对塞尔维亚采取报复行动。7 月 23 日，奥匈帝国向塞尔维亚发出最后通牒。普林西普和他的同伙是波斯尼亚人，因此也是哈布斯堡王朝的臣民，但最后通牒声称他们在贝尔格莱德（Belgrade）策划了暗杀，塞尔维亚边境当局帮助他们入境，还为他们提供武器。因此，奥匈帝国要求塞尔维亚谴责一切分离主义活动，取缔敌视奥匈帝国的出版物和组织，并与哈布斯堡官员合作镇压针对帝国的颠覆活动，对萨拉热窝事件进行司法调查。塞尔维亚在 48 小时的最后期限内做出了答复，几乎接受了所有要求，但是有一条除外，即只有在符合塞尔维亚法律和国际法的前提下，才同意奥匈帝国参与萨拉热窝事件的司法调查。奥匈帝国领导人以此为借口立即断绝两国关系，并于 7 月 28 日对塞尔维亚宣战。[25] 这份苛刻的最后通牒给大多数欧洲国家留下了深刻印象，如果塞尔维亚确实如通牒中所说，和恐怖分子串通一气，那么这份通牒就并不过分。但是，如此紧迫的时间限制以及奥匈帝国对塞尔维亚答复的断然拒绝，都暴露了其最后通牒的本质。奥匈帝国最后通牒的目的就是向塞尔维亚摊牌，塞尔维亚巧妙的答复强化了以下印象：发起挑衅的是奥匈帝国而非塞尔维亚。人们不禁质疑：奥匈帝国的指控在多大程度上是正确的？为什么它会致力于如此霸道的外交路线？

奥匈帝国的不满在很大程度上是合理的。[26] 尽管波斯尼亚的恐怖主义是本土的，但它确实得到了塞尔维亚的支持。经过奥斯曼帝国几个世纪的统治后，波斯尼亚和黑塞哥维那（Hercegovina）在1878年被移交给奥匈帝国。波斯尼亚是奥匈帝国的殖民地边界，这是一个荒凉多山的内陆地区。在波斯尼亚人口中，塞尔维亚人占42.5%，克罗地亚人占22.9%，穆斯林占32.2%。奥匈帝国给波斯尼亚修建道路、兴建学校和设置议会，即便如此，很多塞尔维亚人还是憎恨奥匈帝国的统治。[27] 1908—1909年，奥匈帝国不顾塞尔维亚的强烈抗议和国际危机，吞并了波斯尼亚和黑塞哥维那。波斯尼亚危机过后，塞尔维亚承诺不允许在其领土上进行颠覆奥匈帝国的活动。然而，像"人民防卫"（People's Defence）这样的宣传机构以及塞尔维亚的媒体继续支持境外的塞尔维亚人从事颠覆奥匈帝国的活动，于1911年成立的秘密组织黑手社致力于通过暴力实现所有塞尔维亚人的统一。萨拉热窝的杀手们隶属于"青年波斯尼亚"（Young Bosnia）组织，其成员主要是学生。他们希望推翻奥匈帝国的统治，将所有南斯拉夫人统一为一个新的南斯拉夫联邦，这个国家将包括塞尔维亚、黑山以及奥匈帝国境内的塞尔维亚人、克罗地亚人和斯洛文尼亚人。奥匈帝国指控"人民防卫"是此次事件的罪魁祸首，但真正的罪魁祸首是黑手社，它的头目是拉古廷·迪米特里耶维奇（Dragutin Dimitrijević）上校，他是塞尔维亚军事情报部门的负责人。[28]

　　黑手社为普林西普及其团伙提供武器和训练，并帮助他们越过边境。奥匈帝国指控塞尔维亚军官和文官是这场阴谋的参与者，这无疑是正确的，但是塞尔维亚政府和首相尼科拉·帕西奇（Nikola

Pašić）却不支持暗杀行动。拉古廷·迪米特里耶维奇是帕西奇的政敌，后来遭到帕西奇政府的审判和处决。首相得到情报，说是有武装人员越过边境，但是他只向奥地利人发出了含糊不清的警告，他的政府也没有谴责暗杀行动。[29]事实上，塞尔维亚的军队和情报部门已经失控。塞尔维亚的军队两极分化，有的支持拉古廷，有的反对他。拉古廷在 1903 年的一场政变中谋杀了前国王，把彼得·卡拉乔尔杰维奇（Peter Karageorgević）推上王位，这就是彼得一世。1914 年，帕西奇试图恢复文官政府，得到了亚历山大王储的支持，他于 6 月 11 日接替彼得·卡拉乔尔杰维奇出任摄政王。但是，塞尔维亚各派都认为开战时机不成熟。虽然巴尔干战争使塞尔维亚的领土翻了一番，人口从 290 万增加到 440 万，但是塞尔维亚也吸收了许多阿尔巴尼亚人，塞尔维亚人对这些人进行了野蛮的种族清洗。[30]塞尔维亚在巴尔干战争中元气大伤，恢复元气仍需假以时日，其军队缺少步枪，国库空虚。帕西奇需要时间重新武装，拉古廷担心奥匈帝国会先发制人，并错误地认为斐迪南大公是奥匈帝国的主战派领袖。事实上，在奥匈帝国高层中，斐迪南大公对于战争表现得最为冷静。

证据表明，奥匈帝国有充足的理由提出苛刻的要求。证据也表明，塞尔维亚政府渴望和平解决由萨拉热窝事件引发的危机，而奥匈帝国政府则想以此为借口通过暴力来解决问题。7 月 7 日，奥匈帝国部长联席会议决定，最后通牒应苛刻到"塞尔维亚几乎可以肯定拒绝的程度，从而开辟一条通过军事行动来彻底解决问题的道路"。7 月 19 日，奥匈帝国主张由保加利亚、阿尔巴尼亚和希腊分割塞尔维亚的大部分领土，其余领土由奥匈帝国实行经济统治。[31] 然而在此之前，维也纳并没有那么好战，虽然弗兰茨·康拉德·冯·赫岑多夫（Franz Conrad von Hötzendorff）自 1906 年出任总参谋长以来，就一直强烈要求对塞尔维亚开战，但他的呼吁被奥皇驳回。奥匈帝国皇帝弗兰茨·约瑟夫是一位谨慎且经验丰富的统治者，他对以前吃的败仗记忆犹新。他和他的顾问们认为，除非他们面对的是一个无法忍受的问题，而且和平的补救办法已经用尽，否则奥匈帝国不会发动战争。

以今天的标准来看，奥匈帝国确实是一个奇怪的政权，它是哈布斯堡王朝通过战争和政治联姻而获得的不同领土的集合体。[32] 与塞尔维亚相反，奥匈帝国是一个复合制国家，主要民族就有 11 个（见表 1）。奥匈帝国对帝国境内各民族的压迫并不严重，但它并非瑞士式的多元民主制国家，奥匈帝国的领导人也不希望奥匈帝国成为这样的国家。随着欧洲各地民族自决意识的兴起，奥匈帝国注定要解体。奥匈帝国中说德语和匈牙利语的两个民族最具有影响力，但这两个民族的人数还不到全国总人口的一半。如果其他民族从帝国中分离出去，这两个民族也没有什么动力继续捆绑在一起，二元君主制就可能瓦解。它由一系列政治子系统组成，通过皇帝弗兰茨·约瑟夫本人联系在一起。

表 1　1910 年奥匈帝国民族组成　　　单位：百万

日耳曼人	12.0
马札尔人	10.1
捷克人	6.6

续表

波兰人	5.0
罗塞尼亚人	4.0
克罗地亚人	3.2
罗马尼亚人	2.9
斯洛伐克人	2.0
塞尔维亚人	2.0
斯洛文尼亚人	1.3
意大利人	0.7
总共	50.8[33]

　　弗兰茨·约瑟夫和马札尔人在 1867 年达成了妥协，确立了奥匈帝国的基本规则。弗兰茨·约瑟夫既是奥地利皇帝也是匈牙利国王，他和大臣们统一负责外交政策、领导武装力量。但是，奥地利、匈牙利分别有自己独立的议会和政府，各自财政独立，甚至各自有独立的武装部队。奥地利、匈牙利的首相、外交大臣、战争大臣和财政大臣组成部长联席会议，议会代表共同审议帝国重大政14 策。由于奥地利半数议会成员是由成年男性选民选举产生的，所以奥地利政府很大程度上受到议会的制约。由于首相卡尔·施图尔克（Karl Stürgkh）伯爵的支持者在议会中不占多数，施图尔克伯爵不得不绕开议会进行管理，1914 年奥地利干脆暂停了议会的选举制度。匈牙利的蒂萨（Tisza）政府更稳定，但也更专制。在匈牙利王国内部，克罗地亚人有自己独立的议会。1912 年，塞尔维亚-克罗地亚联盟赢得议会多数席位后，议会被暂停；布达佩斯（Budapest）的立法机构是由选举产生的，但选举是人为操纵的，除了马札尔人之外，没有其他民族的代表。

二元制对奥匈帝国的外交政策产生了重要影响。在做出战争决策前，奥地利必须征求匈牙利的意见。匈牙利对特兰西瓦尼亚（Transilvania）的 250 万罗马尼亚人实行高压政策，激怒了罗马尼亚政府，罗马尼亚一直是奥地利在巴尔干半岛的一个可靠盟友。此外，奥地利、匈牙利共同决定军队的规模和军费预算，对于军费的投入，双方都很吝啬。[34]匈牙利要求更多地使用马札尔语作为军队的指挥语言，由此形成的压力造成了 1904—1906 年的宪法危机，奥匈帝国决定将一项军队法案推迟到 1912 年才实施。奥地利与匈牙利之间持续的僵持逐渐滋生出一种危险的宿命论，即奥匈帝国迟早要解体。弗兰茨·约瑟夫的许多顾问都将战争视为进行内部改革的最后机会。[35]总的来说，其他民族政党并不要求独立，而只是想得到更多的自治权和平等的话语权。军队和官僚机构都效忠于帝国。奥匈帝国虽然内部困难重重，但是二元制已经存在了几十年。在过去的某些时候，帝国似乎比 1914 年更接近崩溃状态。

在奥匈帝国，南斯拉夫人的问题特别棘手，他们可能会开创一个先例，成为帝国内其他民族效仿的对象。受到南斯拉夫狂热者的影响，塞尔维亚人、克罗地亚人和斯洛文尼亚人开始合作。到 1914 年，恐怖主义运动开始在克罗地亚和波斯尼亚境内发展。最令人恼火的是，恐怖活动得到了塞尔维亚的支持。在 1903 年政变后，彼得一世在贝尔格莱德继位，出任塞尔维亚国王。此前的一项秘密条约赋予了奥匈帝国对塞尔维亚外交政策的否决权。后来，塞尔维亚的独立倾向更加明显，民族主义倾向更加强烈。在 1906—1911 年的"猪战"（pig war）中，奥匈帝国抵制塞尔维亚的牲畜出口，但塞尔维亚人找到了替代市场，把牲畜出口到巴黎，并将法国作为他们的主要武器供应商。1908 年，奥匈帝国吞并波斯尼亚-黑塞哥维那，希望借此打消南斯拉夫人统一的梦想，但是塞尔维亚人依然暗中支持波斯尼亚的分离主义运动。接下来的动乱发生在 1912—1913 年，保加利亚、塞尔维亚、希腊和黑山在第一次巴尔干战争中击败了土耳其；在第二次巴尔干战争中，保加利亚进攻它以前的盟友，但最终还是被反保加利亚联盟击败。来自奥匈帝国的压力限制了塞尔维亚人的行动，迫使他们从亚得里亚海（Adriatic Sea）沿岸撤离，塞尔维亚人曾希望在那里获得出海口；同时，奥匈帝国通过支持阿尔巴尼亚建国来制衡塞尔维亚。然而，巴尔干战争使奥匈帝国的东南边境受到威胁。土耳其和保加利亚作为奥匈帝国潜在盟友的地位被削弱。在第二次巴尔干战争中，罗马尼亚与塞尔维亚并肩作战。罗马尼亚从奥匈帝国的秘密伙伴变成了敌人，因为罗马尼亚关注特兰西瓦尼亚的罗马尼亚人，从而使罗马尼亚与奥匈帝国的关系恶化。最后，奥匈帝国的新任外交大臣利奥波德·贝希托尔德（Leopold Berchtold）从巴尔干战争中得出结论：企图通过欧洲协商会议来与其他大国合作，收效甚微。1913 年春天，他威胁要使用武力，除非塞尔维亚的盟友黑山将斯库台（Scutari）移交给阿尔巴尼亚；同年 10 月，他再次要求塞尔维亚撤出阿尔巴尼亚。在这个阶段，许多奥匈帝国领导人同意康拉德的观点，认为只有暴力才能解决塞尔维亚问题，只有匈牙利首相蒂萨和奥匈帝国皇储斐迪南大公例外，但在萨拉热窝事件后，只剩下蒂萨不赞同康拉德的观点了。

　　这个背景有助于解释为什么说奥地利人利用萨拉热窝事件发动

了一场在他们看来不可避免的战争。这一行动证实了贝希托尔德和弗兰茨·约瑟夫支持康拉德的观点。奥匈帝国同意不再吞并南斯拉夫人的更多土地，罗马尼亚将保持中立，最重要的是德国支持奥匈帝国的军事行动，这些都说服了蒂萨。俄国立场是奥匈帝国不得不考虑的因素。奥匈帝国长期以来一直在东南欧与俄国竞争，但在1897年，两国达成了一项协议，将巴尔干半岛争议暂时搁置。在接下来的10年里，俄国将注意力集中在亚洲，在巴尔干地区一直坚持搁置争议的原则。奥匈帝国吞并波斯尼亚，虽然短期内获益，但却带来了长期问题，因为奥匈帝国的这一行为打破了俄奥关于巴尔干问题的默契。1908年，奥匈帝国吞并波斯尼亚时，俄国人还沉浸在被日本打败的痛苦中，无法支持塞尔维亚的斯拉夫同胞，但他们没有忘记耻辱。为此，1912年，俄国帮助塞尔维亚和保加利亚组成"巴尔干同盟"*，在第一次巴尔干战争中进攻土耳其，俄国动员军队以阻止奥匈帝国干预第一次巴尔干战争。虽然俄国在1913年的斯库台和阿尔巴尼亚危机中敦促塞尔维亚妥协，但是很显然，塞尔维亚变得更强硬。到1914年，几乎所有奥匈帝国领导人都认为对塞尔维亚的战争意味着对俄战争，如果没有德国鼓励，奥匈帝国是不会冒险对塞尔维亚开战的。奥匈帝国如此专注于巴尔干半岛，以至于在没有认真讨论的情况下就开始了一场全面的欧洲战争，而德国人则更清楚奥匈帝国行动的后果。所以，我们必须在柏林寻找战争的原因。 *16*

---

　　* "巴尔干同盟"由保加利亚、希腊、塞尔维亚和黑山于1912年组成，目的是联合起来对抗奥斯曼帝国。原书只提及了其中两个国家，特出注说明。——译者注

　　在向塞尔维亚发出最后通牒之前，奥匈帝国派遣贝希托尔德的办公室主任奥约什（Hoyos）伯爵前往德国。奥约什带去了贝希托尔德的一份备忘录和弗兰茨·约瑟夫的亲笔信，两人虽未明确表示但都强烈暗示要与塞尔维亚开战。7月5日，威廉二世（Wilhelm Ⅱ）在会见奥约什时说，奥匈帝国必须"进攻塞尔维亚"，即使最终与俄国开战，德国也会支持奥匈帝国。第二天，德国首相贝特曼·霍尔维格（Bethmann Hollweg）重申了德皇的说法。[36]做出这个秘密保证即通常所说的"空白支票"后，威廉二世前往波罗的海巡游，而贝特曼和德国外交大臣戈特利布·冯·贾戈（Gottlieb von Jagow）敦促奥匈帝国首先发出最后通牒，然后立即宣战，同时建议奥匈帝国无视英国提出的将危机提交给国际会议的建议。在奥匈帝国对塞尔维亚宣战后，直到7月28日、29日，德国才敦促维也纳妥协。俄国支持塞尔维亚并着手进行军事准备后，德国仍然一意孤行，7月31日，德国向俄国、法国发出最后通牒，要求两国取消军事动员，被两国拒绝后，德国于8月1日和3日分别向俄国、法国宣战。德国要求比利时允许德军自由通过比利时以进攻法国，德国的这一要求也把英国拖入大战，英国在8月4日对德国宣战。德国有意挑起奥匈帝国与塞尔维亚之间的局部战争，冒着与法国和俄国开战的风险，最终真的挑起了战争。

　　柏林领导人在七月危机中的异常表现成为一战爆发的一个核心因素，但是战争的反对者拒绝回到和平状态，而战争的发起者最后也没有受到惩罚。然而，对德国历史的研究表明，德意志帝国并不像希特勒（Hitler）那样致力于有预谋的侵略和扩张。[37]与1918年后的魏玛共和国不同，威廉二世的德国并非国际社会唾弃的对象，它与当时的国际社会利害攸关。在前一轮战争中，它打败了奥地利和法国，扩大了领土：它是欧洲经济增长最快的国家之一。德国统一后的首任宰相俾斯麦（Bismarck）认识到，德国不会从一场新的战争中得到任何好处，除非它能阻止法国在 1870 年后的复兴。但是法国人重建了他们的防御工事，德国先发制人的时代已经成为过去。老毛奇是德意志帝国的第一任总参谋长，他不确定德国对法国和俄国的战争能否取得胜利。[38] 1888 年，老毛奇退休。1890 年，威廉二世罢免了俾斯麦。后来的宰相都没有俾斯麦那样的威望和权势。从 1897 年到 1908 年，威廉二世频繁干预国内外政策，他总是对外交、军事和海军事务施加相当大的影响。[39] 然而这种影响是不稳定的。威廉二世聪慧开明，但同时性格暴躁、神经分分、装腔作势，他在位期间的大部分时间都外出航行和狩猎，官员们想方设法对他溜须拍马。尽管如此，他还是代表着德国的公众形象。在紧要关头，他大多表现得很谨慎，但他给人留下的总体印象是，他的政府奉行军国主义，而且咄咄逼人、反复无常、不可预测，事实确实如此。他在一个如此强大的国家在位超过四分之一个世纪，从而严重破坏了欧洲的稳定。

与威廉二世的暴躁性情同样有害的是，他缺乏掌控一个支离破碎的社会和政治体系的领导力、执行力。与奥匈帝国不同，德国是单一民族的国家，波兰人、丹麦人和阿尔萨斯人仅占人口的 10％ 左右。即便如此，德国的民族意识还是很淡薄，帝国没有国歌，也很少使用国旗[40]，宗教、阶级和地区之间的分歧也很大。此外，它是一个联邦，地方权力很大。普鲁士是最大的邦国——它有足够的选票来阻止联邦修改宪法，普鲁士国王也是德意志皇帝，普鲁士首相通常也是帝国宰相——然而巴伐利亚（Bavaria）、巴登（Baden）、萨克森（Saxony）和符腾堡（Württemberg）也有自己的国王、政府与军队。帝国政府只能征收间接税，并主要处理外交事务和领导武装力量。军事战略由德国总参谋部负责，总参谋部独立于内阁之外，直接向皇帝报告，海军参谋部也是如此。军官的任命和晋升由威廉二世的军事内阁处理。在这种情况下，协调外交和军事政策特别困难，因为德意志帝国没有像英国的帝国防务委员会或 1945 年后的美国国家安全委员会那样的协调机构，协调的责任落在了威廉二世身上，而他无法胜任这一职责。这导致的后果是军队干预外交，以及形成了用简单的技术方案解决政治问题的习惯，这只会加剧德国的困境。[41]

德国议会既不具有代表性，也不连续。大多数德国人虽然可以参与帝国议会下院的投票，但帝国议会上院即参议院的代表是由各州政府推举的，而下院的选举采取了有利于有产者的"三级"代表制。宰相及政府成员不是下院议员，也不是由下院选举产生的，所以德国帝国议会下院不像英国下院或法国众议院那样拥有推翻政府的权力。然而，在税收和立法方面，包括征兵和建造军舰的立法，都需要帝国议会下院的批准。保守党和国家自由党正在失去影响力，这主要是因为社会民主党的崛起，该党在 1912 年的选举中成为德国最大的政党。尽管社会民主党经常发表反对资本主义的言论，但它总体上遵纪守法，不主张革命，不过它的领导人就像左翼自由进步党人士一样，确实想要扩大民主。代表着德国 1/3 天主教徒的天主教中央党居中平衡，在左翼与右翼之间摇摆不定。在 1914 年之前，有人讨论用更专制的宪法取代现行宪法，这个想法对威廉皇储很有吸引力。随着国内政治平衡难度加大，德国统治者越来越倾向于通过外交手段来维护国家利益。

俾斯麦开创了一个先例，他在 1866 年和 1870 年发动的王朝战争旨在解决国内政治问题，同样他也希望征服一些海外殖民地。这同样适用于 19 世纪 90 年代末开始的新政策，即"世界政策"（world policy）。欧洲大陆现在已经不安全了，威廉二世及其顾问大肆宣扬德国在奥斯曼帝国、中国和南非都有"支配"权，威廉二世声称他是奥斯曼帝国穆斯林的保护者，德国在中国租下了胶州湾，1896 年威廉二世在南非支持南非白人反对英国人的控制，给德兰士瓦总统保罗·克鲁格（Paul Kruger）发了一封电报以示支持。然而，"世界政策"最突出的表现是 1898 年和 1900 年的海军法案。经过国会批准后，海军大臣阿尔弗雷德·冯·提尔皮茨（Alfred von Tirpitz）开始建造一支新的近海舰队，用于在北海作战。威廉二世、提尔皮茨以及在 1900—1909 年任宰相的伯恩哈德·冯·比洛（Bernhard von Bülow）并不打算对抗英国，而是想制衡英国，促使英国在未来危机中与德国达成协议并做出让步。在国内，他们希望海军计划能团结右翼政党、地方各州和中产阶级，维护君主的权威。[42]

这种推理在 19、20 世纪之交是合理的，当时英国与法、俄关系紧张。德国经济繁荣，税收增加很快，能够负担得起海军的扩张。然而，"世界政策"对德国的外部安全、国内稳定乃至欧洲和

19

平的影响是灾难性的。它没有吓倒英国，反而激怒了伦敦；它孤立了德国而不是英国。为了回击德国的"世界政策"，英国将军舰从远洋调到英国近海附近，并加强海军建设。1906 年，英国皇家海军的"无畏"号战列舰下水，这一战列舰取得了革命性的突破，配备了涡轮发动机和 10 门 12 英寸舰载大炮（之前战列舰的标配是 4 门大炮），并且速度更快，装备更好。提尔皮茨决定效仿英国，并在 1908 年通过了一项新的海军法案，计划每年建造 4 艘新的无畏级战列舰或巡洋舰。在 1908—1909 年的冬天，由于担心德国正在秘密加速海军建设，再加上反对派煽动，英国自由党政府决定在一年内建造 8 艘新的无畏级战列舰。1912 年之后，德国无畏级战列舰建造数量从每年 4 艘减少到 2 艘，其把资金用于装备陆军。[43] 外交方面，1898—1901 年英德谈判失败。[44] 相反，英国在 1904 年和 1907 年分别与法、俄签订友好条约来解决欧洲以外的争端。1904—1905 年，德国利用俄国在远东的失败，寻求通过与俄、法结盟来对抗英国，但遭到了俄国的拒绝。在 1905—1906 年爆发的第一次摩洛哥危机（这是一战前的第一个重大外交危机）中，德国试图通过阻挠法国控制摩洛哥来离间英法关系，而英法协约规定英国必须支持法国控制摩洛哥。在第一次摩洛哥危机中，英国支持法国，两国的关系得到进一步强化。1907 年之后，英、法、俄组成外交同盟（或"协约国"——虽然英国不喜欢这个术语）来对抗德国和奥匈帝国，而德国猛烈抨击协约国是针对它们的"包围圈"。在国内，保守势力没有团结起来支持威廉二世，海军开支使帝国财政入不敷出，围绕增税问题，国内发生了严重的政治斗争，这些事件最终导致

比洛在 1909 年辞职，由贝特曼接任宰相。贝特曼面临的局面很
严峻。

19、20 世纪之交，德国的外部环境相对有利。帝国内部的紧
张局势促成了"世界政策"的最终确定。在贝特曼领导下，国际形
势更加不利，德国处在协约国的包围圈中。德国在 1871 年吞并了
法国的阿尔萨斯-洛林（Alsace-Lorraine），使法国成了它的一个长
期潜在对手。任何一届法国政府都不愿意彻底放弃阿尔萨斯-洛林。
但只要德国的军事实力足够强大，法国就不敢发动复仇战争。[45]俾斯
麦通过孤立法国来防止它复仇，这是他 1879 年与奥匈帝国结盟的
原因之一，1882 年意大利加入德奥同盟，形成三国同盟。在 19 世
纪 80 年代，俾斯麦还与俄国保持着联系，但他的继任者未能续签
德俄之间的《再保险条约》（Reinsurance Treaty），俄国转而与法
国结盟。即便如此，德国面临的风险也是可控的，因为当时法、俄
对英国的敌意丝毫不亚于它们对德国的敌意。当英国解决了与法、
俄的分歧后，德国面临的问题就严重多了。1902 年，意大利和法国
一致认为，在任何情况下，两国都不会开战。法国现在已经摆脱了孤
立，可以把俄国和英国视为未来的盟友，而意大利保持了中立。法
国的外交和财政实力尤其是向俄国提供贷款有助于扭转它在国际上
的孤立地位，但德国对于法国摆脱国际孤立的局面也有责任。
1907—1917 年的十年里，德国在不断收紧的国际网中挣扎，故而
只能更加疯狂地分化敌人。最初，贝特曼尝试调解。1910 年，围
绕着在土耳其和波斯的经济势力范围划分，贝特曼和俄国人达成了
一致，但法国通过加强与俄国的军事联系来反击德、俄接近，1911

20

年法国获得了俄国的秘密承诺，那就是一旦发生战争，俄国将在第
15 天进攻德国。贝特曼还试图与英国谈判。1912 年，英国大法官
理查德·博登·霍尔丹（Richard Burdon Haldane）访问柏林。但
是"霍尔丹使团"没有达成任何关于英德海军竞赛的协议，英国拒
绝承诺在未来的冲突中保持无条件的中立地位，从而损害英国与法
国和俄国的协约。[46]虽然 1912—1914 年英、德两国的关系缓和了，
但两大阵营模式并没有发生根本的改变。考虑到意大利的善变以及
它的实力在 1911—1912 年的利比亚战争中受到了削弱，德国唯一
可靠的大国盟友只有奥匈帝国了，并且此时的奥匈帝国还受到巴尔
干战争的牵制，在巴尔干半岛，哈布斯堡王朝有着明显的利益。和
奥匈帝国一样，德国也觉得现在的联盟结构从根本上对它不利，如
果它在欧洲协调机制中处于不利地位，那它宁愿不使用这一机制。

与此同时，国内的困难依然存在，社会民主党在 1912 年帝国
议会下院大选中的成功加剧了这些困难，尽管德国发动战争是为了
阻止革命的说法无法令人信服。尽管存在着种种分歧，但帝国仍然
繁荣有序，德国的工人阶级和帝国政府的关系比几十年前更加亲
密，1914 年 6 月，贝特曼预言，战争会破坏而不是巩固现有秩
序。[47]然而，内政和外交是通过军备联系起来的。[48]海军扩张的另一
个破坏性后果是陆军的发展受到限制。诚然，陆军部一直抵制扩充
海军，认为应该把钱用于更新武器装备，而且如果一支更庞大的军
队包括更多的中产阶级军官（而非贵族）和更多的工人阶级士兵
（而非农民），就更不利于国内镇压了。尽管德国以高度军事化著
称[49]，但是德国的兵力少于法国，国防开支占国民生产总值的比重

也低于法国和俄国。[50]然而，在一战爆发前的几年内，德国在军事上的自满情绪消失了。通过 1910 年的一次重大军事改组，俄国迅速从日俄战争失败的阴影中走了出来，能够快速进入战备状态，并威胁到德国东部边境的安全。1911 年爆发的第二次摩洛哥危机使德国领导人确信，他们遏制新生的法国的能力正在减弱。德国领导人重新评估了自己的军备政策，优先发展军队，在 1912 年通过了一项军队扩张法案。同时，巴尔干战争使奥匈帝国更加脆弱，事态进一步恶化。所以，德国可能不得不在几乎没有任何援助的情况下同时对俄、法两线作战。1913 年，德国匆忙通过了另一项军事法案，这是历史上和平时期规模最大的征兵法案。德国政府通过与社会民主党合作，通过了一项征收资本税的法令，从而为该军事法案提供资金支持。社会民主党愿意支持将资本税作为财富再分配的措施。尽管德国经济能够支撑进一步重整军备，但德国政府的支付能力已接近极限，而奥匈帝国的财政预算更为紧张。

相比之下，英国在海军军备竞赛上的开支超过了德国。为了实现这一目标，时任财政大臣的劳合·乔治（Lloyd George）在 1909 年提出了《人民预算案》（*People's Budget*），引入了新的累进税。1910 年 1 月，自由党在选举中获胜，挫败了上议院对财政预算的反对。与奥匈帝国和德国相比，法国和俄国在增加税收以加强军备方面面临的国内障碍更少。在政治上，两国都是单一制国家，而且都采取了报复性手段来回击德国的扩张。法国在 1913 年通过了一项法律，将服兵役的年限从 2 年延长到 3 年。俄国在 1914 年通过了一项"伟大计划"（Great Programme），计划在 3 年内将其军队规模扩大 40%。1914 年 1 月，为了回报法国给俄国铁路建设提供商业贷款，俄法就在波兰境内和在俄国西部边境到俄国内陆修建铁路的计划达成一致意见，根据这一计划，1917—1918 年俄国的军事部署将提速约 50%。[51] 1911 年之前，欧洲最活跃、最危险的军备竞赛是英德之间的海军军备竞赛；但在 1912 年至 1914 年，德奥集团和法俄集团之间的陆军军备竞赛使英德之间的海军军备竞赛都相形见绌。到 1914 年春天，德国已经落实 1913 年军事法案的大部分内容。如果法俄在两到三年内采取报复措施，德国几乎无法应对另一轮军备竞赛。如果战争一定要爆发的话，1914—1915 年是绝好时机，战争越推迟，对德国越不利，德国总参谋部很清楚这一点，并争取得到贝特曼和威廉二世的认同。

从两大集团的作战计划来看，陆军军备竞赛发挥着更大的作用。[52] 1912—1913 年，法俄军队普遍处于守势，这反映了它们的弱势地位。然而，法国在 1913 年春天批准的第 17 号计划反映了其总参谋部日益增强的信心，它设想立即发起进攻，并与俄国的东部进攻结合起来，东西两线夹击德国。与此对应的是，俄国在 1912 年修改的第 19 号计划，决定同时对德、奥展开攻势。奥匈帝国同样制定了进攻方案，但是奥匈帝国不确定自己的主要敌人是塞尔维亚还是俄国，为此不得不设计出多个作战方案。德国方案通常被称为"施里芬计划"（Schlieffen Plan），以 1890—1905 年德国总参谋长施里芬（Schlieffen）的名字命名，但他的继任者赫尔穆斯·冯·毛奇（Helmuth von Moltke）（即小毛奇，他是老毛奇的侄子）对"施里芬计划"进行了重大修改，修改后的计划称为"施里芬-小毛奇计划"更为准确。"施里芬计划"的关键创新是在两线作战中确定西线为主攻方向，为了包抄法国的边境要塞，德军右翼应该通过比利时和马斯特里赫特（Maastricht）附近的荷兰最南端入侵法国。[53] 相比之下，小毛奇加强了德军进攻法国时的左翼力量，并放弃了通过荷兰围攻法国的想法，他希望荷兰能够保持中立，继续通过荷兰进行国际贸易。他在保留了"施里芬计划"主要内容的同时，计划在战争的最初几天内以奇袭方式夺取比利时的列日（Liège）要塞，从而封锁敌人。在各个大国中，动员和战争几乎完全同步。直至 1914 年 7 月 31 日，德国总参谋部一直没有对首相透露"列日计划"，这是军队和内阁缺乏沟通的一个明显例子。然而，贝特曼、贾戈和威廉二世都很清楚小毛奇的军事平衡方案以及总体战略规划。他们知道时间至关重要，因为如果大部分德军滞留在西线，那么德国将在东线面临来自俄国的威胁。1910 年，俄军重组、"伟大计划"征兵方案和法俄铁路协议标志着俄军实力的显著增强，也意味着德国实施"施里芬-小毛奇计划"面临着重重困难。

    各国的作战方案仅仅是作战蓝图吗？各方似乎都将 1912—1914 年的军事方案视为威慑和防御措施，即阻止敌人入侵并在他们入侵时击败他们，各方并不是为了发动战争而制定了这些方案。[54] 然而，德国政府越来越愿意考虑发动战争。为了更好地理解为什么有必要在不断恶化的国际环境中结盟和参与军备竞赛，需要考虑第三个因素，即一连串外交危机，其中 1914 年的七月危机是一系列外交危机中最大的。[55] 自 19 世纪 80 年代到 1904 年，几个大国为了争夺殖民地引发了诸多外交危机。例如，1896 年英德争夺南非，以及

1898 年英法争夺苏丹。在一战爆发前的十年里，一系列新危机日益逼近，两大集团的关系日益紧张。在 1905—1906 年的第一次摩洛哥危机中，德国未能挫败法国在摩洛哥建立统治地位的企图，因为法国得到了英国的支持。1908—1909 年，奥匈帝国在德国的坚定支持下，强行吞并了波斯尼亚。前一事件巩固了协约国对德国的包围，后一事件则加深了德奥与塞俄之间的对立。此外，在 1909 年 3 月波斯尼亚危机最严重的时候，比洛和小毛奇承诺，如果奥匈帝国进攻塞尔维亚并因此引来俄国的干预，德国将支持奥匈帝国，从而重新解释了 1879 年德奥联盟最初的防御性质，这样就开创了一个先例并预演了 1914 年的大战。

在贝特曼的领导下，欧洲局势迅速恶化并很快走向灾难。在 1911 年爆发的第二次摩洛哥危机中，德国向阿加迪尔（Agadir）派遣了一艘"豹"号炮舰，以此增加在与法国谈判时的筹码。法国没有被德国吓倒，在英国的支持下，仅仅以割让法属刚果的部分领土给德国为条件，就获得了摩洛哥的保护国地位。[56] 这一结果让德国深感失望，促使德国重新评估其军备政策，并重新转向大陆优先政策：法国吞并摩洛哥也促使意大利入侵利比亚，这些事件都分散了奥斯曼帝国的注意力，导致巴尔干半岛国家对其发起攻击。巴尔干战争进一步加剧了地区热点事件与不断恶化的世界局势之间的联系。[57] 第一次巴尔干战争促成了德国的 1913 年军事法案，这一法案促成了法国的《三年兵役法》（*Three-Year Law*）和俄国的"伟大计划"。1912 年，奥匈帝国反对塞尔维亚进入亚得里亚海，由此引发了两国之间的冲突，俄国、奥匈帝国和德国都举行了高层会议，讨论是否开战。12 月 8 日是个星期日，这一天威廉二世被英国将干预欧洲冲突的警告激怒了，他召集陆军和海军将领在波茨坦召开了一次秘密会议。威廉二世设想在奥匈帝国的支持下发动对英战争，小毛奇认为欧洲战争越早开始越好，但提尔皮茨反对小毛奇的观点，他认为德国海军还需要 12～18 个月的准备时间。这次会议实际上并没有决定在欧洲发动一场战争，但它确实表明，德国人正在认真考虑发动一场战争，以帮助他们的盟友，并打破协约国对德国的包围。[58]虽然在 1913 年春天的斯库台争端中，德国压制了贝希托尔德，但在 1913 年 10 月的阿尔巴尼亚边界冲突中，德国完全支持贝希托尔德对塞尔维亚发出的最后通牒，因为德国担心如果再压制奥匈帝国，奥匈帝国将会对德国失去信心。[59]担心失去最后一个盟友的噩梦也在 1914 年 7 月折磨着德国。

1913—1914 年的冬天，利曼事件进一步考验着各个大国。利曼·冯·桑德斯（Liman von Sanders）是一名德国将军，被派往君士坦丁堡（Constantinople）帮助重建土耳其军队。此外，他还将指挥保卫君士坦丁堡和达达尼尔海峡（Dardanelles Strait）的土耳其部队：这令俄国非常头疼，因为达达尼尔海峡是俄国出口的主要水道。在俄国发出抗议后，利曼不再指挥奥斯曼帝国的军队，但仍负责土耳其的其他军事任务，这让他对土耳其军队，进而对土耳其政治有着巨大的影响力。围绕利曼事件，德俄之间爆发了舆论战，德国领导人对俄国重整军备更加紧张。俄国对利曼事件的反应是与法国签署了战略铁路协议，并加强了三国协约，英国同意在 1914 年 6 月与法俄进行秘密的海军合作。英国外交大臣对下议院发表讲话时刻意隐瞒英法俄之间的军事合作，但是俄国驻英大使馆的一名工作人员将英法俄秘密进行海军合作的消息泄露给了德国人，德国感到了前所未有的威胁，它被协约国包围得更紧了，贝特曼与英国达成的和解协议似乎只是海市蜃楼。

到 1914 年，危机、军备竞赛和德国被包围的恐惧相互影响。两大集团日益固化，而且有可能在下一阶段更加牢固，俄法已经充分武装起来并采取了更大胆的行动，德奥预计未来对它们更加不利。反复出现的对抗迫使政治家们考虑以战争来抵偿无尽的恐惧和威胁。这些危机尤其是德法矛盾也推动了民族主义团体的活动，并凝聚了更多的公众舆论来支持国家实行强硬的外交政策。和平解决另一场重大冲突的可能性不大，尽管任何一国都还没有做出发动全面战争的决定。事实上，德国在 1914 年 7 月开具的"空白支票"很好地说明了其决策的随意性。在冒险开战之前，威廉二世并没有召集帝国议会与官员们商议对策。相反，在与贝特曼协商之前，威廉二世先承诺支持奥约什，从而预先判断了事态的发展。威廉二世与弗兰茨·斐迪南关系很好，他认为刺杀斐迪南大公是对王室权威的侮辱。威廉二世的顾问们担心限制维也纳的行为会疏远德奥关系，他们似乎同意战争是对抗塞尔维亚的唯一选择。他们希望奥匈帝国采取军事行动，并鼓励这种行为。德国人给奥匈帝国开具空白支票并非难事，因为他们不确定奥匈帝国是否真的会采取军事行动，同时贝希托尔德也不一定会兑现德国的空白支票。此外，威廉二世和贝特曼都认为，奥匈帝国与塞尔维亚的冲突大概只是局部冲突。他们认为，俄国可能会袖手旁观，而英法也会敦促俄国这样做。但他们毫不犹豫地接受了欧洲爆发战争的可能性，德国陆军大臣埃里希·冯·法尔肯海恩（Erich von Falkenhayn）建议军队做好准备，而小毛奇也一再表示，与其等待，不如现在就行动。小毛奇私下里承认，法国很难被打败，他和他的助手们似乎预计德法战争将是一场长期战争，如果战争不可避免，那么至少应该在最合适的时机发动。[60]当威廉二世在波罗的海巡游时，贝特曼和贾戈留下来处理危机，他们似乎认为最好的结果是来一场巴尔干闪电战，支持奥匈帝国攻打塞尔维亚，也许还会瓦解法俄联盟的包围圈，如果俄国介入，他们愿意打一场大陆战争。正如俾斯麦在 1870 年所做的那样，他们双向下赌。[61]所有的一切都取决于俄国的反应。

对于协约国来说，七月危机真正始于奥匈帝国的最后通牒。贝希托尔德推迟了下达最后通牒的时间，以获得德国的支持并让蒂萨的态度发生转变，让军人休完收割假后返回军队，并等待法国总统普恩加来（Poincaré）和总理维维亚尼（Viviani）结束访俄，他错误地认为，推迟到两人返回法国时再宣布最后通牒，会使俄法双方来不及反应。事实上，推迟最后通牒加深了这样一种印象，即奥匈帝国对萨拉热窝事件并没有做出激烈的反应，而是有意利用这一事件来打压塞尔维亚，并给俄国造成一个既成事实。然而，沙皇尼古拉二世（Nicholas Ⅱ）及其大臣们并不想在欧洲开战，俄国总参谋部需要时间继续重整军备，并且清楚地知道俄国需要和平。比起奥匈帝国与塞尔维亚之间的争端，俄国更关注欧洲的大国政治。[62]

俄国的内部冲突是欧洲大陆最激烈的。1914 年 2 月，前内政大臣彼得·杜尔诺沃（Peter Durnovo）在给尼古拉二世的一份备忘录中预言，战争将以俄国失败和灾难性的社会动荡而告终，这份备忘录颇有先见之明。[63] 和奥匈帝国一样，沙俄帝国也是一个多民族国家，西部有芬兰人、波罗的海各民族、波兰人、白俄罗斯人、乌克兰人和犹太人，南部有高加索人和中亚穆斯林，这些民族占俄国总人口的一半以上，他们居住在俄国最有价值的省份。除此之外，俄国还面临着一场城市社会革命运动和潜在的农民运动。德国社会民主党总体上是守法的，普林西普这样的恐怖分子在奥匈帝国也是很少见的，但俄国却不同，沙皇与俄国的知识分子斗争了几十年。部分是由于这个原因，沙皇不敢在俄国推行民主，仍然坚持独裁统治。诚然，在外交政策失误导致对日战争失败后，尼古拉二世不情愿地进行了内阁改革，实行部长会议。为了平息日俄战争失败后全国范围内的动荡，沙皇同意建立议会、杜马，通过了一系列包括有限公民权利在内的"基本法律"。在接下来的十年里，俄国政治开明，这一政治态势直到 20 世纪 90 年代才再次出现。大多数政党都是合法的，报纸数量众多，舆论自由。然而，俄国的政治体系并不是特别稳定。1909 年之后，连续的好收成有助于农村稳定和税收增加，增加的税收很大一部分用于购买武器装备。[64] 但是，政府单方面限制杜马权力，到 1914 年政府与议会的合作破裂了。1914 年 2 月，部长会议的权力也被削弱，尼古拉二世用无能的伊万·戈列梅金（Ivan Goremykin）取代了弗拉基米尔·科科夫佐夫（Vladimir Kokovtsov）担任部长会议主席，这样他就可以与大臣们一一沟通联系，而不用像之前那样需要与全体大臣集体沟通。[65] 和德国一样，俄国的军民关系不佳，从而加剧了问题的严重性。自 1912 年以来，新的罢工浪潮此起彼伏。1914 年 7 月，圣彼得堡（St Petersburg）爆发了一场大罢工，俄国当局在街道上设置了路障。国内形势恶化进一步加剧了俄国的外交困境。

那么，俄国为什么不干脆放弃塞尔维亚呢？没有任何同盟条约 27 规定俄国必须援助塞尔维亚。尽管有宗教和语言的关系，也有相互支持的历史传统，但俄国人的动机并不是基于斯拉夫的团结。1908—1909 年和 1912—1913 年，俄国曾敦促塞尔维亚保持克制。[66] 但在 1914 年，俄国建议塞尔维亚不能对自己的命运无动于衷[67]，鼓励塞尔维亚人不能全盘接受最后通牒，即使他们这样做会为奥匈帝国发动战争提供借口。[68] 尽管俄国在塞尔维亚的经济利益微不足道，但其领导人认为，他们在达达尼尔海峡拥有重要的商业利益，正如俄国外交大臣萨佐诺夫（Sazonov）所言，巴尔干的"政治平衡"对俄国不利，俄国利益可能会受到威胁。[69] 塞尔维亚在战略上也很重要，因为它可以迫使奥匈帝国在与俄国的战争中分散兵力。此外，1914 年的威胁比 1909 年和 1912 年的严重得多，那时，奥匈帝国只是试图遏制塞尔维亚扩张，而不是破坏其独立地位。所以，巴尔干问题确实很重要，但是在 7 月 24 日的大臣会议上，萨佐诺夫强调奥匈帝国背后是德国。在 19 世纪的大部分时间里，德俄一直保持着良好关系，它们是毗邻的保守的君主制国家，都反对自由主义，在控制波兰方面存在共同利益（在 1815 年，德国、俄国与奥地利再次瓜分波兰）。然而，到了 20 世纪，德国在巴尔干半岛支持奥匈帝国，德国与俄国之间的经济利益冲突不断增加，两国普遍存在着仇外的种族主义情绪。[70] 德国在利曼事件中支持土耳其，这似乎威胁到了俄国的重要利益，德国与俄国在军备竞赛中是竞争对手。萨佐诺夫和部长会议对柏林的意图持悲观态度，认为让步只会鼓励德国进一步的挑衅。萨佐诺夫和部长会议决定，无论风险有多大，现在必须坚定立场，希望在保护塞尔维亚的同时避免战争，战争大臣和海军大臣都支持强硬的对德政策。考虑到俄国重整军备需要三四年的时间，这种做法是否明智，很难判断。但是，俄国认为德奥对其利益的挑战是不可容忍的，而且俄国重整军备的进展已经足够让战争成为一种可行的选择，并且，无论如何，法国都会支持俄国。

　　对事态升级至关重要的是，俄国不仅决定支持塞尔维亚，而且决定以军事手段来处理危机。直到 7 月 23 日，奥匈帝国和德国还很少采取军事措施，部分原因是为了避免刺激对手。即使在发出最后通牒后，德国仍然没有行动，德国不希望冲突扩大。但在 7 月 26 日，俄国开始沿着奥匈帝国和德国的边境开展预备动员，即所谓的"战争准备阶段"。除英国以外的所有欧洲国家都实行征兵制度，那些需要服兵役的年轻人通常在 20 岁时被征召到部队服役 2～3 年，之后他们会在预备役部队定期接受训练，直到 30 岁左右才结束预备役状态。动员意味着将预备役人员召回部队，为他们提供行军所需的马匹和装备。预备役的规模是常备军的三四倍。预动员先于集中动员（集中动员是动员部队通过铁路向边境集结）和部署作战。俄国的预动员措施包括取消休假和清理边境铁路线等，预动员是为了加快集中动员的速度（通常来讲，俄国的动员速度比西方慢）。因此，奥匈帝国和德国的情报部门对俄国的预动员十分警觉，它们几乎立刻就发现了。[71]俄国认为这是一种预防措施，但事件很快表明，采取威慑外交行不通。7月28日，奥匈帝国不顾俄国抗议，开始在巴尔干半岛进行部分动员，并向塞尔维亚宣战。29日，奥匈帝国轰炸了贝尔格莱德。同一天，贝特曼警告俄国，俄国若继续采取预动员措施，将会迫使德国对俄国进行报复，并可能导致敌对行动。由于萨佐诺夫不准备让步，也不准备取消预动员，他和陆军大臣苏霍姆利诺夫（Sukhomlinov）、总参谋长雅努什凯维奇（Janushkevich）的结论是，战争无论如何都会到来，现在重要的只是下令全面动员，为战争做好准备。萨佐诺夫和尼古拉二世都明白这意味着一场重大冲突，正如尼古拉二世所说，将会有成千上万人死亡。沙皇苦恼不已，先是下令只针对奥匈帝国进行局部动员，但最终在7月30日授权针对奥匈帝国和德国进行动员，并于次日生效。除非尼古拉二世和萨佐诺夫准备默许奥匈帝国击败塞尔维亚，否则他们认为一场全面战争不可避免。德国抗议俄国的总动员令，要求俄国在12小时内停止总动员，但俄国置若罔闻。换句话说，俄国故意为之。[72] 双方都不会在核心问题上让步，如果德国发起挑战，俄国会迎面应对。7月31日，德国开始了密集的军事准备，并向俄国发出最后通牒，要求其停止动员。8月1日，德奥两国都开始了总动员，同一天德国向俄国宣战。大国之间的战争开始了。

　　还有两个因素促成了俄国领导人做出这个决定。首先，公共舆论似乎是支持俄国参战的。大多数杜马成员和媒体呼吁政府站在塞尔维亚一边，萨佐诺夫警告尼古拉二世，除非他支持塞尔维亚，否则他将冒着"爆发革命和失去王位"的风险。[73] 尽管这位内政大臣私下里有不祥的预感，但他在七月危机期间报告说，各省都很平静，整个国家都会服从命令。[74]其次，俄国及其盟友获胜的可能性似乎相当大。萨佐诺夫不确定英国是否会支持俄国，他后来辩称，如果英国能更坚定地介入，可能会阻止德国发动战争。然而，法国驻俄大使莫里斯·帕莱奥洛格（Maurice Paléologue）向萨佐诺夫保证法国会支持俄国[75]，两年来，法国军方一直向俄国表示，两国合作是有利的。俄国和法国都正确地预见到，在两线作战中，德国会先向西进攻，如果法国能拖住德国，俄国肯定能打败奥匈帝国。在波斯尼亚危机爆发时，俄军发动一场大规模战争是难以想象的。但是，5 年后，当国家利益面临更大挑战时，俄国没有退缩。

如果不考虑法国这个盟友的表现，就无法充分理解俄国的决定。[76]很可能在普恩加来和维维亚尼离开圣彼得堡之前，法国人和俄国人就已经讨论了即将发生的事情，但是他们应该只讨论了外交对策。[77]然而，从 7 月 23 日到 29 日，普恩加来和维维亚尼正乘船返回法国，二人与巴黎的无线电联系不太通畅，德国人试图干扰他们的通信。普恩加来和维维亚尼的缺席非但没有抑制法俄两国有力回应德奥，反而可能给了帕莱奥洛格自由发挥的空间，他鼓励俄国对德奥做出强硬回应。普恩加来和维维亚尼到达巴黎时发电报给俄国，要求俄国不要采取任何可能刺激德国的措施，但这条电报发得太晚了，已经无法阻止尼古拉二世的动员令。俄国动员令一发出，德国就同时向法国和俄国发出最后通牒，要求法国在俄德战争中保持中立。虽然俄国没有与法国协商就进行了动员，但是普恩加来和维维亚尼不会放弃法俄联盟，因为这对于法国而言，利益攸关。8 月 3 日，德国根据虚假的指控（即法国军队越过了边界和法国飞机轰炸了纽伦堡）对法宣战。

法国对战争爆发的贡献主要在于其在 1914 年 7 月前所采取的 *30* 行动。德国一直视法国为主要军事对手；只是在战争前夕，德国才开始重视俄国。[78] 通过向塞尔维亚出售武器，法国削弱了奥匈帝国在巴尔干半岛的地位；通过向俄国提供贷款在俄国建设战略性的铁路，法国加紧了对德国的包围。但在这场危机中，巴黎十分谨慎，不主动挑衅，故意在军事准备方面落后于德国，并命令法军驻守在边境后方 10 公里处。法国这样做，既有内因，也有外因。从内部来看，法国是一个共和国，这在欧洲大国中是独一无二的，它的国家元首是由选举团选出的总统。总理和内阁依靠下议院的多数席位，下议院由所有成年男性选举产生。考虑到四分五裂的政党体系，每届内阁平均只能维持 9 个月的时间。军队的战略规划隶属于战争部长、总理和总统。1914 年前，欧洲局势紧张导致法国舆论两极分化：一方面刺激了巴黎的学生、知识分子和右翼人员的"民族主义重新觉醒"；另一方面也有利于社会主义政党——法国社会党（SFIO），该党反对《三年兵役法》，法国社会党在 1914 年 5 月至 6 月的议会选举中获得了更多支持者。法国社会党及其魅力超凡的领导人让·饶勒斯（Jean Jaurès）主张工人团结起来支持国家的自卫战争；法国总工会（CGT）在任何情况下都坚决反对战争。普恩加来于 1912 年担任总理和外交部长，1913 年起担任总统，他的目的是加强法俄联盟，并在军事上和心理上让法国为可能发生的战争做好准备，他对德国的战略理念似乎是威慑而不挑衅。[79] 维维亚尼是一个独立的社会主义者，于 1914 年 6 月成为法国总理，他反对

《三年兵役法》，只是同意暂时不去修改它。法国高层的政治分歧难以消除，只有在面对无端侵略时，这些分歧才会消失。

法国领导人谨慎的第二个原因是英国的不确定性，直到大战爆发的前两天，英国似乎还保持中立。7月28日至8月1日，柏林举行了最后一轮讨论，德国是否参战仍存在着不确定性。自从给奥匈帝国开了一张"空白支票"后，威廉二世和贝特曼就做好了准备，如果俄国支持塞尔维亚，德国就参战。如果俄国开始军事准备，考虑到"施里芬-小毛奇计划"的速战速决性质，德国将不得不立即进行报复。一旦俄国开始预动员，欧洲和平的命运就几乎注定进入了死胡同。尽管如此，还是有最后的时间进行自我反省。首先，德国皇帝于7月28日从波罗的海登陆，敦促奥匈帝国满足于占领贝尔格莱德，以此作为塞尔维亚人信守承诺的保证。第二天，贝特曼也强调了这个"停止在贝尔格莱德"的计划，主要是因为英国外交大臣爱德华·格雷（Edward Grey）爵士警告说，英国将迅速干预欧洲的冲突。在此之前，英国的外交政策一直非常温和，格雷寻求与柏林合作，希望德国能抑制奥匈帝国。这是一个严重的误判，贝特曼也赞同这个误判，这一误判使德国希望英国能置身事外。因此，29日，贝特曼提出了一个愚蠢的要求，贝特曼承诺，如果英国保持中立，那么作为回报，德国不会从法国手中夺走比利时的领土或其他任何东西——从而承认了德国入侵比利时和抢夺法国殖民地的意图。虽然英国内阁对此毫不知情，而且也没有承诺参战，但是格雷的警告还是让贝特曼动摇了，如果早一点发出，可能会让贝特曼和威廉二世约束奥匈帝国及其军队，但现在为时已晚。小毛奇敦促康拉德集中军队对抗俄国和塞尔维亚，小毛奇的行为使贝特曼为抑制维也纳而做的努力大打折扣，奥匈帝国拒绝了"停止在贝尔格莱德"的提议，理由是这不利于塞尔维亚问题的快速解决。到了30日，俄国采取行动的报告，和法国、比利时的军事报告接踵而来，小毛奇和法尔肯海恩都认为德国必须开始做准备工作。贝特曼同意进行军事动员，但是要等到31日中午。但事实上，就在那一天，有消息证实了俄国的动员，从而使贝特曼同意德国提前进行动员，以回应俄国入侵。这一因素对维持国内团结至关重要，他和小毛奇都非常重视这一因素，因为与社会民主党领导人的接触表明，社会民主党领导人对于是否支持德国参战的态度将取决于这场战争是否具有自卫性。[80]8月1日，英国发布了一份误导性电报，暗示英国可以让法国保持中立，允许德国可以集中精力对付俄国。威廉二世无视小毛奇的请求，下令停止向西进军，以至于小毛奇无法在最后一刻做出临时的替代方案。许多评论家利用这一事件来强调军队的力量，但实际上它表明威廉二世可以凌驾于军队之上。[81]然而，当德国意识到来自伦敦的消息具有误导性时，威廉二世授权军队向西推进，他接受了德国不仅可能对法俄两国开战而且可能对英国开战的现实。德国认为，如果法俄两国被击败，英国也无能为力，与其退让，还不如接受与伦敦敌对的现实。当英国警告德军不要进入比利时时，德国置若罔闻。

　　英国只能往欧洲大陆派遣6个师，这一点兵力根本没有引起德国总参谋部的重视。与英德战争相比，德国领导人更愿意打一场局部的巴尔干战争，如果做不到这一点，就打一场针对法俄的大陆战争。德国对法俄宣战，而英国对德国宣战。从巴尔干半岛冲突到欧洲大陆冲突，再到英国卷入战争，战争规模不断升级，最终演变成世界大战。几乎可以肯定的是，英国参战粉碎了德国在几个月内击败法国和俄国的可能性。毫无疑问，英国参战是由进步的自由党内阁决定的，但直到8月2日，大多数自由党内阁成员仍不赞成参战，自由党占多数的下院也反对参战。[82]比利时问题是造成英国态度转变的一个重要因素，但它只是部分原因。[83]

首先，英国宣战是因为德国没有尊重比利时主权独立和领土完整。比利时独立不久，欧洲列强在1839年签署了《伦敦条约》（London Treaty），宣称要保证比利时的安全。1870年，普法战争中，法国和普鲁士都履行了这一承诺。1914年，法国愿意遵守这一承诺，实际上普恩加来已经排除了法国先发制人入侵比利时的可能性，部分原因是考虑到英国。德国"施里芬计划"的战略构想是让西线德军的右翼部队通过比利时从而包抄法国。8月2日，德军要求通过比利时。比利时国王阿尔贝一世（Albert I）和首相布罗克维尔（Broqueville）决定抵制德国的无理要求，并向他国求助。[84]正如英国首相阿斯奎斯（Asquith）所说，德国的最后通牒"简化了问题"[85]。一场对英国承诺要保卫的弱小邻国的残酷侵略，引发了一个道德问题。比利时事关英国的荣誉，保卫比利时能安抚自由派后座议员和内阁中那些质疑英国参战者的良心。考虑到比利时海岸面对伦敦和泰晤士河口，还有让低地国家不受敌对势力控制的传统，以及国家安全，英国在1839年签订了比利时中立条约。那时法国是英国未来的敌人，当时英国签署《伦敦条约》主要是针对法

国可能控制低地国家。因此，无论对于联合主义者① 还是自由党政 33
府来说，比利时都很重要，更不用说作为一个天主教小国，它对爱
尔兰民族主义议员的重要意义了。

然而，比利时问题并不像前文说的那么重要。英国政府决定只
抵制对比利时的"实质性侵犯"[86]。如果德军仅仅穿过位于比利时东
南角的阿登（Ardennes）地区，那情况可能会有所不同。英国内阁
认为，英国实际上没有义务援助比利时，而英国这样做"只是政
策……而不是法律义务"[87]。如果法国入侵比利时，很难想象英国内
阁或下议院的多数议员会支持比利时。关键不在于比利时遭到了入
侵，而在于入侵者是德国，英国政府和多数公众认为德国对西欧的
统治是危险的。比利时政府很快就达成了一致，允许英国迅速采取
行动，事实证明比利时的决定至关重要。格雷和阿斯奎斯认为，英
国不允许德国打败法国，第一海军大臣温斯顿·丘吉尔（Winston
Churchill）和劳合·乔治也持有相同的观点。尽管英德之间的紧张
关系有所缓和，但早先的敌对记忆对双方的影响更大。

从 19 世纪 90 年代开始，无论是自由党执政还是保守党执政，
英德关系都在恶化。[88]政治体制不是英德关系的决定因素，德国的政
治体制十分专制，但意识形态并未阻止英国与更加专制的俄国进行
合作。商业考虑也不重要，在 19、20 世纪之交，德国挑战了英国
在全球制造业贸易中的主导地位，并挤占了英国的国内市场，当英
国出口在 1914 年之前的贸易繁荣中复苏时，英国不再对德国的商

---

① 在这一时期，保守党人士通常被称为联合主义者，因为他们反对在都柏林设置
议会，认为这会危及大不列颠与爱尔兰之间的关系，可能会使爱尔兰独立。

业竞争充满敌意。德国于 1879 年和 1902 年提高了关税，这是英国保守党政府采取保护主义的原因之一，但自由党在 1906 年和 1910 年的选举中获胜，自由党治下的英国仍然是一个自由贸易国家。尽管英国与德国存在贸易逆差，但在航运和保险等服务领域却存在顺差，而且两国整体经济关系的互补性大于竞争性。英德关系恶化的更重要的原因是德国工业的快速扩张，特别是工程、化工、钢铁等与军事相关的行业发展迅速。1870 年，德国的钢铁产量还只是英国的一半；到了 1914 年，德国的钢铁产量已经是英国的两倍。当然，德国的钢铁增长速度在美国面前相形见绌，到 1914 年，美国的钢铁产量几乎相当于英、法、德三国的总和，但德国不是在大西洋对岸而是在北海对岸。人们普遍担心英国已经度过了维多利亚时代的鼎盛时期，对德国不断扩张所占用的资源，英国有一种不祥的预感。这正是威廉二世时代德国政策难以预测的关键所在。

20 世纪初，德国的"世界政策"对大英帝国的安全影响不大。虽然此前威廉二世在南部非洲的介入戳到了英国的痛处，因为好望角守卫着通往印度的两条主要海上航线中的一条（另一条为苏伊士运河），但是英国在 1899—1902 年击败布尔人后，确立了其对南非地区的牢固控制。此后，"世界政策"对法国（在摩洛哥）和俄国（在土耳其海峡）构成了更大挑战。1912—1914 年，英国与德国就非洲和波斯湾的势力范围进行了谈判。德国海军对英国的威胁更大，可能比其他任何事情都更能震慑英国公众：德国是一个劲敌，是恐怖的入侵者，也是 1908—1909 年英国无畏级战列舰的噩梦。现代英国情报机构是为了搜集德国战舰情报和破坏传闻中的英国内部间谍网络而设立的。[89]1912 年后，英国政府意识到它的海军正面临越来越大的挑战，即便如此，英国海军部也没有认真研究过德军入侵英国的问题。[90]格雷及其助手更倾向于遏制德国而不是与之作战，他们担心，如果德国真的打败了法国和俄国，英国将是德国的下一个攻击对象。因此，在 1912 年 12 月和 1914 年 7 月 29 日的亚得里亚海危机期间，英国曾发出警告，声称将干预欧洲战争，这也是格雷和法俄缔结协约的主要原因。

英国参加协约国的外交政策在当时是有争议的，而且这个争议一直都存在。[91]英国实行这一外交政策的初衷并非反对德国，而是针对 19 世纪 90 年代英国的孤立状态做出的回应，当时俄国、法国、德国和美国似乎都是可能的敌人。在 19、20 世纪之交，英国解决了与美国的争端，于 1902 年与日本结盟，于 1904 年和 1907 年签订的协议解决了与法国和俄国的大部分分歧。格雷及其助手们怀疑德国有"拿破仑式"的霸权野心，尽管他们依据的是陈腐的证据。基于格雷的这一认知，英国与法俄消除了在亚非的分歧，并就欧洲内部问题展开合作。英国既需要遏制德国的这种野心，又需要鼓励法俄保持独立。另外，法国和俄国不必过于沾沾自喜，而且英国下议院也不会批准与法俄的结盟条约，格雷在与两国结盟的同时，也极力逃避对两国做出承诺。这些承诺主要包括英国在摩洛哥问题上支持法国、在巴尔干问题上支持俄国，以及英法秘密制定军事合作计划。[92]1911 年，英法两国总参谋部同意英国向法国北部最多派遣 6 个师的英国远征军（British Expeditionary Force，BEF）。1913 年，两国海军对海域防卫进行了分工，法国负责地中海西部和地中

35

海海峡西部，英国负责地中海东部和多佛海峡。1912 年双方交换的信件明确规定，如果欧洲和平受到威胁，英国只能与法国协商，而不能启动联合应急计划或发动战争。1914 年，格雷坚持认为英国有义务捍卫欧洲的荣誉，但内阁不同意他的观点。8 月 1 日，他不得不告诉法国大使，在得不到英国支持的情况下，巴黎必须自己决定如何回应德国的最后通牒。

8 月 2 日，星期天，对于英国内阁而言非常关键。这一天，英国内阁举行了三次会议，决定对德国严重侵犯比利时中立地位的行为采取行动，并阻止德国舰队攻击法国船只或法国海岸。英国援助法国的措施已是伦敦在履行英法协议方面所能做的极限了，因为德国愿意远离英吉利海峡，并不想让英国卷入战争。[93]至于俄国方面，格雷也不愿让英国卷入一场东欧战争。格雷确实担心，如果法俄获胜，而英国保持中立，可能会招致法俄的报复，而印度可能会被俄国入侵。[94]但这些担忧只是英国内阁决定参战的次要因素，内阁决定参战的关键原因是德国对英国安全的威胁，以及德国即将攻击比利时。党派因素也起了一定作用。英国是唯一一个在议会辩论参战问题的国家，尽管下议院没有投票，但是下议院的支持至关重要。自1910 年以来，英国政治进入一个动荡期，自由党只有在与工党和爱尔兰民族主义者联合的情况下才能在议会占有多数。自由党通过废除上议院在立法上的绝对否决权来对抗保守党，而工会斗争和争取妇女选举权的妇女参政运动者也使自由党备受困扰。最重要的是，自由党关于在都柏林建立自治议会的地方自治法案遭到了阿尔斯特（Ulster）新教徒的强烈抵制（北爱尔兰又称阿尔斯特，阿尔斯特新教徒愿意维持和英国的统一），阿尔斯特新教徒以武力相威胁，他们的行动得到了保守党的支持。到 1914 年，阿尔斯特人和主张爱尔兰独立的民族主义者都在进行军事演练、进口武器，当政府准备胁迫新教徒时，几名军官辞职，发誓坚决不与政府合作。整个 1914 年 7 月，直到奥匈帝国发出最后通牒，英国媒体和内阁关注的焦点不是巴尔干半岛，而是爱尔兰。所有政党都支持参加欧洲大战以缓解内部压力，阿斯奎斯终于松了一口气，但这并不意味着内阁选择以战争来解决国内冲突。相反，政府担心对德作战会使英国的食品供应中断，加剧阶级斗争。最初，英国没有将 6 个师的远征军全部派往欧洲大陆，而是在国内保留了 2 个师的远征军，部分是为了防止动乱。更重要的国内影响是自由党和保守党的分歧，许多大臣认为保守党人的极端主义主张使他们不适合进入内阁。但在 8 月 2 日，保守党领导人安德鲁·博纳·劳（Andrew Bonar Law）敦促英国应该立即支持法国和俄国。格雷威胁说，如果不给予法国和比利时任何承诺，他就辞职，阿斯奎斯表示愿意和格雷一起离职。如果英国坚持中立，那么内阁很可能发生分裂，从而导致保守党和自由党中的支持参战者实现联合，那样的话，英国也会加入战争。相反，履行参战承诺有利于维护自由党的团结，保住自由党大臣们的职位，并在战时捍卫自由党的原则。对于格雷和阿斯奎斯的参战呼吁，内阁中没有重量级的反对声音，劳合·乔治在这方面的态度就显得尤为重要了。至此，自由党内的反战派突然瓦解了。[95]

　　对于英国参战方式的预期进一步帮助了英国政府的决策。8 月

2日，大臣们审议了英国远征军不派往法国的方案。三天后，内阁委员会做出了最终决定。按照传统方式，英国将提供海军、殖民地和财政方面的支持，或许还会在欧洲大陆部署少量部队。英国海军部认为，如果这场斗争持续下去，它可以掌握制海权，战争对德国经济的损害要比对英国经济的伤害大得多。[96]格雷知道这一点，也知道陆军部军事行动主任亨利·威尔逊（Henry Wilson）支持这一观点，即派遣英国远征军可能会打破法国与德国之间的平衡，因此需要迅速派遣远征军。基钦纳（Kitchener）勋爵，这位曾征服了苏丹并帮助英国镇压了布尔人的英雄，现在被任命为战争大臣，基钦纳勋爵的眼光与众不同，他预见到这是一场将持续两年甚至更长时间的战争。[97]像其他强国一样，英国正在坠入深渊，英国人的一厢情愿让他们坠入深渊。

这最后一点引出了一个更大的问题：为何整个欧洲的反战因素极易瓦解？政府能够破坏和平，只是因为反战力量软弱和多数民众默许。总的来说，反战力量主要来自工会和社会主义运动。英国是一个例外，与欧洲大陆相比，英国工会联盟（Trades Union Congress，TUC）的政治化程度较低，而工党尚未致力于社会主义，自由党超越工党成为左翼的主要旗手。直到8月2日，反对英国参战的声音还很普遍。伦敦金融城对英国参战的前景感到恐慌：罗斯柴尔德（Rothschild）勋爵敦促《泰晤士报》（The Times）弱化主战派领导人的影响，但遭到拒绝，英格兰银行行长请求劳合·乔治不要让英国卷入一战。所有自由党报纸和一些保守党报纸都反对参战，根据阿斯奎斯的说法，3/4的自由党议员以及参加特拉法尔加广场（Trafalgar Square）集会的人也反对参战。然而，一旦德国威胁到比利时和法国，英国民众的态度就发生了转变，下议院也默许了民众态度的转变，反战派群龙无首，也没有时间进行组织。《曼彻斯特卫报》（*Manchester Guardian*）持中立立场的编辑 C. P. 斯科特（C. P. Scott）认为，既然英国已经置身于战争之中，那么重要的就是赢得胜利，即使调查英国是否应该参战，那也是以后的事情。关于是否参战，英国从一开始就十分矛盾，之后这种矛盾情绪又再次出现，这损害了英国参加一战的声誉。[98]

欧洲大陆存在着一种联合抵抗战争的机制，即 1889 年成立的社会主义的第二国际。但是各国工人党未能利用这一组织，就像各国政府未能利用"欧洲协调机制"一样，原因也有类似之处。[99]第二国际排除了非社会主义的左翼、工会和国家工会中心国际秘书处（International Secretariat of National Trade Union Centers，ISNTUC），国家工会中心国际秘书处包括德国中央工会组织，但不包括英国工会联盟和法国总工会。[100]第二国际中的俄国工人党和塞尔维亚工人党是最激进地反军国主义的，但是它们规模很小且地处偏远。第二国际中最强大的政党是法国社会党和德国社会民主党，但二者都很温和，二者之间也没有合作。相对于德国工会，法国工会人数更少，在意识形态上更极端。德国工会与德国社会民主党关系密切，但法国总工会独立于法国社会党之外。因此，第二国际的各成员国工人党不太可能把其决议变成罢工行动，进而使本国铁路和兵工厂陷入瘫痪状态。国际罢工对德国的打击最大，因为德国的工会最强大。但是第二国际让每个国家自行决定是否罢工可能对法国的影响最大，因为法国工人更有可能罢工。在战前危机阶段，第二国际试图解决这一问题，但是第二国际只诊断出现问题的原因，而没有就补救办法达成共识。1907 年，国际社会党在斯图加特（Stuttgart）召开代表大会，斯图加特会议将战争归咎于资本主义，由于德国工人抵制，当战争来临时，各国工人党没有采取一致行动。虽然斯图加特决议具有权威性，但是第二国际一再推迟就战争问题做出最后决定。1914 年 7 月 29 日，各国工人党领导人在布鲁塞尔（Brussels）聚会，参加由国际秘书处召集的紧急会议，他们没有找到共同点，他们委托特别代表大会采取行动，但它最终也没有召开。

　　第二国际对各国工人政党没有强制力。只有征得这些工人政党领导人的同意，第二国际才能出面协调。1914 年，让·饶勒斯和德国工人领袖过于自信，因为一系列危机的和平解决向他们表明，在现代资本主义中，战争是不合时宜的。此外，马克思和恩格斯也赞成他们所认为的历史上的进步战争，对于法国社会党来说，法国对德国的战争可能符合这个标准；对于德国社会民主党来说，德国对俄国的战争可能也符合这个标准。意识形态也不是唯一的考虑因素。双方都承认，自卫战争是正当的，1914 年的战争似乎是正当的，1914 年的战争不是斯图加特会议谴责的战争，那些战争是资本主义的帝国主义的产物。从 7 月 25 日起，社会民主党组织了大规模但温和的反战示威活动，而在与大臣们的秘密会议上，社会民主党领导人表示，他们对战争的态度取决于这场战争是防御性战争还是支持奥匈帝国的侵略性战争。俄国的战争动员使德国的民意发生了转向，并削弱了德国民众的反战运动，贝特曼静待俄国犯错的策略是正确的，8 月 4 日，几乎所有社会民主党议员都投票支持战争拨款。社会民主党认为抵制政府的决策是徒劳的，如果被镇压，自己将无力在未来的审判中保护其成员。法国也是如此，首先，法国社会党和法国总工会组织了和平示威，导火线是让·饶勒斯在 7 月 31 日被一名保皇派狂热分子谋杀。普恩加来抛开和平时期的分歧，专门纪念让·饶勒斯，而法国总工会领导人莱昂·儒奥（Léon Jouhaux）在让·饶勒斯的墓前发表讲话，呼吁国家应团结起来。政府小心翼翼地装出特别谨慎的样子，废止了"B 号通缉令"，"B 号通缉令"是一份计划逮捕左翼分子的名单。最后，法国显然成了德国侵略的受害者，如果让·饶勒斯还活着，他可能也会支持政府参战。法国所有政党都支持在紧急状态时期应该实行政治休战，政治休战只是暂时搁置和平时期的分歧而不是彻底消除它，各党派还期望从政治休战中获得政治利益，并认为紧急状态将是短暂的。[101]

除了俄国和塞尔维亚，其他国家的社会主义政党都支持战争。社会主义政党支持战争扼杀了各国的反战活动。即便如此，爱国和支持战争的热情在很大程度上还是局限于大城市，并且比最初的和平主义集会来得晚。7 月 29 日，普恩加来和维维亚尼回到巴黎时，受到法国民众和军队的热烈欢迎，二人备受鼓舞；两天后，面对兴高采烈的柏林民众，威廉二世和贝特曼谦卑有加。但一般来说，这样的示威活动对政府的影响很小，示威活动是危机的结果而不是原因。在巴黎、柏林和伦敦，市民们聚集在报社外等待最新一期的报纸，而不是像 20 世纪 30 年代那样挤在家里的收音机旁，或者像古巴导弹危机时挤在电视机旁。从 7 月 25 日开始，从这些公众集会开始，德国各城市爆发了第一次爱国示威游行活动，随着示威活动高潮迭起，示威人数不断增加。集会人员的规模和多样性被右翼严重夸大，现实情况是群众集会温和得多，但是右翼将群众集会活动构建成一个超越分歧、实现国家团结的神话。当然，许多目击者对新建立的团结印象深刻。然而，对示威活动持批评态度的媒体指出，参与者主要是中产阶级家庭的学生和职场的年轻男性。虽然柏林的工人居住区第一次升起了霍亨索伦王朝的旗帜，但工人的情绪是严肃和焦虑不安的。[102]银行出现了挤兑，杂货店出现了抢购狂潮。在法国，地方长官和学校教师的报告显示，震惊、惊慌和怀疑是村民听到战争动员消息后的主要反应。当士兵们离家奔赴战场时，他们变得更加坚定，这既不是为了阿尔萨斯-洛林，也不是为 1870 年复仇，而是为了抵御一个长期侵略者的非法攻击。[103]法国的国民共识可能比德国更强烈。[104]在奥匈帝国，讲德语的社会主义者（像德国的社会民主党人一样）出于反俄的原因支持战争，维也纳也有很多爱国人士。更令人惊讶的是，捷克的政治家们一开始对奥匈帝国也很忠诚，就像许多南斯拉夫人和斯洛文尼亚人一样，但是克罗地亚人四分五裂，波兰人担心被派去对抗俄国统治下的波兰同胞。[105]但是，一旦事态变得明朗，这将是一场欧洲战争，而不仅仅是一场反对塞尔维亚的战争，对战争的支持就会减弱，然而这种坚定的情绪仍然让观察家们感到惊讶，因为他们已经习惯二元君主制下的国家分裂状态。俄国的战前罢工运动消失了，可能是因为其领导人被捕，而先前难以驾驭的杜马成员大多支持战争。据报道，农民在听到战争的消息时不理解，最好的情况是顺从，最坏的情况是恐惧和愤怒。[106]

　　一战时期，大多数欧洲人生活在欧洲大陆的乡村和小城镇，那里的人们比生活在首都城市的人更焦虑。在知识分子中，很多人为国家的团结而欢欣鼓舞，并将战争视为一个涤荡和复兴社会的机会而表示欢迎；但也有人对战争感到恐惧和厌恶，认为战争会将人类社会带入原始状态。[107]然而，人们只是恐惧和厌恶战争，并没有因此而抵制政府的战争行为。在英国，陆军和海军都是志愿军，已经回归平民生活的预备役人员都服从征召命令。工人运动也没有打算破坏战争。欧洲大陆各国的军事动员依赖于数百万应征士兵重返部队。奥匈帝国政府预计会有 1/10 的人拒绝应征入伍。[108]法国预期的抵制率为 13%。结果，各国发现应征入伍的抵制率要低得多，法国的抵制率仅为 1.5%。[109]只有俄国出现了广泛的抵制入伍运动，这些运动主要发生在农村地区。俄国有一半地区爆发了骚乱，数百人死亡，但最终的应征率还是达到了 96%。[110]虽然俄国的应征率比较低，但动员和军队集结还是进行得很顺利，速度之快令俄国的敌对国感到惊讶。在西欧，法国和德国都按时完成了部署。在德国人知道英国远征军已经越过英吉利海峡之前，英国军队已经抵达法国北部的目标区域。无论欧洲人带着什么不祥的预感参战，几乎不需要动用什么力量就能让他们走上战场。经过一代人的时间发展起来的大规模征兵和预备役人员培训制度教会了那些被动员起来的人该做什么，识字率的普及、全国性的媒体以及法国"巴士底日"和德国"色当日"这样的节日强化了民族意识。但是也有人不支持战争，比如德国的波兰人和阿尔萨斯人、奥匈帝国的斯拉夫少数民族民众以及俄国大部分地区的农民，他们对战争的支持从一开始就有问题，后来更是如此。[111]然而，就目前而言，任何地方都足以引爆战争。

　　这些都是非同寻常的事件，在当时和以后都被视为进入未知领域与新时代的开始。是什么让长久的和平如此迅速地瓦解？聚焦于国际体系的人，将大国描绘成受害者；强调个别政府发挥作用的人，则将大国描绘成实施者。这两种看法都很有启发性。总的来说，和平是脆弱的，而且越来越脆弱。这些大国即使没有意图，也有能力发动一场大战，鉴于拥有这种能力，它们有可能这样做。欧洲协调机制和第二国际都无法阻止大战爆发。1870年以来建立的征兵制度和武器库，在动员后数小时内就可能造成成千上万人伤亡。在1914年之前的十年里，各国的总参谋部都将自己的战争计划调整为立即进攻，军备竞赛使各国的部队处于高度战备状态。地中海和巴尔干半岛不断发生的危机使各国政府习惯于去预测可能发生战争，并就是否发动战争展开辩论。这些因素有助于传播这样一种观点，即两大集团之间的摊牌是不可避免的。[112]不仅如此，连续不断的危机可能让社会党的领导人产生了虚假的不安全感，也使其他政党团结起来支持政府，这些都使社会党的力量被削弱了。到1914年，反对战争的呼声逐渐减弱，政治家们不仅拥有发动战争的技术手段，而且拥有发动战争的群众基础，如果能巧妙地应对战争的爆发，他们还能获得公众的支持。

　　这些更具进攻性的战略、军备竞赛、反复出现的危机以及对战争的日益适应，与历史上的其他时期非常类似，如19世纪80年

代、20 世纪 30 年代，以及冷战对峙的三个高峰期，即 1948—1953
年、1958—1962 年和 1979—1983 年。然而，同样的危机表明，这
些情况不一定都会发展为战争。要解释这一时期的不同之处，我们
必须从更广泛的国际体系转向个别大国。战争之所以爆发，重点是
政府的主动性，民众支持固然必不可少，但只起了辅助作用。为了
发动战争，各国政府都不得不宣战，并发动他们的军事机器。即便
欧洲和平可能只是纸牌屋，也得有人推翻它。人们曾经认为，1914
年是一场由意外和错误引发的战争的典型：没有政治家想要这场战
争，但所有人都被这些事件压倒了。[113]这种观点现在看来是站不住
脚的。当然，在 7 月下旬，电报通信来往密集，政府对政治家们的
行为非常清楚。一场全面战争对于政治家们来说不是最佳结果，但
比起更糟糕的结果，他们更喜欢战争。虽然德国和俄国确实打错了
算盘，但各方都愿意冒战争的风险而不愿后退。[114]战争从巴尔干半
岛的对抗发展而来，在这场对抗中，奥匈帝国和俄国都不愿屈服，
德国和法国也都不愿约束它们。一旦冲突从东欧蔓延到西欧，英国
不愿看到比利时遭到入侵和法国战败，英国也愿意卷入战争。在维
也纳，长期以来，康拉德一直主张对塞尔维亚开战，但弗兰茨·约
瑟夫、贝希托尔德和蒂萨一开始并不希望发动战争，是后来逐渐转
向支持军事行动的，他们在意识到其他选择都不可行后，才考虑使
用武力。他们对俄国毫不在意，认为俄奥之间有可能爆发战争，但
只要有德国援助，奥匈帝国就能打败俄国。德国冒着同时与俄国和
英国开战的风险，却不知道如何击败它们，德国总参谋部知道德国
的对法作战计划是有缺陷的。德国人也没有好好考虑过战争将如何

42

解决他们的政治问题，威廉二世和贝特曼愿意尊重法国和比利时的领土完整，但是威廉二世认为应该剥夺俄属波兰，贝特曼认为应该剥夺法国的殖民地。和奥匈帝国一样，德国也曾试图通过外交手段来解决被他国包围的问题，但发现这些手段毫无用处，德国认为留给它的时间只有两三年。然而，对于奥匈帝国来说，不作为所导致的惩罚性后果是显而易见的，可能会导致内部叛乱以及外部势力对国内南斯拉夫人的支持；但是德国面对的威胁则要小得多。在七月危机中，贝特曼曾悲观地谈到俄国未来的入侵，但德国比奥匈帝国更有凝聚力和复原力，其武装力量也更令人生畏。如果德国什么都不做，它就不会面临军事失败的危险，但是它也无法用军事力量来实现自己的愿望，从而失去大国地位：用贝特曼的话说就是"自我阉割"[115]。与其接受这一点，还不如去冒爆发大战的风险。但德国并不是唯一以这种方式来看待世界的国家。俄国领导人在那段时间的重大危机中感受到了屈辱，他们也担心本国会沦为二等国家，除非他们面对欺凌敢于回击。事实上，俄国、法国和英国对德国野心的悲观看法是一致的。尼古拉二世和萨佐诺夫宁愿冒着战争的风险也不愿屈服，在危机后期，他们已经确信战争无论如何都会到来，必须为战争做好准备。当法国和英国面临关键抉择时，东欧战争已经成为事实，而如何应对则取决于自己。对于普恩加来和维维亚尼来说，法国不能否定法俄联盟，这是不言自明的；否则，法国将再次沦为二等国家，失去独立性，并容易受到他国影响。对于阿斯奎斯、格雷和博纳·劳来说，尽管英国离德国更遥远，但德国对欧洲大陆的统治同样具有威胁性，即使没有入侵比利时，基于对德国现实威胁的考虑也会使英国迅速进行干预。英国人陷入了尴尬的两难境地。对于德国的野心，他们做出悲观的解读或许是有道理的，但他们和其他人一样，低估了打败德国所要付出的代价。一旦危机超出巴尔干地区，所有相关人员就都只能做出糟糕的选择。对于所有国家来说，被强权摧毁的旧世界是一个比暴力创造的"新世界"更幸福的世界。

　　只有奥匈帝国制定了明确的目标，并且它这样做也仅仅是为了巴尔干半岛。包括德国在内的其他大国，面对一场即将爆发的全面战争，没有时间来确立它们具体的政治目标。它们为了避免丧失大国地位这一目标而战斗，牺牲掉民众的生命和幸福也在所不惜。总之，它们是出于恐惧大国地位的丧失而战。问题是：为什么政治家们会认为战争可以缓解这种恐惧，尤其是为什么双方都认为战争可以缓解这种恐惧？部分原因在于战前的军备竞赛，两个集团的军事实力相当，比日俄战争后更接近平衡。到 1914 年，虽然法国人和俄国人更愿意在三年后开战，但他们认为现在开战也可以接受。德国总参谋部认为可以取胜，或者至少认为，如果战争不可避免，最好就马上开战。双方实力正在接近平衡，确实势均力敌，这在接下来的三年里得到了证明，但这是一个不稳定的平衡，一方上升，另一方下降，这是一个"权力过渡"的转换点，而不是一个稳定的恐怖平衡。[116]类似于冷战的"相互确保摧毁"，它提醒我们，不管 1914 年的武器多么有威力，把它们投入使用并非不可想象。战争具有极大的破坏性，但是还不至于到达"一切都将是失败者，而胜利将毫无意义"的地步。公开的阅兵式仍然能让人想到传统战争，即穿着花哨的制服、吹着笛子、擂起战鼓去战斗。[117] 各国政府的参照物是 19 世纪中期的欧洲战争，以及近期的英布战争、日俄战争和巴尔干战争。这些战争已经结束，尽管战争费用日益增加。但是，根据这些先例来推断在东西欧发生的 200 万大军的战争，仍然需要极大的想象力。在这种情况下，一旦两个实力相当且全副武装和高度工业化的联盟利用现代军事技术交战，其结果就是陷入一个代价高昂的僵局，将欧洲政府及其人民推入一个绝望而残酷的新世界。

第 2 章 运动战的失败
（1914 年夏季—冬季）

　　对于两大集团而言，最初的运动战产生了一系列问题。到 1914 年圣诞节时，交战双方的军队多次发生冲突，造成成千上万人伤亡。在东线，交战双方胶着于战争爆发的起点位置，没有取得大的进展；在西线，交战双方陷入了持续四年的僵局。短期内结束战争是不可能的，双方都找不到速胜的途径。在这戏剧性的几个月里，正常的政治活动暂停了。面对大规模入侵，法国国民议会于 8 月 4 日授予政府发行战争债券和颁布法令的权力，这一权力延长至 12 月。[1] 同样，英国议会根据《国土防卫法案》（*Defence of the Realm Act*，DORA）批准了政府拥有特别权力。[2] 在德国，帝国议会下院将法令授权给代表州政府的上院，将食品供应和维持法律秩序的权力移交给帝国 24 个地方军区副司令 （Deputy Commanding Generals，DCGs)。[3]俄国杜马同意暂停使用权力；在维也纳，联邦议会已经暂停。尽管各国有所不同，但是政府和高级将领都被授权，按照其认为合适的方式展开行动。法国总司令约瑟夫·霞飞（Joseph Joffre）实际上可以完全自由行动，而德国的小毛奇总是受到限制。最初，军费并不是很紧张。财政部为了扩大纸币发行量，放弃了金本位。大多数国家从本国公民那里借款没有困难，更令人惊讶的是，它们在海外仍保持着信用。[4]在最初的战斗中，指挥官们可以不惜一切代价，集中所有资源去追求胜利。战争的前五个月，不用考虑资金问题。后来，战争在某种程度上回归理性。

45　　　西线战场主要位于法国北部和低地国家，对整个一战起着决定性作用。欧洲最强大的法军和德军在此正面交战。德国的战争计划引起了很多人的关注——考虑到老毛奇的"第一次与敌人接触后，任何作战计划都将作废"的言论，人们的关注可以说是多余的。[5]战争计划对战争结果的影响可能小于军队编制和武器对战争的影响。然而战争计划确实决定了开战的地点和作战方式，但是各国几乎一直未能实现自己的战争目标，战争计划让交战双方陷入未知的境地。我们将首先考察德国的作战计划，然后考察德国对手的作战方案。

　　　法国太弱，无法打败德国，只有德国战胜自己的敌人，西线战役才能迅速结束。德国政府是抱着速战速决的希望参战的，但是德国军事专家似乎并不认同这一点。在20世纪20年代，前总参谋部成员（战后，他们以历史学家的名义写作）声称，施里芬在任职总参谋部时制定的计划，如果不是被小毛奇扭曲和误用的话，这个计划将会让德国彻底赢得战争。二战结束后，另一位历史学家格哈德·里特（Gerhard Ritter）重新研究了 1905 年 12 月以备忘录形式呈现的"施里芬计划"，相反，他认为"施里芬计划"是一场难以实现的、不负责任的赌博。[6]后来的大多数评论家都同意格哈德·里特的观点，认为该计划先是怂恿德国发动战争，随后又被证明无法让德国获胜。现在看来，施里芬备忘录有多大影响令人怀疑。[7]事实上，德国总参谋部每年都在修改战争计划，而且计划的修改是渐进的。在 1890 年至 1905 年任职期间，施里芬做了两次根本性修改。第一次修改是不再在西部采取防御姿态，即击退法国入侵后再进行反击，而是立即率领大军进攻法国，同时维持东部的部署。施里芬的理由是，由于俄国加快了动员速度，要想击溃俄军更加困难，而法军也变得更加强大。他的第二次修改是想通过比利时入侵法国，利用比利时密集的铁路网，并避免因攻击法德边境堡垒群而使德国面临被长期包围的威胁。[8]他在 1905 年的备忘录中设想了德军强大的右翼绕道法国西部钳形包围巴黎，从背后压制法军并对其东部堡垒发起进攻。同时他也警告说，如果法军跳出包围圈，或者德军失去进攻势头，德军就会陷入持久战。他承认，战略包围法军需要大量兵力，这一点远远超出德军的现有实力。因此，"施里芬计划"便是一个作战方案，而非一个行动计划。1904—1905 年的"施里芬计划"表明，他最初仍立足于防御。[9]

施里芬的继任者也为德国保留了选择余地。同样，小毛奇在 1913 年放弃了在东部部署兵力，把德国的主要兵力放在西部。小毛奇的西线方案会侵犯比利时的中立，当外交大臣对此提出质疑时，威廉二世支持小毛奇的方案。[10]但是小毛奇不如施里芬自信，他有更多的政治顾虑。小毛奇在一个更加危险的环境中开展工作，法国和俄国的相对实力正在增强，而奥匈帝国的局势却在恶化，英国似乎有可能卷入欧洲大陆的战争。小毛奇不敢使德国西南部受到法军的入侵。因此，他在右翼布置了比中路强 3 倍的兵力，而不是施里芬建议的 7 倍兵力。他和他的助手们设想了一场持久战[11]，他放弃了施里芬入侵荷兰的计划，希望保留荷兰作为一个中立通道，通过荷兰绕过英国的封锁。这一修正方案规定，一旦宣战，必须立即占领列日，以确保比利时的公路和铁路安全。[12]尽管进行了调整，1914 年参与西部战役的参谋们仍然信奉"施里芬计划"，试图通过入侵比利时来包围法国。但是，正如小毛奇所预见的那样，这样做无疑是冒险的，超出了德国的能力范围。

在威廉二世的批准下，德国总参谋部在战略规划上不受限制，但军队规模、结构和武器装备是由普鲁士与其他邦国的战争部门决定的，这些部门要服从国家和帝国议会。这就导致德国的武装力量太弱。大多数欧洲大陆国家都奉行所有成年男子都应服兵役的原则，但很少有国家真正实行。1906 年，法国征召了 0.75％的公民（大约是相关年龄段的强壮年轻男子的 3/4），奥匈帝国征召了 0.29％，俄国征召了 0.35％，德国征召了 0.47％。虽然法国人口较少（法国约 3 900 万，德国约 6 500 万），但 1914 年法国军队的规模几乎与德国相当。同年，德国 1 040 万 20～45 岁的男性中，540 万人缺乏适当的军事训练。[13]尽管在 1912 年和 1913 年实施军事法案之后，德国陆军部每年可以征召大约一半未经训练的士兵，但新增的士兵需要数年才能转化为实际作战力量。然而，在长期战争中，德国的人力储备尽管比不上协约国的总和，但是远远超过法国。此外，德国军队优越的战斗力弥补了其在数量上的不足。这种优越的原因包括分权和集权的结合。总参谋部制定总目标，在此前提下，各个部队有相当大的自由，这使德军比等级森严的协约国军队有更多机会从错误中吸取教训。[14]军官可能比其他职业更有声望，从而吸引了更有能力的人参军：参军不再是贵族的特权，在 1865 年至 1914 年，贵族在普鲁士军官中的占比从 65％降至 30％。德国军队中的士官数量是法军士官的三倍[15]，德军的装备更适合现代战争。[16]挖掘工具是标准装备，士兵们也接受过使用这些工具的专门训练。德国的步兵部队拥有敌人没有的轻型迫击炮等武器，而且是欧洲装备机枪最多的部队。1914 年，德国和协约国的每个师都有 24 挺机枪，但德军把机枪安装在炮台上，以提高机枪的使用效率。[17]德国在火炮方面也有优势，火炮是一战时的头号杀手。自从法国在 1897—1898 年引进 75 毫米野战炮以来，所有的主要军队都重新装备了速射野战炮。德国人的 C - 96nA 火炮射程比 75 毫米野战炮短，但他们也通过引入快速发射的 105 毫米、150 毫米和 210 毫米野战榴弹炮来补充他们的新式野战炮，这些野战榴弹炮很容易被装备有 6 匹马的标准野战炮兵队运输。这些武器发射的炮弹比标准野战炮更重，发射角度也更大（可达到 45°而不是 16°），可对要塞、战壕以及森林或丘陵地区造成更大的破坏。[18]

　　在西线战争开始时，德军在人数上处于劣势，这一情况一直持续到 1918 年。170 万德国野战军要面对 200 万法国野战军，还有一支超过 10 万人的比利时军队和一支不到 10 万人的英国远征军。[19] 因此，比利时和英国的贡献是次要的。比利时是一个富裕的国家，拥有先进的军备工业，但在国防方面落后于邻国。虽然在 1913 年比利时通过立法将动员人数从 18 万增加到 34 万，但在战争爆发前比利时军队并没有发生显著变化。它的军队只有 15 个月的服役期，缺乏专业精神和社会声望。1914 年，比利时军队主要由匆忙召回的预备役人员组成。[20] 此外，比利时坚持中立，没有预先的战争规划。霞飞在制定第 17 号计划时并不知道他是否可以在比利时部署军队，尽管英国在 1905—1906 年和 1911 年试图与比利时进行军事对话，但比利时没有同意。[21] 阿尔贝一世和首相布罗克维尔将德国视为主要威胁，但比利时的一些军官也不信任英法。他们没有提前制定专门的作战计划，所以不得不临时发挥。

相比之下，英国在很大程度上要感谢陆军部军事行动主任亨利·威尔逊，他已经做了精心准备，在动员的第 13 天将一支包括 6 个步兵师和 1 个骑兵师在内的远征军运送到伊尔松（Hirson）附近的法军北侧。[22] 与欧洲大陆军队不同，英国远征军由长期服役的正规军和训练有素的预备役组成，其中许多士兵有实战经验。英国远征军装备有现代的李-恩菲尔德步枪和 18 磅野战炮，但在重型武器方面很弱。英国陆军的预算自 1906 年以来一直没有变化，而海军的预算增加了 2/3，法国和德国的野战军几乎是英国远征军的 20 倍。[23] 霞飞事先也没有想到他可以调用英国远征军，事实证明这是明智的。1914 年 8 月，基钦纳命令远征军司令约翰·弗伦奇（John French）爵士支持霞飞并与之合作，但也强调要保持英军的独立性，弗伦奇在发动进攻前应该征求伦敦方面的意见，总的来说，他应该尽量减少损失，并谨慎对待英国这支唯一的专业部队。[24]

小毛奇首先打击法军，因为法国的战争计划正好符合他的战略意图，只是程度不如批评者所认为的那么严重。[25]由于在法军的军官中存在保皇主义和教权主义思想，法国政治家们将军队视为共和国的潜在威胁。在19、20世纪之交的德雷福斯案中，军队错误地指控法军的一名犹太参谋为德国从事间谍活动，更加深了法国政治家们对军官们的怀疑。法国总参谋部不同于德国，它的参谋长服从于战争部长，任期很短，也不会在战斗中指挥军队。1911年，在第二次摩洛哥危机最严重的时候，霞飞出任总参谋长，他获得了更大的独立权，并被指定为代总司令，1914年正式成为总司令。正如1903年的第15号作战计划所示，法国战略家们最初提出了一个防御方案，在洛林将大部分军队集中起来展开反击。1909年的第16号计划与此类似，但在比利时对面部署了更多兵力。[26]到目前为止，法国人可能比德国人更了解德国的准备工作。他们预计德国的主要进攻方向是西面，通过缴获的文件和搜集到的关于德国铁路建设的情报，他们预计敌人会从比利时发起进攻。[27]然而，法国人的主流观点是，德军将留在默兹河（the Meuse）以南，因为他们错误地认为，德军规模太小，无法开展更大范围的横扫。这一观点源于他们错误地认为德军不会在前线使用预备队，而法国人自己也反对这么做。霞飞的前任曾设想修改第16号计划，更多地使用预备队，以迎战来自默兹河以北的德军进攻，但这个想法被否决了。[28]相比之下，在1914年4月生效的第17号计划中，霞飞提议"动用法国的

49

全部力量投入战斗"[29]。可能是受到了战术和战略进攻倡导者的影响，比如在战争高等学校演讲的斐迪南·福熙（Ferdinand Foch）和法国总参谋部行动处处长格兰德梅森（Grandmaison），霞飞希望立即发动进攻，在德军取得优势之前将其阻遏。福熙和格兰德梅森被讽刺为"崇拜进攻者"，崇拜进攻者认为，意志将战胜火力。事实上，第 17 号计划部分源自对战略优势正在向协约国倾斜的准确认识。[30]此外，该计划没有规定攻击方向，攻击方向由当时的指挥官决定。作为一个只是用来集结兵力的计划，它的优点是法军比以前部署得更远，可以打击从洛林或通过比利时和卢森堡而来的德军。[31]然而，事实证明这是一个严重的错误。政府支持立即进攻，但是拒绝进入比利时并先发制人地打击德军；法国如此谨小慎微，可能是担心这样做会激怒英国。然而，如果选择进攻阿尔萨斯-洛林，法军很快就会遇到德军强大的防御力量，霞飞会为此浪费法军兵力。

尽管第 17 号计划有缺陷，但是法军从一开始还是有两个主要优势。首先是数量优势。1913 年的《三年兵役法》极大地扩大了法国常备军的规模，当年秋天法国便征召了两批年轻士兵。更重要的是，由于几十年的密集招募，法国拥有大量预备役人员，使其动员的军队在总规模上几乎与德国持平，在西线甚至超过德国。其次，1870 年，法军的动员和集结拖沓且混乱，而现在其效率与德国相当。法国动用 10 000 多列火车进行军队动员；德军动用 20 800 列火车（运送了 207 万士兵、11 800 匹马和 40 万吨物资）进行动员。为了集中兵力，法国使用了大约 11 500 列火车，运送的士兵和马匹是 1870 年的 6～7 倍，但最多只比预定时间延误两个小时。*50* 法国总参谋部的组织能力在一定程度上促成了这一壮举。此外，法国人极大地改善了他们的铁路网，这在整个战争期间都是非常重要的。到 1890 年，法国通往边境的铁路干线数量与德国持平，从那时起，他们又改善了他们的横向线路。他们可以迅速地将兵力部署到前线，也可以横向调动兵力。[32]

这些优势使法国不太可能再次被击败，尤其是在俄国决心快速出兵和意大利保持中立的情况下，法国不需要将军队转移到阿尔卑斯山。然而，法国严重的缺陷使它无法像霞飞设想的那样对敌军进行致命的预防性打击。自 1870 年以来，法国大部分军事预算都花在了建设堡垒上。在凡尔登（Verdun）的主要复杂区域，借助于钢筋混凝土和可伸缩炮塔来抵御德国的现代重型火炮，但是还有许多较小的堡垒容易遭到攻击。[33]法国重视防御工事建设，结果忽视了野战军的建设，这一点和 1940 年一样。法国的 75 毫米野战炮优于德国，但法军只有这一种火炮。议会的吝啬和军队内讧使法国没有和德国野战榴弹炮对等的武器。1913 年之后，霞飞组建的重型炮兵部队大约只有 300 门火炮，并且大部分还是从要塞里运来的预速炮，并且它们只放在军级单位而非师级和团级单位。法军使用的是勒贝尔步枪，性能不如德军的毛瑟步枪。由于节俭和错误的保守主义，全欧洲只有法国步兵没有穿迷彩服，法军一直穿着显眼的红色和蓝色服装作战。法国的狂热分子极其推崇进攻战术，这引起了历史学家的极大关注，他们影响了 1913 年的步兵野战条例。[34]法国野战军的训练和装备都不如德国，配置也很糟糕，由于以上弱点，法国野战军对敌军所造成的杀伤力要小得多。

到目前为止的争论表明，西线的僵局从战争伊始就可被预见。

然而，西线的僵局并非事先注定的。任何对战争胜负的解释都离不开机遇、领导和士气等因素。不管法军动员多么高效，除非法军有能力并且愿意战斗，否则动员起来的法军仍然一无是处。结果，战争一爆发，协约国就遭遇了数周的失败，这种灾难一直持续到著名的马恩河（Marne）战役。1914 年其余时间的西线战役证实，尽管德军无法击败敌人，但是法国也无法驱逐入侵者。这一点比战争的其他任何时刻都更加引人关注。

51

一战刚爆发时，各国的作战方式很奇怪，与之后的战争相比，它更像 19 世纪的战争。各国仍用骑兵进行侦察和快速机动，德军部署了 7.7 万名骑兵，英国远征军也有大约 1 万名骑兵。法国骑兵仍然穿戴胸甲，英国军官佩剑战斗。[35]这场战争的某些方面让人想起 1870 年杂志上的漫画，那些越过铁路的部队及其指挥官正在进入一个巨大而可怕的未知世界。现在看来，就在 90 年前，欧洲人还在拆除边境哨所，以便开展集体屠杀，这似乎令人难以置信，而这一景象在当时也同样令人不安。[36]大多数士兵虽然心存不满，但还是抑制了内心的保留意见。8 月 4 日，德军进入比利时，包括处决平民在内的大屠杀开始了。[37]

小毛奇要求德军第二集团军在战争爆发后立即夺取列日，然后沿着默兹河进入法国。环绕着列日的 12 个主要要塞都是用钢筋混凝土建造的，大的要塞有 8～9 个炮塔。[38]但是德国克虏伯兵工厂并没有交付比利时人所订购的现代火炮，炮塔也没有升级成可伸缩的。这些要塞需要在外围构筑野战防御工事，以防止敌人的攻城炮火进入射程内。列日司令莱曼（Leman）将军拥有一个约 2.4 万人的步兵师。8 月 7 日，由鲁登道夫（Ludendorff）领导的德军突袭了列日要塞（鲁登道夫在 1913 年之前一直担任小毛奇的作战参谋，为制定战争计划做了很多工作，现在被派去监督计划的执行情况）；莱曼的步兵后撤，留下了暴露的堡垒。为了轰炸它们，德军部署了从奥匈帝国借来的 305 毫米斯柯达重型榴弹炮，并秘密研制了在现场组装的 420 毫米克虏伯榴弹炮。德军直接击中列日炮塔，炸碎了比利时人用于防御的火炮，引起了要塞的内部爆炸，从而彻底摧毁了要塞。随着最后一支守军向德军投降，德军占领列日，从 8 月 18 日起，随着集结完成，德军开始向西大举进攻。[39]

　　小毛奇在石勒苏益格-荷尔斯泰因（Schleswig-Holstein）部署了一支预备队，以阻拦英军在此登陆，并在东普鲁士部署了 9 个步兵师和 12 个战时后备旅（由年龄太大或未接受过野战军训练的士兵组成的卫戍部队），他将 78 个步兵师和 10 个骑兵师派往西线。位于洛林的蒂永维尔-梅茨（Thionville-Metz）防御工事起着支点的作用：部署在它以北的 52 个师穿越卢森堡和比利时，而部署在它以南的那些师最初留在原地。[40] 在右边，克鲁克（Kluck）的第一集团军 32 万人、冯·比洛的第二集团军 26 万人和冯·豪森（von Hausen）的第三集团军 18 万人行进得更远，他们面对的敌军是由比利时军队、英国远征军和朗雷扎克（Lanrezac）的法军第五集团军组成的军队，共计 25.4 万人，协约国的这些兵力要弱得多。[41] 德军避开荷兰，最远只经过布鲁塞尔，而没有到达海边，但他们还是开始了一场巨大的包抄行动，尽管小毛奇的意图到底是什么现在仍不清楚。

　　起初，由于协约国军队缺乏配合，德国人几乎没有遇到什么抵抗。比利时国王阿尔贝一世收到德国的最后通牒后就立即发出援助请求，但在 8 月，法国和比利时的合作明显不够。虽然比利时的 6 个野战师部队大部分集中在比利时中部的盖特河（Gette），但随着德军的推进，阿尔贝一世将军队撤退到安特卫普（Antwerp）。克鲁克派出了 2 个预备师来攻打安特卫普，但在接下来的两个月里，比利时主力部队几乎没有采取什么行动，在协约国最需要的时候没有发挥其人数优势。阿尔贝一世确实派了 1 个师去保卫那慕尔（Namur）的 9 个要塞，那慕尔位于默兹河上游，距离列日要塞约 30 英里。8 月 20—25 日，德军用自己的攻城火炮摧毁了那慕尔的防御工事，避免了让步兵发起攻击。[42] 在法国方面，霞飞对阿尔贝一世不与协约国并肩作战的决定深感遗憾[43]；但是，霞飞授权朗雷扎克的第五集团军进入比利时，布防桑布尔河 - 默兹（Sambre-Meuse）一带，法军也没有给那慕尔提供多少帮助。

　　有两个因素导致霞飞低估了北方的危险，一是他喜欢在阿尔萨斯-洛林作战，二是他不能确定小毛奇的意图。早在 8 月 8 日，法军就进入了阿尔萨斯的米卢斯（Mulhouse），那里的居民欢迎法军的到来，但法军很快就被迫撤离。霞飞完成集结后，将法军第一集团军和第二集团军派往洛林，希望这两个集团军能到达莱茵河并牵制德军的进攻。虽然这次行动最初进展顺利，但法国的两个集团军只是通过零星的电报信息进行联系，而德军第四集团军和第五集团军受益于专门的参谋人员，比霞飞想象的要强大，并且德军是有意后退的。在 8 月 20 日的莫朗日 - 萨尔堡（Morhange-Sarrebourg）

战役中，法国军队吃力地向山上行进，遭遇了德军飞机上所装置的机枪和炮火的攻击。德军反攻，法军被迫从边境撤退，损失了 150门大炮，被俘 2 万人。[44]但更糟糕的是，8 月 21 日，霞飞决定主动进攻。第 17 号计划让霞飞可以自行决定进攻的时间和地点。法国的情报则明确了敌人进攻的规模和方向，因此霞飞推迟了进攻时间。即便如此，他还是进攻得太早了。左翼德军布置在洛林，右翼德军布置在比利时，霞飞对这两处强大的德军深表震惊，他错误地推断德军的中路一定很弱。霞飞命令他的第三集团军和第四集团军进攻阿登地区，从而威胁到小毛奇的侧翼进攻，而法军第五集团军则对桑布尔河进行支援进攻，这一决定导致了一场灾难。进入阿登地区的法军侦察骑兵比德军弱，8 月 22 日早晨，受大雾影响，法军的飞机停飞。法军沿着森林中为数不多的几条路，以梯队的形式摸索前行，法军 20 个师遭遇了德军 21 个师。法军的 75 毫米野战炮在丘陵地形上无法发挥效力，而且与步兵的联络不畅；德军的机枪和野战榴弹炮给法军造成了巨大破坏。同一天，在向西北方向进一步推进的沙勒罗瓦（Charleroi）战役中，朗雷扎克的第五集团军也没有取得很好的进展。在这次遭遇战中，双方都在向前推进，德军遇到了数量上处于劣势的法军，法军还没有做好准备，最后反击失败，损失惨重。[45]到了 23 日，朗雷扎克决定撤退，放弃了那慕尔要塞，并与英军产生了严重分歧。在法国的要求下，英国让其远征军绕过莫伯日（Maubeuge）（比原先计划的更远），并命令远征军进入比利时，部署在蒙斯-孔德（Mons-Condé）运河后面。8 月 23日，克鲁克的第一集团军在这里遭遇了英国远征军。克鲁克的骑兵

53

没有侦察到英军，大雾再次使飞机没能发挥侦察作用。受到惊吓的德军开始发起无组织的攻击，英军被矿工的小屋和矿渣堆保护着，他们用李-恩菲尔德步枪每分钟向德军发射 15 发子弹。两个英国师击退了六个德国师，英军伤亡 1 850 人，德军的伤亡是英军的 3 倍。[46]到了下午，德军的榴弹炮开始发挥威力，即使没有朗雷扎克在夜间未和英国远征军商量就下令撤退这样的情况出现，英军也很难再坚持下去了。法军误以为英国远征军指挥官是奉霞飞之命行事，这无助于事情的解决。此外，弗伦奇虽然深受他的部队欢迎，但在 1914 年表现得不稳定，容易受个人情绪影响，这使他与朗雷扎克产生了分歧。无论如何，英国远征军在拖延德军方面的成功与协约国军队在"边境战役"（8 月 20－24 日的战役统称）中的大溃败相比都相形见绌。到 8 月底，边境之役已使法国阵亡 7.5 万名士兵，仅 22 日就有 2.7 万人阵亡，总伤亡人数为 26 万，而德军的损失要小得多。[47]24 日，霞飞向法国战争部长报告说，总攻已彻底失败，协约国军队必须恢复防御状态。[48]

54

当协约国军队开始"大撤退"时，德军似乎比以往任何时候都更接近胜利。尽管德军击退了协约国军队，但是协约国军队迅速撤退，避免了被包围的危险，并很快补充了部队的损失。相比之下，随着德军的推进，"施里芬-小毛奇计划"在后勤方面的固有缺陷让德军力不从心。[49]后勤问题在 1914 年所有大规模进军的军队中都很常见。越过边境的铁路后，军队士兵不得不背着沉重的背包，穿着磨脚的靴子，在闷热的天气下行进，克鲁克的士兵在 1 个月内行进了 500 公里。[50]德军只能依靠人力和牲畜运送补给，因为整个德军只有大约 4 000 辆卡车，在到达马恩河之前，60％的卡车已经损坏。[51]
当德军深入比利时时，铁路已被协约国系统性地破坏了，默兹河上
的所有桥梁和大部分隧道都被人为破坏了。到 9 月初，2 500 英里
的比利时铁路网只有 300～400 英里能正常运营，克鲁克的军队离
最近的铁路还有 80 英里，比洛的军队离最近的铁路则有 100 英
里。[52]一旦交通线恢复，补给弹药就是首要任务，德军右翼获得了充
足的弹药供应，而军队在盛夏行军穿过土地肥沃的乡村时，通过征
用当地物资可以补充给养，当然面包仍然很匮乏。德国战马的需求
要大得多，不能单靠草料饲养，因为吃青玉米会让战马生病，而兽
医又很少。由于克鲁克的 8.4 万匹战马每天需要 200 万磅饲料，道
路上到处都是奄奄一息的战马，重炮被抛在后面。德军无法补充兵
力上的损失，士兵们因疲惫和受伤而倒下。到 9 月，许多德军部队
减员过半。[53]

混乱的局面也使通信变得困难。法国人可以使用密集而完整的
电报系统，而德国人则在通信方面遇到了很多麻烦。小毛奇于 8 月
29 日将他的总部从科布伦茨（Koblenz）迁到卢森堡，但距离前线
仍然太远，不能方便地与前线指挥官进行联系，直到 9 月 11 日，
他和他的作战部长格哈德·塔彭（Gerhard Tappen）都还没有见到
前线指挥官。德国前线指挥官之间通过派遣人员或通过无线电进行　　55
联络，但无线电设备很少，体积又大，十分笨拙，难以使用，而且
德军不愿花时间进行加密设置，从而使法军能够轻而易举地拦截德
国的电报。在 9 月到 11 月，协约国军队截获了大约 50 条德军无线
电消息，这些消息既暴露了德军在马恩河战役之前的指挥系统的弱

点，也暴露了其在随后的"奔向大海"战役中的意图。[54]

除了供应和通信困难之外，指挥决策方面的问题也削弱了德军的优势。在前进过程中，德军需要派出部队保护补给线，以打击协约国的顽强抵抗。德国派一个军去监视安特卫普，派另一个军去围攻莫伯日，还派一个旅去驻守布鲁塞尔。诚然，在安特卫普，德国兵力远超比利时。但是，这一决定仍然削弱了德军的优势，还有另外两个决定事后也遭到强烈批评。第一，在莫朗日–萨尔堡战役胜利后，小毛奇下令他的左翼在洛林发起进攻——这让他的第六集团军指挥官大为吃惊，尽管战前的计划允许发起这样的攻击。他派了不下 16 个师围攻南锡（Nancy），但没能阻止霞飞从东部向北部调遣部队。[55] 显然，小毛奇认为霞飞不可能这样做，因为铁路已被摧毁。事实上，他本可以在马恩河战役前迅速将军队从左翼转到右翼，但直到 9 月 5 日，他都没有这样做。[56] 第二，小毛奇在 8 月 25日从西线调动 3 个军来反击俄军对东普鲁士的进攻，结果德军还没到，俄军就已经被打败了。他后来承认，这是一个严重误判，部分原因似乎是德国最高统帅部过于自信，认为西线战役实际上已经胜利。[57] 有些援军直接来自比洛的第二集团军，比洛认为他可以匀出这些军队以供小毛奇在其他地方使用，小毛奇相信了比洛的判断。[58]

在这个关键时刻，小毛奇的军事行动表明，他决心保护德国领土，无论是在东普鲁士还是在阿尔萨斯，但他愿意在敌人薄弱的地方发动袭击，而不是把一切都押在西线的右翼。8 月 27 日，他的总指示确实设想沿着这条路线进行攻击。德国的第四集团军和第五集团军向法国洛林挺进，而德军右翼则向西南推进，第一集团军向塞纳河（Seine）下游进发，第二集团军向巴黎进发。[59]这是他最雄心勃勃的指令，其背后的逻辑仍然模糊不清，尽管 9 月 2 日的后续行动表明他主要关心的不是占领巴黎，而是包抄法国军队。因此，他当时命令克鲁克向东南方向推进以保护比洛的侧翼，因为比洛在追赶法军，实际上这个命令支持了克鲁克已经开始的向东南方向进军的战略。就像老毛奇在 1870 年所做的那样，鉴于总参谋部与前线指挥官沟通不畅的现实情况，小毛奇放权的领导风格在一定程度上是一种必要的美德。他委派克鲁克和比洛去追击敌军。直到 8 月 29 日，克鲁克都服从比洛的指挥，随后他就独立出来，于是右侧出现了一个权力真空地带，这里既不属于小毛奇也不属于其他将领。很快就被证明，这是给德军造成麻烦的一个原因。

当德国失去动力时，协约国恢复了元气。在大撤退期间，两场战役迫使德军暂停进攻。蒙斯战役后，撤退的英国远征军分成两个军，从莫马尔（Mormal）森林的两侧穿过。8 月 26 日，在勒卡托（Le Cateau）战役中，英国远征军第二集团军司令史密斯-多里安（Smith-Dorrien）率领 5.5 万人与克鲁克的 14 万人作战，英军坚守阵地。多里安拖住了德军的行进，他在法军的帮助下，侥幸逃脱，英军伤亡 7 812 人。[60]更重要的是，三天后法军第五集团军在吉斯（Guise）发起对比洛第二集团军的进攻，克鲁克首先改变了向东南方向的前进，以响应比洛的援助请求。但是，这一时期的基本情况是霞飞构想并实施了一个备选方案。一方面，霞飞无情地解雇了年龄较大和作战能力较差的将军，到 9 月初，他撤换了 1/3 的高级指挥官。[61]另一方面，早在 8 月 24—25 日，霞飞就想以凡尔登为中心，从左翼撤退以争取时间，同时从右翼和法国内陆集结一支新军，从西部包抄德军。霞飞后来写道："我们试图坚持到底的主要原因是，希望小毛奇能转移兵力去对付俄军。"直到 8 月 31 日，法国情报机构才报告说德军的火车正在向东行驶。[62]与此同时，法军正频繁地使用他们的铁路运输系统将士兵运送到西北[63]，在那里，莫努里（Maunoury）的第六集团军开始在亚眠（Amiens）集结，威胁到了克鲁克的交通补给线。

　　在实施法军计划时，霞飞主要面临两个障碍。第一个障碍来自弗伦奇，弗伦奇擅长殖民战争，他得到英国政府的指示，要保存英军实力。受勒卡托战役失利的影响，弗伦奇拒绝参加吉斯战役。8 月 30 日，弗伦奇告诉霞飞他打算撤退到塞纳河后面休整。霞飞向亨利·威尔逊呼吁后，英国政府派遣基钦纳去解决此事。9 月 1 日，基钦纳会见了弗伦奇，他转告弗伦奇，英军应该和法军保持一致，以支持法军的行动。弗伦奇的计划被英国的一个政治决定否定了，为此他永远都不会原谅基钦纳，但结果是英国远征军对马恩河战役做出了重大贡献。[64]第二个障碍是德军对巴黎的威胁。霞飞最初打算在巴黎以北的亚眠-拉昂（Laon）-兰斯（Reims）防线进行反击，但德军的行进速度太快了。[65]德军似乎直奔巴黎而来。8 月 26 日，法国成立了联合政府，新的战争部长亚历山大·米勒兰（Alexandre Millerand）罕见地对战略进行了干预。霞飞主要关心的是建立一支新的野战部队，尽管法军第六集团军在 9 月 2 日暂时离开巴黎前往波尔多（Bordeaux），但米勒兰坚持第六集团军的一些部队应加入巴黎城防部队。保卫巴黎使法国的战略变得复杂，而接近巴黎又使疲惫的德军重新振作起来。克鲁克和小毛奇的主要目标是歼灭法军，而不是占领巴黎，所以德军决定转头东进，德军的这一决定拯救了巴黎，使法军免于在巴黎郊区和德军发生一场激战。因为霞飞指挥的法军当时太弱，根本无法打赢这场巴黎保卫战。

当德军开进巴黎和凡尔登之间的地带时，协约国就反击克鲁克所暴露的西翼的时机进行了辩论。[66]之后，法国评论员争论到底是霞飞还是巴黎城防司令加利埃尼（Gallieni）将军首先看到了这个机会。可能是加利埃尼先发现了这个机会。9月3日，协约国的飞机报告克鲁克从巴黎向东转向后，加利埃尼指示莫努里的第六集团军准备进攻。然而，霞飞从拦截的无线电中确认了德军的转向，并将加利埃尼的建议纳入9月4日的命令中，命令法军在6日发动全面进攻。在与霞飞会面后，弗伦奇答应英国远征军参战。霞飞得到的消息是，弗伦奇的部队重新装备，士气高涨，认为协约国军队没有必要再进一步撤退。弗伦奇计划从巴黎和凡尔登两个方向进攻，同时坚守中路。克鲁克的第一集团军和莫努里的第六集团军在乌尔克河（Ourcq）附近发生了战斗，这就是历史上的马恩河战役，"马恩河战役"一词是法国人发明的，实际上它是由一系列相关战役组成的，在长达100英里的战线上，双方都处于进攻状态，大部分战役对德军有利。

在东部，法军从凡尔登发起的钳形攻势收效甚微，德军试图通 ⁵⁸ 过沿着默兹高地突破南面的防御工事来孤立凡尔登要塞，但是最后失败了。结果是，德军如果将来真的撤退，就只能在马恩河以北沿着埃纳河（Aisne）后面的一条战线撤退。[67]在战斗的中心地带圣贡德（St. Gond）沼泽地，德军第二集团军阻止了福熙领导的新组建的第九集团军的进攻，并将其赶回塞纳河。在西部，沿着乌尔克河，克鲁克第二集团军的冯·格罗诺（von Gronau）部队守住了莫克斯（Meaux）以北的一个山岭，击退了莫努里的进攻，而克鲁克则从格罗诺部队的东侧派出另外两个军与其会合。尽管法国派出增援部队，高唱爱国歌曲，乘车从巴黎出发，但到 9 月 8 日，这里的战斗也在向着有利于德军的方向发展。唯一的例外发生在大莫兰河（the Grand Morin）和小莫兰河（the Petit Morin）沿岸，这是马恩河的两条支流，流经马恩河南部。在这里，克鲁克的部队向乌尔克河转移，在他的部队和比洛的部队之间形成一个缺口，英国远征军在几乎没有遇到抵抗的情况下小心翼翼地向前推进。德军的右翼遭到严重打击。在西线，由于霞飞通过铁路运输法军以及增援的英军，协约国军队和德军形成了 30 个师对 20 个师的优势。[68]此外，法军改进了战术。法军使用带有空中引导的 75 毫米火炮来回击德军的进攻，在这个过程中法军的大部分弹药都被使用了。在战争刚刚动员时，法国的 75 毫米野战炮的炮弹储备为 53 万枚，9 月 5 日剩46.5 万枚，但 10 天后仅剩 3.3 万枚。[69]同时，德国野战炮兵的弹药也快用完了。[70]尽管法军人数众多，兵力充足，但是由于消耗了大量弹药，法军被迫后退。如果将德军安置在攻击巴黎的距离之内以及安置在巴黎与洛林之间的铁路干线上，如果再给德军几天时间，德军或许就能击溃霞飞的反击。[71]但在德国最高统帅部看来，德军面临的情况十分糟糕，于是在 9 月 8 日至 9 日，德国最高司令部决定停止行动。小毛奇没有将德军从胜利的边缘拉回来，如果坚持下去，他本可以获得更好的结果。

　　德军撤退在很大程度上是由于误解和沟通不畅。克鲁克的指挥风格与比洛截然不同，前者更乐观，更富有进攻性。直到 9 月 9 日下午，在做出关键性的决定后，克鲁克和比洛之间 35 英里长的电缆才连接起来。[72]两人都无法给对方下达命令，他们之间沟通不畅，克鲁克在加强乌尔克战线之前，对比洛保守秘密。他们也没有向小毛奇寻求指导。无论如何，小毛奇几乎无法提供支持，因为他远在150 英里之外，和前线缺乏联系。9 月 5 日至 9 日，德国最高统帅部没有发出任何命令；9 月 7 日至 9 日，克鲁克和比洛没有向德国最高统帅部发出任何请示。[73]8 日，小毛奇主持召开了一次参谋会议，最终决定派出最高统帅部的外国情报处处长理查德·亨茨（Richard Hentsch）上校去拜访各地的指挥官们。理查德·亨茨成了悲观主义者战胜乐观主义者的工具，并且多年来一直备受争议。1917 年的一项调查发现，小毛奇曾口头向理查德·亨茨授命，如果右翼已经开始撤退（德国最高司令部对此不确定，这更凸显出它对前线情况的不了解），他应该指挥撤退，以加强克鲁克和比洛之间的协调。理查德·亨茨发现比洛决定撤退到马恩河后面，当他视察克鲁克的第一集团军总部时，他命令第一集团军也这样做。1917年的调查得出的结论是，理查德·亨茨没有越权。这一结论有利于理查德·亨茨，不利于小毛奇和塔彭，这二人声称他越权了。[74]理查德·亨茨可能是对的，但是由于他死于 1918 年，小毛奇死于 1916年，德国官方从未找到这件事的真相。似乎可以确定的是，在 9 月8 日和 9 日，威望很高但谨慎悲观的理查德·亨茨见到了具有类似倾向的比洛。他们达成一致意见，如果英国远征军越过马恩河，第

59

二集团军就应该撤退，如果第二集团军撤退，第一集团军也必须撤退。理查德·亨茨将这一决定传达给了克鲁克的参谋长冯·库尔（von Kuhl）。理查德·亨茨回到德国最高统帅部后，小毛奇既没有责备他，也没有否定他，而是在9月11日亲自拜访了军队指挥官们之后，命令第三、第四和第五集团军也撤退。[75]此外，小毛奇是所有人中最悲观的一个，他一直怀疑自己的能力，在战前和战争期间，他反复修改作战计划即是明证。到9月，他陷入了抑郁和焦虑中，这让周围的人感到不安。[76]相反，霞飞与小毛奇形成鲜明对比，他吃得饱，睡得香，沉着冷静，与将领们互动频繁，经常对他们做出指示。诚然，德国指挥官在面对英国远征军时过度紧张，不堪一击。9月8日莫伯日陷落，当时有一支德军部队本可以发挥其作用，填补因莫伯日陷落而形成的缺口，这支部队可以坚持到克鲁克部队击败莫努里部队，等克鲁克部队折返后，两支德军部队再与英国人作战。也许德军没有必要撤退——这并不意味着如果德军坚守阵地，法军就会马上崩溃。最有可能的结果仍是双方僵持不下，这对于巴黎和凡尔登来说是一个更危险的僵局。

60　　　另外，德军如果留在原地不动，就不会占据如此重要的位置，比如9月9日至14日他们撤退到埃纳河上方500英尺的白垩山岭上，占据了一个居高临下的有利位置。小毛奇曾向理查德·亨茨提过这条防线，现在他命令军队加强防御。德国的步兵有铁锹，还有战地工兵，多年来，他们经常演习在铁丝网的保护下挖掘战壕。[77]来自莫伯日的第七预备队占据了克鲁克和比洛之间的位置，不久又有两支来自比利时的预备队紧随其后。[78]9月10日，天气变坏，协约国军队在寒冷潮湿的天气下前进，他们缺少马匹和炮弹。当他们到达埃纳河时，大雨使他们无法进行空中侦察。协约国军队于 9 月 12 日渡河，很快又被迫回撤。两天后，霞飞下令发起正面进攻，但几乎都失败了。他后来回忆时辩解说，如果当时法军推进得快一些，就有可能在德军增援到来之前把德军赶出去，这可能是对的，但是他没有考虑到法军的疲惫。[79] 虽然战斗又持续了两周，但回想起来，埃纳河战役似乎是首场典型的西线战役，其特点是对盘踞在壕沟里的守军屡次发动毫无结果的攻击。德军的成功让法国人更加怀疑，他们是否真的被打败了，而不是沦为自己组织混乱的牺牲品。德军一旦重整旗鼓，就能轻而易举地阻击敌军。当然，马恩河战役给协约国带来了重要收获——法国领土被占领的比例从 7.5％ 下降到 4％。[80] 历史悠久的城镇和铁路中心，如兰斯和亚眠被解放，但是北部工业区和洛林仍未解放。然而，尽管撤军让德军感到失望，但德国最高统帅部并不认为这就意味着失败，而是将其视为缩短战线并进行第二次尝试的一种策略。[81] 一旦战壕从瑞士延伸到英吉利海峡，这似乎就是一个更重要的转折点。甚至在马恩河战役之前，这个过程就已经开始了。8 月，在西线战区的东部地区出现了战壕，经过马恩河，战壕已经从瑞士延伸到了凡尔登。到 9 月 9 日，战壕延伸到了梅利（Mailly）营地，埃纳河撤退又将战壕延长了 100 公里。[82] 双方都大力改进后勤系统，以保障在开阔地区的数十万战斗人员的给养。在开战的前几周，西线就显现出僵持状态，在开战的前三个月内双方已完全陷入僵持战，僵持战一直持续到 1918 年。协约国军队找到破解方法后，德军几乎立即投降。所有这一切都强调了这样一种可能性，即马恩河战役和埃纳河战役标志着运动战的衰落。

61　　此时我们必须转向东线。对东线的研究远没有对西线的研究深入。因为，在德国、奥匈帝国和俄国这三个参战大国中，即便在战争最激烈的时期，德国派往东线的军队也不到其军队总数的 1/3[83]，而奥匈帝国在 1918 年解体，苏俄刻意淡化这场被列宁谴责的帝国主义战争。然而，在 1914 年到 1917 年的大部分时间里，东线和西线的士兵数量一样多，士兵伤亡也很大。相对而言，疾病给东线士兵造成的伤亡更大，而战争造成的伤亡较小。尽管战争胜负取决于西线，但东线也经常对整个战争产生重大影响。东线首先遭殃的是被小毛奇调遣到东线的两支陆军部队，小毛奇将这些部队调往东线是以牺牲马恩河右翼为代价的。

　　东线交战国中，沙俄军队规模最大。1914 年 8 月，21 个俄国步兵师对抗 13 个德国步兵师，53 个俄国步兵师对抗 37 个奥匈帝国步兵师。[84]东线的总兵力是西线的 3/4，俄军数量超过了德、奥军队之和。然而，沙俄的动员能力并不比人口少得多的法国或德国强多少。传统上，俄国一直有一支庞大的常备军，驻守其广大的边境，并进行内部镇压。[85]此外，俄国最高指挥部认为，俄国需要比西方国家花更长的时间来培训只受过基础教育、责任感不强的义务兵。1874 年的兵役法规定受过教育者可以免除兵役，军队从其他人群中抽签选择服役人员。俄国的贫困以及 1900—1909 年近十年的经济停滞和财政危机，使预算总额受到了限制，并且大部分预算都被用于供应常备军。此后，俄国经济经历了一段繁荣期，俄国财政富裕，为军事发展提供了保证，但俄国每年只征召了可用人力的 1/4，结果一流的、训练有素的后备军只有 280 万，常备军约有 140 万。[86] 士兵的装备也不是特别好。其中一个原因是，到 1914 年，俄国海军军费开支巨大，实际上超过了德国，俄国造船厂建造一艘战列舰大概花费 6 年时间，而西方只需花费 3 年时间，但这笔钱却收效甚微。俄国将大量资金投在了构筑防御工事上，而不是投给野战军，这一问题在战前引发了很多争议。随后，陆军大臣苏霍姆利诺夫决定，应该拆除波兰的一些堡垒，而其他十几座堡垒应该进行现代化改造，此后这个问题得到了解决。[87] 苏霍姆利诺夫是一个有争议的人物，他在 1915 年因腐败入狱，在十月革命后被判处叛国罪。虽然总的来说他是一个改革者，但有的军官支持他，有的军官反对他。苏霍姆利诺夫知道俄国要塞很脆弱，宁愿放弃它们，但也不能完全放弃，为此不得不采取折中的方案。1914 年，俄军有 2 813 门现代火炮，而野战军只有 240 门机动重型武器。[88] 因此，和法国一样，俄国重炮不足，而重炮对于进攻的胜负至关重要。俄国的快射野战炮数量充足，但每门只有 1 000 发炮弹，而法国有 1 400～2 000 发，德国有 3 000 发。[89] 俄国有 450 万支 7.2 毫米莫辛纳甘 M91 步枪，这对于最初动员是足够的，但仅此而已。尽管所有观察员都认可俄国士兵的勇气和耐力，但他们的军官和士官太少。1903 年，德国每个连有 12 名士官，法国有 6 名，俄国只有 2 名。[90] 1914 年批准的"伟大计划"将每年的招募士兵名额从 45.5 万提高到 58 万，并加强炮兵建设，但是由于战争爆发，这些项目和 1914 年的法俄铁路协议都受到了影响。所以，俄军是带着诸多弱点参战的，俄军没有一流的铁路网进行物资补充。尤其是俄属波兰，这个北部被东普鲁士、南部被奥地利的加利西亚（Galicia）和布科维纳（Bukovina）包围的突出地带，曾被俄国有意切断了公路和铁路，当局将其视为西方国家入侵俄国内陆的走廊，而不是俄国向西挺进的跳板。[91] 虽然到 1914 年，俄国的重整军备取得了相当大的进展，但俄军仍有很长的路要走。

尽管如此，俄军现在会对其敌人进行致命的打击。俄军采纳了一项具有进攻性的战争计划。俄军的鼎盛时期是 18 世纪和 19 世纪初。此后，俄国在技术上与西方的差距逐渐拉大。在被日本打败后，最高指挥部建议俄国必须避免一场欧洲战争。1910 年的军事改革提高了军队的动员速度，但俄国 1910 年的第 19 号计划是多年来最谨慎的战争计划，这和总参谋部的首席战略家尤里·丹尼洛夫（Yuri Danilov）密切相关，他预见到德国即将入侵俄国，为此，俄国必须将其主要兵力部署在波兰突出部的东部边缘地带，以防御为主，并派出小部队对抗奥匈帝国。然而到了 1914 年，这一重点发生了逆转。原因之一是来自法国方面的压力，法国认为德军的主要进攻方向是西线，俄军的情报也证实了这一点。为了避免法国被德国击败，1911 年，俄国总参谋长承诺早日进攻德国。但来自盟友的压力并非发挥作用的唯一因素。在俄军内部，以华沙军区参谋长米哈伊尔·阿列克谢耶夫（Mikhail Alekseyev）为首的一派对前景越来越有信心，他们反对放弃波兰，并想进攻奥匈帝国。一方面是因为他们不确定入侵东普鲁士是否会成功，另一方面是因为他们一向对奥匈帝国怀有敌意。因此，俄国在 1912 年对第 19 号计划进行了彻底的修订。如果德国向东进攻，代号为 G 的方案仍然坚持防御策略；如果德国向西进攻，代号为 A 的方案则计划俄国将用更多兵力直接进攻东普鲁士和加利西亚。到 1914 年，第 20 号计划设想了更早、更有力的两线作战，计划于 9 月实施，与 8 月的计划非常相似。[92]结果，俄国发动了两次不必要的小攻势。可以肯定的是，如果在一条战线上按兵不动，只攻击另一条战线，结果会好得多。

　　幸运的是，俄军的主要对手奥匈帝国也比较弱。俄国的军事预算是奥匈帝国的两倍多。尽管奥匈帝国的人口比法国多，但是它的军队实力还不到法国的一半。奥匈帝国年轻人的参军比例比其他大国都要低，而且服役时间很短。[93]俄罗斯人在沙俄军队中占据多数；虽然 3/4 的奥匈帝国军官是奥地利-日耳曼人[94]，但是奥匈帝国的普通士兵则来自不同的民族，士兵构成准确地反映了该国的多民族性，其中的一些优秀部队，如蒂罗尔山地（Tyyolean mountain）部队，也是由多民族构成的。奥匈帝国的捷克人和南斯拉夫人的可靠性是不确定的，这一情况在战前就已经显现出来。此外，一个普通的奥匈帝国陆军师只有 42 门野战炮，一个后备师只有 24 门野战炮，而俄国一个师有 48 门，德国一个师有 72 门轻型和中型野战炮。[95]与德军不同，奥匈帝国的军队没有速射榴弹炮，其每门火炮的炮弹供应量要比俄军少，每个团的士官更少。19 世纪 80 年代，奥匈帝国建立了一个穿过喀尔巴阡山脉（Carpathian mountains）的集中式铁路网，形成了抵御俄国入侵的天然堡垒，北部的加利西亚平原由一连串堡垒守卫，特别是伦贝格（Lemberg/Lwów）、普热梅希尔（Przemysl）和克拉科夫（Cracow）等地。但是，自 19、

20 世纪之交以来，奥匈帝国集中精力在西南边境对抗意大利，结果东北地区的铁路网络被俄国超越。到 1914 年，奥匈帝国的总参谋部估计，俄国每天可以开出 260 列火车到达这一区域，而奥匈帝国只能开出 153 列火车。[96] 从任何角度来看，较之于俄军，奥匈帝国的军队在数量和质量上都处于劣势。

奥匈帝国的潜在敌对国较多，这进一步限制了它的行动。虽然俄国的对手有日本、中国、土耳其和瑞典，但由于俄国做出了准确的判断，所以俄军可以主要集中在西部边境。奥匈帝国不仅要考虑对付俄国，还要考虑对付塞尔维亚和黑山。长期以来，奥匈帝国一直认为意大利是一个潜在的敌人。1914 年，罗马尼亚似乎也快要加入俄国阵营，也会变成奥匈帝国的一个对手。因此，奥匈帝国总参谋部制定了一系列作战计划：针对意大利的 I 计划、针对巴尔干地区的 B 计划和针对俄国的 R 计划。就连康拉德也怀疑奥匈帝国能否同时在这三条战线上作战，但他确实计划好了同时针对俄国和塞尔维亚的军事行动，以及只针对塞尔维亚的军事行动。问题是，他不知道俄国是否以及何时会干预巴尔干半岛的冲突。为了解决这个问题，他制定了灵活的作战方案，并试图摸清德国的计划。因此，他将奥匈帝国的军队分为三组。"A-特遣队"将保卫加利西亚边境，"巴尔干军团"将对抗塞尔维亚，"B-特遣队"将在巴尔干半岛战役中攻击塞尔维亚，或者北上对抗俄国，或者同时对抗俄国和塞尔维亚。因此，在两线作战中，他明智地设想对较弱的塞尔维亚采取守势，并将大部分军队派往加利西亚以对付俄国。然而，更大的问题是俄国介入了奥匈帝国与塞尔维亚的冲突。康拉德可以等一个星期再将"B-特遣队"往南或往北调遣，但如果俄国在他把"B-特遣队"派往巴尔干半岛后再进攻奥匈帝国，那么从巴尔干撤军回援奥匈帝国的加利西亚，将是缓慢而困难的。1909 年初，当波斯尼亚合并危机接近高潮时，康拉德试探了小毛奇的意见。小毛奇回应说，如果塞尔维亚挑衅奥匈帝国，奥匈帝国将以打击作为回应；如果俄国进行军事干预，德国将支持奥匈帝国反对俄法联盟。但康拉德仍然担心同时与巴尔干半岛和俄罗斯作战。他警告说，只有当德国从东普鲁士进攻俄国时，他才会从加利西亚进攻俄国，从而使俄属波兰地区陷入两线夹击之中。小毛奇向他保证，德国的第八集团军确实会发动这样的攻击，1914 年，康拉德似乎认为这个保证仍然有效。3 月，他正在制定一项新计划，考虑到俄国不断增长的实力，奥匈帝国军队将部署在边境后方并放弃加利西亚东部，但对俄国发动进攻的承诺没有改变。[97]

　　德军在东普鲁士部署的只是二流部队。第八集团军由 13 个步兵师和 1 个骑兵师组成，拥有 774 门火炮，约占德军总兵力的 1/10。[98] 其中，东线德军有 3 个预备役师，这三个预备役师只有在动员时才配置军官和士官。与 1909 年所做的承诺相反，小毛奇指示第八集团军司令普里特维茨（Prittwitz）不要主动攻击俄国，而是要保护东普鲁士，同时通过吸引俄军来支持奥军推进。他允许普里特维茨在极端情况下撤退到维斯瓦河（Vistula），但警告说这样做将是灾难性的。[99] 从战略上讲，俄军应该谨慎地对奥匈帝国保持守势，并将重点放在德国身上，以威胁柏林，并与法国联合对德国施加压力。但在政治上，俄国认为有必要帮助塞尔维亚。俄国在东普

65

鲁士投入的兵力不到原计划的一半，分散军队进一步削弱了俄军的战斗力。也许俄军最好的行动方案是用全部兵力从东部进攻东普鲁士首府哥尼斯堡（Königsberg）。相反，俄军试图采取钳形行动，部分原因是东普鲁士地形复杂、土地贫瘠、人烟稀少，大部分地区被森林和水源覆盖。在东普鲁士的中心，安格拉普河（Angerapp）周围形成了一个 50 英里宽的湖泊，成为这一地区的天然屏障。莱宁坎普（Rennenkampf）率领的俄国第一集团军入侵湖区的东北部，亚历山大·萨松诺夫（Alexander Samsonov）率领的俄国第二集团军入侵湖区的西南部。莱宁坎普有 6.5 个步兵师和 5.5 个骑兵师，还有 492 门火炮，比德军实力弱。萨松诺夫有 14.5 个步兵师和 4 个骑兵师，1 160 门火炮，虽然数量比莱宁坎普多，但双方实力相当。因此，德军可能会利用因斯特堡-奥斯特罗德（Insterburg-Osterode）的横向铁路来分别击败这两支部队。然而，与"施里芬-小毛奇计划"相比，这个计划本身就具有很高的风险，而俄军优势明显，应该能够把德军赶到哥尼斯堡或维斯瓦河。但因为无能，俄国人做得并不好。[100]

俄军确实存在技术上的问题，俄军和其他进攻者一样，没有当地的铁路、电报和电话网络的支持。俄军第二集团军只有 25 部电话，无线电台短缺。即使是德军，全军也只有 40 部无线电台，俄军的就更少了。[101]加密和解密无线电信息复杂而耗时，俄军丢失了密码本，因此用明码发送电报，被德国人读取，造成了严重的后果；德国人也用明码发送电报，只是没有导致十分严重的后果。[102]

66　　就连第二集团军内部的通信很快也中断了，更不用说两个集团军之

间的通信了。俄国的指挥结构进一步加剧了这种困境。尼古拉二世
任命他的叔叔尼古拉斯大公（Grand Duke Nicholas）为俄军总司
令，雅努什凯维奇为总参谋长，但是俄军总司令部最重要的人物是
军需总监丹尼洛夫。俄军总司令部决定入侵东普鲁士，俄国人预估
在东普鲁士只会有 4 个德国师，因为他们认为在小毛奇心中东线没
有西线重要。东普鲁士远离前线，通信困难，也没有足够的参谋人
员来制定作战计划，它所能支配的预备队也很少。波兰铁路网匮乏
也无助于问题的解决，东普鲁士地区和加利西亚地区之间没有铁路
干线。俄军确实使用了"方面军"编制来协调军队以对抗敌人，在
一战爆发后，大多数军队都采用了类似的"集团军"编制，但军官
队伍中的派系斗争影响了俄军的战斗力。雅科夫·吉林斯基（Ya-
hou Zhilinski）是西北方面军（即东普鲁士方面军）的指挥官，他
和萨松诺夫属于苏霍姆利诺夫派，但莱宁坎普不属于苏霍姆利诺夫
派，吉林斯基与莱宁坎普、莱宁坎普与萨松诺夫合作不太愉快。[103]
如果出现问题，他们无法应急处理。

　　尽管如此，战役开始时，俄国表现得并不差，而是德军先经历
了一场指挥危机。8 月 11 日，俄国针对东普鲁士的动员基本完成，
东普鲁士战役的开始时间比西线的比利时战役稍晚一点。莱宁坎普
的部队虽然行军缓慢，但还是最早越过边境的。当德军截获了他将
于 8 月 20 日停止进攻的无线电信息时，普里特维茨的第一军军长
弗朗索瓦（François）将军决定发动进攻。对于大多数参战人员来
说，贡宾嫩（Gumbinnen）战役是他们参加的第一次战斗，它没有
显示出德军的巨大优势，第八集团军没有进行充分的前期轰炸，就

直接发动进攻。两翼德军击退了俄军，但中路德军却毫无进展，中路德军的目标是打击掩藏在农场和村庄中的俄国步兵。在几小时内，3 万德军伤亡了 8 000 人，之后他们开始溃逃。[104]与此同时，截获的无线电和空中的德国飞机都表明，萨松诺夫正在侵入普里特维茨的后方，比预期向西行军更远，危及第八集团军的撤退路线。在一次不太愉快的电话交谈中，普里特维茨告诉小毛奇，他想撤退到维斯瓦河以西集结。结果，8 月 22 日，小毛奇（他在东线进行干预比在西线容易得多）下令让兴登堡（Hindenburg）接替普里特维茨出任第八集团军司令，让鲁登道夫接替瓦德西（Waldersee）出任参谋长。按照德军惯例，参谋长的任命才是关键，鲁登道夫自从攻克列日要塞以来，一直备受瞩目。兴登堡从退休状态被召回，他虽然缺乏想象力和活力，但是更加稳重。[105]事实上，第八集团军的参谋们已经找到了挽救局势的办法，如果普里特维茨留下来，他很可能会听从参谋们的建议。[106]他们的目的不是撤退，而是利用横向铁路将第八集团军的大部分兵力向西南方向转移，以对抗萨松诺夫，在 1914 年之前，参谋部就设想过这一策略了。第八集团军作战处处长霍夫曼（Hoffmann）知道莱宁坎普和萨松诺夫合不来，但这一策略并不仅仅是他的主意，尽管他声称自己是这一想法的原创者。因此，小毛奇没必要调整东线的兵力部署，正如鲁登道夫当时所建议的那样，小毛奇往东线增派两个军毫无必要。小毛奇将东线的战争解读为文明对付野蛮的战争，这可能在这里发挥了一定作用，事实上俄军对待德国平民还比较友好。小毛奇及其参谋们受到了"边境之役"的鼓舞，他们渴望在没有奥匈帝国的帮助下取得胜利。换句话说，这个让德国付出高昂代价的决定，与其说源于焦虑，不如说源于过度自信。[107]

小毛奇的干预阻碍了德军取得更大的进展，但他没有阻碍地方指挥官。相比之下，吉林斯基位于第一集团军和第二集团军后面200英里处，8月26日他指挥莱宁坎普封锁哥尼斯堡，而不是帮助萨松诺夫。后来吉林斯基修改了他的命令，他指示莱宁坎普帮助萨松诺夫，但是这些指示既不紧迫也不具体。此外，俄军还使用明码电报传输命令，结果被德军拦截[108]，截获的无线电信息证实了德军从空中侦察到的情况，即在贡宾嫩战役之后莱宁坎普不会追击德军，因为俄军的弹药已经耗尽了，补给困难。当萨松诺夫的部队前进时，莱宁坎普的部队却在原地踏步。就像部署在马恩河附近的德军一样，萨松诺夫的部队深入敌境，离他的部队最近的铁路终点距离俄国边界还有50公里，这里的路是未铺碎石的土路。在俄军总司令部的坚持下，他延长了行军时间，向西北而不是向北推进，可能是为了切断普里特维茨的退路。8月20日之后，德军从莱宁坎普的包围中撤出，4天后遭遇了萨松诺夫。随后发生的坦能堡（Tannenberg）战役（8月24日至31日一系列行动的总称）成为一战中最大规模的包围战，但是坦能堡战役并非鲁登道夫最初的设计，它有很大的偶然性。之前，弗朗索瓦无视普里特维茨的命令，曾在贡宾嫩攻击莱宁坎普，现在又违抗鲁登道夫的命令，鲁登道夫希望弗朗索瓦的部队在完成训练之前就对俄军侧翼发动攻击。当弗朗索瓦部队于27日猛烈攻击萨松诺夫部队的左翼时，其目标是切断俄军的后防线，他成功了。鲁登道夫也调动兵力对抗俄军右翼，对包围

68

俄军做出了贡献。然而，俄军溃败的最大责任也许在于萨松诺夫本人，他一直在追击德军第二十军，迟迟没有意识到危险在逼近。8月28日，他下令前进，他的部队进一步陷入陷阱，而不是冲出包围圈。俄军士气低落，口粮和弹药耗尽，开始投降，萨松诺夫放弃了战斗，自杀身亡。他的部队有9.2万人被俘，损失500门大炮，大约5万人伤亡，德军伤亡1万～1.5万人。[109]

　　东线德军的补给和通信比俄军更好，而且更快地抓住了机会。在马恩河战役中，德军混乱的指挥系统没有很好地发挥作用，此后德军制定计划对指挥系统进行了修正，使弗朗索瓦能够主动执行该计划。[110]然而，坦能堡战役的胜利在很大程度上要归功于俄军的失误，坦能堡战役的神话意义超过了其战略意义。坦能堡战役得名于附近的一个村庄名，1410年，波兰和立陶宛在这里打败了条顿骑士团。现在，德国的政治评论家可以宣称，德国人一雪前耻，他们击退了亚洲部落，获得了救赎。这场胜利也让兴登堡和鲁登道夫威名大震，走上了一条连威廉二世都不愿挑战他们的发展之路，并让他们在一战后半段掌握了德国的战略控制权。然而俄军的损失很快就得到弥补，事实上，坦能堡战役并没有消除俄国对德国领土的威胁。随后德军也没有在与莱宁坎普部队的对抗中取得类似的胜利。在9月5日至13日的马祖里湖（Masurian Lakes）战役中，鲁登道夫率军击退了已占领马祖里湖东部阵地的俄军第一集团军。他现在已经接收了小毛奇从西线派遣的两支军队，东线德军开始在数量上占据优势。弗朗索瓦部队再次突破了俄军左翼，在他们身后迂回前进，尽管德军俘虏了3万人，但鲁登道夫却没能突破敌人的中心地带，未能完成另一次包围，莱宁坎普部队及时撤退。德军一旦越过边境进行追击，就会遭遇入侵军队的常见问题，如精疲力竭和物资短缺。9 月 25 日，俄军发起反攻，将德军赶回到安格拉普河防线。整个 9 月的战斗，德军第八集团军伤亡约 10 万人，俄军伤亡更大，最终双方陷入僵局。[111] 坦能堡战役是德军的一场重大胜利，但远非决定性的胜利。

　　虽然东普鲁士战役广为人知，但是 8 月的加利西亚战役双方投入的兵力更多，可以说后果更严重：考虑到东普鲁士战线的僵持、德国在西线的失败，以及奥匈帝国在东线的灾难性失败，这一切对于同盟国来说都是不祥的预兆。这场灾难是可以预见的，因为奥匈帝国军队在人数和装备上都处于劣势；此外，德国人不守信用和奥匈帝国本可以避免的错误也促成了这场灾难。在动员阶段，弗里德里希大公（Archduke Friedrich）名义上是奥匈帝国总司令，但是康拉德及其参谋们组成的奥匈帝国最高司令部实际上指挥着加利西亚战役。在七月危机中，康拉德发现奥匈帝国陷入了他一直以来都害怕的境地：与塞尔维亚的战争一触即发，而俄国却没有做出不加入战争的承诺。然而，他知道俄国几乎肯定参战，这让他的行为更加令人费解。在塞尔维亚拒绝最后通牒后，康拉德授权"巴尔干军团"和"B-特遣队"进行部分动员，而针对俄国的"A-特遣队"却没有进行动员，因为他认为俄国可能是在虚张声势，他这样做是为了避免刺激俄国。然而，7 月 31 日，在小毛奇的敦促下，他选择了"R方案"。第二天，奥匈帝国就下令进行总动员，康拉德征询其他人的意见，询问他们是否可以把"B-特遣队"从巴尔干半岛

调到加利西亚。他的首席铁路规划师冯·斯特劳布（von Straub）
惊恐地拒绝了这一要求。于是，奥匈帝国最高司令部决定先将"B-
特遣队"的一部分军队向南运送到塞尔维亚边境，打败塞尔维亚后
再向北对付俄国人，同时推迟"A-特遣队"的动员，以便腾出必
要的车辆转运"B-特遣队"。也许铁路专家们可以更积极地即兴发
挥、随意解释，但这次惨败的主要责任似乎在于康拉德坚持对塞尔
维亚的战争。结果，一直到8月19日至23日，康拉德才在加利西
亚集中兵力。而小毛奇曾警告说，只有在俄国对德国采取敌对行为
的情况下，他才会从东普鲁士发起进攻。事态发展对于康拉德来说
完全是一个意外，但他仍然坚持自己的计划，期望德国在6周内能
够提供帮助，因为他乐观地认为法国很快就会被德国击败。[112] 然而，
他的手下在3月进行了调查，他们预计，鉴于俄国的优势，需要谨
慎对待俄国，康拉德决定让奥匈军队部署在远离边境的地方。奥匈
军队从集结地向距离遥远的前线战区进军，因此当到达战区时，士
兵们已经筋疲力尽，这进一步削弱了奥匈军队微弱的领先优势。[113]
即便如此，到8月下旬，康拉德在加利西亚的部队也有31个师，
共计50万人。到9月4日3个"B-特遣队"兵团抵达时，加利西
亚的奥匈军队增加到了37个师。奥匈帝国军队第一军、第二军、
第三军和第四军从西向东一字排开，从卢布林（Lublin）以南一直
部署到德涅斯特河（Dniester）。康拉德知道俄军主要集中在更东边
的地方，他打算沿着175英里的战线向北推进，让他的左翼军队来
执行主要任务。这些部队将呈扇形散开，切断波兰铁路，并打击挺
进到东普鲁士的俄军，从而间接帮助德国进军巴黎，同时展示奥匈

帝国在没有援助的情况下赢得一场重大战役的能力。[114]

随着时间的推移，奥匈帝国军队已经失去了数量上的优势。到 8 月底，俄军已经部署了 45 个步兵师和 18 个骑兵师，另外还有 8 个半步兵师。俄军比奥匈军队的编制要大一些，每个俄国步兵师的兵力比奥匈军队多 60%～70%，重炮多 30%，机枪多 8 倍[115]，俄军分成 4 个集团军（从西到东分别是第四、第五、第三和第八集团军），约有 75 万人。尼古拉·伊万诺夫（Nikolai Ivanov）及其参谋长阿列克谢耶夫指挥的西南方面军掌握总体方向，尽管西南方面军的军官内斗严重，阻碍了作战行动，但是西南方面军比西北方面军更有战斗力。西南方面军想从北部向克拉科夫的要塞和铁路枢纽发起进攻；俄军总司令部倾向于采取一种更迂回的方式推进，即从东部沿着喀尔巴阡山脉前进。最后，俄军采取了一种折中办法，即同时采用了西南方面军和总司令部的方法，试图对敌人实行"双重包围"，其中从东面发起的进攻给奥匈军队造成了重大打击。在北面，双方人数相当，奥匈军队于 8 月 23 日至 24 日在克拉希尼克（Krasnik）、8 月 26 日至 31 日在科马罗夫（Komarów）的第一批次较量中取得了胜利。但是，到了 9 月初，奥匈军队出现了补给不足问题，波兰没有给予他们预期的支持，俄军第九集团军正向他们进发。与此同时，俄军从东面逼近，布鲁西洛夫（Brusilov）将军的第八集团军在 8 月 26 日至 30 日的格尼拉利帕河（Gnila Lipa）战役中击败了奥匈军队第三集团军，并于 9 月 3 日占领了伦贝格。康拉德在 9 月 8 日至 10 日的拉瓦-鲁斯卡（Rawa Russka）战役中试图反击俄军侧翼，但没有成功，他不得不下令奥匈军队全面撤退到南部的喀尔巴阡山防线和克拉科夫以东的杜纳耶茨河（the Dunajec River），9月下旬那里的战线稳定下来。此时，康拉德的北方军队也被击败。但是，现在轮到俄国人走厄运了，他们在积水的道路上蹒跚前行，铁路不够用，并且这里的铁轨比俄国铁轨窄，敌人破获了他们的电报，可以读取他们的无线电信息，俄军被普热梅希尔要塞阻挡，普热梅希尔有10万驻军，周围有50公里长的壕沟。[116]似乎其他地方也陷入僵局，但是俄军对奥匈军队的打击比德军对俄军或法军的打击更大。事实上，丹尼洛夫对康拉德部队东翼的进攻是1914年8月唯一一次达到实际目的的进攻。奥地利人失去了布科维纳和加利西亚东部的大部分地区，包括石油、肥沃的农田、伦贝格和雅罗斯拉夫（Jaroslav）的要塞，以及俄属波兰南翼的一个起点。奥匈军队大约有10万人死亡，22.2万人受伤，10万人被俘，损失216门火炮和1 000辆机车，官兵伤亡惨重。[117]现在很难想象这些战斗的情景，这些地区的战斗记载远不如法国丰富。在这些战斗中，奥匈军队在炎热的天气下穿过平原，几乎没有有效的骑兵侦察，误打误撞地与俄军的优势部队相遇，从而造成奥匈军队炮兵的重大伤亡。奥匈军队的损失部分是由其步兵鲁莽的、自杀式的正面攻击造成的，这是1914年以前比较流行的战术原则。俄军大约伤亡25万人（包括4万被俘的人），但是俄军规模更大，相比而言，伤亡比例较小。双方的大量俘虏在一定程度上反映了战役的机动性，但也暴露了军队士气的低落。奥匈军队尤其如此，其捷克军团、塞尔维亚军团和意大利军团已经被证明是不可靠的，损失如此多的精锐部队和军官会进一步加剧奥匈帝国的困难。[118]没有德国的帮助，奥匈帝国几乎无法与俄军作战，而且在接下来的战争中一直如此。康拉德很快就后悔自己发动了攻击，并多次向德国求援，后来他把过错归咎于德国，并考虑单独与协约国媾和。但是东线越需要支持，德国就越难在西线集结压倒性的兵力。

1914 年 8 月，奥匈帝国对塞尔维亚的第一次进攻以失败而告终。奥匈帝国做了自己在战前计划中所反对的事，那就是在波兰和巴尔干半岛发动了微弱攻势，但是都没有获胜。奥匈帝国被一个小国羞辱，而且这个国家的军队很多方面的装备都很差。塞尔维亚军队的规模确实庞大。它的人口不到奥匈帝国的 1/10，它的男子参军比例高于任何其他欧洲国家[119]：塞尔维亚约 35 万军人，其中 18.5 万人属于前线作战部队，分为 11 个步兵师和 1 个骑兵师，组成 3 个集团军。与欧洲大多数国家不同的是，塞尔维亚的指挥官经历过 1912—1913 年的巴尔干战争，有实战经验，其中包括总司令沃伊沃达·拉多米尔·普特尼克（Vojvoda Radomir Putnik），他在七月危机期间一直在布达佩斯，弗兰茨·约瑟夫允许他回国，这种做法虽然仗义，但是并不明智。普特尼克不同于 1914 年的其他指挥官，他将塞尔维亚主力部队集中在该国中部进行防御，准备反击入侵者。但在其他方面，塞尔维亚更加脆弱。它的盟友黑山没有起多大作用。黑山国王尼基塔一世（Nikita I）*濒临绝境，他动员了一支 3.5 万～4 万人的民兵部队，塞尔维亚向他们提供了 100 支枪。[120]塞尔维亚的军队在战前的十年里重新进行了装备，但在 1912—1913

---

* 此处黑山国王名称疑似有误，应为尼古拉一世（Nikola I）。——译者注

年巴尔干战争期间，大约有 3.6 万人死于战斗和疾病，另外有 5.5 万人受重伤。它从新领土上招募的新兵寥寥无几，不得不调用原来的军队来驻守这些地区，以抵御阿尔巴尼亚叛乱分子和保加利亚的报复威胁。法国的贷款使塞尔维亚财政部仍然有能力支付军费。尽管塞尔维亚军队拥有现代化的法式速射野战炮，但是它的基本装备很差，直到大战爆发，塞尔维亚才开始补充在巴尔干战争中耗尽的弹药。新兵们没有鞋穿，很多士兵赤脚上阵，步枪更是极为匮乏，塞尔维亚既不能生产步枪，也不能进口。1914 年 8 月底，俄国交付了 12 万支步枪，但数量太少，不足以给每个士兵配备一支步枪。相比之下，奥匈帝国拥有现代化的步枪，机枪是塞尔维亚的两倍，野战步枪的弹药储备充足，交通和工业基础设施更好。[121]

尽管如此，奥匈帝国最初入侵塞尔维亚还是以失败而告终。考虑到塞尔维亚人在巴尔干半岛的防御部署，奥匈帝国的明智做法是什么都不做，把精力集中起来对付俄国。但在当时的环境下，这样做在政治上有很大的困难。此外，驻扎在塞尔维亚北部和西北部边境的奥匈军队第五集团军和第六集团军（战前的"巴尔干军团"）由奥斯卡·波提奥雷克（Oskar Potiorek）将军指挥，他是康拉德的政敌，波提奥雷克直接对弗兰茨·约瑟夫负责，他不受奥匈帝国最高司令部的控制。[122] 波提奥雷克急于进攻。他的两支军队共 14 万人，比塞尔维亚部队要少，但是第二集团军即"B-特遣队"在转移到加利西亚之前被派往巴尔干地区，在 8 月 18 日之前一直部署在塞尔维亚边界，从而使波提奥雷克暂时占据优势，波提奥雷克在相距 100 公里的两处起点让两支军队发动夹击，这些军队在道路稀

少的山区缓慢前进。当普特尼克意识到主要危险在西部时，他迅速
将部队 90 度调转，在夜间交战中攻击奥匈军队第五集团军侧翼，
并在 8 月 16 日至 19 日的塞尔山（Cer Mountain）战役中从中间突
破。波提奥雷克命令他的部队撤退，到 24 日塞尔维亚收复全部失
地。塞尔维亚伤亡近 17 000 人，奥匈帝国伤亡近 24 000 人（包括
4 500 名战俘）。奥匈帝国的两支部队相隔太远，无法互相支援，在
夜晚的肉搏战中，塞尔维亚人在经验和士气上都比奥匈帝国更胜一
筹，塞尔维亚虽然用了大量弹药，大约 650 万发子弹和 36 000 发炮
弹，但是取得了胜利。[123]这场战斗是欧洲大部分地区正在发生的战
役的缩影。坚定的守军和大量弹药击败了兵力不足的仓促进攻。奥
匈军队之间缺乏配合，这给塞尔维亚军队创造了机会，但是塞尔维
亚军队没能切断敌军退路，因此招致了新一轮的入侵。

　　到 9 月中旬，尽管俄军侵占了奥匈帝国的领土，德军占领了法
国北部和比利时的大部分地区，但是最初的进攻行动还是以失败而
告终。所有进攻部队都发现自己在战术和行动上处于不利地位，要
面对守军的各种武器，一旦越过边境，运输和通信就难以保障，还
缺乏可靠的侦察。各国军队需要巨大的人数优势来实现自己的目
标，只有东加利西亚的俄军拥有这种优势。在每一个战场，这些不
断积累的困难迟早会使进攻停止。在战争的其余时间内，这种伤亡
率很难与之相提并论。然而，双方都想打破战争的胶着状态。在接
下来的战争季中，各国试图通过一系列激烈战斗来保持自己的优势
地位，从而确立了未来三年的战斗模式。

　　直到 11 月，德军一直在西线占有优势。德军不让康拉德知道

自己在马恩河战役中的失败，其简短的新闻公报也尽量淡化这次失败。[124]德军没有向外透露小毛奇在 9 月 14 日晚上精神崩溃的消息。法尔肯海恩立即取代小毛奇，成为代理总参谋长，11 月 3 日正式上任，这样他同时兼任总参谋长和陆军大臣。[125]法尔肯海恩的任命不受欢迎，因为人们认为他的升迁得益于宫廷关系，而且他的傲慢使他树敌众多。此外，一个实质性的问题很快使他与兴登堡和鲁登道夫产生分歧，后者希望在坦能堡战役后发动第二次包围战以彻底消灭俄军，而法尔肯海恩更倾向于继续进攻法国。德国最高统帅部认为马恩河战役的失败是严重的，但并非无法弥补，法尔肯海恩向贝特曼和贾戈通报说，马恩河战役推迟了而不是终止了胜利。继续担任作战部长的塔彭敦促法尔肯海恩有必要守住德军所征服的领土，既是为了这些地方的工业资源，也是为了保护鲁尔（Ruhr）工业区和德国的西部边境。[126]此外，法尔肯海恩的目标是占领凡尔登和安特卫普等据点，巩固对从比利时经兰斯到阿尔贡（Argonne）的横向铁路的控制。因此，在 9 月 19 日至 20 日，也就是撤退后的第 10 天，法尔肯海恩又在凡尔登东部和西部发起了新的进攻。向东的这支部队往前推进了近 40 英里，形成了所谓的圣米耶勒（St-Mihiel）突出部，德军驻扎在默兹河一带，使法军通往凡尔登的交通仅剩一条轻轨。向西的这支部队切断了凡尔登-图尔（Verdun-Toul）防线，使巴黎和南锡进入德军大炮的射程内。[127]法尔肯海恩的主要目标是从左翼包抄协约国军队。同时，霞飞希望通过从右翼包抄来驱逐德军[128]，因此秋季最激烈的战斗发生在马恩河和英吉利海峡之间的开阔侧翼。这一系列混乱的战役行动，通常被统称为"奔向大海"（Race to the Sea），从皮卡第（Picardy）和阿尔图瓦（Artois）蔓延到佛兰德斯（Flanders）。9 月 17 日，法军第六集团军试图沿着瓦兹河（Oise）绕过德军；27 日，法德两军在阿尔贝（Albert）附近的索姆河（Somme）地区发生冲突；10 月 2 日，三个德国兵团进攻阿拉斯（Arras）。随着双方阵地的推进，新的战线逐渐形成，一些原本平静的小镇很快就闻名世界，成为人们关注的焦点。

双方都是在极其不利的条件下作战的。法尔肯海恩因为没有进一步加强他的右翼而受到批评，但是他也无能为力，因为德国后方的大多数铁路没有发挥作用。法军尽管在弧形外围行动，但是可以使用完好无损的铁轨以及被截获的无线电信息。不幸的是，法军在北上途中大约耽误了 10 天，因为他们必须与英国远征军共用铁路。在 10 月期间，英国远征军要使用这条铁路从埃纳河转运到比利时。这是基钦纳的主意，弗伦奇也想靠近海峡港口，而霞飞更愿意推迟这一行动，随后将丢失里尔（Lille）的责任归于这一行动。[129] 此外，法军现在面临着一个所有军队都会遇到的问题：炮弹短缺。在马恩河战役中，法军已经使用了大量的库存炮弹，与德军相反，法国的补给设施是临时的。9 月 24 日，霞飞警告说，按照目前的消耗速度，军队很快就无法作战了。每门 75 毫米野战炮被限制只能使用 200 发炮弹[130]，19 世纪的前速射炮被重新投入使用。同时，法国最大的私人武器制造公司施耐德-克鲁索（Schneider-Creusot）公司的半数员工已被征召入伍，国家武器库每天生产的 75 毫米野战炮炮弹总数仅为 8 000~10 000 枚，而一些炮台每天就需要发射 1 000 枚炮弹。霞飞向军事部长米勒兰提出抗议，后者于 9 月 20 日与法国实业家召开了紧急会议，承诺在 1 个月内实现每天生产 3 万枚炮弹的目标，但是最终未能实现这一目标。[131] 直到 1915 年，法国的炮弹，尤其是高爆弹一直短缺，而德军则加强了防御。

到了 10 月，靠近法国北部边境的阿尔芒蒂耶尔（Armentières）也陷入僵局，比利时再次成为战役的中心。这是法尔肯海恩拥有的最后一个开放的侧翼，于是他决定在佛兰德斯大举进攻。在战争开始之前，德军占领了布鲁日（Bruges）和根特（Ghent），并到达了尼乌波特（Nieupoort）附近的海岸。此外，德军从 9 月 28 日开始攻打安特卫普。德军兵力太少，无法封锁这座庞大的城市，安特卫普人同仇敌忾，援军也到达了，尤其是在丘吉尔的倡议下，英国派遣了一支海军陆战队，英军尽管不太可能决定这场战役的命运，但可能会大大推延德军占领安特卫普的时间。[132] 德军的炮火再次摧毁了安特卫普的堡垒，霞飞认为安特卫普守不住，也许他是正确的。他没有多少军队可以用来支援这座城市，而且他对比利时军队的评价很低，他想让比利时军队撤离这座城市。

幸运的是，德军围攻存在漏洞，这使阿尔贝一世和大部分比利时军队成功逃脱，然后比利时军队被运送到下游的伊瑟河（Yser）防线。其余的人包括许多英军在内，在 10 月 9 日安特卫普投降时被俘。安特卫普沦陷后腾出了 3 个德国师，而法尔肯海恩也获得了 4 个全新的主要由平民组成的步兵军，战争爆发后他们开始接受训练，其中 3/4 是大中学生志愿者。[133] 尽管陆军部对他们的准备程度高度质疑，法尔肯海恩还是让他们投入了 10 月 20 日的进攻战，这一战役的目的是把协约国军队赶出佛兰德斯，占领港口。通过这种方式，他希望阻止英军在欧洲大陆集结，占领对英伦三岛进行空中和海上攻击的基地，保护他新获得的战利品[134]，并决定性地扭转局势。但霞飞同样决心阻止德国的新攻势[135]，德国和协约国现在迎头相撞。

佛兰德斯的战斗经历了几个阶段。在伊普尔以南的阿尔芒蒂耶尔和拉巴塞（La Bassée）附近，英军击退了德军第六集团军，并渡过了利斯河（Lys），但没有取得进一步的进展。在伊普尔以北的德军第四集团军由 4 个新军组成，他们沿着海岸来到伊瑟河，比利时人打开了排水系统的闸门，在内陆制造了一个绵延 5 英里的人工洪泛区，从而阻止了德军前进。交战双方的两翼比较稳定，战斗集中在伊普尔周围。第一次伊普尔战役一开始是双方互相攻击，但协约国军队逐渐处于守势。随着更多的德军抵达，弗伦奇考虑撤退到布洛涅（Boulogne）。霞飞否决了他的意见，他决定继续坚守"伊普尔突出部"，尽管驻扎在通往西部的更短更直的运河线上可能会更明智。[136]英军的炮弹也越来越少，弗伦奇试图给他的部队每天只配发 10 枚 18 磅的炮弹。在战斗的大部分时间里，德军火力更猛，数量更多，德军的许多伤亡是英国远征军在密集攻击时使用小型武器造成的。协约国军队躲在小溪和农舍后面，挖掘的战壕越来越多，刚开始战壕很浅，只有断断续续的铁丝网保护。另外，他们还使用了高出地面的防御工事，因为佛兰德斯的土壤是黏土，地下水位较高，战壕更容易被淹没。在 10 月 21 日至 30 日，德军分散进攻伊普尔；10 月 31 日至 11 月 2 日，德军集中进攻伊普尔，将英军从梅西讷山岭（Messines Ridge）赶到南部，几乎冲破了英军防线，但英国远征军第一军指挥官道格拉斯·黑格（Douglas Haig）顶住了德军的进攻。这次成功的抵抗提高了黑格的名声。在 11 月 11 日又一次大规模的进攻失败后，德军的进攻更加零星，法尔肯海恩最终决定停止进攻，因为没有进展和损失巨大，也因为德军重型炮弹已经耗尽。[137] 尽管德军取得了重大进展，但协约国军队仍然控制着英吉利海峡的港口和伊普尔。伊普尔是一座美丽的中世纪城市，在炮火的轰炸下变成了废墟，但现在是一座英雄之城，占领它事关国家声誉。协约国军队还控制着突出部，但是人们对占领伊普尔突出部的价值表示怀疑，占领它使协约国守军暴露在盘踞于山岭上的德军炮火的持续轰炸下。为此，他们付出了沉重的代价：在伊瑟河战役中，比利时军队伤亡 2 万人，占其剩余军队的 35％；法军损失了 5 万人，但他们坚守着从突出部向北延伸到洪泛区的防线，他们拯救伊普尔的作用被忽视了，法国前线部队损失了 5.8 万人，而德军则伤亡了 13 万人。考虑到用时较短，第一次伊普尔战役的伤亡率与三年后可怕的第三次伊普尔战役的伤亡率相当，第三次伊普尔战役使用的武器先进得多。在英国，它因使原有的英国远征军被摧毁而被铭记；在德国，"圣婴殉道"（Kindermord），或称"无辜者的屠杀"，即学生志愿者的牺牲，特别是 10 月 22 日在朗格马克（Langemarck）发生的一次袭击，使第一次伊普尔战役具有神话般的地位。[138] 德国学生师的损失高达 60％，约有 2.5 万名学生军现在葬在朗格马克公墓。第一次伊普尔战役结束后，威廉二世接受了法尔肯海恩的建议，将关注点转向东线，这是一个重大的转折，为 1915 年的战争奠定了基础。此时法尔肯海恩命令他的西线军队拓宽并加深他们自埃纳河战役以来挖掘的临时战壕，创造了一个由两条或两条以上的战壕组成的堑壕网。[139]法尔肯海恩仍然认为这是权宜之计，目的是挽救德军生命，并腾出军队到其他地方进行机动作战，但霞飞知道，如果没有更多的火炮、弹药和人员，法军很难把德军从巨大的堡垒中赶出去。[140]即便如此，进军马恩河的决定也没有被否决。

当法尔肯海恩专注于佛兰德斯时，他无力增援东部。9月，法尔肯海恩与兴登堡、鲁登道夫进行了首次讨论，兴登堡和鲁登道夫在康拉德的支持下，想从东普鲁士发起进攻，包围俄军，当时奥匈军队正被俄军追击。[141]法尔肯海恩拒绝了这个提议，因为他不想从西线抽调军队，而且秋雨会阻碍军队调动，他希望更直接地帮助奥匈帝国。因此，他从第八集团军中挑选了3个军组成新的第九集团军，兴登堡被任命为第九集团军司令，鲁登道夫被任命为参谋长，霍夫曼被任命为作战处处长。法尔肯海恩用750列火车将这支军队南运，部署在克拉科夫附近，在奥匈军队左翼与康拉德并肩作战。在这个位置上，它既可以抵挡俄军越过喀尔巴阡山脉进入波希米亚（Bohemia），也可以对西里西亚（Silesia）构成威胁。法尔肯海恩认为西里西亚的煤炭和工业对德国的战争至关重要。[142]然而，他也同意采取有限的进攻，以保护这些领土，为他的西线作战计划争取时间。因此，9月下旬，第九集团军和奥匈军队开始向东北方向的维斯瓦河和华沙推进。此时，俄国仍在欧洲部署了98个步兵师，对抗德国和奥匈帝国的70～80个步兵师。[143]俄国也进行了战略辩论，结果俄军总司令部和前线指挥官达成妥协，赞成进攻。鲁斯基（Ruszki）将军接替吉林斯基出任西北方面军司令，在马祖里湖战役后，俄国再次进攻东普鲁士，但是俄军在9月29日至10月5日

的奥古斯图夫森林（Augustowo Forest）战役中被阻止。同时，尼
古拉斯大公为了减轻法军的压力，从波兰南部调动军队，将他们集
中在华沙周围，当德军和奥匈军队在 10 月中旬接近华沙时，他发
动了一次突然袭击。康拉德授权第一集团军司令邓克尔（Dankl）
将军，当俄军在伊万戈罗德（Ivangorod）越过维斯瓦河，从侧翼
打击他们，但这个策略出了问题，同盟国被迫撤退，从而引来了兴
登堡和鲁登道夫对康拉德的指责。撤军是有序的，当俄国人抵达他
们的铁路尽头时，就意味着同盟国的撤退结束了。事实上，俄军现
在也首次遭受炮弹、弹药和步枪的严重短缺，更不用说冬季服装
了。[144] 即便如此，德军在华沙战役中还是损失了 10 万人，其中死亡
3.6 万人，而奥匈帝国一方，仅邓克尔的军队就损失了 4 万～5 万
人。同盟国在华沙战役中一无所获，最终又回到了起跑线上。

　　在本季度结束前，东线进行了最后一场战役，在某种程度上，
它是华沙战役模式的翻版。10 月 30 日，法尔肯海恩在柏林会见鲁
登道夫，他同意兴登堡和鲁登道夫接管新成立的东线德军最高指挥
部，奥古斯特·冯·马肯森（August von Mackensen）将军取代兴
登堡指挥第九集团军，但法尔肯海恩仍然拒绝了兴登堡和鲁登道夫
增兵的请求，也不同意再发动一次有限的进攻。[145] 同时，俄军正准
备再次进攻东普鲁士，并从波兰西部攻入德国。然而，德军仍然拥
有两个优势。通过截获的俄军无线电报，德军知道了俄国计划的攻
击核心。此外，德国还有一条与东部边境平行的完好无损的铁路，
鲁登道夫通过这条铁路将第九集团军从西里西亚向北运送到托伦
（Thorn），这是他第三次使用横向铁路来保护德国领土。他计划通

过托伦向罗兹（Lodz）的东南方向进攻，越过现在因霜冻而变硬的
土地，打击俄军前进的侧翼。起初，德军行动进展顺利：当第九集
团军于 11 月 11 日发动进攻时，德军出其不意地击溃了一支西伯利
亚军团，一周后德军接近罗兹时已俘虏俄军 13.6 万人。俄军取消
了进攻东普鲁士的计划，撤退到罗兹，鲁登道夫命令对该城发动正
面进攻。从这一点来看，东线的常规态势开始显现：第九集团军缺
少弹药，而罗兹是一个补给站，俄军恢复了抵抗能力。在这场战争
中最引人注目的特点是冰雪作战，德军起初似乎准备包围俄军，但
后来自己险些被包围，德军第二十五预备师在 11 月 18 日至 25 日
冲出包围圈，然后撤退，带走了 25 000 名囚犯。虽然俄军的人数
是德军的 2 倍，但俄军耗光了武器，每天只能发射 10 发炮弹，武
器因素制约了俄军的人数优势。[146] 12 月初，法尔肯海恩在伊普尔战
役后从佛兰德斯派来 4 支增援部队，在这些部队的帮助下，德军终
于占领了罗兹。不久后，俄军第三集团军再次发起进攻，意图夺取
克拉科夫并威胁西里西亚，但在利马诺瓦-利帕诺夫（Limanova-
Lipanow）战役中被奥匈军队阻止，这是奥匈军队为数不多的单独
作战并获胜的战役之一。俄军退回到尼达河（Nida）和苏纳耶克河
（Sunajec），这些阵地的战壕不复杂，兵力密度也较低，俄军最终
在华沙以西的阵地上稳定下来。自坦能堡战役以来，在这场复杂的
战斗中，双方都没有取得明显优势，在华沙战役中，同盟国的第一
次有限进攻以失败而告终。相比之下，尽管俄军在罗兹侥幸逃脱，
但同盟国的第二次进攻将俄军从德国边境击退，而康拉德将俄军从
克拉科夫击退。俄军再也无法深入奥匈领土，或者再次威胁到东普

79

鲁士和西里西亚。俄军的物资供应危机使俄军瘫痪了几个月，第二年春天，法尔肯海恩终于授权发动一次大规模进攻，俄军对此束手无策。东部的运动战争还远未结束，但是俄军已经过了它的鼎盛期，开始走下坡路。

俄军在坦能堡和华沙两次发动进攻，减轻了法军的压力。同样，俄军与奥匈军队的交战也阻碍了奥匈帝国征服塞尔维亚。8月，在取得对奥匈帝国的胜利后，在俄国和法国的敦促下，塞尔维亚将战争转移到了敌方领土，袭击匈牙利，入侵波斯尼亚，距离萨拉热窝只有 20 英里。但是没有发生塞尔维亚希望引发的起义，证据表明奥匈帝国对其南斯拉夫臣民的担忧被夸大了。此外，当波提奥雷克在 11 月发起规模更大的第二次入侵时，塞尔维亚军队面临弹药不足和大量逃兵的问题。波提奥雷克的军队再次从北部和西部推进，越过多瑙河，占领了贝尔格莱德。然而，到 12 月初，他在西部的部队已经行军数周，分散在距补给基地 100 公里以外的一条长长的弯曲战线上。通过对俘虏的审讯，塞尔维亚了解到奥匈帝国的步兵已经疲惫不堪，情绪低落。与此同时，普特尼克采取严厉措施重振军纪，命令向北进攻的军队掉头向西进攻，征收学生兵并获得了法国的炮弹，从而增强了塞尔维亚军队的实力。在 12 月 3 日至 15 日的科卢巴拉（Kolubara）战役中，普特尼克的军队袭击了奥匈军队侧翼，然后收复了贝尔格莱德。波提奥雷克被解职，他的军队再次撤退到起点，此役奥匈军队死亡 2.8 万人，受伤 12 万人，被俘 76 500 人。比较而言，实力较小的塞尔维亚军队死亡 2.2 万人，受伤 9.2 万人，被俘或失踪 1.9 万人。此时的塞尔维亚已经太弱，无法对奥匈帝国构成威胁，1915 年奥匈帝国本可以调动其驻扎在巴尔干边境的部队，考虑到意大利的威胁，才没有调动，如此看来，和意大利的对峙反而在一定程度上对于奥匈帝国是有利的。[147] 如同在波兰一样，在巴尔干半岛，1914 年的冬天是协约国的鼎盛期。

专注于这些战争的细节可能会掩盖更大的场景。在东线和西线，一次又一次的战役使双方的攻势都失去了动力，并因为伤亡巨大而逐渐停止。在敌占区的部队也遇到了类似的问题。在敌占区，部队不能使用本国的电话和有线通信，只能依靠无线电报，但是无线电报容易被敌方窃听；部队需要铁路运输弹药，为人员和马匹提供食物、衣服、医疗，但这不是本国铁路所能解决的。1914 年的战争形势给将军们带来了前所未有的挑战，既要解读纷繁复杂的情报，又要调动比拿破仑时代更笨拙的军队，因为军队规模更大，后勤需求也更大。[148] 所有最高指挥官都很难指挥他们的下属，而战略可能是官僚内讧妥协的结果。指挥官对士兵开火的地点和时间有一定的控制权，除此之外就没有多少控制权了。现代武器会给交战部队造成重大伤害，迫使其做出巨大牺牲，因为这些部队往往没有做好充分的训练或思想准备就投入了战斗，从而无法坚守阵地或分散进攻。因此，如果不考虑西线、东线和巴尔干战线上双方人数大致相等以及利用未开发的人力储备来弥补人员损失等基本因素，许多因素都有利于防守方而不是进攻方。这些因素抵消了大战最重要的结果，也解释了德军在西线，先是在马恩河，然后是在佛兰德斯，未能取得快速胜利的原因。尽管在西线失败了，但德军还是稳住了地盘；英法不承认德军所占领的领土，所以不承认失败。因此，德

军能够采取守势，而英法军队在进攻德军精心准备的阵地时却精疲
力竭，在此后三年的大部分时间里，德军就是这样做的。同盟国未
能完全获胜，但是利用协约国的精疲力竭，同盟国获胜的可能性依
然存在。更为严重的是，即使德军在西线驻军最多时，俄军尝试多
次，也未能占领德国的领土。俄军占领了奥匈帝国的领土，但占领
后者的意义没有那么大。此外，长期战争可能对德国不利，因为协
约国有更多的机会从外部世界获得资源，无论是通过它们的殖民
国，还是通过与中立国的贸易。为了实现这一目的，协约国需要控
制海洋，而在战争的头几个月，它们就建立了海洋控制权，而德国
却错过了最佳机会。双方公众舆论预期的决定性胜利未能实现，大
战第一年的海上冲突和陆上冲突都以僵局而告终。协约国必须兼顾
全球制海权和欧洲海域的平衡。

　　在欧洲大陆之外，协约国——尤其是英国——一开始就拥有巨
大优势。协约国商船吨位更大，而且很多同盟国的船只都被扣押在
中立港口。战争爆发后，协约国切断了德国的海外电报线路，迫使
德国的外交、海军和军事通信只能通过中立国的电缆或加密的无线
电报进行，协约国军队可以对这两种通信方式进行窃听，并学会了
如何解密。奥匈帝国的海军全部驻扎在亚得里亚海；德国拥有遍布
全球的港口和煤炭运输网络，但只在中国青岛配有现代战舰[149]，英
国、法国和日本的军队很快就占领了德国的大部分海外领地。① 尽
管德国海军在战前设想过用巡洋舰袭击英国商船，但没有制定具体的

---

① 参见第 4 章。

计划，而且在七月危机期间也没有派出军舰或预先部署补给船。[150]因此，德国的这些巡洋舰在和平时期就已经驶出了本土水域，它们对在欧洲以外水域航行的英国船只构成了主要威胁，但德军的这种威胁是可控的。这是幸运的，因为德国海军部对此几乎没有做任何准备，德国认为皇家海军必须集中力量对抗敌方的主要舰队，德军不可能巡逻每一条海道；而且，如果英国商船分散并避开它们通常航行的航线，那么英国的损失虽然不可避免，但是仍然可以承受。[151]本土水域以外最强大的德国舰艇是战列巡洋舰"戈本"号，它与轻型巡洋舰"布雷斯劳"号组成了由海军上将威廉·苏雄（Wilhelm Souchon）指挥的地中海舰队。不久前德国刚与土耳其缔结秘密同盟，8月3日，德国政府命令地中海舰队前往达达尼尔海峡，一周后该舰队到达那里。一支由4艘装甲巡洋舰组成的英国舰队本可以在爱奥尼亚海（Ionian Sea）拦截它，但"戈本"号的火炮更重，射程更远，英国舰队指挥官欧内斯特·特鲁布里奇（Ernest Troubridge）少将命令英国舰队撤离，他给出的解释是不与优势部队交战，从而让威廉·苏雄一路畅通无阻。因为此事，特鲁布里奇被军事法庭审判，但后来无罪释放。"戈本"号和"布雷斯劳"号从地中海开到达达尼尔海峡，促成了土耳其加入战争。这两艘军舰在爱琴海尾随英军，牵制了它们，但至少它们不再威胁到协约国军队在地中海的航运，也不再对从北非向欧洲运送法国士兵的军舰构成威胁。

德国在海外的军舰只有十几艘，分散在世界各地。战争爆发时，"卡尔斯鲁厄"号巡洋舰在加勒比海，它先后击沉了15艘商船，随后神秘爆炸。"柯尼斯堡"号巡洋舰在东非海域击沉了一艘

82

破旧的英国巡洋舰，但它也因缺乏煤炭而搁浅。它隐藏在鲁菲吉河（Rufiji）的三角洲，在1915年被英军摧毁。"莱比锡"号巡洋舰一度使协约国军队在加利福尼亚附近的航行陷入瘫痪，它和"德累斯顿"号都加入了由海军中将马克西米利安·冯·施佩（Maximilian Graf von Spee）领导的东亚分遣队（又名"德意志太平洋舰队"），在欧洲以外对协约国构成最大挑战。东亚分遣队还拥有两艘先进的现代装甲巡洋舰"沙恩霍斯特"号和"格奈森瑙"号，以及轻型巡洋舰"埃姆登"号和"纽伦堡"号。战争爆发后，东亚分遣队的船只被分散，大部分离开了青岛基地。英国人没有像战列舰一样的现代巡洋舰舰队，他们的巡洋舰速度太慢或武器太轻，无法对付施佩。[152] 施佩面临的最大问题是燃料短缺。他在马里亚纳群岛（Mariana Islands）* 集结船只，并决定在美洲太平洋海岸附近行动，在那里可以买到煤炭，但他把"埃姆登"号轻型巡洋舰派往了印度洋。在那里，"埃姆登"号轻型巡洋舰给协约国造成了严重破坏，它炮击马德拉斯（Madras）和槟城（Penang），击沉了1艘俄国巡洋舰、1艘法国驱逐舰和16艘英国商船。11月9日，澳大利亚巡洋舰"悉尼"号对其发起攻击，将其搁浅在科科斯群岛（Cocos Islands）。在所有这些事件中，协约国海军得益于运气而非远见：他们幸运地找到了"柯尼斯堡"号和"埃姆登"号，"卡尔斯鲁厄"号爆炸了，运气也帮助他们对抗施佩，随后他们就没那么幸运了，不久后协约国海军遭遇了一场大灾难。

---

　　* 马里亚纳群岛为北马里亚纳群岛的旧称。——译者注

这场灾难于 1914 年 11 月 1 日发生在智利沿岸的科罗内尔（Coronel），施佩遇到了由海军少将克里斯托弗·克拉多克（Christopher Cradock）爵士率领的英国分遣队，克拉多克舰队由两艘老旧的巡洋舰"好望角"号和"蒙默思"号、一艘轻型巡洋舰"格拉斯哥"号、一艘武装商船"奥特朗托"号组成，克拉多克舰队上的船员经验不足。结果，"好望角"号和"蒙默思"号全军覆没，克拉多克也壮烈牺牲，英国分遣队几乎没有对德军造成任何伤害。克拉多克不应该与速度更快、火力更强的德国船只作战[153]，他为什么要这样做，目前尚不清楚，可能是特鲁布里奇不战而逃令他耿耿于怀。海军部命令他集中精力对付施佩，但对于是否应该摧毁施佩舰队却没有给予明确的指示。英国海军部要求克拉多克在没有"卡诺普斯"号的情况下不要对德舰开火，但该船的速度太慢了，在从南大西洋开进太平洋时，克拉多克把"卡诺普斯"号抛在了后面。当海军部发出让克拉多克等待的命令时，战斗已经进行了两天。[154]英国皇家海军在一个多世纪以来首次遭遇失败，新任命的第一海军大臣约翰·费舍尔（John Fisher）爵士认为，科罗内尔海战不仅是英国海军的耻辱，而且还威胁着整个南大西洋乃至北大西洋，因为不确定施佩接下来会出现在哪里。尽管英国在北海仅以微弱优势领先于德国，英国海军部还是派出了"无敌"号和"不屈"号两艘战列舰前往南大西洋，由海军中将多夫顿·斯特迪（Doveton Sturdee）爵士指挥，第三艘前往新斯科舍（Nova Scotia），在好望角和西非集结巡洋舰中队，在太平洋上使用日本的飞艇护航。如果施佩不离开太平洋回国的话，协约国一流的海军可能会在很长一段时间内无法发挥威力。然而，12 月 8 日，施佩在福克兰群岛（Falkland Islands）*的斯坦利港（Stanley）停留，攻击那里的无线电台和煤炭库存。他在清晨到达时，发现港口没有设防，他发现斯特迪的舰队正在抛锚。施佩不知道英国的战斗巡洋舰就在附近，双方都感到惊讶。如果施佩立即进攻，他可能会给英国舰队造成严重的损失，但他却转身离开，可能是因为"卡诺普斯"号向其开火了。斯特迪在后面紧追不舍，英军战列巡洋舰以 26 节的航速追赶 18 节航速的德军舰队，下午英军追上了德军舰队，英军舷侧火力三倍于德军，并且舰载火炮射程更远。[155] 与北海相比，水雷和鱼雷在这场海战中没有起到作用，这是一场由炮兵决定的传统战斗，在这场战斗中，英军的炮击不是特别精确，发射了很多炮弹，但没有对德军造成多大伤害，几乎和科罗内尔海战给德军造成的创伤一样小。施佩把舰队分成两个部分，他希望小船只能够逃走，最后还是英国的"无敌"号和"不屈"号击沉了"沙恩霍斯特"号与"格奈森瑙"号，"莱比锡"号和"纽伦堡"号巡洋舰也被斯特迪舰队击沉。"德累斯顿"号虽然逃脱了，但是在 1915 年 3 月被两艘英国巡洋舰在智利水域发现并击沉。幸运的是，英军又一次在辽阔的南太平洋找到了敌人，斯特迪冷静地抓住了机会，值得称赞。约翰·费舍尔和他的上级丘吉尔一样，信任斯特迪，他们也功不可没。在福克兰群岛战役中，英国巡洋舰的装备证明了约翰·费舍尔在 1904—1910 年担任第一海军大臣期间的做法是正确的，即作为帝国拦截力量，巡洋

---

　　* 福克兰群岛，即马尔维纳斯群岛（Islas Malvinas）。——译者注

舰应该比无畏级战列舰装甲更轻，但火炮更重，速度更快。[156]福克兰群岛战役实际上消除了德国巡洋舰的威胁，德国巡洋舰所造成的威胁在很大程度上打乱了协约国的航运和海军部署，这与它的规模非常不相称。由于这一威胁，澳大利亚和新西兰军队将前往欧洲的时间从 1914 年 9 月推迟到 11 月。[157]德国巡洋舰总共击沉了 50 多艘英国船只，占英国船只吨位的 2% 左右，这与英国在战争前三周内缴获的 133 艘德国船只形成了鲜明对比。[158]尽管如此，到 1915 年初，除了德国武装商船的偶尔突击外，协约国几乎完全控制了除波罗的海和亚得里亚海以外的海域。在陆地上，德军控制着大片领土，协约国必须收复；在海上，在德国使用 U 型潜艇之前，局面对协约国有利。

同盟国地处内陆，这一地理位置给英国创造了优势，是英国在早期对法国和西班牙的战争中所不具备的。英伦三岛被比作一座巨大的防波堤，用来阻止德国通过北海和英吉利海峡进入大西洋。[159]但是，德国"公海舰队"的多数舰船行程较短，尤其是它的主力舰。1914 年，德国有 74 艘轻型巡洋舰，如果在海外使用更多的巡洋舰，可能会取得更好的战果，但即使德国战胜了英国的大舰队，也不可能对英国殖民地造成多大损害，因为几乎没有德国舰队能到达这些殖民地。然而，德国的短程舰队将给不列颠群岛周围的航运制造困难，包括跨越英吉利海峡的运兵船。这也使协约国难以封锁同盟国，并将使英国暴露在德国轰炸、突袭和可能的入侵之下。由于协约国已经控制了大部分公海，德国海军的毁灭对战争第一阶段双方实力的影响很小，后来在德国潜艇战正式开始后，协约国会派

85 出更多军舰保护其商船。对于英国来说，避免在海上失败至关重
要，对于法国和俄国也是如此，因为英国对它们来说是不可或缺
的；但对于同盟国来说却并非如此。

　　结果，在最初的两年里，英德两国的主要商业船队从未进入对
方的射程内。这对于两国的公众舆论来说是一个意外。因为海军竞
赛，英德公众对两国的海军冲突十分关注，原本预计两国会提前在
海上发生冲突。战前的计划和部署表明，海军指挥官对此并不感到
意外。德国海军的作战谨慎与陆军的冒失以及提尔皮茨咄咄逼人的
造舰计划形成了鲜明对比。原则上，战略规划不是由提尔皮茨的帝
国海军办公室负责，而是由海军参谋长负责。实际上，海军参谋长
在军队中没有总参谋长的权威，在战时也不会成为实际指挥官。提
尔皮茨对战略的影响很大，他所决定的舰队形状和规模限制了舰队
的发展。1914 年的海军参谋长雨果·冯·波尔（Hugo von Pohl）
和公海舰队司令弗里德里希·冯·英格诺尔（Friedrich von Inge-
nohl）都是提尔皮茨的门徒，威廉二世规定参谋人员要参考提尔皮
茨的意见。然而提尔皮茨对舰队任务的表态一直模棱两可，海军将
领们也未能制定出一致的对英作战计划。[160]战争一旦爆发，提尔皮
茨就越来越被边缘化了。威廉二世对他失去了信心，而且比起陆地
战争，威廉二世更不愿意开展海战。提尔皮茨希望牢牢控制海战的
权力，但是被威廉二世拒绝了。战争一开始，海军参谋部和舰队司
令的权力就扩大了。[161]重要的是，公海舰队做出作战决定的最合适
时机是战争初期。尽管提尔皮茨强烈呼吁，但是他的观点并不受欢
迎。[162]1912 年 12 月，威廉二世曾指示舰队在战争中尽可能地破坏敌

人的封锁线，并在形势有利的情况下全员作战。[163]但在 1914 年 8 月，威廉二世命令军舰停留在港口，不要挑衅英国皇家海军，也不要攻击英国远征军的军舰。舰队总指挥设定的首要任务是，通过布雷、潜艇袭击和攻击其在赫尔戈兰湾（Helgoland Bight）的船只来破坏皇家海军。只有在双方实力相当后，德国海军才能在有利条件下寻求战斗。[164]德国陆军希望其海军能阻止英军在沿海登陆，贝特曼坚持认为，必须保留海军，以作为未来和平谈判的一张王牌；威廉二世同意并认可雨果·冯·波尔的观点，认为现在冒险与英国海军全面交战还为时过早。尽管提尔皮茨反对，英格诺尔还是被要求保存舰队，除非有可能胜利，否则不能冒险行动。[165]

德国海军领导人之所以谨慎，部分原因是他们知道自己的舰队 *86* 在数量上处于劣势，尽管它有某些质量上的优势，但无法弥补数量上的劣势。战争爆发时，英国有 22 艘无畏级战列舰在役、13 艘在建，而德国只有 15 艘在役、5 艘在建；英国有 9 艘战斗巡洋舰在役、1 艘在建，而德国分别只有 5 艘和 3 艘；英国有 40 艘前无畏级战列舰，德国有 22 艘；英国有 121 艘各类巡洋舰，德国只有 40 艘；英国有 221 艘驱逐舰，德国只有 90 艘；英国有 73 艘潜艇，德国只有 31 艘。诚然，由于英国舰队分散在世界各地，英德两国在北海的舰队实力相当，其中，无畏级战列舰比例为 21：13，战列巡洋舰比例为 4：3，前无畏级战列舰比例为 8：8，轻型巡洋舰比例为 11：7，驱逐舰比例为 42：90。[166]此外，德国拥有更可靠的水雷、鱼雷和炮弹，而且它的舰艇有更厚的装甲，可以更全面地保护它们，以及更宽的横梁，使它们在受到破坏时具有更强的稳定性。[167]

然而，这些优势只有在行动中才会显现出来，并且会被德国舰船的一些弱点抵消，比如提尔皮茨决定在最新战列巡洋舰上安装 13.5 英寸口径的大炮，这意味着它们将被英国最新的伊丽莎白女王级战列巡洋舰击败，英舰安装了 15 英寸口径的大炮。此外，到 1914 年，德军知道皇家海军不太可能对他们的港口实施近距离封锁。德国如果想与英国开战，就可能不得不远离自己的海岸线，这有利于防御，就像德国北海河口的地理位置一样。它最现代化的战列舰和巡洋舰停泊在亚德河（Jade）河口，前无畏级战列舰停泊在易北河河口，巡洋舰和鱼雷艇停泊在最前方的埃姆斯河（Ems）河口。雷区和浅滩很好地保护了德国舰队，但是，除非涨潮，否则德国舰队出海也会受到阻碍，从而可能使德国舰队被困在海上。[168]除非英国主力舰冒险直捣德国海军的老巢，否则不太可能发生一场大战。

英国的战略部署也造成了两国海军之间的僵持状态。作为 1904—1910 年的第一海军大臣，约翰·费舍尔虽然彻底改变了皇家海军的部署和建设计划，但他轻视海军的战略规划。温斯顿·丘吉尔在 1911—1915 年担任第一海军大臣，直到 1912 年海军部才创建了战时参谋部。1914 年，英国海军没有采取积极摧毁德国舰队的策略：事实证明，这是明智的。1906—1908 年，海军设想的作战计划是近距离封锁、沿海袭击和夺取近海岛屿以迫使德军进行战斗；但陆军不愿为海军提供支援，认为这样就不能全力帮助法国。在 1911 年 8 月 23 日的内阁小组委员会会议上，帝国总参谋长谴责海军的想法是"疯狂的"。阿斯奎斯裁定，必须全力迅速地将英国远征军护送到法国。[169]此外，1912 年之后，由于受到水雷和鱼雷的威胁，英国海军放弃了近距离封锁，转而采用"观察性"封锁，在赫尔戈兰湾附近部署巡洋舰和驱逐舰，并在 1914 年 7 月采取了远距离封锁战略，守卫北海出口。英国没有足够的巡洋舰和驱逐舰来进行观察性封锁，也没有足够的潜艇来作为近距离封锁的替代工具。远距离封锁是一种默认策略，事实证明它非常有效。这个想法很简单——通过封锁德军的逃跑路线，把他们关在北海和波罗的海，而避免让英国军队面临很大的风险。战争开始时，英国在奥克尼群岛（Orkney Islands）的斯卡帕湾（Scapa Flow）组建了最大最现代化的舰队，包括 20 艘无畏级战列舰和 4 艘战列巡洋舰，由海军上将约翰·杰利科（John Jellicoe）爵士指挥。他的任务是封锁德国与掌握制海权。[170]他非常了解敌人大炮的先进性和自己船只的不足之处，在 7 月 14 日的一份备忘录中，他讲道："认为我们舰船的整体装备水平是先进的，哪怕是认为它与敌方舰船是相当的，都是非常危险的。"[171]由 18 艘前无畏级战列舰和 4 艘巡洋舰组成的海峡舰队驻扎在波特兰（Portland）。由巡洋舰、驱逐舰和潜艇组成的庞大部队从哈里奇（Harwich）和多佛出发，同时法国海军在西部海峡部署了 14 艘巡洋舰和辅助艇。要到达公海，德国海军面临着一个艰难的选择。他们可以勇敢地穿过多佛海峡和 200 英里的英吉利海峡，但是那里会有雷区和携带鱼雷的驱逐舰；或者他们可以绕过苏格兰，航行 1 100 英里到达大西洋航线。在德国舰队与它们的基地之间横亘着庞大的英国舰队。绕行风险更大，因为英国主力舰的火炮射程更远，可以在离港口更远的地方开炮，而且德军很难将燃料运送到北部水域。[172]

英国最初封锁的目标是德国的公海舰队，但德国商船也受到了驻扎在苏格兰与挪威之间的英国轻型舰队的阻拦。十年来，英国海军部的情报部门一直在调查针对德国的经济封锁和德国对海外供应的依赖情况。1912 年，帝国防卫委员会通过了一份报告，建议完全封锁德国的商业，包括如果荷兰和比利时在战争中保持中立而不是追随协约国，英国将限制荷兰和比利时的进口。1914 年，德国立即采取措施关停了海外贸易。[173]英军在斯卡帕湾和多佛海峡部署军舰，对德军实行远距离封锁，这些战舰足以保证实施这一计划，这一战略可以在北海和英吉利海峡拦截德国商船，保护英国远征军通过，也可以阻止德国舰队入侵英国，虽然德军从来没有认真考虑过入侵英国的计划。[174]事实上，英国和德国都高估了对方武装登陆的可能性：小毛奇在石勒苏益格-荷尔斯泰因保留了部队，而英国在本国保留了两个英国远征师，部分原因是担心德国在英国本土登陆，1914 年英国还在伦敦东北部挖掘堑壕，形成了三个堑壕系统。[175]然而，斯卡帕湾距离英吉利海峡如此之远，对于最强大的英国军舰来说，这是一个奇怪的选择，如果德军攻击英国远征军的运兵船，大舰队也会因为距离太远而无能为力。[176]英国战略之所以奏效，部分原因在于德军不敢贸然行动。

幸亏这个策略还没有经过检验。较之于陆军，海军的技术环境发生了更大的变化。自 1900 年以来，射击技术取得了巨大进步，这意味着未来的战斗可能会以更快速度和更远距离进行。海战可能发生在水雷和鱼雷出没的水域。在这种情况下，水兵们可能会觉得他们是在蛋壳里打仗，而且战舰要花三年时间建造，比陆地上的重型武器更难更换。此外，海军武器的杀伤力发展得很快，它们的发展速度超越了指挥官的操作指挥能力。英德的战列舰都采用了大口径远程炮，但是它们训练不足，不能精确地使用火控系统，并使它改变速度和方向，发射的炮弹很少能击中目标。此外，无线电通信仍然是一项新兴技术。在陆战中，步兵不能用它来召唤炮兵支援。早期发射机的重量和体积并不妨碍在军舰上安装它们，但海军无线电报不能发送语音信息，只能发送摩尔斯密码，而摩尔斯密码需要10~15分钟来编码、发送、解码和写入。就像纳尔逊时代①只能通过旗帜传递信号一样，一战时只能使用摩尔斯密码来传送信息，对于实战而言，这种方式虽然缓慢，但是别无他法。所以，无线电报只能在更远的距离、更快的速度、硝烟弥漫、炮火四溅的环境中使用。总而言之，海军将领们指挥下的舰队价格昂贵，以及其所面临的不确定性，不仅使当时规模最大、训练有素、技术最先进的英国和德国海军保持谨慎，其他国家的海军也是如此，因此其他地方也一再重演北海的僵局。俄国的波罗的海舰队有 5 艘前无畏级战列舰，但没有现代战列舰。从表面上看，它不是德军的对手，但德军只保留了少量旧式舰队应对俄国，必要时德国海军可以通过基尔运河（Kiel Canal）从北海派遣增援部队。只要波罗的海的海岸线和瑞典的铁矿石运输不受影响，德军也不希望在他们认为是次要战场的地方作战。尼古拉二世对波罗的海舰队被日军摧毁的印象深刻，

---

① 指纳尔逊生活的时代。它最初是为了纪念英国海军上将霍雷肖·纳尔逊（Horatio Nelson，1758—1805）。他在特拉法加战役中击退了拿破仑的法国舰队。

他也反对海军冒险作战。[177] 相比之下，在地中海，如果意大利加入奥匈帝国，法国和英国可能很难遏制它们，即使意大利保持中立，协约国也不占有优势，因为奥匈帝国在波拉港（Pola）有 3 艘无畏级战列舰，而法国只有 2 艘，英国没有。此外，法军很难维持在亚得里亚海的行动，因为他们最近的基地是马耳他。在弗兰茨·约瑟夫的授意下，奥匈帝国海军上将豪斯（Haus）不愿冒险率领舰队对抗法国，以防意大利这个更令人讨厌的敌人的介入。[178]在"戈本"号和"布雷斯劳"号逃走后，协约国控制了地中海，一直控制到后来德国潜艇到达之时。

前 6 个月的事态发展使双方提高了警惕。之后一艘奥匈帝国潜艇用鱼雷击沉了法国旗舰，此事终结了法军横扫亚得里亚海的局面，法国转而从奥特朗托海峡（Straits of Otranto）远距离封锁奥匈帝国。俄军在意识到他们面对的只是二流的德国海军时，开始在波罗的海从事冒险活动，但在德国潜艇击沉一艘俄国巡洋舰后，俄国海军不敢再出海，而是仅仅通过布设水雷以保护彼得格勒（Petrograd）入海口。① 在北海，英德海军命运的变化使双方都感到不安。因此，北海的第一次重大行动——8 月 28 日的赫尔戈兰湾战役——既让德国人感到震惊，也向英国人表明，勇敢者的冒险行动仍能带来回报。赫尔戈兰湾战役起源于多佛分舰队指挥官罗杰·凯斯（Roger Keyes）和哈里奇分舰队指挥官雷金纳德·蒂尔怀特（Reginald Tyrwhit）的一个计划，目的是袭击海湾的德国巡逻队。

① 一战爆发后，圣彼得堡被重新命名为彼得格勒（该城市名字的斯拉夫版本）。

在清晨的薄雾中，英国和德国的驱逐舰开始了混乱的战斗，德国巡洋舰从亚德河河口出来巡视，但德国的主力舰因为退潮而无法跟上。因此，当英国驱逐舰发出求救信号时，由海军中将戴维·贝蒂（David Beatty）指挥 4 艘战列巡洋舰以及从大舰队分出来的巡洋舰冒险加入混战，英军很快击沉了 3 艘德国轻型巡洋舰，并在德国援军到来之前成功逃走。英国海军是幸运的，因为他们的船员专业作战能力很差，他们的一艘巡洋舰差点被自己的潜艇击沉。尽管英国海军如此低效，威廉二世仍然坚持，此后公海舰队不得远离海湾，舰队司令在开展行动之前必须征得他的同意。

　　然而，在接下来的几个星期里，一系列事件共同威胁到英国海军的优势。正如杰利科所担心的那样，威胁来自德国的潜艇和水雷。9 月 22 日，德国 U9 潜艇用鱼雷击沉了 3 艘英国老旧的巡洋舰：“克雷西”号、“阿布基尔”号和“霍格”号。当时它们正在荷兰海岸巡逻，其中 2 艘巡洋舰是在停下来救助幸存者时被击沉的。1 400 多名船员失去了生命，其中许多是中年预备役人员。在 U9 潜艇于 10 月 9 日击沉另一艘巡洋舰后，大舰队暂时放弃了斯卡帕湾，前往爱尔兰北部的斯威利湾（Lough Swilly）避难，因为当时的斯卡帕湾没有反潜艇防御设施。10 月 27 日，一艘最新的战列舰“无畏”号触雷沉没。英军对水雷战不够重视，他们的水雷比德军更少，更不可靠，大舰队只有 6 辆扫雷舰。他们现在引进了拖网渔船作为布雷的辅助工具，从 1915 年开始，英国军舰上安装了扫雷器，这是一种能摧毁水雷或切断水雷引信的装置。但如果扫雷舰在舰队的前面，它就必须和舰队保持更近的距离，这样舰队就更容易成为潜艇攻击的目标。如果为舰队部署驱逐舰以应对 U 型潜艇，二者的航行能力有很大差距，驱逐舰的续航里程只有 1 800 英里，而战列舰则为 5 000 英里。[179]早在威胁到英国商船之前，德国海军在水雷和潜艇方面的优势就限制了英国海军的行动，杰利科担心他的优势正在被削弱。据杰利科估计，他只有 17 艘战列舰和 5 艘巡洋舰，而德国海军分别有 15 艘和 4 艘，并且当德国新的主力舰投入使用时，5 艘英国主力舰由于机械故障而无法使用。10 月 30 日，杰利科请求海军部同意，大舰队应该只在北海北部作战，而不是冒险被诱入布满水雷和鱼雷的区域遭到德军伏击。尽管公众对英国海军的不作为越来越不满，但丘吉尔和约翰·费舍尔还是同意了杰利科的建议。[180]

在这种背景下，在科罗内尔海战后派遣两艘巡洋舰前往南大西洋的决定确实是大胆的，福克兰群岛的消息传来后，德国人知道英军实力正在增强。12 月 16 日，德国海军试图在斯特迪中队返航前挑起战争，海军少将弗兰茨·冯·希佩尔（Franz von Hipper）的战列巡洋舰中队轰炸了斯卡伯勒（Scarborough）、惠特比（Whit-by）和哈特尔普尔（Hartlepool），炸死 122 名平民。有关这次突袭，截获的无线电报提前警告了英国，但无线电报没有说公海舰队会在海上支持希佩尔。幸亏杰利科只派出了贝蒂的战列巡洋舰和 6 艘战列舰组成的中队，如果英军派出其主力，可能会有更多英国船只被德国摧毁。公海舰队司令英格诺尔担心他可能会遭遇整个英国大舰队，威廉二世并没有授权他与之交战。在双方的主力舰进入射程之前，他的舰队转身离开了。随后，由于能见度低，信号混乱，以及英国战舰指挥官缺乏主动性——英国海军的弱点再次出现，希佩尔摆脱了跟踪他的英国海军。双方都侥幸逃脱了一场可能会发生的灾难，但德军错过了在英军最弱的时候发动进攻的最佳机会。在1915 年 1 月 24 日的多格浅滩（Dogger Bank）战役之后，德国海军几乎停止了尝试进攻。这次行动开始于希佩尔对多格浅滩的一次侦察，他怀疑那里的英国监视船伪装成拖网渔船，于是希佩尔带领 3 艘战列舰和 1 艘装甲巡洋舰"布吕歇尔"号发动进攻，后者速度较慢，火炮较小。通过截获的无线电报，英国人再次得到预警，派出贝蒂率领 4 艘战列巡洋舰进行拦截，杰利科的战列舰在远处提供支援。在长达 3 个小时的追捕行动中，贝蒂的旗舰"雄狮"号遭到重创，不得不放弃，贝蒂失去了对这次战斗的控制。贝蒂的旗手发出的误导性信号导致英军把火力集中在"布吕歇尔"号上，"布吕歇尔"号被英军击沉，而希佩尔的 3 艘巡洋舰则逃走了。这场战斗的速度很快，舰载火炮射程很远，达到 16 000～20 000 码：英国人发射的 1 150 枚炮弹中，只有 6 枚击中了目标（那些瞄准战斗力弱的"布吕歇尔"号的炮击除外）。因此，英国民众虽然欢呼雀跃，但贝蒂却非常失望，英军的缺点再次暴露。德国"赛德利茨"号战列巡洋舰被击中炮塔，差点爆炸，但德军从中吸取了教训，提高了炮塔防护能力。在接下来的一年里，德军对主力舰进行了重大改造，安装了更多的装甲、更高更重的火炮，改进了火控系统，所有这些都意味着他们的装备更好。[181]另外，威廉二世重申舰队作为"政治工具"必须受到保护，不应该到德国海域外作战。他让波尔接替英格诺尔出任公海舰队司令，海军中将古斯塔夫·巴赫曼（Gustav

Bachmann）接替波尔担任海军参谋长。由于英国海军部同意大舰队不在北海北部以外的地方作战，大舰队和公海舰队之间发生冲突的可能性微乎其微。此外，情报优势和一项重大的造舰计划将巩固英国的领先地位。在下一阶段，两支舰队的海上交战将不那么活跃，但针对商业的海战将会急剧升级。

92
　　西线战争第一个月的炎热和艳阳高照的天气在马恩河战役之后结束了。接下来是一个阴雨绵绵的秋天和人们记忆中最寒冷的冬天。[182]在以前的战争中，军队可能回到营地过冬，但是现代工业社会的供给（不仅仅是食品罐头）使军队能够继续待在前线。发生在波兰、喀尔巴阡山脉和巴尔干半岛的战斗一直持续到12月。在第一次伊普尔战役之后，霞飞在香槟（Champagne）发起新的攻势，第一次香槟战役从1914年12月一直持续到1915年3月，法国伤亡10万人，进展却微不足道。[183]在此期间，西线战场上发生了最令人动容的事情，那就是1914年的圣诞节休战。12月24日，在佛兰德斯的德军战壕中出现了点亮的圣诞树，双方士兵开始唱颂歌。在圣诞节的早晨，英国和德国士兵在无人区会面、聊天、抽烟、踢足球，摆姿势拍照，埋葬死者。圣诞节停火持续了好几天，最后在最高指挥部的要求下才结束。随后几年的圣诞节很少再出现类似的情况。[184]这段插曲似乎说明了许多前线士兵之间不存在敌意的事实。现在，开战初期的兴奋感已经消失了，他们发现自己被困在一个杀戮机器里。1915年的西线地区，非正式的休战和缓和的默契仍在继续。[185]然而，所有参与者都预计停火是暂时的。到12月，双方之间的政治分歧比8月时大得多。导致战争爆发的分歧仍未解决，还出现了一系列新的因素阻碍双方达成和解。

其中，阻碍和解的最重要因素是开战以来的大规模杀戮。阵地战的伤亡率比随后的堑壕战高很多，按比例计算，1914 年的伤亡是一战中最严重的。从 1914 年 8 月到 1915 年 1 月，法军共伤亡和失踪 52.8 万人，比 1915 年血腥的进攻和 1916 年的凡尔登战役都要多。[186]在凡尔登战役中，法军共死亡 26.5 万人，比利时军队伤亡过半，截至 11 月 30 日，英国远征军损失 89 969 人。[187]在 8 月登陆的英军中，有 1/3 死亡，到 11 月 1 日，英国远征军 84 个营中只有 9 个营的兵力超过 300 人，而最初每个营为 1 000 人。[188]俄军伤亡 180 万人，其中 39.6 万人死亡，48.6 万人被俘。[189]奥匈军队伤亡 125 万人。[190]1914 年，只有德军伤亡率比此后低，即便如此，他们也大约伤亡 80 万人，接近其一线部队的一半，其中 11.6 万人死亡，西线战场死亡 8.5 万人。[191]公众还不知道这场灾难的规模之大，到了 9 月，法国村庄的损失严重程度已经明显超过 1870 年的普法战争时期。[192]然而，屠杀才刚刚开始。此外，运动战将平民直接暴露在敌军面前，而堑壕战则可以保护他们。战争意味着破坏：俄国人烧毁了东普鲁士的农场，德军放火烧毁了勒芬（Louvain）的中世纪图书馆，轰炸了伊普尔的布馆（Cloth Hall）和兰斯的哥特式大教堂，德军声称法国人把兰斯的哥特式大教堂用作炮兵观察站。战争也意味着对被占领者的暴行。虽然俄军在东普鲁士的行为大多是合理的，但在加利西亚，他们抢劫、掠夺并杀害了几十名平民，其中大部分是犹太人。[193]在两次入侵塞尔维亚期间，奥匈军队处决了几百人。在西欧，德国士兵日记中的证据、较为客观的协约国司

法调查结果以及比利时难民的报告，彼此印证，表明德军在 1914
年故意杀害了 5 521 名比利时平民，在法国杀害了 906 人，因为德
军怀疑这些人是游击队员。德国士兵冒着极大的危险穿过敌方区
域，他们清楚 1870 年法国的游击战，所以怀疑法国随时会发动攻
击，但他们的怀疑基本上是没有根据的。尽管如此，他们还是开展
了数十次屠杀，仅在迪南（Dinant）镇就杀害了 674 人，烧毁了数
千座建筑物，并经常将平民当作人肉盾牌使用。[194] 比利时的命运对
于协约国的宣传发挥了十分重要的作用，不仅是因为它的英勇抵
抗，还因为这里的妇女和儿童的命运。劳合·乔治曾宣称，德国杀
害的比利时平民的数量是比利时士兵的 3 倍。[195] 德军还用齐柏林飞
艇轰炸斯卡伯勒和列日，斯卡伯勒成了英国著名海报的主题。后
来，齐柏林飞艇又轰炸了巴黎和伦敦。协约国认为它们的文明面临
着挑战。这场战争具有意识形态的意义。

　　政治上的两极分化带来了更加恶劣的后果，随着西线堑壕系统
的加强，早期依靠军事手段来解决冲突的可能性似乎越来越遥远。
在海上，过去的经验使各国海军更加不愿冒险。在欧洲之外，同盟
国已经被彻底从海上清除，这一事件需要很长时间才能对整个战争
产生影响。在陆上，除了加利西亚之外，奥匈帝国最初的作战计划
在其他地方都失败了，而进一步的战斗只能进一步证实奥匈帝国的
失败。到了 12 月，形势已经很明显，德国将不得不配合一个无能
的盟友打一场双线战争，因此，无论在东线还是西线，德国都很难
取胜，而协约国似乎离鲁尔和柏林都远得不可思议。然而，如果说
军事手段不能早日解决两大集团之间的问题，那么外交手段和政治

手段也不能。在处理七月危机时，外交手段失败了，在当年的其他时间里，外交手段也没有发挥作用。美国总统伍德罗·威尔逊（Woodrow Wilson）曾提出调停，但遭到拒绝[196]；教皇和欧洲中立国发出的呼吁也被当作耳边风。在第一次伊普尔战役失败后，德国领导人才认真考虑停战谈判，但即便如此，法尔肯海恩和贝特曼还是希望与交战国单独媾和，而非实现和所有交战国的集体和平。[197]但是没有一个协约国考虑单独媾和，根据 9 月 5 日的《伦敦条约》（Pact of London），俄国、法国和英国保证既不会谈判，也不会单独媾和。协约国对谈判没有兴趣，直到它们收复失地，军事力量对比越来越有利于协约国，它们相信在适当的时候它们会占有优势。德国的入侵使协约国更团结，并加强了对德国的包围。①

　　如果说外交手段解决战争的前景渺茫，那么国内在团结一致进行战争方面似乎坚不可摧。战争动员创造了国家的紧急状态，在此期间，欧洲大陆的每个交战国都被入侵，甚至英国在 11 月也担心遭到入侵。[198]8 月下旬，当协约国军队在法国战败的消息传来时，伦敦的军人招募站挤满了志愿者。[199]在这一紧急状态下，政治家和公众仍然期望这是一场短暂的战争，立法机关被暂停，正常的政治活动也被停止。法国人组成了全国联盟；在其他国家，所有主流政党都接受了选举休战，并投票支持战争。所有交战国都要审查其国内的新闻。在法国，军方对信息严格管控，地方长官对那些被认为

---

　　①　参见第 5 章。

可能造成社会撕裂或打击公众士气的信息进行压制。在德国，地方军区副司令扮演着类似的角色。在英国，尽管《国土防卫法案》赋予政府审查新闻的权力，但政府更多是通过与报纸创办者和编写者达成协议，让报纸进行自我审查。[200] 在战争开始的几个月里，战前激烈的国内斗争平静下来，因此需要多大程度的紧急权力是值得怀疑的。爱尔兰民族主义者和工会主义者不再反对政府，这两个团体的数千人自愿参加战争；战争动员后，俄国的城镇和农村都很平静，奥匈帝国的南斯拉夫人也是如此。在边境之役失败后，尽管商业关停和失业率飙升导致城市经济混乱，但是巴黎没有像 1870 年那样爆发起义。在伦敦和柏林，失业和生产损失只是短暂的，几周内，那些的确需要养家糊口的人就能获得补贴，而劳资纠纷也逐渐平息。[201]

　　在这一特殊时期，政府掌握着各种权力。在欧洲大陆各国，政府广泛授权给军方。德国授权给地方军区副司令，法国授权给法国最高统帅部，奥地利授权给奥匈帝国最高司令部。温斯顿·丘吉尔和威廉二世倾向于干涉海军的行动，但是政治家很少干涉陆军行动，他们只会在重大问题上采取行动，代表性的例子有：基钦纳坚持让弗伦奇和其他协约国保持一致；法国政府批准了霞飞在边境之役战败后的收复失地战略，但要求他将部队留在巴黎；威廉二世用法尔肯海恩取代小毛奇，并同意法尔肯海恩停止第一次伊普尔战役。除了这些例外，陆地上的战略大部分都由将军们自行裁决，政治家很少干预他们。霞飞向米勒兰请求扩大炮弹生产后，法国的工业动员从 9 月下旬就开始了。在 1914 年的战争中，法国基本上使用的是储备的弹药和设备。政府需要为军队买单，购买军事物资，但一旦金本位制度暂停，议会支持发行战争债券，政府就可以在短期内支付所需军费，而无须增税。另一个要求是军人的补充，欧洲大陆已经有征兵制度。法国在 8 月到 9 月征召了 1914 年的新兵（即在 1914 年达到参军年龄的年轻人），在 12 月提前征召了 1915 年的新兵[202]；俄国和奥匈帝国同样征召了新兵。[203] 在英国，陆军部在 12 月之前派遣了本土和帝国军队越过英吉利海峡，1915 年又派出了 8 月招募的志愿者。在欧洲大陆，年轻男子和豁免军役的志愿者很快就为部队提供了宝贵的兵力补充。在德国，后备人员在 1914 年的人数可能已超过 30 万。[204] 战争爆发伊始，德国战争部就开始训练部队，其中许多是学生志愿者，可惜被法尔肯海恩在朗格马克白白牺牲掉了。[205] 各国有充足的人力储备来弥补可怕的人员损失，但是这些后备军的装备往往不足。

　　年轻人冒着生命危险参战，展现出各国支持战争的深层动力，这一动力将在 1914 年之后推动各国继续参战。公众舆论继续表达着自己的观点，例如新教和天主教神职人员发表了支持战争的声明，以及德国与协约国的知识分子和学者发表相互敌对的言论。[206]如果说英法的宣传人员认为他们进行的战争是一场文明"圣战"，德国的宣传人员则反驳说，德国代表着荣誉、牺牲和英雄主义的价值观，他们进行战争是为了反对西方肤浅的物质主义。这些论点能在多大程度上使人产生共鸣是值得怀疑的，而圣诞节休战被视为质疑这些论点的证据。如果说欧洲大陆的志愿军通常都是学生，那么英国的志愿者则来自各个阶层[207]，如果不一定是仇恨敌人的话，他

96

们的故事更说明了战斗意愿不仅仅是精英阶层的现象。交战双方的政府决心通过斗争取得胜利，各国政府面临的动荡和反对微不足道，它们看到的更多是强有力的、广泛的支持。至此，1914年底的战争并没有因为作战陷入僵局而平息，而是有可能进一步升级，演变成史无前例的新形式的全面战争。

第二部分

升级

第 3 章   创造一个新世界
（1915 年春季—1917 年春季）

从现在开始，战争将不按原来的计划展开。德国试图按计划推进战争，但没有成功，结果造成双方几十万人伤亡。这一事实几乎排除了通过谈判恢复现状的可能，因为那样就意味着战死者白白牺牲了。德国没能占领巴黎，没能歼灭法军，也没能占领英吉利海峡的港口。法国和英国既没有解放法国北部与比利时，也没有收复阿尔萨斯-洛林，相反德军在这些地方的防御继续加强。无论是从军队和重型武器的数量来看，还是从伤亡规模来看，西线仍然是主战场，战壕线固定下来标志着战争进入一个新阶段。在其他方面，1914—1915 年的冬天也是一个转折点。为了长期作战，双方都配备了新装备，补充了额外的兵力。双方都在寻找更多的盟友，奥斯曼帝国在 1914 年 10 月加入同盟国，使整个近东地区成为新的战场。在海上，1915 年春天，德国试验了无限制潜艇战，协约国则对敌方实行全面封锁。从 1914 年底到下一个重大转折点的 1917 年春天，是一战的中间阶段，列强创造了一种全新的战争方式，回过头来看，这种战争方式似乎能够概括整个一战。它的主要特点是战争升级和陷入僵持战，暴力逐渐升级，但未能打破僵局。这场战争越来越具有整体性和全球性，这些特点产生了持久的影响。然而，表面上的平衡是动态的，而非静态的，主动权在双方之间来回转换，双方都想先发制人，反击对方，并试着用新的策略让对手失去优势。

马恩河战役后的 6 个月内，协约国掌握着战场上的主动权。冬季，法军在香槟和沃夫尔（Woëvre）发动进攻，继续对同盟国施加压力。俄军在高加索地区击退了奥斯曼帝国的进攻，英国在苏伊士运河上击退了一艘土耳其军舰。1915 年 2 月，协约国军舰开始试图穿越达达尼尔海峡。然而，对于同盟国来说，最大的危险是奥匈帝国所面临的军事危机：普热梅希尔被包围，俄军向喀尔巴阡山脉挺进，与此同时，意大利和更多的巴尔干半岛国家似乎准备加入协约国。3 月，普热梅希尔沦陷后，德军救出了奥匈帝国军队，1915 年的大事件是同盟国向东部挺进。在 5 月到 9 月，他们收复了奥匈帝国之前失去的大部分领土，并将俄军赶出波兰和立陶宛。德奥军队随后转向南方，在新伙伴保加利亚的帮助下，占领了塞尔维亚和黑山。德军在第二次伊普尔战役中进行了毒气攻击，主要是为了突破俄军而转移部队。相比之下，协约国主动发起的战役普遍以惨败而告终。1915 年春季和秋季，英法在阿尔图瓦和香槟的进攻并没有缓解俄军所面临的压力，规模较小的德军俘虏了俄军，给俄军造成了重大损失。5 月，意大利加入协约国之后，意军在伊松佐河（Isonzo）向奥匈帝国的防御工事发起猛攻，但是毫无效果。10 月在萨洛尼卡（Salonika）建立的协约国基地除了可充当协约国溃败军队的避难所外，也没有起到帮助塞尔维亚的作用。对土耳其的作战情况更糟，1915 年 11 月，一支来自印度的远征军到达巴格达（Baghdad）郊区，但土耳其迫使这些印度远征军于次年 4 月在库特-阿尔-阿马拉（Kut-al-Amara）投降。在英法海军强攻土耳其海峡失败后，协约国军队于 1915 年 4 月和 8 月登陆加利波利（Gallipoli）半岛，却发现自己又陷入了另一场堑壕战的僵局。在撤离之前，协约国军队伤亡超过 25 万人。塞尔维亚的失败使同盟国打通了连接柏林、维也纳和君士坦丁堡的陆上交通，同时协约国却没能建立一条经过海峡通往俄国的海上航线：如果说 1915 年初奥匈帝国是处境最差的交战国，那么到这一年年底，俄国已经取代了它。海上的进展也不顺利。美国的抗议比协约国军队的反制措施更有效地遏制了德国的第一次无限制潜艇战，协约国封锁同盟国的效果缓慢而无力。简而言之，1915 年协约国军队的表现非常令人失望。

　　其实协约国的这种表现是有误导性的，因为尽管德军的战术和作战效率更高，但协约国也在逐渐调动资源，加强协作。进入 1916 年，俄军规模更大，装备也更精良。意大利军队也增加了武器和人数。英国大舰队扩大了对德国公海舰队的领先优势，英国远征军得益于志愿军的增加和炮弹的大量运抵，也增强了实力。12 月，协约国在尚蒂伊（Chantilly）决定，它们计划在第二年夏天协同发动

101

进攻。1915 年春天，协约国发动了进攻，德奥则在夏秋两季进行了反击；1916 年，协约国进攻、德奥反击的模式逆转了。1916 年 5 月至 6 月，奥匈帝国在特伦蒂诺（Trentino）攻击意大利，德国潜艇对协约国的船只发起攻击，德国舰队在日德兰（Jutland）海战中重创英国，法尔肯海恩于 2 月至 7 月在凡尔登附近进行了数月战斗，试图削弱法军的力量。然而，这些努力都没有达到目的。土耳其军在库特对英军的胜利，远远抵不上俄军在亚美尼亚对他们的打击。意大利阻止了奥匈军队在特伦蒂诺的进攻；美国总统再次迫使德国暂停潜艇战；日德兰海战实际上证实了英国海军的优势；凡尔登战役让法军遭受重创，但法军仍能有效反击。

同盟国的春季攻势迫使协约国提前反击，从而削弱了协约国的力量，进而削弱了协约国的夏季攻势，即便如此，协约国的攻势仍然挫败了德奥的进攻计划，并在这一年内首次掌握了战场中的主动权。俄军将领布鲁西洛夫在 6 月发动的进攻迫使奥匈帝国从特伦蒂诺撤军，德国则被迫从西线调遣预备役部队以应对布鲁西洛夫发动的攻势；7 月的索姆河战役使德国逐步停止了在凡尔登的作战，法国在秋季的两次进攻几乎收复了先前被法尔肯海恩占领的土地。布鲁西洛夫的成功促使罗马尼亚在 8 月加入协约国并入侵特兰西瓦尼亚，而意大利则腾出手来，准备发动第二次伊松佐河战役，萨洛尼卡的协约国军队则进一步向内陆深入。随着奥匈帝国再次陷入困境，同盟国面临着自 1915 年春天以来最严重的危机。当年 8 月从法尔肯海恩手中接过最高指挥权的兴登堡和鲁登道夫积极应对同盟国的危机。德国援军阻止了布鲁西洛夫的进攻；同盟国军队击溃了罗马尼亚，占领了其 2/3 的领土；英法在索姆河上的进展都没能突破 6 英里的范围；尽管意大利占领了戈里齐亚（Gorizia），驻扎在萨洛尼卡的协约国军队占领了莫纳斯蒂尔（Monastir），但是到这一年结束时，协约国占领的领土要比同盟国少。但是，现在的情况似乎越来越不利于同盟国，在 1916—1917 年的严冬，柏林和维也纳正面临着饥饿。正是这种绝望情绪迫使德国做出慎重的决定，德国决定从 2 月开始延长无限制潜艇战，它认为即使美国宣战，如果 U 型潜艇战能迫使英国谈判，也能抵消美国参战的影响。　　　　　　　　　　　　　　　　　　　　　　　　　*102*

　　1916 年 11 月，在另一次尚蒂伊会议上，协约国制定了新一年的计划，那就是重新启动联合进攻，并且准备更早地发动进攻，因为它们比之前准备得更好，也因为它们担心再次被同盟国先发制人。尽管如此，它们的计划还是破产了。2 月，德军从法国最前沿的阵地撤到新建的兴登堡防线，打乱了法国新任总司令罗伯特·尼维尔（Robert Nivelle）的准备工作。更具破坏性的是俄国的二月革命和尼古拉二世退位，这无限期地推迟了俄国对于协约国进攻的贡献。1915 年之后，俄国的工业建设使其能够重新装备军队，但是俄国的社会结构更加紧张，最终导致沙俄崩溃，沙俄崩溃阻碍了协约国对同盟国进行关键性打击的计划的开展。4 月和 5 月，协约国不顾一切地发动了进攻，英军在阿拉斯战役中取得了一些胜利，令人遗憾的是法军对贵妇小径（Chemin des Dames）的进攻却没有取得尼维尔所承诺的那么大的胜利。与此同时，针对土耳其的战争，尽管一支英国远征军部队在 1917 年 3 月占领了巴格达，但是两次试图通过奥斯曼帝国的加沙防线攻入巴勒斯坦的尝试都失败了。1916 年 6 月，汉志（Hejaz）地区爆发了阿拉伯人反抗土耳其的起义，但是这一起义几乎没有对协约国起到多大帮助作用。协约国进攻了 10 个月后，其军队失去了动力。俄国革命、尼维尔攻势后的法国兵变以及德国潜艇对协约国航运的攻击，使协约国迎来最困难的时刻，即使 1917 年 4 月美国参战，可能也无济于事。无论如何，1917 年春季和夏季的动荡标志着战争进入了第三阶段。

　　必须把战争的各个阶段联系起来看。由"短期战争幻觉"引起的这场战争并没有在 1914 年结束。一定程度上，双方都相信，再坚持一下就会迎来胜利。两大集团实力相当导致了战争爆发，并且战争一旦开始，双方势均力敌，无疑会延长并使战争升级。连土耳其这样不堪一击的对手，协约国现在都无法击溃，它们的作战效率低下是造成 1915 年和 1916 年僵局的主要原因。[1] 自 1909 年以来，反同盟国的潜在结构性转变一直都在继续，尽管同盟国做了很多努力来阻止这一变化，但是越来越多的国家加入了协约国集团。从这个方面来说，认为 1914 年冬天到 1917 年春天出现了僵局也具有误导性，因为在这段时间内，奥匈帝国、德国和沙俄都为随后的崩溃埋下了隐患，尽管关于协约国在这一阶段的努力在多大程度上促成了它们的最终胜利仍然存在争议。因此，把战争的中期仅仅定性为僵局是不够的。没错，在德军撤退到兴登堡防线之前，双方都没能将西线的前沿阵地向对方推进几千码。双方舰队在北海只交战过一次，协约国的封锁和同盟国的潜艇战都没有取得成功。意大利战线和萨洛尼卡战线没有西线那么胶着不变，东线战场更加多变，但在

1915 年 9 月之后，除了延伸到罗马尼亚以外，东线很少发生变动。像塞尔维亚、黑山和罗马尼亚这样的小国可能会被占领，但大国仍然屹立不倒。尽管各条战线的地图显示几乎没有什么变化，正是因为僵持，交战双方都试图引入新盟友，开展新行动，进入新区域，从而扩大战争，并通过引进新武器和应用更具有杀伤力的武器来增强自身实力。战火从北欧蔓延到巴尔干半岛、地中海、非洲和中东。战斗不只在二维空间发生，而是延伸到天空和水下。双方都违反了国际上有关限制武装冲突范围以及不攻击平民和公务人员的规定。通常来说，德国在这些方面更为主动，协约国也时刻准备展开报复；与战场上的毒气和火焰喷射器同时出现的是：对毫无防御的城市的轰炸；对商船和班轮的鱼雷攻击；协约国封锁同盟国的各种供应，包括食品和药品；土耳其对亚美尼亚人的屠杀。1916 年持续数月的战斗创造了人员伤亡的新纪录，使用高爆弹的重炮打破了战争以来人员伤亡数量的纪录，它造成的死亡人数远远超过毒气或火焰喷射器。在海上，日德兰海战是一战中规模最大的海战，战斗中所用的武器重量比特拉法加海战重得多，但伤亡人数却没有高多少。[2]在陆地上，1916 年 2 月至 7 月，法国和德国在凡尔登发射了约 2 300 万枚炮弹，平均每分钟超过 100 枚；在索姆河，这一数字更高。[3]在如此狭小的空间里，遭受如此长时间和如此大规模火力的集中打击，人类遭受的苦难之重和取得的成果之小，都是前所未有的。随着伤亡数字的公开，同时代的人可能会为战争规模进入新阶段而产生一种悲壮的自豪感，他们所经历的"大战"在可怕程度上超过了以往已知的任何战争。

如果国内没有空前的战争动员，战争就无法继续下去。即使在 1914 年前军备竞赛最激烈的时候，国防开支也没有超过各国国民生产总值的 5％。[4]而到 1916 年，大多数交战国的军费开支可能超过国民生产总值的一半，与二战时的军费开支相当。[5]例如，在德国，主要用于战争的公共支出占国民生产总值的比例从 1914 年的 18％上升至 1917 的 76％。[6]如此戏剧性的资源重新分配需要劳动力市场的彻底重组，同时也挑战着工作场所的传统等级制度，包括熟练劳动力的特权和男性相对于女性所享有的优势。战争费用支出是通过通货膨胀的融资途径来支付的，这种途径危及所有不从事武器生产者的生活水平。为了使社会做好接受这种牺牲的准备，政府和舆论领袖通过控制舆论与宣传来鼓舞士气，从而进行心理动员。1917—1918 年，各个交战国在爱国主义、维护军纪和社会凝聚力等方面展开了一场较量。

按时间顺序去分析战争的相持阶段和升级阶段，并不是最有启发性的方法。因此，这里将按主题分为八个专题来进行分析。第一个问题是战争的扩大：新交战国的加入、在欧洲以外对抗奥斯曼帝国、对德国殖民地的战役以及欧洲以外因素的影响，都进一步扩大了战争范围。协约国在亚非作战所投入的资源部分抵消了它们在这些战役中所得到的好处，即便如此，协约国可能仍然获得了一些好处。第二个问题是作战双方战争目标、政府和公众战争目标的演变，以及达成和平的障碍。在外交上也是如此，斗争升级的过程也在起作用，到 1917 年，双方的分歧甚至比开始时更大。第三个问题也是最核心的问题，即在欧洲大陆主要战线上各交战国所采用的战略：同盟国军队通往波兰和凡尔登的进攻之路，以及协约国军队在 1916 年夏季和 1917 年春季的协同反击。第四个问题是技术、后勤和战术方面的考虑，这些因素挫败了既定战略，并造成了消耗战。第五个问题是交战双方如何招募士兵，以及如何使士兵能够忍受后人难以想象的痛苦。第六个问题是如何调动经济用于战争生产和如何为战争生产提供资金，以及协约国未能充分利用其明显的优势。然后讨论从陆地转向海上。到 1915 年初，协约国已经建立了对海洋的主导权，在余下的战争中，它们一直在抵抗德国水面舰艇和潜艇的攻击，以掌握海洋的主导权。然而，它们利用海上优势的努力收效甚微。这是第七个问题。第八个问题即最后一部分讨论国内政治团结和平民士气的重振，以及镇压而非共识在其中所起的作用。这部分内容还重新整合了分析的线索，考察了引发战争的各因素之间的相互关系，并考虑了哪些因素在解释一战这场灾难中至关重要。

第 4 章　战争的扩大

　　当时在英国，人们不是简单将这场冲突称为"战争"，而是称其为"大战"，这让人想起早期的拿破仑战争；在法国，人们通常用"战争"或"大战"来称呼这场战争。"世界大战"是从 20 世纪 30 年代开始流行的。相比之下，德国从一开始就用"世界大战"来描述"一战"，德国领导人明白他们是在为世界强国地位而战，其敌人正在集中资源对付德国。卷入这场战争之后，美国人也把这场战争称为"世界大战"而不是"欧洲战争"。到 1917 年，世界上最大、最强的国家几乎都卷入了战争。[1]战争初期，来自其他大陆的人员和资源被汇集到西线，而西线陷入僵局驱使着交战双方寻找新盟友，开辟新战场，这些新战场主要集中在中东、非洲和亚洲。欧洲以外的战场牵制了更多的协约国军队，对德奥军队牵制较少，但是协约国军队在世界范围内的活动要自由得多。在这场战争中，欧洲之外的因素不仅导致了 1915—1917 年的僵局，而且最终帮助协约国取得了突破。本章将从三个角度来进行考察：新交战国的加入、中东战役和殖民大国之间的战争。

　　德国人精准预感到，英国参战是将这场战争从欧洲战争转变为全球战争的第一步，也是至关重要的一步。1914 年，大英帝国占地 900 万平方英里，人口约有 3.48 亿；像澳大利亚这样的自治领是正式的"大英帝国"的一部分，其臣民有权拥有英国护照，不构成一个主权国家，当英国君主宣布英国的战争行动时，自治领自动卷入战争。这些情况可能会造成民主合法性的问题，但事实上并非如此。唯一的例外是南非，十年前，英国镇压了寻求独立的南非白人共和国奥兰治自由邦和德兰士瓦，并将它们并入英国主导下的纳塔尔和开普殖民地。1914 年 10 月，南非白人反对英国在德属西南非进行征兵，虽然由南非总理路易斯·博塔（Louis Botha）领导的联邦政府镇压了这场运动，但南非对战争的贡献十分有限。[2]另外，在七月危机期间，澳大利亚政府将其海军置于英国指挥之下，并要派遣远征军，澳大利亚各派政治家和报纸竞相表示支持母国。[3]新西兰的情况也与之类似。在加拿大，那些说英语的人和保守党总理罗伯特·博登（Robert Borden）都支持英国，罗伯特·博登甚至没有通过议会就做出派遣军队的承诺，反对党自由党领袖、魁北克政治家威尔弗雷德·劳里埃（Wilfred Laurier）爵士也支持英国。同样，印度立法委员会的政客们表示效忠英国，并批准了支持英国的军事援助，莫罕达斯·甘地（Mohandas Gandhi）也是如此。[4]近几十年来，发达的电报通信以及日益增加的投资和移民加强了英国与自治领的联系：事实上，许多澳大利亚领导人都是在英国出生的。除政治精英和知识精英之外，其他人对战争的态度不冷不热。一旦战争时间延长且代价高昂，就像在欧洲一样，欧洲之外的国家在团结方面就出现了一些裂痕。战争刚爆发时，各参战国的内部比较团结，在更专制的法国和沙俄帝国更是如此。

　　除了大英帝国的殖民地自动参与战争之外，独立国家的参战决定也使战争全球化。其中一些国家，最显著的是拉美国家，在很大程度上是作为一种姿态参战的。后来参战并对战争产生实际影响的主要参战国有：1914 年 8 月和 10 月参战的日本和奥斯曼帝国，1915 年 5 月和 10 月参战的意大利和保加利亚，1916 年 3 月和 8 月参战的葡萄牙和罗马尼亚，以及 1917 年 4 月、7 月和 8 月参战的美国、希腊和中国。我们先讨论罗马尼亚的参战，再追溯战争延伸到巴尔干半岛和亚得里亚海以及东亚和黎凡特（Levant）的过程。如果最初的交战国卷入战争还情有可原，因为它们无法预见战争会是什么样的，那么后来的参战国就没有那么多借口了。然而，它们都存在"短期战争幻觉"，例如意大利认为只会打几个月。[5] 特别是在东欧，双方旗鼓相当，优势在双方之间来回切换。在这种情况下难以预见胜负，这可以帮助我们理解为什么土耳其和保加利亚选择了失败的一方，而意大利和罗马尼亚虽然选择了战胜的一方，但是低估了加入协约国后将付出的代价。就像在七月危机中一样，原来存在的联盟对国家战争决策的影响远远小于对国家利益的考虑。但与1914 年不同的是，后来者有时间确定自己的要求，并与双方进行谈判。尽管后来的参战国有更多时间去考虑参战问题，本应允许公众更多地参与讨论，但事实上，大多数国家参战都是由威权政府推动的，不仅是为了争取外部利益，也是为了战胜国内的竞争对手。

在后来的参战国中，日本十分强大，并且远离欧洲，所以无论谁获胜都能保证其安全。日本参战的主要发起者、外务大臣加藤高明（Kato Takoaki）告诉内阁，英国会取得胜利，但如果英国输了，日本也不会受到什么影响。[6] 1902 年英日同盟的条款也没有要求日本履行参战的义务，因为德国没有威胁到英国在亚洲的殖民地。1914 年 8 月，英国海军部担心施佩的巡洋舰会在太平洋上对英国海军造成严重破坏，所以敦促外交大臣格雷请求日本海军援助。格雷的呼吁有助于让加藤高明获得更多日本大臣和元老的支持，这些元老是日本资深的政治家，他们为天皇提供建议，对外交政策拥有否决权。尽管加藤高明声称参战是出于英日团结，但他真正的目的是日本的扩张。他主要关注三个问题。首先，他想要夺取德国在北太平洋的岛屿，以及长期租借青岛，包括胶州湾海军基地和通往矿产丰富的内陆地区的胶济铁路。其次，他对 1911—1912 年的中国革命感到震惊，这场革命推翻了清王朝，取而代之的是反日军阀袁世凯。1913 年，加藤高明曾提醒格雷，在合适的时机，他将采取行动保护日本租用的满洲铁路。[7] 最后，俄国从日俄战争的失败中恢复过来以及西伯利亚大铁路的建成，也让日本感到担忧。日本的武装力量一直没有受到重视，在 1912—1913 年，日本试图扩充武装力量，却遇到了激烈的反对，并导致两届政府下台。加藤高明希望借助参战重整军备。格雷担心日本别有用心，甚至试图撤销他的求助请求，但加藤高明向他保证，日军将远离南太平洋，不寻求在中国扩张。此外，在采取行动之前，加藤高明知道，如果他收敛自己的野心，美国就不太可能对日本采取行动。尽管如此，日本还是在 1914 年 8 月 15 日发出最后通牒，要求德国立即交出青岛，而日本要晚些时候将青岛归还给中国。在 23 日宣战后，日本于 1915 年 1 月向北京提出了苛刻的"二十一条"，当国会继续反对重整军备时，国会被解散，日本政府在新的选举中再次获胜。尽管早期民众参战的热情很快就消散了，但日本的好战推动其朝着民族主义和专制主义的方向发展。[8]

奥斯曼土耳其也是如此。与日本不同，它不是一个统一的民族国家，而是一个庞大的多民族复合体。由于该国长期负债累累，在早期战争中屡战屡败，以及虐待臣民，欧洲列强监督土耳其的公共财政，并保留干预其内政的权力，以保护亚美尼亚和黎巴嫩的基督徒。自 1908 年"青年土耳其革命"以来，奥斯曼帝国试图使其政治机构和武装力量现代化，但它在 1911—1912 年失去了利比亚，在 1912—1913 年的第一次巴尔干战争中失去了大部分欧洲领土。人们普遍预测，随后奥斯曼帝国将失去它的亚洲领土，在一战前夕，尽管还没有一个强国想瓜分土耳其，但各大国还是就各自在奥斯曼帝国的势力范围进行了谈判。由于对外战争的失败，1913 年奥斯曼帝国发生了一场政变，这场政变让"青年土耳其党"这一秘密民族主义运动组织的领导人占据了关键的大臣职位。革命以前，大维齐尔（相当于首相）赛义德·哈利姆（Said Halim）大权在握，他也是协约国外交官经常会见的官员；"青年土耳其革命"后，大维齐尔赛义德·哈利姆的职位被海军大臣杰马勒帕夏（Djemal Pasha）、内务大臣塔拉特帕夏（Talat Pasha）和陆军大臣恩维尔帕夏（Enver Pasha）三巨头取代。[9]

战前，土耳其并未坚定地支持某个阵营。土耳其人认为德国最不可能对土耳其有吞并图谋，自 1913 年以来，奥斯曼帝国有一个很有影响力的德国军事使团，由利曼·冯·桑德斯将军领导，他被任命为土耳其军队的监督官。1914 年 8 月 2 日，恩维尔帕夏在没有通知其内阁同僚的情况下，就与德国签署了秘密条约。最初，土耳其保持中立，因为土耳其内部仍然有分歧，还没有做好参战准备。在土耳其军队渡过卢比孔河（Rubicon）之前，土耳其继续与协约国谈判，但协约国没有采取什么措施来吸引土耳其。英国怀疑土耳其支持协约国的诚意，并且低估了土耳其的军事实力，英国主要担心的是奥斯曼土耳其帝国的解体。此外，土耳其最害怕的是它的传统敌人俄国，想要借助英法来对付俄国——而英法不可能给它做出这样的保证。它们所能提供的顶多就是在土耳其严守中立的条件下保证它的领土完整，土耳其担心这将使俄国能够通过海峡进口它所需要的所有武器，并使俄国变得比以往任何时候都更强大。为了防止这种危险出现，土耳其在 9 月底对外国航运关闭了海峡，这是一种公然反对协约国的行为。[10]

要想让土耳其加入同盟国，还需要一个刺激因素。8 月初，英国已经决定向土耳其推迟交付两艘战列舰，这两艘战列舰是土耳其从英国造船厂订购的，但现在英国皇家海军想据为己有。这些战列舰可以让土耳其在对抗俄国黑海舰队时获得优势，而且购船的费用

110

来自民众捐款。因此，当德国战舰"戈本"号和"布雷斯劳"号在地中海躲避英军追击，抵达达达尼尔海峡时，愤怒的土耳其人是乐于接受这两艘德国战舰的。土耳其不仅同意"购买"这两艘战舰，还保留了德国的船员，这两艘战舰的指挥官苏雄成为土耳其海军总司令。他与恩维尔帕夏的关系给土耳其主战派提供了一个明显优势。1914 年 10 月 29 日，苏雄带领一支土耳其舰队进入黑海，攻击俄国船只并轰炸敖德萨（Odessa），协约国向土耳其宣战，苏丹则宣布对协约国发动"圣战"。然而，德国坚持认为，苏雄必须得到土耳其的授权，并提供必要的命令才能出航。恩维尔帕夏是土耳其参战的主要推手，就像加藤高明推动日本参战一样。如果说加藤高明是亲英人士，曾任驻英国大使，恩维尔帕夏则是亲德军人，他钦佩德国军队，并在书桌上方保留了一幅腓特烈大帝（Frederick the Great）的画像。他坚信德国会赢，希望土耳其加入同盟国集团，并与俄国统治下的高加索地区的穆斯林结盟，他甚至试图夺回奥斯曼帝国在北非的领土。马恩河战役后，青年土耳其党的稳健派犹豫是否参战，但德国在波兰对俄国的胜利使他们下定决心。德国还承诺奥斯曼帝国，只要奥斯曼帝国加强达达尼尔海峡的防御，柏林就支付价值 200 万土耳其里拉的款项，资助奥斯曼帝国重整军备。青年土耳其党先前阻拦恩维尔帕夏卷入战争，现在公推他为作战派首领。尽管大维齐尔赛义德·哈利姆谴责敖德萨的袭击行为，但是多数青年土耳其党领导人赞成袭击俄国，政府接受了既成事实，土耳其政府内的自由温和派被边缘化了。[11]

在战争前期，没有参战的大国就剩意大利了。1915 年 4 月 26

日，意大利与协约国秘密签署了《伦敦密约》，条约规定意大利必须在一个月内加入协约国集团。[12]不同于土耳其和日本原来没有站队，意大利原来是同盟国的成员，现在改变了立场。意大利是1882年的三国同盟之一，一战爆发后意大利并没有进攻塞尔维亚，1914年，意大利的盟友没有事先与它协商就发动了战争。从意大利的角度来看，实际上奥匈帝国才是它的主要敌人，十年来，这两个所谓的盟友一直在加强各自边境的武装力量，并在亚得里亚海建立海军，相互竞争。两国还争夺在巴尔干半岛的影响力，而收回哈布斯堡统治下的特伦蒂诺和的里雅斯特（Trieste）是意大利民族主义者的首要任务，这里生活着大约80万讲意大利语的居民。因为意大利实力太弱，无力进攻奥匈帝国，而且意大利认为德国军队是欧洲实力最强的，所以在和平时期，三国同盟对于意大利来说是很好的选择。但是，一旦德国与法俄作战，意大利就没有兴趣加入同盟国，除非同盟国能取得胜利。英国海军可以轰炸意大利的沿海城市和铁路，并阻止其进口小麦和煤炭，考虑到这些方面的弱点，意大利在1914年保持了中立，并得到了公众的普遍支持。

　　意大利参战的关键人物是首相安东尼奥·萨兰德拉（Antonio Salandra）和从1914年10月开始担任外交大臣的西德尼·索尼诺（Sidney Sonnino），他们把内阁蒙在鼓里，并得到国王维克托·伊曼纽尔三世（Victor Emmanuel Ⅲ）的支持。意大利在保持中立时期继续与德奥进行谈判，但双方都没有诚意。即便德国施压，奥匈帝国还是承诺只会把特伦蒂诺的一部分让给意大利。奥匈帝国拒绝立即把这些领土转让给意大利，而是在战争结束后才能转让，因为奥匈帝国担心这样做会为别国开了先例。协约国意识到意大利和德奥之间的矛盾，不情愿地答应了萨兰德拉和索尼诺在 1915 年 3 月提出的大部分要求。意大利想要在非洲和小亚细亚获得殖民地，但其主要要求在于阿尔卑斯山和伊斯特里亚（Istria），以及达尔马提亚（Dalmatia）的岛屿和海岸线，以便能够统治亚得里亚海。意大利的目的不仅是完成民族统一，而且还要实现军事和海军安全，并通过建立新的边界来限制斯拉夫人的扩张，将包括南蒂罗尔（South Tyrol）25 万说德语者、大约 70 万斯洛文尼亚人和克罗地亚人纳入进来。意大利不想分裂奥匈帝国，而是设想维持奥匈帝国以制衡塞尔维亚，而塞尔维亚在俄国的支持下反对意大利的领土主张。

　　每个阶段的战场变化对意大利参战都有重要影响。马恩河战役让萨兰德拉相信协约国会赢得胜利，所以，意大利对加入协约国产生了兴趣。协约国对达达尼尔海峡的进攻促使萨兰德拉认真谈判，他希望这次进攻能成功，并把巴尔干诸国也卷入进来。萨兰德拉、索尼诺和总参谋长路易吉·卡多尔纳（Luigi Cadorna）期望战争快点结束，早日实现和平。他们只要求得到一笔合适的协约国贷款即可，尽管意大利的军队还没有准备好，但他们仍要求迅速参战，参战会扩大他们的政治影响力。4 月，俄军在东线进展不利削弱了俄国的话语权，协约国说服俄国以牺牲塞尔维亚为代价，以换取意大利参战。俄军进展不利使协约国对意大利妥协成为可能，除了承诺对意大利进行殖民地补偿以外，特伦蒂诺、南蒂罗尔、的里雅斯特和伊斯特里亚也划归意大利，意大利还将吞并达尔马提亚北部的海岸线，而达尔马提亚南部将保持中立。在加利波利战役中，俄军被困在滩头阵地，最终被击溃。4月，意大利签署了《伦敦密约》，之后的一个月内，该密约迟迟没有获得意大利议会的批准。

德国和奥匈帝国宣称放弃特伦蒂诺，让的里雅斯特成为自由市，从而引发了一场意大利的国内危机。两大阵营竞相争夺意大利，这是意大利卷入战争的独特之处。如果德奥的声明是真实可信的，那么意大利就会以民族自决为由得到它所想要的领土。它即使不顾一切地参战，也是为了帝国主义的目的和应对国内的反对势力。大多数媒体都支持意大利加入协约国集团，保守派政客、意大利民族主义协会以及爱国的社会主义者如墨索里尼（Benito Mussolini）等，也是如此。但各省官员报告称，大多数公众对参战要么不关心，要么反对。天主教会反对卷入战争，主要的社会主义政党意大利社会党也反对参战，它们认为没有充分的理由让国家团结起来反对入侵者。此外，萨兰德拉的政敌、前任首相、左翼政治家乔瓦尼·乔利蒂（Giovanni Giolitti）断言，保持中立可以获益"相当多"，除非绝对必要，否则应该避免卷入战争。当大多数议员表示支持乔利蒂时，萨兰德拉被迫辞职。萨兰德拉辞职在主要城市引发了所谓的"光辉五月"（radiant May）参战示威活动，在罗马，人群攻入议会大楼，恐吓乔利蒂的追随者。示威活动的主要参与者是资产阶级，他们的示威活动是有序的。无论如何，反战阵营群龙无首。乔利蒂认识到奥匈帝国之所以对意大利如此大方，只是因为它在战场上面临危机，乔利蒂一旦认识到这一点，便拒绝组建政府，其他两名候选人也拒绝组建政府。国王只能召回萨兰德拉，反战派失败了，政府获得了议会绝大多数议员的支持，就连意大利社会党也决定只反对战争而不破坏战争。因此，尽管意大利参战是通过宪法手段实现的，但它标志着左翼和中间派的失败。意大利政府设想对奥匈帝国进行单独的、短暂的有限战争，没有对德国宣战。

113 意大利严重低估了交战所要付出的代价，在没有获得普遍支持的情况下就卷入战争，结果将严重破坏萨兰德拉想借助战争来巩固的政治秩序和社会秩序。

在其他后来的参战国中，1916 年 3 月，葡萄牙同意英国的要求，扣押停泊在其港口的德国船只，德国向葡萄牙宣战。随后，葡萄牙派出一支小型远征军前往西线战场。不同于中立的西班牙，葡萄牙的政策备受关注，葡萄牙参战的目的是确保协约国支持其在非洲的殖民地。[13]最后要考察的两个国家是保加利亚和罗马尼亚，它们在某种程度上是彼此的镜像。保加利亚加入同盟国，这一选择最初获益很多，但后来很糟糕；罗马尼亚选择加入协约国，在一战的大部分时间里，这一抉择对于罗马尼亚是一场灾难，但罗马尼亚最终获得了更好的结果，尽管它可能像意大利一样，通过等待也能以更低的成本取得同样的结果。在保加利亚，君主很重要，斐迪南一世（Ferdinand I）与首相瓦西里·拉多斯拉沃夫（Vasil Radoslovav）共同制定外交政策，拉多斯拉沃夫下令议会休会，并控制媒体言论，以压制亲俄的反对派。一战爆发后不久，斐迪南一世从卡罗尔（Carol）那里继承了罗马尼亚王位，斐迪南一世听从首相德米特里·布拉蒂亚努（Dmitri Bratianu）的意见，后者支持协约国。巴尔干各国之间的关系受到第二次巴尔干战争的影响，保加利亚在那场战争中战败，并与塞尔维亚、罗马尼亚、土耳其和希腊对立，而罗马尼亚则从保加利亚夺取了领土，并希望从奥匈帝国获得更多领土。由于保加利亚的首要目标是塞尔维亚所占领的马其顿，而罗马尼亚的首要任务是匈牙利统治的特兰西瓦尼亚，所以同盟国对保加利亚占有天然优势，而协约国对罗马尼亚也占有天然优势。两国与两大阵营进行了谈判，它们这样做主要是为了提高要价。

协约国向保加利亚承诺，它将从土耳其得到好处，但没有明确表示保加利亚会从希腊和罗马尼亚得到好处，因为这两个国家都希望加入协约国。协约国不断向塞尔维亚施压，要求获得马其顿的部分土地，但附带了很多条件。同盟国答应保加利亚，满足它所觊觎的塞尔维亚的所有领土，如果希腊加入协约国，保加利亚还可以得到希腊的领土。土耳其迫切需要一条从德国穿过巴尔干半岛的补给线，它不情愿地把马里查河（Maritsa）沿岸的一块狭长土地让给了保加利亚，这次转让对于土耳其来说是一个痛处。早期塞尔维亚的胜利和意大利加入协约国使拉多斯拉沃夫和斐迪南一世犹豫不决。直到 1915 年夏季，俄国的军事溃败才使他们下定决心。9 月 6 日，保加利亚与同盟国签订协议，几周后参战。[14]

罗马尼亚的情况与意大利的类似。它在 1883 年与德奥的秘密联盟并不适合 1914 年的情况，而且它对特兰西瓦尼亚的领土要求超过了德奥的许可范围。1915 年 8 月，协约国同意罗马尼亚首相布拉蒂亚努的领土要求，不仅包括特兰西瓦尼亚，还包括另外两块奥匈帝国的领土：布科维纳（按民族属于乌克兰）和蒂米什瓦拉的巴纳特（Banat of Temesvar）（按民族划分，它属于塞尔维亚，兼并这块领土可以将罗马尼亚延伸到贝尔格莱德的大门）。协约国的失败让布拉蒂亚努动摇了，而俄国则不鼓励罗马尼亚加入协约国集团，俄国认为罗马尼亚是一个潜在的战略负担。然而，在 1916 年 6 月布鲁西洛夫攻势成功后，俄军总司令部改变了主意，希望罗马尼亚迅速加入，以彻底击败奥匈帝国。布拉蒂亚努也希望抓住这个机会，为了获得额外领土和援助，他与协约国讨价还价，因此耽误了两个月的时间。当罗马尼亚在 8 月 17 日加入协约国时，同盟国正在恢复元气，此时参战，是把罗马尼亚拉入一场灾难之中，但布拉蒂亚努担心，如果再拖延下去，迟迟不能参战，协约国将会对他失去耐心。[15]

有关领土谈判的进展和军事命运的波动决定了后来的国家何时参战，但 1914 年以前的意愿决定了它们支持哪一方。后来者的卷入造成了一系列与欧洲战争平行的战争，因为每个国家的目标不同，使战略协作的任务复杂化。日本不顾英国反对，扩大在中国的战争；意大利最初只对奥匈帝国宣战，希望把自己的介入程度控制在一定范围内；罗马尼亚进攻特兰西瓦尼亚。同样，保加利亚从德奥联军对塞尔维亚本土的进攻中获利，保加利亚占领了马其顿，对塞尔维亚 1915 年的失败做出了贡献。尽管如此，到 1916 年，交战双方都将巴尔干和意大利战线纳入了它们的整体欧洲战略之中。[①]然而，在中东，情况就大不相同了，土耳其参战实际上引发了一场全新的战争。

事实证明，土耳其这个对手比预期更可怕。较之于意大利和罗

---

① 参见第 6 章。

马尼亚参战对奥匈帝国的影响，土耳其分散了协约国更多的资源。除了美国，土耳其对整个战争进程的影响比任何其他新参战的国家都要大。劳合·乔治和鲁登道夫估计，土耳其的参战使战争延长了两年。[16]然而，奥斯曼土耳其帝国也有许多弱点。帝国规模庞大，但人口只有2 000多万，而且大部分不是土耳其人，虽然大多数少数民族对国家仍然忠诚。土耳其只能制造基本的武器，铁路也很落后，没有从君士坦丁堡到俄国边境、叙利亚和巴勒斯坦的铁路网。 *115*长期以来，土耳其政府的财政状况一直不稳定：国家债务在战争期间增加了两倍，与其他交战国相比，土耳其当局在增发货币方面不计后果。到1917年，土耳其的物价上涨了5倍，到签订停战协定时物价上涨了26倍。政府总共招募了300万名士兵，其中一半成了逃兵，大约有32.5万人被打死或受伤致死。军队从1914年的36个师增加到70个师，土耳其师的编制比较小。土耳其军队在火炮方面弱于欧洲军队，但机枪装备很充足，军人愿意坚守阵地。在德国顾问的帮助下，加上罗马尼亚允许德国物资通过，土耳其军队在一年多的时间里很好地保卫了帝国。[17] 1917年之前的土耳其战争可以分为三个阶段：第一阶段，土耳其进攻英国、俄国和亚美尼亚；第二阶段，协约国进攻达达尼尔海峡和美索不达米亚（Mesopotamia），但以失败而告终；第三阶段，协约国在高加索和巴格达成功推进，这表明土耳其的抵抗正走向失败。

刚开始时，土耳其军采取攻势，他们宣布要团结"我们种族的所有分支"，土耳其苏丹宣布发动"圣战"。1915年2月，在德国工程师组装的浮桥的帮助下，一支22 000人的土耳其军队试图穿越苏伊士运河，但被一支由军舰支持的强大英军轻松击退，英国因此加强了自己的埃及驻军。但土耳其主要的进攻方向还是高加索地区，1914 年 12 月，恩维尔命令 15 万土耳其军向该地区挺进。俄军寡不敌众，他们正在保卫一个偏远的边境据点，这里的居民多数是19 世纪被俄国征服的穆斯林。但恩维尔的部队是在山区作战，这里交通不便，距离最近的铁路终点还有 250 英里，而且气温低，远低于零摄氏度。较之于俄军，土耳其军更多死于疾病和寒冷。在1914 年 12 月下旬至 1915 年 1 月上旬的萨勒卡默什（Sarikamish）战役中，俄军发起反击，土耳其军撤退，幸存者不足 1/4。[18]这次战役产生了深远的影响。在这次战役中，尼古拉斯大公呼吁协约国援助，从而开启了协约国军队占领达达尼尔海峡的进程。协约国的干预造成了奥斯曼帝国 1915 年的危机，土耳其军溃败，首都受到威胁，恩维尔帕夏公开指责亚美尼亚人是他战败的原因，土耳其开始对亚美尼亚人实行种族灭绝政策。

　　奥斯曼帝国治下有 150 万到 200 万亚美尼亚人，其中大约一半生活在东北部的亚美尼亚高原。[19]战争爆发时，亚美尼亚领导人公开对国家宣誓效忠，并要求亚美尼亚人服从国家召唤，大约有 10 万人应召参军。然而，亚美尼亚领导人拒绝号召同伴越境反抗沙皇统治，相反很多亚美尼亚人越境加入了俄军。尽管土耳其政府声称屠杀亚美尼亚人是因为他们不忠和准备发动叛乱，然而在 1915 年 2月底的萨勒卡默什战役和亚美尼亚人被屠杀的这段时间内，亚美尼亚人似乎没有犯下任何罪行。首先，军队中的亚美尼亚人被隔离和被解除武装，要么被杀害，要么被强制工作，直到累死。土耳其政府在那些没有应征入伍者的村庄里搜查武器，拷打和杀害村民，并将体格健壮的人带走。4月到8月进入第二阶段，这一阶段的重点是将其余的亚美尼亚人驱逐出境，他们被迫长途跋涉，前往美索不达米亚北部的集中营，他们如果没有在跋涉途中死亡，也会在集中营中大批死亡。泽滩（Zeitan）是第一个遭到奥斯曼土耳其镇压的城镇，这里的亚美尼亚人强烈抵制征兵，凡城（Van）的亚美尼亚人在4月—5月也发生了反抗，有一段时间被俄国人解救，他们这样做显然是为了避免遭遇和同胞一样的命运，凡城起义将事态推向了高潮。在君士坦丁堡的数百名亚美尼亚人被逮捕和杀害，亚美尼亚高原的其他亚美尼亚人遭到清洗。协约国警告说，它们将追究土耳其政府的责任，相关官员将承担责任。至于德国，尽管其顾问与中立的传教士和外交官也强烈谴责针对亚美尼亚人的大屠杀，但德国外交部却因为担心危及德国和土耳其的联盟而犹豫是否要谴责此事。总的来说，可能有100多万人死于这场由土耳其统一组织的大屠杀，大屠杀受到了青年土耳其党领导人的鼓励，并由该党和战争部下属的"特别组织"实施。谁做出了这个决定，为什么做出这个决定，目前还不清楚，相关文件已被销毁或扣留。屠杀亚美尼亚人是为了保护高加索边境的安全，或是因为亚美尼亚人的反抗和"特别组织"无视纪律而擅自升级，还是一开始就是为了消灭亚美尼亚人，这些都不清楚。青年土耳其党领导人的一些言论使人相信有目的的屠杀亚美尼亚人的可能性，而在实施过程中，这一政策确实是种族灭绝式的。

　　针对亚美尼亚人的大屠杀是1915年众多事件中最令人震惊的，

这些事件表明，这将是一场迄今为止强度未知的战争，19 世纪限制战争的行为正在瓦解。当青年土耳其党在参战问题上出现了灾难性错误时，就发生了大屠杀，但这并不是减轻其罪责的借口。与此相反，在第二阶段，协约国军队在中东采取攻势，但土耳其军成功地进行了反击，遏制了俄军 1915 年夏季对高加索地区的进攻，击退了印度军队对巴格达的进攻，也挫败了英法联军占领君士坦丁堡的企图。

在 1915 年 2 月至 1916 年 1 月的达达尼尔海峡战役中，海峡地区取代高加索地区成为主战区。[20] 在战斗最激烈的时候，35 万奥斯曼士兵集中在达达尼尔海峡地区，而东北部的高加索地区只有 15 万士兵。到战役结束时，共有 41 万英军和 7.9 万法军到达海峡地区，英法伤亡人数分别为 20.5 万和 4.7 万。英国估计土耳其的伤亡人数为 25.1 万，但实际伤亡人数可能要高得多。[21] 在达达尼尔海峡战役中，澳大利亚和新西兰分别有 8 000 人和 2 000 多人死亡；与英国相比，这次战役对于澳大利亚和新西兰而言是惨烈的，也具有深远的意义，因为它唤醒了澳大利亚人和新西兰人的国家意识，早在 1916 年澳大利亚就纪念了首个澳新军团日。[22] 从时间和成本来看，这次战役为 1916—1917 年的西线战役埋下了伏笔。奥斯曼军队（其中许多人说阿拉伯语）成功地抵御了异教徒的入侵，保卫了首都，虽然协约国有所损失，但这并不影响战争的总体目标。

尽管如此，达达尼尔海峡战役仍是为赢得战争而进行的一场冒险行动。最初，英国发动海峡战役是为了回应尼古拉斯大公在萨勒卡默什战役之前的求助，但是发动海峡战役早已有过讨论，许多英国政府官员尤其是海军大臣温斯顿·丘吉尔认为在西线取得突破是不可能的，因此他们开始寻找其他替代方案。丘吉尔设想在波罗的海作战之前先登陆北海的博尔库姆岛（Borkum），但他的顾问们做出了正确的评估，认为德国的水雷和海岸防御将使登陆博尔库姆岛的计划不切实际；虽然丘吉尔的顾问们并不大力支持英国海军对海峡的进攻，但他们还是默许了这一行动。[23]英国军舰如果到达马尔马拉海（Sea of Marmara），就能破坏君士坦丁堡的食物供应或轰炸这座城市，尽管人们希望英国军舰的出现能引发一场反对青年土耳其党的政变或者使土耳其投降。如果土耳其军退出苏伊士运河，就能保障英国在波斯的油田的安全，也会保障俄国的高加索边境的安全，通往俄国的唯一不冻港线路将重新开放。意大利和巴尔干半岛国家可能会加入协约国，从而联合攻击奥匈帝国。所有这一切都可以使用前无畏级战列舰来完成，而前无畏级战列舰在北海毫无用处。为了防止英国单独取胜，法国也愿意参加达达尼尔海峡战役，因为这一地区事关法国的经济利益和政治声望。[24]在丘吉尔的强烈敦促下，这些想法得到了英国战争委员会的支持，2月19日，集结起来的英法无敌舰队开始轰炸达达尼尔群岛的土耳其堡垒。

118

　　可以肯定的是，英国的战略构想存在根本性的缺陷。杰马勒帕夏和英国间谍进行了秘密接触，这一消息鼓舞了英国，英国低估了青年土耳其党领导人的决心和他们掌权的牢固程度。即使英军已经到达君士坦丁堡，它也没有登陆部队，土耳其军誓死保卫首都。土耳其领导层不可能在英国近海军舰面前退缩。如果土耳其军不退缩，英军就只能撤退。因为其他协约国自身也缺少弹药，几乎不能给英国提供任何支援。如果协约国打败土耳其，希腊就会参战，而保加利亚会保持中立，这种说法似乎是可信的，布拉蒂亚努很谨慎，罗马尼亚是否会加入还不确定。对于大多数巴尔干半岛国家来说，俄国在波兰的军事命运远比达达尼尔海峡战役重要。协约国唯一被证实的预言是，达达尼尔海峡战役鼓励了意大利人认真谈判以加入协约国阵营，尽管他们本来很可能也会这么做。[25]

　　丘吉尔也低估了作战层面的困难。与德奥的榴弹炮攻击比利时的堡垒相比，英国的平射海军炮对土耳其要塞的攻击效果要差得多。它们也不能压制达达尼尔海峡上的移动炮台，土耳其的移动火炮阻止了由英国渔民志愿者驾驶的经过改装的拖网渔船去完成任务，拖网渔船是最初唯一可用的扫雷船。英国海军部不情愿地放弃了超级无畏级舰"伊丽莎白女王"号的 15 英寸舰炮，没有侦察机的辅助，这些舰炮打不准，而英国的侦察机又太少。3 月 18 日，16 艘协约国战列舰发起进攻，其中 3 艘被击沉，3 艘被击毁，这主要是因为舰队在返航时进入了土耳其新布设的一个雷区，大多数水雷没有被扫除，海岸炮台也完好无损。这些战列舰装备陈旧，造成协约国人员伤亡惨重，仅法国"布维"号战列舰就伤亡 600 多人，而且土耳其火炮弹药充足。即使有专业的驱逐舰赶来清除水雷，守军仍有可能把协约国舰队挡在海湾之外。[26] 3 月 18 日之后，战争委员会把是否继续作战的决定权交给了当地指挥官约翰·德·罗贝克（John de Robeck）上将。在与陆地部队指挥官伊恩·汉密尔顿（Ian Hamilton）爵士商议后，罗贝克决定登陆作战，以突破土耳其的防御。

119　　　　海战的另一个引人注目的地方是，人们认为，如果有必要，可以随时停战。这种假设被证明是不切实际的。格雷相信军事上的成功对他的巴尔干外交至关重要，大臣们担心被土耳其羞辱会危及大英帝国在它的信仰伊斯兰教的臣民中的权威，伦敦接受了大臣们的决定。[27]汉密尔顿的地中海远征军进行了集结。4 月 25 日，3 万名英国、印度、澳大利亚、新西兰和法国士兵在加利波利半岛南端海勒角（Cape Helles）周围的 5 个海滩登陆，这里的西海岸后来被称为澳新军团湾（Anzac Cove）（以澳大利亚和新西兰陆军军团命名，也称"安扎克湾"）。协约国的一些登陆行动没有遭到抵抗，但 W 海滩上的兰开夏火枪队、V 海滩上的明斯特火枪队和汉普郡团遭遇了土耳其军的袭击，伤亡超过 2 000 人。登陆部队在海勒角滩头会合后，向内陆挺进。在距离海角两英里多一点的地方、在阿奇·巴巴山（Achi Baba hill）的山坡上以及在克里西亚村（Krythia）周围，登陆部队遭遇了土耳其军的负隅抵抗。登陆部队在接下来的几个月里多次发起正面攻击，但收效甚微。双方都挖了几乎和法国一样复杂的战壕系统，只是战壕较浅，距离前线较近，在安扎克湾的山坡上也出现了类似的情况。协约国军队登陆区，海滩狭窄，山坡陡峭，没有地下水，并且在炮兵射程之外也没有可供休息的地方；而土耳其守军则有水寨和休息营地。[28]尽管如此，8 月 6 日至 7 日，在伦敦派来三个师之后，汉密尔顿又尝试了一次协同进攻。核心进攻是从安扎克湾出发的一次大胆夜袭，在协约国军队的配合下，英军在更北的苏夫拉湾（Suvla Bay）重新登陆。一开始，登陆部队几乎没有遇到任何阻力，但部队向内陆进军的速度太慢，就像早期的登陆者一样，未能占领半岛的高地。在 8 月底发动最后一次进攻之后，政府拒绝了汉密尔顿增兵的要求，英国政府优先考虑的是 9 月的西线战役和 10 月派往萨洛尼卡的远征军。同月，同盟国攻占塞尔维亚后，可以通过陆路向土耳其运送重炮，而协约国狭窄的滩头阵地面临着被轰炸的风险。秋天波涛汹涌的大海阻碍了协约国进一步的行动，甚至连现有阵地的补给也受到了影响。夏天，登陆部队需要忍受炎热、口渴、苍蝇和痢疾的折磨，还经受了暴雨、暴风雪和冻伤的折磨。丘吉尔一直为自己在达达尼尔海峡的军事行动辩护，直到他在秋天下台为止。印度政府担心，如果这项行动流产，会影响国家的声誉。10 月，汉密尔顿被查尔斯·门罗（Charles Monro）爵士取代，后者建议撤军，伦敦表示同意。值得注意的是，12 月在苏夫拉湾和安扎克湾、1 月在海勒角的撤离伤亡都不大，土耳其军没有努力去阻止协约国军队撤退。

　　此时，任何在西线击败德国的快速而简单的替代方案都已经失去了机会，并且这些替代方案的失败使它们的倡导者名声扫地。出了什么问题？[29]协约国没有出其不意地登陆，给了土耳其充足的准备时间。基钦纳担心德军会在西部发动进攻，甚至入侵英国，所以迟迟没有派遣远征军中唯——支正规军——第二十九师——前去参加达达尼尔海峡战役。当汉密尔顿命令他的补给船返回埃及时，因为货物装载顺序错误，耽误了很多时间。同时，在海军轰炸开始后，土耳其修筑工事并加强了半岛防御。如果从一开始就进行联合作战，推迟海军攻击，提前进行登陆准备，可能会取得更大成功。然而，协约国军队在亚历山大港和希腊利姆诺斯岛（Lemnos）的穆德罗斯湾（Mudros Bay）所做的大规模准备工作难以掩藏，不可能做到出其不意。登陆后发生的事情也不能保证协约国能轻易取得胜利。汉密尔顿的部队距离海峡沿岸的土耳其炮台很远，不可能摧毁它。4 月 25 日，汉密尔顿率领 5 个英国师进攻土耳其的 6 个师，汉密尔顿的部队大多是新兵，他们的装备是为了远征殖民地而配备的，而不是为了参加第一次世界大战。汉密尔顿的部队很快就耗尽了大部分炮弹[30]，在几个月的正面攻击中也几乎没有占领任何领土。德国潜艇的到来迫使英国战列舰在 5 月后离开土耳其近海水域，还有两艘英国军舰被击沉。英国海军火炮准度太差，无法破坏土耳其的战壕，而协约国军队的火炮也没能压制住隐藏在山丘上的土耳其野战炮和机枪，这些野战炮和机枪多次阻止了英国步兵的进攻。在加利波利战役中，英国和法国一样，炮手仍需改进战术来攻破土耳其的防御，相比之下，炮弹短缺并不是这场战役失败的关键原因。[31]尽管如此，土耳其和德国的回忆录都指出，在安扎克湾（4 月）和苏夫拉湾（8 月），土耳其守军都被突袭，但他们被有能力的指挥官拯救了，尤其是战后土耳其共和国领导人基马尔（Mustafa Kemal）在其中发挥了重大作用。相比之下，协约国军队的领导有很大问题。汉密尔顿的下属推诿搪塞，鲁莽进攻。汉密尔顿本人在海上巡航，与陆上部队缺乏联系，尤其是在苏夫拉湾，在最初的几个小时里，英军极其混乱，汉密尔顿的苛求给英军带来了悲惨的后果。人们不禁怀疑英国人是否错过了一些机会？应该没有，因为即使英军占领了半岛南部，英国舰队仍然必须到达君士坦丁堡，然后土耳其人才能屈服，而英军似乎是不可能完成这个任务的。[32]由于协约国军队没有在通往君士坦丁堡的陆路战场上投入大量资源，所以很难想象这场战役如何能达到预期效果。

121

　　加利波利战役的失败使英国在美索不达米亚陷入了另一场灾难。在土耳其宣战之前，印度德里政府就向波斯湾派遣了"D 部队"，并于 1914 年 11 月占领了巴士拉（Basra）。应丘吉尔的请求，英国政府收购了英国-波斯石油公司的控股权，该公司从波斯的阿巴丹（Abadan）向舰队供应石油，这次远征的主要目的与其说是保护舰队的石油供应，不如说是加强印度与当地阿拉伯领导人的联系，以及当海湾地区陷入混乱时保护英国的利益。[33] 印度远征军击退了土耳其军的进攻，这一事件使英军低估了土耳其军在加利波利的实力，1915 年 4 月，更有魄力的约翰·尼克松（John Nixon）爵士接管了美索不达米亚的军队，印度和英国同意沿着底格里斯河（Tigris）向库特-阿尔-阿马拉推进。

　　10 月，英国内阁审议了尼克松的"D 部队"前往巴格达的计划，因为其意识到"D 部队"已经疲惫不堪、伤病缠身、战斗力不足，难以应对土耳其部队，而且缺乏足够的河流运输线来维持部队 200 英里的补给线。"D 部队"的指挥官是查尔斯·汤申德（Charles Townshend）爵士，他是尼克松的下属，"D 部队"每天需要 200 多吨物资，但实际上只能收到 150 吨。印度总督哈丁（Hardinge）勋爵希望永久控制美索不达米亚，使其成为帝国的粮仓和印度移民的聚集地；他预测，如果"D 部队"能攻陷巴格达，将给亚洲其他地区留下深刻印象，弥补英国在加利波利战役中受损的声望。英国内阁把决定权交给哈丁勋爵，他批准了这一行动。11 月，在巴格达南部的泰西封（Ctesiphon）战役中，汤申德未能攻下土耳其的阵地。土耳其军的人数和装备都比英国情报部门预测的多。1916 年 4 月，在库特被围困数月后，汤申德率领约 1.3 万英军投降；英军试图突围的徒劳尝试造成了近 2.3 万人伤亡。那些被土耳其俘虏的英军，几乎有 1/3 在一战结束前就已死亡。[34]

　　加利波利战役和库特战役让英国既失望又愤怒。1916 年，阿　　*122*
斯奎斯政府对这两个事件进行了调查，这两个事件极大地损坏了阿斯奎斯政府的声誉。库特战役标志着协约国进入低谷期，在 1916—1917 年，协约国对土耳其的命运开始发生逆转，前提是要付出更大的代价。在加利波利战役的最后阶段，土耳其步兵也失去了战斗力，其中俄军对土耳其军的打击最大。1915 年 11 月至 1917 年 3 月，俄军造成了土耳其军 3/4 的伤亡。[35] 1916 年春，在尼古拉·尤登尼奇（Nicolai Yudenich）将军的指挥下，在土耳其军从达达尼尔海峡撤回之前，俄军占领了亚美尼亚的大部分地区。土耳其军从加利波利撤回的 8 个师最终到达高加索地区，但是被俄军击退。2 月，埃尔祖鲁姆（Erzerum）沦陷；3 月，比特利斯（Bitlis）沦陷；4 月，俄军通过两栖攻击占领了黑海港口特拉布宗（Trebizond）。相比之下，英军只从加利波利抽调了 2 个师前往美索不达米亚。1916 年，英国陆军部代替印度政府，建立了一支 15 万人的部队，其中 2/3 是印度人。12 月的美索不达米亚，天气凉爽，斯坦利·莫德（Stanley Maude）爵士发动了一次新攻势，从数据可以看出，他的部队拥有巨大优势，其有大量火炮、446 艘拖船和蒸汽轮、774 艘驳船和 414 艘摩托艇，而汤申德的部队只有 6 艘轮船和 8 艘拖船。[36] 有条不紊而谨慎的莫德于 1917 年 2 月夺回了库特，并于 3 月进入巴格达。阿奇博尔德·默里（Archibald Murray）爵士也是一个严谨的人，他在 1916 年 3 月接管了英国埃及远征军。自从土耳其进攻苏伊士运河以来，英国一直在埃及驻有大量兵力，达达尼尔海峡战役大撤退后，埃及的英军达到了 30 万人。阿奇博尔德·默里被授权穿过西奈半岛（Sinai），前往埃尔阿里什（El Arish）。他在 12 月到达那里，在途中修建了一条铁路和管道，并击败了土耳其的反击。劳合·乔治领导的英国新政府批准阿奇博尔德·默里向巴勒斯坦挺进后，1917 年 3 月和 4 月，默里向加沙地带发起了两次正面进攻，土耳其军借助机枪和铁丝网防御工事击败了英军的两次进攻，默里因此而被解职，加沙战役是奥斯曼帝国最后一次成功的防御。到 1917 年，奥斯曼帝国的经济实力和军事实力都开始下降。劳合·乔治政府在中东扩张是为了恢复帝国威望和提振国内士气，但也是为了永久留在巴勒斯坦和美索不达米亚。一战期间，英印联军在美索不达米亚地区部署了 89 万士兵，而土耳其军只有英印联军的一半。[37] 土耳其不再强大到足以击退协约国入侵的地步，但是它对于同盟国而言仍然重要，因为它牵制了协约国的资源。

123　　　　　与达达尼尔海峡和高加索相比，欧洲以外其他战场的规模要小得多。[38] 1914 年 8 月，新西兰在太平洋占领了德属萨摩亚（Samoa）；9 月，澳大利亚占领了德属新几内亚（New Guinea），以及拉包尔（Rabaul）的德军无线电台。在接下来的一个月里，日本占领了马里亚纳群岛、加罗林群岛（Caroline Islands）和马绍尔群岛（Marshall Islands）。9 月至 11 月，一支 5 万人的日军在军舰、100 多门重炮和榴弹炮的支持下，包围并猛攻中国青岛的防御工事。在德国的非洲殖民地中，多哥兰（Togoland）的无线电台负责协调德国船只在当地水域的行动。1914 年 8 月，多哥兰被英法军队占领。一支以南非人为主的 5 万人的军队于 1915 年 1 月至 7 月占领了德属西南非。然而，剩下两次战役的时间更长，难度更大，德军在这两次战役中持续进攻。由 1 000 名德国士兵和 3 000 名非洲士兵组成的德国殖民部队从满是湿热丛林与丘陵的喀麦隆突袭尼日利亚，击退了英军的入侵。协约国军队尽管在 1914 年 9 月占领了杜阿拉港（Duala），但直到 1916 年 2 月才在非洲的内陆地区击溃了德军的最后抵抗。德属东非是德国最有价值的一块殖民地，其面积相当于法德两国面积的总和。在那里，德属东非司令保罗·冯·莱托-福尔贝克（Paul von Lettow-Vorbeck）遵循了这样一种战略，即积极地把战场推进到敌方领土，威胁英属乌干达的铁路，最大限度地牵制敌人。1914 年 11 月，福尔贝克部队击败了英印军队对坦噶港（Tanga）的进攻。直到 1916 年，德属东非的大部分地区才被英军占领。征服东非的主要是南非军队，由简·克里斯琴·斯穆茨（Jan Christian Smuts）指挥，来自刚果的比利时军队占领了德国殖民地西部边缘的卢旺达和布隆迪。福尔贝克一直在莫桑比克和北罗得西亚作战。1918 年 11 月，在欧洲停战两周后，他最终放弃战斗，选择投降。[39] 在喀麦隆和东非，这场战役摧毁了大片领土，其影响远远大于小部队所造成的影响。大部分战役都发生在极易感染疾病的地带，这里没有铁路、公路以及可供使用的通航水道，双方都依赖非洲工人，强迫非洲工人运送军队所需的一切物资，这些非洲工人往往需要在没有足够的口粮或医疗援助的情况下劳作长达数月。在

124

喀麦隆，大约 7 000 名法国士兵和 11 000 名英国士兵，这些英法军队拥有数万名搬运工。在东非，福尔贝克兵力最多时，约有 3 000 名欧洲士兵和 12 100 名非洲士兵，共有 4.5 万名搬运工，而协约国则派出了 13 万多名士兵。仅为英国服务的就有 5 万多名非洲士兵和 100 多万名搬运工，疾病尤其是痢疾和受伤使非洲士兵死亡人数超过 1 万，搬运工有 10 万人死亡。在这个被遗忘的战场上产生的伤亡人数与欧洲的伤亡人数不相上下。[40]

　　尽管日本军队、非洲军队以及大多数印度军队不会被派往欧洲西线战场，但针对土耳其和德国殖民地的行动涉及很多协约国军队。颠覆德国和奥斯曼帝国的努力消耗了协约国的很多资源。的确，双方都可以使用这一武器，1914 年，英国与阿拉伯半岛的伊本·沙特（Ibn Saud）和阿西尔（Asir）的伊德里斯（Idrisi）结盟，伊本·沙特和伊德里斯名义上是奥斯曼帝国的臣民，但实际上有很强的自主性，他们同意保持中立。[41]此外，英国与麦加（Mecca）的谢里夫·侯赛因（Sharif Hussein）和他的儿子们秘密谈判，进而引发了 1916 年 6 月的"阿拉伯起义"。这场起义有 1 万～1.5 万名部落成员参与，他们纪律松散，遭到了土耳其的镇压，但还是夺取了汉志的大部分地区和红海港口。但是，他们没能将起义扩散到阿拉伯其他地区或者说阿拉伯语的奥斯曼军队中，他们只能依靠英国提供的武器、资金和海军援助继续推进。[42] 1914 年 7 月 31 日，威廉二世突然宣布，英国要为干预阿拉伯事务而付出牺牲印度的代价，德国和土耳其有更大的领土目标。德国和土耳其借助民族主义与伊斯兰教，削弱了协约国。英属印度约有 3 亿人，在和平时期，

印度公务员中约有 1 200 名白人官员、700 名白人警察、7.7 万名
英国士兵和 17.3 万名印度士兵。同样，几百名英国官员和四五千
名白人士兵，以及 1.3 万名土著士兵，统治着 1 250 万埃及人。这
种权力结构不仅需要当地民众的默许，还需要当地数千名官员和群
众领袖的积极合作，英国领导人知道统治这些东方帝国，用内阁大
臣莫里斯·汉基（Maurice Hankey）的话来说，需要"依靠声望和
虚张声势"[43]。英国在印度的军队一度减少到 1.5 万人；在黄金海
岸，军事机构削减了 1/3；法国命令摩洛哥总督休伯特·利奥泰
（Hubert Lyautey）派出他所能派出的所有士兵，并放弃在摩洛哥
内地驻军，但实际上他并没有这么做。[44] 在大多数殖民地，战争意味
着通货膨胀、欧洲投资短缺、大都市的进口因航运不畅而减少，为
服务军事或运输而大规模征兵，以及征用食品和其他商品。事实
上，征兵是引起 1915 年奇伦布韦起义（Chilembwe Rising）和
1915—1917 年法属西非起义的原因之一，这些起义都被宗主国轻
松镇压了。[45] 欧洲的战争与当地的经济困难叠加，为反殖民运动创造
了条件。

　　总而言之，德国的失败是惊人的。土耳其参战也没有产生英国
所担心的影响。当英军威胁到哈里发（Caliphate）的大本营君士坦
丁堡时，印度穆斯林——在印度军队中占很大比例——大多对英国
保持了忠诚[46]；加利波利战役和库特战役的失败并没有引发英军的
大动荡。印度主要的民族主义运动组织印度国民大会党在 1916 年
之后变得更加激进，并获得了印度人更广泛的支持，但印度国民大
会党的发展与德国无关。德国特工没能说服阿富汗进攻印度西北边

境，尽管印度西北边境没有英国的驻军；在美国的德国外交官为印度革命者购买了武器，但却无法将它们运往亚洲。英国情报机构破获了一个由孟加拉革命者组成的组织，该组织得到了德国的资金资助，英国情报机构还把德国在缅甸边境训练的锡克教革命者的消息透露给了泰国政府。[47]德国通过西班牙向反抗法国统治的摩洛哥起义军提供资金、步枪和宣传品，但法国破译了马德里大使馆和柏林之间的密电，并在这些援助物资被交付之前就将其中的大部分摧毁了。[48]土耳其苏丹号召"圣战"可能助长了北非塞努西（Senussi）宗教兄弟会的起义，塞努西宗教兄弟会在奥斯曼帝国的援助下将意大利人挡在利比亚的海岸线上，并于 1915 年 11 月占领了埃及的索勒姆港（Sollum）。在其他地方，塞努西宗教兄弟会起义的影响很小。在撒哈拉沙漠以南，法属西非的大部分地区和英属非洲的部分地区都发生了反对征兵的零星起义。然而，英法两国比德国和土耳其所预期的更加强大，这也正是德国和土耳其领导人所担心的。英法两国的反情报机构强大、德国殖民地地理位置偏远和德国海上力量不足是部分原因；另外，英法展示自身的武力也是德国和土耳其领导人担心的原因之一。塞努西宗教兄弟会被驱逐出索勒姆港，英国派遣 3.5 万名士兵前往埃及以防范塞努西宗教分子；法国封锁了北非殖民地的边界，并于 1915 年 9 月派遣了一支 1.5 万人的骑兵部队进入撒哈拉沙漠。[49]简而言之，除了打击德国并入侵奥斯曼帝国之外，协约国军队还消耗了大量资源来保护其海外领地。此外，出于对帝国威望的考虑，英国的战略倾向于在加利波利登陆，并向巴格达派遣"D 部队"。英法殖民地则为宗主国提供了大量的人力、物

资和制成品。① 总的来说，随着战争的继续，英法殖民地对宗主国 *126*
的贡献比宗主国对殖民地的帮助更重要。协约国只要掌握制海权，
就能将世界其他地区的资源集中到欧洲，这给了它们不可或缺的优
势，这虽然不足以解释它们的胜利，但可能是它们获胜的一个必要
条件。然而，协约国的全球资源优势要胜过同盟国的欧洲战场优
势，还需要很长的时间，我们现在必须转向冲突的中心地带。

---

① 参见第 8 章和第 9 章。

第5章 战争目标与和平谈判

　　一战的中期阶段，之所以会出现僵持和升级状态，一个基本原因是双方无法谈判。无法谈判是由对立各国的政治目标和战争目标的差异造成的。这只是解释战争动态的一种方法，它间接地解释了许多问题，特别是为什么一战的目标比二战的更温和，而战争却打得更激烈。尽管如此，问问各国政府为什么会坚持去做一件与它们最初预期大相径庭的事，可能是回答战争到底是为了什么这一复杂问题的最佳方法。

　　"战争目标"是当时交战国使用的术语。1917—1920 年的法国总理乔治·克列孟梭（Georges Clemenceau）说："我的战争目标是赢得胜利。"[1] 然而，胜利本身不是战争目标，而是实现战争目标的前提；战争目标是在胜利后强加给对方的割让领土、赔偿、裁军等条件。有些目标可能是绝对的，比如法国要求归还阿尔萨斯-洛林，英国要求保持比利时的独立地位，除非它在战争中彻底失败，否则不可能在这些目标上妥协；其他目标则是获胜带来的其他收获。如果一个国家抛弃盟友，单独谈判，从而对它的前伙伴施加更严厉的惩罚条款，它可能会被从轻处理。但直到 1917 年，还没有一个政府提出和平请求，也没有任何非官方的和平组织试着去促成交战国之间的实质性谈判。中立国对斡旋所做的尝试无一例外地遭到了拒绝。1916 年 12 月，同盟国公开提出要进行对话，但协约国愤怒地拒绝了这个提议。对这些大国目标的详细研究表明，双方几乎没有妥协的余地[2]，而且双方都不希望认真讨论彼此之间的妥协，都想维护其联盟集团的团结并取得决定性胜利。在这一时期，任何和平倡议都没有成功的希望。

　　战争目标和战略是相互关联的。双方对军事实力和战争前景的看法都至关重要，虽然更多的是确定目标之间的优先次序，而不是确定目标本身。但公众舆论和国内政治考量也发挥了重要作用。因此，不应孤立地看待战争目标与和平谈判，双方的目标在不断变化。为了把情况捋清楚，我们先考察同盟国，然后再考察协约国。[3]

　　尽管德国的战争目标比其他同盟国重要得多，但其他同盟国的战争目标也绝不能被忽视。在参战之前，保加利亚明确了自己的战争目标，主要是为了扭转第二次巴尔干战争的局面。它要从土耳其获得一块狭长的领土，还要夺取从 1915 年起被塞尔维亚占领的马其顿。1918 年，土耳其威胁要退出同盟国，土耳其的声明引发了一场重大的冲突。土耳其也有自己的野心，那就是将欧洲列强从北非驱逐出去，并在中亚击退俄国，土耳其参战是为了保护帝国现状，同时也是为了扩张。1916 年，土耳其取得了重大成功，当时土耳其与德国达成协议，如果各自领土仍被敌人占领，双方都不会单独媾和。因此，柏林承诺将一直战斗，直到将协约国军队赶出奥斯曼帝国；德国还承诺不会通过出卖奥斯曼帝国与俄国和解，实际上它已经排除了这一选项。[4]

奥匈帝国的目标对于德国来说更为重要。在 1915 年春天的军事危机中，奥匈帝国向俄国发出和平谈判的试探信号，但被俄国忽视了，因为这一信号微不足道，只要弗兰茨·约瑟夫还活着，德国就没有理由担心奥匈帝国会背叛自己。而且，一旦形势好转，奥匈帝国就产生了扩张领土的野心。对于意大利，尽管奥匈帝国的公众舆论一致谴责这个背信弃义的前盟友，但奥匈帝国除了对边境有微小要求之外，并没有什么其他要求。很快，阿尔卑斯山和多洛米蒂山（Dolomites）的战役证明，现有边界为奥匈帝国提供了强大保护，除了把更多的意大利人纳入哈布斯堡的统治之下，向意大利方向扩张领土毫无意义。但是在巴尔干半岛，奥匈帝国在 1914 年 7 月认为应该分割塞尔维亚，在 1915 年秋天的胜利之后，奥匈帝国部长联席会议决定吞并塞尔维亚过半的人口，吞并黑山的海岸线，剩下的两个南斯拉夫王国被奥匈帝国及其保护国阿尔巴尼亚包围。由于意大利加入了协约国，而德国对巴尔干西部几乎没有兴趣，奥匈帝国一度可以自由支配巴尔干地区。[5]波兰是奥匈帝国感兴趣的第三个地区，奥匈帝国声称在驱逐俄军后，波兰将属于哈布斯堡。对于波兰，德国将根据自身利益来行事，波兰成了接下来的时间里各

129

方争论的焦点。

尽管德国通常不会对其盟友的要求置之不理，但它是同盟国的主要力量，如果它提出和平谈判，其伙伴也会采取同样的行动。弗里茨·费舍尔（Fritz Fischer）1961 年出版的专著《争雄世界：德意志帝国 1914—1918 年战争目标政策》（*Germany's Aims in the First World War*），是后来所有关于德国一战目标的研究基础。[①]费舍尔将德国的目标解释为一种雄心勃勃、咄咄逼人的努力，以巩固霍亨索伦王权和德国的"世界强国地位"；这些目标得到了官方和非官方精英的一致支持，并在整个战争期间保持了连续性。[6]在他的论证中，最重要的证据是贝特曼于 1914 年 9 月 9 日批准的"九月计划"；费舍尔认为，该计划为未来四年的战争目标奠定了基础。在这个阶段，马恩河战役还在进行中，德国有可能取得胜利，而且胜利就在眼前。由贝特曼的私人秘书库尔特·里兹勒（Kurt Riezler）起草、由贝特曼签署的贝特曼计划，规定德国的"战争总目标"是"在任何都可以想象的时间内，永久保证德意志帝国在东西方的安全"，为此，在东部，"必须最大限度地打击俄国，必须打破俄罗斯对其附属的非俄罗斯人的统治"，在西部，"必须将法国削弱到永远不可能复兴为一个大国的程度"。然而，贝特曼关心的是在实现这些目标的同时，德意志帝国尽可能少地吸收非日耳曼人。在海外，他希望在中非建立从东海岸到西海岸的连续殖民领地，但他设想的西欧兼并目标十分有限，主要是具有战略意义的目标，即卢

[①]　参见第 21 章。

森堡、列日和安特卫普、法国布里埃（Briey）铁矿区、孚日（Vosges）山脉西部，可能还包括敦刻尔克（Dunkirk）和布洛涅周围的海岸。德国通过经济实力而非兼并，达到政治控制的目的——库尔特·里兹勒对此充满信心。法国将为巨额赔偿和"在经济上依赖德国"的商业条约所削弱。在德国军事占领下，比利时将成为"附庸国"，"经济上是德国的一个省"，而包括法国和斯堪的纳维亚在内的"中欧海关联盟"将保持"德国对其成员国的经济主导地位"[7]。尽管该计划措辞严厉，但相对于军队和威廉二世周围小圈子内的更极端的兼并主义者而言，首相认为这一计划是相对温和的，而费舍尔夸大了该文件的重要性。例如，费舍尔特别强调了"中欧海关联盟"项目，该项目在战争的其余时间内确实是德国追求的目标，但它最初是政治家的计划，从未得到商业界或经济界的大力支持，因为德国的大部分出口市场都在这一组织所涵盖的区域外。尽管之前德国领导人进行了广泛磋商，但该计划并不是一份权威性的政策声明，也没有由皇帝签署。[8]它被低调地描述为西欧和平的"临时方案"，它没有提到德国对英国的要求，对俄国的要求也只是泛泛而论。它也不是一个公开的承诺，在超过 40 年的时间里这一直是保密的。由于这些原因，不能过分强调它的重要性。然而，它仍然是贝特曼思想的重要指南。针对西欧的类似建议也出现在其他战争目标文件中，建立关税同盟和比利时"附庸国"的规划立即开始实施。尽管在马恩河战役之后，这一计划被换掉了，但是该计划仍有重大意义。

　　1914 年 11 月 18 日，贝特曼和法尔肯海恩讨论了德国的严峻局

势。到目前为止，很显然，胜利不会很快到来，两人一致认为，如
果俄国、法国和英国继续保持团结，德国就不可能打败它们。法尔
肯海恩认为，要达成"可接受的"和平，唯一的机会就是给俄国慷
慨的条件，首先与俄国、其次与法国达成和解，孤立德国的主要敌
人英国。贝特曼大致同意法尔肯海恩的分析，但他不确定俄国是否
会谈判，以及即便俄国谈判并退出战争，德国能否在西线获胜。他
同意先试探俄国的态度，并在保住现状的基础上提出和谈，考虑到同
盟国迄今为止只占领了俄国的一小部分领土，且自身失去了很多领
土，这算不上什么损失。鉴于这种评价，对"九月计划"寄予的厚望
似乎不切实际。两个月后，德国人又重新陷入过去遇到的困境，面对
的是一个储备更多、凝聚力更强的联盟的包围。德国重新开始使用战
前瓦解敌对联盟的政策，现在使用的手段是外交与暴力相结合。9

　　很快人们就明白了，这种方法并不能使德国摆脱与敌人长期斗
争所造成的精疲力竭的危险。事实上，德国在"九月计划"和分裂 *131*
敌人之间左右为难，这一点在处理比利时和俄国的问题上表现得很
明显。比利时国王阿尔贝一世此时正在法国北部的拉潘尼（La
Panne）流亡。1915—1916 年的冬天，在没有和大臣们商量的情况
下，他允许他的使者瓦克斯韦勒（Waxweiler）教授会见了德国使
者托林（Törring）伯爵。托林伯爵要求比利时实行亲德外交政策，
国王阿尔贝一世愿意考虑这一建议；托林伯爵也希望得到比利时的
一系列保证，包括比利时解除武装、德国拥有占领权和过境权、德
国在比利时建立一个海军基地、德国拥有比利时铁路的大部分股
权，以及两国建立更紧密的关税联盟。即使阿尔贝一世接受了这些

条件，他的政府也不会答应。[10]这一事件表明，德国实际上并不准备为了单独和平而减少对比利时的主权要求，尽管德国希望与国王阿尔贝一世的协议能让英国难堪，挫伤英国继续作战的锐气。法尔肯海恩认为比利时应该继续处于德国的控制下；外交大臣和内政大臣们设想德国将控制比利时的对外关系，占领比利时的海岸和要塞，使其与德国建立货币和关税联盟，并合并两国的铁路系统。1915年10月，威廉二世批准了海军无限期占领奥斯坦德（Ostend)-泽布吕赫（Zeebrugge)-布鲁日三角地带的主张，该地带是U型潜艇近距离攻击英国船只的基地。此外，通过支持弗拉芒人使用自己的语言进行教育和自治，德国希望借此削弱比利时的统一和该国讲法语的统治精英的权威。德国领导人的共识与"九月计划"的设想大体一致，即比利时不应被吞并，而应恢复其名义上的主权。[11]

然而，前往俄国的和平试探者的运气不太好。这些试探主要是通过中间人丹麦的安德森（Andersen）进行的，尽管德国人也与俄国前财政大臣维特（Witte）伯爵取得了联系，维特伯爵以反对战争而闻名。但是德国人运气不佳，因为维特在3月去世了，沙皇及其顾问不像阿尔贝一世那样，他们仍然忠于协约国，拒绝单独媾和。贝特曼和贾戈表示，德国对于俄国绝不是什么利益都不追求，而是只会追求一个有利的贸易条约和少量的边境利益。[12]战前，贝特曼对俄国不断增长的实力印象深刻，与法尔肯海恩相反，贝特曼认为俄国和英国一样是一个长期威胁。他支持柏林官僚机构正在秘密讨论的项目，即吞并俄属波兰的北部和西部边境，将那里的犹太人和波兰人驱逐出境，由德国人取而代之。1915年7月的部长级会议通过了这一计划，如果德国赢得了战争，该计划就可能会实施。[13]德国故意限制 1915 年向东推进的速度，以便为德俄谈判创造条件，连续数月，德国的和谈要求都遭到了俄国的拒绝，到了 8 月，德国不再拉拢俄国，转向对俄国实施扩张政策。夏秋两季，德奥两国军队占领了整个俄属波兰，并向波罗的海沿岸挺进。如果现在与俄国实现和平，需要牺牲所占领的土地，这些土地是牺牲了很多德奥士兵换来的。正如贝特曼和法尔肯海恩所担心的那样，同盟国军队的推进进一步强化了战争目标，也降低了他们在东部谈判的灵活性。

波兰是东方问题的关键。1914 年以前，波兰的西部和北部地区被德国统治，南部的加利西亚被奥匈帝国统治，华沙和中部、东部被俄国统治。波兰大部分地区是开阔的平原，对于这三个帝国来说，波兰不仅是对外扩张的必经之路，而且拥有丰富的工业和矿产资源。在 19 世纪，它们在瓜分波兰方面拥有共同的利益。后来，它们之间因为争夺波兰展开了竞争，从而关系破裂。威廉二世在七月危机期间曾说过，无论如何，俄国都不能再占有波兰；1914 年 8 月，俄国宣称将德国和奥匈帝国所占波兰地区统一为俄国的一个自治省。征服波兰迫使同盟国考虑它们想要得到什么，奥匈帝国担心如果波兰继续分裂或被德国统治，加利西亚的波兰人会发生动乱。因此，1915 年 8 月，它们提议将加利西亚和俄属波兰联合起来，建立一个自治王国，置于哈布斯堡的统治之下——这就是所谓的"奥匈帝国解决方案"。此外，那年秋天，德军占领了巴尔干半岛，从柏林到君士坦丁堡的火车再次运行，建立"中欧集团"的设想激发了德国公众的想象力，并在德国政策中重新占据了重要地位。[14]法尔肯海恩对俄国没有回应和平谈判深感失望，并担心协约国会发动一场"消耗战"，他希望德奥之间的长期联盟和经济协议能打击敌人的士气。[15]贝特曼担心奥地利-匈牙利-波兰三元君主制比奥匈二元君主制更不可靠，从而更倾向于将数百万波兰人和犹太人置于德国的统治之下。

11月，德国首相原则上同意"奥匈帝国解决方案"，但条件是保证两国边境安全，保证德国在波兰的经济利益，德奥两国领土相互做出保证，并签署了一份为期30年的德奥经济协议，相互削减关税并最终建立关税同盟。正如"九月计划"所设想的那样，经济一体化将巩固德国对其邻国的控制。出于同样的原因，奥地利和匈牙利对"九月计划"持怀疑态度，它们最初同意谈判，但后来又拖延了。奥地利和匈牙利都担心丧失政治上的独立，而且除了讲德语的奥地利人之外，几乎没有民众支持"中欧集团"的设想。然而，贝特曼很快改变了主意。由于担心"奥匈帝国解决方案"会增加斯拉夫对哈布斯堡王朝的影响，他转而采用了比利时模式：波兰名义上自治，但是在军事方面和经济方面依赖德国。在这一点上，军事发展再次影响了关于战争目标的讨论。1916年6月"布鲁西洛夫攻势"的成功表明奥匈帝国并不能给德国的东部军事行动提供有力支持，奥匈帝国被迫向德国求助，此举也压缩了其讨价还价的空间。因此，8月的《维也纳协定》（*The Vienna Agreements*）满足了贝特曼的愿望，即在前俄属波兰建立一个名义上独立的缓冲国，它没有独立的外交权，军队受德国指挥，铁路由同盟国控制。夏天的军事危机产生了更深远的影响，当兴登堡和鲁登道夫在8月取代法尔肯海恩时，他们意识到迫切需要大量人力。为此，他们采取了一系列措施，但是这些措施考虑不周全。这些措施包括从比利时驱逐产业工人，在德国引入《辅助兵役法》（*The Auxiliary Service Law*）。[①]在有着反俄、仇俄传统的波兰，德国认为自己在此有大量军事志愿者。在将领们的压力下，贝特曼于 1916 年 11 月 5 日同意与奥匈帝国发表联合公告，承诺建立一个独立的波兰王国。它没有在波兰引起多大反响，只有小部分志愿者响应。但这是一个不能收回的公开而明确的承诺，并为俄德单独媾和制造了一个障碍。[16]

到 1916 年秋天，德军的目标更加明确。比利时和俄属波兰要成为德国的缓冲国，比利时要放弃列日，可能还有安特卫普和"边境地带"，并在外交政策和国防以及经济一体化方面与德国联系在一起。德国也计划对立陶宛和库尔兰（Courland）进行类似的安排，它们于 1915 年秋天被德国占领。贝特曼保证这些省份不会重归俄国，并计划让它们在名义上自治，但通过铁路、军事和关税安排与德国建立联系。[17]但是，在法国问题上，德国驻瑞士大使隆伯格（Romberg）只与少数心怀不满的记者和少数反对派政治家进行了接触。凡尔登战役没能让法军士气崩溃，也没能让法军像法尔肯海恩所希望的那样愿意谈判。德国高层仍然要求得到布里埃盆地（法国最重要的铁矿石产地，也是法国大部分钢铁工业的所在地），并要求法国支付高额赔偿，如果法国拒绝单独媾和，德国会提出更严苛的条款。此外，如果奥匈帝国同意，德国仍希望建立中欧集团，

134

----

① 参见第 9 章。

尽管到 1916 年，德国的大部分商业人士仍坚决反对这一想法，建立中欧集团意味着将遭到协约国的报复，德国的海外市场将受挫。[18]最后，殖民部要求得到矿产丰富的中非，而海军则想得到佛兰德斯的港口，以及地中海、大西洋和印度洋的一些基地。这些要求如果得到满足，将会保卫德国东部和西部边境，保护其食品和原材料的供应，削弱法国和俄国在欧洲的实力，并威胁英国在世界范围内的海上交通。德国并不是没有商量的余地，但协约国方面似乎没有想要和谈的意思。

费舍尔对德国领导人共识的描述基本正确，至少他对 1916 年底之前情况的描述是比较准确的，但是不久之后贝特曼和兴登堡-鲁登道夫集团就分道扬镳了。法尔肯海恩与贝特曼在如何处理俄国问题上存在分歧，但这些分歧是细微的，在战争目标上，法尔肯海恩大体上听从贝特曼的意见。首相府和外交部是主要政策的决策者，威廉二世只是偶尔干预。战争爆发前，贝特曼就已经考虑在中非扩张，侵占葡萄牙和比利时的殖民地，他一直致力于分裂协约国。但在 1914 年初，政府拒绝改变关税政策，认为在这个阶段建立中欧关税联盟不合适。因此，尽管战前政策有一些连续性，但德国领导人似乎是先宣战，然后确定战争目标。德国的总体目标是追求安全，通过在德国周边构筑一系列缓冲国和削弱法俄来达到这一目标。贝特曼预见，这些目标可能会超过德国的实力，并降低其内部凝聚力。在遥远的未来，德国需要在境外维持大量武装力量和驻军，除非它的海军进一步扩张，否则它的海外基地和殖民地将成为英国报复的对象。经济统治也不是落实"九月计划"的灵丹妙药，因为协约国控制了国际上的大量粮食、矿产和市场，两大经济集团之间的长期对抗可能会让德国比战前更加贫困，因为战前世界经济相对自由和开放。正如德国一些领导人所意识到的那样，德国为解决被包围和容易受到敌人攻击而战，但是这一目标能否实现令人怀疑。

　　然而，同盟国的战争目标并非只考虑外部环境。奥匈帝国领导人希望消除南方斯拉夫人的威胁，这是出于内部安全的考虑，但同时也是为了避免吸收更多的塞尔维亚人。奥匈帝国对《维也纳协定》中达成的关于其北部边界的解决办法毫无兴趣，因为担心这样做只会激怒其波兰臣民。在军事危机的压力下，奥匈帝国才被迫接受《维也纳协定》。德国也避免急于吞并不情愿的臣民，于是转向了替代方案，即将比利时和波兰的边境地带设置为德国的"附属国"而不是直接并入德国。更根本的是，德国领导人认为成功的解决方案对于维护国内政治稳定至关重要，而且他们比其他盟国领导人更频繁地强调这一点。1914 年 11 月，贝特曼反对实现一般和平，因为一般和平的条款，"在人民看来，对于这样可怕的牺牲来说，此类回报远远不够"。副首相克莱门斯·冯·德尔布鲁克（Clemens von Delbrück）希望战后德国国力增强到能够"使各方满意，从而解决所有政治问题"[19]。同样，贾戈也意识到，如果只是达成一般性的妥协解决方案，德国将会出现非常严重的国内财政困难，例如，这可能意味着无法偿还德国人购买的战争国债。[20] 德国的战争目标当然是要改善其国际环境，但它也可以被视为另一个权宜之计，这些权宜之计可以追溯到 19 世纪 90 年代的海军建设和 19 世纪 80 年代的殖民征服，目的是通过扩张来稳固霍亨索伦王朝的独裁统治。

　　德国官僚机构的游说人士都要求设置更大的政治目标，贝特曼担心公开辩论战争目标会引起社会分裂，于是试图制止公开辩论，并于 1916 年开始审查媒体对战争目标的讨论。[21] 大体上，就像其他欧洲国家一样，战争目标问题分化为左翼和右翼。社会民主党领导人反对兼并其他国家，他们宣称只支持国家进行防御性战争，并告诉贝特曼，他们支持战争的条件是在国内实行民主。他们发现很难保持中间路线。1916 年，德国议会分裂成两派，一派完全反对战争，而另一派则同情国会中主张吞并主义的多数派。除了社会民主党，其他党派都支持 1915 年的一项宣言，即在和平谈判中，"德国的军事、经济、金融和政治利益必须得到充分保障，包括必要的领土征服"。德国在东部和西部的领土兼并也得到了议会上院的支持。[22] 1915 年 7 月，包括 352 名大学教授在内的有 1 347 人签名的"知识分子请愿书"，以及 1915 年 5 月代表大企业主和大地主集团的"六个经济协会请愿书"，也支持德国在东部和西部的兼并行为。这些协会在多大程度上代表了它们成员的呼声是令人怀疑的，许多成员似乎对国家的政治目标漠不关心或者有所保留[23]；德国的这两份请愿书，为协约国宣传德国扩张提供了理由，也证明了泛德意志联盟极端民族主义者的游说能力。当然，协约国的宣传将极端民族主义者与德国政府的观点混为一谈——虽有夸张，但并非完全有失公允。尽管贝特曼倾向于尽量减少兼并他国领土，但随着 1915—1916 年德国国会和国内扩张主义者的"战争目标运动"的发展，他改变了立场，承诺德国将寻求"保障"和平的措施，并宣称无论是在东部还是在比利时都不会恢复原状。[24]

民间舆情和政府计划都变得越来越激进。1916 年夏天的军事紧急状态可能会让德国重新考虑战争目标，就像马恩河战役失败促使德国调整战争目标一样，事实上，德国的目标比以往任何时候都更加苛刻。1916 年 12 月 12 日，同盟国发出和平照会，似乎伸出了和平的橄榄枝，但是协约国认为同盟国不够真诚，它们有理由拒绝和平照会。恰逢同盟国在罗马尼亚取胜，它们语气傲慢，只是提出要进行和平谈判，但没有说明具体条件。虽然奥匈帝国外交大臣斯蒂芬·布里亚恩（Stephen Burián）想要提出条件，但遭到了贝特曼的反对。贝特曼怀疑和平倡议能否成功，他的主要目的是让德国的社会主义者相信，德国进行战争是为了防御，他这样做也是为了破坏协约国的国内团结。他预计很快将被迫在潜艇战问题上与美国发生对抗，并希望德国的和平姿态能使美国不加入协约国集团。在所有这些目标上，他几乎没有取得什么成功：在冬季，德国国内四分五裂，与美国也快要决裂。无论如何，在兴登堡和鲁登道夫的影响下，贝特曼注定要强化德国的战争目标。1916 年 11 月，德国的战争目标比以往任何时候阐述得都更加系统：吞并卢森堡，比利时放弃列日并将其经济和铁路置于德国控制之下，法国必须放弃布里埃，波兰成为德国的附庸国并割让两块边境地带，俄国放弃立陶宛和库尔兰。在协约国拒绝了德国的要求后，兴登堡要求进一步扩张，德国海军要求控制波罗的海和比利时海岸，以及在全球范围内建立基地。贝特曼反对海军的要求并坚持 1916 年 11 月设定的目标，并向美国总统提交了一份德国战争目标的简要说明。贝特曼仍

137

然控制着德国外交，尽管在波兰宣言和 1916 年 11 月的计划中，他接受了更苛刻的条件和对其行动自由的更大限制。然而，随着德军面临前所未有的压力，德国经济开始螺旋式下降，兴登堡和鲁登道夫寻求更大的扩张，同时开展全国动员，以争取全面胜利。因此，军事形势和战争目标之间并非简单相联，但由于单独谈判和全面谈判的选项都被排除了，除了继续战斗，似乎没有别的选择，德国希望通过 U 型潜艇战对协约国提出更苛刻的谈判条件。①

贝特曼希望通过分化协约国来实现和平，但是德国舆论和军队要求兼并协约国领土，这一压力日益增长，严重影响了贝特曼愿望的实现。但更棘手的是协约国保持团结，这是它们对德国和平倡议的回应，也是它们实现战争目标政策的前提。1914 年 9 月的《伦敦条约》中表达了它们拒绝分裂的态度，该条约由俄国提出，英国和法国欣然接受。该条约规定，在没有其他国家事先同意的情况下，各国不得单独媾和或提出停战条件。协约国集团不像德国主导的同盟国集团，要理解它们为什么坚持共同作战这一承诺，必须依次考察每个国家的情况。

最好先从俄国开始，因为它在 1915 年是德国试探和平的主要对象，而且在战场上受挫可能使俄国最容易接受和平。事实上，俄国不像英国和法国，而和德国一样，很快就确定了自己的目标。无论是在 1914—1915 年冬季相对有利的环境下，还是在接下来的困难阶段，俄国都坚定地站在协约国一边。尽管俄国的精英们进行了一些

① 参见第 10 章。

自我反思，但是他们仍然忠于《伦敦密约》，直到沙俄政府垮台。[25]

俄国与同盟国的领土争端主要集中在波兰。俄国于 1914 年 8 月发布一则宣言，呼吁波兰人"在沙皇的权威下统一……实现信仰自由、语言自由、政府自治"，实际上并非如此。它的推动者萨佐诺夫希望得到波兰人和西方公众舆论的支持[26]；其他大臣担心对波兰让步会让波兰人得寸进尺，并为沙俄境内其他少数民族开了先河。因此，这则公告是由尼古拉斯大公而不是沙皇颁布的，"自治"取代了"独立"。[27] 1915 年 3 月，部长会议决定，波兰的外交政策、武装力量、公共财政和交通将继续由俄国控制。1916 年 7 月，萨佐诺夫要求以宪法形式为波兰自治做出更明确的承诺，但他很快就被沙皇解职了。[28] 此外，尽管宣言明确暗示扩张要以德国和奥匈帝国为代价，但俄国政府从未明确应该扩张到什么程度。基于这些原因，波兰宣言在很大程度上应该被视为一种宣传姿态。

在由征服加利西亚和 1914 年秋季战役获胜所激发的乐观情绪下，俄国向英法披露了它的全面战争目标计划，这一计划结合了萨佐诺夫 9 月中旬的"十三点计划"和尼古拉二世于 11 月 21 日对法国大使帕莱奥洛格的声明。尽管这两份声明之间存在差异，沙皇的计划更加野心勃勃，但相同之处多于不同之处。俄国文职领导人在战争目标上达成了一致，这一点胜过他们的德国同行。德国文官比贝特曼更喜欢吞并他国。对于俄国本土而言，萨佐诺夫想从德国手中夺取涅曼河（Niemen）下游，从奥匈帝国手中夺取加利西亚东部；对于波兰，萨佐诺夫和尼古拉二世想要从德国手中夺取波森省（Posen）东部和西里西亚南部，从奥匈帝国手中夺取加利西亚西部。俄军总司令部想要夺取整个东普鲁士直到维斯瓦河，但沙皇并不完全同意这一要求。沙皇同意保持德国的统一，但德国要交出东西部领土并支付赔款。对于萨佐诺夫来说，"主要目标应该是打击德国的实力及军事方面和政治方面的自负"；对于尼古拉二世来说，这是"德国军国主义的毁灭，也终结了德国让我们遭受的四十多年的噩梦的折磨"，并防止任何报复战争。[29]奥匈帝国将受到更严厉的惩处：萨佐诺夫提议应该让波兰人、乌克兰人和南斯拉夫人独立出去，俄国在 9 月 17 日发表了一份"致奥匈帝国人民的声明"，承诺其他民族应该"实现自由和民族梦想"。然而，俄国不愿明确表示支持民族自决和哈布斯堡王朝解体，这既是因为它担心德国会吸收奥匈帝国的日耳曼人，也是因为这会给俄国这一多民族帝国开创解体的危险先例。特别是，俄国没有公开承诺让捷克人独立，捷克独立无疑会引起奥匈帝国的衰落，但并不会因此而使奥匈帝国解体并从地图上消失。尼古拉斯大公私下里希望奥匈帝国解体，但是俄国政府并不鼓励这种行为。[30]

土耳其参战为俄国的目标增添了更多因素，并在一段时间内使战争更受到俄国民众的欢迎。对于一些俄国右翼人士来说，与自由主义的西方国家一起对抗保守主义的同盟国是难以理解的，但是讨伐世仇伊斯兰国家则容易理解得多。在开始的几个月里，除了布尔什维克以外，其他政党都不反对战争，萨佐诺夫承受着来自军方、杜马和新闻界的压力，它们要求他提出更多在他看来不明智的要求。[31]俄国对奥斯曼帝国的不满主要集中在君士坦丁堡和海峡航道两处：君士坦丁堡是俄国民族主义者所渴望控制的东正教的宗教中心，而由奥斯曼帝国控制的海峡航道则关系着俄国的海外供应和经济平衡。[32]甚至在土耳其参战之前，萨佐诺夫就告诉协约国，他希望海峡实现国际化；1914 年 11 月，格雷和国王乔治五世（George Ⅴ）承诺，无论俄国做出什么决定，英国都会同意。萨佐诺夫现在知道他的伙伴们不太可能制造麻烦，随着协约国海军对达达尼尔海峡展开轰炸，属于他的时刻到来了。由于担心英法占领海峡，或者英法让希腊军队登陆海峡，萨佐诺夫要求，如果战争取胜，英法应该同意俄国吞并君士坦丁堡、海峡的欧洲海岸以及博斯普鲁斯海峡（Bosphorus）的亚洲海岸。这一要求超出了俄国的海上安全需求，侵犯了民族自决权，并为俄国在地中海的海军存在奠定了基础。萨佐诺夫暗示英法，拒绝俄国的要求可能危及联盟；1915 年 3 月英法接受了俄国的要求，但要求俄国支持两国的领土要求以作为回报。因此，在德国向俄国发出和平试探时，俄国盟友承诺给予俄国几乎所有它想要的东西。[33]

　　海峡问题只是俄国拒绝单独媾和的原因之一。尽管俄国在 1915 年惨败，但是沙俄政府仍然相信协约国会赢，因为协约国准备充分。俄国蔑视奥匈帝国和土耳其，并希望通过牺牲奥匈帝国和奥斯曼帝国来实现自己及盟国的扩张计划。1915 年春天，奥匈帝国提出了一项和平方案，但遭到了俄国的反对；俄国强烈反对英法两国发出和平试探。[34]最重要的是，俄国想要彻底和永久地削弱德国，不仅包括领土方面，而且包括商业方面。有很多证据表明俄国在军事上处于劣势，俄国认为只有在战后维持反德联盟才能确保自身的安全。这一目标是其外交政策的一个主要关注点，正如联盟的必要性一再影响它的战略一样。这种考虑也不利于单独实现和平。最后，

140

尽管俄国是世界上最专制的国家，一战期间更是如此，但有证据表明，沙皇及其大臣相信他们必须顾及公众的爱国情绪，并且像德国一样担心屈辱的和平会动摇他们政权的根基。[35] 因此，在 1915 年失败后的黑暗日子里，面对彼得格勒和莫斯科的恐慌以及国内的批评，尼古拉二世及其顾问一再拒绝德国的和平试探，尽管贝特曼警告说，俄国如果拒绝和平谈判，将最终失去波兰并不得不接受更苛刻的条件。

虽然 1916 年俄国的军事表现令人失望，但俄国领导人普遍坚持战争开始时设定的目标。在某种程度上，俄国扩大了其领土范围。在俄国的春季攻势将土耳其人驱逐出亚美尼亚的大部分地区后，1916 年 4 月，英法两国承认俄国有权吞并新征服的埃尔祖鲁姆和特拉布宗，并在库尔德斯坦（Kurdistan）获得势力范围。萨佐诺夫还想在亚美尼亚西部占据主导地位，并获得通往地中海的海上通道，由于法国反对，俄国最后不得不屈服。法国宣布其对地中海地区拥有主权，以此作为支持俄国的黑海海峡要求的交换条件。此时，萨佐诺夫开始怀疑俄国能否得到君士坦丁堡。11 月，尼古拉二世沮丧地告诉英国大使，俄国可能会满足于 1914 年之前的欧洲边界，因为拓展边界会牺牲很多人。协约国的大使们越来越担心俄国的忠诚，尤其是被怀疑亲德的鲍里斯·斯图梅尔（Boris Stürmer）于 7 月取代萨佐诺夫成为外交大臣之后，协约国对俄国的担忧进一步加深。虽然尼古拉二世愿意让他的代表们和德国沟通，听一听德国的想法，但是他仍然拒绝接受德国的和平倡议。秋天时斯图梅尔下台了，俄国政府在大多数媒体的支持下，和其他协约国保持一致，拒绝了同盟国和美国总统在 12 月发出的和平倡议。

在圣诞节期间，尼古拉二世重申了他对统一波兰的承诺。1917 年 2 月至 3 月，俄国与法国达成了一项名为《杜梅格协议》（*Doumer-gue Agreement*）的秘密协议。根据该协议，俄国承诺支持法国在莱茵兰（Rhineland）建立缓冲国，以换取法国支持波兰向西扩张。通过击败同盟国、剥夺同盟国领土并维持协约国联盟来约束同盟国，所有这些都表明协约国没有放弃 1914 年的野心。正如 1917 年 3 月之后的事件所表明的那样，如果俄国的精英们仍然固守旧目标，他们对国家的影响力就会越来越小。[36]

虽然屡屡失败、伤亡惨重，但是法国领导人在拒绝单独媾和方面的态度甚至比俄国的更一致。到 1917 年，他们制定了一套与贝特曼和萨佐诺夫的战争目标相当的计划。在 1914 年 7 月，法国对自己的战争目标尚不清晰，其当务之急是阻止德国打败俄国，从而成为欧洲最强大的国家，这是法国当时的首要目标。法国政府和公众都很关注安全问题，法国政治家认为，考虑到德国资源丰富及其过往对外扩张的记录，法国无法独自保证自身的安全。和俄国一样，法国认为，在实现和平之后，针对德国的战时联盟仍有必要存在，因此法国甚至拒绝听取敌方使者的意见。法国领导人还反对一切调解活动，他们断言只有决定性的胜利才能确保战时联盟不必存在。到 1917 年时，他们仍认为谈判时机尚未到来。[37]

法国政府虽然强调胜利的必要性，但却迟迟没有确定战争目标。与德国相比，法国在确定战争目标方面承受的内部压力较小，并且担心这样做会引起争议并破坏国内的政治休战；因此，直到 1916 年，法国仍在审查媒体有关战争目标的讨论。法国不希望谈判，除非其战略地位得到改善。因此，设定战争目标只是一种假设，而德国入侵造成的紧急情况迫使法国要注意许多其他要求。在维维亚尼担任总理期间，有关法国战争目标的公开信息很少。1914年12月，维维亚尼告诉议会，法国将寻求恢复比利时的独立，为比利时遭受破坏的地区提供"赔偿"，并打败"普鲁士军国主义"。如果不收回阿尔萨斯-洛林，就无法实现和平；考虑到德国只愿意割让少数边境村庄，法国所提的这些要求本身就已经排除了妥协的可能性。相比之下，法国外交部长泰奥菲尔·德尔卡塞（Théophile Delcassé）提出了支持俄国《海峡协议》（*Straits Agreement*）的交换条件，即俄国支持法国对奥斯曼帝国和其他地方的任何要求。尼古拉二世明确表示，他认为德尔卡塞所说的是莱茵兰。然而，法国一旦得到这种保证，就更没有动力去阐明自己的目标了。[38]

阿里斯蒂德·白里安（Aristide Briand）从1915年11月至1917年3月担任总理兼外交部长，这段时间是法国的多事之秋。与泰奥菲尔·德尔卡塞和一战期间一直担任总统的普恩加来相比，白里安更善变、更投机，也不那么一贯反德，但在这个阶段，他更积极地与德国进行斗争，并协调协约国军队。关于欧洲之外的战争目标，法国附和英国的倡议；但是在有关欧洲内部的战争目标方面，法国则占主导地位。白里安去职的时候，协约国之间达成了一系列协议，令人印象深刻。在非洲，英法已经在1914年8月就多哥兰的临时边界达成了协议，并在1916年2月达成了一项协议，让法国控制了喀麦隆的大部分领土，使其有可能永久占有这些领土。然而，对于大多数法国部长和官员来说，中东要重要得多，他们中的许多人属于殖民主义压力集团，这些压力集团的规模很小，和他们的影响力不成比例。一个很好的例子是弗朗索瓦·乔治-皮科（François Georges-Picot），他是贝鲁特（Beirut）前总领事，作为白里安的代表，他与英国就奥斯曼土耳其帝国的未来进行谈判，英法于1916年5月签订了《赛克斯-皮科协定》（Sykes-Picot Agreement）。在《海峡协议》的推动下，协约国认为是时候瓜分土耳其的亚洲领土了。皮科要求占领整个叙利亚，法国在那里有传教士、铁路和港口投资，法国还要占有巴勒斯坦以及美索不达米亚北部的富含石油的摩苏尔（Mosul）地区。以赛克斯（Mark Sykes）爵士为首的英国代表团同意法国在一个包括奇里乞亚（Cilicia）、叙利亚和黎巴嫩海岸的"蓝色区域"进行"直接或间接的管理或控制"，而英国在包括美索不达米亚中部、南部以及巴勒斯坦的阿卡（Acre）和海法（Haifa）的"红色区域"实行类似的管理。圣地其余部分的"棕色区域"将由"国际管理"，"红色区域"和"蓝色区域"之间的地区表面上由阿拉伯人自我管理，但实际上被划分为北部的A区和南部的B区，在这两个区域，法英拥有任命顾问的权利，并享有优先发放贷款和申请合同的权利。1916年4月，英法与俄国就亚美尼亚问题达成谅解，从而扩大了《赛克斯-皮科协定》的覆盖范围，并为建立横跨阿拉伯中东的殖民地和保护国体系奠定了基础。虽然法国人放弃了对巴勒斯坦的主权要求，但他们获得了叙利亚的大部分地区，摩苏尔作为A区的一部分受到了法国的影响。尽管他们在该地区的军事力量薄弱，但他们还是确保了在该地区的大部分目标。然而，列强在中东的扩张是一个潜在的额外因素，而不是继续战争的主要原因。[39]

　　白里安的外交部也出现了重大变化。当白里安做出决策时，已经有大量可供借鉴的想法。1915 年，关于法国战争目标的讨论已经开始在新闻界、军队、议会、商界以及各种官方和半官方的调查委员会中展开。[40]有些讨论涉及法国和德国之间的工业差距，有些讨论涉及领土问题，这些问题都是相互关联的。大多数人的结论是，法国夺回阿尔萨斯-洛林，将国界恢复到 1870 年之前的状态，这会将几乎所有的洛林-卢森堡的铁矿石场转让给法国，但这是远远不够的，因为这只会为法国提供莱茵河上的部分边界，法国更加依赖进口煤炭。从这些前提出发，法国应该占有萨尔（Saar）煤田，甚至控制整个莱茵河左岸。

　　白里安让精力充沛的艾蒂安·克莱门特尔（Etienne Clémentel）出任商务部长，他上任后主导了 1915—1918 年的法国经济规划。克莱门特尔想建立中欧关税同盟，他还希望结束战前法国在炸药等化学品方面对德国的依赖，并确保法国拥有重建所需的原材料。因此，白里安提议在 1916 年 6 月在巴黎召开一次经济会议，这一提议得到了其他协约国的赞同。这次经济会议同意在战后对同盟国实施歧视性关税政策，以确保协约国首先对它们的自然资源拥有主导权，并消除对同盟国的战略产品和原材料的依赖。巴黎会议似乎是法国外交的胜利，比同盟国同意的任何经济计划都走得更远，同盟国对这些计划大为震惊。但无论是俄国还是意大利，都不愿冒险在战后将商品出口到德国，而美国则强烈抗议将自己排除在贸易集团之外。这些决议只是空中楼阁，从来没有真正执行过。[41]

法国的未来需要经济保障，但与法国的安全保障相比，经济保障就不重要了。白里安和普恩加来都公开呼吁应该保证法国的安全。然而，直到 1916 年夏天，法国部长会议才开始仔细考虑法国的安全保障具体应该是什么。由于新闻审查制度的放松，全国范围内的辩论是法国部长会议态度变化的原因之一，但外部事态的发展更为重要。一方面，最近协约国军事形势的突然好转表明它们的胜利可能近在咫尺；另一方面，法国驻俄大使帕莱奥洛格警告称，除非达成新的战争目标协议，否则斯图梅尔领导下的俄国可能会单独媾和。据报道，英国也希望就单独媾和进行讨论。根据外交部和最高司令部的备忘录，法国部长们在 10 月决定要求从盟友那里获得自行决定莱茵河左岸之未来的权力。俄国在 1915 年就已经承诺了这一点，1917 年 1 月，在部长会议的批准下，法国外交部给法国驻英大使保罗·康邦（Paul Cambon）秘密发电，史称"康邦信件"，要求法国在解决这个问题上拥有"话语主导权"。这一信件坚称必须结束德国对莱茵河左岸的主权，尽管这一地区未来仍保持开放，法国应该重新获得阿尔萨斯-洛林，按照 1790 年的边界，从而将大部分萨尔地区并入法国。直到 7 月，康邦才把这份文件呈送给英国人，那时情况已经发生了很大变化，所以局面非常尴尬。但法国殖民部长加斯东·杜梅格（Gaston Doumergue）在 2 月访问彼得格勒时确实将其作为讨论的基础，尽管最后法俄达成的协议更宏大、更精确。根据《杜梅格协议》，法国将"至少"得到整个萨尔，而左岸将成立名义上独立但实际上受法国控制的缓冲国，而法国则承诺俄国"完全自由地"来确定其西部边界。白里安赞同这个协议，但

144

他没有征求部长会议的意见，因为在部长会议上，大多数人可能会反对这个协议，认为其有扩张过度之嫌。由于法国总理不久后就下台了，"康邦信件"作为法国战争目标的声明更具权威性。法国部长们批准了"康邦信件"，此时协约国仍有理由期待春季攻势取得重大成功。它预示了法国在 1919 年和平会议上的要求，但它表明，法国和德国一样，都不愿直接吞并那些遭到强烈抵制的地区，而更愿意利用军事占领和经济供应等间接措施来控制这些地区。尽管如此，考虑到德国在 1916 年底也强化了战争目标，提前结束战争的可能性微乎其微。[42]

145　　　　英国的考虑也经历了类似的演变，不过伦敦从未达成一致的欧洲和解方案。法尔肯海恩认为英国是德国最顽固的敌人，但法尔肯海恩的想法并没有证据。英国的大臣们和法国、俄国的部长们一样，不愿达成妥协的和平协议；他们认为妥协的和平协议只是权宜之计；他们反对单独谈判，尽管他们的外交传统是奉行孤立主义外交政策，在很长一段时间内，英国对于反德集团不太尽力。与大陆国家的公众相比，英国公众不怎么支持领土扩张，左翼的和平主义者和国际主义者也施加了很大的压力。英国领导人像法国、俄国领导人一样，为了国内和谐，更喜欢对战争目标做模糊化处理。[43]英国的不同之处在于，其关注的重心不是欧洲的领土安排。英国在欧洲大陆问题上含糊其词，但是对欧洲以外的目标则十分明确。

自由党和保守党的大臣们理所当然地认为，即使德国战舰在战争期间没有被击沉，战后也要解散德国海军。德国必须放弃殖民地，尤其是在协约国为征服这些殖民地付出了巨大努力的情况下。

事实表明，这些殖民地作为德军的无线电站和供煤站，它们可以支持德国的潜艇和巡洋舰攻击英国的海外贸易与海外领地，还可以作为兵员储备地通过招募"黑人"参军来威胁邻国。英国对德属东非最感兴趣，它为之斗争最久，为此付出的代价也最大，因为德属东非威胁到英国控制印度洋；尽管英国可能同意让德国保留部分殖民地，但自治领、法国和日本要求分享战利品却意味着德国必须放弃所有殖民地。[44]

　　安抚他国的考虑也影响了英国在中东的行动，但在这里英国也有自己的战略需要。英国在苏伊士运河和波斯湾都有重要的利益。[45]一旦奥斯曼帝国成为英国的敌人，英国就认为没有必要保留奥斯曼帝国了，是时候提出有关奥斯曼帝国的主张了。英国主张通过分裂奥斯曼帝国来维护自身利益。与苏伊士不同的是，海峡地区在战略上已经不再重要，为了保持和俄国的友好关系，分散俄国向印度扩张的注意力，放弃海峡地区是值得的。《赛克斯-皮科协定》通过将法国排除在巴勒斯坦之外来保护苏伊士运河：英国将保留其征服的美索不达米亚的部分地区从而保护海湾地区，而法国主导的缓冲区将美索不达米亚与俄国分开。《赛克斯-皮科协定》仍然存在争议，那就是它与阿拉伯起义之前的"麦克马洪-侯赛因通信"（McMa-hon-Hussein correspondence）的兼容性问题。[46]侯赛因是麦加的统治者，名义上奥斯曼帝国是麦加的宗主国，但实际上麦加是自治的，他一直担心奥斯曼帝国卷土重来。1915 年 7 月，侯赛因提出与英国结盟，以换取英国帮助他取代土耳其苏丹成为逊尼派穆斯林的哈里发，并为奥斯曼帝国境内的阿拉伯人赢得独立。英属埃及政府

146

最初对侯赛因持怀疑态度，在收到一份误导性报告时，它感到十分恐慌，该报告称，土耳其和德国已经承认在叙利亚奥斯曼军队中服役的阿拉伯军官组成的民族主义团体的所有要求，侯赛因声称与土耳其和德国有联系。这封重要信件是英国驻埃及高级专员麦克马洪（Henry McMahon）爵士于 10 月 24 日发出的。信中承诺在侯赛因指定的地区"承认并支持"阿拉伯国家的独立，但排除了奇里乞亚、叙利亚西部和法国感兴趣的地区，以及美索不达米亚南部和中部的"特别行政安排"地区。作为交换条件，阿拉伯要和英国结盟，将土耳其人从阿拉伯的土地上驱逐出去。[47]

这封信写得仓促而潦草，在未经充分商议的情况下就发出去了。信中的许多地方含糊不清，其他信件都无法消除它的影响。为了让阿拉伯人做出承诺，麦克马洪故意慷慨许诺。尽管如此，他还是打算把巴勒斯坦排除在独立的阿拉伯地区之外，而《赛克斯-皮科协定》就是以此为基础的。[48]然而，侯赛因在没有得到法国明确承诺的情况下叛变了，而且仍然不知道英国立场的复杂性，在劳合·乔治担任首相后，英国的立场变得更复杂了。1917 年春天，寇松（Curzon）勋爵领导下的一个委员会向帝国战时内阁提交了一份报告，该委员会由英国的重要大臣和自治领总理组成，报告提议美索不达米亚和巴勒斯坦在战后应该继续"在英国的控制下"，也就是说，后者不应该并入阿拉伯国家，也不应该由国际共管。帝国战时内阁接受了这份报告，认为它是最终和平会议的一份不具约束力的优先事项声明。劳合·乔治厌恶土耳其人，并决心摧毁他们腐败而邪恶的统治。之所以如此，与劳合·乔治对其身边帝国主义者的忧虑有关。奥斯曼帝国是德国施加影响的工具，对苏伊士运河、波斯湾乃至印度都构成威胁。巴勒斯坦是潜在的地中海石油管道终点站，紧邻运河；它需要由英国主导。一方面是为了安抚盟友，拉拢侯赛因；另一方面是为了确保帝国利益，英国在 1917 年就已经定下了中东的战争目标，这使通过谈判来达成和平的可能性微乎其微。[49]

就德国本身而言，经济因素在英国的战争目标中没有在法国的战争目标中那么重要。英国的财政状况要好得多，它没有遭到入侵和破坏，战前德国是英国的第二大出口国。[50]伦敦采取措施保护其战略工业，1916 年签署了《巴黎经济会议决议》（*Paris Economic Conference Resolutions*），并与各自治领讨论提高帝国的自给程度，但帝国实行共同的对外关税政策的构想没有取得进展。英国并不寻求战后向德国索取巨额赔款。英国贸易委员会怀疑战后能否收回战争成本，甚至怀疑"永久摧毁"德国是否可取。英国更倾向于重新整合德国，而不是孤立或压制它。[51]

对于欧洲领土，英国不像法国那样有清晰的目标，而比利时是个例外，英国从一开始就承诺要恢复比利时的独立和完整。德国利用比利时作为通往法国的走廊和 U 型潜艇基地，夺取比利时十分必要。协约国知道阿尔贝一世与德国正在秘密接触，这也是 1916 年 2 月协约国发表《圣阿达勒斯宣言》（*Declaration of Sainte Adresse*）的原因之一，它们承诺继续战斗，直到比利时得到赔偿、恢复独立为止。然而，即使是英国最基本的欧洲目标，也远没有看上去那么简单。法国希望未来与比利时进行军事合作并建立关税同盟，而比利时希望吞并卢森堡并从荷兰夺取领土，同时希望得到英国的支持以对抗法国。然而，英国坚持恢复战前状况，而不是看到比利时扩张或重新成为法国的卫星国。[52]

英国的其他目标比较模糊。例如，在战争前半段，它没有承诺将阿尔萨斯-洛林归还给法国，也没有承诺解放波兰，尽管在1916年底，英法确实试图通过公开支持沙皇关于波兰自治的承诺来击败同盟国。这意味着不承诺为波兰的任何特定安排而战，在中欧和东欧其他国家也是如此。然而，1916年8月，在白里安努力确定法国战争目标的同时，阿斯奎斯邀请英国外交部、海军部、贸易委员会和帝国总参谋长威廉·罗伯逊（William Robertson）爵士正式提交了英国的战争目标备忘录。就像法国一样，英国相信，由于发动夏季攻势，一场决定性的胜利可能即将到来，英国担心法国可能已经制定了目标，并期待美国调停。事实上，英国内阁的讨论没有结果，但是备忘录反映了白厅的大概想法。将自决原则应用于欧洲大陆的领土争端时，英国内阁特别是外交部比较谨慎，这将有利于法国取得阿尔萨斯-洛林。作为英国海军和殖民地的竞争对手，德国海军必须被摧毁，但在其他方面可以对德国宽大处理。罗伯逊明确表达了其他人的坚定想法：如果彻底粉碎德国，法俄就失去了平衡力量，这不符合英国利益。[53]这将是一个难以解决的问题，寇松委员会在次年春天提交给帝国战时内阁的报告中得出了类似的结论。它建议恢复塞尔维亚和比利时，阿尔萨斯-洛林和波兰按照当地民意与持久和平的利益去解决。劳合·乔治在3月20日向帝国战时内阁发表的声明强调了德国的民主化，并向其证明侵略没有回报。[54]大多数英国政治家都希望消除德国这个海外竞争对手，并迫使它放弃统治欧洲大陆的企图，但又不能过度削弱它在欧洲的影响力。

与此同时，英国的大臣们一致认为，最重要的是继续努力，直至取得胜利，并履行《伦敦条约》对协约国的义务。然而，他们必须在这一承诺与英国日益依赖美国和威尔逊政府调解之间取得平衡。最引人注目的例子是 1916 年 2 月 22 日英美秘密达成的"豪斯-格雷备忘录"，该备忘录建立在英国外交大臣格雷与威尔逊的顾问和特使爱德华·豪斯（Edward House）上校的往来信件的基础上，豪斯在一次访英中考察了调解欧洲战争的前景。根据备忘录，豪斯赞成比利时独立、将阿尔萨斯-洛林归还给法国、用欧洲以外的领土补偿德国，并为俄国提供一个出海口（可能在海峡地区）。这些条款将满足协约国的基本目标，但没有一个能满足同盟国的目标。备忘录设想，英法能响应威尔逊的呼吁，召开一次和平会议，如果德国拒绝参加，或者会议因为柏林"不合理"要求而破裂，美国"很可能"宣战。威尔逊没有征求内阁或国会的意见就批准了这项协议，但他在国内是否有权力履行这项协议还不好说。也许对于他来说幸运的是，英法对美国斡旋都不感兴趣。阿斯奎斯内阁对战争的代价感到痛苦，但最终决定押注于索姆河战役的胜利，而不是期望美国调停。[55]

在未能与伦敦达成合作调解后，威尔逊对协约国的态度有点冷淡，他的下一个重大举措是 1916 年 12 月 18 日的照会，呼吁双方宣布自己的战争目标，在此之前，美联储对英国施加了财政压力。[①]

149

---

① 参见第 9 章和第 13 章。

在 12 月同盟国发出和平照会后不到一周，威尔逊发出和平照会，他是在协约国拒绝同盟国之前匆忙发出的，目的是保持谈判的可能性。此外，他希望保持公平，并暗示双方的目标是一致的，这激怒了协约国。法国想要一个没有具体说明的答复，而在英国的坚持下，协约国在 1917 年 1 月 10 日发表了一份关于战争目标的公开声明——诚然，这一声明既不精确，也不太符合各协约国的真实目标，但仍然比之前发表的任何东西或德国人愿意提供的东西更具体。因此，协约国在宣传上取得了胜利，并在关键时刻重新赢得了威尔逊的信任。[56] 然而，取悦美国总统并不意味着英国人坚持作战的意愿下降。11 月，兰斯多恩（Lansdowne）勋爵在一份内阁备忘录中建议，鉴于索姆河战役进展甚微，英国应考虑英镑贬值，降低战争目标，但他没有得到英国内阁的支持，在劳合·乔治的鼓励下，格雷和罗伯逊坚决反对兰斯多恩的建议。[57] 如果说有什么区别的话，那就是劳合·乔治担任首相后，英国对德国和土耳其更强硬。英国也许不知道胜利后要做什么，但决心要赢得胜利。

　　英国、法国和俄国是反德联盟的关键成员，其他协约国也有自己的战争目标。意大利参战是为了完成统一并建立战略边界，在加入协约国后，意大利总体上坚持了 1915 年的《伦敦密约》。1917 年 4 月，英法在圣让·德·莫里安（St-Jean de Maurienne）向意大利承诺在小亚细亚南部增加两块区域：一块由意大利直接管理的"绿色"区，另一块受意大利间接影响的"C"区。俄国从未批准《赛克斯-皮科协定》里提出的延伸，所以从严格意义上讲，这仍然是一纸空文。[58] 作为回报，协约国也承诺罗马尼亚将得到奥匈帝国的领土。协约国对塞尔维亚渴望与奥匈帝国的南斯拉夫合并表示理解，但是它们从未承诺要实现这一愿望。在东方，英国在 1917 年 2 月秘密承诺支持日本对原属德国的北太平洋岛屿和胶州湾权利的主张，以换取日本军舰派往地中海护航协约国的船只，以及日本支持英国对德国南太平洋属地的主张。14 艘日本驱逐舰按时抵达，以保护协约国舰队和运兵船，法国和意大利不久后也对日本的主张给予了类似的支持。[59] 然而，强占德国的殖民地只是促使日本卷入战争的诱因之一，另一个诱因是日本希望通过提升其在中国的地位，从东亚的权力真空中获利，结果就是臭名昭著的"二十一条"。1915 年 1 月，经日本外务省、商业利益集团和民族组织黑龙会商讨后，日本向中国政府提出了这些要求。日本主要关注的有：接管山东，延长在满洲的港口和铁路租约，保护日本在中国的工业利益不被收回。第五号条款的要求更过分，要求北京聘用日本顾问，实际上想把中国变成日本的保护国。中日之间的纷争一直持续到 5 月，中国接受了大多数条款，但坚决抵制第五号条款，日本在这个问题上被迫让步，主要是因为格雷警告说，如果日本坚持下去，可能会危及英日同盟。这给日本的政治元老留下了深刻印象，"二十一条"的主要倡导者加藤高明辞去了外务大臣的职务。[60] 继任者更为温和，在其领导下，日本修补了中日关系，于 10 月加入了《伦敦密约》，并减轻对中国施压。尽管日本在 1916 年与德国进行了秘密接触，但日本不太可能抛弃协约国，即使这些盟友没有给它提供什么帮助。1917 年协议巩固了日本和其他协约国的团结。

细节不应掩盖大局。战争目标是假设的和暂时的。很少有无条

件的承诺。各国政府设想的和平条件因其军事、外交以及国内舆论
的不同而不同。归根结底，它们的目标是恐惧和不安全感的产物，
这种恐惧和不安全感在七月危机之前一直困扰着各国，自那以后事态
的发展加剧了各国的恐惧和不安全感，尽管它们也是欧洲民族主义
和帝国主义的典型表现。这里最重要的是它们对 1915—1916 年的
僵局和升级的贡献。由于双方分歧太大，和平尝试者们根本没有机
会。障碍部分来自领土争端——比利时、波兰、阿尔萨斯-洛林——
以及相互争夺殖民地和经济利益。此外，同盟国将和平试探视为分
裂敌人的主要手段，而协约国的和平试探者很少，它们面对同盟国
的和平试探团结一致，拒绝分裂。事实上，协约国的大部分战略和
外交都是为了维持与扩大联盟，无论是在海峡地区向俄国让步，还
是通过战略决定，如英国对索姆河攻势的承诺，这一决定部分是为
了让法国继续作战。协约国认为德国将从和平谈判中获得更多好
处，德国在欧洲大陆的收益大于其在殖民地的损失，这是非常正确
的，至少在军事平衡对德国不利之前是这样。在 1915 年征服波兰
和塞尔维亚之后，同盟国在东西部都拥有领土优势，德国认为放弃
比利时或波兰就等于承认了自己的失败，可能会在国内造成致命后
果。1916—1917 年，同盟国扩大了它们的战争目标，尽管它们意
识到自己正在失败，协约国也扩大了自己的战争目标。到 1917 年
春天，双方分歧比以往任何时候都大，讨价还价的余地也更小。因
此，外交层面斗争的升级与其他领域较量的升级同步。但是，审视各
国政府之间的分歧，对冲突的升级和延长只能给出一个单一的解释。
我们现在必须考虑作战方式，以及为什么政府可以指望人民默许。

第6章 欧洲的陆地战：战略

如果说战争目标决定为何而战，那么战略则决定战争的时间和
地点。同时，政府监督着指挥官们的关键决策，战争中做出的基本
战略选择既是政治性的，也是技术性的。此外，常常被忽略的一点
是作战双方战略的相互作用，每个战略都反映了对对方意图的评
估。协约国和同盟国的暴力升级，最终导致西线和东线的战役在
1916年达到顶峰。当这些战役没有带来决定性的结果时，就意味
着双方的战略是失败的。因此，这里的基本主题还是僵持和升级。
本书将用五个主题来考察这些战役：1915年同盟国向东推进和协
约国的反应，1916年春季同盟国的进攻和协约国的夏季反击，最
后是1917年4月协约国的进攻。

直到1916年8月辞职，法尔肯海恩一直都是同盟国战略的主

要决策者。土耳其和保加利亚的高级指挥官大都听命于他，康拉德是个例外，奥匈帝国最高司令部不愿与德国最高统帅部合作，这给两国的战略协作造成了严重困难，即便奥匈帝国不愿合作，它的弱点也让它不得不配合德国，所以在同盟国中，法尔肯海恩仍然占据上风。在德军内部，法尔肯海恩负责分配东西两线的资源，这导致他与两个战区的指挥官关系紧张，鲁登道夫十分讨厌法尔肯海恩。法尔肯海恩与首相的关系也很糟糕，他既不尊重首相，也不向首相汇报工作。1915 年 1 月，伴随着第一次伊普尔战役令人失望的结果，贝特曼、兴登堡和鲁登道夫联合起来，密谋罢免法尔肯海恩。威廉二世及其幕僚们通过妥协解决了此次危机，兴登堡在此期间威胁要辞职，法尔肯海恩不得不把战争大臣的职位让给其副手冯·霍恩伯恩（von Hohenborn）。尽管如此，法尔肯海恩仍然担任总参谋长。兴登堡继续得到德皇及其近臣的支持，1915 年期间，兴登堡和其他德国领导人一致认为，应该优先处理东线的问题，但是关于
153　优先到何种程度，他们之间存在分歧。[1]

　　法尔肯海恩计划下一年再对英国发动一次进攻，他对兴登堡的计划不感兴趣，但最后还是不情愿地同意了，主要是因为两件事改变了他的看法。第一件事是一月计划，之后他同意从东普鲁士向俄国发动新攻势，以安抚兴登堡和鲁登道夫。结果是 2 月 7 日至 21日发生了马祖里湖冬季战役，造成了 20 万俄国人的伤亡，并最终将俄军驱逐出德国领土，但德军未能再创坦能堡战役的辉煌，反而使自己损失惨重。第二件事是奥匈帝国的军事危机，这件事更为重要。哈布斯堡军队从一开始就规模小、装备差，领导不力。1914

年，它失去了许多最有经验的军官，它的军队缺乏训练，军队中的捷克人和乌克兰人也不可靠。1915 年 1 月，在严寒的天气里，康拉德在喀尔巴阡山脉发起进攻，试图解除俄军对普热梅希尔的围困，却徒劳无功。1 月至 4 月，喀尔巴阡山脉的伤亡人数（主要是由于寒冷和疾病）惊人，有近 80 万人[2]，3 月，堡垒里的 117 000 名驻军只能向俄军投降：这一消息让一向坚忍冷静的老国王弗兰茨·约瑟夫伤心不已。同时，俄军反攻占领了喀尔巴阡山口的制高点，他们计划向匈牙利平原推进。随着意大利准备加入协约国，罗马尼亚也有加入协约国的可能性，奥匈帝国四面受敌危在旦夕。康拉德警告说，奥匈帝国可能会单独媾和。[3] 普热梅希尔沦陷后，法尔肯海恩决定增援奥匈帝国，但他什么也没告诉康拉德，直到运兵的火车开动，他将增援部队安排在马肯森领导下的新第十一集团军。事实上，法尔肯海恩对奥匈帝国、兴登堡和鲁登道夫的作战计划都不感兴趣，他拒绝了兴登堡和鲁登道夫提出的大规模钳形作战的建议，即德军从北方入侵波兰，奥匈帝国军队从南方入侵波兰，德奥军队最后会合于波兰。法尔肯海恩不仅怀疑钳形作战策略的可行性，而且也不希望俄国被彻底击败。相反，他认为德国必须通过分裂敌人来摆脱战争。[4] 由于伤亡巨大以及未能在第一次伊普尔战役中实现突破，法尔肯海恩怀疑德国能否取得 1870 年那样的成果。他表示，如果德国没有输掉这场战争，就意味着它赢得了这场战争。[5] 为了让俄国谈判，军事压力是必要的，但既不应该羞辱俄国，也不应该征服其领土，因为那样可能不利于让俄国妥协。

　　上述理由导致法尔肯海恩转向东线，除此之外，法尔肯海恩还 *154*

有这样做的资本。他确信德军战斗力更强，于是从西线的每个师中各抽取一个团，组建新部队，但为西线配备了更多机枪，以弥补人员的减少。他将每个西线德军师的野战炮从6门减少到4门，但每个炮台的炮弹量不变。协约国的炮弹严重短缺，而德国开始生产新的炮弹，火力取代了人力，这成为战争的发展趋势。[6] 1915年春天，法尔肯海恩从西线向东线调遣大批军队。在此期间，他试图先发制人，在4月至5月的第二次伊普尔战役中，德国首次在西线战役中使用毒气，目的是防止英法反攻。德军迫使英军退回到一个狭窄的突出部，但德军缺乏足够的弹药储备来扩大新武器所打开的缺口，法尔肯海恩不希望扩大这次行动，只希望将这次行动限制在一定的范围内。[①] 他的真正目的是5月2日在戈尔利采-塔尔诺（Gorlice-Tarnow）战役中击溃俄军。在戈尔利采-塔尔诺战役中，德国和奥匈帝国集结了35.2万人、1 272门野战炮、96门迫击炮和334门重炮，俄国则集结了21.9万人、675门野战炮和4种重型武器。德国和奥匈帝国对东部防御薄弱的阵地进行了开战以来最大规模的轰炸。尽管俄军提前收到了警告，但他们的抵抗还是迅速瓦解了，德军在两个俄国军团之间打入一个楔子，在两天内前进了8英里。俄军无法堵住德军的突破点，到6月底，德奥夺回了普热梅希尔，解放了奥匈帝国的领土，并俘虏约28.4万名俄军，缴获2 000支各类枪支。法尔肯海恩现在进入了俄国领土，被授权开展更大规模的军事行动，到9月，德军已经占领了整个俄属波兰和立陶宛。俄军最

---

① 参见第7章。

终伤亡人数约 140 万，后撤了 300 英里，德奥军队在东部的伤亡人数也超过了 100 万。[7]

　　这一进展是 1915 年的重大战略事件。然而，法尔肯海恩对东线仍然十分克制，并预计决定性的战役将于晚些时候在西线打响。在戈尔利采-塔尔诺战役中，他从奥匈帝国战线的中心发起进攻，目的是把俄国人赶回去，而不是向南进一步包围他们。当他驱车越过加利西亚进入俄属波兰时，他授权兴登堡和鲁登道夫从北面进攻，与来自南面的马肯森会合，从而在 7 月和 8 月占领了华沙及其周围要塞，但他拒绝了奥伯·奥斯特（Ober Ost）通过钳式进攻以扩大作战范围的请求。9 月，他允许兴登堡和鲁登道夫入侵立陶宛，但要求他们不要推进得太远，以至于超出可防御的阵地范围。他否认战争的目标是消灭俄国，也不愿在俄国陷得太深。他对拿破仑入侵俄国的灾难印象深刻，也意识到奥匈帝国的无能和西线战场的危险；他对俄国的战斗力评价很高。[8]毫无疑问，他是正确的。兴登堡和鲁登道夫低估了俄国的实力，公路和铁路的不足影响了德军的行动速度，而秋雨是阻碍德军快速行动的更大因素。俄军恢复元气，足以阻止德军在维尔纳（Vilna）以东的行动。为了保证康拉德的独立行动，奥匈帝国在 8 月攻占卢茨克（Lutsk），9 月俄国发起反攻，再次夺回该地。继第一年西线陷入僵持后，东线也沿着一条较短的战线稳定下来。

　　法尔肯海恩承认，更大范围的包围可能会捕获更多俄军，但是大多数俄军仍然可能逃脱。如此雄心勃勃的行动在 1915 年的波兰比在 1914 年的法国更有可能实现。但是，事实证明，法尔肯海恩

155

的小目标也无法实现。他认为德军摧毁了俄军的进攻能力，因此现在可以专注于西方，这种想法过于乐观了。此外，他占领了俄属波兰，部分原因是俄国拒绝了贝特曼的和平呼吁，同时胜利也使德国的扩张者渴望把波兰从俄国永久分离出去，但是失败并没有使尼古拉二世屈服而谈判。法尔肯海恩想与俄国实现单独和平，这有助于解释为什么他在 1915 年 9 月将注意力转向巴尔干半岛；贝特曼曾建议他，俄国渴望获得君士坦丁堡，所以不太可能进行谈判。击败塞尔维亚将会给同盟国提供一条通往土耳其的可靠陆路补给路线，同时也能帮助奥匈帝国。事实上，贝特曼和外交部从春天就开始构想这样的行动，但是法尔肯海恩对塞尔维亚的军事实力和巴尔干地区的困难地形印象深刻，一直等到确定保加利亚会帮忙时，他才开始行动。[9] 然而，一旦保加利亚做出承诺，结果就毫无疑问了。自从前一年获胜以来，塞尔维亚军队一直遭受斑疹伤寒的折磨。德国、奥匈帝国和保加利亚的军队在人数上是塞尔维亚的两倍还多。与 156 1914 年波提奥雷克对塞尔维亚多山西部边境的攻击不同，这一次在保加利亚入侵塞尔维亚东部之前，德国和奥匈帝国占领了贝尔格莱德，并沿着摩拉瓦山谷（Morava valley）挺进到塞尔维亚的中心地带，协约国对此无能为力。意大利在前线发起了支援性进攻，但俄国无法施以援手，在希腊北部萨洛尼卡登陆的英法援军规模太小且行动迟缓。在可怕的冬季，塞尔维亚人穿过阿尔巴尼亚山脉进行撤退，在协约国将他们从亚得里亚海沿岸救出并将他们运往萨洛尼卡之前，塞尔维亚军队损失过半，塞尔维亚政府也流亡到科孚岛（Corfu）。奥匈帝国于 1916 年初征服了黑山并占领了阿尔巴尼亚北部。1月，随着第一列直达火车抵达君士坦丁堡，同盟国开始统治西巴尔干地区，德国解救土耳其和奥匈帝国的目标已经实现，但是与俄国单独媾和这一根本目标仍像以往一样难以实现。

德国在同盟国中的主导地位与协约国中没有主导国家形成了鲜明对比。1915年上半年，因为在战役中配合不佳，协约国消耗了很多资源。下半年，受到波兰和塞尔维亚失败的影响，协约国开始加强合作，直到第二年，协约国才开始从这种合作中受益。同时，尽管主要的协约国都在发起进攻，但要商谈实行统一的战略几乎是不可能的。英国国内存在"西线派"和"东方派"之争，"西线派"将希望寄予法国，"东方派"更关注其他地方的战役。实际上，两派之争反映了英国战争目标的模糊性，在对德恐惧和对俄法不信任之间左右为难。[10]先是由自由党政府战争委员会负责战略，1915年5月，阿斯奎斯继续担任首相时组成了联合政府，此后由达达尼尔委员会负责战略，作为战争国务大臣的基钦纳是这两个机构的首席顾问。政治上的考虑影响了基钦纳的战略，他希望英军推迟进攻西欧陆地，并希望德军在徒劳无功的攻击中筋疲力尽，但法尔肯海恩不会让他的愿望轻易实现。尽管弗伦奇爵士和霞飞发出了呼吁，但基钦纳还是推迟了将"新军"派往欧洲大陆的时间。他预见到，决定性的时刻可能1917年春天才会到来；他希望法国和俄国能够顶住压力，使英国在双方胶着时参战，并在和平会议上发挥关键作用。同时，在1914—1915年的冬天，在达达尼尔战役之前，英国人曾考虑在波罗的海、佛兰德斯港口、萨洛尼卡和叙利亚进行两栖作战；并且他们即使选择达达尼尔战役，也不希望有地面部队的支援。

英国想把损失降到最低，避免过早投入战斗，并且还担心其盟友的实力，担心盟友会失败。基钦纳怀疑法国的军事实力，并预言，德国如果击败俄国，就会将军队集中到西部，这样就可能突破协约国防线，威胁英国本土。因此，他和英国内阁不能无视法国的压力，于是授权英国远征军在 1915 年 3 月 10 日的新沙佩勒战役中发动进攻，部分是为了向霞飞表明必须认真对待这次战役。猛烈的轰炸加上出其不意的突袭，使英国和印度军队彻底突破了德国防线，但是到了晚上，德国预备队已经顶上并很快阻止了英国和印度军队的进一步进攻。[11] 接下来，英国在 5 月对费斯蒂贝尔（Festubert）和奥伯斯岭（Aubers Ridge）发起进攻，虽然这两次进攻的效率低于新沙佩勒战役，但是仍然给了法国很大的帮助。但是，直到 1915 年夏天，英国仍然严格限制自己在西线的兵力，同时也向加利波利派出了少数部队。[12] 此后，法尔肯海恩攻入波兰迫使英国重新考虑其战略。

纵观全年，无论是从前线的长度、军队数量还是损失来看，法国在西线的投入都让英国相形见绌。霞飞从 1914 年 12 月到 1915 年 3 月发起香槟战役，4 月发起沃夫尔战役以及许多小型战役，然后于 5 月到 6 月在阿尔图瓦发起最大的一次攻势。[13] 法国人发动这些进攻有几个动机，他们为此付出了惨痛代价，他们在 1914 年 12 月到 1915 年 11 月的伤亡总数约为 46.5 万。[14] 在 1914 年的特殊时期，政治家们将战略决定权交给霞飞。1915 年，立法机关召开会议，企图限制霞飞的权力，但他作为马恩河胜利者的声望使他仍有很大的独立性，米勒兰也尽力保护霞飞，使其免受批评。霞飞和法国最高统帅部认为法军必须主动进攻，被动防守只会削弱法军士气。他希望尽快取得胜利，并对胜利做出最大贡献，从而使法国在和平谈判中的影响力最大。和他一样，法国的政治家和公众舆论迫切希望早日解放被侵占的领土，争取在明年冬天之前结束战争。此外，在阿尔图瓦战役时，协约国的当务之急是帮助俄国。鉴于敌人的战壕系统刚刚建好，还不成熟，并且协约国军队数量占有优势，突破并非不可能。[15]霞飞向法国政界人士表示，法国可以在几个月内赢得胜利，而法国最高统帅部高估了德军的伤亡人数，低估了德军的人力储备。[16]事实证明，战术上的障碍是难以克服的。此时法国的重型火炮和榴弹炮的数量远远少于战争后期。尽管在阿尔图瓦战役中法国投入了空前数量的炮兵和步兵，而且在战役的第一天，菲利普·贝当（Philippe Pétain）的部队就抵达了开阔地带，但是由于法国后备部队被远远甩在后面，法军无法在德军关闭这个缺口之前利用它。一个月的后续攻击没有取得任何效果。[17]

英法在1915年春夏的军事行动只解放了一些不重要的地区，而且未能牵制德国的东线兵力。同样，加利波利战役虽然将土耳其军队从高加索地区引开，但对俄国在欧洲的军事行动毫无帮助。与此同时，1914年12月，尼古拉斯大公向他的盟友报告说，俄国的步枪和炮弹几乎消耗完毕，需要几个月的时间来补充。[18]这意味着俄国要对德国采取防御姿态。1915年春天，尼古拉斯大公仍然希望意大利和罗马尼亚进攻奥匈帝国边境，他希望率军穿过喀尔巴阡山脉，从而让奥匈帝国屈服。[19]尽管奥匈帝国在这几个月内陷入了危机，协约国却没能充分发挥自己的优势。由于《伦敦密约》签订前

的讨价还价，意大利推迟了参战时间，直到戈尔利采-塔尔诺战役
之后，意大利才加入协约国，因此协约国错过了最佳时机。索尼诺
认为奥匈帝国彻底解体将不利于意大利，他在参战前没有和罗马尼
亚沟通。霞飞原本希望在 5 月的阿尔图瓦战役中配合意大利的行
动，但意大利总参谋长卡多尔纳将他的第一次进攻推迟到了 6 月。[20]
塞尔维亚不愿发起支援性进攻，因为那样会帮助意大利吸收斯拉夫
同胞，因此一直不采取行动。所以，奥匈帝国的四个方面都没有遭
到进攻。尽管准备了几个月，吸取了其他战线的教训，1915 年意
大利军队的机枪、炮弹、飞机和重型火炮比奥匈帝国军队还是要
少[21]，而且调动和部署非常缓慢。意大利夺取奥匈帝国领土的政治
目标要求它采取进攻战略，卡多尔纳试图夺取特伦蒂诺，他的主要
进攻计划是从东北方向越过伊松佐河，向卢布尔雅那（Ljubljana）
挺进，在那里与其他协约国联合进攻维也纳。[22]实际上，意大利人刚
过边境就遭到了阻击。1915 年 5 月 24 日至 11 月 30 日的四次伊松
159　佐河战役*，共造成约 6.2 万人死亡，17 万人生病和受伤。[23]对意大
利的战争并没有引起奥匈帝国境内的斯拉夫人与俄国作战的矛盾心
理，奥匈帝国从加利西亚和巴尔干地区调来了一些部队，以 30 万
人的兵力成功击退了三倍于自己的敌军。

　　1915 年 5 月，战争达到高潮，此后协约国的战略更加被动。虽

---

　　* 据百度百科，1915 年 5 月 23 日—6 月 22 日，意军经边境作战击退伊松佐河西岸
的奥匈军队。1915 年 6 月 23 日发动第一次伊松佐河战役。1915 年 7 月 18 日—8 月 3 日，
爆发第二次伊松佐河战役。1915 年 10 月 18 日—11 月 3 日，爆发第三次伊松佐河战役。
1915 年 11 月 10 日—12 月 2 日，爆发第四次伊松佐河战役。与原书的论述不一致，故出
此注。——译者注

然俄国延缓了鲁登道夫进入波兰和立陶宛的进程，并将奥地利人赶出了卢茨克，但是俄国无力反击德国。在阿尔图瓦战役后的 3 个月里，英法驻俄大使警告说，俄国公众舆论越来越反对协约国，国内盛行和平主义[24]，霞飞需要为他的新计划做长时间的准备，该计划不仅旨在缓解俄国的压力，而且还要在冬天之前在法国取得突破。为此，法国最高统帅部认为需要在更广阔的战线发起攻击，这样率先发起攻击的部队就不会受到侧翼德军炮兵的攻击。[25]借助从法国要塞转移过来的重炮，法军开始进攻时的火力比过去更强大，法国的主攻方向是香槟，但在阿尔图瓦发起的进攻吸引了香槟方向的德军预备队。这样，协约国就能从努瓦永（Noyon）突出部的两侧进攻，努瓦永突出部是德军防线上指向巴黎的突出地带。霞飞似乎真的相信这次行动可以攻破德军防线。更令人怀疑的是，法国政府考虑到俄国的情况后才同意了这次军事行动，并规定如果法国最高统帅部不能迅速成功，就应该终止行动。[26]在这个计划中，英军在卢斯（Loos）附近进攻，卢斯位于阿尔图瓦的法军左侧，在那里，敌人利用矿渣堆和矿工小屋进行掩护。英国远征军指挥官不喜欢这一安排，基钦纳虽然也持怀疑态度，但命令他们如果有必要，就要接受这一安排。[27]这是英国新军第一次参战，卢斯战役的规模比英国以前所参加战役的规模大得多，由于加利波利战役已经没有希望，英国政府虽不情愿但也只能同意，因为它担心法国或俄国可能会向同盟国求和。这一决定标志着英国在 1916 年更加坚定地致力于西线的进攻战略，并再次强调了政治考虑的重要性。[28]由于火炮不足，英军希望使用毒气来取得卢斯战役的胜利。第一天，空气静止不动，毒

气悬浮在无人区，甚至被吹向英军防线。尽管如此，英军右翼还是
160 占领了卢斯并攻克了德军的第一道防线。然而，约翰·弗伦奇爵士
让他的两个新军预备役师远离前线。第二天，英军几乎没有对德军
未被切断的铁丝网和准备充分的机枪手提前进行轰炸，就向前推
进，结果英军在一个小时内伤亡数千人。预备役师的混乱造成了英
军的失败，也毁掉了弗伦奇的名声，但火炮不足可能是英军失败的
真正原因。[29]同样，在阿尔图瓦战役中，法国在苏谢（Souchez）的
进攻虽然占领了一些据点，但从未取得突破。虽然法军进攻香槟一
开始取得了一定的成功，并到达了德军的第二道防线，但德军预备
队如期抵达，挫败了法军进一步扩大德军缺口的努力。9 月的进攻
造成了德军数十万人伤亡[30]，但法军没有解放具有重要意义的法国
领土，也没有给俄国带来多大帮助。俄国得救主要还靠自身的努
力、秋雨以及法尔肯海恩对德军的牵制。

协约国在巴尔干半岛阻止德国的努力没有取得很大的成功。协
约国的核心目标是英法的萨洛尼卡登陆。[31]劳合·乔治和白里安等政
治家几个月来一直考虑在萨洛尼卡登陆，将其作为从巴尔干进攻奥
匈帝国的基地，以及西线作战的支援方案。萨洛尼卡登陆方案可行
的原因是希腊和塞尔维亚的合作，希腊首相埃莱夫塞里奥斯·韦尼
泽洛斯（Eleutherios Venizelos）愿意派遣 15 万名士兵援助塞尔维
亚，前提是英法提供与之相当的特遣队。然而，远征萨洛尼卡的真
正动力来自法国的国内政治。7 月，霞飞解雇了第三集团军指挥官
莫里斯·萨莱尔（Maurice Sarrail），他是法国少数几个左翼将领之
一。鉴于霞飞作为战略家的信誉度不断下降，以及法国议员对法国

最高统帅部的普遍怀疑，"萨莱尔事件"引发了法国人的严重不满，威胁到政府在议会的多数席位和法国人支持战争的共识。[32]萨洛尼卡战役为法国政府提供了一个机会，政府任命萨莱尔为萨洛尼卡战役的指挥官，从而保全了萨莱尔的颜面，法国在没有知会英国的情况下就同意了韦尼泽洛斯的建议，英国人勉强接受了这一既成事实。法国想迅速派出一支小型远征军；最后，协约国的内部分歧拖延了法军启程的速度，但派去的人数仍然太少，无法有效地支援塞尔维亚。[33]此外，部队刚开始登陆，韦尼泽洛斯就下台了，不主张卷入战争的希腊国王康斯坦丁（Constantine）任命了一位新首相，新首相否定了协约国迫使希腊帮助塞尔维亚的要求。萨莱尔的部队开进保加利亚，但为时已晚，无法拯救塞尔维亚，他的部队因此退回希腊，在一个中立国作为一个不受欢迎者而存在。在伦敦，军队和大多数内阁成员希望远征萨洛尼卡的英军撤回，但未能坚持这一意见，主要是担心，如果他们这样做，一个中立或亲德政府将接管巴黎。10月，白里安接替维维亚尼担任法国总理后，他希望法军留在萨洛尼卡，不仅是为了处理萨莱尔事件，也是为了增强协约国的外交和法国在近东的影响力。因此，远征军留在了那里，到1917年，远征军的人数已经增加到近50万。它牵制了协约国在西线所需的兵力，挤占了本就短缺的航运运力。疟疾和保加利亚军队是协约国远征军的主要敌人，保加利亚政府不允许其军队在其他地方服役。萨洛尼卡战役是协约国军队浪费资源的最好案例，直到战争的最后几周，它都没有为打败德国做出任何贡献。

　　对于同盟国来说，1915年是战争中最成功的一年。协约国的进攻收效甚微，俄国和塞尔维亚被击溃。霞飞现在牵头组织协约国协同作战。12月，他在尚蒂伊召集了一次会议，协约国高级指挥官的代表们同意在1916年3月之后的某个时间，对西线、东线和意大利线同时发动进攻。[34]如果同盟国攻击一个协约国，其他协约国将提供援助。早期小规模的进攻将加快消耗敌人，考虑到法国人力即将耗尽，英国、意大利和俄国将在以后的战役中承担更大的责任。俄军总司令部开始支持消耗敌军的政策[35]，英国总参谋部也是如此，它们支持大部分的尚蒂伊原则。尽管消耗战略在后来变得声名狼藉，但是消耗战的最初目的是减少协约国的人员伤亡[36]，至少在初期阶段是这样的。俄军总司令部制定的联合进攻奥匈帝国的方案遭到了英法的拒绝，英法坚持认为，萨洛尼卡部队面临的山区地形和后勤困难将使俄国的协同进攻方案不可行。[37]协约国现在需要集中精力对付德国，防止同盟国在其内部交通线周围集结后备部队，以零星作战的方式击退协约国军队。战争将通过比1915年9月更大的协同进攻而取得胜利，而大规模的伤亡和破坏将是不可避免的。

　　尚蒂伊协议虽然只是军事首领之间的协议，但是鉴于1915年的战况令人失望，协约国政府还是批准了该协议。白里安在成为法国总理后，呼吁加强协约国之间的联系，他相信尚蒂伊协议符合法国的利益。他任命霞飞为法国军队最高统帅，萨莱尔的萨洛尼卡军队也归他领导，这一决定增强了霞飞的实力。9月，沙皇取代尼古拉斯大公，亲自接管了俄军最高指挥权。在实际作战中，总司令阿列克谢耶夫负责战略指挥，他更愿意与盟国合作，并在遇到困难时帮助盟国。12月，道格拉斯·黑格爵士取代弗伦奇成为英国远征军的总司令，总的来说，弗伦奇与霞飞的关系更好一些。而在伦敦，威廉·罗伯逊爵士成为英国总参谋长。罗伯逊被任命为政府的唯一战略顾问，所有战地指挥官的行动指令都由他签署，从而将基钦纳边缘化了。罗伯逊个性直率而强硬，他同意黑格的观点，即要想赢得胜利，英国必须打败德国在西欧的军队，而且英国应该在取得胜利中发挥主要作用，这样做意味着英军会损失惨重。他和霞飞一样乐观，考虑到协约国潜在的人力和不断扩大的生产优势，优势正朝协约国一方倾斜。[38]协约国需要坚持到底、通力合作。在接下来的时间里，一系列战役似乎证明这种乐观情绪是正确的，但是这种乐观随即又破灭了。

　　1916年春天的战役不是由霞飞而是由法尔肯海恩主导的。凡尔登战役是德军自马恩河战役到1918年在西部发动的唯一一次主要进攻。这是一种新型战役，包括法国在10月和12月的反击，这场战役持续了10个月，造成了大约37.7万法国人伤亡和33.7万德国人伤亡，双方的死亡和失踪人数估计为16万和71 504人。[39]无论是从战役持续的时间来看，还是从杀戮程度和破坏程度来看，凡尔登战役都打破了纪录，虽然索姆河战役和伊普尔战役很快就能与之不相上下。尽管这场战役为火焰喷射器和光气等新技术提供了试验场，但最重要的还是炮兵之间的斗争，步兵被迫占领地形，受到前所未有的猛烈打击。德军推进最远的距离也不过5英里。

　　法尔肯海恩认同协约国的判断，认为从长期来看，局势有利于协约国。他怀疑德国的经济和公众士气能否再坚持一年以上。德军进一步向东推进可能会占领乌克兰的粮仓，但也需要更多的驻军，延长德军的通信线路，同时也会有更多的医疗需求。[40] 在 1915 年 12 月提交给威廉二世的"圣诞备忘录"（这份文件的真实性尚未得到证实，可能是战后法尔肯海恩捏造的）中，法尔肯海恩拒绝进攻英国远征军，因为这需要太多的兵力，而且在冬季过后在佛兰德斯的黏土变干之前是不可能发动进攻的。[41] 相反，他会用潜艇攻击英军，并使法国中坚力量瘫痪。在西方取得像戈尔利采-塔尔诺战役那样的突破似乎是不可能的，他计划给法国造成重大伤亡从而迫使法国求和，但他误判了法国人的韧性。凡尔登符合法尔肯海恩的目的，因为它的历史地位和情感共鸣：自路易十四时代以来，它就是法国的要塞，在 1792 年落入普鲁士人之手，引发了巴黎的第一次共和革命。它在 1870 年被包围，并成为霞飞 1914 年撤退的枢纽。这里的地形也很合适，在默兹河东西两侧树木繁茂的高地上，布满了堡垒。德军如果占领了高地，就可以自由地轰炸凡尔登阵地及其守军，守军则必须向上爬坡进攻才能把德军赶走。德军后方有一条铁路线，方便军需品供应，而法国只能依靠一条公路和一条窄轨铁路来运输。最后，森林和斜坡，加上冬季的薄雾和德军的空中优势，创造了令人意想不到的可能性。直到攻击发生前不久，大部分的准备工作都是秘密进行的，火炮藏在树林里，突击部队藏在碉堡里。仅就手段而非目的而言，凡尔登计划是一个有限的行动。法尔肯海恩不打算突入开阔地带，虽有可能但是他也不打算占领这座城镇，尽管他的第五军指挥官普鲁士王储宣布占领凡尔登是他的目标。[42] 法尔肯海恩只分配了 9 个师用于进攻，因为他只有少量的剩余兵力，而且他知道自己要防守两条延伸的战线。法尔肯海恩的目的是占领默兹河以东的高地，以便德国炮兵在法军反攻时给其造成真正打击。如果英国发动援助性攻击，他们也会伤亡惨重。法尔肯海恩反映了协约国战略思维的演变，他希望通过一种进攻性的消耗方式取得胜利，在 7 周内用 1 300 列军火车将大量重炮和高爆弹运至该地区。这样的轰击甚至让戈尔利采-塔尔诺战役也相形见绌，1916 年 2 月 21 日，在步兵发起攻击之前，大约 1 220 门德军大炮（其中一半是迫击炮或重炮），8 小时内在 8 英里的战线上发射了 200 万枚炮弹。

　　1916 年 2 月之后，法国最高统帅部因自满受到了批评。凡尔登曾经是一个平静的地区，驻军很少，战壕不完整，而要塞的大部分火炮都是野战火炮。1 月，霞飞派他的代表居里·德·卡斯特尔诺（Curières de Castelnau）视察了这一区域，法国人虽然收到了一些警告，但他们低估了接下来要面对的情况。凡尔登的法军被恶劣的天气拯救了，因为恶劣的天气使德军的进攻推迟了 9 天。轰炸没有消灭守军，他们没有像戈尔利采的俄军那样投降。尽管德军使用了复杂的渗透战术，在投入常规步兵之前，使用了手榴弹、火焰喷射器和轻型迫击炮，并有空中轰炸的支援，但是法军仍负隅顽抗。最初几天，德国的进展远远超过了协约国 1915 年的攻势。2 月 24 日，默兹河以东最强大的杜奥蒙特要塞（Douaumont Fort）几乎无人防守，幸亏这只是德军的一次试探性攻击。第一周结束时，德军还是没能占领高地，5 个月后，德军也没有做到这一点。

　　法尔肯海恩确实将法国拖入了一场消耗战。法国最高统帅部将凡尔登视为累赘，但白里安认为守卫凡尔登意义重大，凡尔登失守

164

会挫伤国家士气，政府也将岌岌可危，于是白里安深夜来到尚蒂伊给霞飞打气，要求霞飞必须守住凡尔登。[43]霞飞任命贝当指挥凡尔登的第二集团军，贝当迅速组织起了防御工事。沿着"神圣之路"——连接凡尔登和法国其他地方的唯一通道——每 14 秒就会通过一辆卡车，这些卡车日夜往返，往凡尔登运送物资和援兵。与德军不同，法军实行轮换制，士兵在前线服役不会连续超过两周，这也意味着法国西线的 96 个师中有 70 个师经历了地狱般的考验。[44]最后，其他堡垒被重新武装起来，法国大炮在默兹河以西向河对岸的德军侧向发起进攻。法尔肯海恩急于增加步兵，在 2 月忽视了进攻默兹河两岸的建议，但在 3 月和 4 月，他试图清除西岸，又达不到出其不意的效果——这再次证明了凡尔登战役不是他精心策划的行动。这场战役动用的人员比他预想的更多，而且给德军和法军造成了阴影，令士兵们产生了厌恶和沮丧情绪，也进一步疏远了法尔肯海恩和前线指挥官的关系。他想取消这次行动，但他至少需要一个月的时间来准备另一场战役，他误以为法德伤亡比例是 5∶2，有利于德国。实际上，在战役开始后，法德的伤亡率较为接近。鉴于未能完全占领凡尔登要塞，给对方造成伤亡就成了德国最高统帅部发动这场战役的主要理由。[45]此外，德军的损失在不断增加，这使这

165 场战役关乎他们的声望。德军最终占领了西岸的莫特奥姆高地（Mort Homme）和 304 高地，然后返回东部，在 5 月和 6 月，他们取得了更大的进展，占领了另一个沃斯堡要塞（Vaux Fort），并接近高地边缘。霞飞担心这场战役会破坏他的整个尚蒂伊战略，于是决定像 1914 年那样，节省资源进行反击。他限制了该防区的兵力和火

炮，并将贝当提升为监督指挥官，将战斗指挥权移交给防御意识较弱的罗伯特·尼维尔。做出这样的判断需要有坚强的意志，因为法军士气低落，到 6 月 12 日，他们只有一个新旅作为预备队。然而，就在这个关键时刻，法尔肯海恩停止了进攻，从中抽调了 3 个师转向东线。6 月 23 日，德军首次使用光气炮弹，在光气炮弹的协助下德军拼尽全力战斗，但德军实在太弱，无法取胜。其他地方发生的事件拯救了法国。

霞飞很快意识到凡尔登战役是德国为赢得战争而开展的行动，于是根据尚蒂伊协议请求他国援助。3 月 18 日，俄军攻击纳罗奇湖（Lake Narotch）以支援凡尔登的法军。俄军在纳罗奇湖的人数优势几乎是 2∶1，面对分散的德军，他们有信心取胜。但是俄军的进攻还是被德军击退了，俄军的伤亡人数达到 10 万，而德国只增派了 3 个师来对付俄军，其中没有一个来自西线。[46] 至于英军方面，黑格拒绝在初步进攻中消耗英军，霞飞也没有向他施压，这样一来，法尔肯海恩希望英国远征军发动一场可能起不了多大作用的救援的打算就落空了。法尔肯海恩未能与康拉德取得联系，最终使德国的战略偏离了轨道。1915 年期间，尽管两人性格不合，但他们追求的目标相似。1916 年，康拉德计划从特伦蒂诺发起进攻，将意大利人赶出阿尔卑斯山，甚至切断意大利在伊松佐河的军队，到达威尼斯。他要求德国派出 9 个师参加这次"惩罚远征"，暗示意大利的溃败将腾出 25 万奥匈帝国士兵，可将这些士兵投入其他地方进行战斗。尽管德国政府没有和意大利开战，也不希望开战，但法尔肯海恩怀疑这次行动是否会让意大利投降，即使意大利投降了，也怀疑这是否有助于德国取胜。相反，他把康拉德要求的德军分配到凡尔登，直到行动开始前才将凡尔登战役的行动计划告诉康拉德。他没有试图阻止"惩罚远征"，但要求康拉德不要削弱东线，不过康拉德将他最好的 6 个师从加利西亚转移到了特伦蒂诺。奥匈帝国军队在进攻区域上拥有人数上的优势，在重炮上也占有 3∶1 的优势，但必须费力地用特制的铁路和缆车把它们运到合适的位置。就像在凡尔登一样，恶劣的天气使奥匈帝国军队措手不及，延迟了奥匈军队发动进攻的时间，但在 5 月 15 日发动进攻后，奥匈军队推进了大约 20 公里，到达了阿夏戈（Asiago）高原的边缘，这使罗马陷入了恐慌。和霞飞一样，卡多尔纳也信心满满，并且保持着极大的勇气，通过意大利的铁路（意大利的铁路系统比奥地利的更发达）和菲亚特卡车运送援军。6 月 2 日，意大利人发动反攻，收复了一半的失地。[47] 与此同时，卡多尔纳和维克托·伊曼纽尔紧急呼吁俄国为尚蒂伊协议所设想的协约国联合进攻出力，俄国再次答应了这一请求。一年多以来，协约国首次夺回了主动权。

俄国的布鲁西洛夫攻势于 1916 年 6 月 4 日开始，英法对索姆河的进攻于 7 月 1 日开始，意大利于 8 月 6 日发动了第六次伊松佐河战役，罗马尼亚于 8 月 17 日加入协约国，9 月萨莱尔再次从萨洛尼卡向内陆推进。在发生了凡尔登战役和阿夏戈战役之后，尚蒂伊协同进攻的原则陆续得到落实，虽然这些支援性战役开展得比原计划要晚，并且配合得不好，但是协约国还是给同盟国施加了前所未有的压力，并促成了法尔肯海恩的倒台。到了 10 月，奥匈帝国和德国已经稳住了局势，到年底时，双方都越来越绝望，德国人愿意押注于无限制潜艇战，而协约国则相信尼维尔夸下的海口：只要给他 48 小时，他就可以随意突破敌人的战壕。

尚蒂伊进攻的前提是协约国集结武器和人力。意大利的武装力量从 1915 年的约 100 万增加到了 150 万；1916 年上半年，英国远征军也实现了类似的增长。1916 年初，俄国的前线部队从 170 万增加到了 200 万，将其军队恢复到正常满编状态。俄国军官人数翻了一番，从 1915 年的 4 万增加到 1916 年的 8 万，现在所有俄国士兵都配有步枪，每门野战炮配有 1 000 发炮弹。[48]另外，主要是因为训练有素的将士正在耗尽，俄国领导人认为必须尽快取得胜利。因此，他们支持尚蒂伊方案；阿列克谢耶夫担心，除非协约国采取主动，否则德国将再次把俄国作为其主要进攻目标。虽然他还需要更多的重炮，但他觉得他不能再等了。他通知霞飞，他将在 5 月发起攻击。[49]

问题是在哪里实施攻击。在此之前，奥匈帝国一直是俄国的主要打击目标，但是 1915 年，鲁登道夫沿着波罗的海推进直接威胁到了彼得格勒。[50]在纳罗奇湖战役后，库罗帕特金（Kuropatkin）将军和埃弗特（Evert）将军分别指挥北方面军和中央方面军，他们不愿意进攻。相比之下，奥匈帝国对面的西南方面军新任指挥官阿列克谢·布鲁西洛夫则急于进攻，他的成功再次凸显了俄军指挥体系的不统一，高层允许集团军指挥官发挥自主性。4 月 14 日，在尼古拉二世的主持下，俄军总司令部在会上允许布鲁西洛夫发动攻势，但是他得不到支援，而且他的行动只是在为埃弗特的主攻做准备。[51]在意大利请求帮助后，阿列克谢耶夫提前发动了战役，因为他担心，如果不这样做，意大利就不会参与尚蒂伊的进攻，从而失去另一个共同向奥匈帝国施压的机会。[52]

其他指挥官之所以谨慎，部分原因是布鲁西洛夫的战术不合常规。尽管缺乏人数优势，但布鲁西洛夫打算在 300 英里的战线上对奥匈帝国的众多据点发动攻击，主要打击将发生在北端（协助埃弗特）和南部的喀尔巴阡山脉（主要是为了鼓励罗马尼亚参战）。俄军对奥匈帝国的阵地进行了详细侦察，秘密增加炮兵，并挖掘掩体，将突击部队隐藏在起点附近。第一天，俄军用榴弹炮和毒气进行了短暂而猛烈的轰击，足以切断敌军之间的联络，并压制敌军的野战炮台和机枪。奥匈帝国的许多精锐部队驻扎在意大利，虽然自上年 12 月以来一直在加固阵地，但是奥匈帝国指挥官还是忽视了自身的弱点。奥匈帝国 2/3 的步兵处在前线，捷克军队集体投降，而预备队来得太晚。两天之内，布鲁西洛夫就打开了一个 20 公里宽、75 公里深的缺口。[53]

然而，开局形势很好，后续却令人失望，部分原因是其他协约国发起的攻击有些迟缓，给了同盟国喘息的机会。在布鲁西洛夫进攻的中部，有一个德军师团坚守阵地，这个师团成功地限制了俄军向北和向南推进。布鲁西洛夫的军队沿着喀尔巴阡山脉前进，但是推进得太快，将给养甩在了后面。到 9 月 15 日，德国已将 15 个师转移到东线，尽管俄军总司令部从其他集团军中派兵增援布鲁西洛夫，但布鲁西洛夫真正想要的是埃弗特的援助——埃弗特的军队姗姗来迟，也没有取得什么进展。俄国的进攻方法现在变得更加正统，针对科维尔镇（Kovel）的铁路集中发起一系列正面攻击。这次作战包括猛烈的轰炸和密集的步兵进攻，布鲁西洛夫精心准备的作战方式被取消了，理由是耗时太长，不适合未经训练的部队，而且对奥匈帝国有效的方法却对德国人不起作用。因此，俄国在西线展开了消耗攻势，但是没有取得更大的成功。10 月后，布鲁西洛夫转而帮助罗马尼亚。[54] 布鲁西洛夫攻势是协约国自马恩河战役以来取得的最大成功。布鲁西洛夫攻势把俄国战线向前推进了 30～60 英里，尽管它占领的唯一一个主要城镇是切尔诺维茨（Czernowitz），但布鲁西洛夫攻势俘获了 40 万奥匈帝国军人，造成奥匈帝国 60 万军人伤亡，摧毁了东线奥匈帝国一半的军队，并使罗马尼亚加入协约国，迫使康拉德放弃了特伦蒂诺攻势，迫使法尔肯海恩暂停了凡尔登战役。俄国人可能又一次认为他们把法国从失败中救了出来，但俄军也付出了巨大代价：可能有 100 多万俄军死亡、受伤和被俘。除非他们能打败德国，否则他们所做的都意义不大，到本季度结束时，彼得格勒的许多人都在质疑这场战争是否能取得胜利。

　　与索姆河战役相比，布鲁西洛夫取得了更多实实在在的成果。发生在 1916 年 7 月至 11 月的索姆河战役，造成 42 万英军和 19.4 万法军伤亡。德国可能伤亡 50 万人，但这一数字仍有争议。[55] 索姆河战役的战斗比凡尔登战役更集中，英军和德军共向对方发射了约 3 000 万发炮弹。每平方码* 死亡人数堪比凡尔登战役。[56] 然而，德军防线后面没有重要的交通线路或工业基地，英国人发现他们要在

---

　　* 平方码是英制的面积单位，1 平方码约等于 0.836 1 平方米。——译者注

一个又长又陡的山岭上作战，地势较低的山坡上有一些矮树林和村庄可作为防御工事，这和西线一些坚固的阵地形成了鲜明对比。今天来到索姆河的游客很可能想知道当年协约国军事领导人是如何选中这里的。事实上，索姆河吸引霞飞是因为它是英军与法军的交汇点，英国远征军可以在这里与法军并肩作战。也许正是出于同样的原因，索姆河也吸引了英国的指挥官，黑格认为索姆河战役仅仅是一次初步的进攻，他同时也在为德国预备队撤离后可能在佛兰德斯发动的进攻做准备。[57]霞飞和福熙的意图不是取得像 1915 年 9 月那样的突破性进展，而是与凡尔登战役相反，这是一场有条不紊的消耗战，在这场战役中，法军不断地进行有限攻击，加上法军新近加强的炮兵，削弱了德国人的凝聚力。[58]2 月，霞飞和黑格同意当年夏天在索姆河发起联合进攻。4 月，阿斯奎斯政府的战争委员会批准了英国参加索姆河战役的决定，这在很大程度上是因为英国得到了新的警告，那就是如果英国否决这个方案，法国可能不会继续参战。大臣们知道英国参加索姆河战役也有很多风险：索姆河战役可能是持久战，可能造成英军的严重伤亡，可能需要征召已婚男子，可能危及英国的出口，进而危及英国从美国进口必需品。然而，如果能不再受德国威胁和维系英法联盟，那冒着以上风险参加索姆河战役也是值得的。[59]

在凡尔登战役开始之前，最高统帅部已经同意了索姆河战役的计划，而霞飞决心不让凡尔登战役打乱他的计划。黑格建议，索姆河战役应推迟到 8 月 5 日开始，霞飞犹豫了，但两人似乎都同意把 6 月底作为开战日期。凡尔登战役确实使霞飞原计划的兵力从 2 月的 39 个师减少到 5 月的 22 个师，但索姆河战役首日英军的灾难并不是因为他们在法国压力之下过早发动进攻造成的。由于英国派出了 19 个师，索姆河战役双方实力大致相当，黑格雄心十足，但是霞飞没有最初设想的那么雄心勃勃。他在佛兰德斯保留了预备队，准备发起后续攻势。黑格拒绝了第四集团军指挥官亨利·罗林森（Henry Rawlinson）爵士的计划，认为他的计划过于谨慎。罗林森设想了一种"咬住不放"的行动：用炮火清除守军，只占据有限的区域，这样德军就会被迫在反击中付出代价。但黑格坚持认为，初步轰炸必须瞄准敌人的第一、二、三战线，这是他想突破德军防线并包围德军的几个迹象之一。法尔肯海恩在凡尔登的进攻只有 8 英里，这个区域十分狭窄，导致他的步兵完全暴露在敌人密集的火力下。黑格只会攻击 20 个目标中的一个，一旦他把目标扩大一倍，他的 1 000 门野战炮和 400 门重炮就远远不够了。英军发射的许多炮弹都是哑弹，2/3 是普通炮弹，而不是高爆弹，而且精度很差。即便拿德军在皮卡第的白垩岩中 40 英尺深的防空洞没有办法，英国远征军也不再使用毒气，因为卢斯战役那次惨痛经历让英军印象深刻。7 月 1 日上午，德军进攻英军防区，大部分英军防区包括铁丝网、机枪、野战火炮和驻军等完好无损，而法军防区遭到的炮击强度是英军防区遭到的两倍。战役准备失误，再加上英军在许多地区采取让新兵一波一波缓慢向前推进的战术，导致了一场灾难。参战的 12 万名英军，约有 5.7 万人受伤，超过 1.9 万人死亡；法军伤亡 7 000 人，德军伤亡 1 万～1.2 万人。法军达到甚至超过了他们第一天的大部分目标；除了南部地区，英军没有取得任何进展。[60]

170

　　7月1日之后，黑格显然考虑过退出战斗，但霞飞要他坚持作战，于是黑格搁置了在佛兰德斯的准备工作。黑格和罗林森将军队集中在南部，于7月14日黎明发起进攻，在一次猛烈和突然的轰炸之后，英军占领了德军第二道防线的大部分阵地。后来，英国远征军未能重制这一成功模式。相反，英军陷入僵局，在7月15日至9月14日的几十次小规模战斗中，英军伤亡8.2万人，他们的目标是在下一次总攻之前将战线拉直。与此同时，法尔肯海恩坚持认为必须坚守阵地，在整个索姆河战役中，德军大概发动了330次反击。[61]在中期阶段，表现最突出的是自治领的部队，以纽芬兰第一团为例，该团在7月1日的伤亡率达到91%。南非旅占领了德尔维尔伍德（Delville Wood）的大部分地区，并顶住了德军的猛烈炮击和进攻。7月23日，澳大利亚第一师占领了波济耶尔（Pozières），但在撤出战线之前，由于遭到轰炸和反击，澳大利亚军队损失6 800人。新西兰军队也在9月发动了一次成功的袭击。[62]英国的战术效率确实有所提高，炮兵更善于通过匍匐火力和反炮兵火力对抗敌人的野战炮以支持步兵。[63]9月15日和25日，英军的两次总攻都使用了坦克，占领了德军大部分的原第三道防线。但此时，德军已经在战场和巴波姆镇（Bapaume）之间建起了第四道和第五道防线，而法军则在索姆河沿岸停滞不前。9月之后，德军调来新部队和更多火炮，尽管在这个月月底，英国人占领了山岭顶端的主要阵地蒂耶普瓦勒（Thiepval），但显而易见的是，这一年双方都不会取得决定性的胜利，在日益恶劣的天气下，英军发动着有限的攻击，直到11月中旬的"昂克尔之役"（battle of Ancre），昂克尔之役使英军占领了博蒙特-阿梅尔（Beaumont Hamel）和博库尔（Beaucourt）两个村庄。在占领了索姆河以北的高地之后，英军现在又开始回撤，距离他们的起点最多只有 7 英里，他们甚至没有继续前进的战术理由。 *171*

黑格在索姆河战役采用"消耗战"模式，这是取得决定性结果的先决条件。[64]虽然伦敦方面的质疑越来越多，但是黑格对于索姆河战役仍很坚持，一方面是因为这是对协约国军队联合作战的承诺，另一方面是因为他的情报主任约翰·查特里斯（John Charteris）乐观地认为，德军正在走向失败。在这场战役的最后，他说，这场战役减轻了英法在凡尔登的压力，牵制了西线德军，削弱了德军的实力。[65]这确实有助于实现上述第一个目标，法尔肯海恩于 7 月 11 日在凡尔登下令"严防死守"。[66]然而，这并没有阻止德国向东派遣大量军队来遏制布鲁西洛夫和粉碎罗马尼亚。至于黑格的第三点，德军的证词表明，他们感到非常紧张，并对协约国的新火力深感恐惧，虽然与战争后期相比，此时协约国的火力还很弱。[67]对德军士气的打击，尽管无法量化，但却是实实在在的，协约国的士气可能也受到了沉重打击。然而，德军的伤亡比协约国要少，而且德军的损失比法军的更容易弥补。到 1916 年 11 月，协约国的损失似乎与收益不成比例。索姆河战役更重要的影响是长期的：最终，它促使兴登堡和鲁登道夫决定加强军备生产，加强德国的潜艇战，并缩短西部防线。[①]然而，只有最后一项影响可以被视为英法进攻的直接后果。

---

① 参见第 5 章、第 9 章和第 10 章。

　　1916 年夏天对同盟国的第三个打击是罗马尼亚参战。[68] 当时，奥匈帝国在波兰和意大利都陷入困境。7 月，卡多尔纳停止了在特伦蒂诺的反攻，并携带重炮转向伊松佐河。8 月初，卡多尔纳出其不意地占领了戈里齐亚，这是意大利军队取得的第一次重大成功，但是，意大利军队很快就被困在戈里齐亚以东的山区，他们对卡索高原（Carso Plateau）的秋季进攻遭遇惨败。然而，正是布鲁西洛夫的成功促成罗马尼亚做出参战决定。罗马尼亚资源丰富，曾向同盟国提供石油和粮食，其中 1914—1915 年奥匈帝国所需粮食的30％都来自罗马尼亚。罗马尼亚的军队人数约为 60 万，但是军队领导不力，现代装备和炮弹也较少。即便如此，罗马尼亚参战也给奥匈帝国制造了麻烦，因为匈牙利在特兰西瓦尼亚的边境几乎没有防御。作为对德国所提供的帮助的回报，奥匈帝国不得不放弃其战略上的独立性，4 个同盟国在 9 月成立了最高领导机构，其名义首脑是威廉二世，但实际上由德国最高统帅部主导。这个新成立的最高领导机构设在柏林，使危机造成的影响更大。凡尔登战役、布鲁西洛夫攻势和索姆河战役进一步削弱了军队对法尔肯海恩的支持，贝特曼再次试图用兴登堡和鲁登道夫来取代他，并错误地希望利用兴登堡和鲁登道夫的声望来与协约国达成一项新的和平倡议。然而，威廉二世认为鲁登道夫咄咄逼人，无法忍受他。法尔肯海恩曾预言，罗马尼亚参战会让威廉二世惊慌失措，他担心德国会失败，这消解了他的抵抗意志。8 月，兴登堡成为总参谋长，鲁登道夫担任第一军需总监，成为兴登堡的首席助理，二人继续合作。[69]

　　同盟国一旦重新鼓起勇气，很快就夺回了阵地。和之前的意大

（页边码：172）

利人一样，罗马尼亚人错过了机会。布拉蒂亚努一直拖延到布鲁西洛夫被同盟国阻止之后才参战，罗马尼亚也没有按照俄国的建议进攻保加利亚，而是入侵特兰西瓦尼亚。特兰西瓦尼亚当地临时拼凑的部队顽强地抵抗罗马尼亚军队，俄军总司令部最初仅以 3 个师的兵力支援罗马尼亚军队，俄军这样做的一个可能的原因是俄国不愿意建立一个大罗马尼亚。塞尔维亚从萨洛尼卡前进，在 9 月占领了莫纳斯蒂尔，卡多尔纳的进攻阻止了奥匈帝国从意大利前线转移几个旅的兵力。尽管如此，在 8 月至 12 月，德国和奥匈帝国向罗马尼亚派遣了 33 个步兵师和 8 个骑兵师，这些军队一部分来自凡尔登，另一部分抽调自俄国前线。罗马尼亚人作战英勇，但在质量和数量上处于劣势。马肯森领导下的保加利亚、土耳其和德国军队从南部发起进攻，而德军和奥匈军队在降级的法尔肯海恩的领导下击退了罗马尼亚对特兰西瓦尼亚的进攻，在下雪之前突破了喀尔巴阡山口，并与马肯森联手将罗马尼亚人赶回塞列特河（Sereth）。在最后阶段，俄国确实大力援助，派出 36 个步兵师和 11 个骑兵师帮助罗马尼亚稳住了新战线。尽管如此，罗马尼亚还是被占领了 3/4 的领土，包括布加勒斯特（Bucharest）、黑海港口康斯坦萨（Constanza）、普洛耶什蒂（Ploesti）油田和最富饶的粮食生产区。由于接管了罗马尼亚的防务，俄国人延长了战线，减少了自己的战略储备。随着罗马尼亚溃败，索姆河战役陷入僵局，意大利和俄国也筋疲力尽了。到了年底，同盟国不仅经受住了协约国的联合进攻，而且再次控制了比年初时更多的欧洲领土。

　　1916 年战场局势的发展破坏了法尔肯海恩的大战略，也使协约国的战略受到质疑。直到 5 月，法尔肯海恩还认为德国仍在朝着既定目标前进，即让俄国不具有威胁性，并摧毁法国的抵抗意志。布鲁西洛夫攻势和索姆河战役推翻了法尔肯海恩的构想，表明协约国并没有分裂。兴登堡和鲁登道夫给德国最高统帅部带来了新活力和自由思想。他们完全封锁了凡尔登，并在索姆河采取了更灵活的防御，前线缩短，留下更多的部队和火炮以备迅速反击。[70]然而，对于过度使用德国资源所产生的巨大风险，他们没有法尔肯海恩那么敏感。他们制定了过于宏大的武器生产目标，拒绝在战争目标上妥协，支持新的潜艇行动，即使这意味着与美国开战也在所不惜。然而，在等待 U 型潜艇出击的过程中，他们并没有计划发动新的陆地攻击。康拉德希望在 1917 年春天再次进攻特伦蒂诺，但是兴登堡拒绝向康拉德提供支援。事实上，德国最高统帅部正确地预见了英法在西线的新攻势，于 2 月撤退到一个 300 英里长的新防线，其中收缩最大地区的防线被称为西格弗里德阵地，英国称之为兴登堡防线。德军主动回撤使前线缩短了 30 英里，腾出了 10 个师的兵力。再加上步兵和炮兵部队的重组，以及提前征召 1897 年出生的新兵，德国建立了 130 万人的战略预备队。[71]然而，尽管德国的新团队有效应对了眼前的危机，但似乎对如何赢得整场战争一无所知——也许只有德国的潜艇能做到这一点。

协约国的军事首脑们根据 1916 年的经验得出结论，他们应该更多地尝试联合进攻的做法。1916 年 11 月 15 日，尚蒂伊会议同意次年 2 月组织一次新的联合进攻，以免重蹈凡尔登战役的覆辙。战略重点仍在西线，俄国和意大利发起进攻以支持协约国的西线进攻。黑格和霞飞同意继续在索姆河作战，但法军要在索姆河以南投入更多兵力。[72]协约国将再次在广阔的战线上发起进攻，它们希望在取得最终的决定性结果之前把敌人预备队的兵力消耗掉。

　　这一策略忽视了协约国自身资源消耗殆尽的现实，结果证明是不可行的。在意大利，斯特拉弗科远征（Strafexpedition）打击了卡多尔纳的声誉和信心。虽然 1917 年他的军队增加到 220 万[73]，但他还是担心特伦蒂诺遭到新一轮的进攻。1 月，在罗马举行的一次会议上，劳合·乔治提议，其他协约国应为意大利进军的里雅斯特提供重炮，但卡多尔纳对此并不热心，他说他还想要三到四支英法军团，如果敌人先出击，可用来保卫特伦蒂诺。他拒绝在 5 月 1 日前发起进攻，他要等到西线局势和敌人意图明朗之后再发起进攻。[74]至于俄国，其总司令部希望布鲁西洛夫重新发动进攻，但 1916 年的挫折严重挫伤了士气，后勤保障正在瓦解，部队给养匮乏。2 月，在彼得格勒举行的另一次协约国会议上，俄军表示难以在 5 月 1 日前做好准备，他们的储备比一年前还要少，而对罗马尼亚做出的承诺让他们不堪重负。[75]不到一个月，尼古拉二世就退位了，新成立的临时政府请求协约国给它时间来恢复国内秩序，然后才能发动新的进攻。[76]

　　即使在英法两国，尚蒂伊协同作战战略也遭到了攻击。1916 年 12 月，劳合·乔治出任英国首相，他私下里对索姆河战役的结果非常不满，并质疑法国将军的实力。许多其他大臣和他一样，起初他在政治上的影响力很大，所以他尝试通过巧妙的方式降服黑格和罗伯逊。劳合·乔治政府增强了英国在美索不达米亚和巴勒斯坦

174

的实力。在罗马会议上，他试图劝说意大利人承担伤亡的代价，但没有成功。然而，几周之内，法国人给了他一个新选择。[77] 1916 年的失利不仅使法尔肯海恩和阿斯奎斯下台，而且动摇了白里安政府的执政基础，导致了霞飞的倒台。霞飞受凡尔登战役失利的影响，遭到广泛质疑，罗马尼亚的失败进一步损害了他的名声。到了 12 月，白里安意识到，除非他抛弃霞飞，否则他的政府将处于危险之中。他的解决办法是让霞飞担任法国元帅和政府的"军事技术顾问"。霞飞认为这个职位毫无意义，于是辞职。西线的指挥权移交给尼维尔，但他没有继承霞飞对其他地方法军的管理权。由部长组成的战争委员会将行使最高战略权。然而，更多的文官参与法国战事并没有让法国放弃积极进攻的承诺。[78]

175　　　尼维尔的晋升归功于他在 1916 年 10 月至 12 月对凡尔登的进攻，尼维尔的进攻夺回了要塞沃斯堡和杜奥蒙特高地以及默兹河以东的大部分领土。法军使用 400 毫米"超重型"铁路炮进行大轰炸，加之有效的反炮台火力和令人胆寒的弹幕掩护，法军在对抗疲惫不堪的德国守军时进展迅速，成千上万的德国守军投降，但是德军更重要的防御阵地位于堡垒后面，所以法军的成功在一定程度上是名不副实的。[79] 尼维尔很有魅力，非常自信并且具有很强的说服他人的能力，和左翼保持着良好的政治关系。他坚持认为，法国通过新的 155 毫米机动炮、令人胆寒的弹幕和分散的战术，就能取得成功。尼维尔发现了突破德军防线的方法，从而为索姆河战役缓慢而代价巨大的消耗战提供了另一种选择。尼维尔的策略为 1918 年战役的机动性埋下了伏笔，但是他提出的战略与 1915 年 9 月的战略相似：法军和英军在阿拉斯附近进行初步进攻，然后由法军对埃纳河以北的贵妇小径的山岭发动重大打击。尼维尔不仅得到了白里安的支持，也赢得了劳合·乔治的支持。2月，在加来（Calais）举行的一次会议上，劳合·乔治同意了尼维尔的计划，并在整个战役期间将黑格置于尼维尔的指挥之下。实际上，与1916年一样，黑格和英国政府可能都设想会有联合行动，作为英国领导的佛兰德斯攻势的前奏。与此同时，执行尼维尔计划意味着法军将遭受最大损失，被劳合·乔治怀疑能力的英国指挥官，将会被能说一口流利英语并赢得英国政府支持的尼维尔取代。这一尝试为协约国军队设置联合总司令打下基础。[80]

　　但是尼维尔的光环从这一时刻起就消失了。德军撤退到兴登堡防线本身并没有造成严重的破坏，因为德军在阿拉斯和埃纳河的进攻基本上没有受到影响，虽然德军现在控制的战线更短，但正如尼维尔所指出的，协约国军队也是如此。俄国国内爆发的革命使协约国获得俄国支持的希望破灭了，意大利行动仍不积极，而美国即将参战又让人怀疑协约国是否真的需要冒险。3月，亚历山大·里博特（Alexandre Ribot）取代白里安出任总理。里博特的战争部长保罗·潘勒韦（Paul Painlevé）公开质疑尼维尔的计划，并煽动尼维尔的下属对其表达不满。尼维尔坚持认为，如果不发动进攻，就会招致另一次像凡尔登战役中那样的来自德国的猛攻，而法国的实力正在减弱，鲁登道夫正在恢复德国的实力。什么都不做的风险超过了采取行动的风险。最后，条件是如果两天后行动失败，他就取消行动，政府同意了他的请求。[81]

176

　　4月9日，英军开始在阿拉斯发起进攻，这一行动证明英国远征军也吸取了索姆河战役的教训。英国开局轰炸的强度增加了一倍，哑弹更少，发射更精准，新的更灵敏的"106"引信切断了铁丝网，大量毒气杀死了德国的运输马匹，压制了德军的火炮。突击部队在地道或隐蔽在城市里的地窖中前进，英法18个师对抗德国7个师；德军预料轰炸时间会更长，所以把他们的预备队放得特别靠后。就像加利波利战役时的澳新军团一样，加拿大军队在这次战斗中的壮举成为自治领的象征，其猛攻前进路线左侧的维米岭（Vimy Ridge），结果俘虏了 13 000 名德军，缴获了 200 门大炮。1917 年 4 月 9 日的进攻规模几乎与 1916 年 7 月 1 日的索姆河战役一样大，但是英军在最初三天的伤亡人数还不到索姆河战役开始阶段的一半，步兵推进了 3.5 英里。然而，阿拉斯战役并不是一次突破性的行动，可以预见的是，在第二天的暴风雪中，骑兵部队的后续行动失败了。黑格又一次将原计划的战役延长一周。澳大利亚军队对该区右翼的攻击遭到兴登堡防线的拦截，但还是在付出巨大代价后，在德国阵地上建立了立足点。战斗一直持续到 5 月，英国损失 15 万人，德国损失 10 万人。英国损失主要是因为支援法军，法军进攻贵妇小径在意料之中，但是效果不佳，令人难堪。[82]

　　在马恩河战役之后，协约国曾止步于贵妇小径。利用高空优势，德军从山岭上可以看到他们下方很远的地方。在 2 月的突袭中，德军缴获了法国的重要文件，有充足的预警和准备时间，德军将 21 个师集中在战线上，15 个师集中在战线后面。法国最初的 1 100 万枚炮弹被分散在 30 英里的战线上；到最后兵力逐渐减少，兵力不够密集，部分原因是尼维尔坚持像1916年黑格所做的那样，兵力应该覆盖全部德军阵地的纵深，而不是集中在前线。4月16日，法军在暴风雪中发起进攻，在关键地段安置了1万名塞内加尔人。殖民地军队没有经验，导致一半以上的军人伤亡。[83]德军火炮炸毁了法国的施耐德坦克，法国步兵不得不小心翼翼地穿过布满机枪的碉堡。两周后，尼维尔的部队占领了山岭的大部分地区，伤亡13万人，但突破德军防线还是遥遥无期。1917年5月，尼维尔被潘勒韦解职，贝当取而代之。贝当停止了进攻，但为时已晚，无法阻止法军兵变。[84]这场溃败也影响到劳合·乔治的声誉，并不体面地结束了协约国最高司令部的第一次试验。英军重新把重点放在佛兰德斯，在接下来的几个月里，与1915年相比，协约国的战略协调仍然没有改进。战争似乎又回到了原点。

　　如果说巨大的战壕系统是1915年的战略创新，那么1916年在凡尔登、索姆河和东线的大规模消耗战更是史无前例。为了给对方造成伤亡，双方走上了截然不同的道路。在同盟国方面，1915年，为了确保德国和奥匈帝国的东部边界安全，迫使俄国单独媾和，或者至少摧毁俄军的进攻能力，法尔肯海恩对俄军发起了大规模的进攻。他取得了巨大胜利，可以在1916年春天向西进攻，就像他一直想做的那样，但在这次行动中，他的目的不是占领领土，而是造成法军伤亡，直到法国再也无法忍受为止。然而，事实证明，这一行动对德军造成的伤害同样巨大，当协约国进行报复时，他被逼上了绝路。兴登堡和鲁登道夫控制住了当下的危机，但除了潜艇战和军备建设之外，二人对更大的战略难题没有补救办法。德国的对手太强大了。

相比之下，协约国缺乏领导核心，进行了一系列缺乏配合的平行战争，1915 年的失败才使霞飞在白里安的支持下将协约国团结起来并制定了尚蒂伊战略。该战略可能符合法国的利益，但也兼顾了各个协约国的利益。协约国没有被法尔肯海恩和康拉德 1916 年的春季攻势吓倒，在夏天重新获得了主动权，黑格、福煦、布鲁西洛夫和卡多尔纳接踵而至，沉重打击了法尔肯海恩。然而，虽然军队希望坚持尚蒂伊战略和 1917 年的进攻消耗战，但是没有一个协约国政府对此有强烈的政治意愿，而尼维尔的失败，以及随后的法国兵变和俄国革命，使协约国像同盟国一样失去了可行的战略。德国、奥匈帝国、法国和俄国都面临着迫在眉睫的人员短缺问题，增加军队的火力只能部分弥补人员短缺的问题。英国和意大利也面临着类似的困境，这给每个人都提出了一个问题，那就是这场战争是否还能获胜，以及获胜的意义。一个又一个战略概念已经在技术、后勤和战术现实中失败，现在必须对这些现实进行分析。

第7章 技术、后勤和战术

从 1915 年到 1917 年春天，交战双方的战略都充满了挫折和失败。为了找到原因，有必要重新审视战争是如何进行的、军队和装备是如何部署的以及有哪些武器可以使用。战术上的僵局迫使双方采取更加残酷的战略：协约国采取不断升级的消耗战，而德国则发动了凡尔登战役和无限制潜艇战。但这并不是一种静态的平衡，进攻者和防御者都在提高战术复杂性，增加他们所能使用武器的数量和威力。1917 年以后的事态发展将打破僵局。本章首先重点研究西线的防御和进攻条件，然后研究这些条件在其他地方的适用程度。

西线被比作古代时期罗马帝国的外围工事和冷战时期将欧洲一分为二的铁幕，实际上它的历史地位是非常独特的。在美国内战的最后阶段，南方军队在彼得斯堡（Petersburg）周边修筑了长达 53

英里的战壕，但是彼得斯堡的守军和日俄战争中奉天周围的守军最终都被迂回包抄。相比之下，同盟国的西线战壕长约 475 英里，除非违反荷兰或瑞士的中立国地位，或者协约国在佛兰德斯登陆，否则就无法包围德国。[1] 从 1914 年底到 1918 年，除了德国自愿撤退到兴登堡防线之外，双方战线推进的范围几乎不超过 5 英里。这也是最顽固、最棘手的前线，这里集中了比其他任何战区都多的兵力和武器，不仅是法尔肯海恩宏伟的凡尔登计划的墓地，也是协约国在香槟、索姆河和贵妇小径的连续行动的墓地。

最终防御靠的是步兵：英法德的士兵比俄奥士兵更顽强、更坚韧。由于这三国的军队在进攻方面都有很大的决心，士气变化不像在其他战线或战争后期那样重要。西线军队人数众多，斗志昂扬。法德军队的规模是 1870 年普法战争时的几倍，后来又有大批英军加入。前线每英里大约集结了 5 000 人[2]，足以在前线进行密集的防守，并储备反击力量。西线最南端的 100 英里，地势崎岖，森林密布，不太适合大规模作战，除了 1915 年法国在孚日山脉的一系列攻击外，这里几乎没有发生过战斗。即使在凡尔登和伊普尔之间，许多地区也比较平静，从未发生过大规模战斗。最活跃的地区是佛兰德斯，以及阿尔图瓦和香槟的努瓦永突出部的两翼。[3] 西线部署的兵力密度很高，这是西线陷入僵持的一个重要原因，但是也必须将西线的野战工事、配套的基础设施、野战工事的武器装备以及防御战术等结合起来进行考察。

德国人创造性地修建了堑壕系统。战壕幽闭恐怖，满是害虫，气味难闻，阴冷潮湿，但是对于士兵来说它们能很好地防御炸弹和子弹，堑壕拯救了士兵的生命。在战争头几周的运动战中，大多数军队遭受了最严重的损失。深挖战壕使德国在其西部边界上获得了优势，同时巩固了对法国和比利时的控制，这些战壕要么永久保留，要么不断更新。战壕系统解放了德军，使它能在 1914 年秋天发动伊普尔战役，以及后来进攻波兰和塞尔维亚等地，德国最高统帅部权衡利弊，认为战壕利大于弊，它至少可以阻止协约国的前进。[4]

1915 年 1 月，法尔肯海恩指示，必须压缩西线，才能长时间坚守，以对抗人数占优势的敌军。坚固的第一道防线是抵抗的中坚力量，要不惜一切代价守住它，如果其中的任何一部分被占领，必须立即夺回。第二道防线通过通信壕沟与第一道防线连接，在第一道防线被轰炸时为守军提供掩护。后方的扩展防线应该不在敌人野战炮射程内。法尔肯海恩希望通过减少前线兵力来减少伤亡，但如果大军太靠后，前出的军队就无法得到炮火的保护，从而导致他们更有可能投降。他的一些指挥官原则上反对设置第二道防线，认为这样做可能使第一道防线不会负隅坚守。尽管如此，根据经验，德国最高统帅部还是在 5 月下令，在第一条防线后面 2 000～3 000 码处必须修建一条预备防线，要在当年年底完成，这是一项艰巨的任务。[5]德军的优势是能够选择更高、更干燥并容易挖掘的地面，这一地面还要高于地下水位，这有利于炮兵观察。因此，在香槟战役、索姆河战役和阿拉斯战役中，协约国军队向上坡的德军防御工事发起进攻，1916—1917 年德军的防御工事纵深达 4 000～5 000 码，而英军的防御工事纵深只有 1 000 码。[6]部署在索姆河一带的德国士兵，按照法尔肯海恩的要求，躲在两条带刺的铁丝网后面，每条铁丝网都有 3～5 英尺高，30 码宽。这条"前线"实际上由 3 个相隔 150～200 码的战壕组成，第一道战壕是岗哨部队，第二道战壕驻守主力部队，第三道战壕是支援部队。像英军一样，德军的战壕并不是笔直的，而是每隔 10 码左右设置一个"折线"，如果敌人占领了一部分战壕，它可以保护部队免受炮弹爆炸或炮火攻击。德军挖掘了更深的防空战壕：1915 年的防空战壕深 6～9 英尺，索姆河的防空战壕深 25～30 英尺。在第一道战壕后面 1 000 码的地方是中间的机枪阵地；在通信战壕的后面是后备阵地，也就是法尔肯海恩所说的"第二道防线"，和第一道战壕一样布满机枪，而且在协约国军队炮兵的射程之外，因此协约国军队需要前移才能对其进行攻击。再往后 3 000 码就是第三道战壕，这是在 1915 年 9 月法军到达德军第二道防线后增设的阵地。电话线铺设在 6 英尺或更深的地下，从而将后方的炮兵阵地和前方的战壕连接起来。在索姆河上，直到 9 月底英军才占领了第三道防线的大部分地区。[7]

前线之间的无人区最窄处可能只有 5～10 码，最宽处则有 1 000 码，但平均长度为 100～400 码。此外，德军进攻时遭遇到的协约国的战壕系统虽然很庞大，但没有德军战壕系统坚固和复杂。比利时控制了从海岸向内陆延伸 15 英里的区域，英军在 1914 年底向南延伸 20～25 英里，但到 1917 年初时英国的控制区超过了 100 英里。在美军到达之前，法军守卫着至少 3/4 的联军防线。1915 年 1 月，霞飞将前线部队分成"进攻区"和"防御区"两部分。前者的据点会覆盖后者，后者有很多铁丝网，但只有哨兵把守。防御工事后面的防弹堑壕能容纳反击部队，并且在后面两英里处要挖出第二道防线。为了节省人力和避免伤亡，应该减少整个战地工事的兵力。在森林密布的孚日地区以及凡尔登周围错综复杂的森林中，法军设置了很多各自独立的碉堡，而不是连续的防御工事。[8]英国的做法介于法德之间。英军的前线驻军比法军更密集，在不放弃他们的横向铁路或被赶到英吉利海峡的情况下，他们没有多少阵地可以出让。通常英军布置在三个平行的位置上：前线、支援部队和预备部队。第一道防线是用沙袋筑成的防御工事，同时也挖进地下；在积水地区，战壕主要在地面上。前线由火线战壕和指挥战壕组成，二者相距约 20 码。在火线战壕中，小型先锋部队占据着横贯线之间的凹处；指挥战壕里有据点、防空壕和厕所。前线战壕通过通信战壕和后面相距 70～100 码的支援战壕相连接，那里铁丝网更多、防空战壕更深；再往后 400～500 码就是预备队的战壕，还有更多的据点和防空战壕；在这之后，还有火炮。实际上，战壕系统远没有规定的那么有序，也没有肯辛顿花园中为伦敦公众打造的堑壕模型那么整齐。在战斗激烈的地区，由于不断被挖掘和持续轰炸，战壕破坏严重，通往前线的道路成了坑坑洼洼的迷宫，新来者需要经验丰富的向导才能适应复杂的环境。[9]

在他们看来，战壕是一项宏大工程，如果考虑到战壕背后庞大的基础设施，更是如此。它包括医院、营房、训练营、弹药库、炮兵基地和电话网络，以及军用公路和运河，最重要的是铁路。西线是欧洲铁路最密集的地区之一，双方都增加了数百英里的标准铁路和窄轨铁路。1914 年，德国人占领了从梅茨到里尔的铁路干线，从伊普尔以东通向大海的铁路干线，这条干线和协约国军队后方从南锡经巴黎到亚眠的主要战线之间的战斗趋于稳定。在英军控制区，两条横向铁路从亚眠向北延伸到阿兹布鲁克（Hazebrouck）和敦刻尔克，在索姆河之后又增加了一条通往阿拉斯的横向铁路。[10] 双方都在前线易受攻击的地方预先部署了支援部队，但铁路使更大规模的增援成为可能。新沙佩勒战役的第二天，德国守军已从 4 000 人增加到 20 000 人[11]；在凡尔登战役的前三周，法军派出了 832 列增援列车前往凡尔登；在索姆河战役的第一周，德国就用 494 列火车运送了 10 个师。[12] 在没有铁路的地方，双方全靠马匹与人力来为炮兵和前线运送补给[13]，但铁路为防守方提供了一个关键优势，可以在进攻方巩固和扩大据点之前汇集援军。

183　　除了铁路网之外，西线守军还受益于 19 世纪军事技术革命所带来的一系列革新。在训练有素的士兵手中，后装弹匣步枪每分钟可以发射 15 发子弹，射程为半英里。使用无烟火药，俯卧射击，步枪手难以被发现，高速旋转的子弹对人的骨骼和人体组织的杀伤力大大提高了。[14] 但机关枪和野战火炮才具有大规模杀伤力。欧洲军队都有不同型号的马克沁机枪，部队主要装备的是轻机枪和重机枪。一挺重机枪，即使没有枪架和子弹带，一般也有 40～60 公斤，需要 3～6 个人来操作；像英国的刘易斯式轻机枪和德国的 MG08/15 轻机枪重 9～14 公斤，更适合作为进攻性武器，因为便于单个人携带。1914 年 8 月，一个标准的德国步兵团有 12 个步枪连和 1 个机枪连，拥有 6 挺机枪，但 1915 年又增加了 6 挺机枪，1916 年再增加 6 挺机枪，将机枪与步枪的比例从 1∶12 提高到 1∶4。到 1917

年，许多团机枪与步枪的比例为 1∶2。[15]一挺重机枪每分钟可以发射 60 发子弹，相当于 40 名步枪士兵的子弹发射量。它的射程更远，可以击穿一个长 2 500 码、宽 500 码的装满铅的椭圆。[16]只要将子弹带装满，并加满冷却液，它就可以继续猛烈开火，卢斯战役的一个下午发射了 12 500 发子弹。[17]在新沙佩勒，在援军赶来之前，德军的两个机枪哨所就挡住了英军的进攻；1915 年 5 月，讷维尔-圣瓦斯特（Neuville St-Vaast）战役的第一天，两挺重机枪便阻止了法军。[18]在卢斯战役的第二天，德国机枪手对英国远征军新兵师造成了数千人的伤亡，而德军几乎没有损失。然而，1916 年 7 月 1日，许多英军的伤亡是由火炮而不是机枪造成的。[19]双方都把野战炮瞄准在无人区和对方的第一线，这样，如果哨兵发射信号弹，他们就能立即用救援火力进行回应。到 1915 年 9 月的香槟战役，德国人已经完善了将野战炮放置在"反向斜坡"上的技术，这样，协约国军队翻过一个山岭，向下坡推进时，就会被德国炮兵发现，而因为有这个斜坡，协约国的炮手是看不见德军的。[20]在凡尔登，默兹河以西的法国炮兵破坏了法尔肯海恩的进攻计划；而在贵妇小径，德国炮兵则给尼维尔的坦克造成了严重破坏。在战争的这个时期，战壕、铁路、步枪、机关枪和火炮组合在一起的威力太大了，攻击部队无法压制它们。

攻击者主要通过轰炸发起进攻。英军总司令部和法国最高统帅部在 1915 年改变了战术原则，强调在步兵占领敌人阵地之前摧毁敌人的阵地。[21]据计算，战争中阵亡的军人，58％死于炮火。[22]然而，火炮是一种钝器。[23]速射野战炮的扁平弹道使它在对抗堑壕时用处不大，尤其是在 1914 年，大多数野战炮的炮弹都不是高爆弹，而是弹片，散落的碎片可以在开阔地带杀死步兵，但对付土方工程时爆炸效果不佳。无论如何，在 1914 年冬天，协约国缺乏任何类型的炮弹。因此，德军可以在法军 75 毫米野战炮面前挖掘堑壕来保护自己。此外，法军没有像德军那样的轻型野战榴弹炮，这种大炮的弯曲弹道更适合对付战壕。在 1915 年 6 月，整个法军仅拥有 78 门 105 毫米榴弹炮。[24]法国的重型火炮存量很少，而且很落后，并且由法国最高统帅部统一调配。情况逐渐得到改善，在 1915 年 9 月的香槟战役时，法国人用 1 100 门重炮发动进攻，而在 5 月的阿尔图瓦战役时法军只有 400 门重炮。[25]同样，在索姆河战役之前，英军拥有的火炮数量是卢斯战役时的两倍多，榴弹炮的数量是卢斯战役时的四倍。[26]但这对于打击德军来说仍然不够，德国的防御越来越复杂只是原因之一。高爆炮弹需要一个重金属外壳来防止其解体：索姆河战役前发射的 1.2 万吨炮弹中，炸药本身只占 900 吨。[27]即便如此，许多炮弹还是没来得及引爆，有的提前在大炮里就爆炸了。此外，火炮射击的准度较差。在 1914 年的战役中，火炮可以像在以前的战争中一样通过"直接开火"来操作：操作人员可以看到他们的目标，并进行测距打击，直到命中目标。但在这种情况下，他们可能会暴露自己，而在快速交火的战场上，暴露自己非常危险。在堑壕战中，从隐蔽位置对隐形目标进行"间接射击"成为常态。在准备过程中，炮手根据前方观察官的建议调整射程、炮管仰角和炸药装填量，最好是通过从前线打电话，或者通过飞机上观察员的无线电报告提供被打击目标的信息。[28]准备过程漫长，会让敌人警惕，而前方观察官可能会被雨或烟雾遮挡视线，或者他的电话线路可能被切断，在战斗中经常出现这种情况，一旦发生这种情况，通信就只能依赖信鸽或信使。虽然 1915—1916 年英国人发明了更安全的通信方法，如"富勒电话"和"电源蜂鸣器"，但德国人仍然可以在一英里的半径内窃听英国人的电话。[29] 即使大炮已经瞄准目标，风速、气温和压力的变化也会改变炮弹的落点，同时炮弹也会磨损炮管。由于这些原因，炮击效果一度令人失望。在凡尔登战役的第一天，德军猛烈的轰炸未能歼灭虽不完备但巧妙分散的法国防线。突击部队前进时会遭到对方猛烈的火力攻击。在索姆河战役中，英军在 5 天内发射了 150 多万枚炮弹，但在大多数前线地区，他们没能切断德军的铁丝网，没有破坏德军的防空战壕，也没能压制住德军的炮火。英军指挥官们靠主观猜测行事，未能计算出摧毁敌人前线所需的弹药量，事实上他们严重低估了德军的实力。在新沙佩勒战役中，英国指挥官也是偶然得出了正确公式，在那里他们秘密地把几乎所有英国远征军的火炮都集中用来对付德军的第一道防线，直到两年后的阿拉斯战役，英军才再次达到同样的炮弹发射密度。[30] 然而，仅针对第一道战壕防线就需要如此多的兵力，要摧毁德军的整个堑壕系统是难以想象的，黑格在索姆河和尼维尔在贵妇小径试图摧毁德军的整个堑壕系统，但是他们的炮兵无法做到这一点。此外，随着索姆河战役的推进，德军在密集的炮火中离开战壕，分散到周围的弹坑中，目标如此分散，任何轰炸都无法彻底歼灭德军。英军加大了轰炸力度，但是希望通过狂轰滥炸炸出一条通道是不可能的。

185

依赖炮兵导致战术缺乏灵活性，难以达到奇袭的效果。西线进攻的准备工作类似于一个大型土木工程项目。在欧洲的劳工营，英国雇用了 2.1 万名南非黑人；到战争结束时，他们占西线劳工的 25％。[31] 法国也从中国和越南引进劳工。但大部分工作还是士兵们自己完成的，挖战壕是艰苦和繁重的体力劳动。索姆河战役的准备工作于 1915 年 12 月开始，地点是一个交通不便的地区，那里缺乏住房、公路和铁路，甚至因为白垩地形而没有地表水。到 1916 年 7 月，英军向前方运送了 296 万发炮弹，铺设了 7 万英里长的电话电缆，其中 7 000 英里铺设在 6 英尺深的地下，英军还修建了 55 英里的标准轨距铁路，为将来每天需要运行 128 列火车的战役而准备。[32] 在发起 1915 年 9 月攻势和 1917 年 4 月攻势之前，法国已经准备了两个月，其中后者的准备时长超出了尼维尔的要求，因为拟议的准备地点有很多缺点比如交通不便等，缓慢的准备进程使尼维尔极不耐烦。[33] 法尔肯海恩在凡尔登、黑格在索姆河、尼维尔在贵妇小径之所以如此坚持，原因之一是每个战场的前期投资如此浩大，他们不能轻易放弃，同时在其他地方准备新的进攻需要花费大量的时间和资金。

　　鉴于重型火炮的局限性，双方自然要动员各自的科学界和工业界寻求其他解决办法。德军不仅在堑壕建设方面训练有素、装备精良，而且拥有更好的攻击性武器。手榴弹和轻型迫击炮是 1914 年德军的标配。英军主要使用的是米尔斯炸弹，在开始使用米尔斯炸弹时造成了许多事故，直到 1916 年才推出了更安全的型号。斯托克斯迫击炮由私人设计，由军需大臣劳合·乔治订购，从 1916 年开始服役。[34] 德军还引进了火焰喷射器，1915 年 2 月首次在西线使用。德国军队中几乎所有的火焰喷射器都被用来进攻凡尔登的要塞和碉堡，但在战争后期，它们的使用频率较低，因为火焰喷射器的射程很短，而且它们的操作者很容易成为攻击目标。索姆河战役中英军也使用了火焰喷射器，它们可能会造成可怕的伤亡和恐慌，它们的杀伤力没有喷射效果壮观。[35] 然而，所有这些武器都更适合于突袭或清理敌人的战壕，而不是帮助部队在进攻中穿越无人地带。在进攻中穿越无人地带方面，有另外三种技术潜力更大。第一种是在敌人战壕下挖地道布设地雷，这种做法始于 1914—1915 年的冬天，经常被用于英德前线。索姆河战役的第一天，就使用了地雷，尽管在晚上 11：50 引爆地雷之前，防守方发出了预警，但是打击效果仍然很强大。如果做好保密工作，地雷的杀伤力可能更强，但是操作地雷比操作重炮更缓慢、更危险。进攻时，它只适合作为一种辅助手段。

　　另外两项技术是毒气和坦克，它们在战争中更为重要，二者都是为了打破战壕僵局而出现的。英国在战前曾试验过毒气，法军在 1914—1915 年的冬天用步枪发射毒气弹，可能还使用过毒气手榴弹，但这些武器只带来了一些刺激性的反应，并没有造成致命的杀伤力。[36] 尽管有理由说，如果德国不使用毒气，协约国也会使用毒气，但德国首先使用毒气，理所当然要背负使用毒气的罪名，使用毒气是在后来的和平会议上指控德国的罪名之一。1915 年 4 月 22 日下午，在对俄军使用催泪瓦斯之后，德军通过使用氯气打响了第二次伊普尔战役，这次战役中德国大规模的化学战拉开了一战区别于其他战争的序幕。一战期间，各国一共使用了 124 208 吨毒气，其中德国占了一半。从 1915 年到 1916 年，毒气使用量翻了两番，1917 年又翻了一番，1918 年再翻一番。到 1918 年，各国总共雇用了大约 7.5 万名平民和数千名特种兵生产毒气。毒气在西线造成了大约 50 万人伤亡（其中 2.5 万人死亡）。此外，意大利伤亡 1 万人，俄国没有详细记录伤亡人数，但是伤亡也很多。毒气战是整个战争升级与陷入僵局的一个缩影。作为新技术，在首次使用毒气时，攻击机会极佳。一旦使用频率高，它就会像其他武器一样，效果大打折扣。

德国在化学品的研制方面远远超过英法两国，直到一战结束，德国还在大量高效地生产毒气。法尔肯海恩将毒气视为一种战术工具，它可能有助于德军在西线取得决定性结果，并弥补炮弹的短缺。德国人认为，从字面上看，他们使用毒气的行为并不违背 1899 年的《海牙公约》（*Hague Convention*），而法尔肯海恩的军事顾问弗里茨·哈伯（Fritz Haber）告诉他，在德国使用毒气的早期阶段，协约国难以对德国实施毒气报复。德国大多数军官都反对使用毒气，他们担心如果协约国反攻，法国和佛兰德斯上空盛行的西风会使德国处于不利地位。伊普尔突出部的指挥官愿意尝试使用毒气，但很明显，毒气在实际应用中有很多缺点。为了节省外壳，德军将氯气装入近 6 000 个气瓶中进行运送，这些气瓶笨重，难以运输，容易泄漏，并且难以隐藏。毒气的成功应用依赖于有利的风向，但有利的风向可能几个星期才会出现一次。因此，德国最高统帅部并没有期望毒气攻击能取得惊人的成果，而是设想通过一次有

限的军事行动，从而扰乱协约国军队的春季攻势，转移人们对德国
向俄国调兵的注意力，并通过占领皮尔克姆岭（Pilckem Ridge）使
伊普尔突出部的协约国军队难以防御德国的进攻。下午 5 点，德军
开始释放毒气，阿尔及利亚人惊慌失措，四处逃散。毒气帮助德军
在伊普尔北部打开了一个 8 000 码宽的缺口，但德国人手里几乎没
有预备队，他们派出的部队也没有戴面具。协约国军队利用晚上的
时间缩小了缺口。两天后，德军对加拿大人也使用了毒气，但影响
较小。到了 6 月，协约国军队发放了原始的防毒面具。9 月，法国 *188*
人在香槟、英国人在卢斯使用了毒气。黑格的炮弹一直不够用，所
以他将希望寄托在毒气上，他相信毒气能使他的部队突破德军的防
线。但是，在英军进攻卢斯的那天上午，空气静止不动，尽管毒气
在某些区域发挥了作用，但它毒死的英军比德军还多。[37]

　　在卢斯事件之后，尽管双方都继续使用毒气，但是双方都不太
期望毒气会成为一种赢得战争的武器，德国人在 1915 年夏季的波
兰战役中对俄军使用毒气，到 1916 年 8 月，在西线使用毒气不过
十几次。总的来说，毒气有利于进攻而不是防守。虽然双方都引进
了更好的防毒面具，尤其是英国的小型箱式呼吸机，但双方也引入
了更多的有毒气体和释放毒气的新方法。法军在凡尔登战役中使用
光气，它的毒性是氯气的六倍，用炮弹发射，因此不太依赖风力；
德军在 6 月 23 日攻击凡尔登之前使用了磷光炮弹，但是法军的防
毒面具对付光气相当有效。[38]在阿拉斯战役的第一天，英国人用一种
类似于迫击炮的新装置——莱文斯毒气发射器——发射了大量光
气。毒气发射器安装起来很容易，这引发了德国人的恐惧，因为它

几乎不会发出任何警告。总的来说，协约国在毒气战中占据优势，直到 1917 年 7 月，德国人用芥子气攻击英国，开启了毒气战的新阶段。尽管双方都客观地承认，毒气造成的伤亡比烈性炸药造成的少，但它仍然引起了巨大恐慌，并使前线士兵的处境更加艰难。后来各方使用毒气瓶以取代气缸，更助推了毒气的广泛使用。然而，它仍然是一种辅助武器，在第二次伊普尔战役、凡尔登战役和阿拉斯战役中，使用毒气可以获得了暂时的成功，但没有产生实质性的影响。

英国和法国的坦克是各自独立发展的，德国人在看到英法的坦克之前没有采取任何行动。法国坦克的推动者是富有远见卓识的 J. E. 埃斯蒂安（J. E. Estienne）上校，他在 1915 年获得了霞飞召见，并被授权与施耐德武器公司合作。英国第一辆战备坦克"马克 I 型"是由林肯农业机械集团福斯特公司生产的，它得到了丘吉尔创立并领导的海军部"陆地战舰委员会"的赞助。在会见了欧内斯特·斯温顿（Ernest Swinton）中校后，汉基向内阁提交了一份发展坦克的备忘录，丘吉尔对此十分高兴。斯温顿和埃斯蒂安都见过霍尔特拖拉机，这是一种有履带的美国车，二人都认为它具有穿越壕沟的能力。如果说霞飞的支持对埃斯蒂安至关重要的话，黑格对斯温顿的计划同样如此，黑格听说了这个项目后，就积极支持斯温顿，1916 年 2 月英国成立一个新的坦克部队，由斯温顿领导。事实上，黑格的热情过头了：斯温顿希望在毫无警示的情况下利用坦克发动大规模突袭，他想等到那时才发布坦克的信息，但是黑格却提前发布了。[39] 尽管如此，无论是在索姆河上使用坦克，还是在卢斯使用毒气，这两件事都不能表明黑格对新技术是盲目抵制的。

坦克在这个阶段几乎没有取得什么大的战果，不是因为军事机构的阻挠，而是因为它们还不是主流武器。即使大规模生产，它们也不可能被大规模使用，最基本的问题是它们动力不足。从英国的"马克Ⅰ型"到"马克Ⅴ型"坦克，这些坦克重约 30 吨，发动机动力为 100 马力，和二战中的"谢尔曼"坦克和 T－34 坦克重量相近，但后二者的发动机动力分别为 430 马力和 500 马力。[40]"马克Ⅰ型"坦克的最高时速为 3～4 英里，续航时间最长可达 8 小时。它装备很轻，有机关枪或两门小型加农炮。"马克Ⅰ型"坦克很难驾驶，温度很高，启动后带有烟雾，很容易成为火炮的攻击目标，而且极易被击毁。尽管它很重，但德国的新型穿甲弹却能穿透它。它无法通过索姆河战役中被毁的森林，在村庄中行驶也很难。它既不能爬陡峭的山坡，也不能从弹坑中脱身。在 1916 年 9 月 15 日投入使用的 49 台坦克中，有 13 台在到达进攻的出发点前就瘫痪了。英军先进行火力攻击，给英国坦克开道，坦克可以沿着这些通道在不受干扰的地面上行进，但是许多坦克无法前进，这导致支援它们的英国步兵闯入了未受打击的德国机枪阵地。然而，有 3 辆坦克到达离起点 1 英里的地方并帮助占领了弗莱尔（Flers），还有 2 辆坦克在德军大炮阻止它们之前前进到了下一个村庄。在阿拉斯战役的首日，有 60 辆坦克可用，但在进攻开始前又有许多坦克抛锚了，它们对进攻的贡献不大。第二天，11 辆坦克被派去支援澳大利亚军队进攻布勒库（Bullecourt），但它们完全失败了，得不到坦克支援的步兵被德军击退，伤亡 3 000 人，这一失利给英国指挥部和坦克部队留下了伤痛的记忆。[41]在贵妇小径上，法国施耐德坦克表现出来的问题更为严重，它们的油箱安置有问题，很容易被点燃，德军的炮火烧毁了许多法国坦克。法国政府生产的圣沙蒙坦克更脆弱，是更容易被攻击的目标。[42]毫不客气地说，这两款坦克的首次亮相令人失望。它们似乎最适合用于支援小规模步兵，粉碎铁丝网，压制机枪阵地，提振军队士气，并使对手惊恐不安。这些成就足以让英军总司令部相信应该再订购数百辆坦克，而法军对贵妇小径溃败的回应是把希望寄托在更轻便的雷诺双人坦克上。然而，在战争中期，坦克和毒气都无法恢复军队的机动性。

在这种情况下，最好的办法仍然是使用步兵和炮兵，以及将二者配合起来使用。另一项新技术是飞机，英国早在1914年9月的埃纳河战役中就使用了飞机，飞机通过直接观察，尤其是从1915年春天开始通过使用航空摄影技术，提高火炮的打击效能。[43]1914年，飞机曾发挥着重要的侦察功能，一架法国飞机曾观察到克鲁克的第一集团军向东转向，而德国飞机在坦能堡战役之前就监测到了俄军的动向。然而，一旦战线稳定下来，飞机的侦察功能就减弱了。尽管德国飞机在凡尔登战役的开始阶段投下了炸弹，而英国飞机在卢斯战役中轰炸了敌军的5列火车，并在索姆河战役中扫射德国军队，投掷了50吨炸弹。[44]但是飞机独立执行对地攻击任务还处于初级阶段，本质上是因为这一时期的飞机动力不足，无法承载沉重的炸弹。最后，空中战略轰炸也处于起步阶段，空中战略轰炸不是从飞机开始发展起来的，而是由德国海军的齐柏林飞艇执行的，由于公海舰队不活跃，这些飞艇一直处于闲置状态。最初，齐柏林飞艇袭击了英国东海岸，1915年5月首次袭击伦敦，一年内共造成

127 人死亡、352 人受伤。齐柏林飞艇通常是在晴朗无月的夜晚到达目的地，最初英国人没有办法摧毁齐柏林飞艇，但是他们很快就学会了如何通过拦截无线电信息来探测飞艇的行动。[45] 1916 年，齐柏林飞艇轰炸的活动范围扩大到英国中部地区和苏格兰，并迫使英国出现大面积停电。然而，从 1916 年 9 月开始，英军找到了解决问题的方法，他们通过窃听飞艇的无线电信息来确定飞艇的位置，然后用高射炮和战斗机发射炸弹击落了几艘飞艇。从 1917 年起，哥达轰炸机取代飞艇，成为德国对抗英国的主要空中武器。齐柏林飞艇开创了攻击平民的新模式，并使英国公众更加意识到德军是不可战胜的，但它们在打击协约国战争中发挥的作用微乎其微。[46]

　　新武器的关键作用是辅助火炮。到 1915 年，英国飞机已经携带了无线电和特殊密码，以便与炮手通信并监测火炮的打击效果，但是直接观察的任务主要由系留气球来完成，气球通过电话线与电池相连。[47]然而，这些气球显然是敌方战斗机的攻击目标，双方很快就展开了空中战斗。飞机保护热气球驾驶员，并自行进行摄影侦察。总的来说，协约国在这些行动中具有优势，尤其是法国优势明显。1914 年，法国拥有比英国和俄国多得多的飞机与飞行员，拥有世界上最大的飞机工业。英国皇家飞行队在战争的头两年落后于法国和德国。一开始，双方几乎没有真正意义上的空战，因为双方的飞机都没有安装机枪，由自身事故造成的伤亡比由敌人攻击造成的伤亡还要多很多。大多数飞机都在后部安装了"推动式"发动机，尽管"推动式"发动机提供的动力和机动性不如安装在前部的"牵引式"螺旋桨，但问题是，在飞机前部固定机枪可能会损坏"牵引式"螺旋桨的叶片。然而，在 1915 年春天，法国飞行员罗兰·加洛斯（Roland Garros）为他的飞机配备了一挺机枪，通过螺旋桨发射，螺旋桨的叶片上装有钢板，可以使击中叶片的子弹偏转。德国人击落并俘获了他的飞机，福克公司利用从中获得的信息研发了一种同步装置，使福克飞机能够安装一挺面向前方的机枪，该机枪可以通过新型单引擎单翼飞机的螺旋桨发射，而不会击中飞机的叶片。在 1915 年冬季和 1916 年春季的几个月里，福克飞机给德国人带来了显著优势，更多是因为他们垄断着这项新技术，从而给协约国军队带来了很多威胁，而不是因为福克飞机击落了很多协约国军队的飞机。通过将飞机集中在凡尔登附近，德军部分地隐藏了自己的战斗准备；在凡尔登战役的头几个星期里，德军掌握着制空权。到了 5 月，德军就失去了制空权，协约国俘获了一架福克飞机，并设计了同款飞机，引进了新型的"推动式"螺旋桨，即使不用这样的设备，协约国飞机的性能仍然超越了德国飞机。[48]在索姆河战役的开始阶段，英国皇家空军司令员休·特伦查德（Hugh Trenchard）和黑格一样，致力于发动"无情而持续的进攻"，要将德国人赶出他们的领空，即使这意味着忽视英国侦察机的防御，并要承受机组人员伤亡的代价。[49]战斗开始时，英国皇家飞行队有 426 名飞行员，到了秋天，英国损失了 308 名飞行员，有死亡、受伤和失踪的，还有 268 名飞行员回国*，由训练不足的新飞行员顶上，他们的预期战斗寿命还不到一个月。[50]到了 9 月，新一代的德国"信天翁 D. III"

192

＊ 战斗开始时，英国皇家飞行队有 426 名飞行员，可能中间有新飞行员补充，所以损失了 308 名，最后还有 268 名飞行员回国。——译者注

战斗机再次帮助了德军，在 1917 年 4 月的"血腥一周"中，德国战斗机群在阿拉斯给英国皇家飞行队造成了前所未有的损失，并控制了贵妇小径的制空权，阻止了法国空军的摄影侦察和气球观察。直到 5 月和 6 月，随着包括英国的 S.E.5 战斗机、索普威斯"幼犬"式战斗机和法国的斯帕德战斗机在内的新一代飞机的问世，协约国才重新占据优势。[51]因此，无论是在空中还是在陆地上，主动权都是相互交替的，但是空战对战役的影响仍处于边缘地位。1916 年 7 月 1 日，压倒性的空中优势并未给英国人带来多少帮助，英国空军的损失也未阻止英军在阿拉斯战役的首日取得重大成功。但是在一战的其他时间，比如凡尔登战役的第一阶段、索姆河战役的最后阶段和贵妇小径战役期间，德军的空中优势还是增强了他们的地面作战效力。

空中观测和摄影促成了一个不那么引人注目但很重要的发展趋势，即提高火炮的效能。到 1917 年，英法有了更多更重的火炮，发射的炮弹更多更可靠，发射的高爆弹的数量超过了榴霰弹的数量，准确性也在提高。这些成就得益于三项技术。第一项是英军的"地图射击"能力，即在没有事先警告敌人也不暴露自己位置的情况下，根据地图坐标打击敌方目标的能力。一旦英国远征军准备好了整个英国前线的新版大比例地图，"地图射击"就变得更加容易了。第二项是英军发明的闪光探测和声音测距等新技术，这些技术提高了炮兵的反打击能力，英国提高炮兵的反打击能力是为了和法国侦测敌人大炮的技术保持同步。[52]这些都是需要经专门训练才能掌握的技术，平民百姓需要几个月甚至几年的时间才能学会。[53]第三项是徐进弹幕射击，它首先在卢斯战役中尝试，并在索姆河战役后期普遍应用。步兵尽可能紧追在前方 20 码处的弹幕后面，其目的与其说是摧毁敌人的防御工事，不如说是压制敌人的防御工事，方法是借助弹幕掩护使攻击者逼近德军，在弹幕解除后，他们可以在矮墙上建立射击阵地以阻击德军。当火炮使用新的"106"引信后，它的杀伤力甚至更大，当炮弹击中地面时而不是钻入土中后引爆，炮弹对铁丝网造成的破坏更大。[54] 在面对 1917 年协约国的进攻时，尤其是在这一年的晚些时候，很多德国火炮事先做了静音处理，从而能更好地保护德国步兵。

193 　　在某种程度上，步兵的进攻方式也发生了变化。索姆河战役首日，战斗规模之大，在这一时期是很少见的。德国人于 1915 年开始试验突袭作战方式，这是后来的德国暴风突击队的雏形：经过专门训练的小队独立行动，其配有特殊装备，使用火焰喷射器、战壕迫击炮、轻机枪和手榴弹。凡尔登战役首日，德军先锋部队就用割线器和炸药破坏了法军的铁丝网，火焰喷射器开始攻击法军的核心部位，在弹幕掩护下，德军发起一波接一波的进攻。当鲁登道夫接手德国最高统帅部时，他要求每支军队都要配备一个暴风突击队，并发布了突击战术的新指令。[55] 法军方面，早在 1915 年 5 月，贝当就使用航拍技术来协助法国炮兵进攻维米岭，并训练法国步兵在敌军密集炮击停止后立即前进。在 1915 年的凡尔登战役后，法军修改了战术原则，在索姆河战役开始时，法军的步兵以小组为单位向前进攻，互相掩护以增强防御能力。尼维尔的凡尔登反击战也遵循了类似的模式[56]，法国在 1917 年 1 月组建了自己的特殊突击队——

掷弹兵。[57]这些新做法预示着作战原则发生了转变。法国上尉安德烈·拉法格（André Laffargue）根据他在 1915 年 5 月阿尔图瓦的作战经验撰写了一本小册子《堑壕战中的进攻》（*The Attack in Trench Warfare*），其中对渗透战术的必要性所做的开创性陈述引起了历史学家的高度关注，尽管它既不是完全创新的，也不是渗透战术作战理论的唯一来源。尽管如此，这本书还是被用作法军手册，并在 1916 年被翻译成英语和德语，尼维尔和德国最高统帅部都受到了它的影响。[58]就连英军指挥官在 1916 年 7 月 1 日也沿用了这一缺乏创意的战术，因为他们怀疑新军是否有能力、经验或凝聚力独立开展行动；英军指挥官也根据索姆河战役重新考虑战术，并在 1917 年初发布了新的指导方针。[59]简言之，凡尔登战役和索姆河战役是一个学习的过程，没有明显优势的战术组合就难免让进攻部队付出很大的代价，推进得缓慢而艰难。

　　导致战术僵局出现的最后一个原因是防守方也在不断学习。[60]法尔肯海恩坚守第一道防线的做法在 1915—1916 年受到了德国最高统帅部作战部门越来越多的批评，德军军官们预见到，随着协约国炮兵技术的改进，德国守军将付出更大的代价。在凡尔登战役中，双方都因将兵力集中在前线战壕而损失惨重，而在索姆河战役初期，德军再次遭受重大损失。随着战斗的发展，德军的防御体系更加分散。第二集团军参谋长弗里茨·冯·洛斯贝格（Fritz von Lossberg）意识到师部通知到达营级单位需要 8～10 小时，因此支持将战斗决定权下放给营长。兴登堡和鲁登道夫结束凡尔登战役后，德军开始挑战协约国的空中优势，同时补充了军队和大炮，因 *194*

此在 1916 年 9 月后，德军借助天气，成功地使英法联军的推进几乎停滞，并击退了英法联军的进攻。为了应对敌人更大的火炮，德军发展了一套更灵活的防御系统，尽管他们自己的许多指挥官心存疑虑。鲁登道夫希望在西线打一场更经济的防御战，在如何做到这一点上，他比法尔肯海恩思想更开放。在 1916 年 9 月批准建造兴登堡防线的同时，他要求他的工作人员制定一份关于防御的新文件，这份文件于 1916 年 12 月发布，这份文件也受到了一些批评。它的倡议者主张前线部队用一条狭长的战线来引诱攻击者进入一个开阔区域，在那里英法军队将受到来自四面八方的射击，然后用驻扎在后方炮兵射程之外的部队的反击击退英法军队。1917 年 4 月，前线的兵力密度的确没有 1916 年 7 月那么高。4 月某个早晨的 5：30，英军在阿拉斯下雪的时候发起了攻击，这比德军预期的进攻提前了，德军的反击部队在 15 英里之外，英军的进攻让德军第六集团军感到惊讶。相比之下，在贵妇小径的德军完全知道会发生什么，他们兵力虽少，但是坚守前线；法国步兵突破了第一道防御工事，却发现自己被德军混凝土中的机枪阵地的火力包围了。如果说阿拉斯战役展示了进攻方法和技术的发展，那么贵妇小径上的战斗则凸显了防守方法和技术的发展，总体而言，防守方更有优势。

这种分析在多大程度上可以推广到其他战场？加利波利半岛战场狭小，其兵力密度甚至比西线还高。由于没有铁路，双方都靠海上补给，英法军队的补给从穆德罗斯湾而来，土耳其军队的补给从君士坦丁堡穿过马尔马拉海而来。与西线相比，协约国军队弹药和补给短缺，空中支援也很少，当 U 型潜艇的威胁促使英法海军撤回战列舰时，英法军队便失去了海军火力的支持。尽管如此，较之于其他战场的法军，他们更倾向于在陡峭的山坡上与装备有现代步枪和机关枪的同盟国军队作战。一旦同盟国可以通过铁路运送重型火炮到君士坦丁堡，协约国军队除了撤退，就别无选择。总的来说，兵力部署的高密度和火力革命在加利波利战役中发挥的作用与在法国其他地区的战役中发挥的作用类似。

　　同样的情况也发生在意大利战线，到 1916 年，150 万意大利军队面对的是奥匈帝国一半的军队。虽然奥意边界长约 375 英里，但它的两个活跃区域——伊松佐河和特伦蒂诺——只占整个奥意边界的一小部分，伊松佐河阵线长约 60 英里。[61] 因此，这两个区域的兵力密度也很高。阿尔卑斯山像一堵高墙一样矗立在意大利北部平原的边境上，有效地挡住了进攻者。这里的条件甚至比法国还要糟糕：必须用炸药从岩石中炸出壕沟，或者在冰川两侧开凿壕沟。成千上万的士兵被冻死，在高海拔地区窒息而死，或者被雪崩掩埋。在伊松佐河地区，朱利安阿尔卑斯山（Julian Alps）与卡索高原之间有一条狭窄缝隙，但伊松佐河本身形成了一道屏障，奥匈帝国建立了与之平行的防御工事。双方在伊松佐河几乎立即就陷入僵局，一直持续到 1917 年。1916 年奥匈帝国进攻特伦蒂诺比意大利进攻伊松佐河取得了更多的领土，但这一进攻势头很快就因为布鲁西洛夫攻势分散了康拉德的注意力而受到遏制。1915 年，在法国的奥军多于德军，但德军受益于地形——水流湍急的河道以东隆起的干旱多石高原，而且他们多年来一直在改善铁路设施。意大利的重炮和军需品不如英法，而机枪数量也比不过奥匈帝国。据一名法国观

195

察员说，意大利炮兵的战线拉得太长，根本无法摧毁奥匈帝国的大炮和战壕，意大利最高司令部似乎不知道需要做什么准备。[62]一年后的情况与此类似：由于意大利炮兵未能摧毁奥匈帝国的第二道防线，而且反击火力也太小，意大利的步兵遭遇了奥匈帝国精确的防御炮火的反击。与 1915 年相比，意军虽然还是缓慢前进，但是俘获了很多俘虏，占领了更多领土。[63]随着战争的进行，卡多尔纳配置了更多的兵力和枪支，但他的军队似乎并没有从西线学到什么，只是在 1917 年春天才尝试徐进弹幕射击，而且步兵战术改革也非常缓慢。[64]然而，奥匈帝国本身无力进攻，而普通意大利士兵的耐力也不容小觑。直到 1917 年秋天德国人到来，奥匈帝国和意大利之间的僵局都无法打破。

196　　　如果加利波利战线和意大利战线的战斗战术动态与法国和比利时的类似，那么其他地方就大不相同了。中东和非洲的兵力密度要低得多，后勤情况也大不相同。最初的难题可能是如何确定敌人的位置，而不是在无人区进行侦察。高加索方面是一个未知战场，其气候和地形都很复杂，很难与欧洲其他地方相比，但是喀尔巴阡山脉和特伦蒂诺的山地战与欧洲其他战场有一定的相似之处。另外，顽固的守军借助步枪和机枪阻击进攻部队，使进攻方士气受挫，1914 年 11 月的坦噶、一年后的泰西封莫不如此，英国援军同样难以突破库特周围的土耳其守军。1917 年春，默里攻击加沙，他用坦克攻击土耳其军队的铁丝网和战壕防御工事，虽然土耳其留下了一个可供英国人利用的开放的侧翼，但是默里没有抓住这个机会。欧洲以外的作战环境与欧洲大相径庭，西线战术仍然朝着现代武器和高兵力密度的方向发展。

　　法国、佛兰德斯、伊松佐河和加利波利属于同一类型的战役，美索不达米亚和非洲属于另一类型，而东线和巴尔干战线则介于二者之间。1915 年初，东线战线长约 1 060 英里，是西线的两倍多，尽管俄军的撤退将东线缩短至 620 英里，但罗马尼亚参战又将东线延长了 250 多英里。东线军队的规模明显小于西线，兵力密度更低。在 1915—1916 年的冬天，协约国在西线每公里部署 2 134 人，但俄国在东线每公里仅部署 1 200 人。[65]德国在东线每部署 1.5 个师，就在法国或比利时部署 5 个师，而奥匈帝国在意大利前线的兵力密度是其在俄罗斯前线的 6 倍。[66]东线的机枪和火炮密度也比较低，两军之间是广阔的无人地带。有时牲畜在两军之间来回吃草。由于被轰炸的风险更小，战壕系统更薄弱，更多的人集中在前线，机动预备队规模也更小。然而，东线的铁路数量也较少，这使东线援军进展缓慢。所有这些因素都使突破变得更容易，德军在戈尔利采-塔尔诺和布鲁西洛夫在卢茨克都实现了突破，尽管二者的情况截然不同。在戈尔利采，俄国把野战炮兵部署在低山上的土方堡垒里，在那里指挥中间的战壕。以东线的标准来衡量，该区域是强大的；以西线的标准来看，这里肯定算不上强大，这里的铁丝网很简陋。德军的炮击是东线迄今为止规模最大的一次，但是德国的炮兵优势不及 1915 年的英法，也不及部署在索姆河一带的德军具有优势，德军的步兵战术也没有创新。[67]德军的突击部队在前一天晚上向前推进，已经挖好通向俄军阵地的壕沟，德军在空中扫射的支持下，以密集的小股部队向前推进，俄军的步枪和机枪给德军造成了

197

大量伤亡。对于德军而言幸运的是，大部分地区的俄军抵抗很快就被击败，俄军要么投降，要么因为将军们担心被包围而匆忙撤退。相比之下，到 1916 年，与布鲁西洛夫对峙的奥匈帝国已经建立了三道防线，每条战壕都有机枪掩体、很深的防空战壕和高大的铁丝网，但是俄军的空中侦察表明奥匈帝国几乎没有预备队。布鲁西洛夫的部队挖掘战壕，深入敌阵，并对敌军进行了快速轰炸，随后由经过特别挑选和训练的部队发起突袭。换句话说，防守阵地的战术和进攻战术都比一年前有所进步。[68] 与 1915 年相比，这条战线更短、更稳定，这里的情况也越来越接近西线的常态。在其他战线上，机动作战的障碍增加了，尽管西线军队正在摸索排除这些障碍的办法。虽然技术、后勤和战术方面的考虑是解释战争过程的必要因素，但孤立地看待它们是不够的。在布鲁西洛夫取得胜利后，俄军后来在科夫罗（Kovno）周围对德军发动了进攻，虽然战线狭窄，火力更猛，但都无济于事。东线和西线在主要方面仍然有很大差异。英国、法国和德国军队的作战能力并不相同，德军给对方造成的伤亡大于自身伤亡。[69] 但在 1917 年之前，这三个国家即使在伤亡惨重的情况下也能坚持作战。相比之下，布鲁西洛夫在双方都不会轻易放弃的准备良好的阵地占据了优势，德军以远远低于他们在法国需要的火力和战术技巧的情况下突破了戈尔利采。奥匈帝国的许多部队在凝聚力、士气和装备方面都不如俄军，就像俄军各方面不如德军一样。武器发展对于解释战区和战斗总体模式之间的差异也至关重要。现在必须考虑军队的质量和数量以及战争经济的成败。

第8章 人力与士气

战争对人力的需求是巨大的。一战期间，德国武装部队人数为
600 万～700 万，其中大约 500 万为野战军，战争期间德国共动员
了 1 320 万男性：约占 17～50 岁男性总数的 85％。[1]俄国动员了
1 400 万～1 550 万人[2]；法军动员了 840 万人，其中 774 万人来自
法国本土，47.5 万人来自殖民地[3]；英国拥有陆军 490 万人，海空
军 50 万人，相当于战前男性劳动力的 1/3。[4]海军和空军需要招募大
量人员，各国需要大量文职人员来维持服务供应，战时行政机构也
需要扩充工作人员，但是陆军对人员的需求量最大，伤亡也最多。
与其他领域一样，协约国在人力方面的优势在战争中期逐渐凸显，
到 1917 年春天，双方都尽了最大努力去挖掘人力资源。从那时起，
同盟国只有用武器代替人力，才能与协约国抗衡。

没有哪个欧洲大陆的大国会预料到战争会如此漫长而残酷。各国的征兵制度意味着，各国在和平时期大多登记了身体健全的人，并拥有征召他们的机制，而且许多人接受过军事训练。即使如此，事实证明，在一战爆发的第一年之后，征召受过训练的军官和士兵比制造武器更困难。1914 年以前，法国征召的适龄男子约占 80％，而德国为 56％，俄国为 25％。[5]战争爆发时，法国吸取了 1870 年普法战争的教训，那就是必须把所有兵力都投入第一次战斗中，除了征召 1911—1913 年应该入伍的士兵之外，法国还征召了 1887 年之前出生的 24 个较早年龄段的人员。[6]士兵到了应征年龄或不足应征年龄就被征召入伍了：1914 年 8 月至 9 月征召了 1914 年应该入伍的新兵，最后这批新兵中有 1/3 的人死亡或失踪，1914 年 12 月提前征召了 1915 年应该入伍的新兵，1915 年 4 月提前征召了 1916 年应该入伍的新兵，1916 年 1 月提前征召了 1917 年应该入伍的新兵，1917 年 4 月至 5 月提前征召了 1918 年应该入伍的新兵，1918 年 4 月提前征召了 1919 年应该入伍的新兵。[7]到 1916 年 1 月，87％的法国男性被征召入伍[8]，每个新兵团平均有 25 万～30 万人，从那时起，新兵数量几乎可以补上前线的伤亡人数。尽管在凡尔登和索姆河损失惨重，法军数量仍然足以保证法国继续参战。到尼维尔攻势结束时，法国总共损失了总兵力的 3/4。[9]西线作战的法国士兵人数在 1916 年 7 月达到顶峰，为 223.4 万人，到 1917 年 10 月下降到 188.8 万人。[10]在军队服役的人中，非战斗人员的比例越来越高，这反映出保障工作量在增加的趋势。到 1917 年 4 月，约有 55 万人被免除参战的义务，许多议员认为这违反了法国的平等原则。1915

年 8 月的《达尔比兹法案》（*Dalbiez Law*）和 1917 年 8 月的《莫里耶法案》（*Mourier Law*）的目的是让年轻的技术工人走上前线，只有年长者才可以留在后方的兵工厂。政府和最高指挥部不愿意遵守这两项法案，它们都被做了彻底的修改，最终没有生效。[11] 因此，军队难以从军需行业的劳动者中弥补军队减员产生的缺口，于是军队指挥官便想通过补充更多的武器和弹药来弥补前线人员的损失。殖民地的新兵也不能弥补军队减员的缺口。战争期间，法国从其殖民地主要是从北非和西非招募了大约 60.7 万名士兵。其中，13.4 万殖民地士兵来到欧洲，他们经常被用作突击队，例如在贵妇小径战役中，有 3.1 万名殖民地军人战死在那里。尽管在 1916 年和 1918 年进行了大规模招募，但即使在殖民地军人数量最多时，殖民地军人也只占西线法国战斗人员的 4% 多一点。[12] 尼维尔攻势失败后，法军根本无法在进一步的大规模进攻中承受大规模伤亡，即使军队愿意承担这些代价。

如果说法国在 1917 年春天接近可用兵力极限，那么俄国的极限来得更早。考虑到俄国庞大的人口基数，出现这一问题似乎令人惊讶，但出于财政和政策的原因，大战爆发之前，俄国的征兵率远低于西方国家。1914 年 7 月，俄国总共动员了约 450 万人加入现役部队，这些现役军人是在 1911 年、1912 年和 1913 年入伍的，在此基础上又动员了约 310 万预备役人员（他们曾在 1904—1910 年服役），大部分一类预备役军人继续参加每年的训练。但在 1915 年开始从前线撤退之前，俄国就失去了将近一半的战前训练有素的人员，到 1916 年底，伤亡总数达到 550 万。[13] 为了应对巨大的人员损失，俄国当局召集了曾在 1896—1910 年服役的预备役人员，并在 1914—1915 年提前征召了 1914—1918 年的应征人员，每个年龄段

人数约 55 万人。1915 年 12 月的一项特别法也允许提前征召 1919
年应服兵役的士兵。[14] 除了征召训练有素的预备役人员和年满 17 岁、
18 岁的人之外，军队还征召了以前侥幸逃脱兵役的人，以及从预
备役转入民兵的年长者。为了弥补 1915 年大撤退期间造成的人员
损失，政府匆忙通过了一项法律，允许征召第二类民兵，即那些被
豁免的男子，主要是因为他们的母亲丧偶或家中有许多年幼子女，
他们是家里唯一的经济支柱。当局预料到征召这类人会惹上麻烦，
结果果然如此，1916 年秋天，俄国各地爆发了动乱。尽管如此，
在 1916 年，俄国还是进一步征召了 40 岁的民兵，并更多地使用非
俄国人，结果导致了中亚骚乱。[15]

　　这些权宜之计突出了俄军的特点。如果继续扩大征兵范围，军
队将不得不召集那些未服役的人员。[16] 但要想与德国抗衡，俄国不仅
需要在落后的边远地区征兵，还有很多其他工作要做。因为伤亡和
部分工人被用于生产弹药，到 1916 年，城市工人在新兵中的比例
可能只有 2%，这一比例甚至比和平时期还低。[17] 此外，战前的俄军
士官和军官比例远低于西欧军队[18]，在战争期间，受过教育的男性
可以更容易在后方找到行政工作，而军官团的伤亡情况甚至比普通
士兵还严重。到 1915 年，俄军一些团的正规军官编制只有一半[19]，
到 1916 年底，军官伤亡人数达到 92 500 人。[20] 为了应对这一紧急情
况，当局对应征人员进行了集体培训，到 1917 年春天，所有空缺
职位都已补充完毕，但只有不到 1/10 是正规军官。[21] 新军官大多是
非常年轻的军校毕业生和在校生，他们参加军校速成班，步兵军官
的培训时间只有 4 个月，有的军官在所谓的少尉学校接受基本训

练，他们大多出身于农民阶级或工人阶级，只接受过 4 年的正规教育。这些临时措施缩小了低级军官和高级军官之间的社会鸿沟，但却扩大了精英军事院校出身的高级指挥军官和军队其他人员之间的差距。在俄国工业的努力下，1916—1917 年的冬天，军队的装备更好了，但军队缺乏可靠性和凝聚力。

如果说俄军无法跟法军相比，那么在 1914—1915 年的英国，无论是志愿军还是此后的义务兵都无法满足军队扩充人员的要求。英国招兵模式与欧洲大陆大不相同。首先，英国之外的其他地方对大英帝国扩充兵力做出了重要贡献，仅印度就招募了 1 440 037 名志愿兵。1915 年，有 13.8 万人的印度军队驻扎在西线，暂时充当着英军防线的主体；在中东服役的印度人更多。加拿大向海外派遣了 45.8 万人，纽芬兰派遣了 8 000 人，澳大利亚派遣了 33.2 万人，新西兰派遣了 11.2 万人，南非派遣了 13.6 万白人作为战斗人员，并招募了 7.5 万非白人在欧洲和非洲服役。英国从加勒比地区招募了 1.6 万名志愿者，在东非招募了大约 3.4 万名战斗人员，在西非殖民地招募了 2.5 万名战斗人员，而作为搬运工的非洲人则更多。[22] 一般来说，这些人员都由使用他们的国家支付报酬，这对他们的祖国来说是一笔巨大的福利。其次，英国更多地利用志愿兵。法德也有志愿兵，主要是受过教育的年轻人，他们在被征召之前就入伍了。但在索姆河战役打响的那一天，参战的绝大多数法军和德军都是征召入伍的，而所有英军都是自愿入伍的。[23]

一战期间，只有 1/8 的英国陆军是在 1914 年之前入伍的，而海军则有一半是在 1914 年之前入伍的。战前，英国政府没有组建

201

一支正规军或派遣超过 6 个师的英国远征军到欧洲大陆的应急计划；即使是本土防卫队的大多数成员也没有承诺会到海外服役。[24] 战争爆发后，志愿军人数的大量增加使自由党政府能够在不违反原则、不冒政治共识风险的情况下向欧洲投送兵力并接受战争中的重大伤亡。然而，志愿军人数增加之迅猛是出人意料的，由于将招募工作委托给地方当局和雇主等机构，陆军部失去了对征兵的控制，因而招募的人数远远超过了陆军部的食物、装备、训练甚至住房供给能力。截至 9 月，已有 478 893 名志愿入伍者，在蒙斯战役和马恩河战役之间那焦虑的几周内，英国志愿军人数增加最多。基钦纳不喜欢本土这些非专业的志愿军，尽管他们确实大大扩充了新兵，大部分志愿军都加入了他的"新军"，这是一个全新的组织，既不同于英国的本土部队，也不同于旧的常规部队。[25]

就像一战的许多其他事情一样，志愿服务在英国历史上没有什么先例。在战争期间，英国招募了 240 万名志愿者，此外还有 250 万人应征入伍。[26] 他们来自不列颠群岛的各个地区，来自英格兰南部和爱尔兰南部农业县的人相对较少。即便如此，战争期间仍有 14 万多爱尔兰人自愿参军，约 3.5 万人死亡。[27] 各行各业都有参军的典型代表，虽然主要是年轻男子，他们的年龄往往低于规定的最低年龄 19 岁，有时低很多。[28] 在综合分析信件、口头证词和回忆录以及不同社会阶层的动机的基础上可以得出结论，英国青年积极应征入伍是受到了旅行、冒险和参与重大事件等多重因素影响而产生的结果，也受到了议会招募委员会所指导的宣传运动、社会上层和同辈压力以及证明自己是一个男子汉的愿望等因素的影响。而在就业压力比较大的那段时间，失业也在其中起到了一定的作用。爱国主义也是青年人参军的影响因素，爱国主义意味着响应国家号召，保卫家园，在蒙斯、伊普尔和卢斯的军事危机之后，征兵热达到了高潮。[29] 在自治领，由于地理位置偏远，征兵的热潮更加引人注目：例如到 1914 年底，有 52 561 名澳大利亚人参军。1/5 的澳大利亚军人和 2/5 的加拿大军人出生在英国，和英国本土一样，成千上万的新移民参军的原因包括失业、追求冒险和对现代战争的无知，当然他们也真诚地希望为祖国出力。在印度殖民地，应征人员主要来自传统的尼泊尔和旁遮普（Punjab）的北部地区，这些地区被英国人视为"军事种族"的故乡，但是随着战争的发展，更多的应征者来自印度南部和地位较低的社会群体。[30] 相比之下，1914 年 10 月的南非阿非利卡人起义，部分是针对英帝国的服兵役。在加拿大，法裔加拿大人占人口的 35％，但只占加拿大远征军的 5％。[31] 在最初的参军热情消退后，每个月的志愿者人数都在显著下降。[32] 1915 年夏天之后，英国的志愿者人数一直未能满足军队的要求，引发了一场旷日持久的政治危机，人们都在讨论接下来该做什么。

　　1915 年 5 月阿斯奎斯组织第一届联合政府，之后的一年中，征兵是英国最重要的政治议题。人们普遍认为，入伍人数太少，特别是以下这些事件更加重了人们的担忧，首先是在 1915 年 7 月的加来会议上，基钦纳接受了协约国要求英国派遣 70 个远征师的任务；其次是新军在卢斯遭受了第一次重大损失，英国政府同意在 1916 年发动大规模攻势以配合尚蒂伊战略。同时，劳合·乔治从财政大臣调任新成立的军需部任该部大臣，成立军需部的目的是提高炮弹产量，他知道他的政治前途取决于他在新职位上的表现。他转而主张实行征兵制，认为这样能确保他的军需部所需要的技术工人不用服兵役。因此，这场辩论从来不是自由党的挑剔和军队对士兵的需求之间的简单较量，尽管阿斯奎斯的批评者要求征兵部分是出于象征意义，以找出"逃避兵役者"，并把这个问题作为政府意志获胜的试金石，就像贝特曼对德国潜艇战批评者所做的那样。征兵有可能疏远工党和英国工会联盟，他们担心这会导致强制平民劳动，削弱工会讨价还价的能力。征兵制还可能造成自由党和内阁的分裂，让阿斯奎斯卸任：这正是许多保守党人所希望的，也可能是劳合·乔治希望的。然而，保守党领袖博纳·劳在面对这场可能导致政治分裂的危机时犹豫不决，反而默许了阿斯奎斯的拖延策略。因此，强制征兵以隐蔽的方式进行。1915 年 7 月的《国家登记法案》（*The National Registration Act*）对所有年龄在 16 岁到 65 岁之间的男女登记姓名和职业。1915 年 10 月至 12 月，英国推行"德比计划"（Derby scheme），这一计划因募兵总监德比（Derby）勋爵而闻名，该计划让适龄男性自愿宣誓服役。由于该计划未能实现预期目标，也可能是故意失败，于是英国开始实行义务兵役制。1916 年 1 月的《兵役法》规定 18～41 岁的单身男子都应服兵役，但有些人可以豁免，包括从事与战争相关的工作者、有家庭或事业困难者、有健康问题以及出于道义原因而拒服兵役者。在一段令人不安的时间过后，新制度下每月的义务征兵人数只有实行志愿参军时的一半，5 月颁布的第二个《兵役法》将强制征兵范围扩大到已婚男性，和前一项法案一样，爱尔兰的男性也被免除兵役。首相可能接

受了征兵不可避免这一现实，但他希望征兵能保持他的政党团结和
首相之位：因此，他一直等到《国家登记法案》和"德比计划"确
认英国的兵源只有强制征兵才能被充分挖掘出来之时，才同意强制
征兵。尽管如此，大英帝国新任总参谋长罗伯逊还是要求征召已婚
男子，他得到了劳合·乔治和保守党领导人以及许多媒体的支持。
关于征兵的讨论打击了阿斯奎斯政府的权威，加速了自由党的衰
落，也证实了英国将全面卷入一战的承诺。[33]

　　英国实行义务兵役制为新西兰开创了先例，1916 年 7 月新西兰 204
开始实行义务兵役制。加拿大直到 1918 年才开始效仿。1916 年 10
月和 1917 年 12 月，澳大利亚就义务兵役制进行了两次公投，但都
没有通过。第一次以微弱劣势未获通过，而第二次则以较大劣势被
否决。反对的声音部分来自激进分子和社会主义者，部分来自爱尔
兰人和天主教统治阶层，他们对英国镇压 1916 年都柏林复活节起
义十分反感。即使在英国，征兵也未能解决"人力"（这个词在当
时成了政治词汇）问题。[34] 1916 年实行征兵制征召的士兵反而比
1915 年没有实行征兵制时的还少。[35] 基于道德和宗教良知而拒服兵
役的规定，阿斯奎斯顾忌个人影响以及自由党的批评而做了某些让
步，这些都是士兵减少的原因，但不是主要原因。[36] 在 1916 年 3
月 1 日至 1917 年 3 月 31 日豁免兵役的 779 936 人中几乎没有人
是因为良知和宗教的原因而豁免的，而是因为身体条件或受雇于
重要工业部门。征兵制度更好地保护了铁路、采矿和军火行业
（因为志愿入伍制已被废除），而其他领域如商业领域则加大了征
兵力度。[37] 这对于军队来说没有什么好处，索姆河战役的巨大损失

使兵力更加不足。[38]前线和军需生产都严重缺人，政府夹在二者之间左右为难。尽管英国远征军从 1915 年 12 月 1 日的 90.7 万增长到 1916 年 10 月 1 日的 137.9 万，到 1917 年 10 月 1 日又增加到 180.1 万，1918 年达到顶峰，但是他们的战斗力开始下降。[39]意军人数也在 1917 年达到峰值，并显示出和英军类似的发展迹象。[40]在军人的补充方面，英国和意大利落后于法国和俄国，但差距并不大。

协约国实施尚蒂伊战略的前提是，它们认为同盟国的兵源已快要耗尽。[41]会议建议，协约国需要每月让德国减员 20 万人。[42]事实上，协约国正确地计算出同盟国的兵源储备少于协约国，但高估了自己承受伤亡的能力，低估了敌人特别是德国的韧性。除了地位边缘化的保加利亚，压力最大的同盟国可能是奥斯曼帝国，该国的基督徒和犹太人（约占该国人口的 1/5）可以通过缴税来免除兵役，富裕的穆斯林也可以免除兵役。库尔德人主要被用作非正规骑兵；随着战争的继续，帝国内有 600 万阿拉伯人被广泛征用，但当局认为他们的战斗力不如土耳其人。因此，大部分征兵的重担落在了安纳托利亚高原（the Anatolian plateau）的大约 1 000 万土耳其农民身上，即使动员 80 万人的军队，也只占人口的 4%（而在法国，这一比例高达 10%）。尽管奥斯曼帝国的军队人数在 1916 年初达到了顶峰，但是它在高加索战役和达达尼尔战役中失去了最优秀的部队。一年后它的军队人数下降到 40 万，到 1918 年 3 月下降到 20 万。[43]奥匈帝国虽然比较富裕，总人口超过 5 000 万，但它是一个多民族国家，在 1914 年之前，它的军队规模较小，从每个年龄段符合条件的人中大约只征召了 1/5。德国继续在东线作战的一个原因是俄军在数量上远远超过其盟友。1914 年，奥匈帝国征召了 350 万人，几乎包括所有训练有素的预备役和未经训练的本地人，在头 6 个月里伤亡 125 万人。尽管奥匈帝国提前征召了 1915 年的兵源，但还是人手不足，这是 1915 年春天奥匈帝国遭遇军事危机的重要原因。[44]奥匈帝国军队的人数很早就达到了顶峰，从 1915 年开始，它只能勉强自卫。到 1915 年初，奥匈帝国损失或失踪了 48% 的军官，而俄国和德国的这一比例分别为 25% 和 16%。[45]1915 年 4 月，18～20 岁的士兵被征召参加"陆地突击队"，而 1916 年只有提前 7 个月召集 1898 年出生者才能保证让野战军继续作战。在征召 1899 年出生的人之前，军队只能凑合着应付战争。[46]

德国的情况本来应该更有利，它有 6 500 万人，种族基本相同，1914 年之前德国的兵源征召比例仅低于法国。然而，即便如此，兴登堡和鲁登道夫在接管德军时，都对德国的兵源短缺深感焦虑。和法国一样，德国也有大量训练有素的预备队，这使德国从一开始就能维持一支庞大的野战军；与法国不同的是，德国的出生率很高，每个年龄段的兵源人数也很多；德国在 1915 年征召了 1895 年和 1896 年出生的士兵，在 1916 年又征召了 1897 年和 1898 年这两年出生的士兵。[47]事实上，1879—1899 年出生的所有男性都服过兵役，出生于 1892—1895 年的男性的死亡率为 35%～37%。1914 年 8 月至 1915 年 8 月，德军人数为 460 万，1915 年 8 月至 1916 年 8 月为 530 万，1916 年 8 月至 1917 年 8 月为 580 万，但在 1917 年 8 月至 1918 年 8 月，德军人数下降为 490 万。但这仍然是一支非

206　　常庞大的军队，有充足的人力储备，协约国在 1916 年的消耗战没能阻止德军扩张，1917 年德军规模达到最大。[48]鲁登道夫在 1916 年 9 月提前征召了 1898 年出生的士兵，同时将德军撤退到兴登堡防线，并放弃了 1917 年的一次大规模进攻。此外，他和兴登堡力主通过一项新的《辅助兵役法》，但这一法案和英国的征兵制度一样，导致更多士兵被留在国内。① 德国与英国和意大利同时达到兵员数量的巅峰，1916 年之后，和其他交战国一样，德国开始重组部队，并使用更多强大的武器来弥补其不断减少的人力，以便继续战斗。

考虑到战争前几周内造成的惊人的伤亡率，直到 1917 年所有交战国才遇到人力危机，这似乎有点奇怪。1916 年，各国征召了大量士兵进行战斗。一个看似矛盾的原因是堑壕战。暴露在炮轰下的部队的第一反应就是挖掘堑壕。1914 年 8 月和 9 月，法军阵亡人数达到了开战以来的最高点。1918 年 6 月，又是一个战斗相对激烈的月份，也是法军阵亡人数的第二高点。[49]在 1914—1915 年冬季的机动作战和 1915 年夏季的进攻中，东线德军损失最为惨重。在战争的第一年，德军在东线的损失超过了西线损失的 1/4。[50]西线的人员伤亡率很高，如果没有战壕、沙袋、防空战壕和碉堡等设施，西线的伤亡率会更高，这些设施使攻击方炮火的威力大大减弱。据估计，在索姆河战役中，英军要用 30 发炮弹才能打死一个德国兵。[51]但是，话说回来，如果没有战壕，双方不可能一直保持如此近的距

① 参见第 9 章。

离，尤其是随着战争的推进，双方拥有的武器的威力越来越大。[52]战壕和铁路补给线、罐头食品等方面的创新使常年打仗成为可能，而不是像过去那样，军队在冬季要撤退到营地。此外，法尔肯海恩和霞飞等指挥官打算用战壕腾出军队，加入机动预备队，从而攻打其他地方。挖掘堑壕减少了人员伤亡，并降低了消耗速度。但是，它是否在整个战争中拯救了士兵的生命尚存争议。

医学的作用更为重要。一战之前的几十年里，麻醉学、消毒技术和无菌手术、细菌学取得了惊人的进步，民用和军用医疗事业也在兴起。1914 年，德国是在医学方面准备最充分的交战国，德国有33 031 名医生，其中大多数被政府雇用，这些医生的 80％被征召为军医。[53]到 1915 年 10 月，约有 1.8 万名法国医生被征召。[54]英国共有医生 22 000 人，其中一半被征召为军医。[55]人们经常指出，一战是除日俄战争外，第一次因伤亡人数超过因病死亡人数的战争。例如，在布尔战争中，2/3 的英国士兵死于疾病。[56]然而，这种描述用在西线比用在其他地方更合理。土耳其军队死于疾病的人数是受伤人数的 7 倍[57]，在东非，疾病是主要杀手。在马其顿，协约国军队死于疟疾的人数比保加利亚军队多得多。1915 年，1/4 的塞尔维亚军队饱受斑疹伤寒之苦，这也是塞尔维亚军队覆灭的主要原因[58]；在东线，超过 500 万名俄国士兵因病住院，主要是坏血病，还有斑疹伤寒、伤寒、霍乱和痢疾。[59]尽管如此，他们中的大多数人还是活了下来，而且在整个战争中死于战伤的士兵是死于疾病的士兵的 5倍。[60]在西线，直到 1918 年的流感大流行之前，疾病一直是一种麻烦而非致命杀手，疾病使战壕肮脏不堪，因此我们要对英国远征军的军医及德法军医致以崇高的敬意。英军一旦从战壕中出来，英国就会尽可能地为他们提供干净的饮用水，以及洗浴和洗衣设施。德军被安置在用公共募款购置的移动"屋子"里。1870年法军中天花肆虐，但在一战期间却鲜为人知。[61] 1914年，英国远征军中有32％的伤员感染了破伤风，但到战争结束时，感染率下降到0.1％。[62] 在1898年与西班牙作战的美军中，有1/5的人感染了伤寒，但在1917—1918年，很少有人感染伤寒，到1915年初，90％的英国远征军士兵接种了伤寒疫苗。[63] 这并不是说，从梅毒到"战壕足"（一种由于长期浸泡在不卫生环境中而导致的足部的冻伤病）等各种疾病不会威胁到军队的战斗力和作战效率，但1914年之前专业医疗队伍的崛起，以及预防医学的新发展，使这些疾病的影响比以往小得多，而且大多数感染者可以重返部队。

　　更值得关注的是医学在伤员康复方面的成功，这比其他任何事情都更能说明为什么军队在遭受伤亡巨大时仍能保持战斗力。战争期间进行统计时，通常将死亡和受伤人员放在一起，但没有指出受伤人员中只有少数人无法再次服役。西线伤员面临的第一个困难是用担架运送他们并接受初步治疗。战争的间歇期意味着可以在战场上进行紧急治疗，并且越来越多的英国军人在战区边缘的伤员救助站接受大手术。一战期间，外科手术虽然没有取得重大突破，但也有一些进步：最著名的是对伤口感染的治疗，方法是去除坏死组织，并在一种特殊的温和溶液中持续冲洗。其他医疗技术在战前就已在使用了，并在战争期间得到持续改进，其中包括X光诊断、团队手术和协约国的输血技术。据估计，一战的死亡率为8％，而美国内战的死亡率为 13.3％，克里米亚战争的死亡率为 20％：机枪和烈性炸药对人体造成的损害更可怕、更复杂，但在很大程度上，医疗技术也在不断进步。法军的痊愈比例为 54％。[64]根据官方的记录，有 82％的英军伤员最终重返某种工作岗位。[65]430 万名德国伤兵中有 3/4 的人重回战场[66]；至少 100 万名俄国伤兵重返前线，尽管前线设施很差。[67]驻扎在法国的英印军人即使受了重伤，仍有可能返回前线，虽然很多士兵不愿重返前线[68]，但他们不得不服从命令。通过医治伤病员，征召 18 岁的青年，以及迫使 40 多岁甚至年纪更大的男子承担前线和后方的任务，交战国的战斗人员数量得以维持甚至增加，1917 年各国的参战人数达到顶峰。和其他许多方面一样，这一点展示了欧洲人的智慧。

　　如果说一战期间医学在治疗严重的身体创伤方面比以往更有效，那么在治疗心理创伤方面就没那么成功了。心理创伤在战前很少受到关注，不只军事部门，连新成立的精神病学专业也在摸索中前进。现在的英语国家将创伤后的应激障碍称为"炮弹休克"，毫无疑问它早就存在了，只是之前没有被诊断出来。僵持战的特殊条件加重了士兵的心理创伤，在这种战争中，士兵们在密闭空间内忍受着连续轰炸，几乎无法掌控自己的命运，日复一日地生活在战友们腐烂的尸体旁。在 1914 年和 1918 年的机动作战中，"炮弹休克"的发病率下降了。早在 1915 年 2 月，英国医生查尔斯·迈尔斯（Charles Myers）就在《柳叶刀》（*Lancet*）上的一篇文章中描述了这一症状的基本特征。[69]据报道，在英国远征军中，普通士兵的这种症状表现为麻痹无力、缄默不语、神经衰弱。这种症状初步归因于轰炸下大气压力的变化。直到索姆河战役出现大量病例后，英国当局才勉强承认这一症状，实际上这些患者的心理紊乱是由战区的环境、声音和压力引发的。英国尝试了很多方法来治疗这种疾病，从休息到现在公认的心理咨询，再到催眠和电击；德国医生对于"炮弹休克"患者不太同情，他们普遍采用电击治疗和其他方法来治疗患者。这些方法效果有限，但是在缓解症状方面还是取得了一些成功。因此，87％的患有"炮弹休克"的英国士兵在一个月内就会返回前线服役。[70]官方记录的"炮弹休克"病例，德国约有 20 万，英国约有 8 万，与军队规模相比，这似乎少得惊人。然而，"炮弹休克"可能只是创伤和痛苦的冰山一角，而这些创伤和痛苦的全部影响在多年后才会完全显现出来。[71]

炮弹休克症的蔓延提醒我们，尽管 1914 年的人可能比我们坚强，但他们并不是超人，他们的能力也是有限的。人力问题是定性的，也是定量的。这场战争引发的最迫切的问题之一是士兵们是如何忍受这场战争的，以及他们为什么参战。大量两次世界大战之间的退伍军人回忆录提供了必要的证据，但大多是从初级军官而非士兵的角度进行了记录，其中很多回忆录在服役是值得的、高尚的还是徒劳的、不人道的方面存在争议。特别是在德国，所有战斗人员都有信仰，他们英勇战斗的神话成为魏玛共和国时期民族主义观念的主要内容，即使在 1945 年之后仍然很难质疑这一点。直到最近 20 年，历史学家才借助当时的资源，如士兵信件、军事审查人员的报告和战斗部队制作的"战壕报纸"，重新审视前线官兵对待战争的态度，从而揭示出一幅更复杂的图景，证实了参战的人既不是像传统印象中那样满怀爱国主义，也没有幻想破灭。这项新研究得出的最重要的结论是战争经历因人而异，具有复杂的多样性。不仅各战区之间、同一战线上的不同部门之间甚至同一部门在战斗时和未战斗时，都存在着巨大差异。要让战斗继续下去，不仅政府和指挥官必须发布命令，军官和士兵也必须服从命令，而不是逃跑、投降或停战。 *210*

事实上，在战争中期和 1917—1918 年很多军队的士气与纪律崩溃之前，逃跑、投降或停战这三种情况在各国军队中都出现过，军人并不仅仅是被动地忍受和服从。到 1917 年 11 月，30 多万名土耳其军人叛逃[72]；1915 年，俄军撤退时有 100 万人被俘虏，其中很多人未经抵抗就甘当俘虏了[73]，到 1916 年 12 月俄国被俘 210 万人。[74] 1914 年之后，德奥在东线保持着大量兵力，其中俄军俘虏了 200 万名奥军，而德军只有 16.7 万人被俘。在布鲁西洛夫进攻期间，战场上超过 1/3 的奥匈帝国军人投降了。[75] 在西线，逃兵和投降的规模相对较小：在整个战俘统计中，法军战俘占 11.6％，德军战俘占 9％，英军战俘占 6.7％。[76] 法军战俘的人数为 50 万，英军战俘人数为 18 万。[77] 这在一定程度上反映了战斗的僵持状态，没有突围的可能，也没有逃跑的机会，因为军警就在他们身后，双方都知道被俘可能遭到屠杀，但是不会被遣送到后方。[78] 相反，在前线的大部分地区，双方往往会默契地休战几周甚至更长时间，不仅西线存在这种情况，而且东线、意大利和巴尔干前线都是如此。1914 年圣诞节的友好关系并非特例，但默契休战到何种程度尚不清楚。默契休战建立在非正式的、不言而喻的谅解之上。当一个新的更具侵略性的部队进入前线时，默契休战可能会被打破；如果接替的部队从前者那里得到暗示，默契休战就可能还会继续。通常情况下，双方需要保持最低限度的射击，但是双方至少会达成早餐等时间不进行射击的默契，也避免炮击对方的大后方，以保证对方更方便地运送补给和疏散伤员。在巡逻时，士兵们会故意瞄准高处，或者设法绕过对方。英军前线的大部分地区一直很活跃，在 1915 年尚蒂伊会议上达成消耗战略后，为了践行这一战略，英军总司令部坚持更频繁地进行突袭，这使英军前线变得更加活跃。即便如此，据估计，英国远征军多达 1/3 的战壕巡逻任务可能已经为某种形式的"互谅互让"原则所简化。在法国和意大利前线，从英军占领部分地区后的调查结果来看，突袭没那么频繁，英军和同盟国军队之间的"互谅互让"更为普遍。"互谅互让"需要双方配合，英国人发现撒克逊人和南德军队经常愿意这样做，波兰和阿尔卑斯山的哈布斯堡军队也是如此，但是加利波利的土耳其人就不配合。[79]

堑壕休战很重要，因为它有助于解释是什么让战争变得更能忍受从而延长了战争的时间，因为它表明，战斗的激烈程度在某种程度上是可以协商的，前线部队、士官和一线军官经常会更温和地解读指挥官的命令，指挥官经常要求不断地积极行动，并抓住每一个机会进行拼杀。这如果适用于休战时期，就可能也适用于战争时期。一旦西线的进攻开始，特别是在战争前半段，指挥官将步兵派上前线之后，就几乎无法维持进展，更无法监控进展。各个作战单元在越过无人区后，向预定目标推进。在分散混乱的进攻中，成千上万的军人沿着数英里的战线进攻，拿破仑时代的那种由指挥官控制的场面已不复存在。这种"战役"除了名称本身之外，与滑铁卢战役大不相同。对于 1915 年的法军而言，进攻命令意味着前线部队可以根据实际情况自行决定哪些行动是可行的，如果进攻的唯一结果是毫无意义的伤亡，就不需要向前推进，也不需要战斗到最后一人。政府和高层指挥官创设了这样一种情境，即成千上万的军人携带武器被迫进行杀戮，但他们无法决定杀戮的速度和规模。

　　然而，这种情况比以往的战争更依赖于个人的战斗动机。就目前已知的条件而言，从马恩河、坦能堡到索姆河和贵妇小径，士兵们互相残杀，每天有数千人伤亡，并且持续数周。两个重叠的问题出现了：是什么使他们能够忍受前线的条件？是什么驱使他们冒着死亡的风险去战斗？通常而言，我们对西线的了解比对其他战线的了解都要多，从中得出的结论在一定程度上具有普遍适用性。它们分为四个方面：第一，士兵服役的基本条件；第二，胁迫；第三，人们参与战斗时的群体动态；第四，宏观的意识形态因素。

　　在士兵服役的基本条件中，最重要的是士兵不会一直处于危险中。相反，英军通常的节奏是：一个作战单位在后方待一周，然后在前线战壕中待 3～7 天，在支援战壕和后备战壕中待差不多长的时间。[80] 即使是短暂的休息，对士兵也是有益的。战壕的报纸和信件同样证实了当务之急是为士兵提供睡眠保障、热食物和物质享受，对于老兵来说，战壕经历提高了他们对身体需求的认识，同时在身体需求得到满足时会体会到更多的快乐。[81] 对于筋疲力尽的英国士兵来说，当他们离开前线后，游戏尤其是足球是最直接的娱乐形式，当然吃美食、喝咖啡、参加俱乐部活动、参加音乐会等也是娱乐的

212

补充方式，这些爱好与爱德华时代英国人对音乐的热情和对运动的痴迷一脉相承。[82] 同样重要的是，士兵通过感受家庭生活以满足情感需求。与 19 世纪的帝国对外战争相比，一战时的西线存在一个悖论，即军人在地理上接近他们的家乡，在其他方面则与家乡截然不同，他们迫切需要恢复以前的生活。英国军官可以在战壕里阅读伦敦的杂志，战壕附近有《每日邮报》（*Daily Mail*）出售。[83] 英国远征军每天要处理 7 000 个邮袋和 6 万个包裹，士兵们热切地期待收到邮袋和包裹里面的东西[84]；法军同样关注家人的消息，法军中农民占大多数，他们十分关注农情。[85] 很多濒死之人哭喊着想见他们的母亲，可见家和家人对于士兵们来说有多重要。我们通过书信和回忆录了解到，对于那些不了解前线战斗经历的人而言，士兵和他们难以交流，这是司空见惯的事，根据埃里希·玛丽亚·雷马克（Erich Maria Remarque）等作家的说法，军人和后方的人缺乏交流，这使军人难以适应回家探亲后的状态。[86] 然而，这并非普遍的观点。1917 年法国兵变的主要诉求是军人探亲回家的机会太少了。

　　然而，最后一点提醒我们，即使许多士兵的诉求很简单，这些诉求也常常得不到满足。1917 年 6 月至 7 月，有 40 多万名英国军人已经有 12 个多月没有回家了，更不用说澳大利亚军人和加拿大军人了，他们根本就回不了家。[87] 部队军人在离开前线后也得不到适当的疗养，他们还要做苦力，承受力竭之苦。在法国和佛兰德斯，在前线服役通常意味着失眠、单调，而且食物不足，前线军人在恶劣天气下，缺乏保护措施，常年从事高强度的体力劳动。同时，军人难以掌控自己的命运，他们要服从严格的军纪，还要服从上级的

命令，有时上级可能对战区不太熟悉，发布的命令不可预测，甚至
完全脱离前线实际。[88]法军在食品、医疗保健等多个方面都没有英军
保障得好，而且法军的工资也不高，这导致了法军的不满。根据可 ·213·
信的论证，法军的一些条件与南威尔士矿工、普罗旺斯（Proven-
ce）农民或柏林和勃兰登堡（Brandenburg）农村劳工的差不多。
许多士兵已经习惯了屈服和贫困，但是很多识字的士兵以及其他人
并不甘心。俄军和意军的条件比英法军人差很多，土军的条件更
差，根本谈不上什么物质享受。总之，前线的困难是平民难以想象
的，尤其是不断出现的暴力死亡，这一点正如恩斯特·荣格尔
（Ernst Jünger）所言[89]，住在异国他乡，随时随地一个不小心的行
为或意外的炮弹都可能让人送命。[90]随着时间的推移，大多数士兵适
应了恐怖的死亡、腐烂的景象和难闻的气味，但恐惧难以克服。还
有一些经历通常可怕得超出了人的忍受范围，最典型的就是遭受轰
炸和攻击。用一战期间担任军医、后来担任丘吉尔医生的莫兰
（Moran）勋爵的话来说，每个人的勇气都是有限的，勇气一旦用
完，他就完蛋了。[91]

　　在解释士兵们为什么能忍受这些恶劣条件并继续保持战斗时，
了解一战的"战斗"是什么样子的十分重要。大部分杀戮是用迫击
炮、机枪、步枪、手榴弹，尤其是大炮等武器远距离完成的。面对
面使用刀、刺刀或左轮手枪的情况确实发生过，但相对来说比较少
见，更典型的战斗经历是在炮击下求生存、在机枪火力下占领阵地
或者清理敌人撤离后的战壕。[92]尽管如此，当局还是把进攻者和防守
方都置于一种为了生存而必须杀人的困境中。如果德国守军在

1916 年 7 月 1 日从防空洞中爬出来，机枪安装得太慢，就意味着他们等着被轰炸，一阵炮火就切断了他们的退路。对于黑格的步兵来说，一旦进入无人地带，他们得到掩体的唯一机会就是占领敌人的前沿战壕。他们的背后，都是胁迫他们的手段。德军有时是在军官的手枪威胁下被迫展开行动的。[93] 每支英国部队都有军警来围捕掉队的士兵，德军也是如此。[94] 在英国远征军中，军警与军人的比例从 1914 年的 1∶3 306 增加到 1917 年的 1∶339，增加了 10 倍。[95] 在意军中，卡多尔纳相信只有最严格的纪律才能让意军继续战斗，这或许不正确但是又不得不为之。卡多尔纳会恐吓他的将军们，在 1915—1917 年他解雇了 217 名将军，目的是让他们对下属也采取同样的手段。1915—1918 年，约 33 万名意大利士兵被指控犯有军事罪行，其中 61％的人被判有罪。[96] 意军中总共有 4 028 人被判死刑，实际执行了大约 750 人。与规模更大的英军相比，意军的这些数字明显更高。英军被判处死刑和执行死刑的分别有 3 080 人和 346 人，法军为 2 000 人和 700 人，德军为 150 人和 48 人。[97] 事实上，一战时期德国的军纪远没有二战时严苛，一战时期士兵在信件中流露出的怀疑主义在当时得到了包容，如果同样的事情发生在二战时期，他们可能会被判处死刑。[98] 统计数据似乎证实了那句古老的格言：最好的纪律是自律。如果一支军队必须强加纪律，这说明它已经很脆弱了。

　　除了胁迫，有必要考虑是哪些更积极的力量使士兵在战斗中保持斗志。在任何军队中，都有相当一部分人只是单纯地享受战斗生活，他们中的很多人在战前就已经选择了军旅生涯，喜欢战斗和破坏。许多王牌飞行员似乎都属于这类人[99]，德国陆军的恩斯特·荣格尔和英国的西格里夫·萨松（Siegfried Sassoon）等都是这类人的典型代表。其他人群，比如炮兵，虽然他们远离自己行动所产生的后果，他们也没有留下多少证词，但是这一兵种对于那些喜欢战斗和破坏的人仍有很大的吸引力。而志愿军如德国冲锋队和军队中的机枪兵团，似乎也对那些好斗的人物具有吸引力。即使是步兵，具有强烈自我意识的精英部队往往也很活跃，许多作家强调了用男性尊严来激励军人的行动：不丢面子或不让战友失望。从印度士兵的信件中可以看出，他们特别渴望地位、威望和声誉，他们有强烈的羞耻感。[100]同样，根据一战老兵、法国哲学家阿兰（Alain）的说法，"荣誉是战争的真正动力"[101]。如果士气低落，小团队可能出现兵变和逃兵，所以必须考虑士官和下级军官的领导能力，而不是非战斗人员和高级军官的领导能力。由于下级军官的伤亡率通常比高级军官的伤亡率更高，在 1916—1917 年，下级军官很少是战前有经验的正规军官。法军的规模没有英军扩张得快，而且已经拥有了一个预备役军官团，所以法国军官晋升的机会更少。[102]对于英国远征军而言，即使在 1915 年也很少有正规军官在新军服役，到1917—1918 年，军官阶层出现了明显的民主化：估计至少 40％的军官出身于工人阶级或中下阶级。这有利于改善官兵关系，当时的证据表明，至少在索姆河战役之前，官兵关系总体上是良好的。[103]相反，奥匈帝国的军官伤亡特别严重，它的 2/3 的正规军是说德语的，其余的大部分军人是马札尔人，而被调来接替伤亡军官的中产阶级预备役军官则不怎么卖力，也没有多少时间去学习士兵的语言。[104]同样，俄军在战争期间设立了 17 万个新委员会[105]，意军创造了 160 191 个新委员会。[106] 在特定的地点和时间，小团体的动力和有效领导似乎是至关重要的，它们在一些军队中比在其他军队中更重要，随着战争的持续推进，所有部队都受到了伤亡的影响。

我们必须从更宏大的角度进行思考。其中，军队中的宗教组织似乎明显缺失。许多士兵是迷信的[107]，他们生活在一个陌生而充满危险的环境中，不断地接近自然和死亡。那时欧洲已经进入了现代科技时代，但是前线士兵的迷信程度却与科学理性主义和城市工业文明出现之前的中世纪欧洲人差不多。[108] 总的来说，宗教情绪更多是通过使用护身符和私下祈祷来表达的，而不是通过军队牧师来表达的。现存的第一手资料很少提到官方有在军队中开展宗教活动。[109] 另外，士兵对国家的信心更为重要，这种重要性在缺乏信心时体现得尤为明显。奥匈帝国最高司令部有理由担心捷克和波斯尼亚的塞尔维亚部队不可靠，捷克部队中很早就出现逃兵了。[110] 捷克部队的投降人数很多，奥匈帝国战俘的种族构成与帝国军队的种族构成高度一致，大量俘虏的出现证明了军队士气低落和效率低下，这些情况并非民族分裂主义所致。[111] 除白俄罗斯人和乌克兰人以外，俄国当局不信任其他少数民族。犹太人不能担任俄军军官；波兰人、波罗的海人和中亚人被分散到各个部队，通常不超过这个部队总人数的 15％～20％。[112] 在德国军队中，当局歧视阿尔萨斯新兵。[113] 在奥斯曼帝国军队中，尽管民族主义思想影响不大，但是叙利亚的 *216* 阿拉伯人特遣队军官中逐渐出现了民族主义思潮。即使是在说同一种语言的团体里，意大利司令部也认为来自意大利南部的军人不如北部的可靠，而法国最高统帅部也持类似的观点，这两种情况可能都有一定的道理。换句话说，民族主义和爱国主义确实会对战争产生影响。

这并不是说，公开的民族情感在保持军队战斗力方面发挥了很强的积极作用。最好是用一种更笼统的方式来表达士兵们对他们的"事业"充满信心——这是一种信念的混合体，包括对战争的必胜信念、战争目标的合法性以及爱国之情。爱国精神可能在法国军队中表现得最为明显，法国士兵和军官在信件中与战壕报纸上经常提到他们的国家遭到了入侵，他们需要继续战斗，直到敌人被驱逐出去以及他们的战友为之牺牲的土地被解放出来为止。士兵不分种族，他们对国内政治一无所知，而国内团结和决心抗击德军的证据更坚定了他们的决心。法国士兵越来越鄙视那些无视甚至歪曲前线糟糕现实的记者和政客，也鄙视那些在冲突中牟取暴利的奸商和军需工人；相对于奸商的暴利和军需工人的丰厚收入，法国士兵收入微薄。然而，他们也感到对家庭和家庭生活有一种持续的、强化的感激之情，对于许多人来说，维护家庭和家庭生活不受外敌侵犯似乎是坚持斗争的根本理由。从信件、战壕报纸和审查报告的证据来看，至少在 1917 年之前，他们仍然相信胜利终将到来。[114] 加利波利的土耳其士兵对他们所参加的战争的正义性和成功的前景充满信心；有些人甚至相信，他们如果死了，就会升入天堂。[115] 即使是英军，尽管不是在他们的国土上战斗，他们还是在索姆河战役发生之前，宣誓为国王、国家和帝国而战；后人看来，无不觉得讽刺。[116] 英国远征军的作家和回忆录作者们关注的是一系列体育精神价值观，比如惩罚欺凌者，在与敌方对抗时坚持公平竞争规则，如果不打败敌人，英伦三岛就会受到威胁。在大多数士兵看来，家乡是他们的家庭、街道、城镇或村庄，而不是任何更抽象的东西。即使是那些看起来更坚强的人，也常常固执地相信他们比其他民族的人优越，那些来自自治领的人更是如此，他们对胜利充满信心，这一点丝毫不亚于法国人。[117]尽管英军和法军都遵守了默契休战，但这并不意味着他们喜欢那些侵略者和施暴者，也不意味着许多人相信前线的士兵组成了共同利益集团，来对抗后方的资本家和军国主义者。

　　我们对德军的信息掌握得比较少，很可能很多德军对他们发动战争的正义性持怀疑态度，这一点根据他们对待志愿者的粗暴态度就能判断出来。[118]凡尔登战役之前，德军为持续胜利和胜利所带来的和平希望所鼓舞。在索姆河战役中，德军首次面对装备同样精良的对手，很多德军似乎将这场战争视为一场防御战，是为了守住莱茵河和祖国前哨而战。[119]与1915年的战役相比，索姆河战役持续的时间更长、压力更大，大约有50个师参加了索姆河战役。[120]也许当战争变得更糟糕时，就更容易证明战争的正当性了，就像1917年底意大利被入侵时，意大利人的感受一样。即便如此，相比于普通士兵，军官们可能对爱国主义的感受和表达更准确。然而，如果职业自豪感能够维持士气，那么德国士兵就有充分的理由相信他们比其他国家的士兵更有优势，至少在1916年夏天之前是这样。[121]

　　有人认为，可以从四个方面来探讨战斗动机，那就是物质条件、胁迫、小团体动力和意识形态或爱国情结。"前线宣传"指的是通过散发传单或其他手段来蓄意削弱敌军士气。战争中期，"前线宣传"的作用并不大，后来才有更大规模的尝试。[122] 1915—1916年，军队的凝聚力更多地取决于自身，而不是敌方的行动，但如果这些条件都更有利，那么他们确实可以承受很高的伤亡率。然而，到了1916—1917年的冬天，越来越多的证据表明，使军队保持激烈战斗状态的因素正在丧失。从官方来看，根据黑格的估计和向内阁提交的报告，索姆河战役结束后，英国远征军的士气仍然很高。英军第三集团军的军事审查人员通过审查他们士兵的信件发现，士兵坚持作战的意愿没有动摇，也不希望过早达成妥协性和平。[123] 然而，在战斗后期，尤其是10月天气转冷之后，战斗过程痛苦而煎熬，从而动摇了士兵的信心，并使官兵关系疏远。[124] 其他协约国军队的情况更糟。1915年6月至1916年5月，意军有1万人成为逃兵；到1916年6月至1917年5月，逃兵人数上升为2.8万。[125] 法军的信件审查人员在凡尔登战役的最后阶段发现了士气低落的证据[126]，1916—1917年的冬天，第五步兵师的逃兵数量达到了前所未有之多。[127] 类似的证据表明，到1915年，许多俄军士兵都相信他们无法打败德国；到1916年底，他们对当局充满了失望和指责，因为当局在没有充分准备的情况下就把他们派上了战场。[128] 尽管布鲁西洛夫取得了初步成功，造成了敌军100万人的伤亡，但胜利仍然遥不可及。士兵的信件中流露出对食物不断恶化的焦虑，每天的面包配给从3磅减少到2磅，到了冬天又减少到1磅，他们对恶性通货膨胀和物资短缺影响他们的亲人的正常生活而感到愤怒。许多人想不惜一切代价结束战争，1916年10月至12月大概发生了20多起兵变，有些兵变涉及整个团，他们集体拒绝执行命令。[129] 虽然英军、

218

法军、意军也出现了越来越多的集体拒绝执行命令的现象，但是他们仍然能够保持进攻，俄军就不同了。土耳其军队中也出现了大规模的逃兵，奥匈军队中出现了集体投降的倾向。为了对抗意大利，奥匈军队只能在盟友支持下继续推进。德军是维持战争的主力，虽然德军士气在 1916 年下降了，但他们的纪律依然严格，防御和进攻依然强大，令人生畏。德军可能不再强大到让兴登堡和鲁登道夫实现他们的战争目标，但协约国也没达到能将其击败的地步，罗马尼亚战役表明它仍然可以支援盟友。德军仍然实力强劲，早日结束战争的可能性仍然很小。

第 9 章　军备与经济

　战争花费巨大。子弹和炮弹都明码标价。必须给每个士兵发放一定的工资报酬（无论钱多么少），国家还要为军人提供衣食住行等各类给养，把他们运送到前线，如果军人受伤或生病，他们也需要得到照顾。必须制造和测试武器设备，然后用火车和马匹把它们运往前线，火车需要燃料和维护，马匹需要饲料和马厩。士兵家属需要支付分居津贴，残疾人、寡妇和孤儿需要食物，成千上万的难民也需要得到照料。至少要保障西欧和中欧的大多数人勉强生活在维持生计的水平之上。因此，与以往的战争相比，一战需要各国将更多财富从民用转为军用。据估计，以战时价格计算，这场战争的总花费为 2 085 亿美元，以 1913 年的价格计算为 824 亿美元，因为大多数国家战时的价格水平较 1913 年已经翻了一番。[1] 一战的经济动员水平接近二战。例如，1914—1917 年，德国用于战争的公共支出占国民生产净值的比例从 18％上升至 76％[2]；1917 年，英国军费开支占国民生产总值的比例达到 70％，而 1814—1815 年只有20％～25％，1943 年为 54％～57％；1917 年，法国的军费开支实际上可能已经超过了其国民收入。[3]此外，僵持阶段的战争代价比开战时还高。在 1914—1915 年和 1915—1916 年，德国的开支从29.20 亿美元增加到 58.36 亿美元，1916—1917 年之间德国军费开支为 56.09 亿美元；法国的军费开支从 19.94 亿美元增加到 38.27亿美元，再增加到 62.77 亿美元；英国的军费开支从 24.93 亿美元增加到 71.95 亿美元，再增加到 103.03 亿美元。[4]在战争的第一年到第三年，战争开支出现了大幅增长。

　　1915—1916 年的战争僵持和升级的另一个原因是，双方都拥有了战斗所需的资源，包括财政资源和原材料、劳动力、设备等实际资源。最初，德国在工业动员方面占有优势，到了 1916 年，协约国已经缩小了与德国的差距，但是持续增加战争资源的努力把俄国逼到了混乱的边缘，把英国逼得陷入外汇危机。到 1917 年春天，经济方面的制约给双方都造成了严重冲击，然而在 1915—1916 年的大部分时间里，经济制约都非常疲弱，尽管伊万·布洛赫等战前评论员曾预言，现代社会承受不起长期战争。[5]大战的第一年，意大利的萨兰德拉拒绝了卡多尔纳要求提供更多战争资源的提议，并试图控制战争成本，但在斯特拉弗科远征遭受重大挫折后，萨兰德拉放弃了试图控制战争成本的做法。军需生产官阿尔弗雷德·达洛里奥（Alfred Dallolio）将军重申，他的目标是不惜一切代价提高产量。[6] 1914 年，英国财政部同意放弃其审查陆军和海军采购的正常权利。1914—1916 年，德国财政大臣卡尔·赫尔弗里希（Karl Helfferich）试图改变"金钱不起作用"的传统军队原则，但最终未能成功。最后，他充分利用一切机会，吹嘘自己从未拒绝过军方认为必要的任何事情，尽力满足部队需求。[7] 在奥匈帝国和俄国，直到 1917 年，战争部门的经费都不受制约。立法机构和财政部放松了对军费开支的监管，起初他们以为战争将是短期的，当战争长期化时，他们就失去了对军费的控制权。在西线的狂轰滥炸中，多年来积累的资本成果化为乌有。

交战国的开支只有很小一部分来自税收，之所以如此，部分原因是技术上的，因为增加税收需要几个月的时间去批准和实施，而且需要动员许多税收官员，更多地依赖公众意愿。此外，还有人认为，如果政府通过借债而不是征税来筹集战争经费，那么下一代人将从中获益，当然他们也要不得不分担胜利的成本。同样重要的是，通过借债而不是增税，至少可以维护 1914 年形成的政治休战。即使是最依赖税收的英国，税收也只占战时总支出的 26.2%。通过将所得税起征点从 160 英镑降至 130 英镑，英国首次向大量体力劳动者征收所得税。在 1913 年至 1918—1919 年，标准税率从 5.8% 升至 30%。1915 年引入的所得税和超额利润税成为战时收入的支柱。尽管如此，财政部也是在与工会协商以确定哪部分工人可以轻松地支付所得税之后才降低了征税的起征点，而且大部分超额利润税可以缓缴，并最终被取消。[8] 技术工人和商人是在战争中获益最多的社会群体，政府谨慎地对待他们。

在德国，税收大概覆盖了帝国政府和州政府战时支出的 16.7%，
单就帝国而言，这一比例仅为 8.2%。传统上，帝国对普通支出和
221　"特别支出"分别设立账户。德国财政大臣赫尔弗里希将战争视为
一个特殊项目，坚持认为税收只应该支付日常的民用开支和偿还借
款；他告诉帝国议会下院，他不希望增加人民的负担，无论如何，
增税对于解决战争经费来说只是沧海一粟。如果政府提高间接税，
那么这将增加工人阶级的生活成本，并危及左翼人士对战争的支
持。但要征收直接税，需要各州的支持和配合，和 1914 年之前一
样，这是不可能实现的；由于贝特曼与右翼党派在战争目标和 U
型潜艇问题上意见相左，所以他不愿再与左翼发生对抗。德意志帝
国确实在 1916 年实施了营业税和超额利润税，但收效甚微。[9]

在其他国家，税收对战争开支的贡献甚至更少。俄国、法国和
意大利紧随英国之后，也开始征收战争利润税，这只是为了国家团
结而做出的象征性姿态，是为了平息公众反对奸商的呼声。[10]经过多
年争议，在战争前夕，法国立法机构原则上同意征收战争税，但是
财政部长亚历山大·里博特对此不感兴趣，直到 1916 年战争税才
在法国得以实施。头两年，法国政府的收入几乎没有增长。法国的
税收比其他国家的更低，只占战争总费用的 15%，是所有主要交战
国中最低的，战争税尽管如此之低，仍然遭到了法国社会主义者的
抗议。事实上，这个数额仅能覆盖法国政府的正常开支，而不能支
撑任何军事行动。[11]意大利的税收占比相对较高，约为 23%[12]，俄国
为 26%，高税率是俄国早早退出战争的一个重要原因。沙皇政府首
先提高伏特加酒的税率，从而限制伏特加酒在国内销售，限制伏特

加酒在国内销售是为了扩大伏特加酒的出口，垄断贸易的总收入几乎占和平时期收入的 1/3。[13] 和法国一样，俄国主要依靠消费品和邮政、铁路等服务业的税收，直到 1916 年俄国才开始征收所得税。因此，自由国家和专制国家在征税行为上几乎没有什么不同。在 1916—1917 年之前，欧洲大陆各国的实际税收几乎没有增长，导致欧洲各国入不敷出。

　　一方面是不受约束的军费开支，另一方面是不能增税以免引发政治争议，欧洲各国财政被夹在中间，左右为难。各国试图通过在国内外借贷来填补财政赤字，如果各国财政部门得到的是央行的无抵押贷款，那么它们实际上是通过超发纸币来填补赤字，这一点再次体现了"短期战争幻觉"。没有一家中央银行能在战争环境下保持很强的独立性：即使被认为是私人银行的英格兰银行，也将其对利率和英镑汇率的影响力拱手让给了财政部。1914 年，所有参战国实际上都暂停了国内的金本位制：纸币和黄金的兑换比例不再固定，也不再需要最低比例的黄金储备来支持纸币发行。这样一来，政府就可以从央行获得无限量的现金，作为短期债务的回报，比如国库券，通常可以在 3～6 个月内赎回。在德国，银行通过特别贷款为国家和地方当局提供金融服务。结果导致了纸币供应量的大幅增加，而且随着战争的进行，纸币供应量的增长也在加速。1913—1918 年，英国流通中的纸币增加了 1 151%，德国增加了 1 141%，法国增加了 532%，意大利增加了 504%。[14] 然而，货币增多并没有带来物价的同步上涨，1913—1918 年，英国和德国的批发指数大约翻了一番，英国从 100 增长到 227，德国从 100 增长到 217，法国的批发指数增长了2倍，从100增长到340，意大利的批发指数翻了两番，从96增长到409。[15]造成这种差异的部分原因是，德国最大幅度的价格上涨是在黑市登记的，因此被排除在官方统计数据之外。除此之外，政府通过说服公民把资金借贷给它从而吸收流通中过剩的纸币，尽管这样做的难度越来越大。事实证明，各国的举债能力是一战时出现的一个重要现象，举债能力对于它们筹集资金至关重要，因为这样做不会因大规模增税或快速通货膨胀而破坏社会凝聚力。鉴于德奥在1914年之前财政赤字很小，其信贷规模却在不断萎缩，这种情况就更引人注目了。[16]交战国和中立国的众多机构与公民为政府提供借款，而政府的支出远远超过收入，即使最终能获胜，其偿还能力也令人怀疑。事实证明，欧洲中产阶级愿意拿自己的财富和孩子的生命来为本国的胜利做赌注。

在发行债券方面，两大阵营之间存在着显著差异。从1914年9月到1918年9月，德意志帝国每隔6个月就发放9笔战争债券。这些债券通常以5％的高利率发行，10年后可赎回，它们成了宣传的重点：人们成群结队地在银行购买战争债券，企业把它们卖给员工。120万人认购了第一笔债券，1916年3月认购人数达到最高峰，有520万人。在整个战争中，发行战争债券是国家最重要的收入来源，给德国带来了大约1 000亿马克或2/3的战争经费。直到1916年夏天，德国财政收入基本上覆盖了支出，德国还清理了短期国库券并控制住了票据发行的增长。但1916年9月发行第五笔债券时，认购人数开始减少，浮动债务、货币供应量和通货膨胀率日益失控。德国军事形势的恶化也削弱了战争债券的信用。[17]与德国相比，奥匈帝国的人口少很多，尽管它也依赖于德国式的战争国债，并提供更高利息，但是这些战争债券只能满足奥匈帝国战争费用的 45％。奥匈帝国的纸币发行量在战争期间增加了 15 倍，导致它的货币贬值速度急剧加快。[18]

　　法国财政部长里博特认为，在一个被入侵的国家，他不能指望法国投资者像德国投资者那样对本国发行的债券信心满满。直到 1915 年 11 月，法国才推出了一笔债券，利率高达 5.73％，且无须缴纳利息税。1916 年 10 月、1917 年 10 月和 1918 年 9 月，法国又先后三次发行债券，总额约为 240 亿法郎，但这还不到国防债券的 1/3，国防债券被视为法国战争预算的主要收入。国防债券的赎回期从 3 个月到 12 个月不等，年利率为 5％。国防债券在报刊上被广为宣传，在邮局和储蓄银行里随处可以购买。法国提供了财务上有吸引力的一揽子方案，而没有长期贷款所附带的高风险。尽管理论上存在着债券购买者一次性全部兑现的危险，但在实践中，政府总是可以出售足够多的债券来保持国债的持续滚动。[19]与英德相比，法国不仅税收更少，而且短期债务更多。英国处于中间地位，发行大量中期债券，较少依赖德国的长期债券或法国的短期债券，英国从美国借的钱比其他任何国家都要多。意大利通过发放长期战争贷款，也相对成功地遏制了货币超发和通货膨胀。俄国的战争费用分别是：1914 年为 25.4 亿卢布、1915 年为 93.80 亿卢布、1916 年为 152.67 亿卢布，到 1917 年 1 月，货币供应量和物价都翻了两番。尽管沙俄政府发放了战争贷款，但这些贷款不过 100 亿卢布，国债承担了俄国战争经费的大头，并且大部分国债由国家银行发放。在缺乏大规模公共投资的情况下，俄国扩大了战争生产，令人印象深刻，但为之付出的代价是货币不稳定，其影响比其他国家更深远、更快速。而通货膨胀是所有国家税赋中最为随意的一种，通货膨胀会让任何固定收入者或者持有现金财富的人变得穷困潦倒。[20]

协约国需要更多的借款来满足它们的需求，尤其因为它们的总体支出要多得多（见表 2）：

表 2　1914—1918 年各国战争支出[21]　单位：10 亿美元

英国	43.8
大英帝国（不包括英国）	5.8
法国	28.2
俄国	16.3
意大利	14.7
美国	36.2
其他	2.0
协约国和美国总数	147.0
德国	47.0
奥匈帝国	13.4
保加利亚和土耳其	1.1
同盟国总数	61.5
总数	208.5

224　　除了在国内发行战争国债之外，各个交战国也有机会向国外借款。较小的同盟国可以向德国借款，从 1915 年起，德国每月向奥匈帝国提供 1 亿马克的贷款，并允许奥匈帝国向德国的一个银行财团借款，以购买武器，到 1917 年 10 月，奥匈帝国欠这个银行财团50 多亿马克。[22]德奥还为保加利亚和奥斯曼土耳其帝国提供贷款；

事实上，保加利亚的大部分战争经费都是通过外债获得的。另一方面，德国自己也从周边的中立国，特别是荷兰、瑞士、丹麦和瑞典赊购了大量武器，但是协约国对这些国家施加压力，使这些国家逐渐减少了对德国的武器交付。① 到战争结束时，德国单欠荷兰的款项就高达 16 亿金马克，借助外债，德国在外汇交易中成功地维持了马克的价值。23然而，这一切都无法与 1914—1917 年协约国之间以及协约国与美国之间形成的相互依存的资金网络相比。

　　研究这个资金网络，最好从较弱的协约国开始。意大利参战的部分原因是英国答应为它提供 5 000 万英镑的贷款，不过意大利限制了自己的资金要求，以免削弱自己在领土谈判中的话语权。然而，意大利并没有保持自身所希望拥有的独立性，因为意大利不仅依赖英国提供煤炭和运输，而且还要从美国进口小麦和石油，在和平时期，这些小麦和石油是由罗马尼亚与俄国提供的，但是达达尼尔海峡的关闭切断了这一通道。到 1915 年 8 月，英国每周向意大利补贴 200 万英镑，并且坚持让意大利以黄金作为担保，法俄也一样。1916 年 8 月，意大利最终对德国宣战，部分原因可能是为了让其他协约国增加对意大利的煤炭供给。24同样，俄国也向英法借款，以获得从英法美购买石油的资金。因为英法的信用评级较高，国际供应委员会就安排实力较弱的协约国按照英法所拟定的金融条款从美国进口商品。沙俄在 1915 年撤退期间对波兰犹太人进行袭击，这使其更加不受美国投资者的信任。1915 年 2 月，英法同意支持俄

225

---

　　①　参见第 10 章。

国在伦敦和巴黎资本市场筹集 1 亿英镑。9 月的一项协议规定，从第二年开始，美国每月为英国提供 2 500 万英镑的贷款。在美国参战前，美国给英法提供借款，英法又将这些借款的 70％以上转借给俄国。[25]

　　对资金的需求日益增长，加上为同盟国提供资金，二者共同拖累了英法。随着法国赤字增加，法国的外债从 1915 年的 28 亿法郎增加到 1916 年的 88 亿法郎；从 1914 年到 1916 年，法国向英国借款 78 亿法郎，向美国借款 34 亿法郎。从 1915 年起，英国不仅为俄国在美国的所有采购提供资金，而且为意大利提供了越来越多的采购资金；而且，从 1916 年 5 月起，英国还为法国在美国的所有订单提供资金，并在外汇市场上支持法郎。如果英国对美国的信誉恶化，协约国军队整体的战争努力都将不堪一击。到 10 月，英国政府为自己和盟友的所有战争采购中，40％是在北美进行的，预计财政部每个月将拿出 2 亿多美元。[26]在前两年，英国在国内募集资金相对容易，但获得购买美国商品的美元却很难。

　　这个问题有两个相互关联的方面：支付美国的订单和维持英镑对美元的汇率。[27]解决这一问题的正常方法是出口。由于受到侵略和军备优先发展的双重打击，法国的出口额在 1913—1915 年减少了一半，俄国的出口额一直很小，并且被其他商业活动打断。尽管英国在战争的大部分时间里都有盈余，但国际收支还是受到了内阁在 1915—1916 年关于征兵和军需建设决定的影响，这些决定牺牲了纺织品等传统商品的出口。在 1913—1915 年，英国从美国的进口额增长了近 68％。英国当局在 1914 年 8 月危机中做出了一个关键的决定，即保持英镑的外汇可兑换性，英格兰银行实际上在战争期间增加了黄金储备。[28] 然而，英镑开始从战前的 1 英镑＝4.86 美元的兑换比例下降到 1915 年 8 月的 1 英镑＝4.70 美元，这引发了英国的恐慌，当时英国只有 400 万美元可用来支付下周到期的 1 700 万美元的贷款。英镑与美元的兑换比例是一个声望问题，协约国刻意宣传英镑的坚挺，以与马克的贬值形成对比，英镑保持稳定是英国经济强劲稳健的标志，这是英国人固有的自我认知。当时，英国更实际的做法是让英镑贬值，即使进口成本增加数百万英镑也是值得的。当然，还有其他可行的应对措施，那就是限制进口。1915 年 1 月，英国人指定纽约摩根银行作为他们的采购代理商，以尽量减少政府部门之间的竞争，并与供应商讨价还价。英国利用意大利和俄国对它日益增长的依赖来坚持对两国行使采购的监督权。英国财政部限制本国向美国订购武器，但是遭到本国相关部门的抵制，因此需要采取其他办法。

　　一种可行的做法是出售资产。英国、法国和俄国在 1915 年同意将它们中央银行的黄金储备集中起来。但是黄金的价值远远低于前几年欧洲在美国积累的巨额投资，仅英国在 1914 年就持有超过 8.35 亿英镑的美国证券。在 1915 年 8 月的恐慌之后，政府要求这些资产的所有者将其出售给英格兰银行，英格兰银行将在纽约出售这些资产，换成美元。1916 年，英国对那些不遵守规定的人征收差别性税收；法国也这样做，但没有英国那么严格。显然，处理协约国在美国的投资意味着放弃未来的投资收入，从而损害协约国的长期利益来满足短期的需求，到 1916 年底，进一步融资的空间接近枯竭。但借贷只是一个暂时的解决方案。同样为了应对 1915 年 8 月的恐慌，英法政府决定在美国发行 5 亿美元的无担保债券，由摩根银行牵头的商业财团承销。英法提供近 6％的利率，这一利率高于国债利率。利率虽高，但是买家主要是东海岸的银行家和制造商，其中许多是与协约国合作的受益者，德国和美国的宣传以及对协约国能否获胜心存疑虑是英法债券发行遇冷的重要原因。协约国从美国民众那里仅仅募集到 3 300 万美元，远远没有达到它们所希望的募集金额。失望之余，法国政府让法国的私人公司和市政当局在美国借款，因为它们的信誉要比法国政府好。依靠自己的信誉借款，英国 1916 年 8 月筹集了 2.5 亿美元，同年 10 月又筹集了 3 亿美元，但在这两次借款中，英国都不得不动用其不断减少的美元证券作为抵押。

　　到 1916 年秋天，协约国与美国的财政关系已经到了出现危机的节点，这不仅仅是出于技术原因。起初，威尔逊认为允许外国政府借贷会让美国丧失其在一战中的中立国地位，但在听取了美国财政部和国务院的建议后，他改变了主意，开始允许外国政府从美国借贷，主要考虑的是借此确保美国的出口繁荣。到 1916 年 2 月，英国军需部每月从美国输入 9 万吨货物，协约国的运输船只塞满了纽约港。在 1915 年 5 月至 1916 年 5 月的一年中，威尔逊因 U 型潜艇战与德国纠缠不清，这冲淡了他因协约国军队封锁侵犯美国海洋权利而产生的愤怒。但从那以后，德国 U 型潜艇再没有发动大规模攻击，而协约国的封锁行动加剧了它们和美国的摩擦。[1] 1916

---

[1]　参见第 5 章和第 10 章。

年，英国对都柏林复活节起义的镇压激怒了爱尔兰裔美国人，而俄国的反犹太主义也疏远了美国的犹太人。也许更根本的原因是威尔逊对协约国阻挠他斡旋的做法感到恼怒。1916 年春天，英国人决定不再遵守"豪斯-格雷备忘录"中的建议，他们押注英国会在达到借款上限之前取得索姆河战役的决定性胜利。到了秋天，英国显然没有达到战略预期，而其所带来的损失使英国变得更加脆弱。[29] 为了回应威尔逊的另一项和平倡议的传闻，劳合·乔治在 9 月 28 日的一次新闻采访中重申，英国将在没有外界干涉的情况下继续作战，直至取得"彻底胜利"。因此，当摩根银行在 11 月向美联储委员会披露英国计划发行紧急国债时，总统没有理由支持英国的国债发行计划。美联储担心美国银行会因英国无法偿还短期债务而陷入困境；无论如何，美联储都希望保持经济繁荣，因为它害怕经济失控，导致战后经济衰退。出于政治上的考量，威尔逊在 11 月 28 日强化了美联储委员会公告的措辞，该公告警告美国公民和银行要对外国发行的债券保持警惕。该公告终止了协约国新的融资计划，给英镑带来了巨大压力，迫使英国暂停了新的融资计划。到 1917 年 4 月美国卷入战争时，伦敦的黄金和证券只够应付三周，只有摩根银行的垫款才能使英国财政部履行其对美国的义务。如果没有美国的介入，英国虽然可以满足自身的美元需求，但若想继续为盟友提供资金，则将面临巨大困难。[30]

228

　　这并不意味着如果没有美国的资金支持，协约国就会失败。随着英国和俄国军火生产投入使用，美国的军火合同变得可有可无。在美国保持中立的大部分时间里，英镑兑换美元的汇率从 1 英镑＝

4.76 美元的水平下跌，这一汇率低于战前的平均汇率，这就导致从美国进口的商品更加昂贵，也会抑制美国商品的进口。之前已经说明，威尔逊愿意在财政上迁就协约国，以帮助美国实现经济繁荣，但是现在抑制协约国借贷扩张更符合美国的经济利益。在外交上，英国外交部担心，英国将越来越难以顶住华盛顿通过谈判结束战争的压力。当时看来，协约国取胜将是漫长的过程。但是，协约国的协调一致战略和充足的枪支弹药意味着它们终将取得胜利。然而，与美国的关系并不是协约国困难的唯一原因。1916 年底，俄国的通货膨胀失控，冲击了包括城市食品供应在内的实体经济，同盟国也开始出现类似的情况。交战双方的承受力并不是没有极限的，双方似乎都已接近上限。到目前为止，它们仅通过适度增加税收和货币供应，为战争生产的大幅增长提供资金支持。在很大程度上，是因为这些国家中有大量储蓄的少数人愿意购买战争国债，而且这些战争国债在战后很长一段时间才到期。德国和英国的投资者押注本国能够取胜，虽然双方势均力敌。可以肯定的是，当时几乎没有其他金融渠道来筹集资金，政府提供了有吸引力的激励措施，代价是需要偿还的债务不断增加和战后纳税人的负担会加重。民众购买国债的意愿也证明了战前货币的稳定以及爱国主义热情的高涨。战争筹资依赖于传统价值观和认为战争本身正在发生反转的假设。

229　　金融之所以重要，是因为货币具有巨大的能量，可以用来购买劳动力、食品和原材料，并建立机器车间和装配线。金融对军事之所以重要，不是因为它所具有的经济潜力，而是因为它具有维持和供应武装部队的能力。[31]协约国军队也可以利用美国的物资，因为它们在实际资源方面的固有优势很小。的确，协约国拥有更多人口：
1914 年，大英帝国、法国、俄国、比利时和塞尔维亚的人口约为
6.56 亿，而同盟国的人口只有 1.44 亿。然而，协约国的大部分人
口都远离工业中心。英国、法国和俄国占世界制造业产量的
27.9％，而德国和奥匈帝国占世界制造业产量的比例（19.2％）仅
有英法俄比例的一半多一点。在与武器生产最相关的工业中，同盟
国占有优势，在战争前夕，同盟国生产了大约 2 020 万吨钢铁，而
协约国只生产了 1 710 万吨钢铁，并且在化学和工程的许多分支行
业中同盟国也处于领先地位。[32] 战争爆发后，德国的工业产出在
1914—1916 年估计下降了 23％；但到 1915 年，同盟国控制了比利
时的大部分地区、法国北部的大部分地区和波兰的工业区，对这些
地区进行残酷剥削。另一方面，意大利加入了协约国，到 1916 年，
俄国的工业产值增长了 17％，但法国的重工业损失惨重，1914—
1916 年英国的工业产出下降了 3％，军工部门的扩张未能弥补民用
部门的萎缩。[33] 尽管如此，军备生产的记录表明，在战争刚刚爆发时
的灾难过后，协约国在工业对比中越来越显现出优势。

要想弄清楚这一切是如何发生的，最好依次研究一下法国、英
国、意大利和俄国的案例。法国是最极端的例子。和所有其他国家
一样，法国人低估了快速射击野战炮的弹药消耗，在静态战争中，
野战炮可以很简单地向敌人发起射击，直到炮弹耗尽。与德国甚至
俄国相比，法军装备的重炮很少，重炮比炮弹更难制造。法国被占
领地区的钢铁产量占整个国家钢铁产量的 58％，铁矿石产量占比为
83％，煤炭产量占比为 49％，并且被占领地区的工程、化工和纺织

工业都在国家中占有主要比重。然而，在将制造潜力转化为武器和弹药方面，法国似乎比其他任何交战国都更成功，而且它这样做除了对法军自身有益之外，也对其他国家军队有益：法国向俄国和罗马尼亚出口武器，后来又为美国远征军提供了大量装备。

　　法国的成就与 1941—1945 年苏联的成就有一些相似之处：以前孤立的地区，如西南地区，转入了军事生产。然而，主要的武器制造中心是巴黎盆地，距离战线不到 50 英里。[34] 与斯大林时代的苏联不同，这时法国平民的生活水平仅略有下降，工业转型背后的驱动力是私营企业追求利润，尽管这一行为是由国家补贴和合同推动与操纵的。1914 年之前，法国和大多数欧洲国家一样，军事经济是混合型的，国有造船厂和军火库与私营公司并存，其中最杰出的私营公司是位于勒克鲁佐（Le Creusot）的施耐德公司。在战争期间，国有公司扩大了产能，增加了劳动力，例如在罗阿纳（Roanne）建立了一个大型兵工厂，结果证明这是一个很大的错误，国家为此付出了沉重代价。1918 年，167.5 万从事武器生产的雇员中（四年前，从事武器生产的人数仅为 5 万），只有 28.5 万在国有公司工作，所占比例为 17%。[35]

　　最初，霞飞和法国最高统帅部与陆军部协商后决定法国的军事武器和物资需求。1915 年 5 月后，由社会党议员阿尔伯特·托马斯（Albert Thomas）领导的一个负责火炮和弹药的秘书处接管了军事武器和物资的采购工作，后来发展成为一个独立部门。在马恩河战役后，法军最优先采购的是 75 毫米野战炮，以及机枪、步枪和子弹；1915 年的攻势后，法军的需求重点转向了重炮和弹药。[36] 1914

230

年秋季军火危机后，法国当局定期会见各工业部门的代表。部长们不喜欢与单个军火公司打交道，而喜欢与主要武器生产商的行业委员会打交道，他们让这些委员会再分配军需合同。因此，冶金工业由其行业协会锻冶委员会负责，该协会负责向工厂供应所有金属。在化工行业，尽管政府鼓励扩大合作的企业范围，但圣戈班公司享有特权。和其他交战国一样，一般而言，国有工厂和成熟的武器公司主要负责更困难的制造任务，如施耐德公司生产重型火炮、霍奇基斯公司生产机枪。更简单的工作，例如生产和填充弹壳，由转型后的民用公司负责。法国用总计超过 100 亿法郎的国家贷款和政府补贴来帮助民用公司实现转型，例如，后来的汽车巨头雪铁龙和雷诺，分别生产军火和坦克。政府为军火商提供价格优惠的供给品和原材料，但是没有核实公司账目的权力。到 1915 年 10 月，阿尔伯特·托马斯认为军火企业利润过高，当政府试图压低武器的价格时，军火企业的实业家以停止生产相威胁，政府只好让步。[37]

除了需要制造工厂，生产武器还需要原材料和劳动力。法国由于丧失了北方的煤田，所以必须大量进口煤炭和钢铁。此外，法国必须扩大其化学品如硫酸的生产，因为它以前是从德国购买这些化学品的。到 1916 年，法国外汇和英国航运短缺开始产生影响，对原材料的限制变得更加严格。英国的压力迫使法国对原材料供应和生产实行广泛控制。但总的来说，劳动力短缺问题更为严重，因为法国征召的军人比例高于其他任何交战国。1915 年 8 月，议会通过了关于劳动力供应的《达尔比兹法案》，这是法国接受长期战争的关键标志。它的部分目的是为军队清理"偷懒者"，根据其条款，约有 35 万名士兵被转移到战争工业中去，在那里他们要遵守军事纪律。第二大劳动力来源是妇女，她们从事低技能工作，通常年龄较大且已婚，这不是她们首次就业，她们大都是从纺织业或家政服务行业转型而来的。1916 年 1 月至 1918 年 1 月，法国的军火产量增加了两倍多。[38] 最后，法国大量吸收外来劳工，这些劳工要么来自国外（特别是西班牙和葡萄牙，也有来自中国的）[39]，要么来自法国的北非殖民地和印度支那殖民地。总之，1918 年 11 月，在 170 万军事工业人员中，49.7 万为原来的士兵，43 万为妇女，13.3 万为 18 岁以下的青少年，10.8 万为外国人，6.1 万为殖民地人，4 万为战俘。[*] 政府允许长时间工作，并降低健康和安全标准，如此多样化和规模迅速壮大的劳动力群体的健康和安全很难得到保障。尽管如此，它最终还是实现了目标。最初的武器质量很差，在 1915 年，有问题的弹药破坏了 1 000 门火炮。[40] 但大规模的增产发生在 1914 年秋至 1917 年春天之间。从 1914 年 10 月到 1916 年 6 月，75 毫米野战炮炮弹的日产量由 4 000 发增加到 151 000 发，155 毫米重型炮弹从 235 枚增加到 1.7 万枚，步枪从 400 支增加到 2 565 支。[41] 1917 年，法国每天生产的炮弹和火炮比英国还多，航空发动机的数量相当于英德两国的总和。[42] 到 1915 年 7 月，陆军部对 75 毫米野战炮炮弹的生产非常满意，到 1916 年 8 月，法国最高统帅部有充足的重炮弹药，从而保证索姆河战役一直能持续到冬天，并在第二年春天得到更好的弹药供给。[43]

---

　　[*] 此处具体数值按原文译出，各数值相加不等于 170 万，可能是列举不全。——译者注

相比之下，英国没有遭到入侵，并且英国的工业基础雄厚，国内煤炭和铁矿石丰富，原材料进口畅通无阻。英国还拥有更多的熟练劳动力，工会化程度更高，工会组织得更好，能更好地维护工人的利益。英国的国有军工部门虽然规模不大，但却拥有维克斯和阿姆斯特朗等大型高效的私营军火制造商。另外，英国最大的优势体现在建造军舰方面，但在装备远征军方面面临着特殊困难，英国远征军数量在1914—1916年增长了十倍多。与法国相比，英国的反应要慢得多，政府的干预作用也更大。劳合·乔治的《战争回忆录》（War Memoirs）给人的印象是，关键的变化发生在1915年5月的政治危机中，这场危机导致自由党内阁被第一届联合政府取代。联合政府设立了一个新的军需部，独立于陆军部，由劳合·乔治领导。[44]事实上，在战争的头6个月里，英国军火产量增加了19倍，基钦纳领导下的陆军部因供应不足而受到指责。与其他国家一样，英国花时间投资新机器、重新培训劳动力并加快生产炸药，但拒绝使用德国的化学品从根本上制约了英国军工业的发展，尽管英国最终通过从玉米浆中生产丙酮和从智利硝石中生产硝酸盐解决了这一问题。[45]然而，陆军部坚持使用其认可的公司，并让它们在原材料、工人和机械等方面相互竞争。到1915年6月，步枪短缺12%，火炮短缺19%，机枪短缺55%，高爆弹短缺92%。[46]武器短缺问题使基钦纳和劳合·乔治之间的关系恶化，基钦纳憎恨政府的干涉，而劳合·乔治在1915年2月呼吁全面调动工程资源来发展军工业。1915年5月，在奥伯斯岭的进攻以惨败而告终后，发生了"炮弹丑闻"，基钦纳和劳合·乔治之间的矛盾达到了顶点。弗伦奇告诉

《泰晤士报》记者查尔斯·雷平顿（Charles Repington），奥伯斯岭进攻失败的原因是英军缺少高爆弹，《泰晤士报》的一篇社论认为英军武器不足是因为基钦纳。事实上，尽管炮弹不足确实是英军失败的一个重要原因，但在这个阶段，即使炮弹充足，炮兵可能也不会使用。[47]尽管如此，在保守党的支持和阿斯奎斯的默许下，这一事件还是给了劳合·乔治一个机会，英国成立了新的军需部，劳合·乔治将他的政治前途押注在了解决战争的关键问题上。

　　虽然军需部没有达到自己雄心勃勃的目标，但在 1916 年 7 月劳合·乔治进入陆军部之前，所有的军工生产都有了明显增长，像法国一样，在 1917 年春天英国经济增长趋于平稳之前，更大的经济增长为英国军需工业的发展奠定了基础。炮弹交货量从 1915 年上半年的 2 278 105 枚增加到 1916 年上半年的 13 995 360 枚，当年下半年再增加到 35 407 193 枚；和法国一样，数量的增加以牺牲质量为代价。维克斯机枪的交付量从 1915 年 3 月的 109 挺增加到 1916 年 11 月的 1 000 挺，大口径火炮产量也大幅增加。[48]事实上，在将重点从野战炮转向重型武器方面，英国领先于法国和德国。[49]其他装备，尤其是坦克和昂贵的斯托克斯迫击炮，如果没有国防部赞助，可能永远不会批量生产。原材料的瓶颈问题容易解决，所以除了炸药生产之外，关键难题是寻找工厂和劳动力。至于原料的瓶颈问题，英国可以利用其帝国的能力去解决。澳大利亚提供了少量野战炮弹，印度为欧洲和美索不达米亚的印度军队提供步枪与各种弹药，但主要供应商是加拿大。加拿大制造商无法生产引信等复杂产品，一开始大多数合同未能如期完成，但到 1917 年，在英国军需部下属的皇家军需委员会的监督下，加拿大有 25 万多人从事军工生产。这一年，加拿大交付了英国在西线战场上使用的 1/4 到 1/3 的火炮弹药。[50] 尽管如此，英伦三岛仍然是主要生产基地。劳合·乔治的新部门大量借调高管，保证了采购有序进行。政府对大约 6.5 万家工厂的产能进行普查，并将全国划分为若干区域，在每个地方的管理委员会中都有军工企业代表。与大多数欧洲大陆国家的政府不同，英国政府成了一个主要的军火制造商，扩大了现有的武器库，建立并运营了国家炮壳工厂、国家弹药工厂和国家弹药填充工厂。[51] 到 1915 年底，它直接控制了 70 家工厂，到停战时控制了 250 家。[52] 例如，1915 年，在利兹（Leeds）附近巴恩博（Barnbow）的一片绿地上建造了弹药填充工厂，填充了近 2 500 万个弹壳，工人人数达到 1.6 万多。[53] 自己经营工厂有助于军需部评估合理的生产成本，军需部有权检查账目，只需为订单支付成本价而不是市场价；此外，还可以征用私人企业，并且经常这样做。[54] 私营部门可以获取战争利润，但会受到一定限制。

政府还对其他方面进行了干预，从而增加武器的供应量和控制劳动力成本。[55] 英国派遣年轻人上前线的速度比法国慢得多，而且在整个一战期间，军人在英国人口中所占的比例更低。英国招募志愿者不受限制，从而经常导致关键行业技术工人流失。到 1915 年中期，应征入伍的男性劳动力中，来自采矿业的占 21.8%，来自工程行业的占 19.5%，来自轻武器制造业的占 16%，来自化学和炸药行业的占 23.8%。陆军部也没有阻止招募技术人员。[56] 英国军需部确实从前线召回了一些士兵，让他们从事军工生产，但仍需遵守军纪，不过军需部征用前线士兵以及使用外国以及殖民地劳工，比法国少得多。相反，英国的基本反应是运用"稀释计划"，即迅速培训非技术工人和半技术工人（尤其是妇女）来从事以前技术工人所从事的工作。这就需要通过谈判来说服工会放宽学徒制度的规定。第一次试验开始于 1914—1915 年的冬天，但主要的培训计划从 1915 年 10 月开始。需要政府的干预来培训这些妇女，并坚持由国家承包商雇用她们，同时规范她们的工资和工作时间，并确保提供适当的食堂、卫生间和托儿所。与法国一样，战争期间英国也有大量妇女涌入工厂工作：从 1914 年 7 月到 1915 年 7 月有 38.2 万人，从 1915 年 7 月到 1916 年 7 月有 56.3 万人，从 1916 年 7 月到 1917 年 7 月有 51.1 万人。[57] 伍尔维奇兵工厂的女雇员数量从 1915 年 6 月的 195 人增加到 1917 年 7 月的 2.5 万多人。[58] 1915 年，工会同意了"稀释计划"，1916 年，政府击溃了老工人［这些老工人主要来自克莱德赛德（Clydeside）地区］的抵制，改革迅速推进。1917—1918 年，军需工人的爆炸式增长导致其组成与 1914 年已大不相同，纪律更加严格。1915 年的《战争军需法案》（*Munitions of War Act*）宣布该行业的罢工和停工为非法，并建立了强制仲裁制度。直到 1917 年，它还限制了员工在工厂之间流动的权利，作为交换条件，它对工厂设置了利润上限。[59] 这些措施创造了一个巨大的国有化或高度管制的军需部门，一直运行到战争结束。英国远征军的规模如此之大，军备生产几乎无法满足其需求；直到 1917—1918 年，生产革命的成果才显现出来。

　　剩下的两个协约国意大利和俄国则形成了鲜明对比。中立时期，意大利政府更新装备的速度很慢，甚至在 1915 年的运动战中，它还试图打一场有限战争。[60]据法国使馆随员透露，当年 9 月，意大利的炮弹产量还不到原计划的一半。钢铁行业仍然履行和民用企业 235
的合同，政府仍想维持正常的商业环境，并未推翻和民用企业的合同。一些熟练工人被征召入伍，而另一些人则不愿意支持战争。[61]到 1917 年，意大利在某些武器生产方面取得了巨大进步。虽然在机枪和炮弹方面远远落后于英法，但意大利制造了 3 681 架飞机，在火炮和步枪生产方面接近英国。[62]然而，1914 年意大利的钢铁产量仅为法国的 1/3，仅为英国的 1/9，而且几乎所有煤炭和铁矿石都是进口的。[63]阿尔弗雷德·达洛里奥于 1915 年成为陆军部负责武器和弹药供应的副部长，1917 年成为部长，他扮演的角色与劳合·乔治和阿尔伯特·托马斯的类似。特伦蒂诺攻势之后，他获得授权，可以不计成本地增加武器生产，从而导致财政支出大幅增加，这预示了他的政治命运。1918 年，达洛里奥因为腐败指控而辞职。[64]他创建了一个"工业动员中央委员会"和一个地区委员会，从而整合了服务业、商业和劳动力行业，这些委员会共同签订合同并负责地方的工业。[65]国有生产确实扩大了，但私营部门承担了大部分工作，达洛里奥希望在可能的情况下与私营部门合作。尽管政府获得了征用工厂的权力，但却没有使用这些权力，政府允许工厂获得巨额利润，而几乎不对这些利润征税。虽然达洛里奥赞成给工人增加工资，并试图与工会合作，但他强迫劳工比他做生意更在行。工人被禁止罢工或禁止自由更换工作，到 1916 年 12 月，有 12.8 万人受到军纪处分，到 1918 年 8 月，受到处罚的工人增加到 322 500

人。到 1916 年 8 月，有 19.8 万名妇女被调入军工厂；较之于法国，意大利使用女工的时间比较晚、数量也比较少，在意大利南部的工厂几乎没有女工。[66] 总的来说，意大利的工业动员效仿了法国模式，但是开始得较晚，实施的力度较小，效果也不那么显著。

俄国军备经济开始得也比较晚，它在 1916 年尽最大努力补足了短板。在一战的早期阶段，俄国炮弹、步枪和机关枪普遍短缺，武器短缺限制了俄军的作战，武器短缺问题一直持续到 1915—1916 年的冬天。就国家面积和人口规模来说，俄国的重工业比重比较小，但与法国相当。尽管更复杂的装备依赖进口，但俄国却能够非常成功地自行生产 76 毫米野战炮和重炮。俄军军备经济是混合制模式，但是国有部分更强大。1914 年大战爆发后，俄国失去了与中欧的海上出口贸易和陆路贸易。因此，俄国既不能进口德国的机械和化学品，也不能进口英国的煤炭，而煤炭是集中在彼得格勒的军火公司的主要能源来源。彼得格勒只能寄希望于 800 英里之外的乌克兰的顿涅茨（Donets）煤田，但是那里的铁路系统不完善。[67] 政府的政策增加了障碍。沙皇政权通过签订合同来限制私营企业，由于熟练工人被政府征召入伍，俄国国内煤炭和铁矿石产量下降。与法国不同，俄国当局没有将供应公司扩大到超出和平时期的正常范围[68]，因为担心失去对质量和价格的控制。[69] 一项法令要求工厂优先考虑海军和军方的订单，总的来说，俄国对工厂比较放任。[70]

苏霍姆利诺夫对俄国工业能否生产出复杂的、标准的现代化设备持怀疑态度，所以他更愿意到国外去寻求帮助。1915 年初，俄国从英国和美国公司订购了 1 400 万枚炮弹，随后从温彻斯特

（Winchester）、雷明顿（Remington）和西屋公司（Westinghouse）订购了 360 万支步枪。这一方法被证明是错的，因为外国供应商不可靠，俄国为此付出了高昂的代价。到 1916 年 11 月，俄国从国外订购了 4 050 万枚炮弹，但只有 710 万枚运达俄国；从美国订购的步枪，在 1917 年 3 月只交付了一半。并且海外订单非常昂贵，1916 年卢布贬值到战前价值的一半，海外武器更显昂贵。[71] 即使有武器，也很难运输，因为西伯利亚大铁路的运输力量非常有限，只有一条时常结冰的窄轨铁路通往阿尔汉格尔（Archangel），而通往摩尔曼斯克（Murmansk）的铁路直到 1917 年 3 月才完工。大部分战争物资是俄国自行生产的，但是机床和铜等原材料则主要依赖进口。[72]

1915 年夏天，炮弹短缺引发了一场政治危机，中央政府遭到杜马、省市政府和商界的抨击。因此，政府-行业合作结构是以其他交战国尤其是德国模式为基础建立的。A. A. 波利瓦诺夫（A. A. Polivanov）取代了苏霍姆利诺夫出任陆军大臣，波利瓦诺夫在商界和杜马中更受尊重，也更愿意与企业合作。[73] 俄国政府成立了一个"国防特别委员会"，由实业家、官员和议员组成，该委员会有权管理所有从事国防工业的机构和私营公司，可以订购武器，监督武器的分发和实施，并协助公司投资购买设备。地区的特别委员会和工厂委员会可以检查账目、解雇经理、查封工厂并执行政府命令。然而，彼得格勒工业代表在特别委员会中的主导地位引起了莫斯科同行的反对。主要的国家商业组织呼吁在彼得格勒成立地方军工委员会和中央委员会。到 1916 年 2 月，共有 34 个区和 192 个地方军工委员会成立，这一倡议来自地方议会和企业。虽然这些都是非政府组织，但特别理事会与中央委员会密切合作，将其成员之间分配赠款、合同和原材料的责任委托给它。以上这些变化使手榴弹和炮弹等简单武器的订单在俄国制造商中分布得更广泛，尽管许多公司交货较晚。可能更重要的是，政府准备在 1916 年投入比 1915 年更多的费用，这是对侵略俄国做出的回应，也是对那些反对占领者情绪高涨的回应。重新装备得到了大额的补贴，合同设定了巨额利润空间，以鼓励新公司投标。到 1916 年，作为交战国中的特例，俄国经济繁荣发展，经济增长速度加快，股市看涨，煤炭产量较 1914 年增长了 30％，化学品产量增加了一倍，机械产量增加了两倍。[74] 军备达到了高潮，从 1914 年到 1915 年再到 1916 年，新步枪的产量从 132 844 支增加到 733 017 支，再增加到 1 301 433 支，76 毫米野战炮从 354 门增加到 1 349 门再增加到 3 721 门，122 毫米重炮从 78 门增加到 361 门再增加到 637 门，各类炮弹产量从 104 900 枚增加到 9 567 888 枚再增加到 30 974 678 枚。[75] 在战争中，俄国生产了 2 万门野战炮，进口了 5 625 门野战炮；到 1917 年，俄国已经能够自行生产所有榴弹炮和 3/4 的重炮。[76] 不仅炮弹短缺成为过去，到了 1917 年春天，俄国在人力和物资方面也取得了前所未有的优势。然而，军需物资增长的代价是平民经济混乱和城市食品供应危机。到 1916 年夏天，俄国在军事经济方面所取得的成就使形势越来越有利于协约国，但是也埋下了沙俄覆灭的种子。

现在有必要来看一下同盟国对协约国生产革命的反应。对协约国的回应主要来自德国，但奥匈帝国的回应也不容忽视。奥匈帝国军备工业规模不大但很成熟，能生产先进的无畏级战列舰和 305 毫米迫击炮，这些武器重创了列日要塞和凡尔登要塞。战争爆发后，德国坚持让奥匈帝国将其工业集中起来：各个行业组织有限责任公司，统一供应原材料，提供资本，并在政府监督下实行配额生产，但是这一做法仅限于奥匈帝国的奥地利部分。[77] 斯柯达是奥匈帝国的最大军火公司，一战期间其利润翻了一番。斯柯达兵工厂武器产量增长，加之缴获了大量俄国步枪，故而足以满足军队的大部分需求。到 1915 年 9 月，奥匈帝国最高司令部对炮弹和步枪的供应感到满意[78]，实际上奥匈帝国的步枪和机关枪的产量与俄国的相差不大。[79] 野战火炮的升级在特伦蒂诺战役中显示出了优势；武器装备缺乏并不是奥匈帝国在布鲁西洛夫攻势中惨败的主要原因。尽管如此，战争还是严重阻碍了奥匈帝国的工业发展。奥匈帝国也采取了与其他国家类似的措施，这些措施缓解了工业劳动力的短缺，但是奥匈帝国征用和聘用的女工人要比协约国少。此外，奥匈帝国政府动用紧急权力，征召年龄在 50 岁以下的不合适参军的男子从事军工生产；在军工厂里，工人受到军纪的约束，工资很少，每周工作80 小时的情况并不少见。[80] 原材料短缺问题日益严重：奥匈帝国在1914 年失去了加利西亚油田，等它重新获得这些油田时，油井已经严重受损。[81] 奥匈帝国在一定程度上依赖德国的煤炭和瑞典的铁矿石。德国向奥匈帝国提供防毒面具、手榴弹、迫击炮和飞机，1916年德国生产的炮弹数量是奥匈帝国的 4 倍多。奥匈帝国或多或少能为自己提供装备，但是对德国经济几乎不能提供帮助，德国是其他同盟国最重要的供应国。[82]

德国拥有欧洲最大的制造业潜力，它的领土完整且未被占领，它可以利用比利时、法国和波兰的资源，在关键的战略性行业占据显著优势。1914 年，德军犯了一个常见的错误，那就是征召了一些技术工人参战，但女性劳动力的适度增加缓解了工业劳动力的短缺，这主要是通过将女性从纺织业和家政服务行业中转移出来实现的，而不是通过提供有偿报酬让她们首次从事与工业相关的工作。[83]德国最大的生产限制可能是原材料短缺，协约国的封锁使德国难以从智利进口硝酸盐和铜。硝酸盐是制造炸药的关键原材料，德国主要通过使用哈伯-博施工艺从空气中提取氮气来解决硝酸盐短缺问题，尽管使用这种方法生产炸药速度缓慢，但它依然是德国战争部门规划者调节军工业增长率的关键因素。然而，炸药短缺也催生了一项重大的组织创新，即成立了战争资源供应公司，1914 年 8 月，AEG 电气公司负责人瓦尔特·拉特瑙（Walther Rathenau）将这一公司出售给政府。战争资源供应公司主要由商人组成，负责监测和控制原材料产出，并为无法获得的商品寻找替代品。每个行业都成立了"战争资源供应公司的分支机构"：它们有权在政府监督下购买、储存和向其成员分配原材料。一些资源如煤炭的控制权，下放给现有的垄断机构。[84]随后，政府同意不与个别公司打交道，而是与行业协会等机构打交道。在所有情况下，协会都对行业内企业的决定拥有最终发言权。最后，由主要雇主协会成立的"德国工业战争委员会"向陆军部提供建议。因此，该制度包含了很多工业自治的成分。它以私营企业为基础，像克虏伯这样的军火公司赚取了巨额利润。首先，战争合同是在核算成本的基础上签署的，保证利润率为 5％。[85]但在 1915 年，国防部加强了成本控制和账目监督，而劳工政策也引发了它与企业的摩擦。根据普鲁士法律，德国地方军区副司令直接向威廉二世负责他们所辖地区的"公共安全"，他们拥有广泛的权力，包括征召劳动力的权力等。"出口和豁免办公室"向企业发布指导方针，它希望与工会保持良好关系。"出口和豁免办公室"拒绝了企业要求免除更多男性参军的要求，并建议地方军区副司令对劳资纠纷进行调解，而不是简单地支持雇主。

　　因此，在成本控制和劳资关系问题上，国防部与商界的关系很差。当德国面临压力时，商界反击的机会来了。尽管弹药短缺阻碍了 1914 年秋季的行动，但是这一问题很快就被克服了。[86]巴斯夫化学公司利用弗里茨·哈伯的"固定"氮气工艺生产氨，制造炸药所需的其他关键成分也被成功制造出来。尽管协约国的封锁导致进口受阻，但德国人还是从本国或奥匈帝国的矿藏中找到了武器制造所需的钨、镍和铝。在 1914 年 12 月之后的一年里，德国野战炮的月产量从 100 门增加到 480 门，1915 年野战炮和轻型榴弹炮的产量大大超过了消耗量。[87]不可否认的是，1915 年德军主要是在东线运动战条件下对抗俄国。在西线，当法尔肯海恩发动凡尔登攻势时，他最初也拥有炮兵和空中优势。1916 年夏天，德国在军火供应和其他方面都陷入危机，部分原因是帮助奥匈帝国。[88]国防部已将火药产量从 1914 年 8 月的每月 1 200 吨增加到 1915 年 12 月的每月 4 000 吨，到 1916 年 7 月再增加到每月 6 000 吨，并计划进一步增加到每月 10 000 吨[89]，同时相应增加炮弹和火炮的产量。然而，索姆河战役对军需物资的需求之大超乎想象，这使德国看起来仍然很脆弱，虽然索姆河战役对于英国来说也是巨大的灾难，但是协约国强大的物资补充能力给参战的德国士兵留下了深刻印象。法尔肯海恩辞职后，缺乏耐心、经验不足的新领导层主导着德国最高统帅部，其中一名参谋马克斯·鲍尔（Max Bauer）上校与克虏伯和重工业企业建立了良好的关系，在兴登堡和鲁登道夫制定政策方面发挥了关键作用。工业家们在一份备忘录中抨击了国防部的记录，紧随其后，兴登堡于 8 月 31 日致函战争大臣霍恩伯恩，向其概述了后来被称为"兴登堡计划"的军备扩张方案。

"兴登堡计划"既可以被视为德国最高统帅部为恢复战略平衡所做的尝试，也可以被企业视为摆脱官方限制的尝试。[90]战术上，正如兴登堡所说，这是为了在战争革命中跟上协约国的步伐，在战争革命中用机器取代马匹和人力。他辩称，到 1917 年春季，军需品和战壕迫击炮的产量应该翻一番，机关枪和大炮的产量应该提高三倍，飞机也应该优先发展。财政障碍应该被忽视。预计明年协约国军队将全力以赴作战，需要更多的火炮、迫击炮和机枪分队，以较少的兵力守住前线，并重新组建机动的后备部队。为了能够招募更多的士兵并增加武器产量，需要立法将义务兵役制或与战争有关的劳动扩大到 16 岁至 50 岁的所有男女，同时关闭所有非必要的工业。[91]早些时候俄国效仿德国的做法，而现在是德国最高统帅部想模仿劳合·乔治领导的军需部的做法。

兴登堡和鲁登道夫想要得到更多的武器，通过制定新的法律来约束劳动力和限制妇女的权利，并边缘化战争部。和协约国一样，德国战争部也会逐渐被架空。这些措施几乎实现了兴登堡和鲁登道夫最初的设想。霍恩伯恩是法尔肯海恩的助手，被德国最高统帅部

所信任的赫尔曼·冯·施泰因（Herman von Stein）代替。9 月，
德国成立了一个新机构——军需部——专门负责采购。战争部相关
军备部门（包括战争资源供应公司、出口和豁免办公室）的军备职
责以及与地方军区副司令的关系，都被转移给军需部，该机构由德
国总参谋部前铁路主管威廉·格勒纳（Wilhelm Groener）领导。
鲁登道夫在 1917 年也将他赶下了台，因为他过于同情工会和限制
军工企业利润。但是军需部负责执行新的《辅助兵役法》，该法于
1916 年 11 月被提交给帝国议会下院。贝特曼反对强迫妇女劳动，
认为这样做过于苛刻和激进[92]，该法案要求所有年龄在 17 岁到 60
岁之间、尚未参军或在军工行业中工作的男性在有需要的地方为战
争工作。在议会下院通过时，它做了许多有利于工会的修改，格勒
纳对此表示欢迎，认为如果德国战败，强大的工会是防止爆发革命
的保障。由军官、雇主和雇员组成的地方委员会将决定一个地区每
种行业的劳动力需求；这些委员会将决定工人是否应该改变他们的
工作地点，并可以调解有关工资和工作条件的纠纷；而所有在系统
内经营并雇用 50 人以上的企业，将选举工人委员会。[93] 简而言之，
去年 12 月通过的这部法案，最终被证明是工会权利的宪章，它在
实现德国最高统帅部的目标方面所发挥的作用很小：一些消费品工
厂被关闭，解放出来的 11.8 万名工人被重新安排到其他岗位，但
更多工人退伍，重返工业行业。1916 年 9 月至 1917 年 7 月，应征
入伍的工人从 120 万增加到 190 万，但战斗力并没有提高。[94]

　　战斗力得不到提升的问题迫切需要更多的武器来解决，但兴登
堡计划却迟迟未能交付大量武器。奥地利人也参加了兴登堡计划，

但他们的炮弹产量实际上下降了。[95]然而，德国的表现也好不到哪里去。兴登堡计划定于 1917 年 5 月完成，但在此之前，该计划实际上已暂停，所有目标远未实现。它可能会提升工业的盈利能力，因为德国再次以成本加利润为基础来签署合同。[96]但从军队中征调人员，并将运输和原材料投入新工厂建设计划中，最后被证明是不必要的，也不可能实现：大部分计划很快就破产了。兴登堡计划的要求，加上向罗马尼亚调遣军队和异常寒冷的冬天，使铁路不堪重负。[97]煤炭危机使事态进一步恶化，鲁尔区 4 月的煤炭产量降至和平时期 2/3 的水平。2 月的钢铁产量不仅低于预定目标，实际上还低于 6 个月前的水平，而原本计划在 5 月铁粉产量达到 1.2 万吨，到 7 月仍然只有 9 200 吨。[98]航空方面的目标是每月新增 1 000 架飞机，但由于煤炭和运输短缺，1 月新增飞机数量降至 400 架，直到 8 月才达到每月新增 900 架的目标。[99]的确，到 1917 年下半年，大多数指定的部门都达到了更高的目标，如果没有兴登堡计划，战争部也能做到这一点，并且还不会产生过度浪费。1917 年，双方的武器产量确实对同盟国有利，主要是因为协约国生产速度放缓以及俄国革命和德国自身产量增加，而奥匈帝国的产量则出现了绝对下降。同时，冬季的经济危机和兴登堡计划的失败使德国最高统帅部开始将德军撤退到兴登堡防线，并要求进行无限制潜艇战，以保护资源已耗尽且装备不足的德军，抵御协约国军队新的攻势。

　　因此，金融和工业的发展对 1915—1917 年的战争演变至关重要，因为最初毫无准备的协约国使弹药平衡向有利于它们的方向发展，并重新获得了战略主动权。其代价是俄国经济过热和英国陷入外汇危机，1917年春天，协约国生产增长逐渐放缓。同盟国的处境也好不到哪里去。在赫尔弗里希和霍恩伯恩的有节制的扩张之后，兴登堡和鲁登道夫推动了更多的扩张，而此时，正如我们将要看到的那样①，扩张失败将使德国平民面临贫困。1914年以来的借贷热潮暂时缓解了交战国的物质困难，但现在它们又开始面临经济困难。由于这个原因，下一阶段的斗争将与1916年的全面战争截然不同。

---

① 参见第11章。

第 10 章　海战与封锁

　　1915—1917 年，战争陷入僵局的一个基本前提是经济动员。经济动员的先决条件是，任何一方都不能通过切断对手的供应来扼杀对手，因此有必要分析协约国对同盟国的封锁和德国对协约国的 U 型潜艇行动。在战争中期，协约国对同盟国的封锁和德国对协约国的 U 型潜艇行动都有所强化，但都没有起到明显的效果，在 1917—1918 年，双方都强化了制海权。但是，协约国仍然暂时控制着大部分海洋的制海权，加上协约国分布在世界各地的殖民地和贸易网，所以协约国仍具有巨大优势，尽管这一优势需要时间才能显现出来。

　　1915 年之后的海上战争与陆地战争类似，也处于僵持状态，双方都未能摧毁对方的主力。虽然双方的僵持状态不断被突袭和伏击打断，但是海上的僵持战不像陆地战那样陷入了艰苦的消耗战。

1916 年 5 月 31 日，英国和德国的舰队只交火两次，每次不到 10 分钟；亚得里亚海、波罗的海和黑海的主力舰甚至从未进入射程内。海军将领们之所以如此谨慎，很大程度上是因为舰艇容易受到水雷、潜艇、鱼雷艇或驱逐舰所发射的鱼雷的攻击。花费数年建造的战列舰可能在几分钟内消失。此外，在每个战场，显然有一方明显更强：在北海，英国强于德国；在波罗的海，德国强于俄国；在亚得里亚海，法国和意大利强于奥匈帝国；在黑海，俄国强于土耳其。较弱一方不愿冒被消灭的风险，较强一方也不愿冒险失去领先地位。然而，与陆地上的情况相比，同盟国在海上处于不利地位。总体而言，协约国在海上占有优势，但俄国是个例外，战前俄国经由达达尼尔海峡和波罗的海的出海口被协约国阻断了。但在其他地方，一旦德国的巡洋舰被横扫，海外基地被占领，协约国的舰队就在各地占据了主导地位。协约国掌握着制海权，它们的海军、商船和运兵船可以在海洋上畅通无阻，而同盟国则无法进入这些海域。244协约国掌握着制海权从而使其具备了三个同盟国所不具备的优势：它们可以获得地球上的大部分资源，可以两栖作战，还可以遏制敌人的海上贸易。除了德国成功地从瑞典进口了 1 700 万吨铁矿石之外[1]，同盟国在其他方面一无所获。

在这三个优势中，最重要的可能是第一个。1914 年，协约国拥有世界上 59％的轮船吨位，仅大英帝国就拥有 43％的轮船吨位，而同盟国只有 15％。[2]由于掌握着制海权，英国能够运送 100 多万名自治领士兵到世界各地而不受损失[3]，并穿越英吉利海峡来回运送数十万人。在战争期间，英国共运送 2 370 多万人，224 万头牲畜和 4 650 万吨军需物资。[4]由于掌握着制海权，法国可以从非洲调来军队，而英国从英国殖民地的进口也增加了一倍，从澳大利亚进口了大量羊毛，从加拿大进口了大量小麦和炮弹。[5]法国在自己的主要煤田被占领后，又开始依赖英国的煤炭；一直以来，意大利资源匮乏，即使在和平时期也依赖海运进口食品和原材料。到战争后期，法国和意大利进口的货物几乎有一半依靠英国的航运。[6]美国甚至在参战之前，就非常依赖海运来运送石油、粮食、钢铁和武器。协约国的后勤优势对其 1916 年夏天的攻势至关重要。

协约国军队本可以在两栖作战中发挥海上力量的作用，但是它们却很少这样做。不可否认，协约国的海军在 1915 年营救了撤退的塞尔维亚人，俄军在 1916 年从陆地和海上袭击了特拉布宗，萨洛尼卡、美索不达米亚和加利波利的军事行动都是从军队登陆开始的。在登陆过程中，只有加利波利战役遭到了反击，而在北欧和西欧进行类似战役的范围十分有限。即使在东地中海，由于潜艇攻击，萨洛尼卡战役也经常出现问题，从而迫使协约国的战列舰离开加利波利。卡多尔纳排除了在亚得里亚海登陆的可能性，除了 1915 年 12 月至 1916 年 2 月对阿尔巴尼亚的短暂远征之外[7]，在 1915 年波罗的海沿岸发动的进攻中，德军没有试图在俄军身后登陆。1914 年，英国决定向安特卫普派遣海军陆战队，但内阁拒绝了在德国或近海岛屿登陆的计划。黑格计划对佛兰德斯的德军 U 型潜艇基地进行两栖攻击，为了支持索姆河战役，这一计划在 1916 年被搁置了；1917 年，因为第三次伊普尔战役进展缓慢，攻击 U 型潜艇基地的计划再次被搁置。登陆的障碍部分是出于技术原因，特别是缺乏登陆艇和像二战中为攻克海岸防御而开发的一系列设备。欧洲水域的支援舰非常脆弱，从沿海桥头堡快速向内地推进的可能性几乎和从内地战壕线取得突破一样小。但战时经验也证实了地缘政治思想家麦金德（Mackinder）爵士在 1914 年之前的观点：以现代公路和铁路形式出现的陆路运输，正在取代海上运输，成为运送军队和物资的最有效的渠道。[8] 在主要战线上，两栖作战的可能性仍然存在。

　　封锁效果也令人失望。从技术上讲，双方都没有实施拿破仑战争中所使用的那种封锁，即在敌方港口外部署一些船只，拦截商船并没收与战争有关的违禁品。"经济战"，这个在战争期间流行起来的术语更准确地描述了双方的措施。这些措施在对俄国的对抗中发挥的作用常常被忽视。陆路贸易是一战前俄国主要的进口来源，战争期间被同盟国截断[9]，而丹麦担心德国会侵犯其主权，在其领海内连接波罗的海和北海的通道上布雷。[10] 波罗的海禁止除潜艇外的其他船只通行。这些行动并不能妨碍德国船只通过基尔运河在丹麦和德国之间自由通行。土耳其在 1914 年 9 月关闭了海峡。这些行动极大地阻碍了俄国与其他协约国的联系。运往符拉迪沃斯托克（Vladivostok）的货物必须沿着西伯利亚大铁路行进 4 000 英里；由于交通困难，运往北极港口的物品只能堆积在各个码头；通过瑞典转运的物资被斯德哥尔摩（Stockholm）用来"平衡"两大阵营——俄国每获得一次运输许可，同盟国也应获得相应的运输许可。[11] 然而，运输困难并没有阻止俄国同美英签署大量订单：英美不能按时交货的最主要障碍是西方制造业遇到了困难，而不是物流受阻。直到

1916 年，俄国的战时经济增长速度都超过德国。

　　尽管一开始协约国占有很大优势，但是它们对同盟国实行封锁的效果在头两年十分有限。1914 年，64％的德国商船被扣押在中立港口[12]，英伦三岛的地理位置使皇家海军可以远程封锁德国港口。战争初期布设的雷区迫使原来通过多佛海峡的所有船只只能通过古德温沙洲（Goodwin Sands）和肯特（Kent）海岸之间的狭窄通道航行，在那里可能被英国拦截和搜查。北方巡逻舰队的巡洋舰监视着苏格兰和挪威之间的海域。[13]它们在 1915 年拦截了大约 3 000 艘同盟国和中立国的船只，在 1916 年拦截了 3 388 艘，只有少数船只能够侥幸逃脱。[14]驻扎在奥特朗托与科孚岛的意大利和法国船只可以更密切地监视亚得里亚海的航运。海军方面的封锁几乎密不透风，到 1915 年，德国的进口额缩减到战前的 55％[15]，到 1918 年更是缩减到战前的 34％，从数量来看仅为战前的 1/5。[16]尽管进口下降很严重，但仍未能完全压制德国的商业活动，而且德国对进口的依赖程度历来都低于英国。在一些问题上，比如缺乏智利的硝酸盐，硝酸盐是生产化肥和炸药的重要原料，德国很快就感到了压力，但很快就找到了替代品。在国内农业产量开始下降之前，德国可以在没有粮食进口的情况下应对粮食问题。[17]奥匈帝国遭受的损失更为严重，部分原因是奥匈帝国中以农业为主的匈牙利政府拒绝向奥地利的城市提供粮食。早在 1915 年，维也纳就发生了食品骚乱。[18]然而，英国情报部门直到 1915 年秋天才发现德国平民生活水平明显下降，一年后又发现德国平民生活水平进一步恶化了。[19]

　　协约国面临的关键问题与其说是海上问题，不如说是外交问题：它们与德国周围的"北方中立国"（瑞士、荷兰、丹麦、挪威和瑞典）的关系，高度相关于协约国与美国这一最大中立国的关系。除了与瑞士的关系由法国负责外[20]，与其他国家的关系由英国牵头，所遵循的政策是在美国人可以容忍的范围内对"北方中立国"实施最严格的控制。然而，德国对邻国保持着巨大的贸易逆差，一战期间德国的总逆差平均占国内生产总值的 5.6%。[21]德国之所以能够进口瑞典的铁矿石、挪威的镍和铜以及荷兰和丹麦的食品，很大程度上是借助中立国的银行信贷实现的，与美国为协约国提供的物资相比，同盟国的进口规模仍然很小，即便如此，中立国的出口对于德国也很重要。由于英国皇家海军只能为波罗的海腾出几艘潜艇，而俄国海军不愿在芬兰湾以外的海域行动，协约国的海上力量几乎无法直接阻止中立国向德国走私物资。如果要对这一情况施加影响，那也只能是间接的，比如通过对中立国施加贸易约束来限制它们援助同盟国。

　　协约国这样做意味着会违反国际法，并冒着与美国对峙的风险。事实证明，协约国对中立国施加压力以限制它们和德国的贸易并不是一个严重的问题。1856 年的《巴黎宣言》（*Declaration of Paris*）和 1909 年的《伦敦宣言》（*Declaration of London*）在一定程度上强化了有关封锁与违禁品的战争法。《伦敦宣言》试图将商品划分为三类："绝对违禁品"（与战争有关的商品，例如弹药，在任何情况下都可以被没收）；"有条件的违禁品"（既有军事用途也有非军事用途的货物，如食品和燃料）；"赦免清单"上的物品，主要有棉花、石油和橡胶等永远不会被没收的商品。[22]然而，英国上议

247

院拒绝批准《伦敦宣言》。1914 年，英法承诺，只有在某种条件下才会承认这一规定，否则它们坚持封锁德国的做法就失去了意义。英法将"连续航行"原则应用于"有条件的违禁品"，即如果怀疑运往中立港口的食品的最终目的地是德国，就可以做扣留处理，从而迅速打击了"有条件的违禁品"。尽管英法使用了一个虚假的借口，说德国的所有食品供应都在政府的控制下，但它们的真正目的是阻止德国囤积粮食，以防止战争时间延长，满足公众尽快击败敌人的期望。[23] 此外，1914 年 11 月 2 日，英国海军部宣布整个北海为"战区"，商船只有沿着特定路线才能安全进入。英国宣称这样做是为了报复德国的布雷行动，但英国的行为为双方相互报复开了先例，很快就会完全颠覆国际法的法律框架。[24] 1915 年 2 月，德国以协约国的非法行为为由，引入无限制潜艇战，英法宣称要进行报复，宣布它们计划全面封锁同盟国。中立国和敌国的港口都被封锁了，《伦敦宣言》中有关商品分类的规定也被取消了——协约国很快就宣布棉花是违禁品，并宣布不再遵守《伦敦宣言》。事实上，潜艇战只是英国下定决心实施封锁政策的借口，以此来缓解本国的舆论压力；协约国封锁德国的另外一个原因是，越来越多的证据表明，击败德国需要漫长的时间，并且需要付出高昂的代价，只有封锁德国才能取得胜利。

协约国封锁德国的措施几乎没有遭到美国的反对，在此背景下，协约国进一步加紧对同盟国的封锁。国务卿威廉·詹宁斯·布赖恩（William Jennings Bryan）建议美国做出更有力的回应，但威尔逊置若罔闻，对英国的封锁措施反应迟钝。在一系列抗议照会中，威尔逊坚称协约国的措施是非法的，他保留要求获得赔偿的权利，但他既没有威胁也没有要求取消这些措施，他还暗示，美国的回应在很大程度上取决于这些封锁措施是如何实施的。[25]威尔逊似乎担心英美关于封锁德国的争端会让 1812 年的英美战争重演，这场战争就是由两国关于美国的中立地位的对抗而导致的。此外，他认为协约国的胜利符合美国的利益，他希望与英国合作，通过调解来结束战争，他明白协约国的物资采购对于美国经济繁荣的重要性。在 1915 年 5 月到 1916 年 5 月的一年内，他不希望两条战线同时发生冲突，他的首要外交任务是让德国取消潜艇战。1916 年 5 月之后，他的立场更加强硬，部分原因是协约国的封锁似乎直接损害了美国的利益。有两项措施尤其引起了美国公众的注意：从 1915 年底开始，英国人打开了他们扣留的中立船只上的邮件，也包括美国的邮件；1916 年 7 月，英国公布了一份"黑名单"，列出了其怀疑与同盟国有交易的包括美国公司在内的中立公司的名单，并禁止英国公司与这些公司做生意，从而禁止它们获得英国的煤炭和航运。[26]威尔逊将黑名单描述为压垮英美关系的"最后一根稻草"，总统的愤怒在国会引起了共鸣。1916 年 9 月，国会投票赋予他拒绝协约国船只进入美国港口的权力，国会还通过了一项海军法案，意在让美国拥有更多对抗英国的外交筹码。即便如此，他也没有动用新的禁运权力，避免最后通牒，并无视与欧洲中立国采取联合行动的建议。[27]英国在检查中立国邮件方面做了一些让步，但这一事件基本上和美国的抗议无关。

　　从表面上看，封锁机制非常严格，实则不然。即使在 1915 年 3

248

月的宣言之后，封锁仍然充满漏洞，在接下来的两年里，德国与中立国仍然保持着可观的贸易规模。1916 年 6 月在巴黎成立了"常设委员会"，在此之前，没有任何协约国机构负责监督同盟国与中立国的贸易；事实证明，"常设委员会"虽然成立了，但它纯粹是协商性机构，起不了多大作用。[28]法国有理由怀疑，对于制裁，英国有点言过其实了。与法国不同的是，英国法律允许在中立国的英国人继续与敌对国进行贸易。一些协约国的金融和商业利益集团反对过于苛刻的封锁：法国预购了荷兰的肉类和瑞士的牛肉，因法国财政部拒绝付款而交易失败。[29]伦敦金融城的商人成功地抵制了对通过中立国向德国供应咖啡的限制。与外交部和武装部队不同，英国的贸易委员会和财政部倾向于继续与中立国进行贸易，既可以赚取外汇，也可以保护出口市场。此外，英国需要荷兰的人造黄油和瑞典的矿井支柱，对于炸药生产至关重要的硝酸盐（来自挪威的海德鲁公司）曾一度有 90％ 被运到了法国。[30]此外，出于外交方面的考量，不应对中立国施加太大的压力。除了协约国声称为小国的权利而战之外，瑞典可以通过阻止与俄国的转口贸易来进行报复，而德国可能会在中立的邻国出现一边倒时入侵它们。尽管协约国也有筹码（它们控制着中立国的海运供应，斯堪的纳维亚的经济依赖英国的煤炭），但它们加强封锁的努力程度取决于与中立国政府的谈判。尽管挪威和丹麦普遍支持协约国，但是中立国也必须考虑国内民众的政治倾向，需要在两大集团之间取得平衡。

　　尽管封锁机制存在漏洞，但这些漏洞还是逐渐得到了修补。在最初的几个月里，协约国对北方中立国的出口迅速增长，同时大量食品和原材料被运往德国。[31] 在一系列谈判中，协约国同意不干涉中立国进口违禁品，前提是中立国承诺不出口这些违禁品。[32] 荷兰政府于 1915 年 1 月批准成立荷兰海外信托基金，这是一家私人机构，管理荷兰的所有进口商品。英国同意，如果该信托基金能担保这些进口的商品都在国内消费，就不限制它们的进口。[33] 英国认为荷兰海外信托基金是一次重大的成功尝试。它成为瑞士监督经济协会的样板，该协会在瑞士承担了与之类似的职能，同时也是与丹麦商人行会和哥本哈根制造商商会达成协议的样板，后者为丹麦承担了类似的职责。另外，瑞典反对任何类似的安排，因为英国国内批评丹麦协议过于偏袒德国，致使英国与挪威的谈判破裂。[34] 这种所谓的"委托"制度有阻碍但并没有阻止中立国对同盟国的出口，更没有阻止它们向德国出售自己的剩余农产品。1916 年春天，荷兰是德国最大的食品供应国，而在罗马尼亚加入协约国之前，其小麦输出对于奥匈帝国至关重要。[35] 协约国的回应是，将同盟国从中立国进口的商品数量限制在其国内所必需的范围内。到 1916 年 10 月，有超过 230 种瑞士进口产品受到限制，而其他国家的受限产品的种类远没有这么多。[36] 英国提前签订了购买协议，特别是 1916 年与荷兰签订的协议，以协商好的价格收购一定比例的中立国的农产品。这些协议大幅减少了德国的食品进口，似乎也促成了德国在 1917 年 2 月做出重新发起无限制潜艇战的决定。[37] 从当时直到美国参战，在外交范围内，封锁可能已经达到了最大化，通货膨胀、粮食歉收和军备超支使德国经济面临危机，封锁开始真正发挥作用。和陆上战略一样，在经济战领域，协约国的坚持不懈开始产生效果。

德国有两种办法来挑战协约国的制海权：水面舰艇和 U 型潜艇。二者不能同时最大化地使用，因为如果它的主力舰冒险出海，就需要潜艇护卫。因此，在 1916 年，公海舰队的活动在 U 型潜艇作战的间歇期得到加强。德国海军之所以谨慎，是因为德国的人数劣势、地理劣势和自卑感，在赫尔戈兰湾和多格浅滩的战斗进一步强化了这些劣势。如同战前一样，德国海军的存在更多具有一种象征意义，其不是为了进行战斗，而是为了达到对抗伦敦的政治目的。奥匈帝国更是如此，在意大利宣战的当晚，奥匈帝国的主力舰轰炸了意大利海岸，但此后再也没有靠近过它，奥匈帝国海军的主要作用是消耗协约国的资源。[38]公海舰队同样迫使英国投资建设庞大的基础设施来支持英国大舰队，并让大舰队制衡德国公海舰队，否则大舰队的船只本可以被用于保护商船和反潜艇作战。公海舰队阻止了协约国对德国海岸的近海封锁和突袭，并为德国从瑞典进口铁矿石提供护卫。但是，通过消耗或孤立和击溃英军军舰来削弱英军实力的可能性微乎其微。的确，在 1914 年 12 月轰炸英国东海岸城镇后，由贝蒂指挥的新战斗巡洋舰舰队驻扎在罗赛斯（Rosyth）；作为前沿拦截部队，杰利科指挥的战斗舰队则留在斯卡帕湾。但当波尔在多格浅滩战役后接替英格诺尔成为公海舰队的指挥官时，他同意威廉二世的意见，即不会在距离港口超过一天航程的地方冒险作战。[39]在 1915 年，只有海军最现代化的主力舰能够继续作战。[40]杰利科也不太可能落入德国人之手。他充分意识到一场有现代技术参与的伟大海战的不可预测性，他把以下这句话作为座右铭：自己在占上风时不要冒险。在 1916 年 4 月 12 日给海军部的一份备忘录中，他重申了他长期以来坚持的信条，即他不会冒着失去自己主力舰的风险去摧毁敌人的主力舰。[41]

当德国人犹豫不决时，英国人从战争最初几个月的困难中走了出来，并从两个巨大的新优势中获益。第一个优势是英军具备了截获和解密德国海军无线电信息的能力，这一行动由位于白厅的海军部大楼第 40 号办公室负责。[42] 为此，英国不仅要感谢第 40 号办公室团队的团结协作，也要感谢自己非凡的运气。在战争开始的几周内，英军寻获了三本德国海军密码本，它们分别来自一艘俄军在波罗的海登临的德国巡洋舰、一艘被澳大利亚人扣押的汽船以及一个由一艘英国拖网渔船在特塞尔岛（Texel）附近海域打捞上来的箱子。从 1914 年 12 月开始，第 40 号办公室通常会在德军出动前发出警告（即使英军海军作战部并不能总是充分利用这些信息），而德国在截取英国通信方面从未取得过类似的成功。英国频繁更换密码，并遵守严格的无线电纪律，海军部与大舰队在港时通过陆地线路进行通信。[43] 第二个优势来自海军建设。1914 年，英国皇家海军拥有 22 艘无畏级战列舰，远未占有压倒性优势。相比之下，到 1916 年 5 月的日德兰海战时英国就取得了明显优势，英国用 28 艘无畏级战列舰对抗德国的 16 艘无畏级战列舰，9 艘战列巡洋舰对抗德国的 5 艘战列巡洋舰。[44] 因为英国主力舰的火炮更重，其总舷重是德国的两倍：40 万吨对 20 万吨。[45] 在某种程度上，英国海军的这些发展源于战前。1914 年的德国海军仍受益于 1908—1912 年的造舰速度，但从 1915 年底开始，英国经过 1909—1910 年的恐慌之后，开始大力建造军舰，包括伊丽莎白女王级的高速燃油超级无畏级战列舰，配备 15 英寸大炮，使英国重新夺回优势。[46] 除此之外，在战争期间，由于潜艇占据优先地位，德国军舰的建造时间变长了。因为征兵，德国的劳动力受到严重打击，协约国的封锁使德国的镍和铜供应变得紧缺。德国在 1916 年建造了 2 艘战列舰，1915 年和 1917 年各建造了 1 艘巡洋舰[47]；但英国在 1914 年有 13 艘战列舰在建，在战争期间增加了 9 艘战斗巡洋舰，而舰队总共接收了 842 艘军舰和 571 艘辅助舰艇。通过颁发"特许证"，海军部能保证造船厂的技术工人不被征兵，留住了经验丰富的工人；陆军的武器工厂不得不招募更多没有受过训练的工人。在钢材分配方面，海军优先

252　于军需部，军舰建造优先于商船生产。英国的商船日益短缺和索姆河战役中炮弹供应不足，部分是由优先发展海军而导致的，但优先发展海军走得有些极端，以至于连丘吉尔这样大力支持海军的大臣都觉得过分，这可能也反映出英国的担忧，即需要提前预防战后美日与它竞争。[48]

　　英德舰队的对抗让人备感意外。在很大程度上，日德兰海战是由于德国海军指挥官的更换造成的。1916 年 2 月，莱因哈特·舍尔（Reinhard Scheer）上将取代波尔成为公海舰队的指挥官。舍尔也想避免大国之间的全面冲突，但他确实打算通过潜艇和空袭来袭击英国船只与东海岸，并派出公海舰队诱出英国皇家海军，进而加以摧毁，这一计划得到了威廉二世的批准。[49] 从 2 月开始，公海舰队每月至少出海一次；英国人也这样做，对德国海岸进行了两次空袭。冲突爆发的可能性越来越大。5 月 31 日清晨，舍尔和希佩尔领导的战列巡洋舰第一侦察队开始横扫斯卡格拉克（Skagerrak）海峡，

攻击英国巡逻船和商船。多亏了英国第 40 号办公室发出的警告，杰利科和贝蒂已经出发，两支舰队朝着会合的方向航行，尽管它们都没有意识到自己正在这样做。而作战部的一份误导性报告使英国指挥官认为公海舰队仍在威廉港（Wilhelmshaven），实际上它已离开港口几个小时了。结果杰利科为了节省燃料而行驶缓慢，而贝蒂在他前面很远的地方，意外地先撞上了希佩尔的巡洋舰，后来又撞上了舍尔的战列舰。之后，贝蒂诱导舍尔的舰队进入特定区域，以使其遭遇杰利科的主力部队，舍尔对此毫无准备，两次掉头撤退，最终在夜间成功逃脱。[50]

　　下午 3：48，贝蒂舰队和希佩尔舰队开始了被称为"奔向南方"的战斗，贝蒂的战列巡洋舰只得到了埃文·托马斯（Evan-Thomas）第五战斗中队的 4 艘新型超级无畏级战列舰的姗姗来迟的支援，尽管这些战舰自 5 月以来就已经被分配给战列巡洋舰队了。贝蒂一直在巡航，4 艘战列舰离他太远，就像在赫尔戈兰湾和多格浅滩那样，他的信号官发出的信号不正确，这可能是造成延误的原因，托马斯缺乏主动性也可能是原因之一。此外，英国的巡洋舰参战太晚，未能充分利用其航程优势。在地平线的衬托下，英国的巡洋舰成了很好的攻击目标，英舰大炮的射击准度不高，穿甲弹设计很糟糕。最糟糕的是，英国海军的弹药库和炮塔之间的弹药舱门敞开着，以便更快地装填弹药，而且他们的炮弹所使用的火药填充保护装置要比德国的同类产品差。也许正是由于这些原因，"不倦"号和"玛丽女王"号两艘巡洋舰发生爆炸，船上的士兵几乎全部阵亡。幸存的英国船只吸引着德国的主力部队，这些船只在下午

253

4：30 后设法逃离，随后向北航行，直到下午 6：20 左右，追击的
舍尔舰队才被杰利科的无畏级战列舰击退。第三艘英国战列巡洋舰
"不屈"号也遭到了重创，杰利科虽然没有从贝蒂那里得到足够的
关于公海舰队行踪的信息，但还是巧妙地把战列舰部署到舍尔船只
的东边，这样就可以挟制舍尔的船只，并插在它们和港口之间。舍尔
的船只马上就转到一团烟雾后面，一艘驱逐舰用鱼雷攻击他的船只，
杰利科的船只没有紧追不舍，舍尔的船只侥幸逃脱，但是半小时后又
撞上了英国战列舰。据德国作家称，舍尔是故意要挡住追击的英国舰
队。[51]舍尔的舰队遭到重创，之后在一艘巡洋舰和一艘驱逐舰的掩护
下掉头离开，杰利科的舰队也掉头离开。这是弥补英军早些时候损失
的最后机会，但杰利科没有抓住。在夜间，当杰利科舰队向南行进
时，德国舰队正设法从其后面穿过。6 月 1 日早晨，舍尔舰队经由德
国海岸附近雷区的一个海峡安全回国，把英国人留在了空海之上。

　　英国方面约有 150 艘军舰，德国方面约有 100 艘军舰，日德兰
海战是战争中最具戏剧性的时刻之一。与二战中的海军行动相比，
在日德兰海战中，飞机没有发挥作用，潜艇发挥的作用也很小（杰
利科对这种武器的恐惧在很大程度上影响了它在战争中的作用）。
这是历史上以蒸汽为动力的主力舰之间交战的典型案例，其中大部
分破坏是由远程射击造成的。主力舰上的 12 英寸或更大口径的火
炮比陆地上的任何武器都大，尽管由于能见度低和瞄准困难，双方
都降低了射速，但不存在炮弹短缺这一制约因素。最大的战列舰中
队只是短暂交锋，但日德兰海战的破坏力已经足够大。与 1916 年
的陆地战相比，几乎所有海军受伤人员最后都牺牲了，其中许多人

死于烧伤或烫伤，有的被埋在沉没的船体中。14 艘英国船只（总计 11 万吨）沉没，其中包括 3 艘战列巡洋舰；11 艘德国船只（总计 6.2 万吨）沉没，其中包括一艘战列巡洋舰和一艘前无畏级战列舰。在短短数小时内，英军阵亡 6 094 人，德军阵亡 2 551 人，双方共有 11 万名水兵参战。[52]

　　舍尔犯了几个错误，包括带了一个破旧且行驶缓慢的前无畏级战列舰中队。但是很显然，德国在战斗中占了上风，英国人暴露了一些致命的弱点。德军射击得更精准，这得益于更好的训练和更先进的测距仪，以及更有效的带延迟引信的穿甲弹，而英国军舰的装甲没那么好，防水舱壁也更少。尽管英国大舰队很快为再次行动做好了准备，但是德国人因击沉英国船只数量多而赢得了公关宣传上的胜利。一战结束后，贝蒂对日德兰海战的损失仍然耿耿于怀，声称杰利科错失了一次歼灭舍尔舰队的机会。现在很少有评论员质疑杰利科最初部署方案的高明之处，也很少有人质疑杰利科的谨慎态度，因为他一直避免在夜间与装备精良且训练有素的德军作战。然而，杰利科高估了鱼雷的危险性，他如果在舍尔舰队第一次掉头后奋力追击，在舍尔舰队第二次掉头时不轻言放弃，就很可能在夜幕降临前击毁更多德国船只，也可以在夜幕降临后更好地监视德军的动向。[53]当然，回顾过去，我们很容易批评一位指挥官，他是在极度混乱、情报不足、随着夜幕降临越来越疲惫的情况下开展行动的。杰利科完全有理由宣称，摧毁公海舰队是次要的，当务之急是不输掉这场战役[54]，尽管这引发了他为什么要出海的问题。关键的事实仍然是，舍尔未能实现消灭贝蒂的战斗巡洋舰和取得德英舰队平衡

254

的战略目标，因此，在攻击英伦三岛或英吉利海峡的船只、派出他的巡洋舰作为商业掠夺者或打破协约国封锁方面，舍尔做得并不比他的前任好多少。

日德兰海战并不完全标志着海上战争最活跃阶段的结束。8 月 18 日至 19 日，舍尔舰队再次出海，第 40 号办公室再次向英国海军发出预警，杰利科和贝蒂舰队出海迎战，两支舰队错位排列，杰利科比以往任何时候都更谨慎，因为他害怕遭遇德国潜艇的伏击。在 9 月 13 日的一次会议上，在海军部的支持下，杰利科和贝蒂同意，除非出现特殊情况，否则不会再冒险进入北海东部或南部。10 月 10 日，当舍尔舰队再次出海时，大舰队并没有迎击。英国领导人更多地把当时的日德兰海战看作一次从灾难性危险中死里逃生的机会，而不是错失的战机，对此，适当的应对措施是更加谨慎而不是冒险。贝蒂在 11 月接替杰利科担任战斗舰队指挥官时，没有做出任何改变。但舍尔也觉得自己舰队的逃脱是侥幸的，他在 7 月向威廉二世报告，不可能通过舰队行动来消除英国的优势并在短时间内迫使英国妥协，威廉二世采纳了舍尔的报告。[55] 舍尔建议，只有无限制潜艇战才能尽快迫使英国妥协，而第二年春天德国实施 U 型潜艇战的一个原因似乎是他们认为无法在海上取得决定性的成果。10 月，舍尔舰队失去了潜艇护卫舰，24 艘驱逐舰被派往泽布吕赫，以方便 U 型潜艇通过多佛海峡。[56] 直到 1918 年 4 月，驱逐舰才再次冒险外出。至于在海上行动和潜艇行动之间如何选择，德国正在断然转向后者。

德国决定从 1917 年 1 月开始恢复无限制潜艇战，这是一战中最具决定性的决策之一。这是美国参战并最终促成协约国胜利的一个不可或缺的条件。这里要讨论两个问题：第一个问题是，直到1917年，潜艇战的影响还很小，不及协约国对同盟国的封锁所发挥的作用，却有助于维持双方的僵持状态；第二个问题是，日后事态升级的原因是什么。

在 1917 年之前，德国发动潜艇战更多是出于技术上的考虑，而不是出于政治上的考虑。潜艇是一种新式武器，而且数量极少。潜艇是在 19 世纪末 20 世纪初才加入海军的。起初，大多数海军很少使用潜艇。1914 年之前，德国海军部曾计划攻击协约国商船，但计划使用的是水面突击艇。此外，自 19 世纪 90 年代以来，提尔皮茨的主要目标一直是建造一支能够对抗或至少威慑英国的舰队。他认为海军主要针对商船是一种错误的战略概念，并试图使这种战略概念的支持者噤声。[57] 1914 年 8 月，德国有 28 艘 U 型潜艇服役，但其中很多都不适用于航海。1915 年底，它有 54 艘作战潜艇，到1916 年底达到 133 艘。在大战期间，由于潜艇受到的种种约束比水面舰艇小，所以德国大力发展潜艇。为了保证潜艇的生产，德国扩大了潜艇造船厂的数量，生产潜艇的工人大多能免于被征召入伍。建造一艘远洋潜艇大约需要 18 个月，而制造适合英吉利海峡或沿海水域的小型潜艇只需要 6～7 个月。战时增加的大部分潜艇都是在布鲁日生产的 UB 系列和 UC 系列轻型潜艇。对于协约国来说，幸运的是，德军潜艇的建造工程时断时续。1914 年秋天和 1915 年春天订购的潜艇数量大幅增加，但之后又推迟了一年[58]，从 1916 年起订购的潜艇中很少有投入使用的。此外，更准确地说，U 型潜艇应该是潜水器而非真正的潜艇，它们需要定期浮出水面，它们在水面和水下使用不同的推进系统，以不同的速度航行。直到 1915 年，它们才配备了甲板炮和炸药用来击沉对手，尽管战争后期引进的大型潜艇配备了 12 枚或更多鱼雷，但最初的小型潜艇只有 4 枚鱼雷。最后，在任何时候，多达 2/3 的远洋潜艇都可能停泊在港口或往返于战场之间，而不是停靠在基地。因此，潜艇战永远不可能成为符合海事法要求的有序且全面的封锁手段：因为它完全随机、不加区分且刻意依赖恐怖手段。U 型潜艇数量再多，也不能护送船只进入港口，没收违禁品，或运送额外人员。由于没有空间来装载货物，也没有空间来关押截获的商船船员，潜艇只能将商船击沉。潜艇不能长时间浮出水面，因为浮出水面的潜艇处境危险。潜艇如果遵守"巡洋舰规则"，就意味着要浮出水面，发出警告，让被攻击军舰的海员有时间进入船舱；"无限制"潜艇战意味着没有预警就下潜并在水下发射鱼雷。在战争爆发的几个月内，德国人开始了他们的第一次无限制潜艇战。[59]

　　德国的无限制潜艇行动是一个经典案例，说明一种新武器的产生会有相应的动机。1914 年，U 型潜艇击沉的协约国商船很少，但在同年 9 月，U9 潜艇用鱼雷击沉了"阿布基尔"号、"克雷西"号和"霍格"号。[①] 德国潜艇指挥官鲍尔敦促发动一场破坏商业的战役，并坚称他有足够的潜艇来开展这一行动。鲍尔的观点被媒体广泛传播。提尔皮茨虽然此前对潜艇不屑一顾，但在 11 月之后开

---

① 参见第 2 章。

始公开支持鲍尔的观点。海军参谋长波尔认为，不管潜艇战多有效，人们都会质疑如此公然违反国际法的行为，但最后他还是让步了。1915 年 1 月，威廉二世和贝特曼也迫于压力而让步。所有进入英伦三岛"战区"包括协约国和中立国的船只都有可能在没有预警的情况下被击沉。德国海军部认为进攻的最佳时机是春天，此时英国小麦尚未收割，可以通过切断阿根廷和澳大利亚的小麦运输而使英国屈服。德国开展无限制潜艇战有三个原因。第一个原因是英国的行为激怒了德国，英国宣布北海为战区，德国以此为由对英国实行报复。协约国对德国开展"饥饿封锁"，引起了德国的愤怒，这是德国开展无限制潜艇战的第二个原因。德国开展无限制潜艇战的第三个原因是海军需要证明自己的存在和未来，鉴于面对德国士兵的大量阵亡，海军毫无作为。最后，就像几周后使用的毒气一样，无限制潜艇战被视为打破长期僵持战的一种手段。贝特曼和外交部从未质疑无限制潜艇战的合法性或道德性，只是担心这只是权宜之计。迄今为止，中立国对德国违反国际法的行为反应不大。[60]

257

对于德国潜艇攻击协约国商船的行动，协约国完全没有准备，也没有有效的应对措施。协约国在 1914—1916 年摧毁了德国 46 艘 U 型潜艇，但这只是德军 U 型潜艇的 1/3；相比之下，1917—1918 年协约国摧毁了德国 132 艘 U 型潜艇（二战期间德国被摧毁 785 艘潜艇）。[61]大部分潜艇是被水雷摧毁的，尽管那时还缺乏有效的反潜水雷。但至少英国人在英吉利海峡的布雷导致了德国于 1915 年 4 月做出一项决定：此后，潜艇必须通过苏格兰北部驶往英伦三岛的西部航道，这使它们的航行时间变长，压缩了它们寻找目标船只的时间。协约国水面巡逻的效果很差。水听器是定位水下潜艇的唯一手段，而且它们的定位范围非常小。驱逐舰的速度是水面潜艇的两倍，但到了 1916 年，U 型潜艇只需 45 秒就能下潜，而且协约国的驱逐舰太少。直到 1916 年 6 月，协约国才研制出有效的深水炸弹，1917 年 7 月才研制出深水炸弹投掷器。截至 1917 年 3 月底，在皇家海军驱逐舰和 U 型潜艇的 142 次交战中，英军只有 6 次成功击毁潜艇。英国宣传中使用的诱饵"Q 舰"也没有给 U 型潜艇造成多大损失：它们的主要贡献是使德国认识到 U 型潜艇如果遵守"巡洋舰规则"，就会面临更大的风险，尽管起初大多数商船的沉没都是由炮火而非鱼雷造成的。因为"巡洋舰规则"意味着潜艇要先浮出水面，对目标船只发出警告，再将目标船只击沉。但是，一旦目标舰船率先开火，浮出水面的潜艇就成了靶子；英国人是幸运的，当德国在 1915 年 9 月取消由其发动的第一次无限制潜艇战时，英国的商船仅比战争爆发时减少了 4%。[62]

　　U 型潜艇战的中止不是因为协约国的反制措施，而是因为 U 型潜艇短缺，尤其是因为美国干预。贝特曼没有预见到这一点。威尔逊虽然对德国潜艇行动的措辞比对英国封锁政策的措辞更严厉，并威胁要让柏林"完全负责"，但没有对德国潜艇击沉的第一批商船以及美军的伤亡做出强烈反应。1915 年 5 月 7 日，U-20 潜艇的鱼雷将停泊在爱尔兰海岸附近的卡纳德公司的客轮"卢西塔尼亚"号击沉，造成 1 201 人死亡，其中包括 128 名美国人，死者多是妇女和儿童。潜艇指挥官毫不怀疑他所攻击船只的性质，实际上客轮载有弹药。"卢西塔尼亚"号客轮的沉没并未在德国引起不安。然

而，这一事件被协约国加以宣传以争取美国的支持，协约国的宣传 *258*
取得了重大胜利，它使威尔逊对德国的态度更为严厉。在美国，几
乎没有人赞成战争，当然也包括总统，但是威尔逊没有警告美国公
民不要乘坐交战国的船只，他要求德国谴责"卢西塔尼亚"号事件
并支付赔偿金。当没有得到令他满意的结果时，威尔逊发出了第二
个通知，要求所有交战国和中立国的商船必须遵守"巡洋舰规则"，
从现在开始"巡洋舰规则"是他的立场之基。他没有义务为国际法
辩护（他没有支持英国的违法行为），但他认为，示弱会招致更多
的麻烦和危险，而不作为会损害美国的信誉并危及他调停的雄心。
他不会同时对双方都采取行动，相对于英国对美国财产的威胁，他
更加关注德国对美国人生命的威胁。德国认为威尔逊对德国平民的
饥饿漠不关心，这损害了他作为调停人的公正性。布赖恩看到了这
一点，希望威尔逊同时抗议 U 型潜艇战和协约国的封锁，但在第
二份有关"卢西塔尼亚"号的报告出台后，他被迫辞职，由坚定支
持协约国的罗伯特·兰辛（Robert Lansing）接任国务卿。当德国
既不道歉也不赔款时，威尔逊没有采取进一步的行动，这导致他的
声望急剧下降。[63]

　　结果是引发了美德之间长达 12 个月的关于潜艇战的斗争。在
此期间，德国人试探了美国人的容忍极限，最后才勉强做出让步。
"卢西塔尼亚"号沉没后，海军将领与贝特曼、外交部之间出现了
分歧，大多数海军将领反对向威尔逊让步，而贝特曼和外交部则认
为，避免美国参战应为优先考虑的事项。1915 年 6 月，贝特曼秘密
下令必须尊重客轮免受潜艇攻击的原则。8 月，另一艘英国客轮

"阿拉伯"号被鱼雷击沉，再次造成美国人死亡，这一事件将美德之间的争论推向了高潮。德国人现在同意，首先遵守不攻击客轮的规则，然后完全取消无限制潜艇战，将自己的潜艇转到地中海更容易找到目标的地方。提尔皮茨由于不妥协，失去了海军战略顾问之角，而他的支持者巴赫曼的海军参谋长之职则被提尔皮茨的老对手、潜艇论怀疑论者霍尔岑多夫（Holtzendorff）取代。[64] 1915 年，文官们得到了法尔肯海恩的支持，他们担心美国参战会把荷兰牵扯进来，他们希望至少在巴尔干战役结束之前不要节外生枝。但在1916 年春天，一场更为激烈的辩论随之而来，海军将领已经说服霍尔岑多夫，支持第二次潜艇战的尝试，通过中断英国在南半球的补给来饿死英国。这一次，法尔肯海恩支持他们，因为他相信潜艇战将有助于实现他在凡尔登的目标。[65] 尽管提尔皮茨最终辞职，理由是只有不受限制的战争才能解决问题，但在沙勒维尔（Charleville）召开的御前会议还是批准了一个折中方案。客轮和中立国船只可以不被攻击，但作战区的协约国商船将会在无预警的情况下被就地击沉，所有武装商船也一样。3 月 24 日，U-29 潜艇击沉了法国海峡的"苏塞克斯"号轮船，船上有美国人。威尔逊专横地坚持"巡洋舰规则"不仅适用于客轮，也适用于商船，并威胁要与德国断绝外交关系。德国人默许了，并在 5 月 4 日的"苏塞克斯承诺"中同意遵守"巡洋舰规则"。但是如果威尔逊没有得到协约国放松封锁的保证，德国则保留了重新考虑的权利。似乎美国在海洋上划出了一条线，而德国决定不越过这条线。[66]

　　威尔逊的立场比较激进，尽管他在接下来的几个月里对英国施

加了很大的压力，但是他对德国施加的压力更大。他坚持认为，无
论协约国做什么，德国都必须遵守"巡洋舰规则"。换句话说，威
尔逊不仅警告德国要尊重他国的中立权利，而且还提醒德国要注意
作战方式。威尔逊还拒绝了国会中民主党要求他对德国实施温和政
策的请求。贝特曼认为开展 U 型潜艇战的上限是不引发美国参战，
他预计美国参战可能会给协约国带来资金援助、武器装备和数十万
军队，也会打击德国盟友的士气，贝特曼的预测颇有先见之明。贝
特曼认为德国海军的潜艇太少，无法通过"饥饿战略"让英国屈
服，他认为德国低估了英国取胜的决心。贝特曼认为，优先发展 U
型潜艇将是一场关系到国家生死存亡的"破产游戏"，他暂时说服
了威廉二世。[67]威尔逊允许美国向协约国提供大量贷款和出售武器，
并默认协约国继续封锁德国；德国被迫屈服于威尔逊的要求，德国
虽心怀怨恨，但也是出于谨慎考虑的无奈之举。

　　这样的和解缺乏稳定的基础，到 1916 年底，贝特曼的地位已
经岌岌可危，一是因为德国的环境发生恶化，二是内部权力的转
移，并且二者是相互作用的。尽管英美在 1916 年发生摩擦，但协
约国并没有解除封锁，反而通过与荷兰的预先采购协议，对德国实
施了更全面的封锁。1916 年马铃薯歉收后，德国国内粮食产量下
降，同时粮食的进口也减少了。德国的城市第一次面临真正的生存
危机，奥匈帝国和土耳其的情况更糟。[68]军事形势的逆转和协约国在
1916 年夏天的联合进攻意味着，8 月之后的形势比春天的形势更
糟，霍尔岑多夫重新讨论了潜艇的作战计划，以及下一年协约国更
密切的协同进攻。当兴登堡和鲁登道夫接管德国最高统帅部后，他

们最初担心无限制潜艇战可能使德国和丹麦、荷兰的关系恶化；他们之所以有此顾虑，是因为此时德军已经到达了极限。他们不太担心美国，认为美国的军事力量很弱。但在罗马尼亚沦陷后，德国可能面临更大的风险；正如兴登堡所说，德国的 U 型潜艇可能会使德军免遭类似索姆河战役那样的打击。与许多早期的其他倡议一样，兴登堡和鲁登道夫支持海军是为了应对 1916 年夏天的紧急情况。威廉二世考虑到兴登堡和鲁登道夫在国内的巨大声望，害怕与他们摊牌，故而不得不重视兴登堡和鲁登道夫的意见；在此背景下，威廉二世最终同意让提尔皮茨和法尔肯海恩下台。兴登堡和鲁登道夫的任命也引起了德国国会的震动。1914 年以来，由知识分子、商人和右翼政党发起的"支持 U 型潜艇运动"与扩张主义战争目标运动相呼应，一直在媒体上和议会中支持海军，不仅是为了反击协约国军队，让德国潜艇兵能在更安全的环境中作战，还因为它认为这个问题是回击贝特曼的绝好机会。1916 年春天，德国国会多数成员仍支持首相，其中保守党和国家自由党支持 U 型潜艇战，但社会民主党、进步党和部分天主教中央党的议员反对潜艇战，并且他们在人数上超过了潜艇战的支持者。10 月，天主教中央党的议员通过了一项决议，即德国最高统帅部的决定具有权威性。贝特曼在权力中心内外都越来越孤立，面对协约国逐渐占据上风并带来持续的消耗，贝特曼别无选择，只能依靠海军的冒险策略。外交手段也没有带来多少希望。12 月，在德国最高统帅部的压力下，更好战的阿瑟·齐默尔曼（Arthur Zimmermann）取代贾戈，出任外交部长。协约国并没有分裂，拒绝了 12 月 12 日同盟国的和平照会。因为兴登堡和鲁登道夫的反对，威尔逊在 18 日提出的关于战争目标的声明未能开启协约国和同盟国之间的全面谈判，贝特曼已经山穷水尽了。[69]

当贝特曼的影响力逐渐减弱时，日德兰海战成就了舍尔，就像坦能堡战役成就了兴登堡一样，海军领导层——包括之前温和的海军大臣和威廉二世的侍从官格奥尔格·冯·穆勒（Georg von Müller）——联合起来支持无限制潜艇战。潜艇数量比一年前翻了一番，1916 年生产了 108 艘潜艇，其中许多潜艇航程更远，装载的鱼雷更多。[70]10 月，海军预测在未来 6 个月内将有 24 艘大型 U 型潜艇和 10 艘小型 U 型潜艇投入使用。[71]秋天，随着"巡洋舰规则"的出台，一场新的战役开始了，新的佛兰德斯舰在这场战役中扮演了重要角色，协约国的航运损失每月上升到近 35 万吨，是以前平均水平的两倍多。[72]U 型潜艇对协约国航运船只的破坏超过了其补充速度，这使德国海军的主张比以前的争论更有说服力。最后的努力集中在霍尔岑多夫 12 月 22 日发给兴登堡的一份 56 页的备忘录上。[73]霍尔岑多夫预测，在头 4 个月里，潜艇每月的击沉量为 60 万吨，此后下降为 40 万吨，而 40% 的中立国船只将被迫离开公海。通往英国的航运将减少 2/5，导致英国食品库存降到危险水平以下，经济混乱导致严重的罢工和动乱。如果德国在 2 月发起无限制潜艇战，那么英国将不得不在 5 个月内求和。美国参战在意料之中，但它的资金和军队都无法及时抵达。英国将面临一种残酷的选择，即战争因其"精疲力竭"而结束，这对于英国来说将是致命的。尽管英国组建了一个由记者、学者和商人组成的团队，他们精选了大量

261

的统计数据来支持这份备忘录，但是备忘录的准确性令人怀疑，它更像是一项掺杂了主观的工作，而不是它声称的那样科学。德国准确地预测了航运损失，但低估了英国的经济和社会适应能力；英国违背自由流通原则，通过食品配给和航运控制，提高了粮食生产能力和车队运输效率。公海舰队司令部私下里认为德国的这份文件过于乐观[74]，可能只有一半的海军上将相信文件里的观点，但他们对自己及其工作人员受到的限制感到恼火，希望为德国胜利做出决定性的贡献。事实上，鲁登道夫并不相信海军能这么快就赢得战争，尽管他相信行动总比什么都不做好，他希望 U 型潜艇能缓解西线的局势，他预见到 1917 年春天，德国将在西线面临巨大的压力。[75]最后的决定并非基于有力的证据，而是出于现实考虑。随着罗马尼亚战败，困境开始显现。兴登堡和鲁登道夫明确表示，除非海军取得成功，否则他们将辞职。威廉二世在 1 月 9 日普莱斯（Pless）会议之前的预备会议上做出让步，贝特曼决定同意这一决定，而不是

262通过辞职来公开分歧。赫尔弗里希擅长反驳海军的论点，但贝特曼没有使用他的副手为他准备的备忘录。[76]在普莱斯会议上，赫尔弗里希指责霍尔岑多夫"你的计划将导致德国毁灭"，但霍尔岑多夫答道："你正带着我们走向毁灭。"[77]但是，最后双方还是同意从 2 月 1日起恢复无限制潜艇战。

　　霍尔岑多夫的估计还没过 5 个月，就已经很清楚地看出普莱斯会议是个错误。即使 U 型潜艇继续遵循"巡洋舰规则"，它们迅速增长的数量也会造成很大的损失。而英国陷入了金融危机，俄国正在经历革命，法国也发生了军事哗变。事实上，硬碰硬未必好，正

如贝特曼所预见的那样，拖延一下会更好。霍尔岑多夫备忘录类似于尼维尔不顾一切地寻求消耗替代品的战略，但也类似于"施里芬计划"，它是帮助德国摆脱政治困境的方案。与 1914 年一样，柏林方面强行解决了这一问题，并将所有赌注都押在了这场赌博上，而不是抱着局势会改善的希望暂停一下。相似之处很重要，因为正是选择了这样的权宜之计，才使德意志帝国对其邻国构成威胁，并最终导致其崩溃。普莱斯会议相当于第二次的开战决定，贝特曼觉得自己正在经历七月危机，这并非偶然。[78]如果 1914 年的主要作战目标是法国和俄国，对英作战是次要的，那么现在的主要作战目标是英国，对美国开战被视为可接受的代价。在 1914 年，贝特曼已经被军方的论点改变了；在 1917 年，他更加被动地接受了他知道是歧路但又无力改变的路线。这一次，人们对这些选择进行了充分的讨论，但错误的一方占了上风。就像珍珠港事件前的日本一样，柏林占主导地位的政党希望通过迅速的军事行动造成一个既成事实，而威尔逊无力扭转这一事实。德国低估了对手，但却只能冒着与美国开战的风险。无论 1914 年战争爆发的真相如何，战争在 1917 年的延续都绝非偶然。

第 11 章　国内政治

　　迄今为止，人们一直认为是欧洲的政治精英挑起并延长了这场战争。他们做出了发动战争的决定，战争开始后；他们动员人员和装备武器，拒绝为和平而努力，并将资源集中在关键战线上。然而，如果广大民众不合作，那么政治精英们也不可能成功。那些在七月危机中欢呼雀跃的人，那些认购战争贷款的人，那些自愿在军工行业工作的人，还有那些参加战斗的人，他们对战争都负有责任。面对危急情况，民众的这种反应大多是自愿而非被迫的；考虑到战争造成的痛苦，民众的这种反应似乎令人费解。就像军队士气一样，国内团结也只是暂时的；到 1917 年，国内团结在俄国已经不复存在，其他的欧洲国家面临着国内民众的强烈不满。此外，民众的不满几乎没有机会转化为政治上的有效抗议。无论平民多么厌倦战争，各国的审查制度限制了这种批评的传播，使民众没有表达怨恨的途径。除了极左翼政党之外，所有政党都支持战争，直至本国取得胜利。如果当时的人们不认为一战是公正甚至崇高的事业，并且普遍且持续地接受它，这场战争就不可能持续那么长时间。国家强制和爱国主义的结合是支撑交战国走下去的动力，国家强制在东欧国家更重要，而爱国主义在西欧国家更重要。这些力量不仅在1914 年促成了各国国内初步的政治休战，而且在战争升级时保持了国内的凝聚力。

　　现存的大量官方报告使法国内政成为最容易研究的对象之一，研究这个以政治分歧而闻名的社会是如何成功地团结在一起的很有意义。[1]相对于法国的人口数量，法国的伤亡人数高于任何其他大国，其经济转向战时状态也很迅速。无论是政客还是公众，都没有人挑战"战斗并直至胜利"的政策。1914 年 8 月 26 日，维维亚尼的中左翼政府扩大了范围，大多数主要政党都参加了政府，包括社会主义者以及议会元老，如德尔卡塞担任外交部长，米勒兰担任战争部长，里博特担任财政部长，白里安担任副总理。1915 年 10 月法国政府重组，白里安和维维亚尼交换了位置，德尔卡塞辞职，米勒兰下台，政府成员构成的范围进一步扩大了，加入了天主教右翼领袖德尼斯·科尚（Denys Cochin）。在 1917 年 3 月里博特取代白里安成为总理和外交部长之前，政府组成相对稳定，只有细微的变动。尽管议会从 1915 年 2 月开始连续开会，但总理的更迭比和平时期要少，维维亚尼、白里安和里博特三任政府时期，政府的人事保持了很大的连续性，这三任政府包括了法国大多数资深政治家，

264

比较特殊的是乔治·克列孟梭和约瑟夫·卡约（Joseph Caillaux），克列孟梭与普恩加来总统性格不合，卡约被怀疑是唯一赞成妥协和平的政治家。与英德相比，这点小问题几乎不会影响法国内阁的团结。法国没有像英国的爱尔兰那样的问题，征兵被认为是理所当然的。对于战争目标，法国可能存在分歧，但在 1917 年 1 月，白里安联合他的内阁支持一项政策，即在不吞并莱茵河左岸的情况下将莱茵河从德国分离出来。① 至于战略，只有一条战线是法国能够或应该认真对待的。然而，马恩河战役后，霞飞的声望逐渐下降，关于法军总司令的人选的争议更大了。在 1915 年期间，议员们要求向战壕派出视察团（最终实现了这一要求），还集中攻击米勒兰，米勒兰被认为是霞飞的支持者，比霞飞更容易成为攻击目标。霞飞解雇萨莱尔后在国内掀起了一场轩然大波，在 1916 年的议会秘密会议上，议员们攻击霞飞。12 月，白里安最终用尼维尔取代霞飞，以稳住左翼。从那时起，政府掌控了战略和最高指挥权，文官和将军之间的关系更和谐了。[2]

　　高层团结反映了法国社会内部更广泛的包容。传统的阶级冲突和地区冲突暂时被搁置。各政党暂停参加竞选，工会宣布放弃罢工。莱昂·儒奥是法国总工会负责人，此前曾承诺在战争中进行革命性的总罢工，但现在他和政府代表、教会代表一起参加了为缓解国家困难而成立的国家援助委员会。路易斯·马尔维（Louis Malvy）领导下的内政部对工会采取了"信任政策"，指示警察和地

---

　　① 参见第 5 章和第 6 章。

方长官不要骚扰工会，因为他相信这样做能确保政府与工会的合作。[3]那些暗示法国新教教会同情其德国同行的说法是没有根据的，虽然教皇本笃十五世（Benedict ⅩⅤ）持中立立场，但法国天主教高层却坚决支持本国政府的战争政策。[4]

1914 年的事件增进了国家的团结。法国似乎遭受了一个侵略成性的邻国的无端攻击，而这个邻国在一代人之前就已经入侵过法国。法国最富裕的省份被占领，到 1914 年底，超过 25 万的法国年轻人战死。一个调查德国暴行的官方委员会在战争开始的几周内成立，1915 年 1 月，该委员会的第一份报告公布了德军对非战斗人员实施暴行的证据。[5]被侵略者强奸致孕的妇女将生育数以百计的孩子，如何对待这些孩子在法国新闻界引发了广泛争议。[6]这一问题对家庭、遗产和国家地位的威胁是显而易见的。然而，考虑到德国最初的进攻已经被击退，法国又有了盟友，法国坚持作战，直到彻底击败德国，似乎是自然而然的事，这样未来的一代人就不需要再次面对德国的入侵。普恩加来以下的政治家在他们的演讲中重申了法国会坚持战斗并直至胜利的内容，到 1915 年，他们还要求对阿尔萨斯-洛林地区进行赔偿，并要求确保安全，防止再次遭受攻击。他们的基本立场是，战争是德国强加给他们的。战斗的实际形势使法国民众很难对这一判断提出异议。因此，法国领导人不需要做什么，只用传统的演讲和宣传，就能让公众相信进行一战是合法合理的，因为德国的行动是最有说服力的论据。白里安的私人秘书菲利普·贝特洛（Philippe Berthelot）在外交部组织了一个新闻服务机构，主要是面向海外开展宣传工作。[7]在国内，教育部坚持要通过彻底调整课程以达到向学生们传递法国参战正义性的目的。在法语课上，学生们写关于战争的文章；在历史课上，他们学习战争的起源；在地理课上，他们研究战争地图。[8]对于成年人来说，审查制度在政府塑造舆论中发挥了最重要的作用。陆军部每天向记者提供有关前线事件的简报，各部门的长官监督地方报纸，他们不仅审查巴黎新闻界披露的军事信息，还审查抨击政府和高层司令部的信息。总的来说，根据 1914 年底发布的指示，审查制度应该起到了"安抚"法国人心的作用。[9]坏消息和与伤亡人数相关的消息都被压制了，但战争带来的损失并不是影响公众情绪的主要因素。来自地方行政长官们的报告显示，当人们预期会有新的前景时，士气就会提升，因为人们相信至少这可能会更接近胜利。[10]法国平民没有放弃争取早日取胜的希望，也没有丢掉短期内结束战争的幻想。

新闻审查制度弱化了战争的恐怖形象，士兵们的信件或许更能反映战争的真实情况，但它们也容易受到审查。无论如何，从保存下来的信件中可以看出，尽管士兵们不像媒体那样倾向于美化前线，但是他们普遍对胜利充满信心。[11]至少在 1916 年之前，军队士气很高，士兵的信件和返乡都不会危及平民的信心。这得出了一个更普遍的结论，审查制度抹杀了政府不喜欢的东西；它可以让个人主动改变信仰。法国新闻界因为它的浮夸而声名狼藉，法国比其他交战国更加臭名昭著。它夸大了法国人的勇敢和辉煌，也夸大了德国人的冷酷和浮躁。[12]但也有人提出了更为复杂的理由来支持国家。神职人员普遍承认，法国正在进行一场正义而神圣的战争：事实上，较之于 1905 年政教分离时，一战期间的牧师年龄更小，他们不仅被征召到军队中从事医护工作，还被征召去参军和担任军官，一战期间有 4 500 多名神职人员牺牲。[13] 1914 年之前，法国学界分为两派，一派是保守的、传统的思想家，另一派是更倾向于进步和接受外国（包括德国）影响的"现代派"。然而，他们在解释这场斗争时达成了共识，将其视为文化之间的冲突，是拉丁文明与条顿野蛮主义的较量。历史学家、哲学家和文人感到有必要在演讲、书籍与小册子中引用这一观点。[14] 至于法国的主要作家，如马塞尔·普鲁斯特（Marcel Proust），基本上保持沉默，不对战争表态；但是其他一些知识分子，特别是保守派民族主义者莫里斯·巴雷斯（Maurice Barrès），出版了 14 卷的战争著作，极力支持战争。许多目睹过战争的年轻作家都以残酷的现实主义手法来描述这场战争，但是至少在头两年里，多数人主张通过取胜来赢得和平。

因此，在动员法国人力的同时，法国人的情感和智慧也得到了动员。1914 年，神职人员报告，宗教复兴了，教堂里挤满了信徒。[15] 除了德国的战争行为之外，法国精英的团结以及教师、市长和牧师在乡村的反复辩护是推动国内团结的第二个因素。在战争稳定阶段以及僵持阶段，这两个因素仍然发挥着作用。但是尼维尔的进攻再次让人失望，即使失败，法国也保持着士气。然而，法国平民爱享受，如果没有最基本的物质条件，只靠意识形态的动员是远远不能维持法国人的士气的。1914 年秋，战争动员和德国入侵导致工业崩溃、经济破产、失业严重、工资削减，从 1915 年到 1917 年，法国经历了恶性通货膨胀。直到 1918 年，平民死亡率似乎没有上升[16]，初步证据表明，在无限制潜艇战导致法国的海外供应减少之前，法国一直维持着令人满意的生活水平。尽管如此，法国人还是得失不同。在城市地区，输家包括依赖投资收入的资产阶级和普通职员。军工厂工人工资的上涨速度与商品价格的上涨保持同步或者能够超过物价的上涨速度。士兵的妻子可以获得分居津贴，尽管没有英国和德国那么高，而且只有收入在一定水平以下的女性才能获得分居津贴。[17]由于津贴是固定的，粮食短缺成为他们的主要威胁。农村遭受了更多的丧亲之痛，但受益于高粮价和分居津贴，农村家庭能够偿还债务和购买土地。正如同时代人所观察到的那样，虽然一战期间法国国内墓地遍地，但是法国的农村却从未如此繁荣过。[18]一位观察家写到，法国在战争中安定下来，就像乔迁新居。[19]令人不安的结论似乎是，在舒适的物质条件下，人们可以无限期地忍受战争。

　　然而，法国是各交战国中最坚定支持战争的国家，即便如此，法国的政治和社会休战也经不起长期侵蚀。各方都希望政治休战能稍有暂停，并尽早获得政治上的回报。[20]1914 年的危机结束后，正常的法国生活包括和平时期紧张的政治纷争将重新出现。左翼记者指责神父们逃避兵役，令人困惑的是教会想要继续进行战争，教皇想要结束战争实现和平。[21]有些新报刊不顾严格的审查制度，冒险出版，特别是 1916 年创刊的《总诗》（L' Oeuvre）和 1917 年创刊的讽刺刊物《鸭鸣报》（Canard enchâiné）。亨利·巴比塞（Henri Barbusse）的《火线：一个步兵班的日记》（Le Feu：journal d'un escouade）如实地展现了战壕中士兵生死存亡的黯淡图景，并以呼吁法国和德国士兵

团结起来进行革命为结尾，这些文章先是连载，随后于 1916 年被
印制成书籍出版，并成为畅销书。[22] 它的成功反映了凡尔登战役之后　　268
法国思想氛围发生的明显变化，在这种氛围中，当法国总工会和法
国社会党中的少数派开始挑战领导层时，政治休战首次受到严重考
验。这场战争鼓励了左翼政党中的改革派，他们认为这场战争表明
工人阶级可以从跨阶级合作和国家干预中获益。在法国，一个突出
的例子是阿尔伯特·托马斯，他的父亲是一个支持社会主义的面包
师，阿尔伯特·托马斯后来成了法国的军备部长。[23] 与此相反，在
1914 年第二国际崩溃造成最初的迷茫之后，这场战争重新燃起了
人们对进行彻底的社会变革的希望。少数派中的大部分人不是革命
者，但他们确实反对兼并领土和战争赔偿，主张通过谈判来寻求和
平，并质疑工人阶级与政府的合作。少数派在法国总工会的核心是
金属工人工会和教师工会；在社会党内部，少数派的根据地利摩日
（Limoges）深处农村腹地，远离前线和占领区。在工会内部，少数
派相对较弱，但是法国社会党内部的分裂更严重。1916 年 7 月，他
们几乎控制了该党的全国委员会。[24] 到了冬天，煤炭和食物短缺首次
威胁到了法国人的生活，尽管士兵和平民似乎都希望 1917 年春天的
进攻能带来突破。但法国未能做到这一点，希望破灭之际，法国的联
合政府面临着最严峻的考验。

　　英国与法国有着许多共同之处，包括保障平民的生活水平，精
英阶层团结一致。然而，在法国，全面战争的共识从一开始就存
在，而英国存在着激烈的党派争议、孤立主义传统以及反对卷入欧
洲大陆的战略，在此环境中，必须塑造出一种全面战争的形象。这

场辩论导致了 1915 年 5 月和 1916 年 12 月的两次内阁危机。辩论的结果是通过了一个决议，支持在欧洲大陆进行一次大规模的陆地战役，而这一决议对一战产生了重要影响。

与法国一样，英国是在温和的左翼政府领导下卷入战争的。还是与法国一样，参战后，内部各势力之间出现了政治休战。工会宣布放弃罢工，工党和爱尔兰民族主义者，以及自由党、保守党和各种教会人士都支持参战。与法国不同的是，选举休战最初并没有导致英国出现联合政府，部分是由于自由党与保守党之间的矛盾，二者在战前就一直围绕上议院的人员构成和爱尔兰自治进行斗争。自由党政府之所以没有分裂，部分原因在于内阁成员的共同信念：如果战争是必要的，那他们必须确保战争按照他们的原则进行。然而，法国政治家面临的挑战是与激进分子和社会主义者保持一致，但在英国，阿斯奎斯却不断地与右翼分子妥协。因此，谁应该掌握战略主导权就成为问题所在。阿斯奎斯想恢复霍尔丹在陆军部的职位，霍尔丹在 1905 年到 1911 年在陆军部任职，表现出色，但媒体指责霍尔丹亲德，基钦纳取而代之，出任陆军大臣。由于类似且同样虚假的指控，巴滕贝格（Battenberg）的路易斯亲王（Prince Louis）被免去了第一海军大臣的职务，由约翰·费舍尔爵士接任。尽管基钦纳的同僚发现他很难共事，但基钦纳的任命是一次重大的成功，这一任命使得自由党在几个月内就不再遭受批评。然而，到了 1915 年，由于炮弹短缺，基钦纳就像法国的米勒兰一样容易受到攻击，他的任命失去了充当自由党"避雷针"的作用。[25]

1914 年前的自由党政府对市场经济进行了广泛干预。如果英国远征军的炮弹缺乏，那是因为工业调整缓慢和陆军部的误判，而不是因为他们不爱国。① 尽管如此，弹药短缺仍然是 1915 年 5 月政治危机的导火线之一。在阿斯奎斯的领导下，自由党、保守党和工党组成联合政府，解决了这场危机。第二次危机是加利波利战役引起的，导致了费舍尔的辞职，一方面他是为了抗议从本土水域派出更多军舰去执行海外任务，另一方面他也希望把丘吉尔从海军部赶走，由他亲自指挥海战。这些情况刺激了保守党后座议员，他们威胁要在下议院就军火问题展开辩论并否定博纳·劳对阿斯奎斯的克制容忍政策。博纳·劳没有按照保守党后座议员的意愿行事，而是更倾向于让保守党进入内阁，尽管几乎所有主要职位都掌握在自由党手中。唯一的例外是海军部，丘吉尔被降职，阿瑟·贝尔福（Arthur Balfour）取代丘吉尔出任海军大臣。在博纳·劳的领导下，保守党支持劳合·乔治利用危机，成立了新的军需部，并由劳合·乔治担任军需部长。[26]

联合政府的组建并没有结束自由党的困境。事实上，正是在阿斯奎斯担任首相期间，而不是在劳合·乔治出任首相后，英国政府做出了提高英国对欧洲大陆协约国承诺的关键决定。这些决定的外部动力是必须击败强敌；另外，除非英国在欧洲大陆采取更多行动，否则法俄可能与同盟国单独媾和。因此，为了配合欧洲大陆战略，英国首先加快了武器生产速度，然后引入征兵制度。在当时的国内政治背景下，英国政府面临着来自四个方面的压力。第一个方

270

---

① 参见第 9 章。

面的压力来自保守党，特别是保守党后座议员。第二个方面的压力来自一群观点相似的自由党议员支持劳合·乔治，他似乎越来越成为不惜一切代价取得胜利的代表者。第三方面的压力来自新闻界，这一时期新闻界的影响力达到了顶峰，特别是《泰晤士报》和《每日邮报》，这两家报社都属于诺斯克利夫（Northcliffe）勋爵。报社帮助揭露了路易斯亲王事件和霍尔丹事件，引爆了"炮弹丑闻"，并摧毁了阿斯奎斯的声誉。[27] 第四方面的压力来自军队，这在英国历史上是不寻常的。加利波利战役和美索不达米亚战役使文官丧失了控制战争战略的信誉，当罗伯逊在 1915 年 12 月成为帝国总参谋长时，他坚持自己是英国战略权威的唯一来源。1916 年 6 月，基钦纳乘坐英国皇家海军"汉普郡"号军舰前往俄国执行外交任务，途中触雷，基钦纳溺水身亡，在此之前，基钦纳几乎没有起到制衡罗伯逊的作用。在保守党大臣和媒体的支持下，罗伯逊在征兵和进攻索姆河的决定上施加了强大的影响力。[①] 联合政府还引入了保护性关税，限制公民自由，全面镇压都柏林的复活节起义，炮轰都柏林的城市建筑，处决了起义的大多数领导人。事态的发展使陷入困境的自由党人感到，他们的原则几乎完全被破坏，支持阿斯奎斯已经没有意义。早在 1916 年 12 月内阁危机之前，阿斯奎斯的领导权力就已经明显变小。

12 月的内阁危机是由保守党反抗其领袖博纳·劳的威胁而引发的。这背后隐藏的是对阿斯奎斯的不满，以及对阿斯奎斯政府能

---

① 参见第 6 章和第 9 章。

否将英国从日益加深的危机中解救出来的怀疑，英国当时面临的主要危机是缺乏人力和资金以及前线的失败。首先，博纳·劳和劳合·乔治建议阿斯奎斯继续担任首相，但将战争的指挥权移交给政府的其他组织，并将阿斯奎斯排除在这一组织之外。当阿斯奎斯拒绝了这些要求时，劳合·乔治和保守党人宣布辞职。没有工党和自由党的支持，劳合·乔治不可能组建一个新内阁。尽管许多保守党党员不喜欢劳合·乔治，但是比起自由党的单独执政，保守党人更希望劳合·乔治组建一个联合政府。这次重组标志着英国政府进一步右转，超过一半的自由党议员转到了反对党的席位上。由于阿斯奎斯的追随者中包括了妥协性和平的倡导者，英国政治可能已经两极分化，一方支持继续战争，另一方倾向于谈判。但实际上，英国政治并没有发生分裂，因为阿斯奎斯本人虽然不支持妥协性和平，但是也没有系统性地加以反对，和平主义仍然缺乏强有力的团结。另外，劳合·乔治将帝国主义拥护者米尔纳（Milner）勋爵和寇松勋爵纳入监督战时内阁的五人小组，并招募商人领导新成立的部门以处理与航运、劳工、战争抚恤金和食品相关的问题。此外，保守党的一个关键条件是不能干涉罗伯逊和黑格。劳合·乔治尽管对最高指挥部的战略持怀疑态度，但还是做了一个违心的交易。劳合·乔治尽管在赢得战争上决心十分坚定，但却没有明确的取胜方法，不过他还是借这场危机上台了。劳合·乔治因为解决了英国的军火问题而声名鹊起，现在他又把协约国的决定性胜利作为唯一能接受的结果，他拒绝接受妥协性和平。劳合·乔治上台意味着，英国在参战之路上已经没有回头路，尽管这让很多英国人失望。[28]

271

关于如何进行这场战争，有种种争论，但是英国领导人和法国领导人一样坚定，决心继续战斗，直至取得胜利。这种精英共识反映并促进了社会共识。尽管《国土防卫法案》规定了政府拥有通过法令进行征兵等广泛的权力，但实际上政府很少使用这些权力，英国政府甚至比法国更依靠"自行动员"来进行战争。[29]一个明显的例子是英国依赖自愿参军以及陆军部下放征兵权力①，舆论管理系统证实了这一情况。战争初期唯一的官方宣传机构是秘密战争宣传局，也被称为"惠灵顿之家"（Wellington House），因其所处的位置而得名。"惠灵顿之家"是秘密运作的，它的主要目的是增强其他国家对英国的支持。在战争前半段，积极管理舆论的其他尝试主要局限于战争贷款和征兵。因此，由各党派议员组成的议会招募委员会在政府资金的资助下，开展了一系列大规模的活动，在 1914 年 10 月至 1915 年 10 月制作了 570 多万张海报、1 425 万册图书和小册子。在这种情况下，志愿者人数在 9 月达到顶峰，议会招募委员会在开始招募之前制作的传单和海报与各政党在和平时期竞选活动中制作的数量相当，其海报预算超过了朗特里公司在战前为一个巧克力品牌做一年广告的总支出。[30]

不过，政府确实在动员知识分子方面做出了贡献。"惠灵顿之家"的主任、自由党议员查尔斯·马斯特曼（Charles Masterman）与重要的作家取得联系，敦促他们为英国辩护而撰文。托马斯·哈代（Thomas Hardy）、H. G. 威尔斯（H. G. Wells）、鲁德亚德·

---

① 参见第 8 章。

吉卜林（Rudyard Kipling）、阿诺德·本涅特（Arnold Bennett）和约翰·高尔斯华绥（John Galsworthy）等著名作家为英国参加一战辩护，他们的书被广泛阅读。像其他学者一样，牛津大学现代史系的教师声称德国犯下了不可原谅的罪行，英国进行的是文明对抗野蛮的战争。[31]爱好读诗和写诗的民众多得超乎想象，阅读《泰晤士报》或维拉·布里顿（Vera Brittain）等人的回忆录就能证实这一点。[32]英国、法国和德国在战争期间发表的大多数诗歌都是由平民而不是士兵创作的，这些诗歌大都是宣传爱国主义的。[33]那些受过训练的作家，运用浮夸、委婉的词汇，写成一系列具有"高雅"风格的战争散文，这一写作风格一直流行到1916—1917年。[34]高尚的言辞来自宗教和世俗两个方面，英国国教和非国教的神职人员宣扬说，不道德的国家教义已经把德国人引入歧途；用伦敦主教的话来说，这场斗争是一场摧毁军国主义的"圣战"。[35]就像在法国一样，德国人自己的行为让人们对他们更反感。入侵比利时是德国媒体、神职人员和文人的中心论点。当德军猛攻西欧并犯下暴行时，最初不支持战争的工党领袖们改变了主意。1914年冬天和1915年春天的一系列事态发展——德军炮击斯卡伯勒、无限制潜艇战、"卢西塔尼亚"号沉没、伊普尔毒气战——证实了德国既不尊重平民，也会毫不犹豫地使用最不人道的新技术。它不仅威胁到比利时，而且威胁到战争法和家庭的神圣性。[36]1915年5月，英国出台了《布赖斯报告》（Bryce Report），该报告对德国的暴行进行了调查，意在证明德国的残暴。《布赖斯报告》所描绘的一些情况是真实准确的，但是有些内容来自难民夸大其词的叙述，《布赖斯报告》没有对这些叙述详加判断，有些叙述也没有确凿的证据。[37]《布赖斯报告》刊登了比利时妇女遭受侵犯的色情细节及其子女遭到残害的情况，以日报的价格销售，所以非常畅销。正如招兵海报急于强调的那样，被比利时称为"强奸"的事件，如今象征着对社会和政治秩序的挑战。[38] 6 月，协约国警告说，青年土耳其党人将为他们对亚美尼亚人犯下的暴行负责，公众要求德国人作为战犯受审的呼声越来越高，尤其是在 1915 年 11 月，护士伊迪丝·卡维尔（Edith Cavell）因协助协约国战俘越狱在布鲁塞尔被处决之后。1916 年 7 月，查尔斯·弗赖亚特（Charles Fryatt）被处决，引发了英国更大的抗议。弗赖亚特是一名船长，他指挥着一艘没有配备武器的英国汽船，因试图撞击一艘德国 U 型潜艇而受到审判。阿斯奎斯在下议院宣布，等到时机成熟，英国政府会把战争罪犯绳之以法，他暗示战犯也包括威廉二世。[39]

　　随着舆论管理的加强，审查制度就产生了。英国政府从前线获得情报，军方成立了一个新闻局来提供信息，但一开始拒绝授权给战地记者。最终，在 1915 年 5 月，有 5 名记者加入了英国远征军进行跟踪报道，但是他们的报告要经过审查。[40] 劳合·乔治自己也承认，最可怕的事情是要向公众隐瞒的。然而，这个系统的运行依赖于编辑和报刊机构所有者的自愿合作、自我审查。新闻局保留了一份包括 50 名编辑的名单，会向这些人披露机密信息，并附有关于如何处理这些材料的指示。[41] 报纸保守军事机密，隐瞒伤亡名单等信息，这些信息直到 1915 年 5 月才公布。他们夸大了协约国的成就，贬低了敌人的成就。然而，媒体老板顶住了政府管制的压力，其实政府的管制也不是特别严格。[42] 与舰队街（位于伦敦中心的一条街道，是全国性大报社所在地）报纸相比，省级报纸受到的审查较少，它们不仅刊登过敏感信息，还刊登过前线信件，公开前线的情况和士气的波动。[43] 此外，在索姆河战役期间，许多报纸全面公布了令人痛心的伤亡名单。7 月 1 日，最著名的官方战争电影《索姆河战役》（*The Battle of the Somme*）对这一事件进行了现场记录，扩大了索姆河战役的影响。到 10 月，超过 2 000 家影院预订了该影片，可能有数百万人观看了该影片。即使有些镜头是伪造的，但正如媒体评论和观众反应所证明的那样，电影对触目惊心的伤亡的真实报道令人印象深刻。[44] 因此，到 1916 年底，许多平民都对堑壕战的性质和战争所付出的代价有所了解。正如许多评论员所指出的，索姆河战役标志着民众对战争的无知的终结。[45]

　　然而，英国仍然没有产生普遍的反战情绪，这就更令人惊讶了，鉴于 1914 年之前的英国政治是如此令人失望，在威斯敏斯特，保守党与自由党发生了激烈对抗，表现为社会上的争取妇女解放的妇女参政运动、1910—1912 年的罢工和"劳工骚乱"，以及爱尔兰统一派与独立派之间的斗争。对于爱尔兰人、妇女领袖和工会主义者来说，1914 年的政治休战只是一种权宜之计，在不损害他们最终目标的情况下他们可以接受战争。一旦战争陷入僵局，他们对国家的忠诚就可能发生动摇。

　　爱尔兰独立派确实不准备无限期地等待战争结束。在地方自治问题上，爱尔兰和英国政府达成了一项妥协，爱尔兰自治被写入法律，但是要等到战争结束后才能实施自治。1914 年的一个意外情况是爱尔兰民族主义领袖约翰·雷德蒙（John Redmond）支持参战，在爱尔兰的北方和南方出现了成千上万名志愿参军者。虽然新教郡如威尔士和苏格兰的志愿参军人数与英格兰的相当，甚至更多[46]，但天主教郡的志愿参军人数却少得多，政府免除了爱尔兰人的参军义务。从表面上看，爱尔兰在头两年繁荣而平静，但爱尔兰共和兄弟会的成员在德国非常有限的支持下，准备发动复活节起义，起义被镇压了，但这一事件永远改变了爱尔兰的政治格局，削弱了雷德蒙的影响力，推动了具有独立思想的新芬党的崛起。此后，爱尔兰为欧洲提供了一个活生生的例子，说明种族分歧是如何削弱对战争的支持的。

在英格兰，妇女运动主要有两派，即激进派妇女社会政治联盟与温和派全国妇女选举权协会。此时，两派宣布休战，暂停了它们的竞选活动。[47]妇女社会政治联盟领导人埃米琳·潘克赫斯特（Emmeline Pankhurst）加入了劳合·乔治内阁，主张女性进入兵工厂，能够与男性平等地参与武器制造。全国妇女选举权协会的领导人米莉森特·福塞特（Millicent Fawcett）指出，从长远来看，支持战争将有利于选举权运动，目前的运动应该暂停。将男性视为敌手的观念可能已经改变了英国女权运动中年轻一代的努力方向，年轻一代的女权运动领袖开始接受两性不同的命运，而不是寻求在每个领域都效仿男性。[48]在某种程度上，这场战争确实可以用性别来分析：英国女性敦促英国男性对抗德国男性，保护比利时女性，并为比利时提供武器。议会招募委员会的海报呼吁妇女劝说她们的男人去战斗，一些妇女向穿着有白色羽毛便服的男子赠送礼物。[49]上层社会的妇女创建了诸如妇女志愿军这样的组织，起初是为了抵抗德军入侵，后来作为职员和司机为军队提供服务；数千人在志愿援助队担任护士。[50]虽然还能听到女权主义者与和平主义者的声音，但妇女运动不再是一股重要的反战力量。

政府面临的最大挑战是获得城市工人的支持，工人是英国人口的主体，就像在法国农民是国家的主体一样。总的来说，英国政府的做法是成功的。体力劳动者似乎与那些从事商业和专业工作的人一样有可能志愿参军，而在索姆河作战的英国远征军主要由工薪阶层组成。[51]的确，工人罢工虽然比和平时期少，但仍然相当频繁。1915 年，损失了 300 万个工作日，1916 年损失了 250 万个工作日。[52]1915 年 7 月，对海军补给至关重要的南威尔士矿工罢工，劳合·乔治出面干预，答应给他们加薪。[53]1916 年春天，克莱德（Clyde）的工人委员会在造船厂发动了一场反对降薪的起义，当局将其领导人驱逐到爱丁堡后，这场运动才得以平息。[54]然而，这两起事件的动机都不是从政治上反对战争，直到 1917 年，工会都没有组织重大的工人运动，英国工会联盟和劳工会议支持国家继续参战，直到取得最后的胜利。[55]繁荣有助于解释这一现象。在 1914 年秋天的严重失业之后，英国经济的特点是劳动力市场紧张，通货膨胀温和。固定工资的增长缩小了技术工人之间的工资差距——尽管可能不会有太大的差距[56]——而战争相关行业从业者的收入增长与物价增长保持同步。在战争的头两年里，英国还没有出现粮食短缺。英国的分居津贴比欧洲大陆更高，到 1916 年，政府用于这项津贴的开支几乎与士兵的工资一样多。[57]许多工薪阶层家庭的营养标准有所改善，婴儿死亡率实际下降了。[58]

在这种情况下，反对战争的人很少，这些人主要是持不同政见的自由党人和工党的社会主义者。一个值得注意的例子是出于道义而拒服兵役的现象，尽管这一现象涉及的人很少。在英国征召的250万男子中，只有16 500人申请豁免；在法庭上出庭反对服兵役的人中，80％以上的人获得了某种形式的豁免，他们通常以非军人的身份为战争服务。公众更关注6 000拒绝出庭或拒绝法庭判决的人，他们全部被剥夺了自由，有些人被反复判处苦役，在服苦役期间约有70人丧生。军方和政府都不知道该如何处理这些人，这些人主要是社会主义者，其遭遇引起了自由派作家、神职人员和律师的关注，但他们认为不能释放这些人，既因为要考虑公众的情感，也因为担心开了先例。然而，抗议在1916—1917年达到顶峰；到1918年，许多专制主义者认为抗议是徒劳的。[59]他们没有民主管理联盟中的激进分子那么持久的影响力，该联盟谴责英国战前的均势外交，要求民主控制外交政策、集体安全、国家自决和军备限制。该联盟的成员从1914年11月的5 000人上升到1915年11月的30万人，到战争结束时达到75万人。[60]1914年，工党主席拉姆齐·麦克唐纳（Ramsay MacDonald）在战争爆发后辞职加入了民主管理联盟，但一开始缺乏同僚的支持。总的来说，工党和英国工会联盟的领导人仍然支持国家的战争努力，关注工人阶级的经济利益，而不是战略和战争目标。这种趋势很早就出现了，但目前仍在掌控之中。

最初，德国像英国和法国一样，国内很团结。尽管德意志帝国比英国和法国更专制，虽然大臣和总司令最终要听命于皇帝，由皇帝任免，但是公众舆论仍然很重要，政府需要得到议会多数席位的支持，贝特曼在 1917 年之前一直掌控着议会的多数席位，在多数问题上能够得到议会的支持，当然潜艇问题除外。德国议会下院每 6 个月就对战争贷款进行一次投票表决，其下属委员会也会就该问题对官员进行质询。此外，德国权力仍然很分散，不仅各州有很大的权力，而且 1914 年生效的《普鲁士授权法》（*The Prussian Law of Siege*）将很多权力下放给了各地方军区副司令，他们负责公共秩序、交通、审查媒体和食品供应。由于他们直接听命于威廉二世，而威廉二世对行政细节不感兴趣，大部分时间都不在柏林，所以中央政府很难与他们协调。1916 年 11 月，普鲁士战争大臣在经济事务上获得了对地方军区副司令的权威，但在其他领域，他只扮演了监督角色。[61]

德国表面上的团结，一定程度上是上级强加的。尽管英国政府保留审查媒体的权力，但是新闻审查主要是指新闻界的自我审查；在德国，新闻总局、中央审查办公室（由德国最高统帅部于 1914 年创建）和战争新闻办公室（1915 年由普鲁士战争部创建）为新闻审查提供了具体的指导，报纸一般都遵守这些指导。政府将半官方通讯社沃尔夫电报局指定为提供战争新闻的唯一渠道，并要求外交部事先审查所有报道。战争新闻办公室用每日简报补充沃尔夫电报局的材料，任何个人或机构收集到的军事新闻都必须向地方军区副司令汇报。[62]当局对信息的垄断使其对小报纸具有强大的影响力，其中许多报纸都生存艰难，因为尽管它们的发行量增加了，但分配给它们的纸张减少了，所以它们实际的发行规模变小了。[63]从 1915

年开始，审查条例规定了什么可以讨论、什么不可以讨论，以及讨论时所用的"语气"。总的来说，这反映了贝特曼想要阻止国内的争论，保持团结，并在战争目标和战略上保持一致。编辑们要强调战争的防御性质，不得提及对他国领土的吞并。但当局也希望掩盖一切没有按计划进行的军事行动。伤亡人数被人为压低，食品短缺与和平示威的消息也被压了下去。[64]直到1918年秋天，作战报告才提到战败，例如，从马恩河撤退被德国媒体包装成德国战略的"重新部署"。[65]由于各地方军区副司令具有相当大的独立性，各军区之间审查的严格程度区别很大，这一点可能超过了英国和法国。审查制度的影响无处不在，但它对柏林和鲁尔区等工人阶级地区的影响最大。

德国的媒体审查制度不仅适用于新闻界，而且适用于其他大众媒介。地方军区副司令通过当地的警察控制着电影院、剧院、音乐厅、歌剧、歌舞表演、明信片、幽默杂志和通俗小说。各类出版和演出需要事先获得批准。总的来说，当局对流行文化持怀疑态度，反对粗俗或不爱国的作品，也禁止发布吹嘘的、暗示轻易取胜的，或通过攻击其他团体破坏国家团结的内容。后来，当局平息了针对食品短缺的抗议。[66]电影，作为一种新兴的、强大的媒介，就是一个很好的例子。到1914年，德国有7 500多家电影院，每周可能有150万人去电影院。战争爆发后，德国禁止进口包括美国影片在内的所有外国影片，陆军部只允许播放爱国和鼓舞士气的电影。1917年1月，德国最高统帅部成立了自己的摄影和电影部门，并宣扬兴登堡计划所取得的成就。[67]在内政部的批准下，梅斯特-沃什公司制作了新闻短片，但短片只展示了激动人心的、经过美化的场景，这与《索姆河战役》记录的真实情况形成了鲜明对比。

总的来说，直到 1917 年，相对于审查媒体的负面影响来说，当局在积极影响舆论方面做得很少，也没有什么效果。战争新闻办公室痛心于德国无法达到英法两国的宣传和海报所产生的效果。[68] 比利时官方文件"白皮书"指控德军处决比利时平民；面对指控，德国仅仅宣称这是对比利时游击队袭击德军的合法报复，这套逃避指控的说辞毫无说服力。[69] 德国政府坚称其发动战争是出于自卫。1914 年的情况模糊不清，尤其是考虑到此前几年的军备竞赛和相互围堵，很多人都相信了德国的说法。最初，德国的宗教界和文化知识界也像德国的政治家们一样，保持着一致意见；就像在协约国一样，德国的舆论领袖动员国人支持战争。路德教神职人员支持政府不足为奇[70]，但德国天主教徒也拥护战争，认为这是德国摆脱政治孤立的机会，犹太人也是如此，约 1 万犹太人自愿参军。[71] 威廉二世宣称这场斗争是上帝赋予德国的责任；天主教高层把这场战争描述为基督教秩序与以法国为代表的无神论和混乱的斗争。[72] 宗教活动在 1914 年恢复[73]，德国的新教牧师认为英国是主要敌人，英国为贪婪和虚伪的嫉妒所驱使。[74] 在这一点上，他们的立场反映了许多作家和学者的立场。许多人和托马斯·曼（Thomas Mann）一样，认为 1914 年德国团结的景象表明，德国民族共同体既没有消亡，也没有被外来影响削弱，这种信念贯穿他们的余生。[75] 世俗知识分子与新教徒、天主教神学家一起在 1914 年 10 月签署了"九三宣言"（由 93 位杰出的德国科学家、学者、艺术家联名发布的声明），最终吸引了约 4 000 人签名。协约国宣称它们反对的不是以康德和贝多芬

278

为代表的德国文化，而是普鲁士军国主义。德国的"九三宣言"是为了回击协约国宣传者，旨在反驳协约国的说法。"九三宣言"宣称，"反对德国所谓的军国主义并不代表反对德国文化，这种说法是虚假的；如果没有德意志军国主义，德国文化早就被从地球表面抹去了。因为德国军队和德国人民是一体的"[76]。

因此，德国大学里的学者和知识分子拒绝了协约国要他们批判德国政治领袖的做法。许多人解释道，这场战争强调了日耳曼世界与西方世界的区别。与国外同行一样，他们将一战描述为一场意识形态的较量，在这场较量中，德国支持"1914 年理念"（"1914 年理念"是德意志知识分子对"德意志独特道路"的诠释），反对"1789 年理念"（以 1789 年法国大革命为代表的西方自由主义）；支持更深层的文化和精神价值，反对法国的理性主义和英国的唯物主义。[77]与敌人的享乐主义相反，"德国的自由观念"意味着自我约束以及实现自由与服从之间的平衡。在另一个并列的例子中，经济学家维尔纳·桑巴特（Werner Sombart）对比了英德两国的商人。德国的商人不仅追求商业利益，而且会展现出他们全部的人性潜能，并愿意做出牺牲。[78]战争开始后不久，德国右翼分子就把英国描绘成德国的死敌，并把它描绘成围剿德国这一阴谋的操纵者。也许是因为他们认为英国背叛了其种族血缘关系，阻碍了德国战前海军的发展和殖民野心的实现；从威廉一世开始，德国对英国呈现出强烈的自卑情结。有人批评贝特曼在战争目标和潜艇问题上所持的温和态度，暗示他私下里亲英。[79]

然而，到战争后期，德国在政治上比协约国更加两极化。1914

年之前的分裂是部分原因，此外，一战爆发后德国出现了物质困难，这引发了德国人对战争目标的争论，进一步加剧了德国的分裂。1914—1918 年，德国经济出现了萎缩[80]，工人阶级的生活状况比英法恶化得更严重。[81]经济衰退主要出现在战争后期。杜塞尔多夫（Düsseldorf）是德国最重要的武器装备中心和基地，在 1914—1916 年，这里的食品价格几乎翻了一番，但是金属工人的平均购买力只是略有下降。[82]1914—1916 年，柏林的生活成本的上涨速度与伦敦和巴黎的大致相同，但此后的增速要快得多。[83]最早出现的问题是食品供应不足，价格上涨，质量恶化，基本商品严重短缺。根据警方和地方军区副司令的报告，没有什么比这更能破坏德国人的爱国行动和国内团结了。[84]虽然战争没有带来饥荒，但它确实带来了营养不良及相关疾病。在战争期间，数百万平民都经历了饥饿。造成民众不满的最大原因可能是社会不平等，有人忍饥挨饿，有人衣食无忧，但德国的粮食缺口问题确实比英法的更严重。[85]协约国的封锁，特别是不能进口化肥和抽调农村劳动力以补充军队，导致德国的农业产量下降了 1/4，从中立国的粮食采购未能弥补海外进口的损失，1914 年之前德国大约 25％的食品来自进口。当军队和农村地区继续保持原有的食品消费份额时，剩下 3/4 人口的口粮只有战前的一半。[86]在这种情况下，当局顶多可以缓解这些问题，但事实上，德国政府的行动可能加剧了这些问题，强化了人们对德国存在不公平的看法。没有为平民提供食物的应急计划，地方军区副司令和地方当局的分工导致二者没能采取协调一致的措施。起初，地方政府对一些农产品设定了价格上限，结果农民转向生产其他农产

280

品，或在价格较高的地区出售农产品。1915 年春天，德国实行面包定量配给；到 1916 年夏天大多数关键商品也都实行定量配给。而代表富农和商人的战争特别公司垄断了主要食品供应，然后出售给政府当局。然而，由于政府的粮食配给不足以养活家人，市民越来越多地从黑市购买粮食，从而打破了他们一生遵纪守法的习惯。1915 年 10 月，柏林工人街区排队的妇女爆发了"黄油骚乱"。抗议持续了几天，引发了公众同情，并引发了数月的动荡。[87] 每年的冬天都是最困难的季节，这种困难一直延续到下一个收获季。不过，与一战中的第三个冬季相比，前两个冬季根本算不了什么。随着谷物供应减少，消费者越来越依赖土豆，受到 1916 年寒冷潮湿的秋天和随后漫长冰冻期的影响，土豆产量大幅下降。到 1916 年底，土豆几乎减产一半，人均蔬菜消费量下降了 1/3 以上，而作为牲畜饲料的农产品也减少了，鸡蛋、牛奶和肉类的供应也在减少。城市和工业地区的短缺最为严重，尤其是鲁尔区，各种供应和生活保障水平在东部与西部、城市与农村出现了明显的区别。[88] 尽管之后的情况都没有 1917 年春天那样糟糕，但农产品供应再也没有恢复到战前的水平。[89]

从战争的核心目标到各种政治问题，德国与协约国都有所不同。德国公众通过请愿和分发小册子进行辩论，因为审查制度存在漏洞，媒体上也出现了辩论。最基本的问题是 1914 年的政治休战（城内和平）① 建立在继续战争的期望之上。社会民主党期望通过支

---

① 城内和平：它把德意志民族比作中世纪的一个遭到围攻的城堡，城堡内的所有居民必须放下成见，齐心协力对抗外敌。城内和平为德国中世纪的一种现象，如果一座城堡由几方势力共同拥有，那么它们便会订立"城内和平协定"，禁止在城堡内部私斗。

持战争来实现民主化和社会改革；保守派希望通过赢得胜利来巩固现有秩序。虽然社会主义者和工会不排除经济与领土扩张的可能性，但其战争目标没有保守派、国家自由党、德国最高统帅部和泛德意志民族主义者那么雄心勃勃。随着战争的持续，各个派别都看不到任何早日结束战争的迹象，贝特曼发现要团结它们越来越难。1915 年，泛德意志人组织了一场活动，支持德国扩张的战争目标，这场活动取得了一系列成就，其中最典型的是 5 月的"六个经济协会请愿书"和 7 月的"知识分子请愿书"。[90] 他们的野心比贝特曼更大。贝特曼担心他所希望的通过经济手段间接统治比利时的方式对于德国人来说太过高深，以至于他们难以理解，所以他也越来越倾向于拒绝保持比利时战前的领土现状，开始主张永久侵占比利时。右翼仍然质疑他在战争目标和国内改革方面过于温和，贝特曼的对手借鼓动潜艇战来削弱他的地位。[91] 危难之际，他于 1916 年 8 月向兴登堡求助，希望借助兴登堡的威望与右翼达成妥协。[92] 事实证明，贝特曼严重误判了。

　　贝特曼对 1914 年工人运动表现出来的团结印象深刻。一战期间，德国工会领导人宣布放弃领导罢工运动，结果德国和英国一样，工会领导人效忠政府导致了更频繁的自发罢工，并增强了工人代表的影响力。[93] 1914 年，工会同意在战争期间遵守现有的工资合同，但到了 1916 年，通货膨胀迫使工会违背了这一承诺。[94] 至于社会民主党的领导人，他们在 1917 年之前一直支持政治休战，但这是以社会主义者分裂为代价的。起初，卡尔·李卜克内西（Karl Liebknecht）反对战争，反对军事拨款提案，他在党内被孤立了。

281

然而，在 1915 年，越来越多的社会民主党左翼开始支持卡尔·李卜克内西，虽然他们不认同他的反对资本主义的观点，也不认同他的"即使自卫，也不要战争"的观点，但他们正确地认识到德国愈发具有侵略性。1916 年 5 月 1 日，李卜克内西因煽动性言论而入狱，这一事件引发了工人的政治大罢工，也在很大程度上刺激了类似于法国的德国小党的出现，这些小党对军事拨款投弃权票或反对票，反对限制公民自由，只支持政府进行严格的防御性战争的行动。在地方层面，社会民主党开始出现分裂。1916 年 3 月，多数派将左翼反对派从下院中驱逐出去；在《辅助兵役法》通过后，左翼反对派被完全驱逐出党。左翼反对派在 1917 年复活节成立了独立社会民主党。独立社会民主党的成立标志着德国出现了反对战争或有条件地支持战争的全国性政党。[95] 与此同时，1915 年后，德国学者和神职人员中出现了一种温和的、亲贝特曼的倾向，尽管极端派的人数比温和派的多。[96] 德国正在激进的帝国主义与新兴的民主运动之间分裂。尽管 1916 年底德国经济前景黯淡，但根据地方军区副司令的报告，公众对兴登堡被任命为德国最高统帅部指挥官、击败罗马尼亚以及德国潜艇战取得成功的前景充满期望。如果潜艇战失败了，德国的前途将一片黯淡。[97]

奥匈帝国、意大利和俄国都比法国、英国、德国更专制，社会自我动员力量也更弱。然而，奥匈帝国两大组成部分即奥地利和匈牙利之间的差异很大，匈牙利的情况更接近西欧。布达佩斯的立法机关仍在运转，代表们达成了政治休战，并一致投票赞成战争拨款。天主教会支持政府，教会首领认为反对塞尔维亚是一项神圣职责，蒂萨打消了他对使用武力的疑虑，而议会反对派比他更好战，如果蒂萨下台，议会反对派将组建一个更好战的联合政府，所以蒂萨拒绝下台，最终他和议会进行了合作。政府暂时限制了公民自由，审查新闻，将军工行业的工人置于军事监督之下。匈牙利与德国和奥地利不同，总体上，政府事务仍由文官负责，避免军事统治。在克罗地亚地区，当地领导人与中央保持合作，一方面是为了避免受到镇压，另一方面也是因为战争在这里深受欢迎。起初，蒂萨试图与克罗地亚人和斯洛伐克人达成和解，并与罗马尼亚人重新谈判，因为在罗马尼亚人态度不明时，他不想与他们对抗。但是匈牙利认为，匈牙利的塞尔维亚人不可靠，战争一爆发，塞尔维亚人就被置于严格戒严之下，匈牙利大规模地逮捕和拘留他们。[98]

　　奥地利则截然不同。它的民族构成更复杂，奥地利公民不知道为何而战，他们只是折服于弗兰茨·约瑟夫的人格魅力。[99]奥地利议会在战争爆发前就停止了运作，首相施图尔克获得了更多的特殊权力，例如关闭省议会。除捷克人和德意志人居住的地区外，大部分奥地利领土在戒严令下变成了"战区"。记者被分配到一个战时新闻办公室，远离康拉德的总部，他们不能自由地去前线访问，除了润色奥匈帝国最高司令部的战报外，他们不能做其他事情。奥匈帝国最高司令部为奥地利和波黑设立了一个战争监视办公室，负责审查和制止国内的颠覆行动，除了禁止公民发表任何反对战争或和平主义的言论外，还以维护国内和谐为借口，禁止发表煽动性的民族主义、宗教或社会主义言论。所有过境邮件和国内信件都被拦截与检查，战争监视办公室对越来越多的战俘往来信件尤其关注。[100]

283

通过这些方法，奥地利当局在头两年压制或至少遏制住了颠覆活动。当然，颠覆活动的减少也得益于支持哈布斯堡王朝和反对塞尔维亚的集会。这种现象在讲德语的地方和知识分子中最为明显。奥地利议员接受了议会继续停滞的现实。[101]到1914年12月，一半的奥地利大学生自愿参军，大学老师通过讲课和出版小册子宣传奥匈帝国参加战争的正义性。[102]在文化精英中，路德维希·维特根斯坦（Ludwig Wittgenstein）和奥斯卡·科柯施卡（Oskar Kokoschka）等人也自愿参加了对俄战争[103]，但是其他人不愿意为国效力。总的来说，虽然1915年的胜利使爱国主义热情再次高涨，但这种情形是短暂的。

一旦战争未能迅速结束，当局将面临一场艰难的斗争，因为各国政府都宣称自己进行的是防御性战争，战争的持久性难以让国民对这一说辞保持信任和支持。事实证明战争代价巨大，哈布斯堡王朝的胜利主要归功于德国。除了奥匈帝国战争部在维也纳的普拉特（Prater）游乐园举办了一个展览，政府在国内几乎没有进行宣传，虽然战争新闻办公室的电影部门负责人是制作爱国新闻片的私营公司萨沙电影公司的老板。[104]总体而言，奥地利领导人对非官方媒体的关注比其他国家要少，而军方的关注焦点也不在此，其主要关注如何控制人们的不满情绪。在讲德语的地区，这相对容易，社会民主党规模庞大而温和，其采取的是与德国人相同的路线。在其他民族团体中，波兰人是最支持奥地利政府的，他们的领导人认为俄国是其主要敌人，乔泽夫·皮苏德斯基（Józef Pisudski）招募了一批志愿者。但其他人就不那么可靠了，镇压活动使他们更加敌视中央政府。军队立即对塞尔维亚人展开猛烈打击，处决了一些人，拘留或驱逐了一些人。1914 年，许多罗塞尼亚人欢迎入侵的俄军。意大利参战加强了奥匈帝国境内的斯洛文尼亚人对奥地利的支持，但削弱了奥匈帝国境内意大利人对奥地利的支持。除了一家意大利语报纸外，其余的媒体都遭到了奥匈政府的打压，意大利民族主义团体也是如此。然而，最复杂的是捷克人，其领导层发生了分裂。有些人忠于奥匈帝国，有些人如托马斯·马萨利克（Tomáš Masaryk）和爱德华·贝内斯（Edvard Beneš）流亡国外，寻求协约国的支持来实现捷克独立；还有一些人，如卡雷尔·克拉马尔（Karel Kramář），在波希米亚建立了"黑手党"* 这一地下组织，从事破坏活动，消极抵抗奥匈政府。1915年春天，奥地利首相施图尔克迫于军队压力，对黑手党进行了镇压，数千人被捕，克拉马尔被判处死刑，最后弗兰茨·约瑟夫为其减刑，许多捷克人的媒体被关闭。尽管如此，黑手党仍然存在，并与国外头目保持联系。[105]

　　哈布斯堡王朝通过单纯镇压来压制持不同政见的民族。此外，奥地利的经济比德国的恶化得更快、更严重。军事当局尽量避免与工人发生对抗，第一年罢工很少[106]，但是 1915 年春天，奥地利开始实行面包配给制，5 月，维也纳爆发了第一次食品骚乱。[107]即使在和平时期，仅靠奥地利的土地也难以实现自给自足，何况 1914年奥地利加利西亚和罗塞尼亚的粮仓被占领了。战争期间，奥地利

284

---

　　*　这个"黑手党"（Mafia）与意大利黑手党并不是同一个组织。——译者注

的谷物收成从 9 100 万公担减少到 4 900 万公担，匈牙利的谷物从
1.46 亿公担减少到 7 800 万公担。[108]尽管蒂萨同意满足奥地利的全
部需求，但是他只向奥地利运送在满足匈牙利自身需要基础上多出
来的粮食，甚至这些粮食的价格都很高。因此，奥地利分裂为两个
部分：自给自足地区和陷入困境的维也纳及其他城市。[109]

　　布鲁西洛夫攻势和罗马尼亚参战造成了奥匈帝国的军事危机，
经济困难和被压迫民族不满所造成的压力达到了顶点。1916 年 7
月，迈克尔·卡罗利（Michael Károlyi）伯爵与其他匈牙利反对派
成员决裂，组建了一个新政党，希望在不割地的情况下实现和平，
并将匈牙利和奥地利的关系变为平等关系。虽然罗马尼亚军队被驱
逐出特兰西瓦尼亚，但他们从当地掳走了 8 万人，而留在当地的讲
罗马尼亚语的人则在教堂和学校被强化学习马札尔语。[110] 10 月，工
人领袖维克托（Viktor）之子弗里德里克·阿德勒（Friedrich Ad-
ler）在维也纳的一家餐馆刺杀了施图尔克，并高呼"打倒专制主
义！我们想要和平！"11 月，同盟国宣布俄属波兰独立，这粉碎了
奥匈帝国想把波兰统一在哈布斯堡王朝之下的希望，也让波兰人失
去了效忠奥匈帝国的动力。同月，弗兰茨·约瑟夫去世，年轻而缺
乏经验的卡尔（Karl）继承了皇位，是为卡尔一世。1916—1917 年
的冬天，奥匈帝国遭遇了严重困难，卡尔一世打算在外交上从德国
获得更大的独立权，并在经历了两年的严酷镇压后，在国内尝试给
公民更大的自由。对于奥匈帝国和德国而言，这是战争的关键
时刻。

285　　从表面上看，意大利的国内政治与英国和法国相似，但实际上

它介于西方模式和奥地利模式或俄国模式之间。在列强中，意大利参战很晚，它卷入战争不是出于自卫，而是存在广泛的争议。而且，萨兰德拉起初希望像阿斯奎斯一样，照常管理国家。他几乎没有扩大内阁，他的大臣们借干涉主义理念来证明国家参战的合理性。在某种程度上，这种方法是有效的。尽管教皇本笃十五世毫不掩饰地表达了对意大利的好战行为的遗憾，但大多数天主教徒还是支持意大利参战，教会高层也发表了爱国宣言。[111]未来派等艺术团体看到了使意大利现代化并清除日耳曼影响的机会：意大利最杰出的哲学家贝奈戴托·克罗齐（Benedetto Croce）努力调和他对黑格尔思想的持续尊重与对战争的支持之间的矛盾，就像康德在法国的捍卫者所做的那样。[112]在1916年6月的危机之后，当时奥地利威胁要突破特伦蒂诺，保罗·博塞利（Paolo Boselli）取代萨兰德拉，建立了一个更广泛的联合政府，该政府包括自由主义者、激进分子、改良主义者如比索拉蒂（Bissolati）和博诺米（Bonomi），以及天主教政治家梅达（Meda）和乔利蒂派的科洛西莫（Colosimo）。随着经济动员的加强，博塞利组阁意味着意大利政府做出了更多承诺，是意大利进一步卷入战争的里程碑事件，这一事件类似于英国1915年5月形成的联合政府。8月，新政府对德宣战，并带领意大利取得了首次实质性的胜利，攻占了戈里齐亚。因参战所造成的社会创伤似乎正在愈合。

　　然而，与英法相比，意大利参战是由好战的政治精英们发动的，而他们几乎没有得到民族意识薄弱的民众的支持，这是基本的事实。大部分社会党人保持中立，他们按照"既不支持也不反对"

的准则行事，呼吁早日实现和平。意大利已经为它的少数决策者开了绿灯，做好了各种应对之策。议会很少召开会议，除非为了通过预算或解决政府危机。萨兰德拉和博塞利都通过政令进行统治，限制言论和集会自由，审查新闻。军方可以在"战区"后方检查来往前线的信件，其他地方的行政长官也是如此。审查和维护战区的公共秩序成为军事责任，武器生产也是如此。在 1915 年创建的"工业动员"体制下，工厂的纪律由军方管控，工人主动放弃在这些工厂工作就相当于做了逃兵。到 1916 年，尽管中央仍保持着政治休战，但基层的动荡却在加剧。意大利人生活水平的下降幅度低于同盟国，但高于英法；而意大利的分居津贴非常少，两年来没有根据通货膨胀进行过调整。随着通货膨胀加速以及夏季粮食短缺的出现，示威活动开始了。在农村，示威活动通常由妇女领导，最初是为了应对面包短缺或每月津贴的延迟发放，但后来发展成反战抗议活动，并要求将男人从前线遣返回家。工厂里也爆发了动乱，妇女再次崭露头角，她们在 1916 年开始大规模进入工业，她们通过罢工来抗议罚款和不公平的解雇，并将行动扩大到反对战争。与同盟国相比，意大利的大后方危机并不明显，但裂缝正在显现。[113]

俄国人的不满情绪与意大利的不满情绪有着千丝万缕的相似之处。1916 年，俄罗斯也掀起了民众反战浪潮。与此同时，一场民族主义运动在精英阶层中兴起，精英们希望与意大利战争主义者一样，更积极地进行战争，但与意大利不同的是，他们发现自己站在了政府的对立面。不过，俄罗斯与其说像意大利，不如说像德国，但其社会两极分化程度更高，到 1917 年，沙皇政府面临着战争派与和平派之间可能爆发冲突的革命形势。

俄国继续战斗，因为尼古拉二世拒绝单独媾和。皇后亚历山德拉（Alexandra）也持同样的观点，尽管有人指责她的德国血统，说她不爱国，但她仍然拒绝俄国单独媾和。事实上，从一开始，俄国人就普遍支持战争，尽管这种支持比其他国家更短暂。1914 年 7 月，大多数杜马党派，包括政府的批评者，要求政府废除立法机关并依靠行政手段进行统治。只有极左翼（布尔什维克、孟什维克和特鲁多维克）反对这一做法，在战争拨款法案投票中退出或弃权，尽管其发言人表示俄国无产阶级将保卫祖国。[114] 事实上，战前的罢工浪潮突然消退了，这可能是因为警察进行了大规模逮捕，禁止了所有工会，并关闭了左翼报社。[115] 东正教堂为国家祈福，考虑到它对沙皇政府的依赖，这并不令人惊讶。重要的知识分子大多是同情工人的，他们没有像吉卜林、巴雷斯或托马斯·曼那样直言不讳地支持俄国革命。俄国的艺术家和学者签署了一份宣言，宣称要与"日耳曼枷锁"斗争，马克西姆·高尔基（Maxim Gorky）是其中的一员，但后来他转而反对战争，俄国主要诗人流派象征派也是如此。[116] 尽管如此，战争开始的几个月确实出现了历史学家所谓的"爱国文化"的高潮。国家支持的宣传机构斯科别列夫委员会制作了电影和明信片，但私人机构的工作使斯科别列夫委员会的努力相形见绌。[117] 私人机构的特色宣传物包括被称为卢布克（Lubki）的大报，它们印了数百万份，还有漫画和海报。表演艺术贡献了马戏表演、歌舞表演、轻歌剧和戏剧。俄国制作了几十部爱国题材的电

287

影。这些材料大多展示了共同的主题——对德国的强烈讽刺和仇恨（主要集中在对威廉二世的漫画形象上）、德军的暴行、恐怖武器如齐柏林飞艇和 U 型艇的批判；与之形成对比的是俄国士兵的英雄主义和伟大精神。[118]然而，在 1915 年俄军撤退开始后，所有这些艺术形式开始从繁荣逐渐走向衰落，到 1916 年，一种完全不同的情绪开始在俄国盛行起来。

俄军撤退以及大量难民的流动使俄国进入紧急状态，根据官方数据，到 1915 年底俄国有 330 万难民，而到 1917 年初，俄国的实际难民人数可能超过 600 万。这些难民来自高加索和西部边疆地区，其中许多人——尤其是犹太人——被沙俄当局强行驱逐出境。[119]此外，俄军在波兰的失败开始使俄国社会对战争的态度产生了分歧，国内分为支持战争和反对战争两派，这两派都反对沙皇政权。一方面，这场战争是自由主义反对派反对沙皇政权的催化剂，宫廷和杜马之间的对抗是 1915—1916 年俄国高层政治的主题。许多自由主义者倾向于扩张，在某些方面，他们与贝特曼的批评者有相似之处。他们支持战争，但对尼古拉二世及其大臣们的领导极为不满。他们的重新活跃是由炮弹短缺和军事灾难导致的，他们反映了许多受过教育的俄国人的信念；他们相信西方模式的机构或德国模式的机构可以更好地管理战争，而俄国腐败无能的独裁政府和反动甚至叛国的大臣则做不到这一点。他们想要更广泛的代议制政府，尽管他们远不能代表全体俄国人民。他们在地方层级和国家层级都有自己的组织。俄国经过选举产生的区议会和市政当局，为军队提供供应和医疗服务，俄国成立了地方自治会联盟和城镇联盟，后来二者合并成一个联盟。从 1915 年开始，商人被组织到全国战争工业委员会网络中。[①] 这两个运动有共同的领导人，他们和自由主义反对派于 1915 年 9 月在杜马中结成"进步主义同盟"，进步主义同盟占据杜马 430 个议席中的 300 个，并且联邦议会上议院中的许多成员都是进步主义同盟的成员。进步主义同盟没有提出组阁要求，但确实要求建立一个能让国民信任的政府，实际上是一个能赢得进步主义同盟信任的政府，即使该政府首脑仍然是一个未经选举产生的官僚。这当然不是指尼古拉二世所支持的戈列梅金（Gore-mykin）政府。沙皇不仅不考虑杜马的意见，也不考虑许多大臣的观点，拒绝与国内的反对派和解；沙皇代替尼古拉斯大公，亲自担任俄军总司令。尼古拉二世向反对派做出了一些让步，但认为日俄战争失败后他做出的宪法让步动摇了俄国的根基，如果他再让步，国人很快就会提出新的要求。[120] 因此，政府通过战争工业委员会与各地的自由主义者和私营企业合作，隔很长时间才召开一次短暂的杜马会议，并且当杜马的要求过分时，政府就宣布休会。尼古拉二世前往军队总部后，皇后亚历山德拉和她的神秘盟友格里戈里·拉斯普金（Grigorii Rasputin）对官员任命有了更大的权力。他们迅速更换了大臣和省长，罢免了大多数开明的大臣，而任用了杜马憎恨的人。在 1916 年的大部分时间里担任首相兼外交大臣的斯图梅尔和 1916—1917 年冬天担任内政大臣的普罗托波波夫（Protopop-ov）等人都因与敌人进行叛国接触而受到攻击。即使在和平时期，

288

①　参见第 9 章。

政府官员的叛国行为也会使政府声名狼藉。在战时，政府官员的叛国行为几乎剔除了沙皇政权的所有捍卫者，甚至疏远了罗曼诺夫王室成员。在某种程度上，1914—1915 年的爱国情绪被重新指向了内部敌人。正如 1916 年 12 月拉斯普京（Rasputin）被谋杀所显示的那样，绝望之下右翼反动政客考虑发起准革命行动，他们这样做只是为了避免他们所害怕的真正的人民革命的发生。

恐惧人民革命的一个原因是，一个民主的俄国可能对战争不太尽力，战争还可能引起人民革命。越来越多的证据表明，俄国的觉醒进程比其他国家快得多。海报、戏剧、电影和歌舞表演，一如既往地讲述着战争的苦难。[121] 1915 年夏天，警察向科斯特罗马（Kostroma）的纺织工人开火，造成数十人伤亡。科斯特罗马事件之后，俄国的罢工运动开始复苏，并且越来越激烈。11 月，彼得格勒战争工业委员会的劳工代表宣布，沙皇政府将俄国带入了一场争夺资本主义市场的战争，并呼吁各国在不割地、不赔偿的情况下实现民主和平。[122] 1915 年，彼得格勒和地方的很多城市也发生了大规模的反征兵抗议，士兵的妻子们围堵征兵点，要求征召警察当兵。[123] 俄国的欧洲地区爆发了数十起为生计而斗争的骚乱，其中一些与罢工有关，直到军队向人群开火才最终结束了骚乱。这些暴动通常也是由军人的妻子们领导的，她们抗议政府没有支付分居津贴，有些人因为物价上涨而攻击店主。到 1916 年，暴动者越来越多地指责沙皇制造了他们的困难，还把他们的年轻人送到前线。[124] 除了依靠军队的忠诚，现在几乎没有什么能把沙皇政权从深渊中解救出来，甚至军队的忠诚也存在问题，年底俄国发生了兵变，动摇了政权。① 彼得格勒的警察局长警告说，法官和政府官员都清楚，"不可避免的灾难正在迅速逼近"，但上级对这一危险视而不见。[125]

具有讽刺意味的是，在某些方面，沙皇政权反而成了其成功处置军事危机的受害者。它对 1915 年的军事危机做出了积极回应，在某种程度上是与批评者合作。工业产量迅速增长，军队的供给问题也得到了解决。这些成功是建立在对俄国制造业大力补贴和断断续续的合同基础之上，政府缺乏这些补贴所需的资金，也无法通过增加税收来弥补增加补贴所造成的亏空。因此，俄国的纸币发行和通货膨胀的增速比任何其他大国都快。[126]俄国在参加一战时，没有达成多少民意上的共识，政权运转严重依赖国家的高压手段。到 1916 年，许多农民和城市下层阶级都参与了针对征兵、物资短缺和物价上涨的暴力抗议活动，他们越来越多地将自己的苦难归咎于罗曼诺夫家族。与奥匈帝国一样，俄国是一个多民族国家，这一特点导致了国家的脆弱性。与意大利一样，俄国在培养民族认同感方面进展缓慢。到 1916—1917 年的冬天，俄国面临的生存危机比奥匈帝国和意大利面临的严重得多。战争加剧了俄国的风险，使帝国在革命的边缘徘徊。

随着 1917 年 3 月彼得格勒革命的爆发，此前主导战争升级的驱动力开始变弱，一战进入一个新阶段。战争仍在继续，但是战争的态势已经发生了巨大变化，并且产生了很大影响。一战起源于中欧，后来战火蔓延到世界上的很多国家。从潜艇到齐柏林飞艇，再

290

---

① 参见第 8 章。

到毒气，各种新技术都派上了用场。大规模征兵和大规模生产武器刺激了后方的发展。1916 年战争的时间、强度和代价都与最初的设想大相径庭。战争升级是由战略僵局和双方领导人加强战争的决心推动的，与其谈判，不如取胜。造成一战陷入僵局的原因有：各国能很轻松地从公民那里借到钱，并通过印钞来资助战争；技术工人和妇女愿意进入制造业，使各国能够在不削弱战场兵力的情况下生产大量武器；医疗科学在治愈伤员和抵御疾病方面的进步，以及战斗人员的勇气和耐力都有助于保持战斗力。所有这些因素都是战争升级的先决条件，战争升级可能减轻了政治家们做出让步的压力。另外，双方力量的大致平衡和有利于防御的技术因素导致双方在陆地上和海洋上出现僵持状态。在水雷、鱼雷和潜艇的危险环境下，海军上将们不敢冒险让他们的无畏舰参加激烈战斗。德国的 U 型潜艇太少，无法切断协约国的商业往来，德国的潜艇封锁和协约国的水面封锁都遭到了中立国的反对。重炮不足，以及无线电、坦克、毒气和飞机等新技术存在的缺陷，使进攻方在面对铁丝网后的守军时基本处于劣势，守军使用野战炮、机枪和步枪进行防御，后方又有铁路和制造业腹地，可以迅速输送后备部队和补给。

然而，尽管说了这么多，战争爆发以及战争继续和升级背后的根本动力都是政治，但政治的意义不止于此。其中一个因素是非常重要的，那就是双方都认为自己能赢，即使不确定如何才能赢。这不是将军们对政客发号施令那么简单的问题：每个国家的战略都是由军事领导人和文官协商决定的，通常随着时间的推移，这种情况会越来越多。协约国在 1915 年尝试了外围作战，希望达达尼尔海峡攻势、意大利参战和萨洛尼卡远征能让巴尔干半岛国家参战，削弱奥斯曼帝国和奥匈帝国的力量。1916 年，它们试图联合起来同时发动大规模的持续进攻，到了 1917 年春天，它们打算采取更多行动。1915 年夏天至 1916 年夏天，同盟国掌握着战争的主动权，它们希望通过一系列攻势迫使协约国单独媾和：1915 年进攻俄国，然后是 1916 年发起凡尔登战役，最后是 1917 年实施无限制潜艇战。因此，战略与战争目标是相互关联的。同盟国企图在外交上分裂敌人，但它们能提供的条件太少，而协约国也无意被分裂。相反，1916 年，双方都提升了自己的战争目标，新领导人特别是劳合·乔治和鲁登道夫上台，他们不太可能达成妥协。随着他们之间恐惧和仇恨的加剧，他们向对方提出的要求越来越苛刻。

291

　　然而，简单地将双方等同起来是轻率的。同盟国在 1914 年发动了进攻，占领了法国北部和比利时。1915 年，同盟国又占领了波兰和塞尔维亚。协约国认为，它们进行的是反侵略的正义斗争。它们承认德国的军事效率高，但相信凭借自己的地理优势和丰富资源最终可以打败侵略者，前提是避免协约国的内部分裂以及协约国需要做出必要的牺牲。德国和奥匈帝国的统治者认为他们在 1914 年之前就受到了严重威胁，他们声称并在某种程度上真诚地相信他们进行的也是反侵略战争。他们的任务是尽早结束战争，同时尽可能多地保留战果。这些情况影响了后方政治，这是战争得以持续的第三种政治解释，在某种程度上也是最具权威性的一种解释。一方面，为了让战争继续，国内民众必须接受战争贷款，响应政府征召，简单地过他们的日子而不反抗政府。另一方面，国内的情况为政治和军事领袖们提供了强大动机，他们坚持宏大的战争目标，接受代价巨大的消耗战略，而不是放弃这些战略。正如战争爆发一样，战争升级也不能用粗糙的"社会沙文主义"命题来解释，这一观点认为，各国政治家通过外部扩张以避免内部爆发革命。[127] 相反，到 1916 年，东欧帝国的情况变得越来越糟；令人不安的是，战争非但没有巩固内部团结，反而破坏了国内政治现状。然而，当局陷入了一个无法解决的困境：亚历山德拉在 1915 年警告尼古拉二世，与德国单独媾和将意味着要面临国内革命；1917 年 2 月，即便国内形势非常严峻，尼古拉二世还是认为俄国必须坚持下去，希望在即将到来的春季进攻中取得决定性胜利。[128] 德国右翼的许多人以及德国领导人都担心，如果他们妥协，德国也会发生革命。[129] 所有交战国的政府都面临巨大的国内压力，要求在实现既定目标之前不能结束战争。在某种程度上，各国政府被本国的舆论制约着。

国内支持对于继续战争是必不可少的。战争伊始，意大利的内部支持就很脆弱。在奥匈帝国和俄国，对战争的支持经历了最初几个月的狂热后迅速消失。在英国、法国和德国，国内支持的变动更大。1914—1917 年的证据表明，如果其他因素有利，单单是伤亡，即使是极其严重的伤亡，也不能破坏支持战争的共识。经常性的军事胜利也不是必不可少的。至少同样重要的是，政治和知识精英们一致认为，这场战争是合法的和必要的，有证据表明他们最终会赢得胜利，广大民众对于政府提供的物质条件是能够容忍的。在1917年之前，英国和法国都具备这些条件。德国最初与英法一样，但精英阶层的共识慢慢分裂，1916年之后物质条件急剧恶化。在第一年的军事胜利之后，胜利的效应枯竭了。1916年夏天，尽管兴登堡、鲁登道夫和无限制潜艇战以及俄国革命挽救了德国，德国仍然面临着士气危机。同样，意大利的精英阶层缺乏共识，到1916年，意大利的物质条件也在恶化，尽管对于其他协约国来说，仍有希望很快就会取得胜利。最后，奥匈帝国和俄国是帝国主义链条中最脆弱的两个环节。在奥匈帝国，德意志人、马札尔人、克罗地亚人都达成了支持战争的共识，但其他民族关于战争的共识要少得多。到1916年，奥匈帝国的物质条件确实非常困难，即使有德国援助，也很难看到战争胜利的希望。在俄国，情况更糟，军队曾尽力对抗同盟国，但以失败而告终，政治精英们虽然同意继续参战，但却产生了严重分歧。

这项调查提出了更广泛的问题，其中的第一个问题是性别问题。许多妇女抗议战争，她们或者参加直接的和平示威活动，或者通过间接的示威方式来反对物价上涨、征兵、工厂纪律和定量供给不足等。然而，还有一些妇女鼓动男人去当志愿者。在1915—1916年，到处都有妇女涌入军工厂，一方面是为了养活自己和家人，另一方面也是出于爱国，武装自己的丈夫和儿子对抗敌人。第二个问题是宣传。1915—1916 年的特殊之处是官方意见的作用相对较小，这与巨大的非官方努力形成对比。然而，不可能在所有时间里愚弄所有人，宣传效果确实与环境有一定关系。[130] 英法两国国内最为团结，这两个国家有最充分的理由声称它们正在与威胁其安全的外部侵略者斗争。然而，大多数德国人似乎已经接受了他们领导人的说法，即他们进行的也是反侵略战争。相比之下，意大利政府并没有声称是在自卫，尽管 1916 年意大利战败和俄国入侵使意大利进行自卫的宣传更具合理性。一般来说，在种族单一的国家，或至少培养了强烈的民族认同感的国家，对战争的意见一致且坚定。种族属性对于战争的态度也很重要，从后备力量和志愿军的统计数据来看，在英伦三岛，威尔士人和苏格兰人对战争的认同度和英格兰人一样高，但南爱尔兰人肯定不认同英国参加一战的行为。同样，爱尔兰后裔的澳大利亚人带头反对征兵，法裔加拿大人比讲英语的同胞更不愿意入伍，阿非利卡人反抗南非政府。然而，这并不是简单地说，战争背后的驱动力是民族主义。[131] 在交战国中，只有意大利和法国在为严格意义上的民族主义目标而战，即把所有相关民族纳入一个国家；尽管如此，意法政府想要的也不仅仅是特伦蒂诺和阿尔萨斯-洛林。事实上，和其他列强一样，两国也是帝国主义国家。另外，爱国主义则更为根本，它是一种关心捍卫现有领土及其生活方式的意识。即使是弱势群体，如法国和德国的社会主义者与天主教徒，也将自己的命运与自己的国家捆绑在一起，因为他们认为自己的未来与自己国家的生存息息相关。尽管每个西欧国家内部都存在分歧和矛盾，但它们组成了一个命运共同体。而在东欧的多民族帝国，各民族和国家系于一身的看法就不那么普遍了，随着多民族的沙俄帝国的崩溃，交战双方来到了战争的分水岭。

注　释

图书在版编目（CIP）数据

和平的毁灭：第一次世界大战及其遗产．上册 /（英）戴维·史蒂文森（David Stevenson）著；罗永忠译．-- 北京：中国人民大学出版社，2025.7. -- ISBN 978-7-300-33224-6

Ⅰ．K143

中国国家版本馆 CIP 数据核字第 2024WT3310 号

和平的毁灭

第一次世界大战及其遗产（上册）

［英］戴维·史蒂文森（David Stevenson）　　著

罗永忠　译

Heping de Huimie

出版发行	中国人民大学出版社		
社　址	北京中关村大街 31 号	**邮政编码**	100080
电　话	010 - 62511242（总编室）	010 - 62511770（质管部）	
	010 - 82501766（邮购部）	010 - 62514148（门市部）	
	010 - 62511173（发行公司）	010 - 62515275（盗版举报）	
网　址	http://www.crup.com.cn		
经　销	新华书店		
印　刷	北京瑞禾彩色印刷有限公司		
开　本	890 mm×1240 mm　1/32	**版　次**	2025 年 7 月第 1 版
印　张	13.125 插页 4	**印　次**	2025 年 7 月第 1 次印刷
字　数	274 000	**定　价**	188.00 元（上下册）

守望者
The Catcher

阅读 你的生活

THE

HISTORY

OF

THE

FIRST

WORLD

WAR

和平的毁灭

第一次世界大战及其遗产

下册

1914

1918

[英]
戴维·史蒂文森
（DAVID STEVENSON）
著

罗永忠
译

中国人民大学出版社
·北京·

目　录

第三部分

结果

第 12 章　第三阶段
（1917 年春季—1918 年秋季）

1917 年春天是第一次世界大战的第二个转折点。1914 年秋天，西线的运动战结束了；到 1915 年秋天，东线的运动战也几乎结束了，战争进入中期阶段。战争中期阶段的主要特点是僵持。一战陷入僵持不可避免地导致了第二个特点的出现：战争规模和残暴程度的升级。然而，双方都无法维持 1916 年所达到的战争动员力度。协约国的协同进攻和德国分裂敌人的努力使双方都不堪重负。因此，它们需要停下来。1917 年 3 月沙皇尼古拉二世被赶下台，4 月美国参战，这些事件似乎彻底改变了国际政治格局。这些事件给一战造成了冲击，但是它们的冲击力扩散得比较慢。俄国临时政府仍然忠于协约国，拒绝单独媾和，并发起新的进攻。刚开始时，临时政府的军队基本保持完整，这种完整状态一直保持到 1917—1918

年的冬天。布尔什维克于 11 月夺取政权，德国和俄国于 12 月达成停火协议，1918 年 3 月两国签订《布列斯特-里托夫斯克和约》（*Brest-Litovsk Peace Treaty*），此后德国将军队大规模转移到西线。美国参战需要更长时间才达到最大效果。当然，从 1917 年春天起，美国政府的贷款、驱逐舰、商船帮助协约国军队度过了金融危机和 U 型潜艇袭击所造成的困境。但是，美国远征军姗姗来迟使英法失望至极。[1]到 1918 年 1 月，只有 15 万美军抵达法国[2]，而阻止德国在 1918 年 3 月至 7 月发动的五次进攻的任务主要落在了疲惫不堪的联军身上。只在一战的最后几个月，美军才在参战人数和伤亡人数上与英法军队相当，而那时美军面对的是一个即将被打败的敌人。这并不是贬低美国在一战中的贡献，因为美国是协约国取得一战胜利的必要条件，这么说只是要强调俄国退出战争和美国参战并不能简单地相互抵消。1918 年，东线战争结束了，但是西线战争却升级了。俄国随后爆发了内战，几乎所有协约国和同盟国都卷入了俄国的内战中。

然而，1915—1916 年的战争升级机制在大战的最后一年发生了逆转。1917 年，西线的三支主要军队英军、法军和德军开始缩编。继德军之后，法军和英军先后减少了每个师的营数。[3]各国试图通过增加火力来弥补人员缩减，为了应对战略重点的变化、人员短缺和士气下降，各国不得不从进攻转为防御。在索姆河战役后，兴登堡和鲁道夫决定 1917 年在西线保持防御态势，让德国潜艇发起攻势；俄国革命后，德军在东线也采取防御策略，他们估计如果进攻俄国，可能会重新激发俄国人的爱国主义情绪。[4]奥匈帝国的军队在遭到布鲁西洛夫的进攻后，在没有援助的情况下无法发动进攻，但是直到 1917 年底，兴登堡和鲁登道夫都拒绝向奥匈帝国提供援助。在协约国方面，尼古拉二世倒台后，俄军总司令部推迟了春季攻势，随后发动了迟来的夏季攻势，此后俄国再也无力发起更多进攻。法国军队在贵妇小径失败后，又受到兵变的冲击，只能进行有限的进攻尝试。意大利军队猛攻伊松佐河，但是 10 月德奥军队在卡波雷托（Caporetto）的反击使意军瘫痪了数月。协约国军队所遭遇的一连串挫折，使英军只能独自维持其攻势，这一状况一直维持到 1918 年深秋。不久后，就连黑格也承认，面对从东线转移过来的德军，英军不得不避其锋芒。

　　前线的进攻动力正在减弱，后方也是如此。除了美国之外，其他国家的战时经济已达到生产高峰或开始进入衰退。法国的武器产量在飞速增长之后，到了瓶颈期[5]；德国工业未能达到兴登堡计划的预定目标。[6]在所有欧洲交战国中，支持战争的共识正面临着严峻挑战。虽然只有俄国退出了战争，但是各国政府都重新评估其战争目标，并且大多降低了战争目标。在协约国方面，尼维尔计划失败、俄国革命以及美国援助拖延都导致了协约国情绪的急剧变化。政府和公众都认为战争将持续到 1919 年甚至 1920 年，对战争的长期性预判取代了早期的短期战争幻想，以至于当同盟国投降时，许多人都感到惊讶。预期目标的降低表明，西方对战争的态度发生了深刻变化，这将是这场战争的持久遗产之一。无独有偶，寻求和平的努力在 1917 年春秋之间持续的时间更长。

　　然而，关于停战的谈判失败了。1918 年，战争比以往任何时

299 候都更加激烈。单单是美军，在短短两个月的战斗中，死亡人数就与 50 年后整个越南战争期间的死亡人数相当。前线战斗的升级助推了国内爱国主义信念的复兴。经过几个月的怀疑和分歧，德国公众重拾团结和信心[7]，协约国的领导更加有力，配合得更好。尽管同盟国在 1918 年上半年掌握了战场上的主动权，但在下半年，战场形势发生了逆转。从某种程度上说，这是在重复 1915—1916 年的周期。1917 年夏天和 1915 年一样，协约国军队发动了单独的、失败的进攻。1917 年秋天至 1918 年夏天，和在戈尔利采-塔尔诺战役和凡尔登战役中发生过的一样，优势转移到了同盟国这一方。但是，1918 年 7 月的第二次马恩河战役，就像 1916 年 6 月—7 月的布鲁西洛夫攻势和索姆河战役一样，协约国重获优势。9 月—10 月，协约国在各个战场向同盟国发起猛攻，同盟国比两年前虚弱了很多，已没有应对措施和获胜的希望。

　　按照时间顺序而不是按照主题对这一复杂时期进行分析，是为了重新整合讨论 1915—1916 年被分别处理的主题。它分为五个主要分支。第一，1917 年春天的战争转折点以及俄国革命和美国参战的起源。第二，交战双方在夏、秋两季所面临的道德和政治危机。第三，布尔什维克革命后，同盟国复兴并在东线取胜，同时伴有进攻高潮。第四，1918 年夏天，协约国复苏及其原因。第五，1918 年底的停战之路，失败国不仅战败，其国内还爆发了革命。如果第二部分讨论的根本问题是战争的延长和加剧，那么第三部分将讨论战争的结束：同盟国在东线获胜，但在西线失败，最后是全面的失败。关键问题是协约国为什么会赢，即使美国参战，这也不

是一个必然因素，而且在当时似乎也不是。[8]到 1918 年秋天，协约
国军队士气低落，因战略失误、消耗和封锁增加而精疲力竭。然
而，协约国的胜利并非仅仅因为资源优势而轻易获得：它们必须为
之而战。此外，为了结束战争，不仅战败的一方必须停火，而且胜
利者也必须同意停火，而不是迫使战败的一方把自身优势充分发挥
出来。在东线，布尔什维克政权如果要生存下去，就需要和平，但
是同盟国决定了谈判的条件，并下定决心与苏俄做交易。同样，到
1918 年 10 月—11 月，双方在西线都愿意停止战争，因为双方都愿
意为了结束战争而做出牺牲。最后行动的一个先决条件是转变军事
行动，因为双方都找到了解决之前僵局的办法。1918 年如果在政
治上可以被解读为 1939 年的伏笔，那么在军事上则预示着 1940 年
的到来。解释战争在当时是如何结束的以及是以何种方式结束的，
对于理解战争的遗产和影响至关重要。

300

第13章 二月革命与美国参战
（1917年春季）

一战的第三阶段以两件事为开端，这两件事的后果决定了战争的结局。俄国的二月革命为同盟国带来了东线的胜利；美国参战最终导致了同盟国在西线失败。这两件事的发展都起源于一战的第二阶段，它们凸显了协约国和同盟国各自的弱点。二月革命爆发的部分原因是尚蒂伊会议所确定的策略，二月革命的爆发破坏了这个策略。普莱斯会议是德国人试图单独打败对手的最新冒险行动，这次会议后，美国参战。尚蒂伊会议和普莱斯会议都濒临破产，双方都没有取胜的方案。在布尔什维克夺取政权之前，双方都经历了一段时间的自我反省。尽管尼古拉二世的退位宣言和威尔逊的战争宣言有着明显的区别，但美俄冲突在后来以及在这个世纪剩下的时间里产生了广泛的影响。

二月革命发生在公历 3 月。① 它包含了对沙皇权威的一系列挑战。首先是 2 月 23 日（公历 3 月 8 日）在首都开始的示威和罢工浪潮。其次是 2 月 27 日（公历 3 月 12 日）彼得格勒驻军兵变，发展为占领整个城市的起义。再次是 2 月 27 日至 28 日（公历 3 月 12 日至 13 日）俄国形成了两个相互对抗的权力中心：由无产阶级领导的彼得格勒苏维埃和由杜马政客组成的临时政府。最后是俄历 3 月 2 日至 15 日，在杜马和军队的压力下，尼古拉二世下台，俄国成为资产阶级共和国。这里要讨论的关键问题是战争对这些事件的贡献及战争对这些事件发展进程的影响。[1]

二月革命始于三八国际妇女节，当时数千名妇女示威抗议粮食短缺。市长认为，物资储备足够彼得格勒使用一个星期，但在 1 月，彼得格勒每天只收到 49 车货物，而它实际需要 89 车。[2] 即将实行粮食定量配给的谣言引发了抢购行为，市民们在零度以下（2 月彼得格勒的平均气温是 −12.1℃）的寒冷天气中排队几个小时，面粉和燃料短缺迫使许多面包店关门，从而引起了居民的不满。彼得格勒和莫斯科出现这些情况有两个根本原因，都与战争有关。第一个原因是交通瘫痪。彼得格勒和莫斯科距离乌克兰的粮食和煤炭生产区有数百英里之遥。即使是在和平时期，俄国的铁路运输也无法保障彼得格勒和莫斯科的粮食和煤炭供应；在战争期间，军队征用

302

---

①　布尔什维克的第一个行动是用西方的格里高利历取代沙俄的儒略历，日期提前了 13 天。因此，"十月革命"（即布尔什维克革命）发生在公历 11 月。因为"二月革命"和"十月革命"的名称已经固定下来，所以这里沿用旧称。日期将在必要时指定为俄历或公历。

了大量车辆为前线服务。剩余的民用机车保养不善，许多车辆已无法使用。冰冻加剧了车辆保障的混乱。[3]第二个原因是粮食销售机制的崩溃。欧俄地区（不包括波兰）的粮食收成从 1914 年的 43.04 亿普特[①]增加到 1915 年的 46.59 亿普特，1916 年下降到 39.16 亿普特，1917 年再降到 38 亿普特。就其本身而言，这一减产并不是灾难性的，因为该地区在 1913—1914 年出口了 6.4 亿普特粮食，但 1917 年的出口量不足 300 万普特，这一下降超过了军队需求的增长，军队的粮食需求从 1913—1914 年的 8 500 万普特增加到 1916—1917 年的 4.85 亿普特。但是粮食的实际销售量从 1913—1914 年的约 12 亿普特下降到 1916 年的 7.94 亿普特。由于优先考虑军队的需求，所以运送到城镇的粮食数量从 1913—1914 年的 3.9 亿普特下降到 1916—1917 年的 2.95 亿普特，而同一时期城市人口增长了 1/3。[4]大多数俄国人生活在农村，他们自给自足，农民的大部分收成不是来自契诃夫式的士绅庄园，而是来自农民的小农场，通常情况下，大部分收成都留在那里。战争时期的俄国农村和其他国家一样繁荣。过去农民可以出售谷物去购买消费品，但是 1916—1917 年俄国重整军备，很多民用企业转为军工企业，这一转变导致消费品日益减少。卢布贬值削弱了人们出售谷物换取纸币的动力，因为纸币正在变得一文不值。1916 年 6 月，政府决定固定谷物批发价格，关于确定合适的粮食批发价格，政府又考虑了数月。11月，俄国政府提出了一项粮食征用计划，但直到 2 月示威活动开始

303

---

① 普特是沙皇时期俄国的主要计量单位之一，1 普特＝36.1 磅。

后杜马才予以批准。[5]因此，少量但至关重要的粮食仍留在农村地区，被储存起来，喂牲畜或被农民自己吃掉，这带来了可怕的后果。即使是彼得格勒的金属工人，这个在 1916 年之前最成功地维持生活水平的群体，也像其他人一样，发现自己的生活水平正在下降。[6]

战争对彼得格勒的影响与对巴黎、柏林、都灵、维也纳甚至伦敦等其他城市的影响相似，但彼得格勒的革命火种非常容易被点燃。二月革命首先宣告了罗曼诺夫家族的覆灭，然后是布尔什维克的胜利。1917 年，彼得格勒有 240 万人口，是当时俄国最大的城市和工业中心。它有 392 800 名工厂工人（战争开始时为 242 600人），其中 60.4％的人从事金属加工工作，70％的工人在千人以上的工厂工作，彼得格勒工人的集中程度之高在其他地方罕见。[7]战时的城市繁荣将妇女和农民吸引到工厂，加剧了城市的粮食短缺和住房紧张。彼得格勒公寓的拥挤程度是巴黎、柏林和维也纳的两倍，从 1914 年到 1916 年，彼得格勒的婴儿死亡率翻了一番，到 1917年 2 月，妇女平均每周要排队 40 个小时，另外每天还要工作 10 个小时。[8]此外，新移民的涌入并没有湮灭当地的激进主义传统。许多年轻人因为从事军火工作而被免除兵役，或者被允许返回工厂。1917 年，一半以上的工人在战前就住在彼得格勒。[9]这一点十分重要，因为彼得格勒工人有斗争的历史传统。从 1895 年到 1916 年，每年大约有 1/4 的俄国工厂工人参加罢工，在 1905—1906 年和1912—1914 年的两次罢工浪潮中，罢工工人人数占工人总数的 3/4，远远超过了德国、法国和英国。[10]从 1915 年夏天起，第三波浪潮开始兴起。起初，他们关注的是工作环境问题，尤其关注工资问题，因为物价上涨的速度超过了收入的增速。然而，随着运动的扩大，工人的目标变成了夺取政权。参加罢工的工人从 1915 年的 539 528 人（占劳动力总数的 28％）攀升至 1916 年的 957 075 人（占劳动力总数的 49.8％）。仅在 1917 年前两个月内，就有 676 000 人参加罢工，其中 86％的罢工者是为了政治抗议。[11]

304 　　战争引发了生存危机，生存危机引起了抗议运动。二月革命始于因为面包而举行的示威游行，它引发了彼得格勒历史上规模最大的罢工，从第一天下午开始，罢工工人就开始谴责沙皇和战争。[12]成千上万人涌上街头，试图冲破警察设置的警戒线，进入市中心。18 世纪 90 年代巴黎最著名的革命区圣安东尼郊区（Faubourg St-Antoine）是工匠作坊的聚集地，而 1917 年俄国革命的风暴中心是维堡区（Vyborg），该区有一个工人阶级寓所，以及一些金属工厂和军工厂，与彼得格勒的中心区隔着涅瓦河（the river Neva）。大规模的抗议需要有人组织，来自大型工厂的有经验的工人，特别是维堡区的金属工人，提供了组织上的支持。[13]人们怀疑二月革命是布尔什维克有计划的行动。尽管苏联的历史学家强调布尔什维克的作用，但西方作家直到最近都一直强调二月革命的自发性。[14]也许真相介于这两种观点之间，随着运动的发展，工人的行动越来越一致。然而，二月革命的领导者不仅有布尔什维克，也有其他社会主义组织，如孟什维克和社会主义革命者，还有无党派人士。布尔什维克的大多数领导人都在国外或西伯利亚流亡，左翼政党并没有发起抗议活动，尽管左翼政党迅速采取行动以确保掌控抗议活动。

示威者可以发起革命，但是无法完成革命。因此，在 2 月 27 日前后，罢工迅速演变成革命的一个基本条件是，彼得格勒驻军的兵变，在兵变后，士兵们与罢工工人合力夺取了俄国的权力中心。起初，彼得格勒的军事指挥官霍巴洛夫（Khobalov）将军希望以和平方式来解决兵变。然而，尼古拉二世于 25 日在莫吉廖夫（Mogi-lev）的陆军总部发电报说，大敌当前，这种混乱是不可接受的，必须予以镇压。霍巴洛夫随后宣布街头集会为非法活动，他派出部队并授权部队可以开枪镇压。2 月 26 日是个星期天，在几个工人罢工的聚集地，特别是兹纳缅斯卡亚广场（Znamenskaya Square）发生枪击事件，造成 100 多人伤亡。2 月 27 日上午，沃林斯基团的士官领导士兵反抗军官的指令，他们拒绝开枪。兵变扩散到邻近的兵团，他们开始夺取武器，占领公共建筑。与此同时，维堡区的工人也采取了类似的行动，布尔什维克在其中发挥了重要作用，控制了那里。这两个运动一旦联合起来，他们就控制了该市 1/3 的地区，并切断了亲政府武装的武器和弹药供应。到 28 日，几乎没有军队再听命于霍巴洛夫，他报告说，他已经失去了对整个彼得格勒的控制。[15]

彼得格勒只有 3 500 名警察，与罢工人数和驻军相比相形见绌，城市驻军有 18 万人，郊区还有 15 万驻军。[16]驻军兵变产生了决定性的后果，尽管人们对其动机知之甚少。1916 年，军队已经拒绝向罢工者开火，尽管在二月革命开始时，骑兵和哥萨克人与警察合作，在一定程度上是因为他们不需要开枪，并且罢工人群也避免挑衅他们。沙皇 2 月 25 日的命令迫使士兵做出选择，此前的三天，士兵们对示威者的同情日益增加。沙皇下达向男人、女人和儿童开

305

火的命令，结果引发了军人的反抗，兵变开始后，士兵要求解除军官的武装和推翻政权，以免遭到沙皇政权的报复。

然而，有必要将兵变与自 1914 年以来俄国军队的转型联系起来。原本被认为是精锐部队的卫成部队却发生了兵变，卫成部队效忠于沙皇，其士兵主要来自农村。但许多成员都是一战期间参战受伤后招入部队的老兵、未经训练的新兵，以及从农村征召来的中年士兵。卫成部队被疏远，他们的幻想破灭，他们被安置在市中心临时搭建的营房里，住宿环境很差，并且拥挤不堪。2 月 26 日至 27 日的晚上，他们在那里进行了关键性的讨论。[17] 士官们在二月革命中发挥带头作用并非偶然，因为士官们的社会地位与士兵相差不大，而且正规军军官数量很少，大多年轻而没有经验。一战中的俄军伤亡巨大导致军纪松散，此外，对供给匮乏深感不满、战争目标不明确以及认为敌人不可战胜也是发生兵变的原因。[18] 从理论上讲，帝国的扩张给它带来了人数和重型武器方面的优势[19]，但代价是军队分散、货币贬值和劳动者暴动。当尚蒂伊战略决定对同盟国实行决定性打击时，俄国已经疲惫不堪，整个协约国集团都是如此，俄国无力实施这一战略。军队之所以加入革命，一方面是由于当局战术失误，另一方面也是由于战争的腐蚀作用。

旧秩序的瓦解就说到这里。现在我们来谈谈它的继承者，或者更确切地说，谈谈两个新政权：彼得格勒苏维埃和临时政府。如果说革命的第一推动力是以工人和农民、士兵为代表的群众，那么第二推动力就是知识分子、有产者和受过教育的人，其实这两个群体的不满已存在了几十年，战争环境进一步让革命条件成熟。知识分子是先进的政治群体，他们自成一派，其中一些人强烈致力于暴力革命。然而，自 19 世纪末 20 世纪初以来，反对派已经开始组建政党，其中一些反对派政党在 1905—1906 年的宪法改革后逐渐丧失了革命性，由此出现了自由主义党派和社会主义党派的分野，自由主义党派如立宪民主党和十月党，这些党派构成了杜马中进步集团的中坚力量，而社会主义党派包括社会革命党、布尔什维克和孟什维克。临时政府代表着自由主义，彼得格勒苏维埃则代表着社会主义。

彼得格勒苏维埃的成立比临时政府稍早几个小时。1905 年就有一个类似机构，2 月 27 日，社会主义者恢复了这一机构。这一倡议来自中央战争工业委员会工人小组中的孟什维克代表，中央战争工业委员会由选举产生，但是遭到了布尔什维克的抵制。会议决定成立临时执行委员会，工厂和部队选举了苏维埃代表。临时执行委员会的大多数成员都是孟什维克党人，其他社会主义党派的代表在3 月也加入临时执行委员会。临时执行委员会越来越多地以苏维埃的名义行事，而不征求全体会议的意见。[20] 它果断地发布行政命令，并成立了一个军事委员会，承担指挥军队和保证法律施行、维持秩序稳定的责任。由于大多数士兵已经接受彼得格勒苏维埃的权威，它本可以掌握市政府，但彼得格勒苏维埃故意不这样做。部分原因来自马克思主义理论，孟什维克认为，在俄国社会主义成熟之前，需要一个自由资产阶级统治时期；部分原因是严重的现实问题，孟什维克缺乏行政经验，担心发展过快会引发反革命和内战。因此，彼得格勒苏维埃更愿意与新成立的临时政府合作，并在 3 月 1 日晚与临时政府达成了八项协议，从而出现了今后几个月里两个政权并存的现象。

一些历史学家认为，当尼古拉二世在 1915 年拒绝向杜马让步时，俄国便失去了挽救君主制的最后也是最好的机会。[21] 自由主义者似乎不可能在抵抗德国方面做得更多，也不可能更快地动员战时经济，如果他们在动员战时经济方面成功了，那么这只会加剧民众抗议。二月革命的类似事件很可能无论如何都会发生。最有可能的主要区别是来自当局的更激烈的抵抗，可能还会使军队分裂，增加内战风险。在皇后的鼓励下，尼古拉二世坚持自己的信念，他必须保护自己的独裁权力，然后传给后代，他拒绝妥协。到 1916 年底，进步集团甚至俄军总司令部都处在革命的边缘。11 月，在杜马的一次轰动性的讲话中，立宪民主党人帕维尔·米留可夫（Pavel Miliukov）责问政府的错误是由于愚蠢还是叛国，而十月党人古契科夫（Guchkov）正在与高级军官接触，讨论发动军事政变的可能性。自由派处于进退两难的境地，他们担心起义会把整个社会精英阶层都清除掉，因此在冒险采取革命行动方面犹豫不决。[22] 此外，战争还增进了地方自治政府和市政当局中的自由主义者以及军工委员会中的实业家与官僚机构之间的实际合作。可以说，尼古拉二世的让步让反对派获益甚多，后者对改变俄国当下的政治体制充满兴趣。[23]

这些考虑有助于解释革命开始时杜马的谨慎态度。2 月 27 日，塔夫利达宫（Tauride Palace）的杜马代表们发现他们被革命者包围了，苏维埃正在成为一个潜在对手。如果杜马代表站在旧政权一边，他们有可能遭到人身攻击，因为大多数人都对旧政权强烈不满。虽然他们想保护公共秩序和战争成果，但是他们担心镇压起义将会遭到苏维埃的报复。他们成立了一个临时委员会来"恢复秩序",该委员会相当于一个临时内阁,由杜马领导人罗江科(Rodzianko)领导。3月2日,在苏维埃的默许下,他们建立了一个临时政府。根据苏维埃和临时政府达成的协议,所有政治犯都将被赦免,言论、集会、结社自由和罢工将得到保障,省级政府由选举产生,选举民兵以取代警察,参加起义的部队将保留武器,不会被派往前线。因此,临时政府将继续听任苏维埃和城市守军的摆布:临时政府不再依靠强制手段进行管理,它在一场绝望的斗争中允许俄国公民拥有完全的政治自由。临时政府由李沃夫亲王(Prince Lvov)领导,这一政权并未得到临时执行委员会的大力支持,它在不可能有效行使权力的情况下掌权。[24]

最后要考虑的一点是王朝废黜。起初,尼古拉二世希望借助前线忠诚的士兵来镇压起义,并命令伊万诺夫将军率领一支远征队回援首都。铁路工人推迟了火车的启动,伊万诺夫将军的先锋队与途中遇到的起义部队结成了兄弟关系。但救驾失败的主要原因是尼古拉二世撤销了军队救驾的命令。俄军总司令部认为君主制不值得挽救,于是说服沙皇退位。临时政府的一些成员,特别是外交部长米留可夫和战争部长古契科夫,想实行君主立宪制而不是共和制,这些人也不依附于尼古拉二世。在将军中,布鲁西洛夫一直倾向于建立一个杜马认可的政府,北部地区指挥官鲁斯基也是如此。尼古拉二世试图与家人在沙皇村(Tsarskoe Selo palace)团聚,徒劳一场,后来被转移到鲁斯基的总部普斯科夫(Pskov)。在这里,没有亚历山德拉的支持,他面临着双重压力。3月1日,阿列克谢耶夫

308

在布鲁西洛夫、鲁斯基和尼古拉斯大公的支持下，敦促沙皇接受杜马政府，沙皇勉强答应。但当天晚上，罗江科从彼得格勒报告说，尼古拉二世必须退位才能平息革命形势，鲁斯基在阿列克谢耶夫、尼古拉斯大公和其他前线指挥官的支持下，敦促尼古拉二世退位。[25]尼古拉二世接受了这一建议，让位给他的弟弟杜克·米哈伊尔大公（Grand Duke Michael）。临时政府警告米哈伊尔大公说，他坚持即位可能会导致俄国内战，而且不能保证他的个人安全，米哈伊尔大公被迫退位。随着 3 月 4 日两人退位消息的传出，罗曼诺夫家族长达三个世纪的统治结束了。尼古拉二世，这个缺乏自信而又冷酷无情的人，发现自己几乎完全被孤立了，理论上的专制主义在他手中崩溃了，俄国主权现在名义上移交给了临时政府。

尼古拉二世一直抵制一个对杜马负责的政府，直到阿列克谢耶夫劝他让步为止。同样，他在将军的命令下退位。布鲁西洛夫和鲁斯基在革命前就支持杜马，但阿列克谢耶夫只是在革命期间才改变立场，其态度的转变是因为受到革命运动扩散的影响，革命运动蔓延到彼得格勒周围的城镇、喀琅施塔得（Kronštadt）的舰队和莫斯科，并影响到越来越多的部队。阿列克谢耶夫想在军队基本完整时控制住革命，他尊重罗江科的建议，希望尼古拉二世退位会带来一个更爱国和更有效的继任者。尼古拉二世本人也有类似的考虑，在退位宣言中他提到了这些。他一旦放弃独裁权力，放弃沙皇名号就相对容易了，或许放弃沙皇名号也是一种解脱。彼得格勒的民众当然希望推翻君主制，沙皇退位的消息在首都和前线引发了大型的庆祝活动。全国各地的雕像、双头鹰和其他王朝统治的象征都被砸得粉碎。然而，最高司令部和尼古拉二世在这场相对和平的剧变中做出了至关重要的决定，二者最关心的是保住军队和避免失败，这意味着必须牺牲君主。一战是革命的开端，也是革命进入高潮的关键因素。

　　然而，俄军总司令部和临时政府希望对激进的革命加以引导，很快它们的想法就被证明是错误的。甚至在尼古拉二世退位之前，它们就受到了沉重打击，彼得格勒苏维埃 3 月 1 日发布了"第一号命令"。临时执行委员会的成员在起草这一指挥体系时吸收了一些军人参与，至于是普通士兵还是精心挑选的军官，目前还不清楚。[26]杜马政客努力控制军队和恢复对军官的尊重，似乎是基于对杜马政客的回应，临时执行委员会才吸收一些军人参与其政权。临时执行委员会担心军队会成为反革命的平台，并打算彻底消除这一威胁。"第一号命令"规定，在一切政治事务上，武装部队都要服从苏维埃，苏维埃可以撤销临时政府的指示。苏维埃要求从连到团都要选举士兵委员会，掌握武器和装备。苏维埃没有征求临时政府的意见就采取了行动，临时政府虽然不喜欢这一命令，但还是默许了。古契科夫叹息说，凡是苏维埃不赞成的事，他都不能做。苏维埃也没有征求俄军总司令部的意见，如果总司令部能预见到这种发展，不知道它还会不会抛弃尼古拉二世。革命严重削弱了沙皇的军官队伍，很多旧军官被逮捕，代之以更受欢迎的新人，在喀琅施塔得，有数十名海军军官被处以私刑。"第一号命令"宣传只是在军队汇总贯彻苏维埃的主张，而不是由苏维埃真正控制军队。军队中的大多数人在几天内就收到了这个命令，军官们的回忆录一致证明了

"第一号命令"的瓦解效果。大部分军队仍留驻原地，3月，750万人的俄军有10万～15万人成了逃兵，但士兵委员会迅速扩大，高级指挥官也受到了影响。3月中旬，死刑被废除，军官的即决纪律处分权被移交给由选举产生的法院，同时宣布士兵可以自由从事政治活动。[27]特别是考虑到军队持续的食物短缺问题，终止军官的强制权力加速了士兵和军官的分裂。

军队转型只是俄国革命进程的一个缩影。根据与苏维埃的协议，临时政府罢免了省长，取消了所有审查制度，并取代了旧警察。推翻封建王朝的目的是遏制革命，可能比其他任何事情都更能让农民相信他们可以不受惩罚地挑战社会秩序。通过拆解镇压结构，新政府希望消除反革命的风险，但却使自己面临更激进化的形势。俄军总司令部和临时政府尽管希望维持甚至加强俄国对战争的贡献，但正在失去这样做的实力。然而，社会主义者还没有呼吁和平，士兵在3月和4月向苏维埃与临时政府发出的请愿书普遍不要求立即停火，而是把民主化和社会改革列为优先事项。[28]彼得格勒驻军也没有为结束冲突而示威，他们对那些要求立即停火的示威者和煽动者也不予理睬。因此，二月革命最初并不是一场反对大战的革命。即便如此，民众运动的一个重要动力仍然是反对战争，此外还反对各种权威：那些被谋杀的海军军官，那些坐着独轮手推车被赶出工厂的工头，还有尼古拉二世。在这种情况下，支持战争继续下去的可能性越来越小。

当继续参战的共识在俄国分裂时，在美国却就参战问题达成了共识。美国的参战共识是突然达成的。1917年4月6日美国对德宣战，在此之前的两个月，美国公众和国会几乎没有任何参战的意愿，威尔逊也没有参战的意愿。1916 年，美国与协约国并肩作战似乎越来越不可能。的确，在"卢西塔尼亚"号和"苏塞克斯"号沉没之间的不足一年的时间里，华盛顿一直在潜艇战问题上与柏林发生对抗，威尔逊同情协约国的倾向达到了顶峰。他允许英国政府在华尔街发行债券，对于协约国的封锁政策不再强烈反对，并通过"豪斯-格雷备忘录"暗示要对欧洲战争进行干预，以实现协约国的战争目标。但是到了 1916 年夏天，英法搁置了"豪斯-格雷备忘录"，德国做出"苏塞克斯承诺"，从而使协约国把 U 型潜艇问题搁置一旁，而华盛顿与伦敦在列入黑名单和拦截中立邮件的问题上发生了争执。美国对协约国的出口受到质疑，因为协约国的支付能力已接近极限。事实上，美国当局预期经济繁荣将会过去，正如联邦储备委员会 1916 年 11 月对购买英国国债发出的警示那样。[①] 在同月的总统选举中，美国也没有表现出任何参战的意愿。共和党选择了查尔斯·埃文斯·休斯（Charles Evans Hughes）而不是西奥多·罗斯福（Theodore Roosevelt）作为总统候选人，部分原因是后者是少数几位公开主张参战的主要政治家之一，西奥多·罗斯福坚称德国是一个威胁，协约国的事业是正义的。威尔逊称休斯为战争贩子，而民主党则将威尔逊塑造成"让我们远离战争的人"[29]。

威尔逊的外交政策围绕着三个相互关联的主题：贸易和贷款、封锁和 U 型潜艇，以及他强烈的斡旋愿望。威尔逊为调停各国的

311

---

① 参见第 5 章、第 9 章和第 10 章。

交战做出了巨大努力，他详细阐述他的和平方案，他强烈渴望参与重建一战后的国际秩序。从大战之初起，他就考虑建立一个国际集体安全组织，政治利益集团也为同样的目标进行游说。1916 年 5 月，威尔逊在向最著名的和平联盟发表讲话时，宣布自己支持建立一个国际集体安全组织，并支持美国加入。他和休斯都在自己的竞选纲领中重申了这一观点。尽管民主党和共和党在这一点上达成了共识，但威尔逊的国际主义是从社会主义和进步思想中汲取的。[30]因此，除了国际联盟之外，他还信奉民主和平理想，这一理想基于被统治者的意愿、民族自决和海洋自由。威尔逊的"进步国际主义"与共和党东海岸领导人的"保守国际主义"形成鲜明对比，后者设想通过跨大西洋合作来维护和平。[31]进步国际主义可能更容易与协约国的目标协调一致，而与同盟国的目标则存在分歧，威尔逊对协约国和同盟国都持怀疑态度，并认为为了达成持久的解决方案，双方都必须克制。布赖恩之后，罗伯特·兰辛继任国务卿，他在 1915 年建议美国对德宣战，以击败德国的军国主义，同时也要在和平会议上约束协约国的扩张；威尔逊回答说，这与他的想法一致。[32]从"卢西塔尼亚"号危机开始，威尔逊就一直有参战的想法，但他不愿冒这个风险，而且即便他尝试这样做，估计也不会有多少民众支持。

在竞选总统期间，威尔逊也知道，柏林方面不太可能长期遵守"苏塞克斯承诺"，另一场潜艇危机即将来临。1916 年，威尔逊再次当选总统，随后他又参与了外交活动，当他不得不在参战和忍受德国羞辱之间做出选择时，他越来越迫切地希望促成和平。但威尔逊拖延了太久，当同盟国在 12 月 12 日发表和平照会时，他觉得有必要在 18 日发表自己的和平照会，以安抚愤怒的协约国，因为不这样做将破坏所有达成妥协的前景。他坚持认为双方迄今公开声明的目标似乎没有区别，呼吁双方具体说明它们各自的目标。[33] 然而，德国人礼貌地拒绝了这一提议，协约国在 1917 年 1 月 10 日的答复中详细阐明了它们的战争目标。威尔逊的和平照会虽然没有拉近交战双方的关系，但是使协约国开始重建与华盛顿的关系。威尔逊在 1 月 22 日发表了主题为"没有胜利的和平"的演讲，承认协约国的态度更坦诚。在这个演讲中，他第一次不仅致力于建立国际联盟，而且还致力于设计一个更宏大的、进步的国际主义议程。他说，只有在保证没有失败者怨恨的和平情况下，美国才会加入国联。和平必须建立在民主自由的基础上，只有征得人民同意，才能转让领土、航海自由和限制军备。举例来说，他呼吁建立一个"统一、独立和自治的波兰"，他认为这个方案不会引起争议，但却引起了柏林方面的愤怒。他的目标越来越明确，他现在又向协约国倾斜了，但美国的参战态度仍不明朗。[34]

威尔逊的政策在很大程度上是根据德国的行为而改变的，特别是德国在 2 月 1 日恢复无限制潜艇战和发出"齐默尔曼电报"之后。如果没有这些事件，美国可能会置身事外，战争也会以对同盟国有利得多的方式结束，俄国无论如何都会崩溃，而英法太弱，无法凭一己之力战胜同盟国。就在威尔逊寻求调停时，德国人在普莱斯会议上决定孤注一掷。贝特曼一直坚持谈判，直至最后一刻，他都希望能在 U 型潜艇战与美国保持中立之间找到某种调和。直到 1

月 29 日，他才说服威廉二世和兴登堡同意向华盛顿提交一份有关德国战争目标的机密纲要；但这份毫不妥协的文件只是凸显了美国和德国之间的鸿沟[35]，这份文件是在 1 月 31 日发出的，与此同时宣布无限制潜艇战将在第二天恢复。这个时机很难让美国人相信德国首相的诚意，虽然贝特曼和威尔逊可能都希望美国保持中立，但是他们的优先事项本质上是相互冲突的。贝特曼打算将华盛顿的作用限定在把交战双方拉到谈判桌前，之后美国退出，德国提出自己的要求，然后美国再回来帮助建立能够保证维持新现状的国际机构。然而，只有在和平解决方案尊重自由主义原则的情况下，威尔逊才愿意加入国际联盟。德国领导人关于威尔逊会对他们有偏见的怀疑是正确的。在美国斡旋下达成的妥协方案引起了两国的巨大关注，但不太可能取得任何进展。[36]鲁登道夫没有坚持和美国谈判，而是下决心采取行动，这就是鲁登道夫的性格。

德国海军希望在没有任何预警的情况下，在英伦三岛周围建立"作战区"，以便最大限度地发挥打击效应，防止英国囤积物资，并吓跑中立船只。威尔逊原以为自己终于在澄清战争目标方面取得了进展，所以在刚听到这个消息时感到震惊和迷茫。[37]德国人显然违反了"苏塞克斯承诺"，至少美国人是这样理解的，这就要求他采取一些会威胁到美国与德国的关系的行动。然而，总统被一种理性的道德准则掌控着，他拒绝因愤怒而失去理性。他知道和德国断交可能引发战争。他考虑过默许这一行为，但在与政府和参议院的民主党领袖协商后，他召见了德国大使。大多数媒体都赞赏总统的行动，但在这个阶段，呼吁开战的声音只是极少数，即使总统请求国会开战，他也不太可能成功。在接下来的两个月里，总统和公众都对参战转变了态度。对于公众而言，"齐默尔曼电报"是他们转变参战态度的关键。

德国新外交部长齐默尔曼于 1 月 16 日向德国驻华盛顿大使冯·伯恩斯托夫（Bernstorff）伯爵发去电报，请他将该电报转交给德国驻墨西哥公使海因里希·冯·埃卡特（Heinrich von Eckardt）。如果美国参战，埃卡特就被授权向墨西哥建议建立德国和墨西哥联盟，两国将并肩作战，德国向墨西哥提供财政援助，并同意墨西哥重新夺回 1846—1848 年战争后被美国侵占的领土。埃卡特还让墨西哥总统贝努斯蒂亚诺·卡兰萨（Venustiano Carranza）邀请日本改变立场。该文件以德国外交密电的形式通过三种不同的途径传送。第一种途径是从德国通过无线电信息发送到长岛的一个接收站，当时美国人允许这个接收站继续对德国保持开放。第二种途径是通过"瑞典通道"，也就是斯德哥尔摩外交部，它允许德国电报通过它的电缆发往美洲。第三种途径是通过美国驻柏林大使馆和国务院之间的外交电报，这是威尔逊在试图调停时为德国人提供的一个特殊通道。当瑞典和美国的电报抵达英国时，伦敦的海军情报机构在这三条线路上都截获了信息。英国人拥有相关的电报密码本，这是他们 1915 年在波斯的德国特工沃斯马斯（Wassmuss）的行李中搜获的。最后，一名英国特工设法在墨西哥偷到了一份副本，两个密码本相对照就可以证实密码本的可靠性，而不用承认英国拦截了中立国的电报通信。简言之，这段传奇故事证明了英国情报机构在全球的强大影响力。最后，海军情报局局长雷金纳德·霍

314

尔（Reginald Hall）与美国驻伦敦大使馆达成协议，由贝尔福亲自
向美国大使递交截获的这份密电。贝尔福是英国前首相，现为劳
合·乔治内阁的外交大臣，也是美国人可以信任的人。这一切都需
要时间，直到 2 月 24 日威尔逊才收到电报的文本。事实上，他似
乎从来没有怀疑过电报的真实性，并很快决定应该公开电报内容。
电报于 3 月 1 日被公开，美国政府为它的真实性做担保，3 月 3 日
齐默尔曼证实了电报内容的真实性。[38]

　　这件事似乎很蹊跷，有必要进一步深入研究。自 1910 年以来，
20 世纪最伟大的革命内战之一在墨西哥展开，美军曾两次介入。
首先，在 1914—1915 年，威尔逊向墨西哥的韦拉克鲁斯（Vera-
cruz）派驻军队，这是美军成功推翻维克托里亚诺·乌埃尔塔
（Victoriano Huerta）政权的一个重要措施，乌埃尔塔从主张改革
的民选总统弗朗西斯科·马德罗（Francisco Madero）手中夺取了
权力。其次，卡兰萨和他的"立宪派"支持者已经控制了墨西哥的
大部分地区，1916 年 3 月，北方叛军领袖潘乔·维拉（Pancho
Villa）率军袭击了美国新墨西哥州的边境城镇哥伦布（Colum-
bus），约翰·潘兴（John Pershing）将军率领一支美国远征军进入
墨西哥追击这些叛军。据说这次远征得到了卡兰萨的同意，但当潘
兴向南推进时，他与立宪派军队发生了冲突，美墨战争箭在弦上。
最终威尔逊在 1917 年 1 月和 2 月撤回了潘兴的军队，即使没有与
德国发生冲突的风险，他也很可能会做出这个决定。[39] 1916 年 11
月，在与华盛顿对峙期间，卡兰萨为德国提供了一个电报发射基地
并和德国达成了政治谅解，以换取德国帮助他重建军队。[40] 德国在做

出无限制潜艇战决定后才回应卡兰萨的请求，齐默尔曼指示埃卡特在确定对美开战之前不要接近卡兰萨。2 月 5 日以后的电报也被英国人破译了，这些电报要求埃卡特立即行动。德国人在墨西哥有长期的商业利益，他们在那里出售武器，并且从战争初期就试图利用美国与墨西哥的冲突来牵制美国。他们没有办法真正帮助卡兰萨，但齐默尔曼希望，如果美国参战，就鼓励墨西哥进攻美国。至于东京方面，1916 年，德国和日本的代表在斯德哥尔摩举行了关于可能的日俄单独媾和的秘密会谈，但这次会谈以失败告终。所有这些考虑都有助于解释齐默尔曼最初的倡议，这是一项伟大事业，尽管可能没有得到贝特曼的批准，但是得到了威廉二世和德国最高统帅部的批准。外交大臣随后承认电报是真实的，这就更令人困惑了，也许他希望借此恐吓华盛顿，他低估了美国的反应，他担心如果他试图掩盖电报的真实性，就可能会被视为政治骗子。[41]

　　"齐默尔曼电报"所产生的影响远远大于其自身本应产生的影响。这一事件让威尔逊总统再次感到震惊和愤怒，不仅仅是因为他提供了一条由柏林支配使用的电缆。这件事使他更加确信，他不能信任德国正在掌权的统治者。这封电报的主要意义在于，它公布后，美国媒体第一次大规模呼吁美国应该参加战争。"卢西塔尼亚"号沉没后，威尔逊观察到，美国人有"双重愿望"：既想维护国家利益，又不想采取可能导致战争的措施。[42]苏塞克斯危机和无限制潜艇战的恢复都没有从根本上改变美国人的"双重愿望"。同盟国和协约国的宣传也是导致美国卷入战争的原因之一。的确，德国的宣传是愚蠢和无能的，而且入侵比利时、U 型潜艇暴行和企图破坏美国军火生产进一步妨碍了德国的宣传效果。[43]由惠灵顿大厦精心策划的英国宣传规模更大，也更微妙。[44]但是协约国再多的宣传也不能使美国人产生参战的想法，是德国的行为助长了美国人的参战情绪。美国人对于参战的态度根据种族、党派和地理界线分为两派。东海岸地区的人强烈同情协约国，他们对贸易问题和潜艇问题十分关注。内陆地区的人，特别是德裔美国人集中的中西部地区的人，强烈支持美国保持中立，其中只有极少数人赞成与同盟国开战。[45]1910年美国人口为 9 200 万，其中 250 万人出生在德国，578 万人的父母中有一人或两人出生在德国。1917 年，美国出版了 522 份德语报纸和期刊，在巴尔的摩、匹兹堡、芝加哥、底特律、洛杉矶和旧金山，德裔美国人是最大的族群。然而，他们缺乏与其人数和财富匹配的影响力。他们在两个主要政党中的代表很少，许多人对非美国化很敏感，他们因宗教、世俗价值观、代际问题和党派问题而产生分歧。[46]爱尔兰裔美国人的反英情绪和犹太裔美国人的反俄情绪也很强烈，但是并不能抵消美国国内的反德情绪，至少从报纸社论中可以看出，多数美国人还是亲协约国的。美国参战的最主要障碍来自中心地带的孤立主义者和左翼的反对，左翼不仅包括社会主义党（这一时期，该党规模相当大），还包括共和党和民主党的进步派。然而，"齐默尔曼电报"显示，德国不仅在东部而且在西南部和西部都对美国的安全构成了威胁。尽管墨西哥人无视齐默尔曼的提议，日本人拒绝接受德国的建议，但"齐默尔曼电报"使美国人突破了参战的心理障碍，东部大西洋沿岸的报纸要求对德宣战，其他地区的一些重要媒体也支持参战，而大多数德裔美国人的媒体和领导人都保持沉默。[47]左翼阻止参战的努力一直持续到 3 月，到这一时期，由"齐默尔曼电报"激起的愤怒情绪才开始消退。为了拉拢进步人士，达成参战共识，威尔逊这位曾两次帮助民主党赢得大选的领袖必须带头支持参战。现在机会来了。

　　威尔逊并没有因为德国恢复潜艇战而改变主意。他想起了在韦拉克鲁斯被杀的 19 名美国军人以及众多墨西哥人，他不想让自己的双手沾满鲜血。他在题为"没有胜利的和平"的演讲中宣称，平局对于欧洲和美国都是最好的结果。没有多数人的支持，威尔逊不愿采取行动，也不相信自己能够采取行动。他不希望给柏林提供挑衅的理由，整个 2 月，他没有采取特别的军事行动或动员措施。此外，他已经不再坚持 U 型潜艇必须遵守"巡洋舰规则"。当和德国断绝外交关系时，威尔逊仍然宣称德国的无限制潜艇战只是口头恫吓，以此为自己争取时间，他将等待德国的"公开行动"。第一批鱼雷袭击协约国商船的行为并没有改变他的立场，也没有对公众产生太大的影响，即使当时美国人也在这些商船上。[48]但当德国人真正行动时，威尔逊的中立立场就站不住脚了。德国的行为不仅针对乘坐交战国船只的美国人，也针对所有进入指定"战区"的船只，包括协约国和中立国的船只。面对风险，美国商人犹豫是否出海，货物堆积在大西洋码头，东部城市爆发了粮食骚乱。到 2 月中旬，甚至在"齐默尔曼电报"公布之前，威尔逊已经决定寻求国会授权，在美国商船上部署大炮和士兵，他知道这一做法很可能会引发一场公海战争。威尔逊的做法可能会获得国会的多数支持，但是"齐默尔曼电报"使众议院更加坚定地支持威尔逊的决定。在参议院，如果不是 4 位孤立主义者阻挠议案通过的话（这让总统非常愤怒），情况也和众议院一样。他认为自己可以不顾一切地继续武装商船。不久后，德国的"公开行动"开始了：3 月 16 日，美国"维希兰卡"号商船在没有收到任何警告的情况下被击沉，15 人丧生。其他船只也遭遇了相同的命运。柏林和华盛顿的战争一触即发。

威尔逊做出了参战决定。3 月 21 日，他要求国会提前复会，为他的 4 月 2 日战争咨文做好准备。20 日，他征求了政府的意见，政府一致赞成他的参战决定。然而，在前一天见到兰辛时，威尔逊似乎还在犹豫。他的动机仍然是个谜，尽管我们知道他的顾问是如何建议他的。[49]过去，他对豪斯和兰辛不屑一顾，但这一次，他似乎注意到了他们的建议，尽管参战决定是威尔逊单独做出的，战争情报是由他和豪斯一起撰写的。他本可以对美国保持武装中立进行更长时间的研判，但他知道，事实上的敌对行动无论如何都会到来，除非他屈服于德国对美国权利的公然践踏，他考虑过这一路线，但最终不得不放弃。经验表明，与德国达成协议的可能性不大，即使达成协议，也终究会打破协议。此外，兰辛指出并在威尔逊的战争公报中重申，武装中立意味着美国没有资格参加战后的和平会议。参加战后的和平会议是总统的个人抱负，并且对于民主党的进步知识分子和理想主义者而言至关重要。[50]到了 3 月，威尔逊首次意识到，如果他建议美国参战，那么国会和人民就很可能支持他。最终，参战决定在参众两院获得了压倒性的胜利。

这并不意味着威尔逊是迫于民意而参战的，更不是迫于官员的压力而参战的。相反，他自己的参战承诺比其他任何因素都更能说服反对派。他如果反对参战，那么，虽然可能获胜，但将会面对国会的分裂。他也不喜欢战争，这与西奥多·罗斯福形成了鲜明对比。与1914年的欧洲领导人不同，威尔逊十分清楚现代战争意味着什么。他连续几个晚上痛苦不堪，并承认他这样做会让美国国民付出生命的代价。尽管他认为促进国家繁荣是其职责之一，但他似乎也不关心出口贸易和向交战方提供贷款的问题。相反，威尔逊及其顾问希望协约国获胜，美国的援助可能会加速协约国获胜的进程。[51]他不知道英国的财政困难有多严重，法国的士气有多脆弱。二月革命的消息于3月15日传到华盛顿，人们认为这将增强俄国的战争力量。反过来，德国获胜将危及西半球，这意味着战略争论，虽然它对共和党、兰辛和众议院有重大影响，但对于威尔逊来说无关紧要。和新闻界一样，威尔逊欢迎沙皇的倒台，因为它有助于协约国进行民族自决，他认为"加快和修复"德国和俄国的民主化是美国参战的另一个理由。[52]但他的出发点是，鉴于德国对美国中立权利的挑战，他认为除了应战，别无选择。无限制潜艇战是美国参战的根本原因，而不仅仅是借口。即便如此，参战而非武装中立的关键吸引力在于，威尔逊可以在和平会议上对双方施加影响。

　　威尔逊相信协约国占据优势，这对于理解他的参战行为至关重要，他的所作所为并非简单地加入协约国去摧毁德国，而无视"没有胜利的和平"原则。事态的发展使他相信，霍亨索伦王朝的独裁统治必须被推翻，但他仍然致力于实现基于自由主义原则的和平，这可能会遭到协约国和同盟国的强烈反对。即便如此，他还是在宣战之前就向协约国提供了援助。联邦储备委员会撤销了1916年11

月的警告，并鼓励给英国提供私人信贷，同时国务院不再抗议协约国的封锁令。[53]但是，威尔逊设想的是实质性援助，而非全面援助：美国将提供物资和贷款，建设海军，征召 50 万名士兵派往欧洲大陆。威尔逊设想，美国的伙伴将进行激烈的战斗，威尔逊的想法和1914 年基钦纳的构想类似。此外，与英国不同的是，美国只对德国宣战，而没有对其他同盟国宣战，而且美国不加入《伦敦条约》。美国虽然作为协约国的盟友参战，但是保留了独立地位以及达成单独和平的权利。它的加入不是为了拯救协约国免于失败，而是为了遏制德国并最终签订一个和平条约。然而，威尔逊及其同僚，就像之前的英国人一样，低估了德国，高估了俄国和法国。美国也将陷319 入比预期更深的泥潭，直到 1918 年秋天，同盟国最终瓦解，威尔逊才可以回归他最初的计划。尽管俄国革命只是影响美国参战的次要因素，但俄国革命使协约国在接下来的一年内战果惨淡。1917年夏天，协约国遭遇了危机，1918 年春天同盟国优势达到顶峰。在美国的资源到来之前，必须考虑这些事件，美国的资源最终还是让协约国取得了胜利。

第14章　走向疲惫
（1917年夏季—秋季）

1917年，短期内结束战争的幻想破产了。即使形成了军事僵 局，双方仍希望通过下次的战争努力就能取胜。但是无限制潜艇战没能击溃英国人，二月革命破坏了协约国新一轮协同进攻的计划。美国的力量至少需要一年的时间才能完全发挥作用。同时，协约国之间的合作也在逐渐减弱。武器产量达到顶峰后开始下降，军队减少，国内共识出现裂痕，军队士气下降，双方都在探索成本更低的战略，都降低了战争目标。从表面上看，双方的斗争似乎失去了动力，但是这种表象具有欺骗性。本章将通过追踪四个相互关联的主题来探讨其原因。第一，双方都面临战略僵局，但都没有放弃获胜的希望。第二，所有欧洲国家的国内政治共识都面临压力，但是都没有崩溃（除了俄国）。第三，1917年，各方多次努力进行和平谈判，但均未取得成功。第四，美国反对妥协，这对于理解其他问题至关重要。

兴登堡和鲁登道夫拒绝降低德国的战争目标，并计划重新调整同盟国的战略，以追求全面胜利。他们希望增加武器生产，精简文职人员，重新制定战场战术，并强化与其他同盟国的合作。但兴登堡和鲁登道夫承认，在陆地上，德国必须保持防御状态，以抵御协约国预期中的春季攻势，奥匈帝国别无选择，只能采取同样的行动。同盟国西线战略的核心是撤退到兴登堡防线；在东部，尼古拉二世退位后，德军对俄国保持防御态势，因为害怕进攻会激起俄国人的抵抗，德国甚至将部分军队调往西线和意大利。[1]与之相反，德国在空中和海上对英国发动了进攻。但是齐柏林飞艇的袭击几乎没有造成什么破坏[①]，1917 年 5 月德军用时速 80 英里的双引擎哥达轰炸机，载重 1 000 磅炸弹，继续轰炸伦敦和英格兰东南部。由于云层覆盖，第一次空袭没有击中首都，但是造成福克斯通（Folkestone）95 人死亡；第二次空袭袭击了利物浦街的车站，造成 162 人死亡。英国人临时建立了一个防御系统，包括观察哨、警报器、气球和防空炮火，以及从法国调回战斗机。哥达轰炸机转向夜间进攻，但遭到了英国的灯火管制、探照灯和夜间战斗机的反击，持续的损失迫使德国人在 1918 年 5 月取消了空袭。[2]到这一阶段，德军有 24 架哥达轰炸机被击毁，另外因事故损失 37 架，德国总共出动 397 架次飞机飞越英格兰上空，成功牵制了 300 多架英国的防御飞

---

① 参见第 7 章。

机。在战争中，齐柏林飞艇和哥达轰炸机一共杀死了 1 413 名英国平民，巴黎有 267 人死于轰炸。[3]突袭行动在伦敦造成了恐慌和混乱，多达 30 万人每晚在地铁站避难，处理空袭占据了内阁的大部分时间。[4]即便如此，与德国在 1917 年春天的最大希望——U 型潜艇相比，德国空袭所造成的威胁仍然微不足道。

从 2 月 1 日起，德国宣布英伦三岛周围的水域为禁区，任何船只若进入该区域，后果自负。地中海的大部分地区以及俄国北极港口周围海域也被指定为军事禁区。起初，德国潜艇不仅吓得许多中立国船只不敢出港，而且达到甚至超过了霍尔岑多夫预计的击沉船只的数量。

表 3　1917 年 1 月—12 月商船损失总吨位[5]

	英国	世界总数
1 月	153 666	368 201
2 月	313 486	540 006
3 月	353 478	593 841
4 月	545 282	881 207
5 月	353 289	596 629
6 月	417 925	687 505
7 月	364 858	557 988
8 月	329 810	511 730
9 月	196 212	351 748
10 月	276 132	458 558
11 月	173 560	289 212
12 月	253 087	399 111
总共	3 730 785	6 235 736

协约国和中立国商船的大部分损失发生在通往不列颠群岛的西

部和西南部，它们在跨越大西洋时分散行驶，然后在不列颠群岛的西部和西南部集中，最后驶向克莱德、利物浦、布里斯托尔（Bristol）和英吉利海峡。[6]在 4 月 17 日至 30 日的"黑色两周"里，有近40 万吨英国商船被德国击沉。英国、其他协约国和中立国船只的沉没数量从 2 月的 234 艘上升到 3 月的 281 艘、4 月的 373 艘、5月的 287 艘、6 月的 290 艘和 7 月的 227 艘。[7]远洋轮船安全往返英国的概率只有 1/4，商船损失的速度远远超过了其生产的速度。照这个速度下去，英国确实不得不在年底前求和。[8]德国海军部信心十足，直到 6 月才签订订购新潜艇的大订单[9]，而英国海军部则近乎恐慌。与此同时，协约国的反制措施收效甚微。德国实际作战的潜艇总数从 2 月 1 日的 105 艘增加到 6 月 1 日的 129 艘；在 2 月到 4月间，只有 9 艘德国潜艇被毁，大部分是由鱼雷摧毁的。[10]协约国水面舰艇驱逐德国 U 型潜艇的行动——比如 49 艘驱逐舰在苏格兰海岸进行了 111 天的"BB 行动"——完全失败了。[11]

协约国的救星是护航系统。护航系统只是一系列保护措施中的一个组成部分，但它是协约国采取的最关键的一步。护航是指有组织地派遣商船，并由军舰护航。这种策略在拿破仑战争中取得了成功。在 19 世纪，海军放弃了这一做法。1914—1917 年，商船沿着推荐的路线独立航行，而海军则进行巡逻和布雷等进攻性反潜行动。由航运公司支持的海军部作战局拒绝了护航建议。它坚持认为，商船不能受统一速度的约束，必须以最慢的速度航行；集体卸货将使港口不堪重负；如果护航舰队被潜艇发现，它们也可能遭到攻击；海军的护卫舰太少。这些论点暴露了那个时代的特征：偏爱攻击、轻视护航。这些观点尽管有一定的合理性，但是也有很多错误之处。有四个因素可以轻松驳斥那些"偏爱攻击、轻视护航"的论点。第一个因素是有限的护航就取得了成功。在整个战争中，军舰都得到了护航，结果没有一艘军舰沉没。1916 年 7 月开始，驶往荷兰的船只得到了护航，1917 年 2 月开始驶向法国的船队得到了护航，结果二者的损失都非常低。由于德国实行新的 U 型潜艇战，协约国开始为驶向挪威的船队提供护航，也取得了明显的效果。这些试验加强了协约国在大西洋进行护航的理由。第二个因素是美国的加入，从而使协约国有更多的护卫舰可以使用。4 月被派往伦敦担任美国海军联络官的海军上将威廉·西姆斯（William Sims）发现，德国潜艇给协约国制造的危机远比华盛顿想象的严重。他成功地说服了与英国海军一样对护航制度持怀疑态度的美国海军。5 月，美国向爱尔兰的昆斯敦（Queenstown）派遣了 6 艘驱逐舰，到 9 月将派遣 35 艘。第三个因素是，雷金纳德·亨德森（Reginald Henderson）从航运部的数据中计算出，每天大约有 20 艘远洋船只离开，20 艘抵达英国港口，海军部之前估计，每天会有 300 艘离开，300 艘抵达，二者差距很大。考虑到一个船队平均有 20 艘商船，在远洋运输中采用护航制度是完全可行的。反对护航的技术论据逐渐被削弱。第四个因素是"黑色两周"，这一因素使护航的呼声更高，面对"黑色两周"这样的紧急情况，第一海军大臣杰利科和海军军官们认为，相对于缺乏护航所导致的灾难性结果，护航制度难道还会更差吗？很显然，亨德森向内阁秘书汉基透露了他的调查数据，汉基是护航制度的长期支持者，汉基又向劳合·乔治透露了相关数据。劳合·乔治反应缓慢，没有马上做出护航决定，尽管他随后声称是他做出了护航决定。[12]实际上杰利科知道，除非他尽快采取行动，否则内阁很可能会将护航任务强加给他[13]，4月30日，劳合·乔治突然出现在海军部并主持会议，之前他就已经批准了护航原则。

第一个出海的北大西洋护航舰队于5月10日启航。从6月起，开始了每8天8批次的定期护航，8月护航舰队开始定期返航。海军部过于谨慎，这使护卫舰的规模远远小于实际所需，实际上护航制度需要大量快速的护卫舰。[14]即便如此，护航所取得的效果仍然非常可观。1917年，在被护航的5 090艘商船中，只损失了63艘。[15]当护航制度被证明有效时，这一制度便被推广到地中海和南大西洋。它奏效的关键原因似乎很简单，因为它清空了海洋，找到护航船队的难度并不比找单只船更低。最严重的沉船事件发生在主要战场上。[16]5月，第40号办公室归海军情报局局长指挥后，海军部可以利用被其截获的无线电信息，指挥护卫舰远离U型潜艇。护航船只受到攻击的可能性很小，如果护航船只成为被攻击的目标，驱逐舰随时待命，护航船只的船员可能会被其他船只接走。到了秋天，德国潜艇被重新部署到沿海水域，协约国在那里还没有组织起护航系统。

新的护航系统耗了几个月的时间才建立起来，潜艇造成的危险在4月达到高潮，此后由于其他原因，这一危险高潮开始有所消退。其中之一是潜艇的过度扩张。在战役的前几周，海上的伤亡可能最大，在4月和5月之间，驻军从50人下降到40人，尽管在6

月又上升了。[17]此外，霍尔岑多夫的规划者错误地计算了协约国其他方面的反应。[18]英国人以拘留相威胁，迫使中立的商船重新为他们服务。自 1914 年以来被扣留在美国的德国船只以及追随美国宣战的拉美国家的船只交由协约国处置。劳合·乔治内阁采取坚决行动来保证收获季节到来前的粮食供应。降低军火产量，以释放造船劳动力并减少进口。即便如此，1917 年的炮弹库存依然规模庞大，枪支产量比 1916 年高出 75％。航运集中在北大西洋航线上，节省下来的运力被用来增加储备，英国的小麦库存从 2 月的可供食用 12.25 周下降到 5 月的不到 7 周，但在 8 月恢复到 13 周。从 7 月开始，造船业开始扩张，尽管这一措施需要更长时间才能产生效果。[19] 9 月—12 月，潜艇的月损失分别为 10 艘、6 艘、8 艘、8 艘[20]，这与潜艇的建造大致相当，主要是因为协约国广泛部署了更好的水雷。攻击潜艇是次要的，最重要的是控制运输的损失。在护航普及之前，英国已经度过了最危险的时刻，但从长远来看，护航对于英国的安全至关重要。德国的水面舰队被协约国攻击，德国以 U 型潜艇回应，而协约国则以护航舰队回应德国的 U 型潜艇攻击。

然而，德国如果不能在海上取得胜利，就可能会在陆地上寻找新的机会。随着霍尔岑多夫孤注一掷的失败迹象越来越明显，同盟国把希望寄托在了东线。1917 年夏天，协约国各自行动，结果消耗了很多实力，其中俄国的"克伦斯基攻势"（Kerensky offensive）可以说是最具灾难性的失败。它打击了临时政府，为布尔什维克的胜利铺平了道路。在二月革命后，俄国将领希望尽早发动进攻[21]，他们担心如果不这样做，德国可能攻击他们，但也希望政府解决军队纪律松散的问题。[22]彼得格勒苏维埃"第一号命令"颁布后，大多数部队都成立了士兵委员会，军官们必须接受士兵委员会，否则就有被逮捕的危险。起初，士兵委员会通过了支持保卫国家的决议，但在苏维埃发布了"不割地、不赔款"的和平法令后，士兵开始反对俄国继续参加一战。德国和奥匈帝国在前线以大量宣传作为回应，这是后来双方进行类似和解努力的雏形。[23]在复活节期间，德奥政府鼓励士兵与敌人打成一片。几个星期以来，敌对行动几乎停止了，德奥情报人员在俄国防线后四处活动，向士兵委员会发表讲话，强调他们对和平的渴望。然而德奥的这种策略是有风险的，尤其是对于奥地利人来说，俄国向奥匈帝国军队宣传社会主义和民族分裂主义。5月，同盟国失去了耐心，取消了和解倡议。相反，同盟国与俄国的军事和政治领导人进行了和平试探，但没有取得更大成功。

因为此时彼得格勒发生了政府更迭。俄历5月5日，李沃夫扩大了内阁，吸收了来自苏维埃的社会革命党人和孟什维克，而克伦斯基（Kerensky）成为战争部长，他有着拿破仑般的野心和非凡的演讲天赋，同时布鲁西洛夫取代阿列克谢耶夫担任俄军总司令。俄国新政府迫切希望结束战争，但拒绝单独媾和。为了实现和平，俄国认为有必要说服盟友降低战争目标，作为前提条件，俄国必须通过向盟友证明它的重要性来重拾盟友对自己的信任。[24]由于这些原因，俄国决定发动进攻。宣称为和平而战，多少有点令人困惑，但政府发言人尤其是克伦斯基本人在前线宣称的军队为自由俄国而战，多少还是取得了一些效果，并暂时赢得了军队的支持。克伦斯基还试图重建军队纪律，重新赋予军官实施体罚的权利，任命政委以调节军官和士兵委员会之间的矛盾。但是，士兵委员会支持政府，损害了士兵委员会在士兵中的权威，从而为布尔什维克夺权创造了机会，布尔什维克坚决反对战争。5 月，布尔什维克主义在前线迅速传播，其党报《真理报》（*Soldatskaia Pravda*）发行了 5 万～6 万份。[25]随着俄军准备进攻的推进，6 月俄国爆发了大规模的兵变，兵变的军队宣布，如果没有得到苏维埃的同意，就拒绝前进。尽管有一次兵变发生了围攻和炮击事件，但是大多数兵变部队还是很快被说服，或者被解散，士兵被转移到其他地方。尽管解决了兵变，但是俄军的实力被进一步削弱，在发动最终进攻时，被德军迅速击溃。

俄军预计在 6 月 18 日—7 月 1 日对西南前线的奥匈帝国军队发起攻击。据俄军总司令部估计，在西南前线，俄国有 84 个师，奥匈帝国有 53 个师，俄军在此处开始了战争以来最猛烈的轰炸，捷克部队再次集体投降；虽然俄军前进了 30 公里，但后方的俄军没有利用好这一形势，后方的俄军或拒绝穿过防线，或临阵逃跑，导致他们对德军的后续攻击受阻。五天后，同盟国开始了一场计划已久的反攻。尽管德军主力滞留在法国，限制了鲁登道夫进攻俄军的实力，但他还是取得了惊人的进展，德军前进了 160 公里，不仅夺回了俄国最新占领的领土，而且收复了 1916 年被布鲁西洛夫所占的领土，彻底解放了奥匈帝国被俄国占领的领土。最后，虽然俄军再次集结，甚至与罗马尼亚军队一起反攻，但作为一支进攻力量，他们已经溃败。9 月，鲁登道夫充分发挥了自己的优势，将用于进攻里加（Riga）的预备队腾出来，在前线北端重新发起进攻。①　与加利西亚反攻一样，这是一次有限行动，但德国的战略目的是正确的，这次进攻将威胁彼得格勒，从而加剧俄国的内部矛盾。这两场战役都凸显出东线的平衡正在发生转变。自 1915 年以来，同盟国在东线一直处于守势，德国专注于西线。但在二月革命之后，德奥又开始重点关注俄国，两国将前线的宣传与和平试探结合起来，并伴之以强大的军事行动。到了秋天，鲁登道夫失去了耐心，他想尽快结束东线战争，从而为 1918 年的西线进攻做好准备。除了缺乏兵力和交通工具，几乎没有什么能阻碍他的进攻。

　　开战以来，各国部队及其一线军官拒绝死战到底，从而限制了军事行动。到 1915—1916 年，法军越来越不愿意发动进攻，许多奥匈军人和俄军未加抵抗就投降了。1917 年，几乎所有军队都拒绝进攻，甚至拒绝上前线。战争中，军人的自我保护机制十分脆弱。军警和军事法庭的镇压是部分原因，在远离家乡的静态战线上缺乏逃跑或投奔敌人的机会也是原因之一。然而，纪律从来都不是单纯依靠恐吓能维持的，到 1917 年，支持交战派的其他因素也在逐渐消失。一旦叛乱开始，对食物、休息和休假不足的不满通常就会凸显，但很少会引发叛乱。或许更重要的是，人们急于结束战争，但又缺乏结束战争的条件。尽管各国都出现了前所未有的动荡，但协约国遭受的损失更大，因为它们主要是在进攻，而进攻失败将引发不满。奥匈军队很少发动大规模进攻，但是食物严重短

---

① 参见第 15 章。

缺，以致出现了很多逃兵而非其他集体违纪事件。[26]总的来说，这也适用于奥匈帝国的盟友。夏天，一些驻守在西线的德军发生了叛乱，撒克逊人和符腾堡的部队也受到了西线德军叛乱的影响。[27]法国情报部门察觉到德军的动乱，但这些动乱很快就结束了。人们对1917年8月公海舰队的5艘战列舰和1艘巡洋舰上的兵变了解更多，单调和乏味的生活是兵变的原因之一，但更主要的原因是休假少、饮食差以及军官享有特权和欺凌士兵。一些指挥官拒绝执行政府在军舰上设立食品委员会的决定，数百名水兵上岸以示抗议。当局很快就控制住了局面；5名哗变者被判犯有叛国罪，其中两人被处决，但水兵的不满没有得到解决，他们的怨恨继续恶化，直到1918年10月发生了更严重的动乱。[28]

协约国的困难更为严重。3月之后，许多俄国军官侥幸活了下来，俄军的训练环境和壕沟内的条件进一步恶化，而克伦斯基攻势的命令引发了士兵大规模反抗和逃亡事件。同样，尼维尔攻势引发了法国5月和6月的兵变。在发起攻势的第一天，就出现了士兵的零星反抗。5月15日，贝当取代尼维尔，他为了巩固被征服的土地，下令加大攻击力度，从而加剧了法军的兵变。兵变影响到全军，6月初，兵变达到高潮，暴力事件不断增多，有的兵变者企图进军巴黎。有人统计，近2/3的法国师发生了119起兵变，有3万至4万名士兵卷入其中。6月中旬之后，法国兵变逐渐平息，8月兵变死灰复燃，兵变主要发生在凡尔登附近，贝当正准备在那里发动新的进攻，直到1918年1月，兵变才完全平息下去。[29]

从1916年凡尔登战役的最后阶段开始，法国最高统帅部就已经注意到部队士气正在动摇。霞飞和尼维尔指责文官政府懈怠以及和平主义的宣传所造成的影响。一些反战的声音确实传到了法军耳中，但是军事法庭的记录几乎没有证据证明这些反叛者来自左翼。被判刑的人没有社会阶层、地域和年龄的区别。大部分骚乱发生在香槟地区，这是 4 月和 5 月进攻的发生地。士兵的信件和军官的报告证实，当士兵投入战斗但是成功的希望破灭时，他们会感到伤心和屈辱。邮政审查人员的分析表明，军队愿意进行防御性战斗，要求达成一个不割地、不赔款的解决方案，很少有法军挑战法国第三共和国的合法性。与许多俄国人不同，法军仍然觉得自己是法兰西民族的一部分。他们的不满主要表现为拒绝进攻，兵变者也表达了其他抱怨，比如食物不足和休假困难等问题，批准请假的随意性很大，这些抱怨积压成山。尽管一些人高呼和平主义和革命口号，参加苏维埃，但兵变大多在几天内就结束了，军官们仍然受到尊重；事实上，通常是在警察的劝说下这些兵变才结束的。兵变与工业行动类似，大多数人仍然坚守战线，他们希望得到更好的待遇，他们拒绝放弃自己的职责。[30]

待军人回到岗位后，贝当通过镇压恢复了军纪。2 873 人被判刑，629 人被判处死刑，大部分死刑并未执行，最后只有 43 人被执行死刑，大约占总数*的 0.1%。这个数字可能看起来很小，但被执行死刑的人是被任意挑选出来的，枪毙他们就是为了杀鸡儆猴。[31]为了抵制和平主义，贝当命令军官们向士兵解释，立即实现和平的

---

　　* 此处"总数"应该是遭到镇压的军人的总数，约为 4 300 人。——译者注

后果是灾难性的。然而，他也做出了重大让步。假期从每 4 个月 7 天延长到 10 天，积压的问题也得到了处理。士兵们离开前线后可以彻底休息一段时间，他们的伙食和营房都得到了改善。[32] 最重要的是，在 5 月 19 日的第 1 号指示中，贝当承认目前取得突破是不可能的。他得到了福熙的支持，福熙曾经迷信进攻，战争部长潘勒韦在议会宣布，在 1917 年，法国将不再发动大规模进攻。[33] 取而代之的是，贝当提出了有限进攻，在炮兵充分准备之后，在不同区域迅速地逐个进行攻击。7 月 31 日，法军在英属佛兰德斯左翼的胡特胡斯特森林（Houthulst Forest）发起进攻。贝当调派了未受兵变影响的部队，配备了前所未有规模的飞机和火炮保护，以较小的伤亡迅速实现了目标。[34] 第二次是 8 月 20 日至 25 日法军在凡尔登的进攻，俘虏 10 000 人，前进 2～3 公里。10 月下旬，贝当发动了第三次也是规模最大的一次攻势，在贵妇小径的拉马尔迈松（La Malmaison），法国陆军使用 60 辆坦克向前推进，配置了尼维尔时期三倍的火炮密度，最终俘虏 15 000 名德军。显然，贝当希望走出 4 月的阴影，使法军恢复为一支能够巩固法国国际影响力的进攻力量。但是，全面行动必须等到法军装备提升以及美军到达之后。[35] 与霞飞和尼维尔试图消灭努瓦永突出部的德军并向北推进的计划相反，贝当计划在 1918 年向东进攻，占领阿尔萨斯，从而增加法国在和平谈判中的筹码。他怀疑把注意力集中在比利时的黑格已经在采用这种策略了。但是，每个合作国都单独追求自己的领土目标，这完全背离了尚蒂伊的协同作战战略，凸显了协约国内部的巨大战略分歧。[36]

由于俄法瘫痪，所以只有意大利和英国在夏秋两季进行了持续进攻。两国军队最终也筋疲力尽，军队士气低落。意大利两次袭击伊松佐河，一次进攻特伦蒂诺。据报道，一开始意大利军队士气很高。在 1916 年 11 月到 1917 年 5 月之间，主要的军事行动暂停了。1897 年出生的青年应征入伍，为部队提供了新兵，军队规模比以往任何时候都更大，装备也更好。卡多尔纳没有将第十次伊松佐河战役与尼维尔指挥的战役同步进行，而是将其推迟到 5 月 20 日—26 日，派出了 38 个师对抗奥匈帝国的 14 个师。尽管如此，意大利仍然惨败，死伤 127 840 人，这是意大利在一战中伤亡人数最多的一次，奥匈帝国死伤 7.5 万人。奥地利人尽管以前纯粹是防守作战，但现在将进攻俄国的部队调来增援，他们进行了反击。在卡多尔纳于 6 月 10 日至 25 日在特伦蒂诺发动攻击失败后，奥匈帝国再次发动进攻。在 8 月 17 日至 9 月 20 日的第十一次伊松佐河战役中，意大利人进行了迄今为止规模最大的准备，战线向前推进了七八公里，占领了贝尼西扎高原（Bainsizza Plateau）的部分地区，但意军损失了 10 万人，几乎是奥匈帝国的两倍，最终形成了一个防御能力较弱的前线。此时，意大利军队出现了令人担忧的状况。观察员报告说第十次伊松佐河战役造成了灾难性后果，步兵们呜咽着前进。军事法庭对不守纪律和违抗命令者做出了判决。11 月，卡多尔纳声称意军有 10 万名逃兵，这可能有些夸张。士兵在军用火车上开火，辱骂铁路工人和宪兵是胆小鬼。3 月，拉韦纳（Ravenna）旅的士兵因长期执行任务而疲惫不堪，听说休假被取消，他们拒绝前进。虽然士兵的行为是军官们劝说的结果，但后来还是挑出几名士兵枪毙了。7月，宪兵潜入卡坦扎罗（Cattanzaro）旅的两个团中，发现了一起叛变阴谋，于是这两个团发动了叛乱。效忠政府的军队包围了叛乱士兵，兵变失败，28人被立即处决。麻烦再次发生在前线的长途行军和暂停休假之后。然而，动乱是局部的，似乎并没有阻止军队前进。相反，在第十一次伊松佐河战役之前，观察人士乐观地表示，战争肯定即将结束。令人惊讶的是，即使在这些希望落空之后，军官们仍然表示，军队的情绪已经平静下来，没有什么好担心的。然而，军队情绪平复的部分原因是他们认为战争已因冬季而停止，事实证明这是个错误十足的判断。[37]

似乎只有英军才能在1917年打破欧洲大陆的僵局。在吸取索姆河战役的教训后，英军逐渐由过去的志愿兵役制转变为义务兵役制，他们行军时也不再唱歌。[38]英军规模更大，武器更多，使用武器更熟练。炮弹短缺问题已经解决，1916年军需部加强了对武器质量的把控，1917年英军的武器产量达到了新高度。[39]为了解决武器配送问题，1916—1917年的冬天，埃里克·格迪斯（Eric Geddes）爵士重组了英国远征军的铁路系统，从而极大地提高了武器运输效率。[40]在索姆河战役中，英国炮兵改进了他们的炮台，并引进了徐进弹幕支援步兵；在阿拉斯战役中，炮兵使用了利文斯投射机和106式触发引信，并且实现了比1916年7月更密集的火力，使用了更可靠的弹药。① 现在英军已有数十辆坦克可以使用，更强大的火炮效能是英国远征军在1917年取得成功的关键。此外，还交付了数

---

① 参见第6章和第7章。

331　量更多的新一代战斗机如 S.E.5 式、索普威斯"骆驼"式和"幼犬"式战斗机，这使英国在夏天恢复并保持了制空权。[41]和法国人一样，英国人越来越善于攻入敌人的防御阵地。然而，德国人也在改进防御措施，回归运动战的希望一如既往地渺茫。

黑格和英军总司令部并没有因为英军所面临的困难而退缩。1917 年 4 月至 5 月，英国远征军对阿拉斯发动了大规模进攻，6 月对梅西讷发动了进攻，7 月至 11 月发起了伊普尔战役，11 月发起了康布雷（Cambrai）战役。英国也为一系列进攻付出了沉重代价，在 1917 年第二季度，英军伤亡巨大，但是取得的战果甚小，二者对比让英国人煎熬了几十年，英军总司令部对此负有很大的责任，尽管内阁可以行使否决权，但是难度很大，内阁应该将军事和政治因素都考量进来。

黑格崇尚进攻源于他在参谋学院的训练，他认为胜利来自突破之前的"疲惫战斗"。[42]春季攻势之后，他不再服从于法国最高统帅部，也不再听从于他的盟友。对于黑格来说，这意味着他可以自由地对佛兰德斯发动大规模进攻，这是他长期以来一直想做的，他已经下达了从年初就开始准备的进攻命令，因为他预计尼维尔会失败。[43]伊普尔战役在 1914 年为他树立了声誉，正因为如此，黑格本人更愿意进攻伊普尔。但是，进攻佛兰德斯更有战略价值，事实上，进攻佛兰德斯比进攻索姆河更有利。伊普尔突出部被周围的梅西讷-梅宁（Menin）-帕斯尚尔山岭（Passchendaele）俯瞰，容易被隐藏在背坡上的德军大炮攻击。英军在那里每月伤亡数千人。[44]从山岭往东 5 英里处是鲁莱斯（Roulers），这里是德国前线和后方的主要铁路干线的交会处。因此，黑格认为英军必须坚持自己的立场。此外，佛兰德斯是从哥达斯（Gothas）进攻伦敦的基地，而鲁莱斯的外围则是比利时海岸。驻扎在布鲁日附近、从泽布吕赫和奥斯坦德出海的轻型潜艇约占 U 型潜艇舰队的 1/3；1916—1917 年冬天，停泊在那里的德国驱逐舰突袭了多佛海峡，可能威胁到英吉利海峡的军舰。黑格设想，一旦山岭陷落，第二支部队将沿着海岸向纽波特推进，第三支部队将在奥斯坦德附近登陆。通过清除海岸的德军，他将在关键时刻帮助海军，最终包抄德军侧翼，迫使他们退回荷兰边境，或完全离开低地国家。[45]这个想法大胆而富有想象力。

　　黑格希望在鲁登道夫派出援军之前就开始行动，但是他的第一个障碍来自伦敦。[46]罗伯逊尽管私下里持怀疑态度，但还是大力支持黑格的想法。罗伯逊和黑格一样，反对抽调西线兵力，他也希望在西线继续保持攻势，哪怕只是为了剥夺德军的主动权。但关于俄国，罗伯逊远没有黑格乐观，他担心英国远征军会被击溃，并预见到通常的战术障碍会抑制进攻。[47]他支持佛兰德斯计划，因为没有其他选择，但他警告黑格不要过度宣传它，并建议内阁支持进攻佛兰德斯的计划，理由是英军应该继续向德国施压，碾压德军，而不是取得突破。这些分歧有时会引起两人的矛盾，但总的来说，他们结成了统一战线。[48]内阁没有就佛兰德斯计划达成一致意见。关于英军发起进攻的"大争论"并不是一场简单的对抗，军人企图通过消耗来获胜，政治家则寻找其他途径。[49]劳合·乔治是进攻论的主要怀疑者，但他缺乏支持者，甚至连寇松和斯穆茨这样的内阁同僚也不支持他，他们希望在欧洲以外追求帝国利益，而不是把一切都集中在西线。劳合·乔治向来不缺乏自信，但他不愿推翻专业人士的意见，因为支持尼维尔而害了自己。鉴于他的同事和下议院多数人都认为劳合·乔治发挥着十分重要的作用，劳合·乔治也许可以推翻黑格的决定[50]，但他没有那样做，这就给他接下来的职业生涯增添了麻烦。与以往一样，军方的观点似乎有理，而劳合·乔治缺乏可行的替代方案。早些时候，他支持萨洛尼卡远征，但现在他对它失去了信心。6 月，希腊国王康斯坦丁屈服于协约国的要求而退位，而韦尼泽洛斯在协约国的支持下组建临时政府，他以临时政府总理的身份回国，并将希腊带入战争。德国 U 型潜艇从奥匈帝国的亚得里亚海海岸出发，阻止了协约国对巴尔干前线的补给。5 月，协约国在那里发动了到那时为止规模最大的进攻，伤亡 1.4 万人，但没有对保加利亚造成任何影响。[51]劳合·乔治转而求助于意大利。在6 月 11 日至 7 月 18 日召开的 16 次内阁战争政策委员会上，他提议给卡多尔纳支援重炮。如果意大利人能推进 8 英里到达的里雅斯特，奥匈帝国就可能会单独媾和，将的里雅斯特割让给意大利，以此作为奥匈帝国战败的象征，但奥匈帝国可以保留英法在《伦敦条约》中承诺给意大利的其他领土。然而，劳合·乔治的同僚担心德国会帮助奥匈帝国，他们怀疑意大利人能否到达的里雅斯特，也怀疑如果意大利人到达了，维也纳是否会谈判。他们所有这些怀疑可能都是正确的。劳合·乔治别无选择，只能进军巴勒斯坦，但他到佛兰德斯攻势开始后也没有这样做。他想要节省人力，这样英国就可以在战争的最后阶段做出更大贡献，并以低成本的胜利来鼓舞大后方。他希望通过和德国的盟友媾和来孤立德国，但他不仅低估了在北欧以外行动的后勤困难，也低估了奥匈帝国和土耳其的决心。

无论如何，出于两个方面的考虑，西方国家必须采取行动。一是美国可能在两年内都不会派出一支大军，这意味着如果等待美军到来，可能到 1919 年才能赢得战争。二是对法国的担忧。福熙和贝当欢迎英国发起进攻，但不欢迎佛兰德斯计划：福熙怀疑这一计划能否奏效，贝当怀疑它有不可告人的目的。法国没有因为兵变而求助于英国。相反，贝当向英国隐瞒了法国兵变，尽管英军总司令部对正在发生的事情感觉良好，但它向内阁隐瞒了信息。战争政策委员会更了解法国的政治局势，法国的罢工和政府的不稳定重新唤起了法国单独媾和的幽灵。就像在卢斯战役和索姆河战役之前一样，这使英国政府确信必须让英国远征军采取行动。[52]一些大臣也注意到了杰利科的警告，如果德国潜艇坚守在佛兰德斯基地，英国就有可能在圣诞节前战败，如果德国在法国单独媾和后控制了比利时海岸，后果将是灾难性的。然而，当英国内阁最终对进攻给予"全心全意的支持"时，这种支持既不是真诚的（劳合·乔治没有放弃他的保留意见），也不是无条件的，如果战斗旷日持久、代价高昂、结果不确定，内阁有审查和停止战斗的权利。[53]法国以类似的条件批准了尼维尔战役，两国政府都决心避免重演索姆河战役的失败。然而，这场战役或多或少都会重复之前的情况。

诚然，梅西讷战役的初始阶段是成功的。6 月 7 日上午，英军在伊普尔以南的梅西讷-韦茨哈特（Wytschaete）山岭上的德军前沿阵地地下 60 英尺处引爆了 21 枚地雷，其中 19 枚地雷爆炸，这是 1917 年英军继阿拉斯战役之后的第二次主要进攻。为了这次战役，他们从 1915 年起就开始准备，巨大的爆炸在伦敦都能看到，这只是 17 天内 300 万枚炮弹轰炸的高潮。[54] 德军的前两条防线在几小时内就被攻破了；黑格下令向山岭的另一侧推进，战斗持续了一周，英军和德军各伤亡 2.5 万人左右。梅西讷战役将德军赶出高地，英军占据高地，他们可以观察伊普尔突出部的德军的准备情况，但同时也警告他们，更大规模的进攻即将来临。德国方面的消息显示，英国的后续攻击可能会立即占领山岭以北的葛卢维尔特高原（Gheluvelt Plateau），但在这次战役中，德军沿着梅西讷，将士兵放进突出部，在六周的晴好天气中加强了防御。战争政策委员会的审议并不是拖延的主要原因。一个难题是，英军必须将重炮转移到新的进攻方向，需要时间来赢得炮兵优势；但更重要的是，黑格决定将进攻的任务从普卢默（Plumer）的第二集团军转给休伯特·高夫（Hubert Gough）爵士的第五集团军。黑格考虑过普卢默和索姆河战役中的第四集团军司令罗林森，但似乎更倾向于高夫，因为他相信高夫有更宏大的目标，结果在某种程度上与 1916 年 7 月 1 日的计划相似。高夫没有提出明确的突破目标，但设定了一个非常雄心勃勃的目标。第一天，步兵前进 4 000～5 000 码，这将使前进的步兵超出炮兵的保护范围。7 月 31 日，在第三次伊普尔战役的首日，9 个英军师共计约有 10 万人，占领了约 18 平方英里的土地，伤亡 27 000 人，相比之下，索姆河战役第一天只占领了 3.5 平方英里的土地，人员损失却是第三次伊普尔战役首日的两倍。尽管如此，他们仍远未实现当天的目标，尽管他们拥有 48 辆坦克和空中优势，并发射了四倍的炮弹，前进的战线比前一年缩短了。随后的战斗证实，英国远征军的战术改进仍然无法帮其突破德军的防御。到底哪里出了问题？

　　英国人正在攻击德国前线最强大的部分，所以德国最高统帅部和英军总司令部都明白第三次伊普尔战役的重要性。第三次伊普尔战役是在海岸平原上进行的，那里地下水位比较高，土质都是黏性的，那里一排排混凝土碉堡构成了德国防御系统的核心，还有葛卢维尔特高原和帕斯尚尔山岭上的众多火炮支持。在梅西讷战役之后，鲁登道夫任命最有经验的防御专家洛斯贝格为驻扎在佛兰德斯的第四集团军参谋长。德军已经部署了三条战线，但洛斯贝格又下令设置了两条防线，并制定了新战术，类似于在反击克伦斯基攻势时使用的战术。英军尽可能向前推进，首先是在机枪和轻轨提供的野炮支援下向前推进，占领德军炮弹坑的前哨。英军的反击师在后面待命，反击师装备着新式马克沁 08/15 轻机枪，并组织了由轻机枪手和战斗步枪手组成的圆形分队，准备向敌军渗透。[55] 德国人发明了一种新武器——芥子气弹，英国人在一年后也研制出这种武器。芥子气的杀伤力不如氯气，但它会引起疼痛难忍的水泡，还会让人暂时性失明，极大地阻碍了攻击者的前进。[56] 下雨也为德军创造了优势，最初英军进行了密集射击，但是雨水降低了英军的能见度，在战役开始的第一个下午，就下起了大雨，8 月降雨达到 127 毫米，几乎是正常年份的两倍。[57] 面对德军强大的防御工事，英国人别无选择，只能进行空前的轰炸，他们的炮火摧毁了当地错综复杂的排水系统，持续不断的降雨将斯廷贝克（Steenbeek）等地冲积成沼泽地，阻断了英军的前进。降雨给英军造成了可怕的后果。飞机无法

335

观察；坦克无法前进，甚至完全陷入泥潭；步枪和机枪卡壳了；枪支炮弹无法运送到前方；运送炮弹，疏散伤员需要费尽千辛万苦。高夫占领了皮尔克姆岭这一偏远地区，但未能占领葛卢维尔特高原，德军则成功反攻。天气迫使高夫暂停了进攻，直到 8 月 16 日他才尝试发动另一次攻势。他占领了左边的朗格马克村（Langemarck），但德军在其他地方的反攻使英军最初的收获丧失殆尽。月底，黑格将葛卢维尔特高原移交给第二集团军，并再次让普卢默承担主攻任务。普卢默精明而能干，他进行了为期三周的准备，在这期间伊普尔的地形环境也大大改善，因为 9 月天气异常干燥。他希望得到更大的火力支持，并有序推进。在梅宁路（Menin Road）战役（9 月 20 日）、波勒冈森林（Polygon Wood）战役（9 月 26 日）和布鲁德塞恩（Broodseinde）战役（10 月 4 日）中，他基本上达到了目标，击退了德军的反击。在布鲁德塞恩战役中，德军把更多的部队集中在第一线，损失惨重，其中有 5 000 人被俘，这是德军士气低落的明显迹象。这种战术上的变化暴露了德国最高统帅部的紧张情绪，其无法应对普卢默的进攻。黑格认为，英军有可能进攻到英吉利海峡的港口，甚至也有可能在那一年结束战争。但是，普卢默实际上比高夫拿下的阵地更少，伤亡更大，而且他也逐渐失去了耐心。他缩短了攻击的间隔时间，也缩短了安装子弹等准备工作的时间。10 月，大雨再次来袭，9 日和 12 日英军对帕斯尚尔山岭发动了两次进攻，英军付出了高昂代价，但是都以失败而告终。德军恢复了以前的战术，而英军的炮火首次未能切断敌人的防线。在这一点上，所有参谋人员都认为，黑格应该停止进攻。高夫想停止进攻，但是黑格仍然坚持进攻。[58]在最后阶段，他实际上把目标限定在山岭上。[59]在这一阶段，由阿瑟·柯里（Arthur Currie）爵士领导的加拿大军团起了示范作用，在每次进攻前，加拿大军团都进行更充分的准备和更彻底的轰炸。在 10 月 26 日和 30 日以及 11 月 6 日和 10 日的连续进攻中，加拿大人占领了帕斯尚尔，但至少付出了伤亡 1.2 万人的代价。在这个阶段，战场已经变成了一片荒野，弹坑遍布，遍地都是挡泥板，森林残破不堪，村庄被摧毁，英国战争艺术家用照片和绘画重现了这些场景，成为西线战场的象征。当盖伊·查普曼（Guy Chapman）的部队进军时，有人告诉他，相比于伊普尔战役，索姆河战役显得"轻松"许多。[60]

　　12 月，黑格开始为 1918 年的防御战做准备，而发动进攻使他处于更加不利的位置。占领帕斯尚尔后，英军控制了大部分山岭，可以较少暴露在德军炮火的攻击之下，但是英军所占领的突出部比 7 月更深、更大，黑格向罗伯逊承认，守住突出部是不可能的。[61]英国远征军根本没有靠近鲁莱斯，更不用说靠近海岸了。法国人获得了喘息机会，主要原因在于德国发生了兵变，德国人从未预料到兵变规模如此之大，以至于他们无法对法国发动大规模的进攻。就索姆河战役而言，英国至少学到了一些东西并改进了战术，而伊普尔战役则没有。1917 年，英国远征军的作战效能有了很大提高，但在伊普尔战役中则没有。战役结束三周后，德军击退了英军在康布雷的进攻，从伤亡和士气两方面来看，德军规模虽大，但是损失比英军还小。"消耗战"不是英国政府发动这场战役的目标，但"消耗"敌人肯定是黑格的意图之一。事实上，黑格给德军造成的损失远远小于他的情报主任查特里斯所认为的在圣诞节前击败同盟国所必需的损失；尽管布鲁德塞恩战役震撼了德国最高统帅部，但 10 月德国最高统帅部还是把军队从西线转移到了意大利。英国官方记录显示，在这次战役中德军损失了 40 万人，但现代研究估计德军的损失是英国官方记录数字的一半多，德军比英军损失少，但也少不了多少。英军在梅西讷战役和第三次伊普尔战役中的伤亡人数虽然少于索姆河战役中的伤亡人数，但仍可能达到 27.5 万。1917 年初，英军兵源严重短缺，到 1917 年底，情况更加糟糕。[62] 防御战不易提升士气，有大量证据表明，即使是像恩斯特·荣格尔这样的德军强硬派，也觉得第三次伊普尔战役非常令人沮丧。[63] 尽管英军没有像法军那样发生兵变，但英军 9 月还是在埃塔普勒（Etaples）临时营地爆发了起义，这场起义为期一周，是由澳大利亚和苏格兰军队领导的，两军抗议军警过于严苛以及士兵在前线休假期间仍然要接受训练的制度。最终，一支军官学员分队恢复了秩序，营地指挥官被撤换，秩序又恢复了。这次起义并不是反战抗议[64]，但是通过审查邮件首次揭示了军队内存在的沮丧情绪和对胜利失去信心的证据，其中一些信件传到了内阁。[65] 这次战役没有最大限度地发挥英军的效能，总而言之，第三次伊普尔战役是一次失败的消耗战。有人认为，最好的选择既不是在意大利也不是在巴勒斯坦，而是"贝当方法"。按照拉马尔迈松战役和梅西讷战役的模式，在大规模火力支持下进行短暂而有限的进攻，虽然对德军的打击更小，但是可能会占领更多土地，并且自身伤亡更小。但是，这一选择没有进入讨论阶段。[66] 有时候做点什么可能比什么都不做还要糟糕。

令人不解的是，为什么内阁未能就其决议采取行动，防止再次出现索姆河战役那样的惨剧。与 1916 年一样，内阁没有监督黑格的进军。劳合·乔治和博纳·劳对军队的恐怖经历感同身受，内阁收到了相当准确的英军伤亡数字，但是内阁收到的德军伤亡数字就有些夸张了。内阁似乎没有重视这些伤亡数字，也许是因为每个月都有很多人在突出部死亡或受伤。毕竟，内阁给军方一些时间也是合理的，罗伯逊向内阁提供了具有误导性的乐观报告，而黑格则充满信心，敦促军事行动应该继续下去。大多数内阁成员不愿意进行战后评估，也从未审查过本次战役的目标和相关损失。相反，内阁辩论仍然集中在意大利和巴勒斯坦的替代方案上。8 月，大臣们专注于和平倡议和哥达轰炸机；劳合·乔治几乎神经衰弱，9 月的大部分时间他都在威尔士度过。同月，黑格最终同意贝当向意大利转让 100 门火炮，但卡多尔纳在使用这些火炮之前缩短了第十一次伊松佐河战役的时间。最后是黑格下令停止，到了 11 月，他将部队从佛兰德斯调离，准备发动另一次新的进攻。

人们因坦克而记住了康布雷战役（11 月 20 日—12 月 7 日），就像因地雷而记住了梅西讷战役一样。事实上，炮兵可能再次成为这次战役最初取得胜利的主要原因。[67]火炮已经发展到了无声射击的地步，无声射击可以达到突袭效果：更好的地图，更精确的气象数据分析，通过风速和风向修改炮弹的飞行方向，以及对火炮的校准，使炮兵在没有预先测距射击的情况下，也能为步兵提供准确的支援弹幕和反炮兵火力。突袭的想法似乎来自第三集团军的炮兵指挥官图德（Tudor）准将，战场就在他所在的区域。在与坦克部队指挥官休·埃利斯（Hugh Elles）中校协商后，这一想法得到了充实。当一些坦克把铁丝网压平后，另一些坦克会把成捆的棍子扔到敌人的战壕里，让发动攻击的士兵穿过这些壕沟。提议最终得到批准，随后开始了大规模的突袭，英军在 6 英里长的战线上发起进攻，共有 5 个步兵师和 476 辆坦克参与，大部分是新式马克 IV 型坦克，这种坦克比在索姆河战役中所使用的马克 I 型坦克装甲得更好也更可靠。黑格的批准来得很晚，只给了第三集团军四周的准备时间，尽管如此，第三集团军的基础工作还是做得很好，他们努力保持隐蔽，将坦克藏在树林中，对飞机发动机进行降噪处理。骑兵虽然太靠后，但是已经准备就绪，而且由于之前的地形没有受到干扰，他们能够自由行动。尽管英国战俘在进攻发起前的第二天（11月 20 日）警告过德军，但德军没有意识到他们面临的危险：先是近 1 000 门大炮的突然轰炸，随后是空袭，步兵和坦克在密集的徐进弹幕射击后缓慢向前推进。到上午 9 点，德军第一条防线被撕开了一个宽 5 英里的缺口。[68]

然而，康布雷战役又一次以协约国的失败而告终，或者顶多只能说是双方打成了平局，英军伤亡 4.4 万人，德军伤亡 5.1 万人，最后的战场位于最初战线后面。坦克前进的速度仍然缓慢且不可靠，容易受到炮火攻击；英国坦克手有 179 人阵亡，其中 71 人死于机械故障，65 人死于敌人的行动[69]，第一天过后，英国坦克手的损失开始大大减少。20 日，英军向前推进 6 英里，俘获 4 000 多名德军和 100 门火炮。但是，11 月的白天很短暂，英军几乎没有时间来巩固战果，鲁登道夫在 24 小时内增派了 7 个师。两天后，英军

的进攻被阻止，政府决心限制本次行动，警告说不会派遣增援部
队。黑格照例下令继续进攻，目标是布尔隆森林（Bourlon Wood）
周围的高地。然而，与早期战役不同的是，康布雷战役以毁灭性的
反击战结束，20 个德国师于 11 月 30 日发起反击，这是自 1915 年
以来德军对英军最大规模的进攻。英国人以为行动已经结束，正在
减少突出部的驻军时，德军突然发起反击。[①] 尽管第三集团军逃到
了一条防御更严密的防线，但结果还是让英国政府失望至极，因为
这是英国政府在战争中首次下令敲响教堂的庆祝钟。坦克、制空权　　　339
和无声大炮使英军有突袭的可能性，但德军的快速增援阻止了英军
的进攻，反击战表明德军也可以奇袭，尽管英国人对这场战役的事
后分析忽略了这一发展的意义。[70]

　　在这个季节的晚期，英国人又进行了另一场战役，由埃德蒙·
艾伦比（Edmund Allenby）爵士率领的英国埃及远征军进攻巴勒
斯坦。10 月 31 日，他的部队发动了对加沙的第三次战斗，把土耳
其人从加沙-贝尔谢巴（Gaza-Beer Sheva）防线赶了回去。12 月 9
日，在犹太山区经过艰苦的战斗后，英国埃及远征军进入耶路撒
冷。英军在进攻中伤亡约 18 000 人，土耳其损失 25 000 人[71]；与伊
普尔战役或加利波利战役相比，英军伤亡不大，但与维多利亚时期
的殖民战争相比，这一伤亡就非常大了。由于巴勒斯坦战区位于地
中海和干旱内陆之间的狭长地带，它再现了比利时和法国那样极高
的兵力密度。巴勒斯坦战役的成功在很大程度上要归功于艾伦比个

---

①　参见第 15 章。

人，加沙战役失败后，艾伦比接替了默里的职位，之后英国埃及远征军得到了加强，这是巴勒斯坦战役取得成功的重要原因，但是巴勒斯坦战役更大程度上是具有想象力的指挥官的胜利。①艾伦比把司令部转移到更靠近前线的沙漠地带，让士兵能够经常看到他。尽管他脾气暴躁，但他愿意听取下属的意见，他们提出了一个成功的行动方案：在土耳其人摧毁重要的水井之前，澳大利亚人在没有进行轰炸的情况下，发动突然袭击占领贝尔谢巴，从侧翼包抄土耳其人。英国在 10 月变得如此强大，在英国埃及远征军建造的沿海输水管道和铁路的支持下，如果再对加沙发动一次直接攻击，可能会更好地阻止敌人的撤退，并摧毁更多的土耳其军队。艾伦比以 7 个步兵师和 3 个骑兵师发动进攻，人数优势至少为 2∶1。他顶住了政治压力，提前开始行动，并得到了他所要求的大部分增援，包括来自萨洛尼卡的步兵、重炮和现代飞机，以此建立了空中优势，并为他的准备工作做掩护。[72]他得到了劳合·乔治的支持，后者让他在圣诞节前占领耶路撒冷，既是为了鼓舞士气，也是为了占领英国想要永久控制的领土。罗伯逊对于从西线调兵至巴勒斯坦所抱的敌意要比对于从西线调兵至意大利所抱的敌意小得多。作为帝国总参谋长，他的职责是保卫帝国，而且他的视野比黑格更开阔。在法尔肯海恩的要求下，德国和土耳其组建了所谓的"雷电"新军（Yilder-im/Lightning），罗伯逊和内阁成员对此很忧心，这支部队最初计划用于进攻美索不达米亚，但随后进攻了巴勒斯坦。为了保护埃

340

及，艾伦比需要增援：罗伯逊和其他政治家都认为，如果土耳其被打败，他们会单独媾和。[73] 然而，德国-土耳其的"雷电"新军只是徒有虚名。到 10 月为止，德军的 3 个营都没有抵达巴勒斯坦，土耳其的 9 个师也只有 2 个师抵达巴勒斯坦。只有一条 1 275 英里长的残破铁路连接前线和君士坦丁堡，这条铁路在标准轨距和窄轨距之间交替轮换，沿着这条铁路运输的货物必须转五次车。到 1917年，奥斯曼帝国的经济和军队都面临着巨大压力，前线大约有 30万逃兵。[74] 然而，随着俄国解体，北部边境再次成为君士坦丁堡关注的中心问题。在巴勒斯坦这样的外围地区击败奥斯曼帝国的二流部队几乎不可能使它投降，而奥斯曼帝国觊觎已久的高加索召唤帝国军队继续战斗。

到 1917 年，双方似乎都不可能迅速取胜。春天过后，俄国和法国无法再发动大规模进攻，奥匈帝国只有在德国的支持下才能发动大规模进攻。卡多尔纳坚持在伊松佐河作战，但是从俄国撤回的奥匈军队使他难以取得突破。德军和英军还十分强大，并且都很团结，只有他们才能取得决定性的胜利。但德国已经捉襟见肘，兴登堡计划的缺陷并不能借助武器来解决德国兵力短缺的问题。在第三次伊普尔战役中，德军发射的炮弹是敌人的 1/6。[75] 新的炮兵战术和步兵战术在加利西亚、里加、康布雷等战役中取得了成功，但鲁登道夫故意限制这些行动。为了取得更大的成果，他首先把目光投向了 U 型潜艇，然后是期望在 1918 年发动一次进攻。协约国方面与1916 年的主要不同之处在于，除了精疲力竭之外，就是缺乏相互支持。1916 年，布鲁西洛夫攻势减轻了协约国在特伦蒂诺方面的压力，索姆河战役也减轻了协约国在凡尔登战役中的压力。1917 年，克伦斯基攻势没有与第十次和第十一次伊松佐河战役同步进行，贝当在凡尔登和马尔迈松的进攻也没有与佛兰德斯战役相协调。尽管自索姆河战役以来英军战斗力有所改善，但在没有帮助的情况下仍无法突破德军防线。英国在 5 月开始的军事行动，其战术和兵力与康布雷战役相当，能否取得更大的成就，答案可能是肯定的，但面对坚定而迅速加强的、采用纵深防御战术的德军，不太可能取得决定性的成果。指挥失误加剧了协约国的困难，但并没有改变基本盘。

如果不能在前线取得军事上的突破，那么在国内维持战争升级的动力也就被削弱了。军工方面劳动力的扩张接近极限，封锁和 U 型潜艇战迫使各国必须在优先发展经济与优先保障军工方面之间做出艰难的选择。如果没有美国援助，英国就无法再为盟友进口物资提供资金，战争债券销售疲软，各交战国只能采取其他融资方式，从而导致了通货膨胀。政治休战逐渐停止，主导两次世界大战之间的欧洲意识形态格局正在形成。奥匈帝国境内各民族寻求自治；德国舆论出现了中左翼和极右翼之间的两极分化；英国、法国和意大利分裂为中右翼、自由主义或社会主义反对派。11 月，布尔什维克党夺取了政权，并不惜一切代价想要结束战争，在交战国中俄国是个特例。在其他国家，政府承诺一定要赢得胜利。交战双方重新考虑了各自的战争目标，令人惊讶的是，双方并没有明显降低自己的战争目标。双方目标相距甚远，其顽固而强硬的战争目标成为这几个月来的和平试探的拦路石。和平试探经历了两个主要阶段。在春夏两季，两大阵营中较弱的国家奥匈帝国和俄国一边试探敌人，一边敦促它们的盟友尝试结束战争，两国的努力都以失败而告终。秋天，两大阵营中的强国开始接触，德国试探英法。然而，德国的和平试探也无果而终。兴登堡和鲁登道夫坚持认为，德国仍有可能取得决定性胜利，一战的和平解决必须使德国在下一场战争中处于有利地位；而协约国的领导人则相信，在美国的援助下，时间对他们有利，未来谈判比现在谈判会取得更好的结果。双方都没有放弃获胜的希望，也没有放弃只有获胜才能达到的政治目标。

1917 年，战争目标与和平外交成为国内政治不可或缺的组成部分，因此这些主题必须一并处理。在奥匈帝国，卡尔一世的新路线是对内实现自由化，对外力争实现和平。卡尔一世虽然性情浮躁，缺乏政治经验，没有弗兰茨·约瑟夫那样的能力，但是他想自己做主。他整顿了奥匈帝国最高司令部，把它从切申（Teschen）迁到维也纳附近的巴登[76]，卡尔一世任命相对不知名的阿尔兹·冯·施特劳森堡（Arz von Straussenburg）为总参谋长，同时将康拉德降职，让他指挥蒂罗尔的奥匈军队。此外，卡尔一世部分地废除了奥匈帝国最高司令部在奥地利建立的暴力机构。他释放囚犯，放松审查制度，并在 5 月重新召开了帝国议会。在蒂萨辞职后，他没有屈从于压力在匈牙利实行高压措施[77]，而是放松了对匈牙利的政治管控。[78]然而，这些善意的姿态加剧了他在国内的困难。1915—1916 年的镇压使帝国内的民族主义政党更加疏远奥匈帝国，战前民族主义政党的要求仅限于取得更多的自治和要求使用自己的语言，现在这些政党（至少是捷克、波兰和南斯拉夫的民族主义政党）想要事实上的独立。经济形势也不容乐观。维也纳的生活水平比巴黎或伦敦下降得

342

更厉害，和彼得格勒一样处境艰难。1916—1917 年，维也纳的实际工资降至 1913—1914 年水平的 64％，1917—1918 年进一步降至 37％。[79]在 1914 年之前，奥地利 32％的粮食依赖进口，进口粮食中的 65％来自匈牙利；到 1917 年，奥地利的收成仅是战前的 40％，只有 2.4％是从匈牙利进口的。[80] 1917 年，工业急剧萎缩，维修不善的铁路已经瘫痪，煤炭供应减少到战前的 40％。高炉关闭，甚至武器生产也受到影响，炮弹产量从 3 月的每天 5 万枚下降到 8 月的每天 1.8 万枚[81]，机枪子弹产量下降了 3/4。在此情况下，奥地利社会民主党和社会民主工会支持战争的政策面临着基层挑战，特别是二月革命和阿德勒事件进一步加剧了来自基层的挑战。阿德勒谴责奥地利社会民主党的战争政策，1917 年 5 月，阿德勒因刺杀施图尔克而受到奥匈帝国的审判。农作物收割前的几个月，是欧洲最为动荡的时期，这已成为整个欧洲的一种模式。5 月，维也纳有 4.2 万名金属工人罢工，他们要求选出工会成员，成立委员会，分发食物，维护和平。在社会党领导人的呼吁下，工人复工，但从 7 月起，当局尽管也引入了租金管制和工厂投诉委员会，但还是将所有工厂置于军事管制之下。然而，从长远来看，5 月罢工使社会民主派站到更加对立的路线上，与俄国的温和派相比，社会民主派更成功地留住了自己的追随者。维也纳成为工人阶级和平运动的中心，这令人印象深刻，但推翻哈布斯堡王朝的是民族分裂主义分子，而不是社会主义者。[82]

卡尔一世认为时间紧迫，他任命切尔宁（Ottokar Czernin）伯爵为外交大臣，他和卡尔一样急于结束战争，他愿意试着用非传统的方法结束战争，而不是让战争顺其自然地持续下去。[83]这意味着他们都质疑弗兰兹·约瑟夫与德国的合作政策，卡尔一世通过波旁-帕尔马家族的西克斯图斯亲王（Prince Sixtus）与协约国进行和平试探，但是他对德国人隐瞒了他的和平试探。卡尔一世甚至没有向切尔宁详细介绍此事，他把这件事当作私人外交来处理。所有大国都使用非官方的中间人来进行和平试探，而西克斯图斯亲王是个合适的人选，奥匈帝国和法国都信任他。1917 年春天，他往返于维也纳和巴黎之间。作为波旁-帕尔马家族的后人，他在比利时军队服役，他也是卡尔一世王后齐塔（Zita）的兄长。卡尔一世通过西克斯图斯提出，塞尔维亚如果镇压反哈布斯堡组织，就可以恢复独立。在一封署名信中，卡尔一世表示支持比利时恢复完全独立和法国对阿尔萨斯-洛林的"公正主张"，这给人留下了他可能与柏林决裂的印象。这条消息震惊了法国人，也同样震惊了劳合·乔治。但是，法英都没有直接与奥匈帝国联系。4 月 19 日，当法国总理里博特和英国首相劳合·乔治在圣让·德·莫里安的一节火车车厢里会见意大利外交大臣索尼诺时，索尼诺坚持英法必须兑现于 1915 年向意大利做出的领土承诺。英法只承诺小亚细亚属于意大利的势力范围，这使索尼诺不再那么配合。劳合·乔治和里博特虽然恼火，但他们觉得不能无视索尼诺。违反《伦敦密约》将破坏他们为维护国际承诺而战的声明，也可能使他们自己的主张无效。此外，军事环境也很不利。劳合·乔治没能完成帮助卡多尔纳抵达的里雅斯特的计划，卡尔一世也拒绝割让领土给意大利。事实证明，奥地利人也不愿意单独媾和。除了考虑到国家荣誉外，他们还需要德国支持，德国将军们指挥着他们的大部分军队。即使卡尔一世考虑过与德国脱钩，他的做法也会招致德国人的报复和本国大臣们的反对，并可能使他失去王位。无论如何，协约国为意大利提供帮助并不能鼓励卡尔一世去进行冒险活动，1917 年夏天，西克斯图斯放弃了和平尝试。[84]

在卡尔一世和法国接近的同时，切尔宁试图通过软化德国人的立场来减少和平尝试的障碍。德国的情况似乎对切尔宁十分有利。在战争爆发的最初两年里，德国国内十分团结，但在 1916—1917 年的"芜菁之冬"，德国平民经历了战争中最严重的贫困。[①] 马铃薯歉收后，极寒天气冻结了铁路和水路，使煤炭难以运到工厂和德国人家中。数百万市民忍受着自工业化以来从未有过的饥饿和寒冷。生存危机使人们对普鲁士三级特许经营制度不满，因为这一制度造成了财富和权力的不平等。4 月，20 多万名冶金、军火和其他行业的工人举行罢工，其中至少一半是妇女，他们抗议粮食供应不足和管理不善。[85] 此时，二月革命鼓舞了社会主义者，并推翻了沙皇的独裁统治，正是沙皇的独裁统治威胁到德国，才促使他们支持德国进行反击俄国的战争。在独立社会民主党于当年 4 月分离出去之后，许多社会民主党和工会的忠实拥护者担心社会民主党会被削弱，并感到自己被政府利用来监督其成员。贝特曼承认让步是必要的，并决定迎难而上。自从在战争目标和潜艇问题上与保守派发生冲突后，他对保守派不再抱有幻想，他需要与工人阶级合作来完成兴登堡计划。在没有与兴登堡和鲁登道夫商量的情况下，他同意了威廉

①　参见第 11 章。

二世的"复活节文告",承诺对特许经营制度进行改革,但让步还是太少。1916 年,天主教中央党曾支持德国 U 型潜艇游说团体,从而削弱了贝特曼的地位,现在天主教中央党又回到了左翼,在议会下院,天主教中央党与社会民主党、进步党和以前主张扩张的国家自由党组成了一个阵营。这四个党占有议会的多数席位,要求实现民主化,并要求制定更温和的战争目标。[86]

在这种背景下,切尔宁试图降低德国的战争目标。1917 年 4 月,他警告贝特曼,奥匈帝国已经精疲力竭,如果继续战争,彼得格勒的"革命浪潮"可能会蔓延到德国和奥匈帝国。贝特曼对这一看法表示怀疑。此外,切尔宁并不满足于 1914 年的边界现状,他仍然希望扩大奥匈帝国的领土。事实上,贝特曼将切尔宁的关注点引向巴尔干半岛,因为贝特曼认为俄国临时政府是协约国链条上最薄弱的一环,他希望能在没有奥匈帝国干扰的情况下自由地与俄国谈判。[87]但他不仅要与切尔宁和帝国议会下院斗争,还要与兴登堡和鲁登道夫斗争,后者被"复活节文告"激怒了。[88]鲁登道夫出身于中产阶级,干劲十足,缺乏安全感,在很多方面都难以融入德国军官团。在战略问题上,他相对灵活,但在政治上,他认为德国胜利对于巩固国内政治秩序至关重要。德国做出民主化的承诺意味着向协约国示弱,这会被协约国利用,会鼓励协约国继续进行战争。他不想降低德国的目标,而是要扩大目标,并将其具体化。结果是德国发布了一份全新的战争目标声明,即 4 月 23 日的克鲁茨纳奇方案(Kreuznach Programme)。这一方案设想德国将吞并库尔兰、立陶宛以及波兰的大部分地区,其余部分将由德国以间接方式支配。它

345

要求建立一个中非殖民帝国和一系列海外海军基地。在西部，它将吞并隆维-布里埃（Longwy-Briey）和卢森堡，至少控制列日和佛兰德斯海岸 100 年，并管理比利时的铁路。威廉二世和德国最高统帅部都赞同该方案，但贝特曼持反对态度，不过最后他还是同意了该方案，并且将其作为德国能够主导和平的指导方针。[89] 因此，一股相反的、更强大的力量阻挡了切尔宁的和平尝试。德国在战争目标上拒绝让步，切尔宁一度试图通过"准外交"来颠覆贝特曼，切尔宁与巴伐利亚政府和天主教中央党左翼领袖马蒂亚斯·埃茨贝格尔（Matthias Erzberger）保持联系，并向后者提供秘密情报[90]；在 5 月 17 日至 18 日的德奥峰会后，切尔宁终止了他的和平尝试。西克斯图斯和平试探被拒可能是原因之一，其他原因还有暂时的经济好转和越来越多的证据表明俄国将被打败。尽管他做出了各种努力，但是德国最高统帅部对德国政策的影响与日俱增。由于遭到协约国的拒绝，维也纳再次默认了德国的领导地位。

如果说春天主导和平进程的是奥地利，那么到了夏天，俄国则成为和平进程的主导者。领导层更迭开启了俄国的和平进程，特别是 5 月临时政府重组。李沃夫内阁的外交部长米留可夫向协约国保证，俄国将遵守条约，并重申沙皇对君士坦丁堡和黑海海峡的权利主张，彼得格勒苏维埃一方面认为为了保卫革命成果不受德国侵略，应该让战争继续下去，另一方面又想修改战争目标。苏维埃呼吁世界各国人民向各国政府施压，迫使其政府遵守"俄国方案"，即不割地、不赔款，在自决的基础上和平解决争端。苏维埃的立场受到士兵委员会的欢迎，苏维埃与临时政府在战争目标上的分歧导致双方之间摩擦不断。4 月 20 日至 5 月 3 日，临时政府向协约国递交了一份关于战争目标的备忘录，并附有米留可夫的信件，事情已经到了紧要关头。大批示威者要求米留可夫辞职，最后他彻底被孤立了。后来临时政府内阁扩大，纳入了孟什维克和社会革命党人，米留可夫不接受新的外交政策，于是被迫辞职。[91]

346

　　俄国通过"革命护国主义"计划暂时团结了临时政府和苏维埃，度过了五月危机，实现了政治和谐，这意味着在非帝国主义战争目标的基础上协约国之间实现了团结。俄国新政府宣布，它绝不能让德国打败西方盟友，因为那样同盟国将集中力量来反对俄国的革命。德国接受了不割地、不赔款的方案，并承诺将与俄国盟友讨论这个问题。出于实际目的，俄国放弃了对奥斯曼帝国的主权要求，并建议波兰独立，但独立后的波兰要与俄国建立"自由军事联盟"，并将德国和奥匈帝国的波兰人聚居区纳入其中。因此，它并没有放弃削弱俄国敌人的一切想法，正如 3 月至 6 月的几次接触所表明的那样，俄国的战争目标和同盟国的战争目标之间仍然存在着鸿沟。德俄之间最重要的接触是埃茨贝格尔与俄国官员考利希科（Kolyschko）在斯德哥尔摩的会面。这一行动最初没有征求鲁登道夫的意见，这让他感到愤怒，他介入后强化了德国的立场，坚持让俄国必须放弃波兰，德国必须沿着波罗的海海岸扩张。当俄国将军德拉戈米罗夫（Dragomirov）同前线德军指挥官接触时，德军也提出了类似的条件。临时政府现在意识到和平的代价是波兰将成为德国的而不是俄国的缓冲国，在波罗的海的让步可能会危及彼得格勒。于是，俄国不再进一步探讨俄德实现单独和平的可能性。[92]

　　俄国在协约国阵营中所处的地位，与奥匈帝国在同盟国阵营中所处的地位类似。它们愿意寻求单独和平，但是对手没有给它们机会。它们也不能通过降低其伙伴的战争目标来实现普遍和平。在切尔宁游说贝特曼的同时，克伦斯基的盟友、接替米留可夫出任外交部长的捷列先科（Tereshchenko）也向俄国的盟国转达了"俄国方案"，并建议召开会议修改战争目标。克伦斯基攻势失败后，他撤回了这个建议。[93]与此同时，正如切尔宁的"准外交"一样，俄国也采用其他非传统的外交途径实现和平，其中最重要的是呼吁中立国和交战国的社会主义政党代表在斯德哥尔摩举行会议。斯德哥尔摩会议最初由第二国际的秘书处国际社会党执行局发起，现在由斯堪的纳维亚人和荷兰人领导。5月，彼得格勒苏维埃接受了这一倡议，同时发出了召开会议的呼吁。7月，中立国和俄国的社会主义者发出联合邀请。[94]然而会议从未召开，主要是因为斯德哥尔摩会议遭到了协约国的否决。尽管斯德哥尔摩会议尝试将"俄国方案"作为解决欧洲政治的核心方案，但是俄国人未能为修改战争目标提供足够的动力。

　　国际社会主义运动内部不但出现了分裂，还存在意识形态上的分歧。工人政党的左翼主要由布尔什维克和其他国家的小党组成，这些政党坚决反对战争。工人政党的右翼包括法国社会党成员、德国社会民主党成员、一部分意大利社会主义者和大多数英国工党成员，他们支持发行战争贷款，受邀进入政府部门，有时赞成帝国主义的战争目标。除俄国外，1917年的发展与其说是左翼势力增长

了，不如说是右翼势力相对削弱了，中间派包括法国社会党的少数
派、德国独立社会民主党、大部分意大利和美国的社会主义者，以
及英国工党的异见人士。孟什维克、俄国社会革命党和中间派观点
相似。中间派接受自卫战争的合法性，但反对战争贷款，也反对加
入资产阶级政府，要求在不割地、不赔款的基础上进行和谈，并希
望恢复第二国际。他们拥护斯德哥尔摩倡议，在经历过最初的谨慎
之后，大多数右翼人士也采用了相同的做法，呼吁重新考虑战争目
标，这是一个时代的标志。因此，斯德哥尔摩会议不仅挑战了各国
的外交政策，还挑战了参战国的国内政治管理能力。然而，同盟国
对斯德哥尔摩会议的态度却非常友好。切尔宁希望通过谈判达成和
平，并愿意让奥匈帝国的社会主义者参加斯德哥尔摩会议。贝特曼
虽然没有切尔宁那么热情，但也采用了相同的路线，认为这样做可
能有助于让德国社会民主党同自己保持同一立场；为了防止社会民
主党以德国政府代言人的形象出现在斯德哥尔摩会议上，贝特曼也
愿意让独立社会民主党参加这次会议。[95]相比之下，威尔逊坚决反对
美国社会党（the American Socialist Party）[96]出席斯德哥尔摩会议，
意大利政府也禁止意大利社会党参会，这两个政党坚决反对战争。
在法国和英国，规模庞大且先前温和节制的工人运动在斯德哥尔摩
问题上改变了斗争方向和策略，围绕斯德哥尔摩会议，工人与政府
发生了激烈的冲突。

　　1917 年，在欧洲大部分地区，劳工运动和社会主义运动进一
步向左转向，反对战争的非社会主义势力重新抬头。此外，基层抗
议运动蓬勃发展，在某种程度上这些运动针对的是更爱国的社会主

348 　义者和工会组织。1915—1916 年，法国人的生活水平逐渐稳定下来，但是 1917 年春天，法国食品价格飙升。[97]劳工骚乱在 5 月和 6 月达到高潮，仅巴黎地区就有 10 万人参加罢工，其中大约 3/4 是女性，这是女工激进化的另一个迹象。首先，他们提出了每周工作五天半以及提高工资的要求。在内政部的要求下，雇主们迅速解决了问题，答应了罢工工人的大部分要求，罢工工人很快就恢复了工作。二月革命以来，政治活动日益活跃。1915 年和 1916 年，传统的五一节游行没有什么吸引力，现在倒是吸引了大量群众，一些罢工者高举红旗，呼吁和平。此外，在春季进攻失败和兵变灾难之后，尽管媒体沉默，但是有充分的证据表明，公众情绪极其低落。军事上取得突破的希望破灭了多次，6 月，内政部对省级部门的一项调查发现，只有大约一半的地方政府认为士气尚足。尼维尔攻势的失败、逃兵的恶劣影响以及俄国的崩溃都是士气低落的原因。[98]国内的悲观情绪和精英阶层的内斗与士气低落相呼应。1916 年 12 月，白里安政府重组，次年 3 月白里安辞职；里博特在 3 月至 9 月担任总理；保罗·潘勒韦在 9 月至 11 月组阁，并成为第一个在议会失败后辞职的法国战时政府。与 1914—1916 年的联合政府相比，这些内阁所依赖的议会基础更脆弱，而共识逐渐减少的最明显迹象是社会主义者的疏远。到 1917 年初，法国社会党少数派越来越壮大，其影响日益接近多数派。尽管如此，法国社会党领导人最初还是拒绝了国际社会党执行局邀请他们参加斯德哥尔摩会议的建议。但是，在俄国人参加斯德哥尔摩会议之后，尤其是两名议员马赛尔·加香（Marcel Cachin）和马吕斯·穆特（Marius Moutet）从彼得

格勒带回来秘密的《杜梅格协议》之后，法国社会党领导人重新考虑参加斯德哥尔摩会议的事宜。① 现在看来，法国社会党似乎上当受骗了，支持了一场扩张战争。5 月，该党全国委员会投票决定参加斯德哥尔摩会议。里博特曾考虑过给法国的社会主义者发放前往瑞典的护照，但是面对内阁反对、巴黎罢工和贝当警告，他打消了这个念头。贝当警告说，如果社会主义者前往瑞典，他的部队可能会失控。另外，总理被迫澄清政府的战争目标，在为期三天的议会秘密辩论中，他与《杜梅格协议》保持距离，但并未与"康邦信件"保持距离，支持关于阿尔萨斯-洛林、萨尔煤矿区和莱茵兰缓冲区的主张。6 月 6 日会议结束时，议院通过了《杜蒙决议》（*Dumont Resolution*），这是一份模棱两可的宣言，似乎将法国的领土要求限制在阿尔萨斯-洛林，但为了保证安全，法国的目标不止于此，里博特告诉更保守的参议院，保障莱茵兰的安全仍然是他的目标。虽然他也支持国际联盟的原则，但他的方案很难与彼得格勒不割地、不赔款的方案协调一致。法国社会党围绕《杜蒙决议》发生了分裂，当潘勒韦于 9 月出任总理时，法国社会党退出了政府。毫无疑问，潘勒韦决定让里博特继续担任外交部长是引发社会党人辞职的原因。99

　　劳合·乔治在议会中的基础比里博特更牢固，英国远征军也没有发生兵变。即便如此，劳合·乔治也只能在内阁中谨慎地进行扩大战争目标的游说，而不是像德国那样有来自沙文主义集团或最高

① 参见第 5 章。

统帅部的支持。复活节起义后，爱尔兰南部几乎被战争摧毁，但在英国的其他地区，政府面临的挑战主要来自左翼。3月至5月，英国各工业区内约有20万工人参加了罢工。多数罢工工人反对将国有工厂的"稀释计划"扩大到私营企业，也反对废除"职业卡"，职业卡是工会指定哪些人可以免服兵役的凭证。[100]像德国一样，罢工是在当地组织的，由商人领导，他们反对工会领导人的政策。政府虽然最初拒绝与组织者谈判，但最后还是不得不与组织者和工会同时进行谈判；政府虽然迫切需要将人力重新分配给造船厂和军队，但不得不推迟计划的执行。事实上，罢工限制了英国国内的军事化，熟练工人的反抗避免了他们的地位进一步受到威胁。大臣们对此很重视，并成立了地区委员会来调查工人罢工的原因；报告认为食品价格上涨、食品业暴利、征兵以及更换工作时需要"离职证明"是罢工的重要原因。新任军需大臣温斯顿·丘吉尔由于担心发生革命动乱，决定废除"离职证明"并反对进一步实施"稀释计划"（招募普通工人和半熟练工人进入工厂，经过培训后从事熟练工人的工作，从而解决工人短缺的问题，这项政策被称为"稀释计划"）。7月，内阁不顾财政部反对，投票通过了一项面包补贴，并同意"为了积极进行战争，工人阶级的支持是必不可少的"。军队不再从农民阶层中征兵；相反，军队不得不让士兵返乡去帮助收割庄稼。内阁清楚地意识到，民众士气取决于生活水平，因此在回应总参谋部对弹药和人员的需求方面比以往任何时候都更加消极。[101]

工人罢工尽管具有重大的政治影响，但主要还是一种经济抗议。此外，民主管理联盟还在扩大其成员，并因其反对帝国主义战争目标而越来越多地赢得工会的支持。[102] 在格拉斯哥（Glasgow），10 万人示威反对将城市自治权授予劳合·乔治，示威要求释放社会主义领袖约翰·麦克莱恩（John MacLean）。[103] 在政府的允许下，6 月，左翼人士在利兹召开会议，会议呼吁按照俄国模式建立英国式苏维埃，但是这一呼吁并没有受到重视。[104] 然而，当时局势非常紧张，内阁特别关注工党对斯德哥尔摩会议的态度，内阁担心在这一问题上可能会失去工党的支持，劳合·乔治更担心该提案的国际影响。起初，他倾向于让工党参加斯德哥尔摩会议，这样既能安抚俄国，又能防止俄国社会主义者和德国社会主义者在其他协约国缺席的情况下进行勾结。在这个阶段，与麦克唐纳和工党反对派不同，工党领导人不愿参加斯德哥尔摩会议。然而在 8 月，工党对斯德哥尔摩会议的态度发生了改变，在工党的一次特别会议上，以 3∶1 的投票结果通过了让阿瑟·亨德森（Arthur Henderson）出席德哥尔摩会议的决定，亨德森是工党领袖，也是英国战时内阁成员，他的观点与马赛尔·加香和马吕斯·穆特相似，因为访问彼得格勒，加香和穆特的观点受到了彼得格勒的影响。亨德森相信斯德哥尔摩会议有助于支持临时政府对抗布尔什维克，他厌恶布尔什维克，认为出席斯德哥尔摩会议能够赢得更多社会主义者对英国战争目标的理解和支持。[105] 在这个阶段，英国内阁对亨德森出席斯德哥尔摩会议的态度也出现了变化，部分原因是英国盟友一致反对斯德哥尔摩会议，也因为俄国临时政府对斯德哥尔摩会议的态度变得冷淡，因为克伦斯基攻势失败后，临时政府没有必要迁就斯德哥尔摩会议了。亨德森的同僚认为亨德森误导了他们，亨德森在内阁中的地位岌岌可危，他辞职后，他的职位由一名新的工党成员取代，大多数工人运动继续反对通过妥协来换取和平。尽管内阁分裂没有劳合·乔治担心的那么严重，但内阁反对斯德哥尔摩会议的决定终结了各党派之间继续合作的希望。[106]

　　形势的发展也给俄国造成了严重影响。孟什维克和社会革命党支持"革命护国主义"，并在 5 月加入了临时政府，两党的行为遭到了左翼的攻击，如果不是战争的悲惨结局和临时政府继续参战的顽固态度，布尔什维克不太可能掌权。最初，列宁在德国人的帮助下从流亡地回国，列宁不是德国的傀儡，但是德国人认识到列宁可以为其利益服务，于是提供了著名的"密封火车"载着列宁从德国过境，把列宁从苏黎世运往芬兰。4 月，列宁一回到彼得格勒，就向布尔什维克领导层施压，让他们采取坚决的反战立场。因此，布尔什维克不参加 5 月重组的联合政府，列宁在《四月提纲》中提出，俄国工人对协约国的胜利不感兴趣，一战应该成为无产阶级和资产阶级之间的国际战争。俄国不需要经过漫长的资产阶级阶段，社会主义革命可能很快就会到来。列宁敦促立即发动革命。[107]俄国的革命形势很好。引发二月革命的经济危机进一步恶化：货币增长和通货膨胀加速，罢工扰乱了铁路运输。城市的粮食供应进一步减少。[108]为维持生活水平而举行的罢工此起彼伏，这些罢工发生在许多工业部门，包括军工部门。最重要的是，临时政府未能实现早日停火，克伦斯基攻势失败削弱了其在部队的权威。事实上，克伦斯基攻势也引发了另一场危机，即"七月事件"，当时临时政府命令驻扎在维堡区的第一机枪团前往前线，第一机枪团有 1 万人，他们似乎对维堡区构成威胁。临时政府的调令促使该团决心发动起义，布尔什维克的军事部门支持第一机枪团的起义行动，尽管布尔什维克党中央委员会认为时机还不成熟，并敦促军事部门保持克制。尽管如此，起义还是在 7 月 3 日至 16 日爆发了，士兵和工人民兵包围了塔夫利达宫的苏维埃和政府代表。布尔什维克在这个关键时刻有可能控制彼得格勒，但其领导人犹豫不决。最后，效忠临时政府的军队赶到，驱散了罢工人群，于是列宁逃往芬兰。尽管临时政府幸存下来了，但国内起义和克伦斯基攻势失败两个因素的叠加，宣告了 5 月联合政府的结束。俄国失去了仅存的外交影响力，捷列先科也不再就战争目标向协约国施压，事实上，他鼓励英国人扼杀了斯德哥尔摩倡议。战争仍然是压在临时政府肩上的沉重包袱，已经没有办法摆脱它了。[109]

"七月事件"后，临时政府试图恢复俄国的秩序，但以失败而告终。李沃夫不愿意镇压起义，于是辞职，由克伦斯基接任临时政府总理。克伦斯基限制公众集会，由拉夫尔·科尔尼洛夫（Lavr Kornilov）出任俄军总司令，取代了布鲁西洛夫。科尔尼洛夫是一个坚强而纯粹的军人，但是他与商人和右翼联系密切。克伦斯基政府恢复了死刑，并设立了战地法庭，对一些叛乱者判处死刑，但是只有少数人被执行。成千上万的逃兵被抓捕并被送回前线，叛乱部队被解散，布尔什维克党人被逮捕，布尔什维克党被解散。克伦斯基的镇压行动取得了一些成功，但在 8 月，俄国政治迎来了另一个转折点。科尔尼洛夫不仅希望恢复军纪，而且希望建立一个独裁政权，最好是与克伦斯基和临时政府合作，如果有必要也可以反对克伦斯基和临时政府。最后，他和克伦斯基的关系破裂了，科尔尼洛夫发动了一场政变，并派克雷莫夫（Krymov）将军的骑兵第三军团去推翻临时政府和苏维埃。铁路工人封锁铁路，克雷莫夫骑兵团倒戈，并与忠于革命的军队团结起来，最终瓦解了科尔尼洛夫的叛乱。克伦斯基谴责科尔尼洛夫，并恢复了阿列克谢耶夫的职位。但科尔尼洛夫事件在军队中引发了强烈地震，表明克伦斯基不值得信任。他丧失了信誉，军队也不太可能再次保护他。[110] 在混乱不断加剧的气氛中，左翼复活了。夏秋两季，俄国中部省份的农民以暴力手段夺取了士绅的土地，罢工者要求通过工厂委员会来控制工业，彼得格勒失去了对地方的控制，芬兰和乌克兰宣布独立。在科尔尼洛夫事件之后，布尔什维克重新获得了活动自由，在 7 月到 10 月之间，其成员从 20 万增加到 35 万，并且其在彼得格勒和莫斯科市政选举中的支持率增加了，分别赢得了 33％ 和 51％ 的选票，在 9 月控制了彼得格勒苏维埃。[111] 在主要城市中，人们更愿意听到列宁关于立即实现和平和社会主义革命的信息。与此同时，虽然大部分部队仍坚持留在前线，但士兵委员会通过的决议表明，部队对临时政府的幻想彻底破灭，布尔什维克也逐渐接管了这些机构。最重要的是，随着天气转冷，军官们都认为，无论如何，军人都不想再经历一次在冬天离家出征。[112]

正如奥匈帝国施压不能降低德国的战争目标一样，俄国的压力也不能降低英法的战争目标。如果想在 1917 年实现和平，先决条件是英法德达成协议。在那之前，奥匈帝国和俄国在发起和平攻势方面一直领先。但在外交试探的第三阶段，在 7 月发生重大政治危机和首相更迭之后，主动发起外交试探的是德国。从春天开始，一方面承受着德国议会下院多数党要求进行民主化改革和降低战争目标的压力，另一方面遭到德国最高统帅部的抵制，贝特曼左右为难。贝特曼在复活节发表的含糊不清的祝词未能使任何一方满意。但至少在春天，潜艇进攻提振了德军的士气，从某种程度上说，7月的政治危机是德国潜艇战略失败的结果。霍尔岑多夫仍然坚持说潜艇战能够取得成功，但没有给出具体日期，与5个月前的预测有一定差距。[113] 7月6日，在德国国会，埃茨贝格尔发表了一篇耸人听闻的演讲，说明了这场战役是如何未能达到目标的。[114]他通过切尔宁意识到奥匈帝国的绝望，他还知道海军没有交付物资，他担心社会民主党会投奔反战阵营。在他演讲之后，在国会中占多数席位的党派决定通过一项决议，强调德国的和平意愿，并找一位强势的首相来执行这一决议。另外，兴登堡和鲁登道夫则推断贝特曼已无法控制国会。他们以极其强硬的姿态警告威廉二世，除非他解雇首相，否则他们将辞职。鲁登道夫部下的鲍尔上校提交了党内领导人对贝特曼不信任的声明，皇帝威廉二世虽然对贝特曼不耐烦，但是对他仍然很尊重，不情愿地做出了让贝特曼下台的决定。事实上，贝特曼已经决定辞职，除非他能立即推行政治改革[115]，这样威廉二世就面临一个两难抉择。如果不支持贝特曼，就意味着威廉二世进一步受到军方的操控；如果支持贝特曼，就意味着威廉二世会选择和平谈判和有限的民主化改革，直到1918年10月德国才在处境极其不利的情况下走上了和平谈判和有限的民主化改革之路。威廉二世没有支持贝特曼的路线，反而默许了军方公然侵犯他的特权。然而，兴登堡和鲁登道夫宁愿行使否决权，也不愿自己直接接管政府，所以把兴登堡和鲁登道夫治下的德国描述为军事独裁国家未免有些夸大其词。他们考虑过鲁登道夫成为首相的可能性，但是最后没有成功，他们在没有找到替代人选的情况下罢免了贝特曼。贝特曼的继任者是格奥尔格·米凯利斯（Georg Michaelis），一个不太知名的普鲁士官员，曾担任柏林的军需大臣。兴登堡和鲁登道夫以为米凯利斯比较顺从，所以同意了这一任命。事实证明，他没有那么顺从，他也缺乏首相职位所需的能力。在德国，没有人——皇帝、总司令或首相——能够或愿意提供政治领导。[116]

354 　　随着皇帝和首相的权力下降，德国最高统帅部和国会的权力上升了。贝特曼于 7 月 13 日辞职；6 天后，德国国会下院以 212 票对 126 票通过了和平决议。它呼吁"和平谅解"和"国际和解"，并拒绝"强行获得领土和进行政治、经济、金融的侵略扩张"[117]，但这只是对俄国和平呼吁的口头回应，并非真的要停止扩张。在德国的战争目标中，从来没有特别看重吞并他国领土，埃茨贝格尔和他的同事们仍然愿意建立名义上独立的缓冲国。[118] 1918 年，大多数德国政治家投票赞成与俄国签订苛刻的《布列斯特-里托夫斯克和约》。换句话说，这项决议的意义并没有看上去那么重大，即使对于提案国来说也是如此，而且它也未能产生实质性影响。在引发这场危机之前，像贝特曼密谋反对法尔肯海恩一样，埃茨贝格尔似乎错误地认为，与兴登堡和鲁登道夫达成协议可以让德国退出战争。例如，米凯利斯宣布他只接受"自己理解的"决议，他私下评论说，这意味着德国仍然可以实现任何它想要的和平。[119]一方面是奥匈帝国要求德国降低战争目标的压力，另一方面是德国最高统帅部毫不妥协的压力，米凯利斯需要在二者之间做出选择。由于对外交政策知之甚少，8 月期间他与德国最高统帅部和切尔宁进行了一系列磋商。米凯利斯支持新外交大臣理查德·冯·库尔曼（Richard von Kühlmann）。库尔曼是一位经验丰富的外交官，战前曾在伦敦大使馆任职，和贝特曼一样，他愿意在战争目标上做出妥协，以达到分裂协约国的目的，不同的是库尔曼认为英国是最有发展前景的国家。与此同时，德国经济方面的目标已大大降低：建立中欧关税联盟的中欧计划现在已不那么重要，而商界的主要关切是确保协约国在战争结束后不再继续封锁德国。[120] 米凯利斯愿意支持库尔曼，放弃吞并布里埃盆地，以获得这里的铁矿石资源作为交换条件，但这位新首相在某些方面还是扩大了德国的目标，计划将乌克兰建成德国的缓冲国。[121] 因此，柏林在不放弃主导欧洲大陆这个基本目标的情况下，将其野心从西转向东。米凯利斯愿意考虑将波兰名义上置于奥匈帝国的主权之下，作为交换条件，德国将永久控制罗马尼亚的粮食和油井，德国通过经济统治进行隐性扩张的野心依然很大。

在这种情况下，教皇本笃十五世的和平照会开启了新一轮和平试探。在 8 月 1 日和平照会公开之前，梵蒂冈咨询了德国的意见，但没有询问奥匈帝国和协约国的意见。[122] 考虑到德国不能接受英法在比利时的主导地位，该照会呼吁比利时应重新获得完全独立，并保证"不受任何势力的影响"。然而，从本质上讲，教皇的和平照会设想的是回到 1914 年前的欧洲边界，不割地、不赔款，这是一个无法满足双方目标的解决方案。因此，德国人和奥地利人试图通过拖延来抵制这一倡议。伍德罗·威尔逊拒绝恢复到战前状态，法国和意大利的敌意仍然很大。只有英国更愿意尝试和平谈判。因为黑格的佛兰德斯攻势没有取得什么进展，劳合·乔治政府在1917年1月10日给威尔逊的信中明确表示，协约国的战争目标"比较贪婪"，英国决定与德国进行和平接触。英国驻梵蒂冈代表指出，同盟国未能说明它们将如何弥补给比利时造成的损失，并恢复其主权。这是一封请德国和奥匈帝国阐明它们意图的邀请函，梵蒂冈把它转交给了库尔曼。库尔曼惊讶地得知在瑞士有一个法奥联络渠道——阿尔芒-莱维特拉（Armand-Revertera）会谈。阿尔芒代表法国战争部长潘勒韦，提出将整个波兰以及德国的西里西亚和巴伐利亚送给奥匈帝国，以换取奥匈帝国的单独媾和。切尔宁告诉库尔曼，他希望会见潘勒韦。事实上，阿尔芒很可能曲解了上级的意图，法国政府不太可能允许潘勒韦会见切尔宁。库尔曼惊呆了，他觉得必须离间英法以对抗协约国这种离间德奥的企图。他和米凯利斯一致认为，德法之间有深仇大恨，德国在阿尔萨斯-洛林问题上完全不能让步。但是德国可以在比利时问题上对英国做出让步，如果英国在比利时问题上感到满意，法国可能会被孤立。9月11日，在贝尔维尤皇家委员会（Bellevue Crown Council）上，库尔曼勉强赢得了对这个计划的支持。米凯利斯、兴登堡和鲁登道夫一致认为，至少在比利时通过经济联系和德国捆绑在一起之前，德国应该保留列日，并保留在比利时的军事优势。德国最高统帅部仍想在战略上控制比利时，既可以保护鲁尔地区，也可以威胁海峡港口和巴黎，并威慑英法未来的侵略行为。[123] 为了达成和解，德国海军不得不暂时收回其在佛兰德斯海岸建立永久基地的要求，威廉二世告诉库尔曼，他期望在圣诞节前与英国达成和解。[124] 然后，库尔曼联系了西班牙驻低地国家代表比利亚洛瓦尔（Villalobar）侯爵，后者通过西班牙外交部长通知伦敦，在德国有"一位非常尊贵的人物"希望与英国进行和平交流。

　　库尔曼察觉到英国的决心正在动摇，他的判断无疑是正确的。英国外交大臣贝尔福希望立即将这一消息通知英国的所有盟国，而内阁决定视劳合·乔治和潘勒韦（当时已经取代里博特成为法国总理）的布洛涅会晤的结果而定。劳合·乔治企图通过牺牲俄国来达成和平协议，这样德国就可以在东欧扩张，从而放弃在西方的扩张。但是，贝尔福担心，如果俄国人发现英国在背着他们谈判，他们就会脱离协约国集团。当英国在谋求和平时，法国正在讨论另一种方案，即"白里安-兰肯方案"，布鲁塞尔的德国占领当局负责人冯·德·兰肯（von der Lancken）男爵，通过比利时向白里安进行试探。白里安非常愿意接受兰肯提出的在瑞士会面的建议，比利时向他保证可能收回阿尔萨斯-洛林。事实上，库尔曼除了允许对阿尔萨斯的边境进行稍微调整之外，并没有打算给法国更多的东西，他认为对法国的和平试探是次要的，而对英国的和平试探更为重要。即使里博特允许白里安继续进行和平试探，也可能不会有结果。里博特谴责这个提议，认为这是一个陷阱，并向其他协约国暗示，这是德国企图与各个协约国单独谈判，并利用各国的反对将和平试探扼杀在摇篮中。9月25日，当劳合·乔治在布洛涅会见潘勒韦时，他发现潘勒韦不愿意批准白里安-兰肯方案，不仅因为担心德国提出的条件过于慷慨，法国公众会坚持接受这一方案[125]，还因为怀疑德国人有意宣传这次会晤，是为了离间法国和盟友的关系。英国人对比利亚洛瓦尔和平计划的态度与此类似。当劳合·乔治从布洛涅返回时，他仍然认为与同盟国的和平谈判应该绕开俄国，但是他的这一想法遭到了内阁多数人的反对，英国内阁授权贝尔福将德国的行动通知所有协约国大使。大使们回复说，英国可以提出任何提议，前提是必须与盟友磋商，换句话说，英国也不能与德国单独谈判。德国人一直没有回应，10 月，库尔曼自绝后路，他告诉德国国会下院，德国永远不会交出阿尔萨斯-洛林。作为报复，劳合·乔治宣布英国将继续战斗到法国收复所有失地为止。实际上，这种相互报复扼杀了西线实现和平的可能性。

　　和平试探者的希望是不切实际的，原因之一是中间人向双方夸大了对方的妥协意愿，比利时中间人对白里安、阿尔芒对莱维特拉、西克斯图斯对法国和奥地利都是如此。虽然和解的意愿确实比以前更强烈了，但米凯利斯降低了德国对西部的目标，英法现在至少愿意考虑和解建议。然而，阿尔萨斯-洛林仍然是法德和解的最大障碍，就像比利时是德英达成和解的障碍一样，更不用说英国对德国所有殖民地的觊觎和法国对莱茵兰缓冲区的觊觎了。尽管劳合·乔治和白里安等人可能会动摇，但在这个阶段，英法两国领导集体都不愿单独媾和。尽管双方都对各自的军事进展感到失望，但军事局势的发展似乎还不能使任何一方必须做出重大让步。德军最高司令部确信德国仍有获胜的可能。[126]在布洛涅会见潘勒韦后的第二天，劳合·乔治征求了黑格的意见，黑格像往常一样乐观[127]，他认为协约国最好坚持下去，黑格的乐观判断确实影响到了劳合·乔治，但是影响应该没有他自己评价的那么大。[128] 当然，黑格的乐观判断对里博特影响很大，在许多法国政客犹豫不决时，他在阻止白里安-兰肯会谈中发挥了关键作用。[129] 和平调解之所以失败，原因在于持续的军事僵局，还在于主要交战国仍然持有支持战争的共识，以及出现了美国参战这个新因素。

　　夏季末至秋季，各国国内政治的一个共同特征是，各国都对春季以来出现的和谈进行了回击，但是各国采取的形式不同。[①] 在奥匈帝国，卡尔一世和切尔宁重新强调与柏林的密切合作。[130] 在德国，最突出的是德国最高统帅部，它对自己的权力范围进行了更广泛的解释。因此，在逼迫贝特曼辞职后，兴登堡和鲁登道夫在 8 月又罢免了另一位官员威廉·格勒纳，他是军需大臣，军需部成立于 1916 年，负责监督各军区副司令的经济政策。威廉·格勒纳曾与工会合作解决工业纠纷，德国最高统帅部认为他未能阻止罢工，从而中断了德国的军需生产。此外，德国最高统帅部怀疑威廉·格勒纳企图对重工业联盟课以重税，他的去职预示着工人阶级的经济要求和政治要求受到了更大的打击。[131] 不过，他们也认为需要采取更积极的措施。在战争的前半段，各国政府在很大程度上依靠大众媒体和非官方的倡议为战争辩护。到了 1917 年，政府亲自为战争辩护。鲁登道夫积极推动这一行为，他于 7 月在部队中引入了"爱国主义教育"活动，其目的是通过宣传"士兵必须服从指挥官、德国必须取

358

---

　　①　参见第 15 章。

胜、德国必须表现出团结和决心"来打击敌人的士气，也打击协约国的宣传和左翼颠覆活动。每个单位都配有宣传主任，每周至少进行两次讲座，并配有电影和流动图书馆。同时，在军队的鼓励和商界的资助下，9 月德国成立了祖国党，该党由提尔皮茨和沃尔夫冈·卡普（Wolfgang Kapp）领导，它发展迅猛，到 1918 年 7 月，已拥有 2 500 个分支机构和 125 万党员。[132]虽然祖国党自称是非政治的，但它是反对和平试探的直接产物，直到战后，它一直反对任何国内改革，并宣扬"兴登堡胜利"，主张大规模兼并他国领土。祖国党奉行独裁主义和反犹主义，是纳粹主义的先驱。然而，这两个例子都证明，由国家发动的宣传是为了应对战争共识被破坏，而不是为了维护战争共识。"爱国主义教育"活动取得了多大成效令人怀疑[133]，祖国党甚至加剧了德国政治的两极分化。尽管宣传者尽了最大努力，但 10 月发行的第七次战争国债的结果再次令人失望。米凯利斯很快也会辞职。9 月，米凯利斯在下院关于舰队兵变的讨论中处理不当，错误地指责独立社会民主党是同谋。他不仅失去了国会的信任，也失去了德国最高统帅部的信任，因为他未能否决一项特许经营改革法案。接替他的是格奥尔格·冯·赫特林（Georg von Hertling）伯爵，这次组阁征求了帝国议会下院各党派的意见，各党派都有成员加入赫特林政府。[134]赫特林是一位年过七旬的南方天主教徒，他是贝特曼首选的继任者。德国最高统帅部并不特别喜欢他，他捍卫自己的职权，不同意军队关于战争目标的看法，并支持库尔曼的外交政策。然而，尽管军方和政府摩擦不断，关系日益疏远，但德国精英阶层的战争目标总体而言还是一致的。

协约国方面，英国对俄国革命最具免疫力，意大利最易受到影响，法国介于二者之间。尽管劳合·乔治想以牺牲俄国为代价来换取和平，但当和平试探达到高潮时，英国的主战派仍占上风。尽管到年底时，英国首次出现了严重的粮食短缺，但是针对潜艇威胁所采取的措施和对工人罢工的回应有助于防止生存危机的发生。内阁不得不更多地关注平民生活水平和民众士气，在这一年里，民众士气严重动摇，这一直是劳合·乔治关心的关键问题。为了提升民众士气，英国试图在康布雷和巴勒斯坦发起攻势并在圣诞节取得胜利。8月，英国成立了国家战争目标委员会，以精心策划国内宣传。[①] 与德国一样，只有当英国的"自我动员"被证明不足时，国家才会介入。然而，英国很轻松就解决了关于斯德哥尔摩会议的争论，其最持久的政治遗产是工党统一，而自由党仍处于分裂状态。从政府辞职后，亨德森修复了与麦克唐纳的关系，并开始重组工党，推行渐进的改革计划，反对帝国主义的战争目标。然而，他从未反对战争本身，他打算构思一个进步的替代方案，让布尔什维克主义在英国没有立足之处。[135]

意大利更脆弱，因为它的参战一直备受争议。1917年，反对参战的势力重新出现，与此同时，社会主义者变得更加激进，意大利社会党提出了"明年冬天前离开战壕"的口号。教皇的和平照会谴责这场"毫无意义的屠杀"，随后乔利蒂（Giolitti）重返政治舞台，并在库内奥（Cuneo）发表演讲，称战后需要改变外交政策。

---

① 参见第 16 章。

卡多尔纳的独裁作风在意大利遭到反对，就像霞飞在法国所遭遇的那样，而乔利蒂的追随者要求议会对军队有更多的控制权。精英阶层不团结，社会动荡，随着总体形势的恶化，通货膨胀进一步加剧。在小城镇和农村发生了数百起骚乱，农村是受兵役制影响最严重的地区，妇女的分居津贴往往得不到保障，只能独自应付困难。[136] 8 月发生的都灵骚乱打破了国内秩序，这与俄国革命惊人地相似。都灵的反战情绪一直很强烈，都灵有大量军工企业，其代表是菲亚特。就像在彼得格勒一样，工人挤在狭小的房间里，要遵守严格的纪律，每周工作长达 75 个小时。[137] 当地官员警告说，罢工一触即发，而面包短缺再次成为罢工的导火索，都灵骚乱发生在彼得格勒苏维埃代表团访问都灵后不久。这场运动是从妇女抗议开始的，尽管当地社会主义领导人努力安抚人群，但是在警察开火并设置了路障之后，更多工人参与了进来。然而，意大利革命与二月革命的相似性仅此而已。军队执行命令，使用机关枪和装甲车结束了持续 5 天的骚乱，35 名抗议者在骚乱中丧生。[138] 暴乱没能蔓延到罗马，零星的农村骚乱也被政府控制住了。政治争议没能颠覆意大利的战争目标和政府继续参战的决心。的确，到了秋天，博塞利政府饱受批评，被认为不称职，示威游行要求更换内阁。乔利蒂派希望政府控制军队，而主战派和最高指挥部要求实行更严格的纪律。10月 27 日，两个极端党派联合以 314 票对 96 票推翻了博塞利政府，接替博塞利的是由前内政大臣奥兰多（Orlando）领导的联盟。民主投票与同盟国的大规模进攻同时进行，结束了数月的意大利内斗，这比任何事情都更能让国家团结起来。

法国也发生了类似的危机。法国社会党比工党更激进，社会党人虽然继续支持战争，但拒绝参加潘勒韦政府。虽然政府在 3 月支持成立了一个"反敌人宣传联盟"的机构，用来对抗敌人的和平试探者，但即使是在非社会主义者当中，胜利的信念也正在发生动摇。[①] 最突出的例子是白里安，他在担任总理时坚持占领凡尔登，并批准了"康邦信件"和《杜梅格协议》，但他一下台，政府就否决了与兰肯男爵的会面，虽然他仍与男爵保持着联系。同样，潘勒韦可能也曾秘密与奥地利人接触，向他们提出以阿尔萨斯-洛林换取法国殖民地为基础条件的妥协和平方案。然而，最被普遍怀疑与敌人有情报往来的政治家是约瑟夫·卡约，尽管他宣称法国必须夺回阿尔萨斯-洛林，但人们坚信他希望通过妥协来换取和平。其他主要政治家都回避他，但他在议会中有一群支持者。[139] 另一个声名狼藉的重要人物是内政部长路易斯·马尔维，右翼认为他对社会主义者过于纵容。1914 年，他确实建议不要实施计划逮捕左翼分子的"B 号通缉令"，并试图与法国社会党和工会合作。[140] 尽管他没有背叛法国，但他对德国支持的颠覆活动反应迟缓，1917 年夏秋，一系列丑闻浮出水面。其中最臭名昭著的就是《红帽报》（*Bonnet Rouge*）事件，这是一份最初由内政部资助，后来又得到德国人资助的左翼刊物。1917 年，报社的一名员工因携带一张瑞士支票而被抓捕，报社老板阿尔默雷达（Almereyda）被捕，后来死在监狱里。参议院军事委员会主席克列孟梭猛烈攻击马尔维，暗示他的松

361

----

① 参见第 16 章。

懈导致了这起事件，马尔维只能辞职。随后又爆出了更多丑闻，比如副部长蒂梅尔（Turmel）收受德国人的贿赂，以及商人博洛·帕夏（Bolo Pasha）收受敌人的资金，以协助收购巴黎主要报纸《日报》（*Le Journal*）。[141] 在这几起案件中，警方行动迟缓，这表明马尔维和潘勒韦是同谋。[142] 11 月，普恩加来在日记中指出，1/3 的议员想停战，尽管他们不敢承认。[143] 然而，到那时为止，贝当所采取的措施正在恢复军队士气，省长们的调查显示，平民的精神也在恢复。大多数政治家希望通过赢得战争胜利以及与协约国合作来实现和平。在 11 月潘勒韦政府垮台后，许多评论家认为普恩加来面临着是让卡洛还是克列孟梭出任总理的问题。[144] 尽管克列孟梭敌视总统，但普恩加来还是选择了他。克列孟梭的新政府迅速采取行动，遏制了失败主义的蔓延。这是一个至关重要的决定，就像威廉二世选择了让米凯利斯和赫特林接替贝特曼，而没有选择一位致力于和谈的首相一样。新内阁主要由激进党、不关心政治的技术人员和总理的亲信组成，它并没有被包装成一个联合政府，政府不再具有包容性，它的行政效率更高。此后，法国政坛将更加分裂，大批左翼转变为反战派，虽然法国的反战派声势浩大，但各国仍没有抛弃对胜利的承诺。

英国、意大利和法国的政治领导人认为，即使没有俄国，他们仍然可以获胜，这一看法对于他们的战争态度至关重要。他们形成这种看法的一个必要因素是美国，美国的政策是打破 1917 年僵局的最后一个因素。在参战之前，威尔逊曾将"没有胜利的和平"描述为对未来国际稳定最有利的结果；后来他的目标是通过胜利来实现和平，德国战败成为成功解决问题的关键。他利用自己的影响力反对与德国妥协，并给协约国提供了足够的援助，帮助协约国军队度过危机。然而，他仍然对他的合作伙伴持怀疑态度，并对其实行定量援助——不管怎么说，他能提供的援助很少，因为美国的经济和军事建设直到 1918 年才取得显著成果。因此，美国参战首先加剧了战争的僵局状态，为协约国坚持下去提供了助力，但还没有达到让同盟国失败的程度。

　　美国参战时并不是完全没有准备，只是准备得没有 1914 年的欧洲大陆列强那么充分。最初，美国的贡献主要是在海事、财政和外交方面。它的航运政策显示出一种民族经济主义的倾向：与英国人不同，美国人没有把他们的商船集中在大西洋航线上，那样做会牺牲其他地方有利可图的贸易，当局征用了所有正在建造的船只，甚至包括那些由合作伙伴订购的船只。[145]美国海军大约拥有 300 艘战舰，也是英国的传统竞争对手。尽管如此，美国援助还是在说服皇家海军护航和让护航系统运行方面发挥了重要作用。此外，美国海军根据新的优先事项改变了其造船计划，暂停了 1916 年的主力舰扩张计划，转而专注于发展驱逐舰和"猎潜舰"，即装备有水听器和深水炸弹的小型木船。[146]尽管大西洋护航在美国完全参与之前就已经开始了，但美国的加入让大西洋护航开始真正发挥作用。到了 9 月，一半的美国驱逐舰已经被转移到爱尔兰执行护航任务，杰利科回忆说，正是美国加入才使 1917 年采用护卫舰成为可能。[147]在海上安全地运送货物和人员的能力对于协约国军队的行动至关重要。

　　协约国还需要有能力支付货物，而金融领域是美国较早涉及并产生影响的第二个领域。最初，美国财政部直接向协约国提供贷款，首先为英国提供 2 亿美元的贷款，利率为 3%，比私人贷款利率低两个百分点。[148] 诚然，这些贷款是与购买美国商品挂钩的，而英国为其盟国提供的贷款不一定与购买英国商品挂钩。[149] 英国人希望华盛顿能为协约国购买美国商品的所有订单提供资金，这样将迫使财政部长麦卡杜（McAdoo）为协约国提供的贷款金额达到国会允许他向外国提供借款数额的极限。如果美国政府能够可靠地提供贷款，那么问题就不会那么严重了，但事实并非如此。麦卡杜是威尔逊的女婿，他野心勃勃，有当总统的抱负：他不希望与国会发生争吵，不喜欢摩根银行，因为摩根银行的合伙人同情共和党，他还希望美元能取代英镑成为世界货币，纽约取代伦敦成为全球金融之都。[150] 当英国政府向摩根银行大量借贷并难以还款时，麦卡杜拒绝向英国提供帮助，英国的怨恨达到了顶点。[151] 他对于英国要求维持英镑和美元的汇率一事也太上心了，英国人试图将二者的汇率维持在 1 英镑：4.76 美元的水平。从 6 月到 8 月，英国被迫降低汇率，尽管这样做会使协约国从美国购买的每一件东西都变得更加昂贵。最后，他们对这一点的强烈要求似乎说服了麦卡杜支持这一汇率，同时拒绝了英国人要求保证这一汇率的提议。尽管协约国得到的钱比它们想要的少，但它们仍然获得了廉价信贷，而不必进行私人借款，它们用这些钱购买必需品，例如法国用来购买小麦和钢铁。[152]不说别的，美国的援助至少为英国海军创造了生存机会。

外交领域也类似。美国参战给协约国带来了巨大好处，首先是引发了很多国家加入协约国并对同盟国宣战。1917 年 4 月以后，十个拉美国家与德国断交或对其宣战，在这些国家港口避难的同盟国舰队也被协约国征用。仅在巴西，这就意味着 42 艘德国战舰被没收。[153]再加上美国没收的德国船只，协约国和美国现在控制了世界 5/6 的商船吨位。美国参战也直接促成了中国在 8 月参战。英法希望使用中国劳工已经有一段时间了；此外，U 型潜艇战使捕获在中国港口的德国商船成为当务之急。日本人反对中国参战，因为他们不希望北京参加战后和平会议，直到 1917 年春天，欧洲各协约国秘密承诺支持日本对中国山东的权益主张后，日本才同意中国参战。[①] 当美国与德国断交时，它示意其他中立国家也这样做，中国也照做了。[154]美国人不希望中国成为一个参战国，但此时的中国，外交深受内政的影响。[155]继希腊之后，中国和拉美国家的参战意味着，到 1917 年底，世界上大多数国家至少在名义上都加入了反对同盟国的行列。此外，美国参战迫使剩下的中立国更坚决地服从协约国的封锁。对美国的恐惧曾经阻碍了协约国对荷兰和斯堪的纳维亚国家的封锁政策，而现在华盛顿坚称北欧中立国应该受到更加严格的管控，它们的商船只有在协约国使用时才能得到补给。[156]随着美国参战以及封锁同盟国面临的外交阻力减小，对同盟国的封锁只会越来越严。

　　威尔逊支持协约国的外交政策，反对协约国的和平妥协。美国人拒绝向美国的社会主义者签发前往斯德哥尔摩的护照，并建议贝尔福在提出明确的方案之前，不要讨论比利亚洛瓦尔（西班牙驻低

364

---

① 参见第 5 章。

地国家外交代表）的"和平计划"。[157] 威尔逊拒绝了教皇的和平照
会，因为兰辛建议说，目前军事形势对同盟国有利，在美国发挥其
实力之前，必须拒绝和平的倡议。[158] 威尔逊的好战姿态让他的一些
欧洲支持者感到失望，美国政府私下向他们发出了安抚的信号，豪
斯建议英国激进分子，"当时机到来时，他们会发现威尔逊站在正
确的一边"[159]。威尔逊当然希望打败德国，他在给教皇的回信中含
蓄地呼吁在柏林发动革命。但他与协约国只是暂时的战术结盟，他
预见到以后会与它们对抗。因此，他很乐于看到英国和法国越来越
依赖美国的财政支持，这样在时机成熟时就可以迫使它们接受美国
的思维方式；但时机尚未到来，他拒绝了麦卡杜提出的以降低战争
目标为条件的贷款建议。[160] 同样，他授权众议院成立一个由专家组
成的"调查小组"，研究和平会议上可能出现的问题，这样美国就
可以做到心中有数，从而站在合适的立场，并"扩大我们可以利用
的影响力"[161]。现在还不适合讲和，于是美国只能静观其变。美国
保留了中间人的身份，没有签署《伦敦条约》，保留了单独媾和
的权利。它只在 12 月对奥匈帝国宣战，从未对保加利亚和土耳
其宣战。尽管不支持捷列先科召开会议以修改战争目标的要求，
但美国对其盟友的战争目标敬而远之。4 月，贝尔福访问华盛顿
时，带来了许多秘密条约的细节，包括《赛克斯-皮科协定》以及
《伦敦条约》。豪斯告诉威尔逊，这些安排"都很糟糕"，"是未来战
争的温床"，美国必须置身事外。[162] 同样，威尔逊在没有与其他盟国
协商的情况下发表了给教皇的回信，谴责了"惩罚性赔款、帝国肢
解、建立自私和排他的经济联盟"[163] 的计划。私下里，他警告英国

人，美国人是协约国的"仲裁者而不是合作者"[164]。

协约国的反应是双重的。一种策略是寻求美国对现有目标的支持。意大利人从未向威尔逊提出过《伦敦条约》，他们仍然认为英国和法国会履行该条约。法国试图赢得美国的支持，但没有取得明显的效果。威尔逊没有承诺将阿尔萨斯-洛林划归法国，他不确定这是不是当地居民的意愿。他拒绝了法国要召开 1916 年巴黎经济会议后续会议的建议。同样，对于法国前殖民部长克莱蒙泰尔（Clémentel）提出的一项建议，美国人也在推诿，该建议提出，协约国应该在战后控制世界食品和原材料的贸易，这样法国就能得到战后重建所需的物资，而德国如果有出格行为就会遭到打击。[165]唯一与美国达成和解的协约国是日本，美日于 1917 年 11 月签订了《兰辛-石井协定》（Lansing-Ishii Agreement）。这一谅解源于对中国事务的干预，通过谈判避免了美日对抗。美国和日本都在这场战争中实现了繁荣，而且都增加了自己在东亚的影响力，而欧洲人当时在东亚的影响力已经微不足道。当美国人参战时，他们把舰队集中在大西洋，美国以国内需要钢铁为由，停止向日本供应钢铁，以阻止日本海军发展。1917 年 6 月，日本宣称其在中国有"至高无上的利益"，但华盛顿不同意。不久兰辛和石井就达成了一项临时协定，这是两国求同存异的结果。日本政府从专家那里得到的建议是，日本打不赢美国，而且日本也不想直接控制中国。威尔逊认为日本的威胁还很遥远，他也愿意对日本做出让步。《兰辛-石井协定》承认日本在中国的"特殊利益"，但坚称中国的"领土主权……不受侵害"。这一谅解是在没有征求中国方面意见的情况下达成的，而中国也拒绝承认《兰辛-石井协定》。《兰辛-石井协定》标志着美国在远东的暂时撤退，日本人继续扩大他们在亚洲大陆的经济利益和政治影响力。尽管如此，就像在欧洲一样，美国人打算在适当的时候重新讨论中国问题。[166]

366 　　考虑到威尔逊的言论以及来自欧洲左翼的要求，协约国至少在表面上修改了它们的战争目标，这也是它们对美国外交挑战做出的第二个回应。协约国在表面上修改其战争目标最明显的表现就是其对设立国际联盟的态度，法国议会6月6日的决议同意设立国际联盟，并将其纳入法国和英国的公开战争目标之中，但是两国领导人私下里对设立国际联盟持保留意见。然而，这如果是为了取悦威尔逊，那很可能会失败，因为他还没有准备好详细讨论国际联盟的问题，他也抵制协约国主导成立国际联盟的企图。11月2日发表的《贝尔福宣言》也可以被理解为英国试图调整其战争目标以适应新形势的尝试。在外交大臣致罗斯柴尔德勋爵的公开信中，英国政府承诺支持在巴勒斯坦建立"犹太人的民族家园"，同时不损害居住在那里的非犹太人或其他国家犹太人的权利。艾伦比向耶路撒冷进军，从而为英国实施《贝尔福宣言》提供了助力。夏天，他们曾试探土耳其是否会单独媾和，但法国和意大利对《赛克斯-皮科协定》《圣让·德·莫里安协议》的承诺以及土耳其对俄国的野心几乎没有给英、土达成协议留下余地。如果与土耳其的和平不可能实现，那么宣称要剥夺其巴勒斯坦地区就不需要冒什么风险了。内阁中的帝国主义分子——包括劳合·乔治本人——希望修改《赛克斯-皮科协定》，将圣地置于英国而非国际控制之下，尤其是在苏伊士运河

和法属叙利亚之间设置一道屏障。他们相信巴勒斯坦的犹太定居者
是亲英的，他们担心除非他们支持犹太复国主义者建立民族家园，
否则德国会在中东击败他们。此外，他们还希望得到全世界的犹太
人的支持。就像在英国一样，犹太复国主义运动在俄国和美国犹太
人中的影响力迅速增加。尽管威尔逊在公开场合对犹太复国主义运
动表现得很谨慎，但最高法院大法官和美国犹太复国主义领袖路易
斯·布兰代斯（Louis Brandeis）似乎已使威尔逊转而支持犹太复
国主义运动，并赞成英国成为犹太复国主义运动的保护国。了解到
美国的态度后，伦敦内阁经过数周辩论后决定支持犹太人的《独立
宣言》。劳合·乔治和贝尔福欢迎建立一个犹太国家，他们支持
《独立宣言》是服务于英国在中东的战略利益的，并赢得了美国的
好感。[167]

　　因此，美国参战给协约国带来了海军、经济和外交方面的重大
利益，但美国的贡献被小心翼翼地对冲掉了。威尔逊及其顾问始终
坚持美国利益至上，无论是在航运、贷款方面，还是在战争目标方
面，莫不如是。美国的援助帮助英国度过了金融危机和潜艇战危
机，帮助协约国政府抵御了来自左翼的挑战。如果美国没有参战，
那么协约国很可能被迫和同盟国进行谈判。但是，美国的援助仅仅
能让协约国不至于退出战争，部分原因是美国准备不足，也有美国
深思熟虑的政策原因。美国提供的第四个援助——美国远征军——
也是如此。尼维尔设想美国人只会派出大约 9 万名运输专家和医疗
专家，他认为协约国在没有美国援助的情况下仍能取得胜利。但是
在贵妇小径战役惨败后，贝当认为在一支庞大美军的援助下才能获

胜，贝当将获得美军的援助纳入其战略之中。[168] 威尔逊决定迅速派遣军队支援法国，并于 5 月授权通过了一项法美框架协议。[169] 因此，美国人扩大了他们的承诺，就像在他们之前，英国人所做的那样，但美国远征军也为威尔逊自己的目标服务。由牛顿·D. 贝克（Newton D. Baker）领导的陆军部和总参谋部认为法国是具有决定性的战场，总统可能同意这一看法。鉴于劳合·乔治对西线的怀疑，为了确保美国的利益，他的军事顾问在 10 月给了他一份备忘录，这份备忘录系统地拒绝了法国的所有替代方案。与英国人不同的是，美国人反对"侧翼"战略，支持正面进攻，就像他们在二战中所做的那样。美国很快就同意将美国远征军转到洛林，到 1917 年，洛林还是一个安静的地区。这一决定受到法国人的欢迎，因为他们不想让外国军队驻扎在巴黎附近，并且认为如果美军夹在东部的法军中间，会影响法军和英军的合作。美国远征军司令潘兴对这一决定也很满意，因为这将使他能够控制从巴黎南部到大西洋沿岸补给港口的独立铁路网，并可将其作为进攻萨尔和洛林的跳板。[170]

因此，美国的战略是雄心勃勃的。潘兴想要扮演这样一个独立角色，反映出了他和威尔逊的政治立场。潘兴被指示要保持美国远征军的独立性，潘兴相信"当战争结束时，如果我们的军队扮演了一个独特的和明确的角色，我们的地位将会更高"[171]。与英法一样，美国领导人认为，他们在击败德国方面所做的贡献将影响他们在和平会议上的影响力。他们决心让美国远征军在编制上保持独立，即使要付出与英法发生冲突和部队准备时间延长的代价。英法都怀疑规模很小的美国军官团是否能够提供胜任的指挥官和参谋人员来指挥独立的美国远征军，而英国则希望将美军编入由英国领导的部队[172]，但是被美国人拒绝了。美国人同意让法国人来训练他们的新兵，法国人误以为这会增加自己的影响力。[173]美国人不是被派到欧洲当炮灰的，即使美国远征军是逐步建立起来的，它也完全是为达成总统的目的而服务的。

　　到 1917 年 11 月，只有 7.7 万美军抵达法国。[174]尽管美国在1917—1918 年的扩军速度比英国在 1914—1916 年的扩军速度快得多，但美国远征军的姗姗来迟还是在欧洲引起了恐慌。作为一个陆地军事大国，美军实际上是从零开始的。在一战前期美国保持中立，通过和协约国签订军火合同供给协约国武器，从而提升了美国的武器生产能力，根据 1916 年的《国防法案》（*National Defense Act*）成立的国防委员会制订了工业动员计划。在中立时期，大约16 000 名年轻男子（主要是大学生）自愿接受军事训练，成为后备军官，军队预算增加了一倍多，并制定了宏伟的招募目标，但是最后未能实现。到 1917 年 4 月，美国军官只有 5 791 人，士兵只有121 797 人，国民自卫军有 181 620 人，总参谋部官员不到 20 人。美军在墨西哥战争中表现不佳，机枪不足 1 500 挺，步枪已经过时，野战炮有很大缺陷，飞机数量少得可怜。[175]

　　威尔逊吸取了英国的教训，迅速调整了征兵制度，《义务兵役法》（*Selective Service Act*）于 5 月生效。美国志愿服役的人数要比英国少，而该法案的部分目的就是弥补这一缺陷。这一法案也是为了避免由西奥多·罗斯福领导的志愿军机构在招募时出现政治尴尬[176]，同时防止出现因技术人员参军而破坏经济的情况，大约 80

万农业和工业工人被允许延期服役。[177] 6 月，地方委员会登记了近 1 000 万名男性，不过所有有家属的男性都被豁免，一些委员会还豁免了大多数已婚男性。出于宗教和世俗理由拒服兵役是被允许的，但还是有 2 万名符合条件但拒服兵役者被送往训练营，超过 1.6 万人最终决定选择以其他替代方式服役。[178] 总共有 275.8 万人入伍，兵源并不紧张。[179] 美军缺乏的是运输船、训练营、军官和武器，训练营修起来很快但造价昂贵，所以在新兵到达时往往军营还没有修好，军官要与士兵同时接受训练。

369　　联邦政府不想通过国有化或强制力来管理战时经济。美国决定尊重与协约国的现有军事合同，因此美国远征军的订单需要额外生产。结果，美国远征军的大部分武器都是由协约国提供的，战争期间，美军在欧洲购买了 1 000 万吨物资和装备，而只在美国购买了 700 万吨。[180] 从法国和英国购买飞机与野战炮缓解了美国自身的产能压力，陆军部在最初的 6 个月就订购了美国远征军在 1918 年 11 月之前所需的大部分物资，但大肆采购进一步加重了美国的经济负担。[181] 陆军部经常绕过战争工业委员会（为监督采购过程而设立的机构），直接与私人公司打交道。结果，在 1917—1918 年的冬天，美国遭遇了生产危机。① 尽管如此，一旦有足够的资金注入，美国的工业就会迅速复兴。事实上，尽管主要是通过借贷来筹集资金，但这个国家为战争提供资金还是相对容易的。威尔逊的战争公报曾表示，战争成本应尽可能通过税收来弥补，而麦卡杜设定的目标是

①　参见第 16 章。

50％的战争经费应来自税收。然而，就像其他国家一样，1916 年开始征收的所得税在政治上备受争议，而超额利润税更是如此。国会在增税问题上陷入僵局，于是授权麦卡杜发行 20 亿美元债券，即第一笔"自由公债"，利率较低但可以免税。这次发行获得了超额认购，麦卡杜发现最容易的办法是通过借款来获取战争经费，低利率使债务的偿还负担变得可控。[182] 但要出售债券（尽管主要购买者是银行而非个人），他需要动员公众的爱国热情，通过铺天盖地的宣传，他做到了这一点。尽管比欧洲慢，但是美国政府爱国主义的"自我动员"最终还是成功了。但为了实现这一目标，政府还是使用了令人惊讶的胁迫和操纵手段，因为近几十年来，大量移民的涌入使社会的凝聚力受到了挑战，围绕着参战问题，美国社会出现了更大的分歧，主要由移民组成的美国社会党继续反对参战。1917年 6 月的《间谍法》（*Espionage Act*）授权邮政局长禁止社会主义出版物跨州流动，华盛顿开始接管宣传工作。公众信息委员会由一位进步的报纸编辑和威尔逊的长期支持者乔治·克里尔（George Creel）领导，推出了一个大规模的多语言项目，其语调越来越倾向于扭曲事实，而不是"实事求是"，因为它把自己的使命设定为"美国化"新移民。[①] 一个进程正在开始，后来它在对进步主义的激 *370* 烈反应中达到高潮。

　　1917 年，美国既没有锻造出一支训练有素的大军，也没有形成一个强大的战争工业。虽然有国内管理的失误，但最根本的原因

---

① 参见第 16 章。

是创建这些需要时间。可用于帮助协约国军队的资源是有限的，而威尔逊及其顾问们的政策偏好使这些资源更加紧张。因此，美国参战抵消了俄国的垮台，加剧了 1917 年的僵局；与 1916 年相比，僵局的暴力程度有所降低，但僵局仍未被打破。尽管陆地和海上的战术与技术不断变化，但军事上的突破仍然遥不可及；尽管进行了大量外交活动，但通过谈判达成妥协同样难以实现。俄国支持战争的共识崩溃了，但是这一现象未能转移到西方，美国人的战争热情日益高涨。战争不会平静地结束。我们现在必须审视那些让战争达到高潮的决定。

第15章　同盟国的最后一搏
（1917年秋季—1918年夏季）

　　1917年秋天，同盟国重新获得了战场的主动权。它们为对抗克伦斯基攻势而组织反击，战局开始发生逆转，堪比1915年春天的戈尔利采-塔尔诺战役和1916年夏天的布鲁西洛夫战役，这也标志着运动战的部分回归。尽管协约国对伊松佐河、佛兰德斯和巴勒斯坦的进攻一直持续到秋天，但从那时起，德军开始大获全胜。7月，德军将俄军赶出加利西亚，9月攻占里加，10月在卡波雷托造成了意大利在一战中的最大失败。俄国十月革命使德国在东线达成了停火协议，并在1918年春天将和平条约强加给俄国和罗马尼亚，然后在从北极圈到高加索地区这一范围内建立了一系列卫星国。最后在西线，德军在康布雷反击战中击退了英军，从1918年3月21日到7月15日，德国发动了五次大规模进攻，使协约国遭遇了自

1914 年以来的最大危机。然而，随着这些进攻的失败，胜利的天平逐渐向协约国倾斜，这次转折是具有决定性意义的。

同盟国本来可以抓住机会，因为它们的敌人已经动摇了。到 1917 年夏天，三年大战使俄国国内爆发了革命，法国陷入兵变。美国仍在向战争生产转型，只能提供有限的海军和财政援助，也没有在前线部署任何部队。尽管战术革命给德国和奥匈帝国带来了作战优势，但是它们已经精疲力竭。俄国退出战争可以使德国最高统帅部在西线发动大规模进攻，这是德国最后的胜利之路。德国和奥匈帝国放弃了通过谈判实现和平的做法——协约国也如此，德国和奥匈帝国再次选择军事突破，作为摆脱僵局的最佳途径。它们这样做冒着很大的风险，让自己暴露在决定性的反攻之下。

372　　和以往的冬季战争一样，德国人认为时间对他们不利，他们选择了春季进攻。在同盟国集团中，由斐迪南一世和拉多斯拉沃夫首相领导的保加利亚击退了协约国的马其顿，但保加利亚内部的反对意见越来越多。[1]奥匈帝国在经历了卡尔一世上台后的任性之后，现在恢复了正常，但它所谓的"德意志路线"的结果是喜忧参半的。德奥之间新的团结反映了军事形势的变化：俄国人从加利西亚撤走，意大利人溃败，奥匈帝国已经赶跑了自己领土上的侵略者。奥匈帝国在很多方面都取得了胜利，即使这些胜利不是靠自己努力赢得的。此外，在苏俄公布了协约国之间的秘密条约之后，意大利对领土的觊觎之心广为人知，经验表明其他协约国不会因为此事而与意大利决裂。卡尔一世和切尔宁也不愿意冒单独媾和的风险，因为这可能危及他们政权的生存。特别是，如果奥匈帝国单独媾和，德国就可能为了土耳其继续参战而对奥匈帝国采取报复措施，入侵奥匈帝国，并与奥地利的日耳曼人一起反对奥匈帝国的统治者。切尔宁说，单独媾和无异于因怕死而选择自杀。[2] 1917 年 12 月，他宣布奥匈帝国正在为保卫阿尔萨斯-洛林而战，并坚决承诺要像守住的里雅斯特一样守住斯特拉斯堡（Strasbourg）。他指示驻中立国家的外交官，要他们特别强调维也纳将支持同盟国这一点。[3]他也反对国内改革，认为安抚一个民族只会激怒其他民族。奥匈帝国发现自己陷入了困境，无法与德意志决裂，但德奥联盟遭到了奥地利人和马札尔人之外的其他民族的反对，奥地利人和马札尔人的领袖宁愿看到帝国被清算，也不愿与其他民族平等分享权力。因此，即使在蒂萨辞去匈牙利首相职务后，其政党仍然控制着匈牙利议会，并阻止其进行选举改革。1918 年 1 月，韦克勒（Wekerle）领导的匈牙利新政府要求独立组建军队。[4]奥地利人和马札尔人这两个奥匈帝国的核心民族也渐行渐远。

　　在经济上，同盟国正在走下坡路。保加利亚的铁路瘫痪了[5]，土耳其正陷入恶性通货膨胀。虽然缺乏可靠的数据，但奥斯曼帝国的支出在战争期间可能翻了两番，而财政收入仅增长了 20%。当局无法通过借贷来弥补赤字，1915 年发行的纸币迅速贬值。到 1917年 1 月，君士坦丁堡的商品零售价格翻了两番，到战争结束时上涨了近 20 倍。[6]表面上看，"青年土耳其党"政府正在强化中央集权，但实际上它正在失去对各省的控制。奥斯曼帝国内部面临贸易崩溃，农业因征兵而遭受损失，引发了巨大的难民潮，饥荒即将来临。[7]至于奥匈帝国，它的战争经济在 1915 年年中至 1917 年年初最

373

为成功[8]，这里的成功是指成功为军队提供物资，而不是为平民提供食物。例如，1916 年生产的 360 万吨钢铁中，有 310 万吨给了军队，在 1917 年的伊松佐河防御战中，供给的弹药超过了军队的使用量。奥匈帝国参加了兴登堡计划，为此拨出了 4.54 亿克朗。[9]与德国一样，在产量即将大幅下降之际，陆军部为兴登堡计划设定了过于宏大的目标。火药生产不足是主要原因，但铜等其他材料的短缺也是原因之一。在 1917—1918 年的秋天，奥匈帝国的重工业开始停止运转。铁路恶化是一系列恶性循环的核心诱因。货车太少意味着煤炭运输减少，导致更多的火车停运，从而使钢铁生产受阻，迫使人们在弹药和车辆之间做出选择。在战争的最后一年，煤炭产量减半；许多钢铁公司不得不在冬天关闭，1918 年初，钢铁短缺迫使除最大武器公司外的所有其他武器公司减产。[10] 1917 年 10 月至 1918 年 2 月，机枪产量从每月 1 900 支下降到每月 350 支。幸运的是，俄国和巴尔干前线的战斗实际上已经停止，只有意大利前线还在作战。符合应征条件的男子，70% 以上已被征召入伍，其余的大多数人在军事工业中工作。[11]按实际价值计算，奥匈帝国在 1917—1918 年的战争开支少于 1914—1915 年。[12]正如鲁登道夫所认为的，奥匈帝国军队现在别无他法，只能被动地等待更大规模战争的结束。[13]

德国的经济也开始了螺旋式下降的过程。为了满足兴登堡计划的需求，即便对中立国的出口业务有利可图，德国也不得不削减出口。德意志帝国银行只能通过没收德国人持有的外国证券并将其出售或用作海外借款的抵押品来维持德国马克的汇率，从而积累了大量外债。在国内，发行战争贷款未能消除发行国债带来的流动性，也未能缩小不断扩大的预算赤字。对超额利润定期征税是一次性措施，不会产生持续的收入。放松货币政策，反而导致了产出收缩：工业生产指数从 1913 年的 98 下降到 1914 年的 81、1915 年的 66、1916 年的 63，再下降到 1917 年的 61 和 1918 年的 56。批发价格指数从 1914 年的 105 跃升至 1915 年的 142，随后又缓慢地上升至 1916 年的 152。然而，随后它又再次跃升，1917 年达到 179，1918 年达到 217。1917 年，军工行业男性工人的实际工资保持在战前水平的 78.8%，但民用行业男性工人的实际工资下降到战前的 52.7%。[14] 产出下降和货币贬值，引发了一场争夺剩余利润的竞争，没有一个社会群体能维持其生活水平。专业性行业和小型企业遭受的损失最大，这些企业的工人倾向于支持祖国党，而柏林冶金行业的工人则坚定地支持独立社会民主党。尽管最高统帅部认为，自夏季危机以来[15]，国内局势已有所改善，但前景依然黯淡。

德国的经济困难从民用部门蔓延到军事部门。美国参战后，协约国的封锁进一步加剧了德国的经济困难，封锁限制了德国的石油、农业化肥和一系列武器所需的原材料的供应，包括有色金属、棉花、橡胶、硫和甘油。[16] 部分出于这个原因，到 9 月，兴登堡感叹说，尽管兴登堡计划已两次调低目标，但是工业仍无法达标。[17] 1917 年 7 月，火药产量 9 200 吨，远远落后于 5 月设定的 12 000 吨的目标[18]，铁路货车的短缺影响了钢铁生产。[19] 就像奥匈帝国一样，不能运送足够的煤炭，以至于用来更换铁轨和机车车辆的钢铁远远不够。10 月，火药工厂因缺乏燃料而不得不暂停生产。12 月，在德

国最高统帅部的要求下，海军减少了煤炭的储备量。幸运的是，在
1917 年，新的防御战术、兴登堡防线和俄国革命这些因素的叠加
出现，使德国不用大规模增加武器数量和火力，也能击退协约国军
队。兴登堡计划确实取得了一定的成果，虽然时间上有些延迟。在
1918 年的进攻之前，德国积累了大量弹药储备，直到战争的最后
阶段，德国也不缺步兵以及炮弹和火炮等武器。到 1917—1918 年
的冬天，兴登堡和鲁登道夫面临的形势是：德国的总体经济形势迅
速恶化，但武器和弹药供应在增加。[20] 在某种程度上，这些情况似乎
使他们所做的战略选择更加理性。

　　兴登堡和鲁登道夫领导的军队虽然士气低落，但是依然坚不可
摧。1917 年开展的"爱国主义教育"活动毫无效果，而且和贝当
不同，德国最高统帅部在鼓舞士气方面做的很少。到了秋天，佛兰
德斯地区的德军已经精疲力竭，对军官们的不满日益加深；东线德
军受到俄国革命的影响，派往西线的德军中，有多达 10％的人试图
在途中逃跑。[21] 兴登堡担心军中发生兵变，他认为兵变对未来是一种
威胁。军人数量已经是一个严重问题：1917 年 9 月，他抱怨说，缺
乏训练有素的士兵严重阻碍了他开展军事行动的"行动自由"。[22]
1916 年的《辅助兵役法》并没有为前线补充更多的新兵，从 1916
年 9 月到 1917 年 7 月，免除兵役的工人数量从 120 万上升到 190
万[23]，为了兴登堡计划和建造 U 型潜艇，军队复员了 10 万军人。[24]
兴登堡希望限制劳动力流动，但内政部和议会反对修改法律，德国
最高统帅部要求所有 15～60 岁的男性都要履行服兵役的义务，但
是德国政府无视这一要求。截至 1918 年 1 月，因从事战时经济，

有 230 万工人被豁免服兵役的义务，这是德国最高统帅部独裁权受到限制的显著迹象。[25]赫特林的行为激怒了兴登堡和鲁登道夫，他们认为，赫特林没有采取必要措施来提高产量、节省人力以及打击和平主义的煽动行为。因俄国崩溃解放出来的德军，补充了德军的西线兵力，但他们来得有点晚。

德国最高统帅部能够从俄国崩溃中获得新的活力，根本原因在于战术革命使同盟国获得了新一轮成功。战术革命产生于炮兵和步兵，他们虽然各自独立发展，但是战术革命的本质是把二者结合起来，所以这里依次讨论。对于炮兵而言，在索姆河战役和第三次伊普尔战役之前，英国进行了长达一周的轰炸，德国人不喜欢英国模式。在戈尔利采-塔尔诺战役之前，初步的轰炸只持续了 4 个小时；而在凡尔登战役之前，轰炸则持续了 8 个小时。在 1916—1917 年的东线战场，乔治·布鲁赫米勒（Georg Bruchmüller）上校这位在战前即将退役的军官，在纳罗奇湖（Narocz）战役中首次引起了人们的关注，他把炮兵战术推进到一个新阶段。他发明了预测射击，即无须事先测距就进行轰炸，从而达到突袭的效果。考虑到火炮将瞄准地图坐标，该技术需要空中侦察和摄影来仔细规划打击目标。[26]1917 年，德国炮兵通过采用“普尔科夫斯基法”来提高其预测射击的能力，该方法是由一位名叫普尔科夫斯基（Pulkowski）的上尉发明的，使用这一方法时需要费力地测试每门炮的射程，以检查其射程如何根据风速和炮弹重量而变化。除了缜密的准备之外，新战术还需要一个集中的火力控制方案，以便使敌人的阵地瘫痪，这与英国的做法相反。[27]布鲁赫米勒方法的本质不是摧毁防御，而是通过突然轰炸使敌人丧失防御能力。敌人无法调动预备队，敌军前线部队只能躲在掩体下，直到进攻方部队向其发起进攻时才能反攻，德军前进的步兵受到徐进弹幕和"箱型弹幕"的保护。[28]依靠气体炮弹来摧毁对方的炮台和指挥所，这样的轰炸可以节省高爆炸药并且不太可能破坏地形。延伸到敌后深处的立体攻击将使敌方丧失抵抗能力，这种方式可以说是闪电战和沙漠风暴的预演。[29]1917年9月1日对里加的进攻是对布鲁赫米勒炮兵计划的最大考验，它支持了胡蒂尔（Hutier）将军领导的第八集团军的13个师的进攻，使其得以跨过城市上游的德维纳河（Dvina）。堑壕迫击炮被用来攻击俄国第一线，"箱型弹幕"封锁了攻击区域，高爆弹和毒气落在敌人的通信战壕内与火炮上。德国人对他们的集结进行了掩护，并在凌晨4点突然发动炮击，9点10分，轮船在滚动的弹幕后驶过。俄军的城南阵地受到的轰炸没有那么猛烈，他们的抵抗时间较长，足以让城南守军逃跑，结果是这次行动的成效不如预期。尽管如此，德军还是在伤亡很小的情况下成功渡河，占领了里加。后来，德国最高统帅部把胡蒂尔和布鲁赫米勒都调到西线去执行更大的任务。[30]

布鲁赫米勒方法并不完全是革命性的，协约国也在发展类似的技术，但是布鲁赫米勒方法在与新的步兵战术结合在一起时，就具有了全新的意义。尽管在里加战役中炮兵取得了很大的成功，但步兵却很少使用创新方法。但1915年之后，德国一直在试验后来被称为"风暴部队战术"的战术。1916年12月，东、西线各集团军群都获准组建突击营，其原则是从一条细长而开放的小规模战线发起进攻，由经过特殊训练的小队支持，小队不仅携带步枪，还携带重武器——堑壕迫击炮、火焰喷射器、轻型甚至重型机枪。突击营的班长们被分派了"战斗任务"，但他们在如何实现这些战斗目标上有相当大的自主权，一般来说，他们要在尽可能远的地方快速穿过敌军防线，绕过并孤立敌人的据点。在康布雷反击战中，相关部队尽管没有接受过冲锋战术的训练，但还是采用了这种战术。冯·德·马维茨（von der Marwitz）将军的第二集团军在没有做任何精心准备的情况下发动了进攻，在进行了一次类似于里加式的短暂轰炸后，对英军薄弱的阵地进行了奇袭。在几个小时内，向英军突出 *377* 部的南部推进了 5 英里，突击小队用火焰喷射器和轻机枪潜入敌人阵地，甚至在前进过程中把野战炮转移到高处，并得到飞机和精准弹幕炮击的支援。突击小队使用传统的大编队，未能达到奇袭的效果，尽管对突出部北部的反攻不太成功，但这次行动使鲁登道夫相信，新战术可以在西线取得成功。1918 年初，他决定在全军范围内推广这种新战术。[31]

　　1917 年秋天，同盟国采用新式炮兵和新式步兵战术取得了巨大胜利。卡波雷托战役是德军在意大利战场上的唯一一次军事行动。这是应奥匈帝国的请求而临时采取的救援行动。鲁登道夫希望在里加战役后击败罗马尼亚，罗马尼亚人仍然坚守国土，在克伦斯基攻势失败后，罗马尼亚人在 8 月击退了德奥军队的进攻。[32]但在 8 月至 9 月的第十一次伊松佐河战役中，奥匈帝国陷入了困境，51 个意大利师用 5 200 门大炮攻击 19 个奥匈帝国师。[33]就像在佛兰德斯的德军一样，无休止的防御战让奥匈帝国军队士气低落。德国山地战专家克拉夫特·冯·狄尔门辛根（Krafft von Delmensingen）在夏天访问前线，随后他向德军最高司令部汇报说，奥匈军队已无法承受第十二次这样的战斗了。[34] 8 月 26 日，卡尔一世通知威廉二世，奥匈帝国要发动进攻，他要求德军取代驻俄的奥匈帝国军队，以便将奥匈帝国的重炮从俄国转移到意大利。威廉二世命令鲁登道夫研究这个问题，但后者怀疑没有接受过新式战术训练的奥匈军队不能成功发动进攻，担心如果他们这样做，会导致奥意单独媾和。另外，里加战役后，德国最高统帅部在冬天前为在意大利的军事行动准备了部队。它计划进行一次目标有限的临时部署，最初的目标是支持奥地利人，把意大利人赶回塔利亚门托河（Tagliamento），剥夺后者的战利品。战斗将只是由伊松佐河向前推进，而不是由伊松佐河和蒂罗尔同时进行更大的夹击，鲁登道夫认为他的兵力太少。简而言之，这个计划类似于两年前法尔肯海恩为戈尔利采-塔尔诺战役所设计的方案。[35]

从 9 月起，德军从东线和西线转移了 7 个师到意大利战场，这 7 个师被并入德国领导下的德奥第十四集团军，但是这一部署延迟了普卢默的伊普尔攻势。奥托·冯·比洛（Otto von Below）是第十四集团军的指挥官，狄尔门辛根担任他的参谋长。奥匈帝国将 5 个师从东线和蒂罗尔调到伊松佐河。[36] 10 月 24 日，卡波雷托战役开始了，德奥军队迅速取得了压倒性的胜利，击溃了大部分意大利军队，并前进了 50 多英里。在整个战区，33 个德奥师对抗 41 个意大利师，在伊松佐河北部的地区，德奥集中了 15 个师对抗意军的 6 个师。德奥军队煞费苦心，出奇制胜，把炮兵伪装起来，让步兵在夜间发动突袭。[37] 布鲁赫米勒没有给炮兵新指示，德军炮兵采用惯常技术。尽管意军事先进行了一些准备，但是他们没有预计到战役规模如此之大。德军使用了 1 000 个气体发射器进行轰炸[38]，火炮数量是里加战役的两倍多，有些区域的火炮间距只有 4.4 米。它在凌晨 2 点发动攻击，一直持续了 6 个小时，大雾和降雨天气使意大利人很难找到德奥的火炮位置并进行反击。德军使用了大量反炮兵火力，以摧毁意大利炮兵，同时向前线发射光气弹，意军的面罩对光气弹不起作用。随后，德奥军队进行非常精确的高爆弹轰炸和徐进弹幕射击。步兵的攻击集中在普莱佐（Plezzo）和托尔米诺（Tolmino）两个山谷的底部，两地相距约 25 公里。由于奥地利人仍在伊松佐河以西控制着桥头堡，所以德国人无须过河就能突围。意大利人遵循军事惯例，在高地上驻军，这使德军能够绕过敌人的阵地，快速前进，到山谷会合，而不是等待炮兵跟上他们。[39]德军步兵装备了新式马克沁 08/15 轻机枪，阿尔卑斯部队还装备了迫击炮和山炮。许多人已经在喀尔巴阡山脉和孚日山脉经历了山地战；另一些人则提前进行了训练，以适应更稀薄的空气。第一天，他们前进了 10～15 英里，到 10 月 27 日，他们完全走出了山区，穿过了维内托（Veneto）平原。

　　意大利军队还没有准备好应对德奥的这次猛攻，其指挥官也未能对关键地区进行支援，意大利指挥官卡多尔纳似乎太自满了。在第十一次伊松佐河战役后，卡多尔纳考虑在第二年春天发起新的战役，而对德国参战的情报警告置若罔闻。即使在审讯逃兵得知了战役的地址和日期之后，他仍怀疑战役是否会发生，他相信如果战役真的发生了，他也可以应对。他下定决心要守住夏天取得的战果，

379　　而意大利人要坚守他们占领的土地，意军先锋部队前进太多，而后备部队落得太远。他曾命令部队组织纵深防御，但第二集团军指挥官卡佩罗（Capello）将军身处险境，无视卡多尔纳的指示，卡佩罗希望通过侧翼进攻来应对德奥军队的进攻。[40]然而，卡佩罗在他的左面安排了最近征召的军火工人来负责防御，他们参与了8月的都灵起义。面对德奥军队的进攻，卡佩罗的军队毫无招架之力，德奥军队轻松突破。

　　虽然从战术角度可以解释失败的原因，但是卡多尔纳将卡波雷托战役描述为"一种军事打击"，并将其归咎为"过度宣传"。[41]卡多尔纳还指责第二集团军作战不力。[42]卡多尔纳和卡佩罗很适合传播这种观点，这种观点得到了广泛传播。这确实有一定的依据，尽管卡多尔纳的冒进策略和对士兵福利的漠不关心是军队士气低落的主要原因。在10月24日和撤退期间，有几个部队还在战斗：在几天内，第二集团军阵亡11 690人，21 950人受伤，当德奥军队在皮亚韦河（Piave）附近停下来时，德奥军队共伤亡6.5万～7万人。[43]然而，与在四周内抓获的29.4万名意大利俘虏相比，德奥军队的伤亡人数就很少了，此外德奥军队还缴获了3 136门大炮（大约是意大利大炮总数的一半）以及大量弹药和物资。[44]德军轰炸和快速突破切断了意大利部队之间的联系，意军群龙无首，极其混乱。德军报告清楚地表明，许多意大利士兵很快就放弃抵抗，他们丢弃了步枪和制服，立即投降，德军第十二师在第一天就俘虏了15 000人。卡多尔纳没有应急撤退计划，也迟迟没有批准撤退计划；意大利人也无法应对前所未有的交通堵塞。一旦撤退开始，事态就像滚雪球一样失控，军队和 40 万平民难民一起向东南方向逃亡，洗劫被遗弃的农场。总共约有 30 万士兵溃散，被重新分配到新部队。[45]

尽管如此，局势还是得到了控制，意军守住了皮亚韦河防线。这不是 1940 年的法国，也不是 1975 年的南越，其中部分原因是战胜国的自我约束。鲁登道夫原本打算在到达塔利亚门托河后撤走德军，但当比洛决定继续跨过塔利亚门托河时，他默许了。但在 11 月 3 日，他拒绝了奥地利的增援请求，可能是因为英国在帕斯尚尔持续施加压力，并坚称皮亚韦河才是它的最终目标。进攻者受到后勤因素的制约，他们缺乏架桥设备，铁路配套跟不上，牲畜很少，他们的钢制轮胎卡车在山路上留下车痕。因此，他们只能缓慢地运送火炮，有时用缴获的数千匹马和装甲车来运送。10 月 28 日的大雨过后，军队变得疲惫不堪，其中许多人停下来抢劫，从遥远的铁路获得补给变得越来越困难。康拉德在蒂罗尔发动了一场迟来的辅助性进攻，但远远没有达到包围意大利军队的目的。11 月，当鲁登道夫最终决定在特伦蒂诺发动进攻时，德军已经错失了最好的机会。[46]

然而，德奥停止前进不仅仅是由于自身遇到了困难。意大利向其盟友寻求援助，同时增强了自身的抵抗也是一部分原因。10 月 28 日，英法决定出兵。到 11 月 10 日，英法士兵已经到达意大利前线，协约国总共部署了 5 个英国师和 6 个法国师以及空军中队。英法的战斗机击败了德军，阻止了德军的日间轰炸，而意大利空军几乎也不再参与空战。协约国的压力促使卡多尔纳于 11 月 7 日下台，其职务由阿曼多·迪亚兹（Armando Diaz）接替。然而，卡多尔纳

380

在被解职之前，已经决定守住皮亚韦河，这是他自 1916 年以来就一直备战的地方。进一步撤退将威胁到威尼斯，丢失威尼斯将导致象征意义上的灾难，迫使意大利海军向亚得里亚海海岸以南 500 英里的布林迪西（Brindisi）基地撤退。此外，皮亚韦河防线相对较短，只有 75 英里，沿着河流延伸，穿过蒙特格拉帕（Monte Grappa）高地和阿夏戈高原，而卡波雷托之前的防线有 180 英里。防线缩短虽然能节省奥地利的兵力，但是防线缩短使兵力密度提高，有利于守军。这对意大利人比较有利，因为一开始意大利人在数量上远远落后，但当他们征召 1899 年出生的兵源并重新整合时，两军在数量上开始趋于平衡。11 月的大部分时间里，双方进行了激烈的战斗。到了月底，失去了德军帮助的奥地利人没有取得任何进展，而意大利人在英国的帮助下在当地发起反击。12 月，奥匈帝国最高司令部放慢了进攻速度，承诺会协助德国推进西线春季计划，并同意只有在征得德国最高统帅部同意的情况下，才会在意大利发动大规模的军事行动。[47]

奥匈帝国放缓了在意大利的行动，使意大利得以恢复元气，也减轻了奥匈帝国的压力，并使鲁登道夫可以把兵力集中到其他地方。因此，在 1917 年 12 月，他把德军从意大利调到西线，随后大部分英法联军也调到了西线。尽管如此，意大利战场现在还是与整个战争联系得更紧密了。第一个迹象是，意大利加入了最高战争委员会，最高战争委员会是协约国在 11 月的拉帕洛（Rapallo）会议上建立的一个组织，这一委员会是为了协调协约国战略而建立的。最高战争委员会只是一系列合作机构中的一个。第二个迹象是，美国在 1917 年 12 月对奥匈帝国宣战，其主要目的是鼓励意大利人继续参战，美国虽然对奥宣战，但是威尔逊避免呼吁分裂哈布斯堡王朝，也不赞成意大利的领土扩张目标。不可否认的是，1918 年 3 月意大利政府要求梵蒂冈暗中向奥匈帝国发出和平试探时，意大利政府似乎也愿意减少领土要求。[48]但随着意大利越来越愿意妥协，被胜利冲昏头脑的奥匈帝国却越来越不愿意妥协。维内托地区的对抗还没有结束。

　　布尔什维克革命使局势有利于同盟国，同盟国的命运开始逆转。帮助列宁回国，在一定程度上给德国最高统帅部带来了好运。如果列宁留在瑞士，临时政府可能也会倒台，俄国可能建立一个温和的社会主义政权，但可能不会像列宁那样追求立即实现和平。列宁不顾党内的强烈反对，带领布尔什维克反对临时政府，使布尔什维克与孟什维克以及苏维埃保持距离，从而使布尔什维克能够利用克伦斯基攻势失败后高涨的反战情绪，并使布尔什维克成为抵御科尔尼洛夫叛乱的可靠堡垒。在二月革命和十月革命之间，列宁的支持率显著上升，布尔什维克人数不断增加，在市政选举中大获成功，在士兵委员会和苏维埃中的支持率明显上升。[49]

　　列宁不是"资产阶级"民主主义者，也不是和平主义者。马克思恩格斯是根据战争的阶级性和进步性来判断战争的，列宁在 1916 年发表了《帝国主义是资本主义的最高阶段》一文，在该文中他对第一次世界大战进行了类似的分析。他的《远方来信》写于二月革命之后，认为只有由工人阶级夺取政权才能实现和平。新政权应该公布各交战国之间的秘密条约，呼吁立即停火，对于那些拒绝给境内被压迫民族和海外殖民地自决权的政权，应该发动革命以推翻它们。[50] 整个欧洲的动荡，尤其是德国的罢工和海军哗变，使列宁认为俄国布尔什维克革命将会引发多米诺骨牌效应。他宣称起义从俄国扩散开来的可能性为"99%到100%"，如果他预测错误，他私下里也愿意和德国签署单独的和平协议。这并不是因为德国人帮助他回国，德国也可能资助了布尔什维克党[51]，而是因为如果他必须做出选择，他的首要任务是消灭俄国的阶级敌人，而不是在全世界传播社会主义。

到了秋天，布尔什维克强大到足以以彼得格勒苏维埃的名义夺取政权了。俄历 9 月 25 日，布尔什维克在彼得格勒苏维埃执行委员会中获得了多数席位，新入党的托洛茨基（Trotsky）成为彼得格勒苏维埃执行委员会主席。列宁计划在于俄历 10 月下旬举行的全俄苏维埃大会之前发动革命，表面上以苏维埃的名义，但实际上由布尔什维克党发动，并将其作为既成事实。列宁预见到可能会发生内战，并相信自己这一方会获得胜利。他还认为，国际形势是有利的，布尔什维克党应在临时政府放弃彼得格勒并将其交给同盟国之前采取行动；从这个意义上说，里加的沦陷确实如德国最高统帅部所愿，加剧了俄国的不稳定。[52] 俄历 10 月 10 日，布尔什维克中央委员会以 10：2 的票数通过了起义决定，但是没有确定具体日期。[53]起义的筹备工作主要由托洛茨基领导的彼得格勒苏维埃军事革命委员会承担。和布尔什维克一样，克伦斯基也愿意摊牌，他低估了自己不受欢迎的程度，认为如果布尔什维克发动起义，他可以像"七月事件"中那样镇压起义者。列宁和其党内对手关于是否发动起义的争论在党内媒体上公开之后，克伦斯基采取了拙劣的防范措施，使布尔什维克和临时政府的矛盾达到了顶点。俄历 10 月 23 日，临时政府计划将彼得格勒守军转移到前线，结果大多数部队都转而效忠彼得格勒苏维埃军事革命委员会。铁路总站、中央银行、邮电局和电话交换所很快就落入了布尔什维克手中，列宁坚持要在第二天进攻临时政府所在地——冬宫。几乎没有军队愿意保卫临时政府，克伦斯基逃离彼得格勒。因此，十月革命的动员人数比二月革命还要少，伤亡人数也比较少，但是莫斯科的战斗要激烈得多。在左翼社会革命党的支持下，列宁赢得了苏维埃代表大会的支持，孟什维克和右翼社会革命党退出苏维埃代表大会以示抗议。苏维埃的支持是新政权获得合法性的唯一理由。[54]

列宁领导的人民委员会，既缺乏行政经验，也缺乏军事、外交和管理内政的经验，越来越多地通过行政命令进行统治。外交人民委员会委员托洛茨基发现，他的下属集体罢工；战争人民委员会委员克雷连科（Krylenko）发现代理总司令杜霍宁（Dukhonin）将军拒绝执行他的命令。布尔什维克没有被吓倒，开始沿着预定的路线前进。布尔什维克通过《和平法令》（*Decree on Peace*），谴责秘密外交，并建议立即进行不割地、不赔款的"公正和民主"的谈判。接下来，托洛茨基公布了协约国的秘密条约，包括土耳其分治安排、协约国与意大利的《伦敦条约》以及《杜梅格协议》。所有这些协议的曝光令协约国政府十分尴尬。例如，在英国，这些协议被发表在《曼彻斯特卫报》上。[55]协约国拒绝承认俄国新政府，也拒绝让其参与和平谈判，但是英法政府确实与苏俄革命政权建立了非正式的联系。在《和平法令》没有取得成果之后，布尔什维克寻求停战。当杜霍宁不服从议和停战命令时，克雷连科取而代之，杜霍宁被他的军队杀害。甚至在 12 月 4 日至 15 日与同盟国达成全面停战协议之前，苏俄政府允许军队指挥官与协约国就局部停火进行谈判，前线大部分地区实现了局部停火。没有什么比这更能赢得军队对布尔什维克的支持了，到 1917 年底，布尔什维克控制了大部分士兵委员会。但是，在停火后，大部分旧军队的军人集体离开部队，返回自己的家乡，参加土地革命。在经历了 3 月以来的动荡后，旧军队总体上是团结一致的，最终被苏维埃成功解散。[56]

停战协议是一份简单的文件，最初有效期只有一个月。[57]德俄双方将在现有位置上保持不动，俄国人希望两国军队在此基础上和平共处。他们还规定，双方都不调动战略部队，除非这些调动已经在进行中，这可能是美国的非正式建议。美国这样做是为了防止德国将军队从东线调往西线，但由于德国最高统帅部已经向大多数相关部队下达了命令，而俄国人又无法对此监督，所以美国的建议意义不大。[58]因此，这严重打破了西方力量的平衡。1 月，苏俄通过立法，拒绝承认沙俄政府所欠协约国的债务，并没收协约国在俄国的投资，这使协约国更加仇视布尔什维克，也更抵制俄国的和平倡议。当托洛茨基邀请协约国参加停战谈判时，它们没有做出回应。由于其他协约国拒绝做出让步，并且没有证据表明德国会发生革命，苏俄于 12 月 20 日在布列斯特-里托夫斯克与同盟国单独谈判。托洛茨基希望拖延时间，直到革命扩散或两大集团开始全面和平谈判，那样对苏俄将更加有利。当这两种期待都落空时，2 月，在德国最高统帅部的坚持下，同盟国将它们的条件强加给苏俄。

　　刚开始时，双方的分歧并不明显。德国和奥匈帝国玩弄俄国，以加深俄国与其盟友之间的裂痕。但是布尔什维克参与谈判，很大程度上是为了宣传。他们坚持公开会议，并立即公布速记员的每一条笔录。列宁指示俄国首席代表阿道夫·越飞（Adolf Joffe），以民族自决为前提，实现不割地、不赔款的和平。在第一次会议上，越飞正式提出了六项原则，包括撤军、不兼并战争期间获得的领土、不赔款、废除不平等的贸易条约、自1914年以来被剥夺独立权的民族应恢复独立，以及在此之前被剥夺独立权的民族应通过公投来决定其未来。[59]作为一个多民族帝国的继承者，布尔什维克曾试图将这些原则应用于自己的国家。他们的《俄国各族人民权利宣言》（Declaration of the Rights of the Peoples of Russia）呼吁帝国各民族之间建立"自愿而光荣的联盟"。列宁允许芬兰独立，他希望这能鼓舞其他地区的革命运动，他还承认芬兰保守政府的主权。波兰的情况比较特殊，它由同盟国控制，临时政府曾承诺波兰独立。然而，列宁希望原沙俄帝国境内的其他民族能够选择继续与俄罗斯结盟。关键是乌克兰，在十月革命后，拉达（乌克兰人中央议会）宣布它将接管乌克兰的政权。一开始，列宁提出成立联邦，但在12月，苏俄给基辅（Kiev）下达了最后通牒，乌克兰的布尔什维克在哈尔科夫（Kharkov）建立了一个敌视拉达的政府——乌克兰苏维埃人民共和国。在苏维埃占领的其他地区也没有举行公民投票。[60]苏俄的民族政策和其他政策一样，布尔什维克在坚持布列斯特-里托夫斯克自决原则上摇摆不定，很快就会自食其果。

385

要实现和平，不仅需要俄国人提出和平要求，也需要各同盟国做出让步。德奥之间以及德国最高统帅部和政府之间的分歧使问题变得复杂。1917 年，奥匈帝国和德国似乎终于在东线的目标上达成了共识。作为外交大臣，库尔曼高度重视与奥匈帝国之间的联盟关系，并重新开始与之谈判。[61] 10 月，他和切尔宁原则上同意波兰应归奥地利管辖，但波兰要与德国建立军事和关税联盟，而奥匈帝国和德国将同意签订一项互助协定、一项军事公约以及削减关税。维也纳还接受了德国在罗马尼亚的主导权，罗马尼亚丰富的石油和粮食资源让威廉二世垂涎三尺。[62] 尽管库尔曼对奥地利的亲德政策印象深刻，兴登堡和鲁登道夫却把奥匈帝国视为潜在的敌人。只有德国吞并包括 200 万波兰人在内的广阔边境地带，以保护上西里西亚（Upper Silesian）工业区和东普鲁士与德国其他地区之间的交通，他们才会接受奥地利对波兰的主权。另外，库尔曼和赫特林反对吸收大量非德国人，奥地利拒绝在这些条件下对波兰拥有主权。更重要的原因是，库尔曼和赫特林不希望永远疏远俄国的新政权，而是希望把苏俄和奥匈帝国都变成依赖德国的伙伴。德国最高统帅部计划吞并立陶宛和库尔兰的沿海地区，目的是保护那里的德国少数民族和粮食生产，同时正如兴登堡所说，控制这些地区，在下一场战争中可将其作为德军左翼的基地。但是这一想法遭到了库尔曼的反对，库尔曼愿意把波罗的海沿岸归还给俄国，前提是德国在西部不出让任何领土。他成功地逃避了对该地区的承诺，并在没有对波罗的海或波兰做出明确指示的情况下参加了布列斯特-里托夫斯克谈判。事实上，他告诉帝国议会下院，他将坚持 1917 年 7 月的和平方案，即不割地、不赔款，尽管这一措辞有夸大的成分。[63]

切尔宁和库尔曼的谈判策略并不明确，但是这不重要。二人为 *386* 4 个同盟国制定了指导方针。切尔宁判断，即使布尔什维克政权是短命的（正如大多数观察人士所预期的那样），停火也会使苏俄脱离协约国，使苏俄士兵返乡，从而阻止战争再次爆发。不割地、不赔款的条件能够实现同盟国和苏俄的单独和平，但它们可以通过操纵独立宣言，对它们所占领的原非俄国的领土自由行动。它们将在所占领土上通过策划独立宣言，实现行动自由。[64]库尔曼同意这个构想。德国的立场得到了波兰"摄政委员会"的承认；而在库尔兰，一个名义上具有代表性的机构呼吁德国皇帝对其进行"保护"。因此，为了改变俄国边界，可以操纵民族自决，并创建一个表面上独立的缓冲国。在此基础上，切尔宁和库尔曼在 1917 年 12 月 25 日的《圣诞宣言》（*Christmas Declaration*）中提出，如果协约国也这样做，他们将通过谈判达成一种不割地、不赔款的全面和平，同盟国取得了宣传上的胜利。土耳其和保加利亚有些紧张，二人向两国保证，由于协约国不太可能接受这一宣言，所以同盟国没有任何风险。事实上，协约国没有在规定时间内对宣言做出回应，因此库尔曼宣布宣言失效。[65]尽管如此，它还是产生了严重的影响。在奥匈帝国，一些捷克人、斯洛伐克人和南斯拉夫人于 1 月 6 日发表了《主显节宣言》（*Epiphany Declaration*），首次宣称断绝与奥匈帝国的一切联系。[66]在德国，事先没有征求德国最高统帅部的意见，可想而知，兴登堡和鲁登道夫被激怒了。赫特林支持他的外交大臣，坚持认为政治家对和平谈判负有法律责任，但兴登堡和鲁登道夫坚持认为，本着对他们良心、历史和德国民族负责的态度，他们有责任促成和平。最终威廉二世行使了仲裁权，支持了赫特林的《圣诞宣言》，认为这是"政治活动中的合法举动"，应该尽量减少对东部邻国领土的吞并，因为这会影响到与奥匈帝国的合作，与奥匈帝国的合作是最重要的。[67]

托洛茨基率领布尔什维克代表团参加了和平谈判。谈判时，同盟国卸下了伪装，拒绝在举行公民投票之前撤离已占领的土地，坚持认为当地居民已经表明了他们的意愿。同盟国规定俄国的边境应该从布列斯特-里托夫斯克一直延伸到里加湾，换句话说，德国剥夺了俄国对波兰、立陶宛和拉脱维亚西部的主权。此外，这条线以南是乌克兰，双方都觊觎乌克兰的粮食，这本身就成为民族自决的关键考验。1月，基辅的议会代表们到达和平会议现场，当时基辅议会军与布尔什维克政权正在哈尔科夫交战。基辅议会投票赞成乌克兰独立，并赞成与同盟国单独媾和，这将使俄国丧失其作为大国地位的大部分经济基础。当托洛茨基试图拖延谈判时，德国最高统帅部明确想要得到乌克兰东部，德国正在失去耐心，切尔宁也是如此，他迫切需要乌克兰的粮食，以阻止他所担心的奥地利城市革命。[68]然而，粮食危机削弱了奥匈帝国相对于德国的谈判地位，如果苏俄企图侵占乌克兰，德国的军事力量将是保卫乌克兰的关键因素。这也削弱了切尔宁与乌克兰议会的关系，乌克兰议会要求占领俄属波兰境内的霍尔姆（Cholm）地区，该地区乌克兰人占多数。这个问题至关重要，因为哈布斯堡家族在奥地利的统治能力取决于帝国议会中的波兰政党。但是，如果答应乌克兰的要求，这就可能会使君主失去最后的支持基础，事实的确如此。2月9日，同盟国与乌克兰签署了和平条约，乌克兰承诺在8月1日前给同盟国提供100多万吨粮食。奥匈帝国承诺给予乌克兰人自治权，并将霍尔姆割让给乌克兰。波兰城市爆发了大规模的示威游行，服务于哈布斯堡军队的波兰辅助部队发生了哗变。德国帝国议会中的波兰人开始反对，并自行宣布支持独立。如果不进行镇压，奥匈帝国有可能分裂，但是卡尔一世对镇压持畏缩态度。[69]《乌克兰条约》（*The Ukrainian Treaty*）也使同盟国和苏俄之间的对抗达到了顶点。托洛茨基拒绝承认它，并于2月10日退出会议，宣布"不战不和"。俄国不会接受割让领土的和平条件，但它正在单方面遣散其部队。德国和奥匈帝国现在必须采取使苏俄屈服的措施。

到这个阶段，维也纳和柏林的任何革命都拯救不了布尔什维克。的确，在1月，不仅奥匈帝国内的民族主义者提出了他们的激进要求，而且爆发了一场反战抗议。14日，奥地利政府宣布大幅削减面包和面粉的配给，引发了一场从维也纳的戴姆勒（Daimler）工厂开始的争取和平的大罢工，大罢工蔓延到维也纳的大部分地区，大约有75万人参加。罢工者要求改善口粮，结束工厂的军事化管理，也要求布列斯特-里托夫斯克和谈的参与者尽快实现和平，不要提过分的要求进而妨碍谈判。社会民主党人支持罢工，但他们也呼吁罢工者组成工人委员会，并制订一个四点计划来引导这场运动。一旦当局同意与维也纳工人委员会会面，该党就呼吁停止罢工，罢工在十天后结束。[70]由于政府让步和社会主义者的妥协，罢工最终失败了，但它有助于推动切尔宁对乌克兰的要求做出让步。奥

388

匈帝国没有通过镇压来解决罢工问题，因为武装部队也不安分。1918 年春天，被俄国俘虏的 40 多万奥匈帝国军人回国并重新加入军队，但是就像许多其他因与俄国停火而产生的事物一样令人喜忧参半，这些军人在接下来的几个月里促成了一波起义。2 月初，4 000 名水兵在科托尔（Cattaro）起义，抗议口粮不足、纪律过严和军官享有太多特权，他们要求民族自决和实现不割地的和平。然而，这场运动没有经过斗争就失败了，40 名起义者被送上军事法庭，其中 4 人被处决，社会主义者们配合保守了这一秘密。[71] 奥匈帝国正在失去对各个民族的控制，但还能勉强控制住工人和军队。

德国的情况也大抵相同，尽管使用了更多暴力手段，继奥地利之后，德国境内也出现了罢工，部分原因在于奥匈帝国所起的示范作用。1 月 28 日是星期一，柏林有 20 万人罢工，到周末，罢工人数达到 50 万，其他地方的罢工人数更多。德国的罢工比奥匈帝国的罢工更加政治化，罢工者没有提出工资要求。在理查德·马勒（Richard Müller）的领导下，激进的车间工人组织了这次罢工；社会主义者工会反对这次罢工并保持中立。独立社会民主党在罢工开始后支持它，主要是因为该党怀疑过多的要求阻碍了布列斯特-里托夫斯克谈判。更糟心的是，社会民主党也开始支持罢工，社会民主党这样做可能更多是为了抗议普鲁士议会最近阻挠了选举权平等法案。两党都加入了由罢工者选出的工人委员会，该委员会呼吁实现不割地、不赔款的全面和平，呼吁普鲁士公民权利实现民主化、改善食物、特赦政治犯，以及取缔军队特权。这不是一个革命的社会主义计划，而是一个民主计划，与维也纳相反，德国当局拒绝谈判，破坏会议，关停了社会民主党主办的报纸《前进报》(*Vorwärts*)，逮捕其领导人，将工厂置于军方控制之下，并征召5万名罢工者入伍。军方领导人将社会民主党人视为革命者，并且不承认或者不愿承认社会民主党在缓和动乱中所起的作用。[72] 军方领导人希望镇压这次罢工，并把部队调往柏林。一个星期后，工人运动失败了。它的失败使德国工人运动一直沉寂到秋天（不像维也纳，5月又爆发了一次罢工），德国工人罢工的失败也扼杀了协约国和布尔什维克对它寄予的所有希望。来自同盟国内部的抵抗既不能阻止《布列斯特-里托夫斯克和约》的签订，也不能阻止鲁登道夫的三月攻势。[73]

　　布尔什维克拉拢协约国没有取得多少成果。西方领导人对停战与和谈都避而远之。尽管如此，但在《和平法令》、秘密条约和《圣诞宣言》被公布之后，他们很难置身事外，否则就会招致一场公关灾难。冬天一直是考验平民士气的季节，在经历了1917年令人沮丧的战役、俄国革命以及伦敦和巴黎第一次严重的粮食短缺之后，冬天比以往任何时候都更加考验平民的士气。克列孟梭的应对之举是让主张妥协的人噤声，打击宣扬失败主义者，打压所有关于战争目标的讨论。然而，劳合·乔治政府认为英国的战争目标需要重新包装。当时的情形是，工会对战争的支持正在减弱，军队中的不满情绪正在增长。由国家战争目标委员会这一官方支持的宣传运动进展甚微。11月29日，保守党领袖、前外交大臣兰斯多恩 (Lansdowne) 勋爵在《每日电讯报》(*Daily Telegraph*) 上发表了一封信，呼吁英国将目标限制在最低限度，并对协约国的目标重新进行定义。劳合·乔治对这封信"印象深刻"。[74] 12 月 28 日，工党的一次特别会议批准了"战争目标备忘录"，反对兼并领土。内阁需要为凝聚公众舆论而努力，内阁预计需要持续努力到 1919年[75]，此外，还需要采取行动分裂敌人。尽管切尔宁转向亲德，但是奥匈帝国似乎仍然是最好的选择。12 月，劳合·乔治战时内阁成员斯穆茨与前奥匈帝国驻伦敦大使门斯多夫（Mensdorff）伯爵在瑞士举行了会谈。谈判陷入僵局，门斯多夫排除了奥匈帝国单独媾和的可能性，并提出在协约国和德国之间进行调解，遭到斯穆茨的拒绝。然而，门斯多夫确实呼吁协约国重新制定战争目标，一名土耳其反对派代表向斯穆茨表示，这样做可能会削弱奥斯曼政府。1 月 5 日，劳合·乔治在卡克斯顿大厅（Caxton Hall）发表战争目标演说，他最关心的是赢得工会对新的征兵计划的支持，但他也要考虑国内外听众的感受。私下里，劳合·乔治否认这个演说是一个有约束力的承诺，但该演说得到了内阁的批准，在发表之前，他已经与自由党、工党以及自治领领导人进行了讨论。该演说提出，在欧洲以外，奥斯曼帝国的领土应该被限制在土耳其之内，德国的殖民地应该根据当地居民的意愿进行处理——这意味着德国将失去这些殖民地。然而，当汉基向劳合·乔治指出"这将给大英帝国带来很大的麻烦"时，劳合·乔治决定不再提及自决原则。[76] 在欧洲，劳合·乔治对意大利的领土主张和法国收回阿尔萨斯-洛林的要求只是给予谨慎的支持。奥匈帝国不应该被分裂（前提是它给予其臣民自治权）；除非俄国抵制"布尔什维克的奴役"，否则西方各协约国必须抛弃它，任其自生自灭。英国仍然致力于剥夺德国对比利时的控制权，剥夺土耳其对美索不达米亚和巴勒斯坦的控制权，但英国对意大利和法国的支持是有条件的，而且似乎愿意放弃俄国，让德国来统治。与1917年1月10日的协约国战争目标声明相比，卡克斯顿大厅演说降低了英国的战争目标，为英国和奥匈帝国的谈判留下了空间，德国除了会失去殖民地，能够毫发无损地退出战争——英国政府的悲观情绪由此可见一斑。[77]

　　1918年1月8日，威尔逊发表了"十四点"和平纲领，这一纲领让劳合·乔治的卡克斯顿大厅演说黯然失色。威尔逊对俄国革命做出了更为直接的回应。在美国国内，威尔逊呼吁进步左翼人士继续支持其政策，但他的目标受众更多分布在海外：布尔什维克（为了让他们继续参战），同盟国的反对派，以及英国、法国、意大利的社会主义者和进步人士。此外，他还通知他的盟友让他们修改战争目标。[78]《和平法令》和秘密条约的公布让他的处境变得尴尬，因为其中披露的盟友战争目标与他阐述的原则差异很大。起初，他试图通过协商来解决问题，于是派豪斯上校参加11月29日至12月3日在巴黎举行的协约国会议。随着最高战争委员会的成立，这次会议成立了一些更大的联盟机构，协约国海上运输委员会（AMTC）负责分配航运和采购，金融委员会负责协调在美国的采购。但外交协调的尝试并不成功。豪斯希望协约国驳斥有关它们是帝国主义的指控，否认它们是为了侵略或取得赔偿而战。威尔逊给他发电报说，美国人民不会为任何交战国的"自私目的"而战。豪斯发现，对于威尔逊宣言，英国"不积极"，法国"不关心"，意大利"十分反对"。所有国家一致认为，只有当俄国建立一个"稳定的政府"

时，协约国才可能重新考虑战争目标。因此，布尔什维克透露的妥协意见没有得到答复。由于协约国无法达成统一意见，威尔逊决定单方面采取行动，在公布"十四点"和平纲领之前，尽管威尔逊听取了兰辛的一些建议，但是他没有征求其他国家的意见，也没有征求其他政府成员的意见，豪斯是唯一对他有影响力的心腹。[79]

威尔逊的演讲与劳合·乔治的卡克斯顿大厅演说有很大区别，尤其是它呼吁从俄国撤出协约国干涉军，不干涉俄国内政。第1—4点和第14点重申公开外交，和平和战争时期海上航行自由，消除经济壁垒，将军备"削减到仅供保障国内安全的最低水平"，以及建立国际联盟。为了执行国际协定，国际商定的封锁可能限制了海洋自由，第3点并不意味着自由贸易，而是更低的和非歧视性的关税，美国本身是实行高度的贸易保护主义的。但演讲的创新之处在于它对协约国领土目标的有条件的承诺：撤出比利时，并恢复其主权（第7点）；重建独立的拥有安全出海口的波兰（第13点）；但第9点对《伦敦密约》提出了挑战，它规定意大利的边境应遵循"明确可识别的民族界限"；第8点默许了法国关于莱茵兰的野心，并有意对阿尔萨斯-洛林问题做了一些模糊的表述，如"1871年普鲁士对法国犯下的错误……应该改正"。然而，和劳合·乔治一样，威尔逊对实施民族自决持谨慎态度，没有提及民族自决。从理论上讲，所有殖民地都应该公正调整；但是，实际上"十四点"和平纲领将只针对德国殖民地做出调整，协约国殖民地将保持完整。第10点和第12点构想奥匈帝国和奥斯曼帝国的民族自治，而不是独立，从而挑战土耳其的分治协议。简而言之，"十四点"和平纲领将使同盟国在很大程度上保持原状，它们必须归还它们所侵略的土地，但不会受到经济惩罚，甚至不会被解除武装。威尔逊虽然没有明确谴责协约国之间的秘密条约，但严格限制了他将支持的内容，而且由于大多数要点都以"应该"开头，他并没有保证美国会无条件地继续战斗。他提出了一个删节版的联盟目标。[80]

　　作为德国同意停火的基础，"十四点"和平纲领具有重要的历史意义，但其所产生的直接影响是令人失望的。劳合·乔治和克列孟梭没有明确表示欢迎，没有一个协约国政府因此而修改其战争目标，它们也没有受制于美国的计划，英法继续坚持分治土耳其，意大利则继续支持《伦敦密约》。相比之下，西欧左翼更欢迎"十四点"和平纲领，但是《布列斯特-里托夫斯克和约》和德国攻势重新使劳工阶层与社会主义者支持战争，它们比"十四点"和平纲领更有效果。至于布尔什维克，他们把"十四点"和平纲领张贴在彼得格勒，这对列宁是个打击。威尔逊的演讲似乎对同盟国的影响最大，即使平息了1月、2月的罢工浪潮，"十四点"和平纲领也在德国和奥匈帝国之间重新插入了一个楔子。赫特林勉强接受了"十四点"和平纲领，但在具体问题上没有做出让步；而切尔宁则欢迎"十四点"和平纲领，呼吁威尔逊发起全面和平谈判。在2月11日的讲话中，威尔逊谴责了赫特林，表扬了切尔宁，同时在他的"四项原则"中宣布了对民族自决的谨慎的有条件的承诺：领土解决应符合有关人民的利益，"所有明确的民族愿望"在不引起国际冲突的情况下尽可能得到满足。这些附加条件留下了讨论的余地，在2月和3月，卡尔一世的特使再次会见了英国、法国和美国的代表。但

392

是切尔宁再次坚持维也纳不能单独媾和。最后，经西班牙国王阿方索十三世（Alfonso XIII）牵线，卡尔一世和威尔逊在 2 月建立了直接联系，但是双方的接触无疾而终。威尔逊要求卡尔一世澄清奥地利将给予其国内民族什么样的自治权，维也纳拒绝接受意大利对奥匈帝国和法国对德国的主权要求。[81]事实上，切尔宁和卡尔一世很可能已经决定把赌注押在德国的春季攻势上，认为这是退出战争的最大希望。[82]一如既往，只有当奥匈帝国与德国决裂并满足协约国的要求时，和平才有可能实现。奥匈帝国再次拒绝与协约国单独媾和，它错失了最后的机会。

393 　　到 2 月底，由布尔什维克革命引起的动荡逐渐平息，新的政治格局逐渐呈现。协约国没有参加布列斯特-里托夫斯克谈判；维也纳不会与柏林决裂；革命不会蔓延到同盟国；《圣诞宣言》只是个幌子。德国和奥匈帝国打算打着民族自决的幌子，以牺牲俄国为代价，在东部建立一个缓冲国以作为屏障。托洛茨基的"不战不和"策略为双方的关键决策开辟了道路：德国人要签约，而布尔什维克则要遵守条约。2 月 13 日，德国在巴特洪堡王室会议上商讨如何应对托洛茨基的"不战不和"策略。库尔曼主张什么都不做，只是默许俄国的行动，他引用了一些看似合理但最终被证明是错误的论点：新的进攻将破坏德国的政治稳定，并引起维也纳的反对。即使德军到达彼得格勒，布尔什维克签署了协议，布尔什维克也可能被推翻，而阻止俄国进入波罗的海将成为日后俄德和解的障碍。[83]鲁登道夫反驳说，解决东部问题可以腾出东线德军，以解决西线兵力短缺的难题，而不这样做就有可能把芬兰和乌克兰拱手让给布尔什维克，而波罗的海将成为英国的势力范围。[84] 苏维埃在德国以东地区取得胜利是可能的，列宁政权必须被推翻。这些信息传递到威廉二世那里后，他被托洛茨基的革命煽动激怒了，赞成对彼得格勒采取"武力行动"。赫特林担心德国和奥匈帝国的内部反应，但后来逐渐改变了想法，保护乌克兰的食品供应可能是赫特林改变想法的关键因素。库尔曼被孤立了，只能服从多数人的意见。正如所有参与者所认识到的，巴特洪堡王室会议是一个转折点，这证实了和平将会强制实现，一种新的德国统治将通过武力建立起来。德国进军的目的不是推翻列宁和托洛茨基，而是迫使布尔什维克在和平协议上签字。[85] 但是现在德国提出的条件比托洛茨基曾经拒绝的条件更加苛刻。2 月 18 日，德军向俄国进发。

德军没有遇到任何抵抗，因为自从停战以来，旧的沙皇军队已经解散。列宁清楚地知道这一点，他从军队那里得到的建议是，他们无力抵抗德军，也无力保卫彼得格勒，他应该不惜一切代价讲和。他在 1 月 20 日发表的"二十一条论纲"（Twenty-One Theses）中坚持认为，把俄国革命的生存希望寄托在德国可能发生革命这一假设之上是错误的，因为德国革命虽然是不可避免的，但并非一触即发。如果没有德国革命，"革命战争"就是一种纯粹的"理想主义"政策，它将导致俄国失败，布尔什维克政权将被推翻，俄国将在更糟糕的条件下实现和平。列宁的观点虽然比较务实，但是遭到党的大多数领导人和国内党组织的抵制，列宁也承认德国提出的条件非常可耻。在 1 月 8 日至 21 日举行的布尔什维克党中央委员会上，15 人赞成议和，32 人支持革命战争，16 人赞成托洛茨基的

"不战不和"中间路线，这一路线押赌在俄国应该什么也不做，静观其变，即使出了差错，也至少表明布尔什维克和同盟国之间没有串通。托洛茨基向列宁保证，如果德国人认为他虚张声势而对俄国发起真正的打击，他就会选择妥协，而不会支持革命战争。列宁决定支持"不战不和"路线，列宁认为这样做虽然意味着俄国将失去更多的波罗的海领土，但这个代价是值得的。即便如此，他也没能说服多数人同意议和，直到德国人在 5 天内推进了 150 英里。当同盟国似乎不愿再讲和时，布尔什维克领导人在极端情况下准备向协约国求援，而协约国尽管在意识形态上厌恶苏俄，但还是有可能对苏俄施以援手；然而，德国人一提出他们的议和条件，俄国人就接受了，他们甚至都懒得去商谈细节，就全盘接受了德国提出的条件。换句话说，只有在同盟国拒绝一切妥协并决心推翻苏俄政权时，俄国才有可能与协约国合作。但是，鲁登道夫武力打击俄国的目标十分有限，他的目标是借助武力打击迫使俄国签约，3 月 3 日，《布列斯特-里托夫斯克和约》签订了。[86]

与列宁主义者的预测相反，《布列斯特-里托夫斯克和约》中的经济条款十分温和。[87] 双方恢复了 1904 年的商业条约，俄国承诺不参与战后协约国对德国的任何抵制。俄国将不支付任何赔款，尽管双方都将偿还对方关押战俘的费用：根据这一安排，德国将成为最大的受益者。领土条款是另一回事，俄国放弃了超过 1/3 的人口（约 5 500 万人，其中大部分不是俄罗斯人）、大部分重工业基地和煤炭基地以及大片肥沃的土地。它把高加索地区的卡尔斯（Kars）、阿尔达汉（Ardahan）和巴统（Batum）割让给了土耳其，俄军撤出乌克兰，并承认乌克兰拉达。俄军还必须撤出芬兰，并交出布列斯特-里托夫斯克-里加一线以西的领土，让德国和奥匈帝国组织当地民众公投来决定波兰、波罗的海的库尔兰省以及立陶宛的命运。在这条线以东，德军将占领爱沙尼亚和利沃尼亚，直到"适当的国家机构"建立起来为止。正如列宁所预见的那样，奉行"不战不和"路线的代价是失去波罗的海的另外两个省份，以及让敌人更逼近彼得格勒。[88]

395

因此，《布列斯特-里托夫斯克和约》体现了库尔曼-切尔宁在自决的幌子下扩大同盟国势力范围的理念。由于和约中没有附加条款和赔偿条款，德国议会下院痛快地批准了该和约，只有独立社会民主党投了反对票，而社会民主党党内意见不一，投了弃权票。支持 1917 年和平决议的其他党派认为该和约与和平决议相符，投了赞成票。在一个月前罢工运动失败之后，德国议会左翼的抵抗也随之瓦解。包括威尔逊在内的西方政客们打消了他们可以拉拢德国反对派的念头。然而，东线战争结束的关键因素是俄国国内的变化。1914 年后，在导致两大阵营陷入僵局的三要素（军事、外交和政治）中，政治要素首先开始松动，这为同盟国施加其要求提供了巨大的优势。布尔什维克政权寻求通过签订停战协议来立即实现全面和平，但它解散了沙俄的旧军队，从而失去了讨价还价的筹码，被迫屈从于德国。当然，除非形势所迫，列宁不打算再参加一战了；德国最高统帅部也不想和俄国继续交战，但是《布列斯特-里托夫斯克和约》并未结束东线的军事行动。相反，德国向前沙俄领土的扩张才刚刚开始，而该和约加速了俄国内部冲突向大规模内战演变的进程。

　　在巴特洪堡王室会议失败后，库尔曼不再强烈抵制德国最高统帅部。即使东扩使西线德军兵力严重短缺，鲁登道夫也不愿克制自己。德国最高统帅部缺乏一个宏大的总体设计，只是沿着波罗的海和黑海的两条轴线继续扩张。[89]巴特洪堡王室会议同意占领爱沙尼亚和利沃尼亚，这两个省的议会很快宣布从俄国独立，并请求德国保护。德国最高统帅部希望保护当地的德意志民族，并将该地区视为对外殖民的出口，同时占领爱沙尼亚和利沃尼亚对遏制俄国与波兰具有重要的战略意义。德国在波罗的海的霸权威胁到了彼得格勒，3月列宁将苏俄首都由彼得格勒迁到了莫斯科。在德国最高统帅部的要求下，巴特洪堡王室会议违背外交部的意愿，干预芬兰内战，支持白军对抗布尔什维克所支持的芬兰红军。兴登堡和鲁登道夫将芬兰视为镍的来源地；威廉二世希望让他的一个儿子继承芬兰王位。德国派出 7 万德军，很快就打败了芬兰红军。德国和芬兰签订的友好条约规定，未经德国同意，芬兰不得与他国结盟，不能提高德国商品的关税，芬兰接受德国顾问，并为德军提供海军和其他军事基地。同时，德国从乌克兰向东南方向发起辅助进攻，苏俄军队在那里威胁着乌克兰拉达。在奥地利人的帮助下，德军进入基辅，恢复了乌克兰拉达；为了获取煤炭，德军随后占领了乌克兰东部的顿涅茨盆地和黑海港口。因为乌克兰拉达的土地重新分配计划与德军的命令矛盾，当乌克兰拉达违抗德军的命令时，德国只是简单地用斯科罗帕茨基（Skoropadsky）将军取代拉达。在他的独裁统治下，德军获得了更多马匹和食物，但是这些食物远远不够养活 50

万德国占领军，德国占领军面临着农民越来越多的破坏和抵抗活动。在追击俄国黑海舰队的过程中，德军进入克里米亚，那里已经宣布独立，鲁登道夫（后来的希特勒也曾预期）将那里视为德国的殖民地。5 月，德国与刚刚独立的格鲁吉亚达成协议，格鲁吉亚允许德国占领与使用其港口和铁路，并开采当地的锰。俄国的衰弱给同盟国提供了机会，同盟国建立一系列卫星国，形成了一条包围俄国的弧线，在《布列斯特-里托夫斯克和约》中规定的界限的基础上向外延伸了数百英里。[90]

　　同盟国解决东部局势的最后一项内容是与罗马尼亚签订和平条约。在失去布加勒斯特和南部领土之后，罗马尼亚中央政府被迫迁到北部的雅西（Jassy）。俄国革命和俄军撤退将罗马尼亚与其他协约国隔绝开来，同盟国军队进入乌克兰时，对罗马尼亚形成包围之势，从而威胁到罗马尼亚的安全。此外，1916 年后继续担任首相的布拉蒂亚努对 1877 年战争印象深刻，在那场战争中，在他父亲的领导下，罗马尼亚与俄国一起对抗土耳其，但在和平时期，罗马尼亚将比萨拉比亚（Bessarabia）割让给了俄国。十月革命后，他利用罗马尼亚民族主义者的起义重新占领了比萨拉比亚。此外，他担心协约国会违背 1916 年条约中的承诺，这成为协约国与维也纳进行谈判的障碍，他担心协约国可能会为了和奥匈帝国谈判而牺牲罗马尼亚的利益。卡克斯顿大厅演说和"十四点"和平纲领承诺最多给哈布斯堡臣民自治权，这似乎与协约国早先的承诺矛盾，强化了布拉蒂亚努寻求单独和平的意愿。1917 年 12 月签订停战协议后，次年 2 月他就辞职，由阿韦雷斯库（Averescu）将军领导的多党联盟上台，罗马尼亚开始与同盟国谈判。

结果，同盟国既允许罗马尼亚保留比萨拉比亚，又让罗马尼亚割让其他地方的少许领土，这主要是因为同盟国之间存在分歧。德国和奥匈帝国希望与罗马尼亚恢复 1913 年之前的联盟关系，以制衡它们不信任的保加利亚。因此，匈牙利在喀尔巴阡山脉建立一条保护带的要求大打折扣。保加利亚人得到了 1915 年承诺给他们的多布罗加省（Dobruja）南部，但也想要该省北部，土耳其人反对，除非保加利亚人将作为参战条件而给予他们的土地归还给土耳其。最后，北部的多布罗加被置于四国共管之下，这种安排凸显出胜利是如何加剧了同盟国之间的分歧。但是，如果说罗马尼亚的领土问题解决得比较轻松，那么 1918 年 5 月《布加勒斯特条约》（*Treaty of Bucharest*）的经济条款就苛刻得多。同盟国自认为有权强制购买罗马尼亚的粮食，并有权确定其关税，控制罗马尼亚的中央银行和外汇储备。德国控制的公司将垄断罗马尼亚的石油开采和销售。罗马尼亚是同盟国间接实施帝国主义行动的最引人注目的例子，这种帝国主义行动是由德国最高统帅部的战略规划驱动的，尽管也增进了德国银行的利益，这些德国银行在罗马尼亚进行了大量投资。和《布列斯特-里托夫斯克和约》一样，《布加勒斯特条约》也是一份临时条约，但这两份条约合在一起，说明了如果同盟国获胜，东欧的未来可能截然不同。[91]

我们现在谈谈一战中最重要的决定之一。1918 年春天，兴登堡和鲁登道夫在西线发起全面进攻，标志着战争进入尾声。这一进攻的失败摧毁了德国军队，并加速了协约国的胜利，否则这场胜利将至少推迟一年，甚至可能根本不会到来。然而，从柏林方面来看，妥协的解决方案仍然是不可能的。1917 年 9 月库尔曼试探和平的失败表明，英法都不愿单独谈判，也不愿在比利时和阿尔萨斯-洛林问题上让步；威尔逊也不准备在德国实现民主化或者彻底失败之前谈判。德国本可以通过单方面的让步来实现外交和解。特别是，德国如果放弃比利时，将使英国人得到他们想要的大部分东西，并迫使他们选择是否继续为俄国和阿尔萨斯-洛林而战。然而，在这种情况下，英国可能仍然会站在协约国一边。类似于戈尔巴乔夫在冷战末期的做法，这种放弃政策可能会一发而不可收，使德国军队、国内和盟国士气低落——1918 年秋天确实出现了这种情况。但无论如何，兴登堡和鲁登道夫都认为，没有实际获益的和平将会从国内国外两个方面削弱霍亨索伦王朝。因此，在《布列斯特-里托夫斯克和约》谈判期间，鲁登道夫对切尔宁说："如果德国实现的是没有利益的和平，那就意味着德国输了！"[92]而兴登堡则警告威廉二世，任何和平都必须赋予德国广阔的疆土，使其敌人在数年内不会发动另一场战争。[93]同样，在西部，比利时仍然是德国最高统帅部安全理念中不可或缺的一部分。德国最高统帅部作战总监魏采尔（Wetzell）想在比利时永久驻军，这样德军就可以从这里关闭加来这一英军登陆点，并威胁巴黎。只有这样，西方协约国才不会进攻德国，即使威慑不起作用，德国也会在此处打败西方协约国。[94]1917 年 12 月 11 日，兴登堡写信给赫特林说，由于库尔曼对英国的和平试探失败了，德国的军事形势有所改善，德国应该继续签订租借比利时海岸 99 年的和约，并占领列日地区，将比利时置于德国

398

的军事控制之下，直至比利时准备与德国结盟为止。[95] 谈判现在已不在议程上了。

选择守势也会出现这样的结果。[96] 德国的 U 型潜艇战没能使英国停战，却把美国拉了进来。德国最高统帅部密切关注 U 型潜艇的建造，在 1917 年和 1918 年，尽管在获取劳动力和原材料方面海军享有优先权，但建造 U 型潜艇遇到了困难，潜艇舰队未能扩大。鲁登道夫和德国最高统帅部经济部门负责人鲍尔上校推测，这些潜艇无法在 1918 年取得决定性的成果，也无法阻止美军在夏季大规模出动；事实上，他们可能高估了美国人到达的速度。[97] 一旦美军参战，德国就很有可能陷入一场旷日持久的防御战，正如兴登堡所说，这会导致德国"油尽灯枯"，也许兴登堡的说法是对的。兴登堡和鲁登道夫认为德军害怕陷入类似于第三次伊普尔战役那样的漫长的防御战。德国的劳动力储备越来越少，工业生产率也在下降，即使能打败俄国和意大利，德国的盟友也不如协约国有耐力。如果胜利的希望都破灭了，继续这场战争就没有意义了。另外，他们认为即使进攻失败，也会再次发动进攻[98]，鲁登道夫后来告诉德国议会下院，哪怕为此牺牲 100 万人，他也在所不惜。[99]

即使俄国继续参战，德国最高统帅部也可能会在西线寻求突破，但布尔什维克革命出乎意料地使德国在西线寻找突破的机会变大了。现在，德国除了战术优势和装备精良之外，还具有人力方面的暂时优势。为了应付克伦斯基攻势，德国曾经加强了东线的兵力，东线的兵力达到了一战时的最高水平。但根据德国官方历史文献，从 1917 年 11 月 1 日到 1918 年 3 月 21 日，东线的德军师从 85

个减少到 47 个，西线的德军师则从 147 个增加到 191 个。德国在意大利的 8 个师也被调往西线，还有一小部分来自马其顿的特遣队，而奥匈帝国的一小支部队则首次抵达法国。[100]东线最优秀的德军部队，包括近卫军，都被调到西线，留下的都是 35 岁以上的老兵，他们的战斗力大大下降，还损失了许多战马。1918 年初征召的 1899 年出生的新兵也用来增援西线。截至 3 月 21 日，德军在西线有 136 618 名军官、3 438 288 名士兵、710 827 匹战马；而在东线则分别有 40 095 名军官、1 004 955 名士兵和 281 770 匹战马。[101]东线的兵力仍然很可观，但在逐步下降，到了 7 月，东线的德军士兵数量进一步下降到 59 万。[102]尽管兴登堡和鲁登道夫为了解决俄国局势，对东线施加了压力，但事实上，大部分将德军调往西线的行动都发生在《布列斯特-里托夫斯克和约》签订之前，之后就放缓了。另外，德国在东线的政治承诺扩大了。德国最高统帅部削减了在那里的驻军，但还远远没有达到承诺的标准。

截至 3 月 21 日，瓦兹河以南西线德军 81 个师中的 30 个师是从其他战区调过来的，佛兰德斯 33 个师中的 8 个师也是从其他战区调过来的。[103]从东部转移过来的德军人数超过当时英国远征军总数的一半。西线的德军增加到 191 个师，而协约国只有 178 个师[104]，这是一战爆发以来德军首次在数量上占据优势。但是参加 3 月 21 日进攻的德国部队中，只有 1/6 是从其他战区调过来的[105]，通过控制非交战区，东线释放了鲁登道夫的精锐部队以用于春季战役，就像美军后来让英法部队能腾出手来一样。这些数字表明，德国最高统帅部突破的希望依赖于现有西线军队的质量优势，而不是其他战区的兵力增援。大部分德军精锐师团一直驻扎在西线，到1918年春天，许多师团已经在非交战区驻扎了一年多。因此，68个驻扎在西线的德国师没有经历残酷的第三次伊普尔战役，而英军只有9个师没有经历第三次伊普尔战役。[106]德国最高统帅部依靠的是经验丰富的部队，这些部队接受过新战术的训练，取得了敌人未能取得的新突破。[107]

　　鲁登道夫对指挥官的选择显示了1917年胜利的重要性。3月21日，由三支军队发动进攻，从北到南依次为第十七集团军、第二集团军和第十八集团军。第十七集团军由卡波雷托战役的指挥官比洛指挥，第十八集团军由里加战役的指挥官胡蒂尔指挥，两人都任用了之前的参谋长。第二集团军由康布雷战役的指挥官马维茨指挥，他的新参谋长参加过加利西亚战役。布鲁赫米勒负责第十八集团军的炮兵，经历过卡波雷托战役的贝伦特（Behrendt）负责第十七集团军的炮兵，但遗憾的是，两人都没有总指挥权。德国最高统帅部试图从卡波雷托战役、康布雷战役和里加战役中吸取教训，并编制了作战手册《阵地战中的进攻》（*The Attack in Position Warfare*），作战手册于1918年1月出版，分发给下至营长的各级军官。它提出要"吞噬"协约国的防御，重新获得机动能力，使敌人失去平衡，持续不断地进攻，从而巩固胜利果实。炮兵应出其不意，事先压制和破坏敌人，并安排徐进弹幕射击，但步兵应该控制前进速度，前锋部队应不计伤亡，向前推进，对伤员不必救助，而英法的做法是在行动中救助伤员。一个最基本的突击小队由一名士官带领，包括9名步枪手和轻机枪手，配备火焰喷射器和重型武器以及先进的探测器。[108]根据新修订的《战争步兵训练手册》（*Training Manual for Foot Troops*），所有士兵都应该熟练掌握突击小队的方法。尽管鲁登道夫对训练和战术有着强烈的兴趣，并打算在前所未有的范围内推广新方法，但他认识到，年龄较大的人不可能被训练成冲锋队员。他选择了大约 1/4 的步兵作为"突击师"，由 25～35 岁的人组成，优先提供食物、新装备和指导。其余的被指定为"普通师"，其中包括一些一流的部队，但其整体素质较差。大约 56 个师被调离前线，进行为期三周的密集训练，先进行传统训练以重振纪律和提升枪法，随后逐步进行快速的长距离行军训练，让士兵在移动中作战，在实弹射击下冲击敌人的战壕，而炮兵则接受直接射击和快速移动火炮的训练。[109]

新战术催生了新装备。突击师并不缺乏步枪和弹药等基本装备。突击师的关键武器是 MG08/15 轻机枪和 MG08 重机枪，前进时携带轻型迫击炮以对付负隅顽抗的敌军，每个师都配备了一个装备了中型武器的迫击炮连。[110]生产飞机的"亚美利加计划"（Amerika Programme）已经落后了，现在战斗机的实力有所增强。飞机总数从 1917 年的 1 200 架增加到 2 600 架，增加了一倍多，其中约 2 000 架在西线服役，新的全金属和单翼飞机取代了早期的木制飞机，飞行员接受了对地攻击和侦察训练。[111]然而，尽管德军装备精良，足以突入协约国军队阵地，但总体而言，同盟国的情况并不比 1914 年更好。同盟国有 2.3 万辆卡车，使用的是在卡波雷托战役中也用过的钢制轮胎，而协约国则有 10 万辆装有橡胶轮胎的车辆。[112]除了从协约国那里缴获的少量坦克和自己的 A7V 坦克之外，德军

401

没有坦克，A7V 行进缓慢、操作困难。在鲁登道夫的回忆录中，他表示自己对坦克毫无兴趣，他怀疑坦克的有效性，并认为生产更多坦克就意味着牺牲了其他武器的生产。[113] 德国可能会以更低的伤亡率来取得突破，即便如此，兵员不足也很快就成为德国面临的最紧迫的问题。

　　德国最高统帅部对自己的军队充满信心，兴登堡充分信任最高司令部，也对胜利充满信心。[114] 但与里加战役或卡波雷托战役不同的是，现在的德军面对的是实力一流的敌人，无论在人数上还是在军备上，德军都没有压倒性的优势。鲁登道夫认为他一次只能发动一次攻击[115]，他不指望一次就能完成所有任务，而是设想会发动一连串攻击。他告诉威廉二世，这可能是所有军队都面临的最大问题：进攻将从一个点开始，在另一个点继续，并持续很长时间。[116] 尽管如此，至少从 1917 年 4 月起，他和兴登堡就已经设想了一次大规模的西线进攻：这是自马恩河战役以来的第一次进攻（凡尔登战役除外）。[117] 他们及其参谋将这一行动描述为"最后一张王牌"。鲁登道夫说，如果行动失败，"德国将亡国"[118]。10 月，魏采尔曾敦促鲁登道夫发动早春攻势，以便在美国人抵达前在西线取得决定性的胜利，在那个阶段，他预计俄国仍将留在战争中。[119] 在 1917 年11 月 11 日的蒙斯会议之前，鲁登道夫就已经下定了决心，讽刺的是，蒙斯会议正好在战争结束前一年举行。在蒙斯，鲁登道夫和魏采尔与西线北方集团军的两个指挥官——巴伐利亚王储鲁普雷希特（Rupprecht）和普鲁士王储威廉以及他们的参谋长库尔（Kuhl）和舒伦堡（Schulenburg）举行了会晤。鲁登道夫告诉那些持怀疑态度的指挥官，只有进攻才能发挥决定性作用，军队希望继续进攻，而奥匈帝国和土耳其已接近崩溃。会议未能就打击地点达成一致意见，库尔想在佛兰德斯打击英军，而舒伦堡更倾向于在凡尔登发起进攻。魏采尔支持后一种观点，他认为法军是实力更强、更危险的对手，同时法国的守军更薄弱。[120]鲁登道夫总结说，他赞成尽早进攻，以便在美军到达前完成任务。他更倾向于攻击英国远征军，虽然不是在佛兰德斯而是在圣康坦（St-Quentin），后来德军的进攻确实是按照鲁登道夫设计的路线进行的。鲁登道夫认为德军的实力不足以击败法国，尤其是当法军有撤退的空间时，而英国远征军规模更小，技术更差（这并不是说他轻视英国远征军）。他下令对阿兹布鲁克、伊普尔、阿拉斯、圣康坦、凡尔登和孚日等地点进行研究。1 月，德国最高统帅部确定在圣康坦发动进攻，代号为"迈克尔"，3 月 10 日兴登堡下令在 21 日发动"迈克尔攻势"。[121]

　　德国最高统帅部在很晚的阶段才征求赫特林和威廉二世的意见，此时他们已无法对"迈克尔攻势"施加影响，即便如此，他们还是批准了"迈克尔攻势"。这次攻势的政治目的非常模糊，鲁登道夫说，"迈克尔攻势"主要是迫使劳合·乔治和克列孟梭在大批美军抵达前进行谈判。[122]圣康坦行动的目标也不是特别明确。鲁登道夫更关注最初突破时的困难，因此选择这个地点主要是基于战术的考虑。佛兰德斯离大海和英吉利海峡的港口更近，但 4 月之前那里不太可能完全干涸，鲁登道夫想早点发起进攻。英军在阿拉斯周围的防御力量非常强大。因此，他选择在康布雷、圣康坦和拉菲勒

（La Fère）之间的英军防守较弱的南部地区发起进攻，那里的土地相对干燥平坦。在这里取得突破不会立即取得重要目标，但可以使他取得康布雷战役遗留下来的福莱奎尔斯（Flesquières）突出部，然后向西北推进，将英法两支军队分割开来，将英军逼向大海。在某种程度上，这种观念反映了索姆河战役背后的思想。鉴于鲁登道夫部队的人数优势并不明显以及机动能力差，这一设想的危险在于，就像1916年的黑格一样，他漫无目的地发动攻击，然后在缺乏战略意义的阵地上被阻止。[123]

尽管如此，对手存在的问题还是令鲁登道夫欢欣鼓舞，对手存在的问题可能比他意识到的还要严重。美军人数比预期的少，法军和英军配合不佳，可能最重大的问题是英国远征军的防御措施有缺陷。1917年11月至1918年3月，驻法美军人数从7.8万增加到22万，但只有13.9万人是战斗人员，而且每6个师中最多只有1个师是随时准备投入战斗的。[124]造成这种情况的原因包括征召和训练新兵需要时间，以及航运短缺。协约国军队本可以在部队运输上投入更多船只，5月后协约国军队就这样做了。此外，在威尔逊的支持下，潘兴仍然坚持美军的独立性，反对与英法军队临时合并，因为临时合并可能发展为永久性的合并。[125]1917年12月，克列孟梭抱怨美国远征军不适合战斗，贝当建议将美军编入法国师并进行为期两个月的训练，然后再投入前线。潘兴反对这一建议，不仅因为向法国人屈服会为英国人开一个先例，还因为他担心法国人只会训练美军"堑壕战术"，而他希望美军也学习"进攻战术"。最终双方达成一致，美国远征军将与法军共同作战一个月，直到培养出足够多的美国军官为止，但美军将保持作战的独立性。[126]直到 5 月，鲁登道夫的进攻重点仍是英法两国。

在 1917—1918 年的冬天，协约国试图达成共同战略协议的努力基本上失败了，这一失败导致了在德国进攻时，协约国出现了指挥危机。卡波雷托战役后，协约国成立了最高战争委员会，在这一委员会内，英国、法国和意大利政府每月召开首脑会议，最高战争委员会的秘书处是凡尔赛的常设军事代表委员会，秘书处负责收集信息，制订计划。常设军事代表委员会只有咨询功能，没有执行功能，政治竞争使其工作复杂化。奥兰多任命卡多尔纳接替他的指挥职务；威尔逊不愿在政治上做出承诺，尽管他任命塔斯克·H. 布利斯（Tasker H. Bliss）将军为自己的军事代表，但他只同意让一名美国外交官在政府首脑会议上担任观察员。[127]最高战争委员会的想法是由英国人提出的，特别是亨利·威尔逊爵士，他是英国驻最高战争委员会的第一任军事代表，劳合·乔治欢迎能有一个比罗伯逊更合意的建议来源。从一开始，它的决定就充满争议，难以实施。1918 年，当各国政府首脑要求常设军事代表委员会审查军事行动时，常设军事代表委员会建议在法国和意大利保持守势，在巴勒斯坦和美索不达米亚发动进攻，前提是没有军队从西线调离。这个建议反映了亨利·威尔逊和劳合·乔治的想法，但是法国人和黑格、罗伯逊对这个建议深恶痛绝。后来克列孟梭勉强同意了这一建议，只要英国继续在西线努力，法军就向中东发动进攻。[128]这场辩论不仅关系到协约国的战争目标，还关系到最高战争委员会讨论的另外两个问题。第一个是英国部门的扩展。1917 年 5 月，65 个英

404

军师防守 158 公里的防线，109 个法军师防守 580 公里的防线。[129] 尽管法国前线的大部分地区不太可能受到攻击，但是在巴黎，这种分歧似乎很大。法国人想将他们的老兵解放出来，而克列孟梭则希望让英国人承担更多责任，从而牵制劳合·乔治在中东的活动，因为法国在中东也有利益，但却不具备追求这些利益的实力。[130] 事实上，劳合·乔治对延长期限表示欢迎，认为这能牵制黑格的进一步进攻，他赞同这一原则。因此，在 1918 年 1 月，黑格和贝当之间达成的协议将英军的防线向南延长了 40 公里，一直延伸到瓦兹河以南的巴里西斯（Barisis），但当最高战争委员会要求进一步延长英国的防线时，英国人拒绝了。

然而，最具争议的提议是建立一个协约国之间的总预备队。2 月 2 日，各国政府批准了一项计划，由福熙担任常设军事代表委员会主席，有权调动西线、意大利战线和马其顿战线的 30 个师的预备队。亨利·威尔逊对此表示支持，黑格和贝当反对这一建议，不仅是因为他们反对福熙草率的反攻德国计划，也因为他们希望自己控制自己的预备队。克列孟梭显然不愿意凌驾于两位指挥官之上，于是改弦更张，但最终导致计划流产的是英国文官政府和军方的斗争。第三次伊普尔战役和康布雷战役的惨淡结果削弱了英军总司令部的威信，导致保守党和新闻界对它的支持下降。[131] 事实上，《泰晤士报》也开始公开批评军方。此外，黑格和罗伯逊的关系已经疏远，黑格认为罗伯逊不够"西方化"。1918 年 2 月，托利党的《先驱晨报》（Morning Post）发表了一篇文章，谴责协约国总预备队的计划，并谴责劳合·乔治"在大战中没有能力治理英格兰"，这使黑格的地位变得至关重要。[132]这一事件使军民关系紧张到了极点，罗伯逊被降职，威尔逊取代了他，但帝国总参谋长的权力更加受限。事实上，威尔逊和罗伯逊一样，既希望把兵力集中在西线，又理解帝国的顾虑，他与劳合·乔治的私交更好，与黑格的关系也比较合理。黑格不支持罗伯逊，结果就使总预备队的计划受到了破坏。黑格警告劳合·乔治，他宁可辞职也不会派军队参与总预备队，一旦他拒绝了这一计划，贝当也紧随其后。3 月初，最高战争委员会只能放弃该计划，虽然遭到福熙的强烈抗议，但在克列孟梭的默许下，批准了黑格和贝当之间的双边协议。如果黑格最南端的第五集团军受到攻击，法军要么接管一部分防线，要么用 6 个师增援；黑格也承诺，如果法军成为攻击目标，他将提供援助。[133]总预备队计划是否损失惨重值得怀疑，而在德国进攻的第一阶段，英法的双边合作还是迅速有效地发挥了作用，尽管如此，黑格还是留有遗憾。

　　协约国军队最大的弱点不是预备队的崩溃，而是英国当局自身准备不足。后来黑格和英军总司令部试图把英国自身准备不足的责任推到他们无法控制的因素上，尤其是英军防线延长和政府对军队保障不足。[134]他们这样做是有一定道理的。1 月，英军防线延长了约 1/4，而法军移交给他们的防线状况一般，英国远征军没有得到补充，战斗力也没有提升，这比一年前的水平还要低。各方就统计数据相互推诿，根据陆军部的报告，尽管远征军的总兵力在 1917 年初到 1918 年初之间有所增加，但作战部队的人数却从 107 万下降到 96.9 万。[135]1917 年 1 月至 11 月，英国空军伤亡近 79 万人。10

月，新上任的军人服务局局长奥克兰·格迪斯（Auckland Geddes）表示，国内经济已无法再为英国远征军补充兵力。随后引发了两场辩论。一场辩论是关于英国是否应该进行技术密集型战争，使用坦克和其他设备来节省人力与挽救生命。时任军需大臣的丘吉尔是倡导新技术的领军人物；黑格和英军总司令部则更为保守，对坦克的机械可靠性和代替步兵防守阵地的能力持保留态度。这种差异在某种程度上是细微的，并且对进攻作战的影响比对防御作战的影响更大。丘吉尔的主张在陆军部获得了越来越多的支持，但是英军总司令部仍然不为所动。英军总司令部实际上在 1918 年春天尝试减少向法国输送坦克（虽然并未成功）。[136]第二场辩论后，英国远征军的武器交付量没有实现大规模的增加，整个军队仍然缺少操作武器的人员。11 月 26 日，战时内阁同意，如果有必要，英国必须能够继续战斗到 1919 年。战时内阁成立了一个人力委员会，支持劳合·乔治的计划，即在大量美军到来之前，英军要打持久战。首先应该优先考虑的是海军，其次是造船业、空军和海军飞机生产，然后是农业、木材和食品储备，最后是陆军。军方要求在 1918 年 11 月之前从平民中征召 60 万最强壮、最健康的"A 类"男子，而人力委员会只能提供 10 万名"A 类"男子。[137]面对德国进攻的紧急情况，人力委员会提供了更多援助，到 11 月，总共提供了 372 330 名"A类"士兵。除了体格健全的平民，从 1918 年 1 月起，大约有 17.5万名训练有素的士兵驻扎在国内，部分是为了防止外来入侵和内部动乱。[138]但在德国发动进攻之前，内阁怀疑黑格如果发起攻击，就会把英军浪费在无意义的进攻中，从而使英国失去在最后战役中做出决定性贡献的机会。此外，部分由于黑格的建议，大臣们低估了德国进攻可能带来的危险。不仅英国远征军的经费有限，而且英军总司令部也对英军进行了重组。德国和法国已经进行了重组，英国内阁也早就有此设想，即不减少师的数量，而是将每个师由 12 个营削减到 9 个营。除了自治领的师之外，在 1 月到 3 月，47 个师各减少了 3 个营，重组推进得很快，没有任何征兆。这次改组可能使许多从原部队调离的人感到不安；这也可能使战壕守军的压力变得更大了。因为每个师驻守之前线的长度相同，第一线的守备力量就会更弱，第一线的步兵被轮换出来需要更长的时间。[139] 即使考虑到外部对英国远征军设置的障碍，英军总司令部新的防御配置也可能会让事情变得更糟糕。

这并不是说黑格把一切都搞砸了。政府坚持要在康布雷战役后重组英军总司令部，劳伦斯（Lawrence）取代基格尔（Kiggell）担任参谋长，非常能干的考克斯（Cox）准将取代查特里斯担任情报主任，他向黑格准确地汇报了德国军队向西行动的情报。从 12 月开始，黑格预计德国将在新年发动进攻，他命令英国远征军建立纵深防御体系。2 月，他准确地预测了 3 月下旬德军在朗斯（Lens）和瓦兹河之间发动的第一次进攻，4 月德军又在伊普尔附近发动了第二次进攻。在里加战役后，有人建议黑格做好准备以应对德军突然轰炸后的渗透。[140] 不幸的是，英国远征军不习惯防御战，尤其不习惯英军总司令部制定的防御体系，该体系建立在对 1917 年德国防御战术的误解之上。英国的防御体系包括三个区域：前沿区域、3 000 码的交战区域和位于其后 4～8 英里的后方区域。前沿区域由

407

"前哨"而不是由连续的战壕组成，要以比德军更强大的力量坚守到最后一人。交战区域应严防固守。与德军相比，英军的反击和自动回应更慢，后方区域部署的预备队较少，无法迅速发起反击，而且指挥官的权限也更受到限制，这是与英国远征军森严的等级制度对应的。[141]事实上，第三集团军和第五集团军部署得很靠前，几乎没有为后方区域做任何准备，84%的英国营一级的部队距离前线不到3 000码，因此更容易遭到轰炸，而在德国的军事部署体系中，这一比例最高为50%，只有相对较少的德军可用于解除前沿战区的敌方"堡垒"。[142]高夫的第五集团军实际上把一半机枪都放在了前线，这与总司令部的命令相反。英国计划中的第二个缺陷使情况变得更糟。第二、第一和第三集团军部署在最北部，其兵力部署比第五集团军更密集，黑格的8个预备役师也驻扎在北部。[143]第五集团军对新占领的最南端阵地的控制较弱，黑格授权高夫在必要时向索姆河方向撤退，因为那里离海岸最远，可以安全地退守；根据双边协议，新占领的最南端阵地是贝当将加强防御的地区。黑格可能计划从侧翼打击德军的攻势，事实上，他一直在让没有准备投入战斗的人员在后方修建横向铁路。虽然如此，但是鲁登道夫的攻击如此猛烈，英军的准备还是显得不够充分。正如一位历史学家所言，鲁登道夫的行为近乎疯狂，他不是简单地推开门，而是直接将门掀翻。[144]

　　事后黑格为他的行为进行了道歉，但其实黑格和他的指挥官们在进攻前还十分自信，甚至有些自满；事实上，就在战争前夕，黑格批准了8.8万名士兵的特别休假。英军总参谋部没有将"机动预备队"派往欧洲大陆，而是留在了英国本土，因为黑格保证他可以在 18 天内抵御任何攻击。[145]1 月 7 日，他乐观地向内阁报告了战事。3 月 2 日，他告诉军官们，他唯一担心的是德国是否会发动进攻，这和凡尔登战役之前的霞飞很像。[146]高夫同样很乐观，认为德军不会突破他的防线。[147]协约国似乎成了一场骗局的受害者；鲁登道夫沿着前线发动突袭和轰炸，从而掩盖了打击的方向。[148]德国人还通过夜间调遣军队、掩护弹药库和掌握制空权来掩盖攻击目标。英国人发现很难抓到俘虏，并且俘虏们一无所知。尽管如此，从 3 月 9 日起，100 万名德国士兵集结在战斗区域，英军飞机开始注意到警告信号。到 19 日，英军总司令部预计德军会在未来两天内发动攻击。在攻击前夕，英军总司令部和黑格对德军进攻的地点与时间的预测大致正确，二者最初预测这将是一场有限的消耗战，这和英军的进攻程序类似，英军认为他们有充足的反应时间。[149]但是，等待英军的是自 1914 年以来最猛烈的攻击。

"迈克尔攻势"从 3 月 21 日凌晨 4：40 开始，共经历了七个阶段，持续到上午 9：40。一个英国机枪手描述道："好像从地球内部爆发出来的一样，山岭那边有一道长长的、连续不断的黄色闪光。最使我震惊的是，攻击是突然发生的，没有事先的炮击，只有瞬间产生的巨大骚动。"[150]德军将西线火炮的一半都投入了这场战斗，总共 6 473 门（包括 2 435 门重型火炮），外加 2 532 门迫击炮，相比之下，卡波雷托战役使用了 1 822 门火炮，里加战役使用了 680 门火炮，索姆河战役前使用了 1 437 门火炮。事实上，在 50 英里左右的攻击战线上使用这些火炮，算不上密集，但德军发炮密集而准确，在 5 小时内发射了大约 116 万枚炮弹，相比之下，英军在 1916 年 6 月的 7 天内发射了 150 万枚炮弹。[151]首先，德军集中进攻英军的炮兵和指挥所，后来又集中攻击英军的第一阵地，然后在步兵进攻时开始发射弹幕，弹幕混合了烈性炸药、光气弹和一种新型催泪气体，目的在于给士兵造成强烈刺激，逼他们摘下面罩。步兵的进攻同样惊人，鲁登道夫集结了西线 191 个师中的 76 个师，其中 32 个师发起第一波进攻，另外 28～32 个师紧随其后。德军尽管饥肠辘辘，但还是期待着胜利，期待着战利品，期待着结束战争，他们的指挥官也同样信心满满。[152]正如阿尔布雷克特·冯·特尔（Albrecht von Thaer）所说，这场进攻就像"黑幕"一样在他们面前若隐若现。[153]与他们对抗的英军第三集团军和第五集团军由 26 个步兵师（其中 21 个步兵师参加过第三次伊普尔战役）和 3 个骑兵师组成，而近几个月来，只有不到一半的德军经历过实战。英军共有 2 804 门榴弹炮和火炮。[154]德军的数量优势可能比第三次伊普尔战役开始时的英军优势要小[155]，但他们取得了堑壕战以来空前的胜利。他们前进了 8 英里，在一天内占领了 98.5 平方英里的领土，相当于协约国军队在索姆河战役中 140 天占领的领土面积。德军估计损失 39 929 人，其中 10 851 人阵亡、28 778 人受伤、300 人被俘，但他们给守军造成了同样的损失，英军伤亡 38 512 人，其中阵亡 7 512 人、受伤 10 000 人、被俘 21 000 人，德军还缴获了 500 门英国大炮。与此相比，英军在 1916 年 7 月 1 日伤亡为 57 470 人，德军伤亡 8 000 人。[156]德军在每一处都突破了英军的前沿地带，在南部 1/4 的前线，他们也取得了突破：这与协约国军队自 1915 年以来的惨淡战绩形成了鲜明对比。德国人很幸运，因为到中午之前一直浓雾弥漫，英国守军看不见德军，英军在前线和战区有大约 6 000 挺机枪（在索姆河战役中，德军在 1916 年 7 月 1 日仅用 200 挺机枪就给进攻的英军造成了巨大伤亡），要不是受浓雾影响，英军可能会给德军造成重大损失。[157] 但是德军的纵深轰炸和渗透战术也产生了重大影响，粉碎了英军前线，摧毁了英军后方的指挥所。轰炸没有摧毁地面，阵地依旧平坦、干燥和坚固。德军很快绕过前线据点，尽管英军的抵抗比卡波雷托战役中的意军更激烈，但当他们意识到没有机会获救时，大多数人选择了投降。许多作战单位直接解体。英国炮兵处于黑暗中，几乎没有给前方区域提供任何支援，也无法进行反击。因此，德国卓越的战术凸显了英国防御体系的不足和英国远征军指挥官的失误。第三集团军的指挥官拜恩（Byng），可能在撤离福莱奎尔斯突出部之前耽搁了太长时间。高夫把太多部队部署在了太远的前方，一旦他命令部队撤退，部队就撤退得比他预想的更远、更快；也许这不算一件坏事，毕竟放弃的都是可有可无的领土。[158]

　　德军远未达到鲁登道夫的目标，即在第一天就彻底突破英军防线。高夫在 3 月 21 日晚上下令英军全面撤退到索姆河和克罗扎特运河（Crozat canal）后方。相比之下，鲁登道夫的真正目标是第三集团军，他们人数虽少，但是防御更加严密，他们拖延了德军第十七集团军和第二集团军的进程，但是拜恩和高夫之间被打开了一个空隙，到 23 日，德国人已经打开了一个 40 英里宽的口子，从而进入开阔地带。接下来的几天中联军极其焦虑。起初，英法合作良好。黑格的日记表明，他和贝当一致认为英法军队必须团结起　　*410*

来，贝当急于支援他，并正在派遣增援部队。[159]对比黑格的 8 个师，法军已经积累了 40 个师的预备队，但是贝当的情报警告说，德军可能在香槟发动第二次进攻。贝当履行合作协议，并且法国提供的兵力远超合作协议的规定，21 日提供 3 个师，22 日提供 3 个师，23 日承诺再提供 14 个师。随后一天，第一批法军抵达，帮助英军建立了预备队，即便如此，能否更快地援助英军还是个问题。[160]德军冲锋队尽管最初进展十分顺利，但还是花了三天时间才穿过防御工事，这给了黑格和贝当调集援军的时间。8.8 万名正在休假的英国士兵以及机动预备队被紧急送往英吉利海峡对岸。23 日，黑格要求再增加 20 个法军师支援亚眠，贝当拒绝了。[161]双方指挥官现在都开始担心合作会破裂，他们的军队会被分开。3 月 24 日，贝当发布命令，他最关心的是保持法国军队的完整，只有这样，才能与英国远征军保持联系。同一天，他告诉黑格，他得到的指示是不惜一切代价保卫巴黎，这意味着英国远征军的右翼将暴露无遗。他担心黑格可能撤退到英吉利海峡港口，这种担心不无道理。[162]事实上，黑格已经决定从英国调来一支部队，并接受法国的领导，以补充索姆河以北的法军。亨利·威尔逊和英国战时内阁成员米尔纳（Milner）勋爵前来与法军指挥官和克列孟梭协商。无论是 3 月 25 日在贡比涅（Compiègne）还是 3 月 26 日在杜朗（Doullens），贝当的悲观主义都给政治家们留下了不好的印象，这与福熙坚持调动所有可用部队以保持英法两军团结形成鲜明对比。在杜朗，米尔纳、黑格、威尔逊以及法国领导人在与各国指挥官协商后，一致同意由福熙统一指挥西线协约国军队。[163]

　　杜朗会议具有高度的象征意义，但仅此而已。黑格感到如释重负，但英国战时内阁却对杜朗会议的决定感到愤怒，劳合·乔治告诉米尔纳，让法国人当总司令是不可能的。[164] 福熙没有参谋部，他只是联军的协调人，他的职能也不明确。当时还不清楚由他统一指挥西线协约国军队会产生什么影响。福熙告诉高夫不要再后撤，但高夫还是继续后撤。但经过黑格的劝阻后，高夫不再考虑撤退到海峡港口，福熙命令指挥法国预备役师的法约勒（Fayolle）要不惜一切代价与英国远征军保持联系。贝当取消了 3 月 24 日的命令，26 日又将这一命令传达给了 7 个师。贝当认为，德军攻势如此之盛，其他地方反而没有什么危险。此外，4 月 3 日的博韦（Beauvais）会议通过了一项决议，授权福熙决定"军事行动的战略方向"，并下令进攻，黑格和贝当仍然负责"军队的战术行为"，并可以向各自政府申诉反对福熙的命令。[165] 现在的情况似乎证明了福熙的任命是正确的。事实上，到杜朗会议时，德国人已经失去了进攻动力，只是协约国领导人还没有意识到这一点。

　　德国的突破迫使双方都做出了关键性的决定。鲁登道夫的意图是突破防线，向西北推进。但最大的胜利在南部，而不在康布雷和圣康坦之间，鲁登道夫决定为胡蒂尔的第十八集团军补充 6 个师。[166] 3 月 23 日，鲁登道夫下达了新命令，德军沿着三条轴线前进，目的是沿着索姆河两岸推进，将英法两军分割开来，然后把他们逼入大海。但在 25 日，他进一步分解了计划，决定不增援胡蒂尔，而是下令攻击阿拉斯周围的英军据点，这一行动于 28 日开始，几小时后就被叫停。此时，他放弃了在进攻中取得全面突破的希望，

411

并授权于 4 月初在佛兰德斯进行一次新的进攻尝试。与此同时，他集中精力试图切断英军防线后方的南北铁路干线。这意味着将第十八集团军推进到亚眠，或者至少占领维莱-布勒托讷（Villers-Bretonneux）的高地，进而轰炸亚眠。[167] 在两次尝试都失败后，考虑到他决心在其他地方发起进攻，而不是冒险再次进行消耗战，4 月 4日—5 日，鲁登道夫取消了"迈克尔攻势"。鲁登道夫不停地给下属打电话，不断地改变进攻方向，这说明他精神高度紧张和目标模糊。如果他早点增援胡蒂尔，可能德军已经攻陷亚眠，或者如果继续向西北方向前进，德军可能已经威胁到阿拉斯。最后，在进攻下占领了一个新的突出部，但这里没有战略意义，这削弱了德军的下一次进攻。与以往一样，士兵和下级军官的行动至少与将军和政治家的行动同样重要。即使德国人到达开阔地带，他们也面临着比卡波雷托战役更有组织的抵抗，协约国军队撤退时临时在森林内和航道上设置了防线。首日过后，鲁登道夫的军队经常放弃长距离渗透，转而进行传统的近距离攻击，德军在明处，结果伤亡惨重。当英国皇家空军扫射前进的德军时，浓雾消散了，这为英国机枪手创造了优势。德军将自己的火炮远远甩在后面，1/3 的火炮在进攻中被摧毁，特别是在他们进入1916 年索姆河战场的荒原后，在那里很难修建公路和野战铁路，所以很难运输火炮。就像四年前的小毛奇一样，鲁登道夫失败的部分原因是他的部队在推进到离铁路有 40 多公里的地方后，粮草供应困难。先头部队只带了两天的口粮，已经精疲力竭，因为他们要在没有供给的情况下日复一日地行军，而且不断伤亡。军队解散了大部分骑兵，马匹太少，饲料太少，卡车车队的运力也远不如协约国军队。众所周知，德军为英军仓库里的食物和饮料所吸引，从而减慢了前进速度，但是也暴露了下级军官无法控制自己的下属，凸显了更深层次的后勤方面的弱点。[168]到杜朗会议时，第十七集团军和第二集团军遭遇了越来越顽强的抵抗，胡蒂尔部队被赶进了一个大草原，依然无法到达亚眠。如果鲁登道夫的战略目标比较集中，他可能会取得更大的成就，但是如果协约国军队坚持抵抗，"迈克尔攻势"就不太可能成功。

当这次行动结束时，鲁登道夫已经给协约国军队造成了巨大伤亡，俘虏 9 万人，缴获 1 300 支枪支，协约国军队伤亡 21.2 万人[169]，德军伤亡 23.9 万人。虽然他的新路线不是一帆风顺，但他为了威胁亚眠而坚持战斗。[170]战斗结束时，黑格派出了 56 个师中的 48 个师，法军派出了 40 个师。到 4 月 3 日，黑格手里只剩下一个预备师了。[171]因此，不到一周，鲁登道夫就开始了对利斯河的第二次进攻，即"乔治特攻势"，协约国军队面临第二次危机。在轰炸后，德军第四集团军和第六集团军于 4 月 9 日和 10 日在 20 英里的前线发起进攻，12 个突击师参加了战斗（而在"迈克尔攻势"中使用了 47 个突击师）。[172]他们有 2 208 门火炮和 492 架飞机。考虑到"迈克尔攻势"的成本，"乔治特攻势"比原计划的规模要小，部队的战斗力也较弱。尽管德军在再次快速出击时展现了出色的后勤保障能力，但是这次他们是白天行军，从而使协约国军队得到了更多预警。尽管黑格预料到英军会在更南的地方受到打击，但英军还是犯了一些先前的错误。第一集团军和第二集团军中最精锐的部队被派去参加"迈克尔攻势"，进攻部队由 6 个英国师（其中 5 个参加过南部战役）和 2 个葡萄牙师组成。德军主力进攻距离前线 6

413

英里的一个葡萄牙师，尽管收到了情报警告，但第一集团军指挥官霍恩（Horne）并没有增援他们。[173]英军总司令部就纵深防御系统向指挥官提供的指导仍然不足，一些部队听从了这些指导，而另一些部队则没有。事实上，传统的机枪哨所和战壕线阻止了在德国南部的进攻，而北部的葡萄牙人被德军突破，当他们撤退时，毗邻部队也不得不撤退，哨所被包围，指挥链被切断。

　　到 12 日，英军 30 英里的防线再次被德军突破，英军被迫撤离了他们在伊普尔突出部所占领的土地，撤退到城市边缘。黑格发布了一条著名的命令："我们必须拼死战斗到底"。黑格的命令尽管引起了部队的冷嘲热讽，但是却给年轻的志愿救护队护士薇拉·布里顿（Vera Brittain）留下了深刻印象。[174]到 18 日，德军再次向前推进，英军的防线也被重新建立起来。鲁登道夫判断，由于春天天气温暖，所以地面十分干燥，但他的部队发现利斯山谷仍是一片沼泽，到处都是机关枪，很难前进，他们跑在炮兵的前面。德军高级指挥官失去了对战斗的控制，下级军官再次下令进行大规模进攻，但是部队拒绝执行命令，而补给问题再次分散了部队的注意力。[175]黑格几乎没有任何预备队，而且发现福熙比贝当更不愿为他提供援助，他担心利斯河战役是德国计划在其他地方进行更大规模行动的障眼法。直到 4 月 19 日，尽管黑格向法国政府申诉，福熙还是拒绝向北方派遣支援部队。最后，在压力之下，福熙派出了 12 个师。[176]虽然有这些法军援助，但凯默尔山（Mount Kemmel）（伊普尔附近少数几个主要据点之一）还是在 25 日失守了。虽然英国指责法国援军的质量，但法国援军还是在 4 月 29 日击退德国的最后进攻中发挥了关键性的作用，他们发射了大量炮弹，进行了多轮机枪扫射。此后，鲁登道夫在没有实现关键目标的情况下取消了"乔治特攻势"。德军仍停留在距离阿兹布鲁克铁路枢纽5英里的地方，未能取得卡塞尔（Cassel），他们的远程火炮可以从卡塞尔轰击布朗和加来。然而，他们的确在第二次攻击维莱-布勒托讷时向亚眠逼近了一步，佛兰德斯防线后面的英军现在更容易受到炮火和空袭的攻击。双方都付出了沉重的代价：协约国军队和德军分别伤亡146 000人和109 000人。到了4月底，鲁登道夫的两次进攻都停止了。

　　德军暂停进攻影响深远，这一事件本身就是德军力量衰退的有力证明，因为兴登堡的战略概念是"通过严密连续的局部打击来撼动敌人的大厦，使其倒塌"[177]。1918年5月—6月，德军进攻法军，奥匈帝国进攻意大利。这一次，协约国终于尝到了新战术的甜头。我们最好先从奥匈帝国的皮亚韦河战役讲起，这场战役的起源部分可以追溯到卡尔一世和切尔宁之间的斗争。东部的和平条约似乎证明了切尔宁与柏林合作的决策是正确的，尽管这些条约几乎没有改善同盟国的食物供应。尽管切尔宁坚持奥匈帝国绝不会单独媾和，但是1918年初，卡尔一世还是加大了对所有协约国的和平试探。切尔宁的焦虑分散了他的注意力，他显然希望鲁登道夫的进攻能够狠狠地惩罚协约国，以便与协约国达成全面和解。他决定清除皇帝周围那些持单独媾和观点的说客，即"迈因尔集团"（Meinl Group）。在4月2日的一次演讲中，他抨击了克列孟梭想吞并阿尔萨斯-洛林的想法，并影射了奥法最近一轮的接触。切尔宁暗示法国人民，克列孟梭决心获胜后才发起和谈；克列孟梭指责切尔宁撒

414

谎，并扬言要进行报复。克列孟梭曝光了西克斯图斯事件，公布了1917 年 3 月 31 日给王子的信，在信中卡尔一世提到了法国对阿尔萨斯-洛林的主张。克列孟梭在宣传方面取得了巨大胜利。[178] 切尔宁从卡尔一世那里得到了一份声明，声明说他从未发出这封信，但皇帝随后解雇了切尔宁，任命伯里安（Burian）伯爵为新外交大臣。"切尔宁事件"进一步削弱了奥匈帝国的外交独立性。5 月 2 日，卡尔一世在斯帕（Spa）会见了德国领导人，库尔曼坚持认为卡尔一世必须接受中欧集团、军事协定和贸易公约的要求。此外，兴登堡还和奥匈帝国总参谋长阿尔兹·冯·施特劳森堡达成了一项协议，即两国将调动所有可用人员，统一部队的训练和部署，统一武器和弹药，交换军官，共享战争计划。[179] 尽管切尔宁被解职让奥匈帝国的德意志人和马扎尔人都感到震惊，但其他民族认为斯帕会议意味着奥匈帝国完全臣服于德国，这一观点与协约国一致，协约国现在
415 怀疑让奥匈帝国继续存在下去是否还有意义。在德国战败之前，卡尔一世被牢牢捆绑在德国战车上。[180]

　　切尔宁在下台前曾建议对意大利发动新的进攻。卡尔一世原则上同意了，在"切尔宁事件"之后，卡尔一世希望进攻意大利能恢复他在德国的声望。[181] 事实上，德国人坚持这样做，以换取粮食运输，德国最高统帅部欢迎卡尔一世进攻意大利的想法，这样做有利于支持德国在西线发起攻势。[182] 奥匈帝国希望能获得更多补给，促使意大利谈判，并保证自己能在德军的胜利中分得一杯羹。[183] 阿尔兹·冯·施特劳森堡的军官们观察了西线攻势，他希望采用类似的方法，同时与德军的下一次攻势保持同步。从俄国释放回来的战俘使奥匈军

队得以恢复元气，如果要进攻，最好赶在意大利人恢复元气之前。[184]

尽管如此，奥匈帝国还是在诸多条件不利的情况下负隅顽抗、进行斗争。康拉德想在阿夏戈高原发动进攻，博罗耶维奇（Boroević）是皮亚韦河战役的指挥官，他想在皮亚韦河发起攻击。卡尔一世对二人的计划做了折中处理，他命令在两条战线上同时进攻，结果这两条战线都太弱了。当博罗耶维奇试图突破皮亚韦河防线并向威尼斯推进时，康拉德则攻击蒙特格拉帕高地。奥匈帝国在意大利战区有 65 个步兵师和 12 个骑兵师，但这一次没有德国的支援，奥匈帝国军队只比协约国军队的 56 个师略占优势，而协约国军队的 56 个师还包括精锐的 3 个英法师。在飞机方面，协约国军队有两倍多的优势，此外，协约国军队有 7 000 门火炮和 2 400 门迫击炮，奥匈帝国军队只有 6 830 门火炮。[185]理论上奥匈帝国有很多炮弹，但是当战争开始时，许多炮弹还在超负荷的铁路系统上运输。[186]一些前线作战的士兵每天的口粮只有 3 盎司肉和 8 盎司几乎不能吃的面包：对于他们来说，和德国士兵一样，一个激励他们的简单方法就是有口吃的。相比之下，在平静的春天里，意大利军队士气虽然不稳定，但有了明显提高，协约国的宣传对奥匈军队产生了更大的影响，比奥匈帝国的宣传对意大利军队所产生的影响要大。[187]此外，通过审讯逃兵和监听战地电话，协约国知道 6 月 15 日是进攻日期。这次进攻以布鲁赫米勒式的轰炸开始，由于缺少飞机和观测气球，轰炸不太准确，由于意大利人配备了良好的英式防毒面具，所以德军的轰炸也没有效果。尽管如此，奥地利人还是建立了几个桥头堡，并派遣了 10 万名士兵越过皮亚韦河，但大雨和英

416

国轰炸机摧毁了他们的浮桥，这是空中力量日益多样化的另一个例子。在意大利人反击后，博罗耶维奇将他的部队撤回东岸。康拉德在阿夏戈和蒙特格拉帕的进攻也遇到英法军队的抵抗，并被其击退。战役的第一周，奥地利伤亡和被俘 15 万人，意大利损失 8 万人。[188] 7 月，康拉德被解除了指挥权。不可否认，在意大利前线第二次采用新战术的尝试失败了，在接下来的三个月里，疾病和逃兵使奥匈帝国军队减员 1/3 以上。兴登堡和鲁登道夫非常沮丧，他们认为这将是奥匈帝国发起的最后一次进攻，毫无疑问，他们的判断是对的。[189]

同时，德军在 5 月 27 日至 6 月 4 日对香槟发起了进攻，协约国军队再次陷入危机。在利斯战役期间，德国最高统帅部和战地指挥官都注意到，德军的士气和作战效率正在迅速下降。4 月从佛兰德斯转到德国最高统帅部的特尔（Thaer）认为，步兵"差不多被打光了"，最好的军官和士兵都在"迈克尔攻势"中牺牲了，幸存的士兵为战争没有结束而感到难过。[190] 驻扎在亚眠突出部的部队则处在简易的战壕中，人手不足。[191] 5 月，特尔发现兴登堡和鲁登道夫仍然信心十足，并计划进行一场持久战。鲁登道夫说，协约国没有提出任何和平建议，而他拒绝"不惜任何代价的和平"[192]。佛兰德斯仍然很重要，兴登堡希望通过占领这里，从而封锁英吉利海峡，并使用远程火炮打击英国南部海岸甚至伦敦。[193] 但是法国人给英国人提供了很大的支持，德军既不能到达亚眠也不能到达海岸，在魏采尔看来，是时候对法军前线发动一次突袭了，这样既能产生政治影响，也能在对比利时发动新一轮进攻前动员后备力量。[194] 尽管德军伤亡惨重，但是弹药供应仍很充足。那些被俄国俘虏的德军

被释放后，又被重新组织起来，德国从东部调遣部队：4 月调遣了
6 个师，5 月调遣了 2 个师。[195] 利斯战役后，鲁登道夫允许部队进行
休整，重新训练，重新装备，并进一步完善新的战术。德国步兵补充
了更多的轻机枪、手榴弹和反坦克步枪，并得到了机枪以使补给队伍
免受飞机袭击。[196] 尽管如此，5 月 27 日代号为"布吕彻"（Blücher）
的攻势仍遵循了平常路线。他们选中的是兰斯和苏瓦松（Soissons）
之间的埃纳河以北的贵妇小径的山岭，最初的意图是进行一次短暂
行动，先走山岭和埃纳河，然后沿着韦勒河（Vesle）前进 12 英里
后停止。[197] 1917 年 4 月，德军挡住了尼维尔的进攻。10 月，贝当进
攻马尔迈松后，德军放弃了贵妇小径。德军现在考虑重新夺回它，因
为夺回它会威胁到巴黎，而且他们知道这里的防御能力很弱。布鲁赫
米勒精心策划了最密集的弹幕，集中 5 263 门火炮对抗英法的 1 422
门火炮，这是德军在西线最悬殊的一次力量对比。[198] 他们在 4 个多小
时内发射了 200 万枚炮弹[199]，然后派出 15 个师发动进攻，随后又派
出 25 个师增援，虽然兵力比 3 月 21 日少，但比"乔治特攻势"的第
一天多。德军又一次在大雾中出击，他们的敌人仍然毫无准备。

　　德军对阵协约国军队的 16 个师，其中第一线有 4 个法国师和 3
个英国师，预备队有 7 个法国师和 2 个英国师。[200] 驻扎在该区域东
部的英军已经与其他英国远征军分开，并被授命在原地待命。英国
情报部门曾预测会有一场袭击，当地指挥官也注意到德军的动向，
但法军第六集团军司令杜切内（Duchéne）不相信德军会发动进攻。
尽管贝当指示第一道防线必须大力抵抗以拖慢德军的前进速度，大
部分守军都集中在第二阵地，杜切内没有听从贝当的指示，坚守埃

417

纳河以北的前沿区域，结果德军突破后，协约国军队的主战区域几乎没有设防。贝当的防御方针受到了克列孟梭和福熙的质疑，他们认为这种方针过于谨慎。可能是不愿放弃法国的领土，也可能是为了避免与克列孟梭和福熙发生冲突，贝当默许了杜切内的方针。[201]因此，在布鲁赫米勒式轰炸和经验丰富的德国步兵的进攻下，协约国军队的防御在第一天早晨就土崩瓦解了。

德军穿过沼泽，爬上 300 英尺高的山岭，穿过宽 60 码的埃纳河，攻占了桥梁，通过第二阵地进入了开阔地带，向前推进了 13 英里，在当天下午到达了目的地。即使在 3 月 21 日的"迈克尔攻势"中，德军也没有取得这样的成就。鲁登道夫让德军继续前进，到第三天结束时，他们已经前进了 30 英里。英军损失了大量重型装备，只能用步枪和轻机枪进行抵抗，英军精疲力竭，德军向前挺进时，与英军发生的战斗相对较少，德军在侦察兵的掩护下，携带着战壕迫击炮、机枪和野战炮向第一线推进。相反，协约国预备队这次推进得更远，从而拖住了"迈克尔攻势"和"乔治特攻势"。在 5 月的休整期间，福熙不顾贝当和黑格的反对，重新制订了反攻计划。他预测到了鲁登道夫的最终意图，让大部分协约国预备队跟在英军后面，但他没有预测到香槟攻势，起初他把德军的香槟攻势当作佯攻而不予理睬。5 月 27 日和 28 日，贝当派出了 30 个师，但福熙拒绝将佛兰德斯的法国预备队腾出来，克列孟梭虽然担心巴黎成为德军的进攻目标，但却不愿向福熙施压。到 29 日，德军进攻到了马恩河。到 6 月 3 日，德军距巴黎只有 56 英里，直线距离 39 英里。[202]

德军俘获了 5 万名协约国士兵，并破坏了从巴黎到南锡的铁路线，但损失比之前的进攻都要小。正如德军所预期的那样，德军的进攻打击了协约国的政治信心。6月5日，英国内阁讨论了撤离英国远征军的问题。[203] 多达100万人逃离巴黎。1918年，这座城市不仅遭到空袭，还遭到德军"巴黎大炮"的袭击。从3月到8月，德军从55英里外向巴黎发射了283枚炮弹，造成256人死亡。[204] 尽管如此，克列孟梭还是在众议院为福熙和贝当辩护，并在6月的最高战争委员会会议上保护他们免受其盟友的指责。当德国人到达马恩河时，福熙从佛兰德斯调遣了更多军队，法军在美军的大力援助下守住了马恩河。此时，德军推进的动力正在减弱，协约国依靠大量的物资储备又一次拖住了德军。贝当的战略是把兰斯和苏瓦松周围的高地作为"防波堤"。他没有零星地部署士兵，而是在炮兵支援下组织了环形防御，沿着从维莱-科特雷（Villers-Cotterêts）森林到马恩河和兰斯的一道天然屏障布防。[205] 6月2日，25个法国师和2个美国师展开反击，美军通过著名的贝劳伍德（Belleau Wood）森林战役清除了德军。[206] 德军前进的脚步停止了。

　　兴登堡和鲁登道夫后来承认，德军前进得太远。[207] 3月，鲁登道夫还在犹豫是否要强化胡蒂尔的战果，这次他派出了更多部队，胡蒂尔并不满足于在韦勒河边建立一个小小的突出点，而是把他的部队带进了一个纵深40英里的大布袋里，只有靠近西部边缘的一条铁路提供给养，而两翼都很脆弱。然而，鲁登道夫不愿意放弃它，这场旨在从佛兰德斯转移法国预备队的行动最终分散了鲁登道夫的注意力。从5月到7月，香槟地区和通往巴黎的北部道路一直是战斗集中的区域，而德国的优势正在消退。鲁登道夫知道，美军到达欧洲的速度比他想象的还要快；4 月至 6 月，15 个美军师抵达欧洲。[208] 6 月期间，有 50 万名德国士兵感染了流感，这是 1918 年的第一次"西班牙流感"。双方都遭受了损失，但德军营养不良，流感发病更早，情况也更严重。德军被困在新的突出部，德国最高统帅部被迫推迟了代号为"哈根"的佛兰德斯战役，德军试图再次威胁巴黎，并在突出部的西北角附近发动进攻，扩大突出部。结果是，从 6 月 9 日至 11 日，德军发动了第四次进攻，这次进攻被德国人命名为"格奈森瑙攻势"，法国人称之为"马茨河战役"。

马茨河战役紧跟在香槟战役之后，德军不得不再次在白天行动，法国飞行员发现了德军的准备工作。乔治·潘万（Georges Painvin）是法国最高统帅部的一名密码破解员，他破译了德军要求加速向第十八集团军运送弹药的无线电信息，这一信息使法国人能够确定德军的攻击区域。德国逃兵报告说进攻日期是 6 月 7 日，但实际上推迟了两天。[209] 但这一次德国人的突袭不会成功。福熙从英军作战区域召回了法国师，并调来了 5 个正在接受英国远征军训练的美国师。黑格仍然担心佛兰德斯的安危，拒绝派遣英国师，并请求政府支持，但他确实进行了一次重新部署，使贝当能够集结预备队。法军第二集团军已经准备好了纵深防御，虽然准备得不够充分。协约国军队在德军发起进攻前的 15 分钟就开始反击了。[210] 尽管在进攻之前，布鲁赫米勒又为德军进攻实施徐进弹幕射击，而且又是在大雾中发射的，德军的进攻只动用了 9 个兵力不足的师，但协约国守军的第一战线有 7 个师，第二战线有 5 个师，近处还有 7 个师。守军没有溃败，德军在前进了 6.5 英里后就被拦截了。6 月 11

日，查尔斯·曼金（Charles Mangin）将军率领的法军从三面发起反击，鲁登道夫深感意外，便放弃了进攻。马茨河战役中，德军伤亡 2.5 万人，法军伤亡 4 万人。

　　马茨河战役规模有限，鲁登道夫想尽可能减少损失，福煦和贝当在 6 月 15 日停止了反攻，以保存兵力。即便如此，它的意义仍可与 1914 年的马恩河战役媲美，因为它利用了精确的情报，在协约国统帅的支持下及时增援，并制定了合理的防御战术，阻止了看似不可抗拒的进攻。鲁登道夫没能缓解香槟突出部的脆弱性问题，他的战略困境仍未解决。他既不能放弃香槟突出部，也无法守住它，他在北方的战果也是如此。在春夏两季，德军占领的领土比 1917 年协约国占领的领土多十倍，并将凡尔登和比利时海岸之间的战线从 390 公里延长到 510 公里。[211] 德军的伤亡人数接近 100 万，英法的损失也很大，但协约国可以指望美国援助。在 3 月攻势之后，美军打开了登陆欧洲的闸门，从 5 月到 10 月，每个月有 20 多万美军登陆欧洲。美军在法国的总人数从 3 月 30 日的 28.4 万增加到 7 月 20 日的 102.7 万，再增加到 11 月 2 日的 187.2 万。[212] 德国建立的新据点威胁到了协约国的通讯站和巴黎，但难以进一步扩大。自 1917 年秋天开始的同盟国在军事和政治方面的成功，到 1918 年 6 月中旬宣告结束。这一胜利在很大程度上依赖于战术优势，而非资源优势，一旦失去这种优势，平衡就会被打破，协约国的潜在优势将充分发挥作用，以对抗在许多方面都已被削弱的敌人。现在是协约国夺回主动权的时候了。

420

第16章 形势逆转
（1918 年夏季—秋季）

　　1918 年夏天，协约国终结了连续的失败和防御的历史。就像 1917 年的同盟国一样，协约国开始重振了：6 月 11 日在马茨河发动反攻，7 月 18 日在马恩河发动反攻。它们继续发动进攻，8 月 8 日从亚眠以东开始，在 8 月和 9 月进行了一系列反攻，包括在圣米耶勒突出部的反攻，这是美军在一战期间的第一次大规模行动。最后，在 9 月 26 日至 28 日，协约国军队沿着西线的大部分地区，从佛兰德斯到阿尔贡，发动了集中进攻。这一行动曾在 1915 年 9 月和 1917 年 4 月进行过，但现在规模更大，而且取得了更大成功。9 月 15 日和 19 日在马其顿和巴勒斯坦开始的进攻击溃了保加利亚和土耳其，10 月奥匈帝国又在意大利大败。在海上，德国潜艇被击退；在空中，协约国军队巩固了自己在所有战区的优势。这种转变是突然发生的。6月，俄国战败，巴黎危在旦夕，许多协约国领导人担心失败在即。9月底，同盟国就崩溃了，先是保加利亚，然后是其他同盟国要求停火。这与1916年夏天同盟国的协同进攻很像，同盟国的联合进攻导致协约国军队陷入了数月的危机中。相比之下，这一次同盟国消失得无影无踪。同盟国的失败部分归因于它们的过度扩张。但它也证实了协约国的军事效能日益增长，协约国的军事实力自战争中期以来逐步发展，但被鲁登道夫持续数月的猛攻掩盖了。在分析这些事态发展时，有必要先从西线开始，因为与以往相比，现在西线明显成为决定性的战场，然后再探究协约国军队实现惊人复苏背后的原因。

　　上一章讲到了鲁登道夫第四次进攻的结束。一个多月后，他在7月15日再次出击，此时的局势已经对他不利。表面上看，德国似乎一切如常。在7月2日的斯帕会议上，就在他们战败的四个月前，兴登堡、鲁登道夫和赫特林就一项新的西欧战争目标计划达成了一致，他们拒绝了解决波兰问题的"奥地利方案"，更支持德国最高统帅部的方案，即波兰保留主权，但德国将控制其军队和铁路，并吞并波兰大片边境地区。[1]德国外交大臣库尔曼没有参加斯帕会议，在6月初的海牙会议上，德国和英国就交换战俘展开讨论，库尔曼授权其代表向英国发出信号，表示德国将接受和平，但是要西部维持现状，这加剧了兴登堡、鲁登道夫和赫特林对他的怀疑。虽然库尔曼的倡议无果而终，但这一倡议与鲁登道夫继续控制比利时的经济和政治的决心冲突。[2]6月24日，库尔曼告诉德国议会下院，这场战争不能单靠军事手段来解决。保守党和国家自由党领袖

422

谴责他的言论是软弱的表现，兴登堡和鲁登道夫在与库尔曼的竞争中再次获胜，他们坚持要求威廉二世罢免库尔曼，否则他们就辞职。库尔曼的继任者保罗·冯·欣茨（Paul von Hintze）不是职业外交家，而是一位强硬的海军军官，兴登堡对他处理外交事务极其信任。[3]鲁登道夫向他保证，下一次进攻将是决定结束大战的关键性战役。

　　如果德国最高统帅部在战争目标上坚持顽固立场，那么它的战略就会受到越来越多的质疑。马茨河战役后，大多数军队指挥官都希望等一等再发动进攻，但鲁登道夫拒绝进入防御状态，他说这样做会打击德国盟友，会给他的部队带来更大的压力。相反，他计划于 5 月在香槟突出部再发动一次大规模进攻，在马恩河建立桥头堡，威胁巴黎，切断巴黎至南锡的铁路，从而击退协约国军队。这一预期表明了他对德军后勤极具信心，他期望两周后对英国远征军展开第二次佛兰德斯打击，并最终迫使协约国军队屈服。[4]另一方面，福熙从马茨河战役的报告中得出结论，应对德军战术的办法包括更准确的情报、在第一和第二阵地上部署足够的兵力，以及在所有突出部的两侧安排后备力量，并尽快进行反击。[5]6 月，福熙的问题主要是信息不足。他认为下一次将会进攻英军防线，并要求贝当向佛兰德斯派出炮兵，但被贝当拒绝，贝当向法国政府求助，但是克列孟梭拒绝支持他。[6]福熙同意召回派往前线北部的法国部队，作为回报，贝当将 4 个英军师还给黑格。此外，他还要求贝当准备进行反攻，占领苏瓦松以西的高地，这样协约国军队就能轰炸通往香槟突出部的主要交通要道。这些措施在 7 月初变得更有意义了，因为很明显下一次攻击将会在马恩河，德军也在准备攻击英军驻防区域。因此，就像马茨河战役前一样，协约国军队有时间调动火炮、飞机和步兵。贝当准备了 35 个法军后备师；此外，在 4 月至 7 月，法军战斗机的数量从 797 架增加到 1 070 架，并接收了 500 多辆雷诺轻型坦克。[7]因此，法军一方面计划正面应对德军的进攻，另一方面又计划攻击德军侧翼，他们为第二次马恩河战役所做的准备工作与四年前在第一次马恩河战役中所做的如出一辙。

7 月 15 日，当鲁登道夫的"和平突击"开始时，法军的反攻让德军大吃一惊。此次战役，德军攻势比马茨河战役大得多，以 52 个师对抗法军 34 个师。然而，在兰斯东部，当地的法军指挥官古罗（Gouraud）遵照贝当的指示，采取了纵深防御，即使是如此大规模的进攻，也在第一天就遇到了阻碍：法军炮兵在战斗中发射了 400 万枚 75 毫米炮弹，击毁了德军用于支援的共 20 辆坦克，这些坦克是从协约国军队那里缴获的。然而，在兰斯以西，大量法军集中在前方，德军越过了马恩河。贝当投入了他所能调动的全部兵力，在 7 月 17 日前沿河布防，但他想取消或推迟计划中的反攻，而福熙坚持要继续进行。在 7 月 18 日，曼金再次动用 18 个师（包括美军第一师和第二师）发起进攻，这些师已经秘密推进并隐藏在维莱-科特雷森林中。部队在 300 多辆坦克的掩护下，穿过开阔的玉米地前进。事实证明，雷诺轻型坦克比圣沙蒙坦克好得多。[8]德军防御工事很薄弱，火力和兵力都严重不足，德军被打得措手不及，为了进攻佛兰德斯，鲁登道夫已经开始撤回炮兵。一开始，德军几乎没有抵抗，美军向前推进了 5 英里多。随后，由于坦克故障和机枪手拖延了曼金的部队，鲁登道夫暂停了向佛兰德斯的部队调动，

424 　他的指挥官组织了一次撤退。到 8 月 4 日战斗结束时，协约国军队已经俘虏了 3 万名士兵，获得了 600 多门火炮，并重新建立了巴黎和马恩河畔的香槟沙隆之间的横向铁路线，协约国军队伤亡人数为 16 万，而德国的伤亡人数只有 11 万。[9]协约国军队不仅停止了撤退，而且逆转了形势。德军对巴黎的威胁大大减弱，鲁登道夫给香槟突出部造成的困境得到了解决，德军被赶出，并丢弃了大部分装备。事实上，鲁登道夫被维莱-科特雷森林反击战搞得不知所措，在 7 月 18 日他与兴登堡公开争吵。据他的下属说，鲁登道夫紧张不安，失去了自控力，责备周围的人，追究细节，无法做出重大决定。洛斯贝格是德国从 1915 年 9 月到索姆河战役和帕斯尚尔战役之间的防御战的策划者，他想撤退到兴登堡防线，准备筹建一个从安特卫普到默兹河的后备阵地，但鲁登道夫驳斥了这一想法，认为这在政治上是不可能的，因为这会给德军和德国公众造成重大打击，而对协约国军队则是极大的鼓舞。尽管放弃了香槟突出部，但鲁登道夫拒绝全面撤退。7 月 22 日，他取消了对佛兰德斯的进攻，通过重新分配部队以加强其他防线。[10] 8 月 2 日，他命令指挥官们采取防御战略，虽然他希望不久就能重新组织进攻，但事实上他无法做到。[11]他从未完全从他的崩溃状态中恢复过来，两个月后，他的病复发了，这给德军带来了灾难性的后果。协约国军队在情报收集方面拥有优势，加上炮兵、坦克和航空优势，以及美国远征军的支援，协约国军队终于可以取得重大进展了。

　　7 月 24 日，福熙在其总部会见了黑格、贝当和潘兴。他分发了一份备忘录，这份备忘录颇有先见之明，这份备忘录主要是由他的参谋长魏刚（Weygand）完成的。备忘录强调说，协约国已经迎来了转折点：协约国现在拥有优势，应该将这种优势保持下去。首先，这意味着要迅速采取一系列有限的打击行动，以清除从巴黎向东通往阿夫里库尔（Avricourt）和向北通往亚眠的横贯铁路周边的德军，同时要消灭洛林的圣米耶勒突出部的德军；其他行动可能会迫使德军从英吉利海峡港口撤退，向布里埃铁矿盆地和萨尔煤田推进。这与索姆河战略和福熙早期的想法形成了鲜明对比：协约国军队应该针对具体目标发动猛烈突袭，并在敌人补充后备力量和自身伤亡增加之前停止进攻，尽管最初的成功可能会促成以后更大的行动。当现实证明进攻才是正确的时，福熙已不再那么偏爱进攻了。[12] *425* 他认为至少要到 1919 年才会取得胜利，但他相信胜利越早到来，对法国就越有利，因此他急于求成。有些指挥官认为"福熙备忘录"过于冒险，但他们最后还是被说服了。[13]事实上，尽管贝当怀疑法军是否有能力发动更多的进攻，但黑格还是提交了一份关于 8 月 8 日至 12 日开展亚眠战役的提案。如果 7 月 18 日至 8 月 4 日的马恩河战役清除了巴黎-阿夫里库尔的德军防线，那么这次新的战役将摧毁巴黎到亚眠的德军防线，并在此过程中粉碎鲁登道夫最后的获胜希望。

　　"迈克尔攻势"为德军创造了一个突出部，这一突出部靠近连接巴黎和英吉利海峡港口的主干线铁路，这条铁路是英国前线和后方的主要横向铁路之一，所以这一突出部对英军造成了致命威胁。在 4 月的后续战役中，德军占领了维莱-布勒托讷，他们现在距离协约国军队的战线不足 4 英里，这使他们对亚眠这一交通枢纽的威胁更大了。[14]然而，突袭和其他情报显示，马维茨的德军第二集团军实力不足，防御能力薄弱。黑格要求索姆河战役的指挥官罗林森制订作战计划，罗林森现在已经接管了第四集团军。当罗林森在 7 月 17 日提交计划时，黑格和 1916 年一样，坚持一个更大的目标，黑格坚持向前推进 27 英里而不是 7 英里，而福熙又像 1916 年一样，认为只有事先征得法国人的同意才能批准该计划。[15]然而，该计划与 1916 年的战役几乎没有相似之处。罗林森和澳大利亚指挥官约翰·莫纳什（John Monash）爵士在 7 月 18 日的维莱-科特雷森林战役中学习了法国的反攻战术，也对英国的传统战术进行了创新，这引发了 1918 年 7 月 4 日的康布雷战役和阿梅尔（Hamel）战役。后者以索姆河以南德军的薄弱阵地为目标，两小时内结束战斗，协约国军队伤亡 1 000 人，德军的伤亡是协约国军队的两倍，其中一半是被协约国军队俘虏的，协约国达到了所有目标。就像康布雷战役一样，一开始是大约 600 门大炮的突然轰炸，德军炮兵被毒气弹压制，而加拿大和澳大利亚的步兵装备了大量刘易斯机枪，并装备了投掷榴弹步枪来对付德军的机枪，同时 60 辆马克 V 型坦克保护步兵前进，马克 V 型坦克速度更快、装甲更好、更可靠。瓦斯和高爆弹幕为协约国军队的反击提供了掩护。阿梅尔战役有效说服了莫纳什，他是一位谨慎的指挥官，他相信坦克既能支援步兵，也能保护士兵。此外，此次战役也提供了检验作战思想的机会，这些思想在亚眠战役中得到了更大规模的应用。[16]

亚眠战役是一战中规模最大的坦克战，其规模超过康布雷战役。斯温顿和其他坦克发明者一直打算大规模使用坦克，罗林森被说服投入 552 辆坦克，不仅包括马克 V 型坦克，还包括新型较轻的小灵狗坦克（时速可达 8 英里）和装甲车。就像在阿梅尔战役中一样，他们把坦克秘密地转移到高处，飞机从它们头顶飞过，以掩盖坦克发动机发出的声音。英法的飞机和飞行员对德国都有 4∶1 的优势，许多德国飞机仍在香槟，英法可以防止德国飞机飞越上空，确保坦克能取得突袭的效果，同时支持坦克在地面推进。尽管如此，传统武器仍是协约国军队的主要力量。像布鲁赫米勒一样，英国炮兵现在的目标是"压制"敌人，让敌人屈服，而不是摧毁敌人的防御。与 1916 年相比，英国人的重炮更多、射击更精确、弹药更充足。重炮用光气和烈性炸药压制敌人的炮台，野战炮用徐进弹幕射击以保护步兵前进。在 1916 年 7 月 1 日，10 个师沿着战线进攻，此后，许多师都缩编了，结果突击部队的总人数从 10 万变成了 5 万。然而，兵力不足为更强大的火力所抵消，每个营携带 30 挺刘易斯机枪和 8 门迫击炮，还有 16 支投掷榴弹步枪。[17]英法军队面对的是士气低落的德军，德军刚刚到达前线，对自己的位置还不太了解，英法军队的人数是德军的两倍。

　　8 月 8 日凌晨 4∶20，没有进行初步轰炸，英法军队就在薄雾的掩护下，在干燥的地面上发起进攻，取得了比法军 7 月反击战更大的成果。到下午 3 点左右，协约国军队已经前进了 8 英里，损失了 9 000 人，但敌人的损失是他们的 3 倍，德军被俘 12 000 人，400 门大炮被缴。虽然德军防御火力密集，但英法军队仍然可以向前推进，压制德军的机关枪和坦克，只是随着时间的推移，英法军队的大部分机关枪都坏掉了或被火炮击中。8 月 9 日，虽然加拿大人又前进了 4 英里，但他们的坦克少得多，重炮无法被转移到上方以提供精确的反炮台火力，而德军则加强了他们的空军和地面部队。然而，适时停止同样重要，8 月 11 日，罗林森、莫纳什和加拿大指挥官库里都意识到困难越来越大，他们要求停止进攻。福煦想在几天内恢复攻击，但库里说服罗林森抵抗福煦的命令，黑格也拒绝了福煦的要求。协约国军队不会再沿着同一个区域进攻，那样收效会小很多。成功的秘诀不仅在于新技术的运用和充分的准备工作，还在于愿意在形势大好时适可而止，然后在别处重新发起新战役。[18]

亚眠战役瓦解了德军 6 个师，保卫了亚眠和铁路线。最终英法军队各伤亡 2.2 万人左右；德军伤亡约 7.5 万人，其中 5 万人被俘。[19]然而，与第二次马恩河战役相比，亚眠战役时间短、规模小，其重要意义在于它对德国最高统帅部的影响。德军官方记载称这是自战争开始以来最严重的失败。鲁登道夫在回忆录中说："8 月 8 日是德军最黑暗的日子。"[20]这句话被多次引用。鲁登道夫及其部下被打得措手不及，同时也对德军的大规模投降感到震惊。虽然有一部分军人一如既往地顽强抵抗，但是如果其他军人不愿再继续战争，就意味着战争的结束。[21]8 月 13 日，鲁登道夫放弃了重获主动权的希望，他告诉兴登堡，现在唯一的办法是采取防御战略，偶尔发动有限的攻击，以便消磨协约国军队的精力，逐步迫使协约国军队让步。

但是，这并不意味着德国最高统帅部放弃了一个有利的或至少是打成平手的结果。兴登堡和鲁登道夫向部下，而没有向威廉二世和赫特林透露他们的悲观情绪，但是亚眠战役的失败对德国政策的整体影响仍然很小。鲁登道夫向威廉二世建议，战争已经成为一场碰运气的游戏，必须结束，但 8 月 13 日至 14 日在斯帕举行的高层会议仅仅决定待"下一次战役战胜西方"后再试探和平。[22]德国人也没有准备放弃比利时，鲁登道夫仍然拒绝撤退到兴登堡防线，并设想了一个顽固的步步防御方案。最近的战况表明，这种作战方法难以实现。鲁登道夫把所有赌注都押在了进攻上，牺牲了防守，这一点现在变得再明显不过了。

接下来的阶段是协约国军队的零星推进，直到9月中旬，协约国军队才将德军赶出了他们自3月以来占领的土地。如果是在1916年，这样的战果会被视为巨大的成就。现在，协约国军队收复历史名城和突破防御工事成了每周的新闻。福煦担心德军会撤到较短的防线，重新获得坚守到冬季所需的兵力密度，并重新组建预备队以奋起反击。福煦想通过与德军对峙来避免他的担心变成现实。[23]鉴于黑格拒绝在亚眠坚持作战，福熙同意英军继续向北推进。8月21日，拜恩的第三集团军发动了阿尔伯特（Albert）战役：规模小于亚眠战役，坦克数量只有亚眠战役的1/3。两天后，第四集团军向索姆河两岸发起进攻，破坏了德军1916年旧的防御工事，将德军赶回了"冬季防线"，这是鲁登道夫计划在1918年余下时间里坚守的防线。26日，第一集团军和加拿大人再次向北进攻，德军的冬季防线被包抄。9月2日，加拿大人击溃了德国最坚固的防线之一德罗库尔-凯昂枢纽（Drocourt-Quéant switch），德国最高统帅部最终不得不撤回兴登堡防线，这是德军的最后一个主要阵地。[24]尽管英军在8月发挥了主导作用，但法军向索姆河以南的瓦兹河发起了进攻，而曼金则在8月4日继续向埃纳河前进。在香槟，德军也失去了1918年的战果，撤退到山脉边缘，这是自1914年以来他们一直努力守卫的地方。在东部，由于圣米耶勒战役失败，德军进一步撤退。圣米耶勒战役是由新组建的美军第一集团军开展的第一个大规模行动。圣米耶勒突出部是一个 200 平方英里的森林三角地带，德军占据了高地。1915 年法军试图攻打这里，最终失败，此后这里就一直没有战事。福熙很早就把它定为目标，潘兴也一样，他认为远处的沃夫尔平原的地形很适合开展他计划中的机动战，可威胁到德国主要的横向铁路与洛林北部的煤炭和钢铁。然而，在 8 月下旬，福熙要求美军把注意力集中在默兹-阿尔贡地区。圣米耶勒行动可以继续进行，但作为初步行动，仅限于打掉突出部。因此，行动进行得很顺利，而且超过了预期。9 月 12 日上午 5 时，突出部南侧受到近 3 000 门大炮持续 4 个小时的攻击，3 个小时后西侧也受到了攻击。潘兴有 55 万美军和 11 万法军、1 500 架飞机和 267 辆法国轻型坦克。规模小得多的德军忽视了防御，已经撤走了重炮。他们几乎没有抵抗。第一天早上，德国人下令撤退，损失了 17 000 人（主要是被俘）和 450 门火炮，德军主力大都逃跑，美军方面则伤亡 7 000 人。[25] 一旦突出部被消灭，美军就停止了进攻，可以肯定地说，这是福熙犯的一个错误，但相对而言，在这个阶段犯这样一个错误倒是无关紧要的。

有限攻势迅速取得了成功，这多少有点出人意料，也促使福熙自 1917 年 4 月以来首次尝试在西线发动有组织的进攻。现在，他的目标是突破德军最后的防线，进入开阔地带，切断努瓦永突出部，向康布雷、圣康坦、梅济耶尔（Mézières）和色当（Sedan）之间的铁路干线前进。[26] 最初福熙和潘兴一样，设想这次行动的核心是向东北快速推进，穿过圣米耶勒和沃夫尔平原，直达德国边境。

此外，黑格在 8 月 27 日提出同心圆推进法，让不同方向的力量都向心进攻而不是分散进攻，向心进攻要求彼此之间进行更为密切的支持与配合，黑格赢得了法国的支持。黑格比福熙更清楚地预见到，战争可能会在那年秋天结束，尽管这种洞察力可能只是源于他一贯的乐观主义，在伦敦几乎没有人有他那样的信心。亨利·威尔逊在 8 月 31 日警告黑格，如果他在兴登堡防线上遭受重大而徒劳的损失，内阁将会变得"焦虑不安"[27]，或者用米尔纳更直白的话说，如果黑格损失了这支英军，他就不能指望再得到另一支英军。尽管如此，罗林森还是建议黑格，兴登堡防线可能会被强行攻破，而福熙在 9 月 3 日的指示中设想在月底发动一次总攻。经过协商，协约国军队达成如下协定：美军从 9 月 26 日开始在默兹-阿尔贡地区发动进攻；英军第一集团军和第三集团军于 27 日向康布雷发起进攻；28 日，比利时和英国军队在佛兰德斯发起进攻；29 日，英军第四集团军在美法支援下向比西尼（Busigny）发动进攻。[28]此时，协约国军队有 217 个师，德军有 197 个师[29]，据协约国估计，完全适合作战的德军师不到 50 个。[30]总的来说，总攻将是这场战争中最大规模和决定性的战役。

两军相遇时，可能命运千差万别。特别是规模小得多的德军使默兹-阿尔贡行动陷于停顿。原因要追溯到福熙在黑格的建议下改变了计划。潘兴承认，在原则上，向梅济耶尔集中进攻比向梅茨分散进攻更为合理，如果美军不受法军指挥而保持独立，他就愿意采取这种进攻。相反，福熙的参谋人员可能更倾向于改变计划，从而更好地控制美军。他们让潘兴来决定是否取消圣米耶勒行动，但他

坚持了下来，以保护他的侧翼，并提高士气。他们还让他选择攻击
阿尔贡的西部或东部，他选择了后者，因为尽管地形更加不利，但
430 他的部队在这里会更容易得到补给。默兹-阿尔贡战场确实比圣米
耶勒突出部后面的沃夫尔平原可怕得多。美军将在无法通行的默兹
河和树木繁茂的阿尔贡高地之间前进，穿过一片森林和峡谷交错的
破碎地带。德国人可以从两翼用大炮包围他们，并在他们的路线上
建立纵深防线，特别是在距离出发点 10 英里的克里姆希尔德阵地
（Kriemhilde Stellung）建立纵深防线。潘兴押注能在第二天德军增
援前占领这个阵地。但是，计划改变得太突然，让第一集团军总参
谋长马歇尔（Marshall）没有时间进行准备，默兹-阿尔贡战役在
圣米耶勒战役结束后仅仅两周就开始了。两个战场相距 60 英里，
只有三条坑坑洼洼的道路连接，40 万人必须在这些路上行进，所
有进军都是在夜间进行的，而且是在古老的凡尔登杀戮场的险恶背
景下进行的。此外，为了节省时间，许多缺乏训练和完全没有经验
的部队匆匆投入战争。潘兴希望以人数取胜，在战斗的第一天，他
就拥有将近 8∶1 的人数优势。尽管他投入了 60 万人，但是坦克数
量却比圣米耶勒战役少，飞机也只有圣米耶勒战役的一半。起初，
美军取得了出其不意的效果，并利用了大雾的优势，但他们遭遇了
越来越多机枪的反击，无法突破拦在他们前进道路上的蒙福孔
（Montfaucon）高地。前线士兵得不到补给，其中一些人的食物已
经吃光了。到 9 月 30 日，进攻停止了，这在很大程度上是因为后
勤和美国远征军指挥结构的崩溃，尽管也有德军增援的原因。即使
在暂停进攻并重新集结后，美军还是在两周后才能抵达克里姆希尔

德阵地。[31]福熙寄予厚望的东部进攻，在战略上被证明是有问题的，这是一次行动上的惨败。

尽管协约国军队在佛兰德斯最北部的夹击遇到了麻烦，但幸运的是，协约国军队在其他地方的情况有所好转。第一天，协约国军队28个师俘虏了1万名德国士兵，向前推进了8英里，突破了一年前英军曾被拦截了3个月的地方，其中包括伊普尔以东的大部分山岭。随后，泥泞的道路再次阻断了协约国军队的运输，协约国军队的行动暂停了两周。[32]与此相反，9月27日在通往康布雷的9英里战线上发动的进攻，必须克服以诺德运河（Canal du Nord）为代表的巨大障碍，诺德运河宽100英尺，深15英尺，布满了铁丝网。加拿大人与英军第一集团军并肩作战，实施了一个冒险的计划，穿越运河狭窄干燥的部分，在第一个晚上让炮兵通过，并利用它来击退敌军的反击。*431*在行动前，他们进行了缜密的侦察，使用了坦克和烟幕弹，加上德国炮兵弹药短缺，德军的防御系统建立在相互连接的防空洞上，所以很容易被孤立。[33]协约国军队伤亡惨重，第二天加拿大人在康布雷附近的战斗中陷入困境，直到10月9日才攻克该地，最初的进攻比后续的进攻更成功。因此，英军第四集团军在9月29日的进攻是四次进攻中最具破坏性的，最终成功突破了兴登堡防线及其后备阵地。

这一段的防线是一连串连续防御工事的一部分，它比帕斯尚尔的碉堡工事更容易被击破。此外，这里不受重视，对于守军人数而言，这段防御工事太长以至于防守起来很难。在亚眠战役中，澳大利亚人获得了防御工事的详细平面图。它的南段以圣康坦运河为中心，有铁丝网和陡峭的河岸保护，而在运河北段穿过一条隧道，这条隧道是德军用来掩护自己的。运河前面有一个山岭，英国人在前期进攻中占领了它，因此他们可以俯瞰河道。罗林森再次将准备工作委托给莫纳什，由于突袭的可能性很小，莫纳什采取了更传统的方法，在初步轰炸中尽可能摧毁防御工事。在这次轰炸中，莫纳什在四天内发射了大约 75 万枚炮弹。从表面上看，其总量与 1916 年6 月的轰炸相当，但是这次轰炸炮弹的命中率已大大提高，对敌方炮台的打击更精准（英国人首次使用了毒气弹），对铁丝网的破坏力也更大了。在运河地区，英军取得了关键性的胜利，德军没有预料到会在那里遭到攻击，英军得到了大雾的掩护，在每 500 码的德军阵地上每分钟发射 126 枚野战炮炮弹，英军的轰炸持续了 8 小时。9 月29 日之后，英军的推进速度放慢，因为他们坦克和炮兵的支援太混乱，还遭遇了暴雨。10 月 5 日，英军已经突破了最后防线，不久后，他们就可以在没有防御工事的土地上前进了，尽管速度很慢。[34]

在这些戏剧性的事态出现之前，鲁登道夫在 9 月 28 日晚上就已经精神崩溃，决定敦促立即停战。他不仅是在回应西线战事，也是在回应保加利亚要求和平的呼声。事实上，在 1918 年 9 月，协约国在西线和其他地方的军事胜利终于取得了突破。德国不仅面临着西线危机，还面临着盟友的崩溃，协约国在每一个战区都复兴了，当然也包括俄国。在俄国内战中，协约国的干预重建了东部防线，这一阵线不仅针对同盟国，而且针对事实上帮助了德国的布尔什维克。到了夏天，虽然德国对俄国的扩张开始放缓，但是布尔什维克的生存成了问题。在夺取了首都后，布尔什维克沿着从彼得格勒到莫斯科的铁路扩张。但是，1917 年 11 月的制宪会议选举表明，

布尔什维克的支持率仅有 25%。1 月，列宁解散制宪会议，引发了
布尔什维克与其他社会主义政党的斗争。"红军"（布尔什维克）和
"绿党"之间的斗争是 1918 年的重要特征，但是很快就为更著名的
"红军"和"白军"之间的内战所掩盖。[35]《布列斯特-里托夫斯克和
约》是引发冲突的第二个导火索，因为它打破了布尔什维克党与俄国
左翼政党之间的联盟，左翼政党抵制《布列斯特-里托夫斯克和约》。
7 月，左翼暗杀了德国大使，并试图发动起义，之后布尔什维克将
他们驱逐出苏维埃，俄国实际上变成了一党制国家。[36]尽管列宁的亲
德路线加剧了俄国政治的两极分化，但内战是他早就预料到的。相
反，德国人厌倦了与布尔什维克的联系。威廉二世想要镇压革命政
权，如果白军愿意接受《布列斯特-里托夫斯克和约》，那么鲁登道
夫就赞成用白军取代布尔什维克，德国最高统帅部和海军策划了
"拱顶石"计划，计划夺取彼得格勒和喀琅施塔得作为基地，向巴
伦支海（Barents Sea）推进。[37]列宁试图通过实施绥靖政策来保护俄
国。他向德国人提出了一项建议，希望能解决俄国的边境问题，并
在经济上向德国做出让步，以动员德国资本家达成妥协。他只是想
赢得更多的喘息空间，除非迫不得已，他不希望继续遵守条款。在
德国方面，欣茨被任命为新外交大臣，虽然兴登堡和鲁登道夫希望
其更强硬，但他仍然倾向于与布尔什维克妥协。欣茨认为，让俄国
陷入混乱比任何可以想象的替代方案都更符合德国利益。因此，8
月 27 日德国和俄国之间的补充协议是双方在充满敌意的情况下签订
的。布尔什维克丧失了利沃尼亚、爱沙尼亚和格鲁吉亚的主权，赔款
60 亿马克，以及巴库（Baku）油田 1/4 的产量。德国承诺停止支持

433

俄国的分裂运动，布尔什维克承诺驱逐协约国军队，如果做不到，就会由德国来做——这两个条款暗示了两国针对西方的军事合作。[38]

同样，协约国干涉俄国带有强烈的反德色彩，尽管后来在意识形态上变得更加反布尔什维克。它的规模比同盟国的干预小得多。与 50 万德奥占领军相比，最大的协约国干涉军日军到 1918 年 11 月在东西伯利亚也只有 7 万人，随行的有 9 000 名美军、6 000 名英军和加拿大军人。同一时期，英国、法国和美国在阿尔汉格尔的军队总人数约为 13 000，约 1 000 名英军部署在摩尔曼斯克。1918 年 9 月，又有 1 000 名大英帝国士兵在阿什哈巴德（Ashkabad）的波斯边境以北行动，而邓斯特维尔（Dunsterville）少将领导的 1 400 人的"邓斯特军"在 8 月至 9 月期间占领了巴库。尽管如此，协约国军队的影响也与其规模不成比例，协约国军队的存在加剧了俄国内战，在内战中，因为战争和饥荒共造成 700 万～1 000 万俄国人死亡，这一数字几乎与世界大战造成的俄国伤亡人数相当。[39]

北极和西伯利亚是协约国与苏俄斗争的焦点地区。没有一个协约国政府认为布尔什维克是合法政府，1917 年 12 月，英法同意秘密协助反布尔什维克，但是如果列宁和托洛茨基同意继续参加一战，英法就愿意与布尔什维克合作。事实上，1918 年春天，当德国不再与布尔什维克合作，有可能会粉碎苏俄新政权时，惊慌失措的托洛茨基授权摩尔曼斯克苏维埃寻求协约国的援助，英国海军陆战队实际上于 3 月在那里登陆。在《布列斯特-里托夫斯克和约》签订后，莫斯科希望驱逐英国海军陆战队，但被摩尔曼斯克苏维埃拒绝，因为它想让英国海军陆战队为食品供应商和渔船队提供保护，而英国人希望借此保护他们运往港口的弹药，以免落入敌方手中。[40] 与此同时，从 1918 年初起，英法开始敦促日本干预西伯利亚，因为在协约国中只有日本仍然拥有大量训练有素的后备力量。[41] 他们希望维持东部战线，不仅要牵制德奥军队，还要防止同盟国绕过协约国的封锁。到了夏天，当德军进入高加索地区时，逐渐形成了苏德集团，这一集团对英国等国充满敌意，这将威胁到英国在中东和印度的利益。[42] 相对于自行其是的日本，这些担忧似乎更可怕。然而，东京的寺内（Terauchi）政府分裂了。首相、外相和军队首脑担心布尔什维克革命会在大陆制造一个敌对的权力中心，威胁他们的安全和经济利益，挑战他们统治中国的努力。他们想在阿穆尔盆地（Amur basin）建立一个傀儡政权。更多持国际主义观点的人士，包括资深政治家西园寺（Saionji）和政友会领袖原敬（Hara），担心与西方发生对抗，只有在与美国达成一致的情况下才会采取行动。虽然威尔逊对布尔什维克没有多少同情和理解，但他不愿回应英法两国的呼吁。在原则上，他反对干涉主权国家；此外，他对墨西哥事件的不愉快回忆也是美国不愿干涉俄国的原因之一。威尔逊的顾问比英国人更担心日本扩张的危险，威尔逊的战略重点是欧洲，美国军方反对在西伯利亚做出承诺。然而，威尔逊和豪斯上校不愿在鲁登道夫攻势最猛烈的时候让其他协约国失望，协约国在这个问题上进行了坚定的游说。到了春末，威尔逊最初反对介入俄国的态度有所缓和，捷克军团的叛乱最终打破了僵局。[43]

　　捷克军团由前奥匈帝国士兵组成，这些士兵在远征俄国时被俘或逃亡，并加入了俄军。他们大约有 4 万人。他们不愿向同盟国投

434

降，他们这样做是有充分理由的，因为同盟国可能会以叛国罪惩罚
他们。3月，布尔什维克决定让捷克军团通过西伯利亚大铁路离开
俄国。后来，布尔什维克同意了协约国的要求，即通过北极港口撤
离最西端的捷克军团。捷克人发现自己被困在一片混乱且充满敌意
的中心地带，有传言说他们将被拆分，这一谣言使他们与红军的紧
张关系达到顶点。5月14日，部分捷克人因斗殴而被捕，他们占领
了乌拉尔（Ural）城镇的车里雅宾斯克（Cheliabinsk）。对于捷克
人的行为，战争人民委员托洛茨基反应过激，下令枪杀所有持有武
器的捷克人。捷克军团似乎没有和协约国以及俄国的反布尔什维克
势力事先协调，但是作为俄国境内最强大的地方武装力量，捷克军
团还是在一个月内摧毁了整个西伯利亚铁路沿线的布尔什维克政
权。7月，捷克军团支持社会革命党在萨马拉（Samara）建立一个
政权，即制宪会议成员委员会（Komuch）。[44] 十月革命后，布尔什
维克向德国靠拢，协约国在东线陷入绝境，就在此时，捷克军团的
叛乱使东线出现了转机，并为日本的干预提供了便利，也为威尔逊
的介入提供了合理的理由。威尔逊同意采取行动，帮助符拉迪沃斯
托克的捷克人与俄国国内的捷克人建立联系。他提议日美联合远
征，两国政府都承诺尊重俄国主权。尽管承诺尊重俄国主权，邀请
日军干预还是给了日军借口，让其介入俄国事务。由于威尔逊的邀
请，日本人占领了阿穆尔河流域，但是他们几乎没有向内陆移动或
帮助捷克人。尽管如此，协约国对捷克军团的援助还是使它们与布
尔什维克处于敌对状态，北极局势也变得危急。莫斯科要求英国从
摩尔曼斯克撤军，但遭到拒绝。8月，协约国军队在阿尔汉格尔登

陆，那里的一次政变推翻了当地的布尔什维克当局。摩尔曼斯克、阿尔汉格尔和彼得格勒之间的荒地成为新战场。[45]

由于列宁没有完全控制俄国政权，也未重视对手，十月革命之后，俄国内战随时可能发生。捷克军团起义为协约国干涉俄国提供了一个动机，同时也使俄国内战升级。然而，协约国干涉不是俄国和德国走近的主要原因：早在5月，列宁就已经决定与德国谈判，他认为俄国能够抵御日本，但是不能抵御德国。[46]在捷克军团起义之前，同盟国军队就已经进入乌克兰。协约国对西伯利亚的干预为同盟国提供了又一个不撤军的理由，而担心协约国军队介入北极是德军留在芬兰的一个主要原因。[47]俄国局势吸纳了几十万有可能在其他地方作战的德奥军队。

因为成功对抗俄国，德国成了受害者，奥斯曼帝国也是如此，奥斯曼帝国在1918年挺进外高加索。除了里海的石油城市巴库外，布尔什维克在该地区的势力要比民族分离主义团体和孟什维克弱得多。布尔什维克接管彼得格勒后，当地政党建立了一个脆弱的外高加索共和国，将格鲁吉亚、亚美尼亚和阿塞拜疆联系起来。[48]在布列斯特-里托夫斯克谈判中，土耳其没有派出代表，但土耳其提出要收回1877—1878年俄国侵占的亚美尼亚地区的巴统、阿尔达汉和卡尔斯。德国人虽不情愿，但只能支持土耳其的主张，布尔什维克对土耳其的主张置之不理但也无力援助外高加索，外高加索人只能依靠自己。俄国太弱，无法对抗土耳其。8月，土耳其占领并吞并了这三个地区，外高加索共和国解体了，外高加索共和国的三个组成部分与土耳其单独缔约。然而，土耳其人的野心进一步扩大。恩

436 维尔帕夏希望主宰高加索地区，并在里海建立立足点，控制这里的石油并建立针对俄国的缓冲国。[49] 到了 7 月，土耳其人已经抵达巴库，两个月后他们攻占了巴库，将英国“邓斯特军”驱逐出该城。然而，恩维尔对高加索的扩张引发了德国和土耳其的矛盾，德国人也想占有外高加索的石油和矿产，并通过援助条约和军队支持格鲁吉亚。[50] 德国拒绝承认土耳其与外高加索的和平条约，并威胁要撤回军事援助。在 8 月与列宁签订的补充协议的一项条款中，德国人承诺，如果土耳其与布尔什维克发生冲突，他们不会帮助土耳其。[51] 到目前为止，德国致力于维护其与苏俄的关系，而这样做会破坏它与土耳其的友谊，以至于德土之间出现了一场冷战。

另一个让德国对外高加索感到恐慌的原因是，到 9 月，奥斯曼帝国已将一半以上的兵力部署到该地区，其中包括一些最优秀的部队，这些部队在 1916 年从欧洲撤出，为援助奥匈帝国而被派往罗马尼亚和加利西亚。在美索不达米亚和巴勒斯坦，土耳其军暴露在英军面前，可以说他们在艾伦比不堪一击的时候错过了报复的机会。1917 年 12 月攻占耶路撒冷后，艾伦比因冬雨而停滞不前，1918 年 2 月，巴勒斯坦战线沿着从拉姆安拉（Ramallah）至埃里哈（Jericho）稳定下来。[52] 英国内阁希望对大马士革（Damascus）和阿勒颇（Aleppo）发动攻势，但艾伦比在完成新的战地情报网络和沿海铁路部署之前拒绝发动进攻。他的谨慎被证明是幸运的，为了应对鲁登道夫的西线攻势，战争部被迫抽调了他的一些部队。艾伦比的 6 个师共 12 个营，调走了 9 个，取而代之的是来自印度的新兵。[53] 在训练新部队的同时，艾伦比于 1918 年 3 月—4 月和 4 月—5

月批准了两次穿越约旦的大规模突袭，但都失败了。他的基本目标是切断汉志铁路，这条铁路在他的部队以东，从叙利亚一直延伸到阿拉伯圣地麦地那和麦加。这条铁路受到谢里夫·侯赛因的儿子费萨尔（Faisal）领导的阿拉伯北方军的袭击，劳伦斯上校担任阿拉伯北方军的联络官，为阿拉伯北方军制定袭击战略以及争取英国支持和援助做了大量工作。[54]在英国装备和资金的帮助下，阿拉伯人在外约旦击败了约 2.5 万土耳其人，并围攻了麦地那的 4 000 名土耳其驻军。[55]阿拉伯人是艾伦比廉价而有用的盟友，但实力太弱，无法彻底破坏铁路，他们破坏铁路后，土耳其人很轻松就将其修复了。艾伦比希望能够直接从外约旦得到补给，希望阿拉伯起义能够扩散到叙利亚，但第一次突袭无法让炮兵沿着泥泞的道路到达安曼，因此艾伦比选择撤退而不是占领这座城市。当土耳其的反击威胁到艾伦比撤退时，他再次征召阿拉伯人。[56]艾伦比不得不再次为秋季攻势而努力。

当艾伦比备战时，他的敌人却消失了。到 1918 年夏天，自战争开始以来，已经有超过 50 万的奥斯曼士兵离队，由于他们是逃兵，无法返回自己的村庄，许多人加入了武装团伙，以抢劫为生。[57]德国-土耳其"雷电"新军被迫从高加索地区撤退。借助空中优势，英军拍摄到了敌人阵地的详细情况，同时还掩护了自己的准备工作。通往巴勒斯坦的铁路隧道穿越托罗斯山脉（Taurus mountains），他们得知这一隧道将关闭两周进行维修，据此安排了袭击时间。此外，通过突袭土耳其人防线的东端，艾伦比让土耳其人产生了错觉，他们认为艾伦比会像 1917 年那样通过内陆进攻来包抄他们。事实上，这一次他打算沿着海岸突围，用骑兵堵住土耳其人的撤退通道，然后再次推进从而封锁约旦这一过境通道。9月19日，艾伦比以5.7万名步兵、1.2万名骑兵和550门火炮进攻土耳其军队，而土耳其军队有3.2万名步兵、2 000名骑兵和400门火炮。英军经过疯狂轰炸，迅速打开了一个缺口，骑兵席卷而过。土耳其人在英国飞机的扫射下几乎没有抵抗，艾伦比下令进军大马士革，并于10月1日攻陷大马士革，一天后又向贝鲁特进军。他俘虏了7.5万人，其中3 700人是德国人和奥地利人，英军伤亡5 666人。[58]这场战役通常被称为"米吉多战役"，它结束了巴勒斯坦战役，但没有摧毁土耳其人的主力，也没有威胁到他们的小亚细亚中心地带。它对鲁登道夫或土耳其人做出寻求停战的决定是否产生重大影响，令人怀疑。对德国和奥斯曼帝国寻求停战更具影响力的是德国在西线的失败，以及9月协约国在巴尔干半岛发起的进攻。

　　与土耳其一样，到1918年，保加利亚日益紧张不安，它对东方和平条约感到不满。保加利亚民众希望从罗马尼亚人手中夺取整个多布罗加省，但土耳其人要求他们补偿之前土耳其给保加利亚提供的援助。作为一项临时措施，多布罗加北部仍处于四个强国占领之下，鲁登道夫没有掩饰他对保加利亚主张的反对态度。①保加利亚首相拉多斯拉沃夫在这个问题上受到了抨击，国王斐迪南一世任用不那么亲德的莫利诺夫（Molinov）出任保加利亚首相，取代拉多斯拉沃夫。与此同时，保加利亚军队所处的战线总体平静，军人也因此而变得萎靡不振，许多农民士兵正在逃亡：三年来，政府让

---

　　①　参见第15章。

他们在收割农作物时返乡与家人团聚，他们不在本国作战，并且缺乏食物和衣服，协约国的和平主义宣传对他们的影响越来越大。[59]德国最高统帅部已经减少了对保加利亚的援助，到 1918 年秋天，保加利亚只剩下 3 个德国营、14 个保加利亚师和 2 个奥地利师。[60]与此相反，希腊正规部队加强了协约国军队的力量，当克列孟梭撤换萨莱尔后，协约国军队的统一指挥大大加强，先是由吉约马（Guillaumat）将军接替萨莱尔，6 月又由弗朗谢·德埃斯佩里（Franchet d'Espérey）接替吉约马。克列孟梭未上台时曾批评发动萨洛尼卡战役，但一上台，他就抵制劳合·乔治撤军的想法。[61]德埃斯佩里策划了一次重大行动，企图摧毁保加利亚军队，让塞尔维亚重新收复其领土，但他必须事先做大量的游说工作。最高战争委员会军事专家同意发动萨洛尼卡战役，但前提条件是不能从西线调遣军队；劳合·乔治本来倾向于通过外交手段来解决保加利亚问题，但最终还是让步了。[62]双方在战场上的总人数大致相等，但法军和塞军在决胜的核心地区占有 3∶1 的优势，德埃斯佩里接受了塞尔维亚人的大胆提议，越过将他们与科索沃隔开的山脉发动进攻，将重炮拖到近 8 000 英尺的高度。战役于 9 月 15 日开始，一旦战役打到保加利亚人的第二道防线，保加利亚军队就崩溃了。到 26 日，塞尔维亚人将敌人赶出瓦尔达尔（Vardar）河谷，将他们一分为二。鲁登道夫从东线撤回 4 个师以进行支援，奥匈帝国总参谋长阿尔兹·冯·施特劳森堡从皮亚韦河回援 2 个师，但在德奥军队到达之前，保加利亚人已经要求停战。保加利亚代表会见了德埃斯佩里，9 月 29 日，保加利亚和协约国签订了停火协议，这是 1914 年以来战事发生的不寻常的逆转，将导致整个欧洲的停火。[63]

在很大程度上，协约国军队的成功要归功于敌人的分崩离析。1917 年，土耳其人在巴勒斯坦负隅顽抗，但当 1918 年艾伦比发动进攻时，大多数土耳其士兵在第一时间投降。保加利亚军队在停战前几个月内同样士气低落，物资枯竭，围绕多布罗加引发的争端使保加利亚参加战争的政治目标日益混乱，皮亚韦河战役后，奥匈军队加速分裂。3 月至 7 月，鲁登道夫攻势使德军伤亡 110 万人，随后 7 月至 11 月，又有 43 万人死伤，34 万人被俘。在战争的最后几个月内，由于一些士兵从前线逃跑或者拒绝参战，估计德军减员 75 万～100 万。[64]此外，德军还面临着自 1916 年以来首次出现的武器和弹药短缺问题，这是一场无法解决的危机。最重要的是，正如鲁登道夫意识到的那样，德意志精神正在消失。从 7 月起，德军投降人数猛增[65]，部分原因是战争变得更加机动，协约国军队正在进攻，这一状况与"迈克尔攻势"很像，在"迈克尔攻势"的第一天就有数千名英军投降。虽然一些部队尤其是机枪手进行了激烈抵抗，但是大部分军人不再顽强抵抗。德军在帕斯尚尔的顽强防御与一年后兴登堡防线的轻易溃败形成鲜明对比，仿佛协约国军队不是与同一支军队作战。自 1916 年以来，德军的士气和纪律已出现明显松动迹象，对 3 月至 7 月攻势的强烈失望进一步打击了德军的士气和纪律。在协约国看来，俄国崩溃给它们造成了可怕的后果；但是，俄国溃败对同盟国也产生了恶劣的影响。来自东部的战俘和沉郁的退伍军人重新融入社会，破坏了其他战区德奥军队的凝聚力。对俄国和罗马尼亚战利品的争执使同盟国领导人之间产生了分歧，同盟国的战线陷入动荡不安的状态。西线需要军队，但是德军被困在乌克兰，并且被困的德军人数远远超过协约国在俄国的干涉军，而土耳其人则专注于高加索地区。[66] 1917 年 10 月至 1918 年 7 月，同盟国爆发了大规模的群众运动，随后导致了威廉二世的垮台。

在很大程度上，同盟国的失败是由自己造成的，但是协约国变得更强大也是同盟国失败的原因之一。这一事态的发展可以从军事、经济和政治等方面进行综合分析。协约国的军事优势既源于它们成员国更多，也源于它们装备更好以及使用这些装备的能力更强。[67]战争结束时，协约国在西线、意大利和巴勒斯坦的人数都超过了对手，但这是最近的事态发展。只有到 6 月至 7 月，双方才意识到西线的军事平衡发生了变化，此后协约国的优势迅速扩大。当德军从 520 万减少到 410 万时，法国在 1918 年 4 月提前征召了 1919 年应该入伍的 30 万士兵，并从非洲殖民地征召了 12 万人。[68] 3 月 21 日至 7 月 13 日，英国减少了国内军队的规模，向法国派遣了 351 824 人，这些人包括 18 岁的男兵、康复的伤员和年轻工人，法国的危机缓解后，英国再次优先考虑本国的工业需求。[69]紧急法案扩大了征兵的年龄范围，英国在爱尔兰实施紧急法案，此举引发了爱尔兰人的抗议，并加剧了爱尔兰南部各县民众对新芬党的支持。[70]在自治领中，继 1916 年新西兰之后，加拿大于 1917 年、1918 年之交开始实行征兵制，以维持其兵员数量。[71]这些努力会使协约国比德国减员更慢，但是协约国军队的增加主要得益于美国的大规模征兵。

美国远征军的扩张离不开政治斗争，德国攻势对协约国之间的政治斗争产生了决定性的影响。6 月，劳合·乔治称美国远征军在

440

战斗中的表现极其令人失望[72]，但美国人在训练和运送部队至西线方面比英国人速度更快。此外，美军士气很高。尽管和平主义运动声势浩大，但在 1917 年 4 月之前，美国几乎没有反浪漫主义的幻灭文学作品出现。相反，像哈佛诗人艾伦·西格（Alan Seeger）这样自愿加入法国外籍军团并在服役期间被杀的作家，在战争中彰显了骑士精神，他的信件和日记成为畅销书。西奥多·罗斯福等政治家唤起了传统的战斗精神，认为这是对道德品质和男子汉气概的考验，并以极大的热情回顾了美国内战。[73]对于许多在美国远征军服役的人来说，他们的参战经历确实比法军和英军少得多。美国黑人占应征者的 13％，他们可能比较例外。派往法国的美国远征军，只有 1/5 的人直接参加过战斗，大多数人是码头工人和劳工；第九十二师整体是由黑人组成的，其高级军官是白人。尽管法国指挥下的美国黑人团战绩出色，但还是有两个团在战斗第一天就在默兹-阿尔贡逃亡了。[74]美国远征军中有近 200 万白人前往法国，130 万人遭到攻击，这些攻击几乎都是在 1918 年 7 月之后，共有 193 611 人受伤，50 476 人死亡，其中一半以上死于默兹-阿尔贡战役，另有57 000 人死于流感，但绝大多数人毫发无损。经历了漫长的海上和铁路旅行到达战场后，他们的战斗经历却很短暂，都发生在相对荒凉的乡村。因此，许多士兵的日记是旅游和战斗并存的记录，其中充满了理想主义。但是一旦他们到达战场，德国和协约国的观察员就发现美军极其勇敢、毫无畏惧。[75]

441　　　　即便如此，在美国参战后的第一年里，在欧洲各协约国看来，美国远征军发挥的作用还是微不足道。部分原因在于，美国因为军队合并问题而与英法产生了纠纷。[①] 英国和法国想让美国士兵当炮灰，从而填补英法军队的缺口，而潘兴和威尔逊想要保持美军的独立性。双方都认为这会产生政治上的影响，也会产生行动上的影响。潘兴估计，英法可以坚持到美国部署一支独立的军队之时，而美国要建立独立军队需要运输设备、管理人员以及前线部队。在鲁登道夫攻势之前的五个月里，美国远征军的非战斗人员比例实际上从 20％上升到 32.5％。[76] 然而，51％的美军乘坐英国或英国租借的船只而来[77]，1918 年三月危机使英美达成了协议，英国将提供更多船只，每月运送 12 万名美国人员，但前提是运送美军中的步兵和机枪手，美国的这一做法要以牺牲自己的进口需求为代价。美国人可能很想知道，为什么这些船只以前是不可用的，而英国人确实将它们用作讨价还价的手段，但他们怀疑，美国人是在利用自己的商船经营西半球和太平洋的贸易，这一怀疑是正确的。8 月之后，英国可用的船只和美国远征军的规模都减少了，这可能是因为一旦最危险的时刻过去，双方都再次优先考虑自身的利益。[78] 尽管如此，1918 年 4 月之后，美国已经做了大量工作（见表 4），协约国的实力也因此而大大增强：

表 4　1918 年 3 月至 10 月登陆法国的美军人数[79]

3 月	64 000
4 月	121 000
5 月	214 000
6 月	238 000

---

① 　参见第 15 章。

续表

7 月	247 000
8 月	280 000
9 月	263 000
10 月	227 000

442　　　　美国的关键贡献是派遣了大量美国远征军，这在很大程度上使鲁登道夫和德军相信，德国必败无疑。[80] 在默兹-阿尔贡战役之前，德国最高统帅部对美军的评估是，美军勇敢但训练不足，领导不力。老兵学习战术很快，但太多新兵补充进来，导致美军的平均水平未能提高。[81] 美国远征军对英法做出让步，也可能阻碍了它自身的发展。没有非战斗人员的支持，往前线增派部队可能会导致后勤混乱，为了满足福熙和黑格的愿望而设计的战斗速度也确实出现了这样的现象。此外，潘兴的作战理念可能存在缺陷。他拒绝与协约国军队合并的一个原因是，他担心美军被训练成谨慎的堑壕战术者，作为进攻的信徒，他设想美国远征军在取得一场决定性的突破后，和德军展开决战。美国师规模庞大，每个师约有 2.8 万人，是德国师的三倍多，一方面是为了节省军官，另一方面，即使在战争中出现严重损失，美军仍能保持在一线。虽然步枪在堑壕战中很少使用，但是潘兴仍坚持要求他的士兵接受枪法训练。炮兵装备的是轻型和中型野战炮，而不是榴弹炮，事实证明，他们无法进行徐进弹幕射击。[82] 从理论和武器装备上看，英法军队比美军更适合半公开的战争。

让德国人崩溃的是，一方面他们自己犯了错，另一方面美军数量优势和英法军队战斗力的结合，都给德军造成了巨大损失，终止了德军 3 月至 7 月的攻势。7 月以后，美英法军队攻破了德军的每一个阵地，这表明德军的进攻战和防御战都失败了。在 1918 年，法军俘虏德军 13.9 万人和 1 880 门大炮，而英国远征军俘虏德军 18.87 万人和 2 840 门火炮，美国远征军俘获德军 4.33 万人和 1 421 门大炮，比利时军队俘虏德军 1.45 万人和 474 门大炮，但在计算战果时，法军经常被忽视。[83] 截至 11 月，英国远征军大约有 175 万人、美国远征军有 200 万人、法军有 250 万人，其中英国远征军防守西线的 18％、美国远征军防守西线的 21％、法军防守西线的 55％。[84] 7 月 1 日至 9 月 15 日，法军伤亡 27.9 万人[85]，8 月 7 日至 11 月 11 日，英国远征军伤亡 297 765 人。[86] 即使在美军抵达后，德军的重大伤亡大部分也是由英军和法军造成的，同时英法两国也承担了大部分伤亡。

　　法军似乎使用了与英军相似的新技术和新战术，但是法军在 1918 年的作用还没有得到深入研究。[87] 法军在马恩河战役中的反击比在亚眠战役中的更猛烈，尽管在 9 月底战役的高峰时期，他们只扮演了辅助性角色。自 1917 年以来，法军重新装备了火炮。到停战时，法军有 13 000 门火炮，其中 2/3 是现代化的火炮，在夏季，法军每天发射 28 万枚 75 毫米野战炮弹。[88] 像英德一样，法国也研制出了短时间内密集轰炸的技术，出其不意地压制敌人。此外，法国还有一支庞大的坦克部队：1918 年 3 月，法国拥有 467 辆重型施耐德坦克和圣沙蒙坦克，但是后来大部分都被击毁。1918 年，法国陆军接受了 2 653 辆雷诺轻型坦克，作为 7 月 18 日反攻的先锋。到战争结束时，法国拥有世界上规模最大的空军。[89] 贝当的法国最高统

443

帅部鼓励陆军指挥官使用纵深防御，并尝试新的攻击方法，以有限步兵推进为中心，与火炮和坦克保持密切联系，不断转移到新的战线，而不是固守战争收益下降的地点，在某种程度上，他们做到了。[90]与其他军队一样，理论与实践之间仍然存在差距，但法国人似乎完成了恢复机动性的变革。

英国远征军在 8 月至 11 月发起的"百日攻势"已广为人知。首先要指出的是，发动"百日攻势"的不只有英国军队，在 60 个英国远征军步兵师中，有 1 个新西兰师、4 个加拿大师、5 个澳大利亚师和 1 个南非旅。这些非英国军队进攻的成功率高于英国师，在阿梅尔战役和亚眠战役以及穿越兴登堡防线等行动中都处于领先地位。[91]这些非英国军队基本上没有参加春季的防御战。除此之外，加拿大人还装备了轻机枪等武器[92]，与英国师不同，加拿大师保留了 12 个营的编制。此外，到了战争的这个阶段，这些非英国军队的独立性更强。1917 年 6 月，加拿大职业军官库里中将取代英国人接管了加拿大远征军的指挥权，他成功地重新评估了进攻训练和战术。[93]1917 年，派驻法国的澳大利亚师被改编为澳大利亚军团，从 1918 年 5 月起，由澳大利亚人约翰·莫纳什爵士指挥。除了这些因素之外，正如英军总司令部所承认的，自治领军队的个别官兵表现出了极强的战斗力。[94]

444　　　英国军队和自治领军队都运用了索姆河战役以来取得了巨大进步的技术与战术。较之于索姆河战役，亚眠战役的最大特点是大规模使用坦克，坦克起了重要的辅助作用，但并非成功的主要原因。德国没有因为协约国使用坦克而削弱其反攻能力。鲁登道夫之前对坦克很不重视，因为他不相信坦克的军事价值，直到 8 月，他才为 1919 年春季攻势订购了 900 辆坦克。即使炮轰导致地面坑坑洼洼，坦克依然可以冲破敌人的铁丝网，也可以压制对方的机关枪，从而使军队能够在徐进弹幕射程之外前进。总之，坦克拯救了步兵的生命，但步兵也需要跟上坦克的步伐，以防坦克遭到敌军的炮击。新的马克 V 型坦克的前进速度略快于步行速度，续航时间为两到三个小时，而且坦克里面温度很高，充满一氧化碳，机组人员经常昏迷。他们很容易成为攻击目标，1918 年德国炮手击中了数百辆协约国的坦克。尽管受损的坦克通常可以被抢修和翻新，但由于配件短缺，维修工作进展缓慢。当坦克被密集使用时，就造成了巨大的损耗，例如，8 月 8 日至 11 日，英军坦克从 430 辆减少到 38 辆。[95] 尽管在亚眠战役中英军永久性地损失了 120 辆坦克，但在剩下来的战争时间里，英军坦克可用数量一直保持在 200～300 辆。[96] 英国远征军没有计划再进行像 8 月 8 日那样规模的坦克战，7 月 18 日之后法国也没有类似计划，法国坦克的性能也不太好，有很多局限性。8 月 21 日，法国有 183 辆坦克参加了阿尔伯特战役，181 辆坦克于 9 月 29 日进攻兴登堡防线。[97] 但在进攻兴登堡防线的过程中，法军突袭的效果比 8 月 8 日还差，因为需要提前轰炸，而在最后一个月的战役中，因为坦克无法自行长距离穿越，只能用卡车或火车运输，所以其战斗力受到了限制。坦克可以作为武器系统的一部分而发挥重要作用，但坦克本身并不是赢得战争的关键。[98]

飞机的作用可以说与坦克的大同小异，尽管在 1918 年，空战空前激烈，双方都在尝试轰炸敌方防线后方的目标。德国轰炸机对伦敦的袭击一直持续到 5 月，对巴黎的袭击一直持续到 9 月，尽管如此，德国对巴黎的空袭更少，因为要想在不被发现的情况下接近巴黎要比经过北海上空到达伦敦更加困难。到了秋天，鲁登道夫已经放弃通过空袭协约国城市来引发协约国恐慌的做法。协约国的战略轰炸同样无效。对德国实施空袭的主要是英国人，法国人优先考虑解放自己的领土，不愿采取报复行动。劳合·乔治政府授权对德国发动轰炸，以报复德国哥达轰炸机的袭击，斯穆茨向战争内阁提交报告后，英国于 1918 年 4 月成立了皇家空军和空军部，还成立了一支"独立轰炸大队"，专门负责执行轰炸任务。[99]DH4 和 DH9 轰炸机是空袭德国的主力，白天它们袭击莱茵兰的城市和工业基地。英国空军遭到了德国高射炮、探照灯和大约 330 架战斗机的猛烈反击，140 架英国轰炸机被击落。[100]英国"独立轰炸大队"确实牵制了德国的资源，可能比英国投入的资源还多，到停战时，西线 1 799 架英国皇家空军飞机中只给它分配了 140 架。它是二战的一个前兆，如果战争持续到 1919 年，空袭的规模会更大，大战结束后，四引擎的汉德利·佩奇 V-1500 轰炸机即将面世，它可以从英国飞抵柏林。但是，被英国袭击的钢铁厂只受到了表面伤害，曼海姆（Mannheim）的巴斯夫工厂从未停止生产。[101]战争期间，战略轰炸造成 746 名德国平民死亡，导致英国 1 414 人死亡。[102]令人怀疑的是，它能否缩短战争时间，关键的空战发生在其他地方。

大多数空军领导人都是从英国皇家飞行队招募来的，他们接受了皇家空军的理念，即空军的主要职能是支持陆军作战。休·特伦查德爵士是"独立轰炸大队"的第一任指挥官，他是这一观点的主要倡导者，他将大部分精力用于打击敌人后方的机场和铁路，而不是用于更遥远的目标。到 1918 年 11 月，英军在前线拥有 3 300 架飞机，德军拥有 2 600 架，美军只有 740 架，并且大部分是法国建造的。[103] 到 1918 年，双方拥有的飞机更多、飞机性能更好，飞行中队规模更大，双方进行了大规模消耗战，损失惊人。[104] 英军在 3 月 21 日拥有 1 232 架飞机，但到 4 月 29 日损失了 1 302 架飞机，8 月 1 日至 11 月 11 日又损失了 2 692 架。[105] 工业界基本能补充损失的飞机，但英国皇家空军虽然能招募到飞行员，但却几乎没有时间进行训练。在春季攻势中，协约国军队承受的压力最大，德国空军直到最后都保持着庞大而令人胆寒的规模；例如，它在 8 月交付了 800 多架福克 D7 战斗机，这是当时最好的战斗机。直到最后几个月，德国虽然出现了燃料和飞行员短缺问题，但是德国飞机的质量优势抵消了其数量劣势。因此，协约国军队几乎没有余力进行战略轰炸，甚至连发挥其核心职能也力不从心。一战时的飞机配备两挺机枪，能够携带几百磅炸弹，对地攻击的范围有限。协约国飞机的扫射虽然有助于推迟德军在 3 月和 4 月的推进，但是总体而言，协约国飞机在协助进攻方面不太成功。协约国军队在 7 月摧毁了马恩河大桥。亚眠战役中，协约国军队在四天内损失了 243 架飞机，但由于德军增援，未能摧毁索姆河大桥。[106] 空军的主要任务仍然是阻止敌人进入自己的领空［在米吉多（Megiddo）战役和亚眠战役前］和收集情报。

　　各国通过拍照获得情报，其他信息来源进一步强化了这些情报。1918 年，英法在情报方面占据上风。在卡波雷托战役和"迈

446

克尔攻势"之前，德国人使用虚假的无线电信息，通过制造假象来迷惑对手；在亚眠战役之前，英军误导德军，让他们以为英军会在佛兰德斯发起进攻。到了夏天，协约国军队每周能截获并破解数百条德军的无线电信息，其中包括那些透露了马茨河战役的情报。相反，协约国军队在 7 月 18 日和 8 月 8 日发起的攻势完全出乎德国人的意料，截获德军情报不仅对协约国军队的胜利做出了巨大贡献，而且也使鲁登道夫极为紧张。在米吉多战役之前，艾伦比获得的情报更全面。[107]

　　尽管如此，在英军取胜中做出最重要的技术贡献的仍然是火炮。在战争期间，许多武器效能都得到了改进，包括徐进弹幕射击和无瞄准射击。到 1917 年，90％的反炮台观测已经使用了空中侦察。[108]正如布鲁赫米勒的职业生涯所证明的那样，火炮革命不是英国独有的现象。1918 年，火炮方面又出现了重要的新发展，尤其表现在火炮的生产方面。1917 年，军需部交付了 6 500 门火炮和榴弹炮，1918 年交付了 10 700 门，春季攻势中的火炮损失很快就得到了补充。[109]英国的高爆弹和气体炮弹供应充足。尽管伊普尔战役和卢斯战役因使用毒气而臭名昭著，但在一战中，毒气的使用量非但没有减少，反而有所增加。1915 年毒气的使用量达到 3 870 吨，1916 年增加到 16 535 吨，1917 年增加到 38 635 吨，1918 年增加到 65 160 吨。[110] 在 1915—1917 年，毒气在西线造成 12.9 万人伤亡，1918 年造成 36.7 万人伤亡，其中死亡率为 2.5％。[111]毒气的杀伤力不及烈性炸药，化学武器在 1918 年的西线战场广泛使用，这一情况直到 20 世纪 80 年代的波斯湾战役才再次出现。一战时的毒气种类众多，发射方式多样，瓦斯弹在化学战中占有主导地位，占英国所发射弹药的 50％。例如，英军向阿梅尔发射瓦斯弹超过 2.5 万枚，毒气反制炮台特别有效，毒气沉入炮坑，迫使守军戴上面罩，从而掩护了攻击方轰炸炮台。[112] 在 9 月之后的机动战中，为了不污染土壤和大气，以方便步兵前进，毒气的使用逐渐减少。在减少使用毒气的同时，英国人通过空中光电侦察、闪光探测和声音测距来定位敌人的炮台，从而使敌方炮台失效。[113] 在亚眠战役中，95％的德国炮台在战斗开始前就被识别出来，在 9 月 27 日的诺德运河，反炮台射击成功率达到 80％。[114]

取得这样的成果需要时间和充分的准备，尤其是预先对火炮进行定位和测试，并消除其误差。此外，尽管在"百日攻势"期间开始使用无线电通信，但是步兵和炮兵的通信仍然困难。英法通过猛烈的轰炸来压制或摧毁德军的防御系统，随后装备精良的步兵将借助徐进弹幕射击、坦克和飞机来摧毁德军的其他抵抗。协约国军队接下来的一系列成功不是一个因素造成的，而是源于新技术和操作程序的结合，这些技术已经非常成熟，在应用于即将崩溃的敌人时有着巨大的优势。一定程度上这些胜利要归功于高层。1918 年 3 月，虽然贝当消极低沉，遭到部下的抵制，并与福煦和克列孟梭发生冲突，但他仍然推动了军队革新。[115] 黑格以及更有能力的新人领导的英军总司令部，为罗林森、库里和莫纳什等指挥官提供了更大的自由权，并表现出及时停战的意愿。此外，黑格在 1918 年夏天发现了一个迅速结束战争的机会，其代价是短期内会付出更大的伤亡，但长期来看可能会减少伤亡。[116] 福煦也是如此，尽管在将美军攻击线从圣米耶勒转移到默兹-阿尔贡时，他们可能都做了一些错误的决定。福熙的权力逐渐扩大，6 月法国政府取消了贝当对福熙的上诉权。甚至潘兴也愿意服从福熙。黑格则不同，他拒绝在马茨河战役之前增援法军，也拒绝延长亚眠战役。福熙在 8 月被任命为法国元帅，他认为自己的作用在于劝诫各协约国和使之达成共识，而不是指挥它们，在协约国预备队发动进攻后，福熙就放权了。福熙成熟而睿智，他的幕僚比协约国的双边安排能更有效地协调协约国的战略，虽然这与二战时的艾森豪威尔（Eisenhower）相比微不足道，但是在福熙的协调下，协约国军队终于发动了两年来的首次协同总攻。[117]

协约国军队技术密集型运动战的三个前提是灵活的后勤、强大的制海权和雄厚的工业基础。1916—1917 年的冬天，英国远征军对后勤系统进行了重组，由专业的民用铁路工人负责后勤系统，他们建造了更多轨道，并将火车运送到海峡对岸。[118]重组后的后勤系统经受住了考验，在混乱的春季撤退中，协约国军队的后勤系统应对自如：1918 年 4 月一个月内到达前线的补给列车数量几乎与索姆河战役 5 个月内的数量相同。在"百日攻势"中，英国远征军保持充足的供应，但是一旦到了铁轨的尽头，进入德军撤退后遗留的被摧毁的土地时，英国远征军就会面临补给困难等问题。[119]在英美两国的帮助下，法军的铁路运行也有了保障。法国的铁路系统虽然运力紧张，但没有像俄国、奥匈帝国和德国的铁路系统一样崩溃。尽管在圣米耶勒和默兹-阿尔贡，美军的供应安排不如其盟友顺利，但他们还是改善了从大西洋港口通往洛林的被忽略的线路。

第二个前提是协约国掌握着制海权，使其人员、武器能够抵达大西洋和海峡港口。协约国不仅需要美军的支援，还需要从世界各地输入食品、原材料和劳动力。除了用自治领、北非和西非军队来填补法军缺口之外，法国还从印度、中国输入数千名劳工；1917—1918 年，从中国山东省征召了大约 9.5 万名华工来为英国远征军工作。[120] 从表面上看，在 1914—1916 年英军扩大了优势，但在 1917—1918 年，即使有美国援助，英军的优势也有所缩小，1917—1918 年，5 艘美国无畏级战列舰被调到苏格兰，美国提供了 27％的大西洋护航任务。[121] 护航任务使皇家海军失去了巡洋舰和驱逐舰的掩护，主力舰被调去保护斯堪的纳维亚船队。1918 年 4 月后，英国的战列舰和战列巡洋舰集中在罗赛斯，在某种程度上，U 型潜艇实现了德国人长期以来分散英国大舰队的目标。1918 年 1 月，海军部批准了海军总司令贝蒂的一项建议，即"大舰队的正确战略不再是不惜一切代价与敌人交战，而是将德国海军封锁在基地范围内，直到总体形势对我们更有利"[122]。贝蒂吸取了日德兰海战的惨痛教训。他认为英国海军炮弹仍然不足，并且只有 3 艘战列巡洋舰适合与敌人作战。海军部到最后仍很紧张，担心德国人会攻击俄国波罗的海舰队或夺取海峡港口。[123]1918 年，公海舰队只出动了一次：4 月 22 日—25 日，它试图袭击一个斯堪的纳维亚船队，但未能找到。然而，通过无线电静默，德国人在未被发现的情况下出海了，他们在返航时打开了无线电，引来了大舰队姗姗来迟的追击，这一事件表明，英国人可能不会总是收到任何警告。如果大舰队的战略是遏制而不是摧毁德国海军，那么德军免受伤害的最好方法就是自我遏制。即使在日德兰海战之后，公海舰队仍然无法摆脱对手的威胁。[124]

在对抗潜艇的战役中，进攻性措施不如护航措施更能保持海上航道的畅通。1918 年，U 型潜艇损失总计 69 艘，而 1917 年损失63 艘，1914—1916 年损失 46 艘。其中，1918 年仅 5 月一个月，德国就损失了 14 艘 U 型潜艇，创了纪录。在 69 艘 U 型潜艇中有 22艘是由鱼雷击沉的，协约国军队为此付出了巨大努力。[125] 多佛拦河坝在 1917 年末被称为一个新的深水雷场，探照灯和拖网渔船携带照明弹迫使 U 型潜艇在夜间下潜，在 1917 年 12 月至 1918 年 4 月，协约国军队摧毁了 7 艘 U 型潜艇。德国驱逐舰在 2 月 14 日至 15 日的一次夜间突袭中对多佛拦河坝进行了破坏，并击沉了 1 艘拖网渔船和 7 艘漂流船，此后它们再也没有开展过类似的行动，也没有出现贝蒂所担心的德军袭击英军主力舰的情况。公海舰队又一次被动地观望，留给德国的时间已经不多了。多佛拦河坝确实阻止了 U型潜艇的通过。佛兰德斯舰队的小型潜艇继续运行，但在 2 月之后，所有公海舰队的船只都能通过更远的北方航线航行；为了阻止公海舰队通过北海，协约国军队 1918 年 3 月至 10 月在苏格兰到挪威布设了一个雷区。北部拦河坝是美国的一项创造，由美国海军使用美国水雷布设。拦河坝击沉了 6 艘或 7 艘 U 型潜艇，但并没有形成严密的保护网，无法证明这样做的合理性。英军的另一个壮举是4 月 23 日突袭了奥斯坦德和泽布吕赫，英军试图通过击沉两个出口通道的阻击船来阻止佛兰德斯的德军 U 型潜艇出海，这一行动虽然造成德军 635 人伤亡，但是未能实现预定的目标。[126]

护航仍然是协约国手中的"王牌"，1918 年，护航扩展到英国沿海水域，以吸引聚集在那里的德国潜艇。在地中海，护航效果较差，因为护航舰队不完整，且护航力量较弱，而试图通过奥特朗托海峡的拦河坝来牵制德奥的 U 型潜艇，效果也不明显。因此，通往萨洛尼卡和巴勒斯坦的供应路线仍然不安全。然而，在北部海域，协约国军队借助新技术，护航效果有了明显提升，护航船只一般各携带 30 枚深水炸弹，深水炸弹击沉了 21 艘 U 型潜艇，而前一年这一数字仅为 6 艘。[127] U 型潜艇频繁使用无线电，英国情报部门第 40 号办公室截获了它们的信息，使海军部能够指挥护航舰队避开危险。[128] 最重要的是，协约国的空中力量对德国潜艇构成了更大威胁，这不是因为飞机本身可以击沉潜艇，而是因为飞机能够发现并报告潜艇的位置。1918 年，英国皇家空军将其用于反潜艇战的陆基飞机从 22 架增加到 223 架，美法海军也出动了大量空军，协约国的飞行员越来越多地携带无线电。尽管 U 型潜艇的数量没有减少，但至少它们的增长受到了遏制，1 月有 128 艘 U 型潜艇，4 月 125 艘，6 月 112 艘，9 月 128 艘。德国在建造 U 型潜艇方面严重滞后，1917 年 6 月订购的 95 艘 U 型潜艇中，只交付了 5 艘。[129] 1918 年秋季的"舍尔计划"姗姗来迟，该计划设想将潜艇规模扩大至 333 艘，可能因为缺乏资源，最后也无法实施。[130] 此外，尽管数量保持不变，但 U 型潜艇的效能却有所下降。1917 年 3 月，公海舰队的潜艇平均每天摧毁协约国 0.55 艘船只，但到了 1918 年 6 月，这一数字降为 0.07 艘。[131] 协约国的护航措施意味着 U 型潜艇只能行驶更远的距离才能到达目标区域，一旦到达，U 型潜艇可能只会发现少量协约国船只，即使发现协约国船队，有时也不得不回避。考虑到破旧潜艇内恶劣的生存状况，无论是年轻的新船员还是疲惫的老船员都不愿冒险进入潜艇，也就不足为奇了。经验丰富且*451* 有雄心的指挥官越来越少，现在只占 5%，以前占到 60%，沉船事故造成很多指挥官死亡。[132] 结果是，1918 年前三个月，协约国的航运损失还有所增加，但从 4 月开始，协约国的航运损失逐渐减少，此后每月的损失再也没有超过 30 万吨（尽管直到 9 月，损失仍保持在 1915 年的水平之上）。此外，4 月之后，新的商船投入使用，其数量超过了被摧毁的商船；秋天更是如此。6 月之后，协约国在地中海地区的损失也大幅下降。虽然不及 1943 年 5 月协约国在大西洋战役中的胜利那么引人注目，但 1918 年 4 月和 5 月仍然是一战中的一个转折点。

从表面上看，德国人或许没能充分利用他们的优势。例如，水面潜艇在夜间进行大规模突袭的"狼群"战术在二战中被证明具有毁灭性的攻击力，但是德军在一战中只尝试过一次。1918 年 5 月，虽然有十几艘 U 型潜艇集中在英国西线的航道上，但是在两周的行动中，U 型潜艇只击沉或摧毁了协约国的 5 艘商船，293 艘商船被安全护送并通过危险区，U 型潜艇的无线电通信较差，而英国第 40 号办公室能探测到 U 型潜艇的位置，破坏它们的行动，使它们无法成功会合。德国可能错失的另一个机会是在美国沿海水域远程使用 U 型潜艇发起攻击，德国曾在 1918 年 5 月之后尝试过，但是由于 U 型潜艇遵循了"巡洋舰规则"，攻击效果并不明显。U 型潜艇击沉了 93 艘商船，使美国公众感到不安；6 月，由于担心水上飞机，纽约市宵禁了 13 个晚上。尽管美军在其周边沿海护航，但护航大西洋航道仍然是他们的首要任务，他们没有将军舰撤回本国水域。[133]面对美国的军事行动，威廉二世要德军保持克制，U 型潜艇指挥官对这种做法的价值持怀疑态度。[134]最后，U 型潜艇偶尔会攻击游离在外的美国舰船，这些船队大部分由美国海军护航，但 U 型潜艇主要攻击货船，而非护航舰，通常的结果是驱逐舰将 U 型潜艇击退。德国客轮"瓦特兰"号被美国扣押后改造为运兵船，改名为"利维坦"号，在十次航行中载运了 96 804 名远征军，"利维坦"号航行速度极快，经常在没有护航的情况下就在大西洋两岸来回穿梭。总之，在返回美国途中，共有 3 艘军舰被击沉，1 艘英国军舰在 2 月被击沉，造成 166 名士兵和 44 名船员丧生。[135]霍尔岑多夫预测美军不会抵达欧洲，所以 U 型潜艇继续把速度较慢、抵抗力更差的货船当作目标。

尽管协约国挫败了德国的潜艇威胁，但直到 1918 年，协约国的吨位损失仍然很高，之前 U 型潜艇对协约国航运造成了深刻的后续影响，这一影响持续存在。由于物资短缺，协约国不得不对进口的物资实行定量配给。至少从 1916 年起，协约国就开始各自行动，现在协约国试图与协约国海上运输委员会协调努力。这一委员会包括英国、法国和意大利的航运部长，以及一名美国代表，而协约国海运管理局（协约国海上运输委员会设在伦敦的常驻机构）则由部长级别的高级官员组成。它们下面是各种商品的"项目委员会"。尽管协约国海上运输委员会不是超国家组织，而是以协同方式运作，并且它直接控制的只有大约 50 万吨租用的中立船只，但是它的影响力越来越大。协约国海上运输委员会主要关注的是：寻找船只向法国和意大利运送粮食，通过法国铁路运输意大利煤炭以

452

节省船只吨位，向比利时提供粮食救济，以及最大限度地利用船只和限制某些物资的进口。[136] 这一议程揭示了协约国的优先事项。1917—1918 年的冬天，粮食和煤炭是协约国的核心需求；1918 年夏天，美军是协约国的关键需求。如果战争持续下去，军备需求就可能上升；但是在 1918 年，协约国对军备的需求下降了。

由此得出一个重要的观点。如果说协约国成功的第二个条件是掌握制海权，那么第三个条件就是协约国的工业基础。协约国的武器主要来自英法，尽管美国扮演着重要的角色。随着美国加入，协约国似乎对它们的军事工业不再担心。如果以战前制造业产量或钢铁产量来衡量，英法美的实力大约是德奥的 2.5 倍。[137] 然而，美国将其工业潜力转化为军工生产的速度比将青年转化为士兵的速度还要慢。据估计，其国民生产总值在 1914—1917 年增长了 20%，但在 1917—1918 年下降了 4%[138]，从民用经济向战争经济的转变既缓慢又无效。1917—1918 年的冬天，美国出现了生产危机，部分原因是恶劣的天气导致东海岸港口结冰，煤炭开采和铁路运输受阻。英法在 1915 年也出现过类似的转换阵痛，并将采购控制权交给了军需部，军需部的文职首长精力充沛。相比之下，美国的军备采购权与控制权仍由海军部和陆军部掌握。成立于 1917 年 4 月的战争工业委员会缺乏协调军备生产的权力，在冬季危机期间，战争工业委员会的两位主席先后辞职。1918 年 3 月，威尔逊任命伯纳德·巴鲁克（Bernard Baruch）为战争工业委员会主席，在其领导下，该组织得以恢复元气。巴鲁克是一位银行家，他利用自己的影响力降低了民用汽车的产量。与此同时，由总参谋部的佩顿·C. 马奇

(Peyton C. March）将军领导的陆军部对采购重新安排，并与巴鲁克密切合作。[139]然而，美国的军工生产开始得太晚。例如，在航空领域，威尔逊秘密调查飞机垄断企业，因为该企业未能达到目标。美国远征军所配备的战斗机只有 1/5 来自美国。美国模仿协约国战斗机的设计（特别是复制英国的 DH4 轰炸机），但质量不行。美国利伯蒂（Liberty）航空发动机的产量从 1 月的 69 台增加到 10 月的 3 878 台，到 1919 年产量更大；但在 1918 年，法国在航空发动机方面仍然遥遥领先，一共生产了 44 563 台发动机。[140]同样，美国 75 毫米野战炮效仿法国，其产量从 4 月至 10 月翻了两番，如果没有法国工业，美国远征军永远不会涉足该领域。停战时，2/3 以上的飞机是法国制造的，所有的野战炮、坦克和几乎所有的炮弹也都是法国制造的。[141]法国工业实现了大突破，在贝当的领导下，法国更新了自己的陆军和空军装备。英国也拥有很强的制造能力，英国主要的工业区没有遭到破坏，从而能够为英军提供他们所需的炮弹和火炮，1917 年英国为英军交付了 14 832 架飞机，1918 年这一数字上升到 30 671 架。[142]同时，英国还维持了一个庞大的造船和海军维修工程系统。意大利的武器产量在 1918 年达到顶峰，到了 8 月，它已经弥补了卡波雷托战役中的武器损失。[143]意大利军队收到了 300 万个英国防毒面具和大量其他武器，包括大量炮弹。1918 年 1 月至 10 月，它发射的弹药数量超过了 1915—1917 年的总和：在两场主要战斗中，意大利军队发射了大约 1 400 万枚炮弹。[144]1918 年，英法都将工业工人送回了前线，这与之前优先考虑制造业的决定形成了鲜明对比。美国投资的军备基础设施虽未完全完工，但是西欧国家已经开始从中获利。

美国对协约国的最大贡献体现在物资供应和金融方面，而不是武器方面。正因为有美元资助，1918 年协约国建造的船只比损失的还要多。美国在这一年建造了 300 多万吨商船，相当于 1914 年之前世界年产量的总和。[145]美国还向其他协约国交付了很多大宗商品。1918 年，法国从美国购买的钢铁是 1913 年的 30 倍，石油是 1913 年的 10 倍。[146] 1918 年初，美国向法国和意大利运送的粮食帮助两国度过了危机，这场危机曾经让法国和意大利政府非常忧心。[147]所有这些都需要支付费用，欧洲各协约国已经耗尽了它们的出口工业，但是它们不得不这样做。在经历了一个艰难的开局后，英国人发现，尽管要面对来自美国国务院和总统的压力，但财政部还是相当通融的。1917 年夏季英镑危机后①，麦卡杜同意每月定期提供贷款，允许美国信贷支持英镑汇率，甚至偿还英国政府对摩根大通的贷款。[148]法国对美国的贷款并不热心[149]，在停战前，协约国之间的合作支撑着法郎的国际地位；1918 年 7 月，美英承诺提供更多援助以维持意大利里拉的稳定。[150]考虑到英国的关键地位，英国代表欧洲各协约国成为美国的买家，欧洲各协约国的流动性取决于英美的金融关系，英美密切合作，建立了一个货币集团。威尔逊和麦卡杜暂时没有向协约国提出政治要求以作为回报，但他们坚持控制协约国的采购委员会，以便在 1917 年后，协约国在没有美国政府批准的情况下几乎不可能从美国购买到任何东西。最后，麦卡杜

①　参见第 14 章。

要求，在 1917 年 11 月至 12 月的巴黎会议上，协约国要建立协约国间战争采购和财政委员会，优先采购美国的商品。[151]欧洲各协约国丧失了对不同供应商竞标比价的权力，只能让战争工业委员会采购美国的工业品。

美国确实是第一次世界大战"民主国家的武器库"，美国为其合作伙伴提供了帮助，不仅减轻了它们的外汇限制，而且帮助它们在专注于军事生产和武装军队的同时，还能养活各自的民众。此外，在美国参战的情况下，协约国可以加强封锁。美国通过宣布出口禁运对中立国施加影响，1917—1918 年，美国对荷兰、丹麦和瑞典的出口降至 1915—1916 年的 10％ 以下。[152]此外，由于俄国革命意味着通过瑞典的过境贸易不再重要，瑞典失去了讨价还价的筹码。外交协调仍然缓慢，但是协约国和美国分别在 1918 年 4 月、5 月、9 月与挪威、瑞典、丹麦达成了新协议，进一步限制了这些中立国对德国的供应。[153]3 月，英美征用了大约 130 艘停泊在荷兰港口的船只。作为报复，德国人要求并获得了在荷兰境内运输货物的权利，但是 1918 年，荷兰向德国的食品运输几乎停止。[154]到 1918 年，德国的进口量可能只有战前的 1/5[155]：德国实际上已经与外界隔绝，几乎不能从所占领的土地得到战争物资。德国的粮食供应将面临自 1916—1917 年的那个残酷冬天以来最糟糕的处境。

相比之下，协约国能保障平民和士兵的粮食供应，甚至改善了他们的粮食供应。霍尔岑多夫预测的封锁效果不仅因协约国的护航制度而无效，而且因一系列其他措施而失效。到 1917 年，英国的

455

木材和木材进口量为战前水平的 1/4。1918 年，英国的食品进口量比 1913 年减少了 37％；据计算，这一数量足以给养 130 万美军。[156]然而，尽管进口量减少，但英国仍维持着其弹药生产，1918 年英国平民的人均热量摄入可能略低于 1914 年。[157]政府鼓励农民开垦草地，可能有助于在 1916 年粮食产量下降后，到 1918 年使产量恢复到战前水平。然而，消费水平得以保障主要应归功于"食品调配"策略：例如，在磨面时提高小麦使用率，并把小麦与其他谷物混合起来。[158] 1917—1918 年对一些商品实行的定量配给，使食物分配更加公平，而不是减少消费量。1918 年初，伦敦面临严重的食物短缺问题，工人的饮食结构变得单一，不像以前那么多样，但英国的情况远好于德国。法国的优势是城市人口较少，农业规模较大。[159]

与德国和奥匈帝国相比，协约国的金融更稳定、通胀水平更低，从而减少或至少推迟了爆发俄国式革命的危险。美国爆发俄国式革命的可能性更小，尽管在战争中，美国每天的花费超过了英国、法国或德国。开支远远超出麦卡杜的估计，他的 1917 年战争收入法案在国会被搁置了 6 个月，而他的 1918 年法案直到停战后才获得批准。[160]与其他交战国相比，美国的税收在军费开支中所占的比例要高一些，虽然只有 23％，而且美国的借款利率也较低。[161] 1917 年和 1918 年的贷款收益使威尔逊和麦卡杜在为美国盟友提供贷款时相当慷慨，协约国通胀压力比德国小的主要原因是它们有更强的海外借贷能力。原因之二是，就英国而言，是伦敦贴现市场的能力，它吸收了德意志帝国银行持有的短期国债，可以用来支持债券发行。[162]由于担心产生政治影响，所有协约国都对提高税收持谨慎态度。英国降低了所得税的征收门槛，1916 年后引入的法案意味着大多数熟练的体力劳动者都不用交税。[163]到 1918—1919 年，超额利润税占中央收入的 36％，到战争结束时，商业和劳工运动都变得难以驾驭。[164]在意大利，奥兰多的财政大臣弗朗切斯科·尼蒂（Francesco Nitti）重新评估里拉的价值，降低了进口食品的价格，并在 1918 年春天对第五笔意大利战争贷款利率实行浮动政策，解决了严重的赤字问题，增加了国库收入，但由于银行承担了大部分债务，从而增加了战后信贷和通货膨胀的风险。法国财政部长路易斯-卢西恩·克洛茨（Louis-Lucien Klotz）实行宽松的财政政策，加剧了法国的通货膨胀。[165]协约国在没有恶性通胀或者破产的情况下，为一项耗资空前的承诺提供资金，它们发现这项任务完成起来越来越难。

食物充足和通货膨胀温和反过来促进了协约国的政治稳定。协约国国内仍广泛存在着支持战争的共识，而敌人的进攻则强化了协约国民众支持战争的共识，这一共识也得益于协约国拥有卓越的领导人。劳合·乔治、克列孟梭、威尔逊以及奥兰多都是能力卓越的领袖，他们雄辩地阐述了为自由主义和爱国主义而战斗的理由。劳合·乔治和奥兰多集结了相对广泛的重量级政治人物，他们是这些政治精英的领袖。克列孟梭正好相反，他独断专行，其内阁成员被排除在外交和战略决策之外，他自己把控战争部，并将外交事务交给其忠诚的下属斯蒂芬·皮雄（Stephen Pichon），他和一群亲信一起指挥战争。威尔逊的风格类似于克列孟梭。这两种模式都是有效的，而且都优于德国模式，在德国，赫特林和鲁登道夫与公众沟通不畅，威廉二世也未能保证内外政策的协调一致。因此，先前对鲁登道夫攻势的讨论似乎仅限于技术人员，与1914年7月发动战争和无限制潜艇战的决定相比，当下的决定更加独断专行。直到1918年9月，德国人仍不承认他们已经失败。可能政治家们已经顺从德国最高统帅部太久了，以至于他们缺乏主动性，至少在欣茨成为外交大臣之前是这样的。第二次马恩河战役后，柏林似乎瘫痪了，既没有制定新的战略方针，也没有采取新的政治路线。与协约国决定在春季克服自身危机所采取的有力措施形成了鲜明对比。

457 奥兰多、克列孟梭和劳合·乔治治理下的国家的政治团结原本正面临挑战，工会、左翼和政府的关系逐渐恶化。但是，德奥进攻使1914年支持政府的氛围又在这些国家重新出现。奥兰多在卡波雷托战役之前取代卡多尔纳成为首相，政府更迭消除了意大利政治摩擦的一个主要来源。迪亚兹与下属和政府建立了更好的工作关系。随着意大利领土遭到入侵，反对参战的声音变弱了；神职人员和社会主义温和派敦促政府履行抵抗义务，乔利蒂给予政府谨慎的支持。然而，由于意大利社会党主要领导人仍然反对战争，当局监禁了该党书记和《前进报》（Avanti!）的编辑，并在1917年以骚乱罪审判了该党都灵分部的领导人。因此，意大利的团结不仅基于对以奥兰多为首的联盟的支持，也基于尼蒂的财政和经济稳定措施，还基于镇压。所有这些考虑，加上1918年伤亡人数大大降低，都有助于意大利继续坚持战争，直到迎来最后的胜利。[166]

在法国，克列孟梭政府的成员构成比之前政府更为单一，白里安和里博特等政治老手以及法国社会党都被排除在克列孟梭政府之外。1917—1918 年的冬天，左翼反对克列孟梭的对俄政策，也谴责他的战争目标的模糊性，即便如此，克列孟梭在国会中仍然拥有稳固的多数席位。在经济事务上，克列孟梭通过法令行使权力。由于政府中不再有社会党人，他不再需要与他们协调，无须再秘密召集议会，秘密召集议会的做法曾经削弱了前任法国总理的威信和权力。同时，作为战争部长，他密切监督贝当，并在停战前与福熙保持着良好的工作关系。他的统治符合宪法，但和意大利一样，也有压制不同意见的成分。[167] 比如，他要求暂停约瑟夫·卡约的议会豁免权，将其逮捕并监禁。反战活动人士，如赫莱恩·布里翁（Hélène Brion）受到审判，博洛·帕夏等被判处叛国罪并被处决。克列孟梭的行动减少了议会对政府的挑战，瓦解了投降派，尽管和平主义者和社会主义者仍然反对战争，而且可能在劳工运动中变得更具影响力。1918 年 5 月，巴黎和许多省会城市包括圣艾蒂安（St-Etienne）的钢铁厂和军工厂，都发生了罢工。罢工主要是由工人发起的，他们要求通过谈判达成和平。因此，这是一场政治运动，而不是一场革命运动。考虑到军事紧急情况，民众不会全力支持罢工；法国总工会也不支持罢工，罢工很快就平息了。[168] 在协约国克服了德军在贵妇小径的突破所带来的危机后，克列孟梭在国内和议会中的地位得到了巩固。

458

在劳合·乔治的领导下，大英帝国正在形成一个拥有自己特点的英联邦。其内阁和唐宁街秘书处有很多富有远见卓识的政治家，他们鼓吹帝国扩张，主张加强英国和英联邦国家之间的联系。尽管阿斯奎斯一直回避召开帝国战争会议，但劳合·乔治还是在 1917

年 3 月至 4 月召集了一次帝国会议，自治领的总理们来到伦敦，参加了扩大的特别内阁会议，帝国内阁更名为帝国战争内阁，斯穆茨成为内阁成员。因此，自治领比以前得到了更好的信息咨询（尽管在第三次伊普尔战役中，自治领军队的牺牲引起了自治领领导人对英军最高统帅部的强烈反对）。事实上，不仅英国在非洲和太平洋的目标中补充了关于自治领的战争目标，帝国战争会议还承诺在战后会继续和自治领进行协商，并在外交政策中为自治领发声。当然，这一承诺对印度也有效，印度总督和其他领导人也出席了会议；1917 年 8 月的《蒙塔古宣言》（*Montagu Declaration*）承诺在印度"逐步实现责任政府"。英国对自治领的未来做出让步，目的是让自治领在当下为英国做出更多贡献，但一战无疑加速了大英帝国的权力下放，开启了权力下放的长期进程。[169]

英国对自治领做出让步是必要的，因为在大战后半段，自治领内部更加两极分化，征兵是一个催化剂。在澳大利亚，执政的工党在这一问题上产生了分歧，此后，总理威廉·休斯（William Hughes）领导了一个民族联盟，对抗和平主义者、工人阶级、爱尔兰人以及天主教反对派。在加拿大，罗伯特·博登（Robert Borden）政府引入了义务兵役制，但有很多人可以豁免，这样做主要是因为担心引发与法属加拿大的对抗，1918 年魁北克市爆发了反征兵骚乱。最后，在南非，在詹姆斯·赫尔佐格（James Hertzog）的领导下，一场反帝国主义的南非民族主义运动发展起来。尽管休斯、博登、斯穆茨以及新西兰总理威廉·梅西（William Massey）更加支持大英帝国进行的战争，但英国国内在战争的态度上又重新出现了分裂局面。[170]

　　在不列颠群岛，围绕战争的态度，爱尔兰南部出现了分裂。1918 年春天，英国在战场上遭遇危机，在此背景下，英国政府匆忙通过了一项《人力法案》（*Manpower Act*），将征兵年龄从 41 岁提高到 50 岁，并在爱尔兰首次实行义务兵役制，尽管扩大年龄范围后征召的是非战斗人员，但还是遭到了爱尔兰人的反对。英国由于担心这一措施遭到抵制，所以从未推行过该措施，但它推动了爱尔兰民族的转型——从温和的民族主义到更严厉的共和主义的转型。然而，在英国其他地区，劳合·乔治面临的政治压力总体上比克列孟梭更小，尽管在鲁登道夫的打击下，英国远征军几近崩溃，这使劳合·乔治政府面临来自议会的严重挑战，可能会严重打击劳合·乔治政府的权威。弗雷德里克·莫里斯（Frederick Maurice）少将在 1918 年 4 月之前一直担任英国远征军的军事行动总监，他在媒体上声称，劳合·乔治政府一直让英国远征军缺兵少将，并将原本可以转移到法国的部队留在了巴勒斯坦。言下之意是，政府犯有错误，并对失败负有责任。然而，在 5 月 9 日的下议院"莫里斯辩论"中，阿斯奎斯对这一问题的表述很差劲，劳合·乔治则回避了这一问题。劳合·乔治警告说，如果英国远征军失败，他将辞职并重新举行大选，而调查委员会针对"莫里斯问题"的动议以 106 票对 239 票落败。[171]幸运的是，首相没有遭到阿斯奎斯的系统性反对，阿斯奎斯失去了战时领导人的信誉，半数政党支持劳合·乔治。在帕斯尚尔战役后，发生了三月危机，罗伯逊被免职，劳合·乔治的地位得到强化，这场危机对军队领导人的损害比对政府的损害更大。最后，实行粮食配给制和熟练工人工资上涨，以及布尔什维克和德国的和平谈判引起的紧张情绪，缓解了英国的工人罢工。[172] 在 1917—1918 年，英法的国内管制越来越严格，当局使用审查制度和征兵威胁来压制不同意见。[173] 在军事紧急状态下的几个月里，工会对政府政策的抵制几乎停止了，只在形势逆转后才恢复罢工。即使那时，罢工也主要局限于表达经济上的不满；1918 年秋天，公众舆论显示，英国像法国一样也倾向于继续进行战争，直到彻底击败德国。

最近的历史研究表明，继 1914—1915 年的爱国主义热潮之后，1917—1918 年交战的两大阵营重新动员以获得国内民众的政治支持。[174] 在法国，这项工作由 1917 年 3 月成立的反对敌人宣传大联盟（UGACPE）牵头，英国则由 8 月成立的国家战争目标委员会牵头。这些措施都是两国越来越关注平民士气和争取民众支持的表现，因为单单依靠 1914—1915 年的"自我动员"已经不够。此外，反对敌人宣传大联盟最初针对的是德国的和平试探者，国家战争目标委员会是为了回应 1917 年 5 月英国工人罢工事件而产生的。与早期的宣传相比，这两个组织较少关注征兵和购买国债等具体任务，更多关注的是本国人民的爱国意识和支持战争的情怀。因此，双方都关注通过胜利来实现和平的必要性，并拒绝与奉行军国主义的敌人妥协。两个组织都有领导人，并为官方服务，但都自称独立。反对敌人宣传大联盟依靠当地教师和爱国协会，国家战争目标委员会则配合保守党和自由党的征兵活动。因此，每一项都代表着政府和社会精英的共同努力，其规模之大令人印象深刻。反对敌人宣传大联盟代表了 30 000 个社团，成员超过 1 100 万[175]；它在 1917 年分发了 500 万份文件，组织了 3 000 多次会议，1918 年组织的会议更多；1918 年，国家战争目标委员会召开了 10 000 次会议。[176] 然而，二者都没有得到左翼的支持，这表明国内支持战争的共识正在减弱。的确，国家战争目标委员会在工人阶级地区举行了工人广泛参与的集会，并在一定程度上打击了和平主义者结束战争、实现和平的宣传鼓动；但反对敌人宣传大联盟几乎对法国工人的态度没有产生影响，鲁登道夫攻势似乎比其他任何事情都更能强化法国民众的情绪。威尔逊成立了美国第一个现代政治宣传机构——公众信息委员会，这一机构的目标更远大，它招募了很多志愿者担任"四分钟演讲者"，公众信息委员会举办了 75 000 场讲座，发布了 6 000 份新闻稿，组织了超过 1 000 万人参观的展览，以及 7 500 万份以多种语言发行的 30 多本关于美国和战争的小册子。[177] 它的组织者乔治·克里尔及其宣传人员对宣传美国的正义事业充满热情，但美国的意识形态宣传也有其阴暗的一面。1918 年 5 月通过的《煽动法》（*Sedition Act*）禁止对宪法、国旗、政府以及陆海军制服辱骂或发表忤逆言语，威尔逊赞同这一法案，防止发生极端事件。美国保护联盟是一个由联邦政府资助的私人组织，这一组织招募了 25 万公民监视邻居和同事。它检查信件，拦截电报，并对可疑的逃兵进行突击搜查，为战后的"红色恐慌"做好了准备。[178] 这场战争是美国进步主义与和平主义运动的一场灾难，例如，总统在谴责不忠的少数民族的演讲中，鼓励民族主义的排外情绪，扮演了"巫师学徒"的角色，打击了其外交目标的支持者。他的国内政策和外交政策不匹配，尽管他预见到了危险，但他的行为却放大了危险。战争结束时，他的愿景似乎在国外取得胜利时，在国内却遭遇了挫折。

461　　重新让民众支持战争是各交战国的重要目标之一。为了应对民众的厌战情绪、来自美国的压力、左翼的激进主义和俄国革命，各协约国政府在 1917 年开始修改其公开的战争目标，《杜蒙决议》《贝尔福宣言》以及赞成设立国际联盟就是明证。劳合·乔治在卡克斯顿大厅的演讲和威尔逊的"十四点"和平纲领是这一活动的高潮。为了回应《布列斯特-里托夫斯克和约》的冲击以及应对鲁登道夫攻势，协约国实现了更大的外交团结，转而发动意识形态攻势。威尔逊曾试图用"十四点"和平纲领呼吁德国和协约国的左翼反对其政府，但很快他就对德国社会主义者失去了信心，他在 4 月 6 日的巴尔的摩演讲中宣布："武力，必须用最大的武力解决问题。"[179] 对于盟友的战争目标，现在威尔逊也不再反对，英国对法国关于阿尔萨斯-洛林的主张及其战后经济目标表示了更大的支持。

　　更戏剧性的是，协约国和美国首次将摧毁奥匈帝国作为战争的公开目标。此前，它们曾向意大利、塞尔维亚和罗马尼亚承诺分割哈布斯堡的领地，并鼓励奥匈帝国境内的各个民族主义组织提供兵源。因此，1917 年 6 月在法国组建了一支波兰军队，同年晚些时候，西方列强承认波兰全国委员会为波兰人在国外的官方代表。捷克斯洛伐克全国委员会的权威受益于在俄国的捷克军团，而南斯拉夫流亡者组建的南斯拉夫委员会则遇到了挫折，因为意大利不愿让它对塞尔维亚-克罗地亚战俘拥有类似的权威。[180] 然而，协约国仍然希望与奥匈帝国单独媾和，劳合·乔治和威尔逊在 1918 年 1 月的演讲中提出了民族自治原则，而意大利不希望看到来自奥匈帝国的威胁被南斯拉夫取而代之。这种情况在《布列斯特-里托夫斯克和约》、切尔宁事件以及鲁登道夫攻势引发的危机之后发生了变化。德国似乎正在东欧建立庞大而坚不可摧的统治，奥匈帝国拒绝与德国决裂。因此，作为唯一的王牌，协约国加强了对奥匈帝国境内各民族的支持，并不是因为协约国特别希望分裂奥匈帝国的君主政体，而是希望借此削弱奥匈帝国以迫使它单独媾和。

　　法国率先这样做，美英紧随其后。波兰的独立主张得到了协约国的强烈支持。1918 年 6 月，协约国发表声明，同意建立一个统一的、独立的波兰，并给波兰提供出海口。协约国希望赢得波兰的支持，削弱德国和奥匈帝国，它们现在无视俄国对波兰传统利益的关注。[181]意大利人对建立南斯拉夫的态度也不能被忽视，但卡波雷托战役削弱了意大利的实力，他们现在不太关心成立南斯拉夫，过去成立南斯拉夫意味着俄国在亚得里亚海获得了一个海军基地，现在不同了。英国作为中间人，开启了奥兰多政府与流亡的克罗地亚政治家之间的对话，1918 年 4 月在罗马举行了被压迫民族大会，这一大会表明，意大利现在将南斯拉夫人视为盟友，共同反对哈布斯堡暴政，意南双方愿意通过协商来解决领土分歧。事实上，意大利遵循的是双重政策，索尼诺继续担任外交大臣，仍然致力于兑现 1915 年的《伦敦密约》。尽管如此，意大利还是降低了要求，使协约国能够在 1918 年 6 月对南斯拉夫和捷克斯洛伐克"争取自由和实现民族愿望的斗争"表示"强烈同情"[182]。支持捷克斯洛伐克是一个重要案例，因为一个独立的捷克斯洛伐克将明确地表明，这不仅意

462

味着奥匈帝国的解体，而且意味着它的毁灭。捷克军团在俄国的叛乱增加了那些为捷克人充当说客的政治家的影响力。6 月 28 日，美国的一份声明明确指出，"斯拉夫种族的所有分支都应完全摆脱德国和奥匈帝国的统治"[183]，这意味着"十四点"和平纲领中设想的自主权已经不够。无论如何，到了这一阶段，皮亚韦河战役的失败以及帝国境内分离主义的发展意味着奥匈帝国的分裂几乎无法避免。

　　1917—1918 年的冬天，协约国发表声明，表明战争在意识形态方面变得更加激进。协约国一直认为它们是在捍卫民主、法律和民族自决，反对压迫和军国主义独裁；它们进行的战争越来越成为一场旨在摧毁专制政权的十字军运动。这种表述——尤其是经威尔逊这位远离传统帝国主义者之口——有助于缓和温和左翼的斗争姿态，让他们支持协约国和美国的事业。这也关系到最后一个议题，即部队士气。迪亚兹是一位比较人道的指挥官，他希望提高士气和训练水平，在迪亚兹的领导下，意大利军队像贝当领导下的法军一样，进行了休整。意军的口粮有所改善，探亲假几乎翻了一番，卡多尔纳所实行的臭名昭著的立即处决法令几乎被废止了。[184] 在西线，即使偶尔会有纪律问题，大多数美军的士气还是比较高，虽然有 33 名美国远征军因谋杀或强奸而被处决，但没有 1 名士兵因当逃兵而被处决。[185] 英美观察员注意到，法军行动谨慎，虽然 1918 年法军伤亡严重，但是没有发生新的兵变。同样的情况也适用于英国远征军，10 月澳大利亚军人发生严重骚乱，因为他们怀疑自己被频繁用作突击部队，之后英军总司令部将澳大利亚军人从前线撤下。协

463

约国军队虽然混乱，但是与 9 月同盟国的溃败和军队解体形成了鲜明对比。

有利于协约国的因素包括：更好的食物和设备供应，更人性化的纪律，预期的成功和胜利所带来的信心。除此之外，1918 年，协约国在战场上展开了一场针对敌军的大规模宣传攻势。美国远征军与公众信息委员会联合成立了一个"前线宣传"机构，美国军事情报部门在停战前向德军前线分发了 300 多万份传单。[186]英法的行动更是给人留下了深刻的印象。1918 年 3 月，法国成立了一个新的反敌人宣传行动中心，以加强对德国人民和军队的宣传[187]。同时，英国也加大了宣传力度。1917 年之前，英国最重要的海外宣传是在美国开展的，通过惠灵顿之家隐蔽地进行宣传。这些方法在同盟国是不可行的。劳合·乔治缺乏耐心，他在英国各个媒体总部所在的舰队街也认识一些媒体人士，他希望能有所作为。经过几次重组后，3 月诺斯克利夫勋爵被任命为宣传大臣，比弗布鲁克（Beaverbrook）勋爵被任命为信息大臣。[188]比弗布鲁克负责对奥斯曼帝国宣传，诺斯克利夫负责对奥匈帝国和德国宣传。诺斯克利夫的任务是通过所有可用的媒体直接对公众舆论采取行动，他首先关注的是作为更脆弱目标的奥匈帝国。2 月，内阁授权诺斯克利夫鼓动奥匈帝国境内各民族争取自治而非实现独立。[189]为此，他邀请了《泰晤士报》的编辑威克姆·斯蒂德（Wickham Steed）和学者 R. W. 塞顿-沃森（R. W. Seton-Watson）。他们鼓励意大利人自治，并帮助建立了帕多瓦委员会，这是一个隶属于意大利总司令部的协约国宣传机构。[190]在皮亚韦河战役后，被击败的奥匈军队很容易成为协约国宣传捕获的猎物。然而，5 月之后，劳合·乔治要求诺斯克利夫对德国给予同样的关注。[191]诺斯克利夫及其代理人曾敦促协约国以民族自决作为对抗奥匈帝国的武器，现在他们想利用民主化来对抗德国。在英法军事情报部门长期努力的基础上，又增加了新的民间机构，它们对德军和奥匈帝国军队开展广泛宣传，就像 1917 年同盟国对俄军开展的宣传一样。大部分宣传材料是从气球上扔下来的。协约国也借助飞机来对奥匈帝国开展宣传，但没有以同样的方式来对付德国，因为德国威胁要审判被俘的飞行员。法国人用炮弹发射传单，并资助德国持不同政见者在瑞士和荷兰经营报纸，这些报纸被偷偷运送到德国。1918 年春天，英国军事情报部门每月制作 100 万份传单，每周制作多达 25 万份德语报纸；7 月 12 日至 13 日，在德军最后一次进攻前夕，英军向德军发射了 100 万～200 万张传单。[192]传单的主题包括军国主义、粮食短缺、普鲁士与其他德意志小邦之间的紧张关系，以及指责德国发动战争的非正义性。当然，同盟国军队的崩溃是多种因素共同作用的结果，宣传只是其中一个因素。尽管鲁登道夫和希特勒随后都强调了协约国宣传在德国崩溃中所起的作用，但他们夸大了协约国宣传的作用[193]，一项现代研究甚至质疑宣传对奥匈帝国的有效性。[194]传单只有在武力之下才能发挥作用。

尽管如此，"宣传"一词在战争期间还是具有了现代含义。[195]"宣传"一词在战争最后几个月快速增长是战争正在进入新阶段的另一个迹象，呈现出此后主要战争所共有的许多特点。1918 年夏秋，协约国的大量炮火倾泻在敌军身上。协约国建立了一套新的协调机构：福熙的协约国司令部、最高战争委员会、协约国间战争采购和财政委员会、协约国海上运输委员会、宣传和封锁委员会。协约国更加团结，作为一个民主国家集团，它们因为对海洋的控制而联系在一起。和同盟国相比，协约国的人民生活得更好、货币更稳定。在新式战争的关键武器轻机枪、重炮、坦克和飞机的生产方面，协约国也全面占据优势。它们将经验丰富的英军、法军、意军与新式快速运输的美军结合在一起。协约国的后勤系统更加灵活，已经发展出了同盟国无法应对的战术组合。协约国已经从 1917 年的国内动乱中部分恢复过来，尽管它们的政治领袖们存在种种缺陷，但他们是政府团结和进步的象征。协约国的战争目标得到了更好的宣传，并与具有说服力的战争原则相联系。协约国拥有的固有资产更加庞大。美军大量涌入欧洲，福熙联合指挥协约国军队，以及国内政治凝聚力提升和外交团结，这些资产在卡波雷托战役和第二次马恩河战役中发挥了重要作用，由此产生了"十四点"和平纲领。在这样一场原本势均力敌的战争中，一方实力的高涨意味着另一方的灭亡。

465

第17章 停战

　　协约国度过了 1917 年危机，同盟国随后打出了最后一张王牌，1918 年夏天便成了双方的分水岭。之前，战争平衡曾在双方交替轮转。7 月和 8 月，几乎没有任何领导人预计战争会很快结束。1914 年幻想的"短暂战争"已经变成了"长期战争"，因此当停火真正到来时，很多人颇感意外，甚至有很多人认为停火为时过早。一战的突然结束让人们得到了一个客观教训，部分原因是战争迄今为止一直很棘手。[1] 尽管战场发生了变化，但仍然存在着三重僵局：双方都认为可能取得胜利，追求胜利的政客仍然掌握着权力，交战双方的战争目标分歧太大以至于无法通过谈判来解决这些分歧。的确，东线的敌对行动已经结束，1918 年的大部分时间里，意大利战线和巴尔干战线都很平静。但是，在鲁登道夫开始进攻后，西线的战斗掩盖了其他战线战争的结束。此外，为了避免流血冲突，双方需要达成协议，不再通过战斗来追求各自的目标。如果同盟国要求停战，那么协约国和美国就必须在形势有利时做出让步。与发动战争的决定一样，停战决定应是基于理性的评估，结果双方都误判了。根据德国最高统帅部的重新评估，德国于 10 月 4 日提出停火要求，并根据威尔逊的和平计划达成解决方案。然而，当德国发出停战呼吁时，鲁登道夫希望德国能够轻松退出战争，或者至少能够赢得喘息机会。直到后来，同盟国才决心接受比它们最初设想的更苛刻的条件。这里要考虑的第一个问题是停战申请，第二个问题是美国和协约国的回应，第三个问题是同盟国接受了协约国的条件，其中最重要的原因是革命推翻了威廉二世并使奥匈帝国解体。　467

在第二次马恩河战役后，鲁登道夫仍然认为他可以通过顽强抵抗和有限反击来击败协约国。[2] 然而，正如兴登堡所说，亚眠战役表明，德军的防御模式和进攻模式都失败了。[3] 在 8 月 13 日至 14 日的斯帕会议上，兴登堡和鲁登道夫仍然认为防御行动可能会麻痹协约国的战斗意志，当赫特林指出国内平民厌战时，鲁登道夫表示，需要加强纪律，通过镇压来应对国民的厌战问题。德国新任外交大臣欣茨怀疑协约国的决心会动摇，并警告奥匈帝国无法再熬过一个冬天，土耳其人在高加索地区不听号令、自行其是。一致的观点是，德国应该在下一次西线战役成功后寻求和平，而不是现在立即寻求和平。当卡尔一世抵达德国请求立即进行和平对话时，他发现德国仍然反对立即实现和平。[4] 兴登堡和鲁登道夫告诉奥匈帝国总参谋长阿尔兹·冯·施特劳森堡，他们希望通过缩短战线和调动后备力量来达到双方的战略平衡，尽管他们同意阿尔兹·冯·施特劳森堡所说的同盟国必须保持大量军队以维持国内秩序。[5]那时，德国仍致力于让俄国兑现《布列斯特-里托夫斯克和约》条款，并通过 8 月的补充协议扩大了德国在俄国的影响力。德国加强与奥匈帝国关系的计划也在继续，最终于 10 月达成了一项协议，以实现双方的自由贸易。[6]正如副首相帕耶（Payer）在 9 月 10 日的演讲中所暗示的那样，德国人希望保持自己在东欧和中欧的优势，作为交换，可以牺牲自己的殖民地并接受 1914 年大战之前的西欧现状。但德国拒绝割让阿尔萨斯-洛林或放弃比利时。欣茨从德国最高统帅部那里了解到的底线是，比利时在保证德国比其他国家享有更多贸易优惠地位的情况下可以重新获得独立。[7]9 月 14 日，奥匈帝国无视柏林的意愿，公开呼吁交战双方进行不设前提的讨论，面对奥匈帝国的呼吁，协约国毫不让步。亚眠战役后，奥匈帝国不再认为德国是战无不胜的，渴望在冬季前实现和平，但协约国领导人断然拒绝了奥匈帝国的停战倡议。[8]军事命运的转变似乎未能降低德国的战争目标，同时又强化了协约国的战争目标，而维也纳夹在中间，左右为难。

　　决定性的变化始于德国最高统帅部，此时德国最高统帅部总部位于比利时的斯帕，在那里，鲁登道夫压力很大，精神近乎崩溃，极其痛苦。从 7 月中旬开始，在高强度地工作了两年后，鲁登道夫的精神状态已经接近崩溃。他脾气暴躁，与下属以及兴登堡的关系十分紧张，他严重失眠，而且嗜酒。9 月初，鲁登道夫的老朋友精神病学家霍赫海默尔（Hochheimer）医生建议他多散步、多休息，但是这些活动只能暂时缓解鲁登道夫的精神问题。28 日晚，鲁登道夫彻底崩溃了，他决定德国必须立即寻求停火。[9]

与 1914 年的大战爆发一样，停战是从巴尔干半岛开始的。9 月 28 日，保加利亚在没有告知鲁登道夫的情况下要求停战，这一消息让鲁登道夫不知所措。根据 29 日签署的停战协议，协约国要求保加利亚复员军人，并从希腊和塞尔维亚撤军，允许协约国军队占领保加利亚领土以作为进一步行动的基地。[10]协约国现在进攻可能会破坏同盟国 1915 年的胜利成果，切断德奥与奥斯曼帝国的陆上交通，并威胁奥匈帝国的南部边境。如果协约国军队进入罗马尼亚，后果将更加严重。由于农业收成不理想，罗马尼亚作为粮食供应国的重要性下降了，但德军飞机严重依赖罗马尼亚石油，如果没有罗马尼亚石油，两个月后德国石油就会耗尽库存。德国一半的卡车和 1/3 的 U 型潜艇也依赖罗马尼亚石油，失去罗马尼亚意味着德国工业面临失去高级润滑油主要来源地的风险。[11]与 1916 年罗马尼亚参战对同盟国造成的危机相比，这一次德国无法堵住巴尔干堤坝的崩溃。围绕东部和平条约的争吵破坏了同盟国之间的团结，它们可以动用的兵力更少。因此，保加利亚投降本身很重要，它对鲁登道夫的影响似乎证明了协约国在边缘战线的努力比在西线的努力更重要。事实上，进攻巴尔干半岛之所以能引起保加利亚投降，一方面是因为巴尔干半岛战役，另一方面是因为同盟国在主战场上面临着前所未有的压力，二者相结合，最终促成了巴尔干地区形势的变化。9 月下旬，德国最高统帅部在西线全线面临协约国的协同进攻，协约国火炮众多且战斗力强大。鲁登道夫几天前就知道保加利亚人准备投降，他以保加利亚要求停火为借口，提出了一项和平倡议。尽管他告诉他的亲信，保加利亚投降意味着战争失败[12]，但他更担心西线。默兹-阿尔贡攻势于 26 日拂晓开始，英国于 27 日向康布雷发起进攻，英国和比利时于 28 日在佛兰德斯发起进攻。同一天，英军第四集团军在进攻兴登堡防线之前，对德军进行了最猛烈的轰炸。德军阵地尽管准备充分，但还是一个接一个地被协约国军队攻克。[13]由于战斗伤亡、开小差、被俘和生病等原因，德军实力急剧下降，鲁登道夫几乎没有后备部队可调遣。[14]通过审查德国士兵的通信，德国最高统帅部和各级指挥官可以清楚地看出士兵中间存在的沮丧情绪，后方地区的士兵更沮丧。[15]鲁登道夫也对国内情况了如指掌，调查发现，自 7 月以来，平民的悲观和焦虑不断加深[16]，粮食供应仍不稳定。[17]德国最高统帅部威信下降的原因，与其说是逐渐恶化的国内环境，不如说是不断恶化的战场形势。

9 月 28 日上午，鲁登道夫得出结论，德国必须寻求和平，为此需要组建议会政府；当天晚上，他决定请求威尔逊立即促成双方停战，以证明德国寻求和平的恳切。[18]兴登堡同意他的观点，两人一致认为，即使西线获胜，巴尔干半岛的崩溃也意味着德国的战争形势更加恶化。[19]虽然德军仍然占领着敌人的领土，但与早期的关键区别是，没有哪个士兵愿意在敌人的领土上长期驻扎。现在，通过防御反击从而消灭敌人的希望基本上落空了。然而，这既不是一个简单的技术判断，也不是任何条件下的停火决定。鲁登道夫在事后的一次会议上告诉他的幕僚们，关键是要使军队免受混乱溃败的影响，受失败情绪影响的军队对镇压革命毫无益处。军队已经受到各种社会思潮的影响，不可靠的部队被从前线撤回，他对部队没有信心。

协约国军队正在全面突破同盟国的防线，必须避免协约国军队的持续推进。鲁登道夫认为德国的左翼政客是德军失败的重要原因，他打算让左翼政客加入政府，这样左翼政客就可以分得一些利益从而减少其对德国军事行动的抵制。他私下里评论说，接受威尔逊的计划可能并没有什么害处，因为"十四点"和平纲领含糊其词，有很大的解释空间。此外，如果协约国的要求过分，德国可以在休整后重新投入战争。这一假设是不切实际的，因为尽管已经收到警告，鲁登道夫还是低估了呼吁停战可能会引发他所担心的纪律问题和秩序崩溃。[20]

德国最高统帅部的策略改变创造了一个机会，欣茨和外交部清楚地知道该如何利用这一机会。欣茨任期虽短，但作用很大。他可能比鲁登道夫更早意识到德国需要适时止损。他所收到的消息认为，德国和美国在自由贸易与海洋自由等方面存在共同利益，德国有可能挑拨美国与英法的关系。即使美国背离其原来的计划，欣茨也预见到接受它可能会为以后修改和平条约提供基础。他的消息人士还表示，德国如果改变政治制度，就可能获得更好的停战条件。他认为，平息革命后的政治余波的最佳方式是分阶段进行一场"自上而下"的民主化，以避免一场自下而上的革命。[21]事实上，甚至在保加利亚崩溃前，战败和物资短缺就已经使 1917 年 7 月的政治气氛躁动起来。威廉二世和赫特林都受到了公开批评，赫特林的特许经营权改革法案在普鲁士上议院被否决。更换政府和让社会主义者分担失败责任的条件已经成熟。然而，如果宪法修正案不允许大臣担任议会下院议员，社会民主党将不会进入政府，赫特林对此表示

470

反对。[22]欣茨现在决定绕过首相。9月28日，外交部官员绕过德国最高统帅部，发表了一份声明，呼吁与议会下院领导人协商组建一个广泛的政府。在适当的时候，应该秘密地通知威尔逊，德国接受"十四点"和平纲领以实现和平。同一天，鲁登道夫的下属在没有征求上级意见的情况下，邀请欣茨去斯帕。欣茨的计划并没有设想寻求停战或立即采取行动，鲁登道夫担心政府更迭会拖延达成停战。在赫特林缺席的情况下，对于在斯帕的欣茨而言，这两个概念可能会有效融合。29日上午，兴登堡和鲁登道夫使欣茨明白军事形势的紧迫性；欣茨使二人确信德国需要"自上而下的革命"，三人随后说服了威廉二世，尽管威廉二世不信任威尔逊，但他确信这是挽救他王位的最佳方式。所有人都拒绝了继续实行独裁的方案。[23]因此，德意志帝国既要结束战争，又要摆脱失败的命运。它开始了最后一次也是最危险的一次行动，它建立在对美国的期望缺乏根据的基础之上，而且也没有预见到公开呼吁停战会破坏同盟国之间以及国内的凝聚力。

在和平计划实施之前，德国政府的更迭耽误了一些时间。赫特林当天下午抵达斯帕，他发现未经他同意，德国就做出了议和决定。与1914年一样，威廉二世在临时会议上冲动地制定政策，不允许与会人员集体审议。赫特林不能接受宪法改革而辞职，欣茨也辞职了，他声称他留在政府会弱化德国的自由化形象。30日，巴登亲王马克斯（Max）继任首相，他既是鲁登道夫认可的大公国王位继承人，也是一位自由主义者，在战争目标上以温和著称。到那时为止，政治家和皇帝只是接受了鲁登道夫的计划，而没有追问他的军事评估是怎么样的。相比之下，马克斯并不相信德国的战争前景会像德国最高统帅部所描绘的那样黯淡，他预言德国公开承认失败将面临巨大风险。他希望有更多时间来进行和平试探。然而，10月2日，两个新的事态发展扭转了马克斯的态度。[24] 第一个是冯·德姆·布舍（von dem Bussche）少校代表德国最高统帅部向社会民主党领导人进行情况汇报。布舍解释说，保加利亚投降威胁到了多瑙河的粮食供应路线以及德国与土耳其的联系，而在德国西部，德国面临着协约国坦克和美军的大规模袭击，其人力几乎耗尽，可能很快就不得不放弃大片领土，德国变得越弱，投降条件就越苛刻。布舍简报使其听众十分震惊。此前德国最高统帅部曾表示，仍有可能取得有利的结果。现在看来，德国在这场战争中已经失败。[25] 第二个发生在那天晚上，威廉二世向马克斯表明，他出任首相是为了更好地与最高统帅部配合而不是制造麻烦。马克斯仍然担心停战请求会加剧协约国的好战主义，削弱威尔逊的影响，但面对鲁登道夫的坚持，内阁最终决定发出和平照会，照会于10月4日晚发出。照会简短而简单，要求威尔逊立即着手安排停战与进行和谈，德国将接受"十四点"和平纲领及其他表述作为停战与和谈的基础。[26]

停战与和谈倡议似乎不是来自德军最高司令部，而是来由社会民主党、天主教中央党和自由党组成的新政府，这些政党在议会下院占有多数席位，致力于民主改革。[27] 正如鲁登道夫所想的那样，议会反对派可能因此而承担承认失败的责任。事实上，到目前为止，鲁登道夫对西线局势的看法更为冷静，他建议德国应有序而非突然撤军，他认为停战是当务之急。[28] 这种新认知更印证了他于9月

28 日精神崩溃的事实，虽然他后来并不承认这一点。德国最高统帅部为欣茨的计划开了绿灯，威廉二世几乎没有质疑就同意了该计划，经验不足的新政府很快也同意了。到 1918 年秋天，无论如何，同盟国都会失败。但是，它们的主动决定了结束战争的时机和条件。然而，德国只能在协约国回应时这样做。

472

德国的停战要求是又一次分裂敌方阵营的努力。如果有可能，这一次德国追求的是全面停战，而不是单独和平。德国认为，通过向美国总统呼吁而不是向协约国集体呼吁，并原则上接受威尔逊的和平计划，可以防止协约国提出更苛刻的停战要求。直到 10 月 5 日，德国最高统帅部才对"十四点"和平纲领进行了仔细研究。[29]鲁登道夫认为，如果敌人的条件过于苛刻，柏林就停止谈判。[30]然而，德国政界人士对此事更加谨慎。由德国议会下院多数党组成的协调委员会在 2 月同意，如果德国没有失去任何领土（威尔逊确实在阿尔萨斯-洛林问题上留有余地），"十四点"和平纲领就为和平提供了一个可以接受的基础。[31]虽然马克斯本人想回避这些观点，但是新政府中天主教中央党和社会民主党的主要代表埃茨贝格尔和谢德曼（Scheidemann）明确认同"十四点"和平纲领。[32]自从威尔逊提出他的条件以来，向他呼吁一直是一种明智的策略。1918 年秋天，他再次公开与交战双方保持距离。豪斯建议他提前束缚住协约国主战派的手脚，因为他们一旦在未来的军事行动中取得成功，就可能更加不愿和解。[33]威尔逊于 9 月 27 日在纽约的演讲中试图这样做，他在演讲中呼吁在公平正义的基础上实现和平，并谴责国联以外其他"特殊的、自私的经济组织"，这就相当于承认了德国原来所担心的战后被排除在世界市场之外的顾虑。[34]甚至在收到德国的要求之前，他就在寻找机会来约束协约国。

　　从 10 月 4 日至 23 日，全世界目睹了美国和德国公开交换信息的场景，欧洲各协约国被晾在一边，与此同时，战争仍在继续。威尔逊于 10 月 8 日、14 日和 23 日向德国发出了三封信件，德国于 12 日、20 日和 27 日进行了回复。威尔逊承诺在"十四点"和平纲领基础上寻求停战与和平，在与德国达成单独和平协议后，他转向英国、法国和意大利。他同时扮演了战争者和仲裁者的角色。然而，威尔逊并没有那么公正，德国不得不在鲁登道夫和欣茨最初构想的基础上做出让步。刚开始，威尔逊不确定该如何回应，并在摸索自己的答复方式。他对德国的意图知之甚少，官员们给了他相互矛盾的建议[35]，而许多媒体和国会都希望他拒绝接洽。尽管如此，他还是决定更进一步，可能是因为他感觉到这是一个能让双方都遵守他所提条件的好时机。10 月 8 日，在没有征求盟友意见的情况下，他给德国发出了一封试探性的信件，试图使德国人退出战争。他问：德国是否接受他演讲中的原则，马克斯政府为谁代言？他提到的唯一军事条件是在没有规定期限的情况下德国从协约国领土上撤出，他试探性地向德国建议，德军可以以自己的速度撤回边境，甚至不用放弃阿尔萨斯-洛林。

　　10 月 14 日，威尔逊发出第二封信件，他提高了和谈条件，开启了决定性的阶段。原因之一是，10 月 12 日一艘 U 型潜艇使用鱼雷击沉了英国"伦斯特"号邮轮，造成 450 人死亡，其中包括 135 名妇女和儿童。[36]局势大大恶化，威尔逊要求德国结束"非法的和不人道的做法"。加上其他因素，威尔逊的路线更加强硬。美国中期选举即将到来，许多共和党反对派人士呼吁德国无条件投降。10月7日参议院举行了一场激烈辩论，甚至民主党参议员都敦促继续对德国施压，而外交关系委员会主席表示，现在停战"绝对令人愤愤不平"。"美国人民的战争狂热程度"令威尔逊震惊，他接受了顾问们的建议，反对与战争发起者议和，也反对给予德国任何战略优势。此外，协约国领导人警告，同盟国仅从协约国撤军还不够，必须考虑协约国军事顾问的意见，威尔逊表示同意。因此，10月14日的照会规定，停战必须保证协约国"目前的军事优势"，必须摧毁德国的独裁政权或使其丧失战争能力。这反映了威尔逊的真实立场：如果德国人接受他的条件，他愿意和平，但他不会让德国利用停战来换取军事利益，他希望德国真正推行宪法改革。

协约国显然对德国10月20日的答复内容表示满意：德国承诺停止对客船进行鱼雷攻击，德国未来的政府对下院负责，德国同意由协约国军事顾问决定停战条件。后来，英国人向威尔逊披露了一份截获的德国外交部发给其驻格鲁吉亚领事馆的电报（即"齐默尔曼电报"），德国设想通过精心安排，让德军留驻格鲁吉亚。威尔逊认为这进一步证明了德国的"诡计多端和不诚实"。10月23日，他在第三份照会中同意将德国的停战请求转交给其他协约国，但重申停火必须使德国接受任何形式的和平条约，或者说必须要求结束威廉二世主导德国政策。他的最低要求是德国实行君主立宪制和议会控制最高统帅部。威尔逊私下里赞同威廉二世保留有名无实的皇帝身份，甚至将威廉二世视为防止德国发生布尔什维克革命的一种保障。但他仍有很大的顾虑，民主党竞选负责人警告威尔逊，不要因为自己的对德政策而让自己受到指控，说他对德国太软弱。此时，大多数政府成员和媒体都支持威尔逊，只要停战协议包含足够的保障措施，他们现在就愿意接受停战。[37]

对于美国干涉其内政的做法，德国人屈服了，并接受了由协约国军事顾问决定停战条件的建议。后一点至关重要，因为这意味着停战将确认协约国的优势，并使德国无法继续战争，而只有经历一场军民危机后柏林才会愿意接受这一要求。鲁登道夫已经从恐慌中恢复过来，10 月 9 日，他告诉马克斯，军队可以长期保卫边境。然而，威尔逊的第一份声明表明，德国可以通过撤离协约国领土（不一定放弃东部领土）来摆脱困境，德国最高统帅部希望保持军队完整，作为和平谈判中的施压工具。[38] 相比之下，10 月 14 日的照会让德国虚假的安全感荡然无存，刺激了右翼人士，他们要求停止谈判，学习法国大革命的模式，动员所有可以利用的民众。马克斯及其大臣们意识到德国民众对和平的渴望，他们担心，如果他们不能实现和平，德国也会爆发革命，并且像俄国一样，德国革命会吞噬他们。他们认为战争不应该继续下去，在无限制潜艇战问题上也不会永远得到民众的支持。[39] 然而，在做出决定之前，10 月 17 日，内阁在一场马拉松式的会议上全面评估了德国局势，事实上，停战决定的评估要比发动战争的决定专业得多。

鲁登道夫建议，如果德国能熬过接下来的几周，随着冬天的到来，协约国军队突破德国防线的可能性比较小，西线压力将会减轻。他和海军大臣舍尔都认为，德国如果能坚持到 1919 年，就可以争取到更好的停战条件。事实上，他说难以想象还有比现在更糟的停战时机了。马克斯再次表示，如果继续战争，德国的情况将会更糟，但鲁登道夫否认事情已经到了这种地步。欣茨的继任者威廉·佐尔夫（Wilhelm Solf）表示，德国最高统帅部曾迫使马克斯寻求停战，但一旦需要做出艰难的决定，德国最高统帅部又心有不甘，德国最高统帅部表示德国终究能够坚持下去。事实上，有确凿的证据表明，随着战争结束，军队有序撤退，鲁登道夫过去高估了德军面临的危险，他的新观点更接近现实，尽管根据他自己的证词，很难看出春天之前情况会有什么改善，在这种情况下，最初的逻辑认为，最好在情况进一步恶化前停战。然而，内阁的关键推断是，鲁登道夫是一个机会主义者，他的评估与现实不符。马克斯对他失去了信心，并认为随着罗马尼亚石油的损失，几个月内德国的处境将更糟糕。政府决定必须继续谈判，这意味着德国要做出让步：德国停止攻击民船，在海军抗议不可能执行"巡洋舰规则"后，政府秘密下令彻底结束 U 型潜艇行动。但是德国最高统帅部支持舍尔的决定，即无限制潜艇战必须继续下去，德国应该中断谈判而不是屈服。也许鲁登道夫是在找借口同一场与他预期不同的冒险拉开距离，但西部前线集团军指挥官之一、巴伐利亚王储鲁普雷希特警告首相，部队已经耗尽，必须继续谈判。因此，马克斯决定接受威尔逊的条件，否则他就辞职，马克斯的行动将坚持潜艇战的威廉二世拉了过来。这样，他在皇帝和最高统帅部之间制造了隔阂，尽管威廉二世与鲁登道夫的关系一直很紧张，但是现在二人的关系已经快要破裂了。[40]

　　威尔逊的第三份声明最终实现了停战。和以前一样，德国政府担心向工人阶级征兵会引发工人阶级的抵抗甚至会引发革命，并且德国政府认为没有必要中断谈判。没错，威尔逊的第三份声明并没有坚持要求威廉二世退位。相比之下，兴登堡和鲁登道夫在未经许可的情况下抵达柏林，并单方面向军队下达命令，表示该照会是不可接受的。现在有人公然违抗马克斯的命令，所以他坚持要求更换最高指挥官，威廉二世也非常愤怒，不再惧怕鲁登道夫。10 月 26 日，鲁登道夫与威廉二世发生了激烈冲突，他要求辞职，威廉二世同意了，同时命令兴登堡留下，从而使两位将军心生嫌隙。鲁登道夫的继任者是威廉·格勒纳，因为鲁登道夫认为他过于同情工人阶级，所以于 1917 年罢免了他军需大臣的职务。格勒纳比鲁登道夫更灵活，政治嗅觉更敏锐，10 月 26 日事件意味着德国最高统帅部不再拥有否决权。此外，新政府正在引入立法，允许大臣们参加议会下院，并要求下院支持首相。未来，应该由首相或战争大臣而非威廉二世任命军官，对外宣战需要议会批准。这些变化加在一起将大大约束军队，并将威廉二世转变为立宪君主。[41]如果威尔逊准备根据"十四点"和平纲领来实现和平，德国当局现在愿意并能够接受他的条件。

　　到目前为止，谈判主要在美国和德国之间展开。仍然需要引入第三个元素。英国、法国、意大利参战时间比美国早得多，损失也比美国大得多，即使在 1918 年，它们在战争中也首当其冲。英、法、意面临着既成事实的风险，同时也面临着承诺兑现和平计划的风险，美、德从未就和平计划与它们磋商过，因而三国私下里广泛

476

质疑美德之间的和平计划。在纽约演讲中，威尔逊打算将英、法、意与其目标结合起来，并以同样的战争目标就停战问题进行沟通。10 月 20 日，他告诉美国政府，如果其他协约国制造麻烦，他可能不得不胁迫它们。[42]同时，麦卡杜警告说，即使是美国这样的经济强国，如果战争持续到 1919 年，也要面临财政压力。然而，对于总统来说，更重要的是，战争时间拉长可能会强化仇外心理，并削弱美国民众对温和的和平计划的支持，从而破坏其政治目的，而协约国的彻底胜利会削弱威尔逊对它们的影响力。[43]另外，法国和英国愿意在美国完全主导联盟之前实现停战，使它们在和平会议上拥有主导权。胜利者之间的分歧解释了一个悖论，即为什么德国战争目标的降低并没有与协约国目标的提高对冲掉，也解释了为什么各国之间存在很多共同点来实现和平。

协约国领导人于 10 月 6 日至 9 日和 10 月 29 日至 11 月 4 日在巴黎举行的两次会议上讨论了停战条件。第一次会议讨论保加利亚停战的后果，美国没有参加。马克斯 10 月 4 日的照会使协约国政府首脑考虑由福熙和最高战争委员会常驻军事代表起草的两套德国停战方案。他们没有达成一致意见，但是他们让威尔逊明白了他应该听听军事顾问的意见。尽管对美国的单边主义感到愤怒，但英法都愿意在条件合适的情况下结束战争，尽管它们认为不可能重新开战，但它们还是需要得到想要的一切保障。[44]普恩加来质疑停战原则，但克列孟梭对普恩加来的干涉感到愤怒，并拒绝他参与停战谈判。相比之下，福熙和贝当都没有坚持己见，福熙建议法国应该占领在和平条约中有可能控制的所有领土，包括莱茵河左岸，克列孟梭接受了这一建议。到 10 月底，巴黎得到的证据表明，德国实际上会接受所有条款。因此，福熙与克列孟梭协商后制定的军事条款的设想是，德军撤离，协约国不仅要收复整个法国、比利时、阿尔萨斯-洛林和萨尔地区，还要占领莱茵河左岸和右岸的三座桥头堡，将鲁尔和法兰克福（Frankfurt）周围的工业区暴露在法国的威胁下，并在法国有意进攻的所有地区部署军队。[45]

英国比较谨慎。讽刺的是，劳合·乔治怀疑现在停战会不会让德国人觉得自己没有被打败，并为他们在 20 年后重新开战留下隐患，但他没有坚持自己的观点。[46]总体上，英国领导人对德国一直抵制停战的决定印象深刻，担心因设置不必要的苛刻条件而失去和平机会。就在当年夏天，他们还以为战争会持续到 1919 年甚至 1920 年，突然出现的德国崩溃迹象让他们措手不及。[47]黑格认为德军可以撤退到莱茵河，并利用冬季继续坚守，但英军则因人力短缺和后勤困难而受阻。[48]亨利·威尔逊估计，到 1919 年，英国远征军将从 59 个师减少到 44 个师，甚至 39 个师，而法军在战场上以及法国政府在和平会议上的影响力将增强。英国担心，如果战争继续下去，美国将在海洋、贸易和德国殖民地方面更好地施加自己的影响。根据斯穆茨的说法，英国正处在实力巅峰，如果停火推迟到 1919 年，则意味着实现的是"美国式的和平"，同时德国也面临着爆发布尔什维克革命的危险。[49]英国大臣们认为，如果英国能够对"十四点"和平纲领拥有解释权，它是可以接受的，而英国的公众舆论普遍同意现在就停火并达成和解。海军比较特殊，贝蒂拒绝停战，他坚持无论如何德国应该交出所有潜艇和多数水面舰艇。10 月 26 日，英国内阁认为，"如果现在能够实现和平，那就是一个很好的和平"，从而授予了劳合·乔治参加第二次巴黎会议的权限，法国内阁也授予了克列孟梭类似的权限。[50]

10月29日至11月4日的巴黎会议就德国的停火条件达成一致意见，并使欧洲各协约国遵守美德有关停火的共识。虽然政治条件和军事条件谈判是同时进行的，但为了清楚起见，这里将分别讨论。政治协议的基础是，欧洲各协约国接受"十四点"和平纲领作为和谈的基础，但有很多保留意见，而这些德国并不完全知情。美国承认"十四点"和平纲领模糊不清，10月16日，威尔逊向一位英国代表解释说，法国必须收回阿尔萨斯-洛林，他很高兴英国接管德国的殖民地，最好是作为国联的受托人而接管。因此，德国人认为这些要点对他们有利，事实上，这些要点的解释对协约国更有利。这个要点在"科布-李普曼备忘录"中得到进一步强化，这是豪斯作为威尔逊的代表到达巴黎后准备的一篇评论，总统对此表示赞同。然而，备忘录也对欧洲各协约国提出了警告，不能随便使用封锁；法国可能会得到阿尔萨斯-洛林，但不会得到萨尔地区；而意大利只能接收居民为意大利人的领土。[51]因此，会议的开幕令人担忧。劳合·乔治拒绝了第二点即"公海航行绝对自由"，因为这会损害英国的海洋控制权。豪斯警告说，美国可能会和德国单独媾和；在克列孟梭的支持下，劳合·乔治反驳说，在这种情况下，协约国将继续战斗。豪斯的威胁没有发挥效力，因为美国国会不可能允许美国和德国单独媾和，英国也意识到了这一点，但威尔逊肯定会压缩贷款和军队，豪斯建议他这样做。然而，在各国矛盾升级之前，10 月 30 日与会各国达成了协议。劳合·乔治提交了一份照会，接受"十四点"和平纲领，但对航海自由持保留意见，并澄清说，协约国可以要求德国对其侵略所造成的平民和财产损失进行赔偿。尽管这份草案是从英国的立场构想的，但克列孟梭还是同意了，意大利被孤立了。威尔逊仍然坚持航海自由，但劳合·乔治表示可以在以后的和平会议上讨论这一点，但不接受这一原则。英国草案构成了兰辛照会的基础，11 月 5 日，美国国务卿兰辛将这份草案发给德国，该照会称，协约国同意"十四点"和平纲领，但劳合·乔治提出了两项保留意见。豪斯将这一结果作为外交胜利呈交给威尔逊。事实上，在欧洲各协约国形成统一战线之前，英国就已经离心离德了。劳合·乔治和克列孟梭都认为在美国优势变得更大、英法遭受进一步损失之前应该结束战争。双方都认为"十四点"和平纲领是灵活的。两人不仅互相猜疑，而且不愿为了意大利而与美国决裂。[52] 除此之外，在商讨停战协议时必须把政治方面与军事方面都考虑进来，协约国口头上支持威尔逊的政治原则带来了军事方面的巨大回报。尽管豪斯将政治协议放在首位，并按照"十四点"和平纲领的形式制定了文本草案，但关于停战的技术条款，两种情况都不适用。威尔逊承认协约国的军事顾问应该起草条款，但他没有准备好自己的条件。威尔逊给豪斯的指示很少，"因为我觉得你知道该怎么做"，没有做出书面指示就派他前往巴黎。[53] 在会议期间，威尔逊给豪斯发送的电报内容混乱，其中包括一个关键信息，即协约国过度追求安全将使和平会议的谈判变得极其复杂。这被视为支持福煦条件的指示。[54] 尽管威尔逊表示，他反对协约国占领阿尔萨斯-洛

479

林、莱茵河左岸和右岸的桥头堡，并希望将德国海军限制在中立港口，扣留 U 型潜艇[55]，但最终的条款对德国十分苛刻，这在很大程度上否定了他之前的观点。

在军事谈判中，豪斯放弃了军事建议。由于美国没有替代方案，英法的文本就构成了德国海军和其他军事条款的基础。英国海军部牵头起草了关于德国海军的条款，并得到了其他国家海军首长的支持，德国要交出 160 艘 U 型潜艇（几乎是所有 U 型潜艇）、2 艘战列舰、6 艘战列巡洋舰、8 艘巡洋舰和 50 艘驱逐舰，换言之，就是必须交出公海舰队的大部分船只。英国第一海军大臣韦斯特·威姆斯（Wester Wemyss）想控制这些船只，这样德国就不能将它们用作和平会议的谈判筹码（一直以来，威廉二世都打算以强大的德国舰队作为和平会议的谈判筹码）；和威尔逊一样，美国海军上将威廉·本森（William Benson）担心英国海军过于强大，主张扣留德国海军而不是让德国海军向英国投降。对于威廉·本森来说，德国人是否接受海军条款是次要的；但对于福煦来说，德国人是否接受海军条款就十分重要了，因为福煦不准备因海军问题而延长战争。劳合·乔治比他的海军将领更温和，但受到了政府中保守党人士的压力，他试图说服他们在停战后继续组建联合政府。最终，协约国领导人要求德国的水面舰艇不能投降，而是在协约国的监督下被扣押在一个中立港口。最后的附加条款是，如果没有中立国接受，德国舰队就要前往协约国，而由于西班牙这个唯一拥有足够大港口的国家拒绝接受德国舰队，所以舰队最终去了斯卡帕湾。在海军条款方面，如果只看形式，美国人比较满意。所有人都同意 U

型潜艇必须投降，停战后协约国应继续封锁，德国放弃其最强大的海军力量，但协约国丝毫没有减少对德国施压。[56]

领土条款与威尔逊的设想相去甚远。领土条款的基础是福熙草案。在 10 月 25 日提交给协约国指挥官的报告中，福熙草案不仅设想占领阿尔萨斯-洛林、莱茵河左岸和右岸的桥头堡，而且还设想让德国迅速撤军，并迫使德军放弃大部分重型装备。福熙和克列孟梭出于政治动机，提出占据德国大量领土，这些政治动机必然会遭到英国的批评。在桑利斯（Senlis），黑格表达了他对协约国的悲观态度，并相信德国仍然可以采取有效的防御。黑格认为，协约国收回被侵占的领土和阿尔萨斯-洛林就已足够。潘兴和福熙的立场接近，而与威尔逊的立场差别很大，这是美国国内缺乏协调的另一个例子。福熙在向巴黎会议提出的建议中忽视了黑格的观点，巴黎会议规定协约国占领一个延伸至美因茨（Mainz）、科布伦茨和科隆（Cologne）的莱茵河桥头堡的地区，并在莱茵河以东 40 公里宽的地区建立一个非军事地带。德国应该交出 5 000 门火炮、36 000 挺机枪和 2 000 架飞机，从而彻底瓦解德军，摧毁其抵抗力。劳合·乔治质疑协约国军队越过阿尔萨斯-洛林的必要性，理由是协约国应该只占领它们想要的领土，因此暗示了福熙为了实现法国占领莱茵兰这一目的而继续战斗的野心。但是豪斯没有支持劳合·乔治的意见，劳合·乔治让步了。几乎可以肯定的是，法国对"十四点"和平纲领的默许换来了豪斯对法国军事条款的支持，从而在克列孟梭认为比威尔逊原则更为重要的问题上，阻止了英美结成反法阵线；而豪斯对威尔逊的意图感到困惑，误判了威尔逊所做事情的重

481

要性。的确，克列孟梭承诺，一旦和平条件得到实施，法军就会撤退，但这可能需要数年时间。此外，随着会议的推进，还增加了更多军事条款。法军保留要求获得经济赔偿和其他经济利益的权利：随着撤退的德军淹没煤矿、掠夺农场和果园，赔偿问题正在上升为政治问题。此外，协约国保留了要求德国撤回其 1914 年东部边境的权利，这意味着将留下一些军队遏制布尔什维克主义，《布列斯特-里托夫斯克和约》和《布加勒斯特条约》将失效。因此，停战将摧毁德国，德国将交出阿尔萨斯-洛林，并为协约国对莱茵兰的长期占领做好准备。德国将失去恢复敌对状态或反对协约国和平条件的能力，德国的命运将取决于威尔逊是否有能力让其盟友支持美国的和平计划。这些条款极其苛刻，以至于福熙怀疑德国是否会接受这些条款，英国领导人也持同样的观点。协约国预计很快就会获胜，但流血事件还没有结束。尽管如此，为了达成协议，各方都做了让步，结果是它们向德国提供了一个要么接受要么放弃的一揽子方案。令众多胜利者惊讶的是，德国接受了这些条款，战争结束了。[57]

停战条件远比鲁登道夫和欣茨所设想的苛刻得多。他们最初设想早日停战是为了避免让德国遭受进一步的损失，目的是让德国至少获得一些外部收益，并缓冲战败对德国政治制度的影响，结果既没有使德国免于失败，也没有使德国避免革命。10 月 4 日之后的三个事态发展使德国最初的设想没有实现。这三个事态发展按照重要性来排列的话：第一个是协约国在西方的持续推进，第二个是德国盟友的损失，第三个是德国自身的动荡。德国的停火要求不是这些事态发展的主要原因，但它确实加速了这些事态的发展。

　　在数周的停战谈判中，又有 50 多万名士兵在交战中死伤。[58]他们中的大多数人，包括英国战壕诗人威尔弗雷德·欧文（Wilfred Owen），都是在西线阵亡的。然而，这些事件对德国最初寻求停战决定的影响大于后来签订停战协议的决定对其所产生的影响。鲁登道夫在 10 月中旬表现得更乐观，并非完全是因为机会主义，也反映了他早些时候高估了危险。协约国的协同进攻在默兹-阿尔贡和佛兰德斯陷入困境；加拿大人在穿越诺德运河后被迫停下；尽管英军第四集团军在 9 月 29 日突破了兴登堡防线的主要防线，但清除防线的后方区域又花了一周时间。[59]从这里开始，英国远征军只遇到了德国的临时防线，英军用炮火将其摧毁。接下来，英军用 1 320 门火炮发射了 1.27 亿磅炮弹，在 10 月 17 日之前突破了德军驻防的塞勒河（the river Selle）沿线。10 月 23 日和 24 日，佛兰德斯方面的英军继续前进，越过了斯海尔德河（Schelde）；11 月 4 日，在猛烈的轰炸后，他们渡过了桑布尔河和瓦兹运河。从那时起，激战停了下来，德军全面撤退。然而，英国远征军不得不在没有道路的坑坑洼洼的地形中艰难前行；到 11 月 5 日，英军第四集团军已经超出了其铁路尽头 30 英里，不得不暂停。此后，只要天气允许，英军就尽可能地继续推进。[60]法国人也在前进，10 月德国唯一成功的抵抗发生在默兹-阿尔贡。第一次进攻中停滞的美军，直到 14 日才占领克里姆希尔德阵地，他们在那里又被困了两周。尽管如此，美军还是很快就掌握了战术，在做了充分的后勤准备后，他们于 11 月 1 日再次向北推进，反炮台火力和徐进弹幕射击得更猛烈。在默兹-阿尔贡战役期间，美国远征军弹药发射量比美国内战期间整个美国北方军队的弹药发射量都要大。[61]在最后的日子里，美军以极快的速度打击撤退的德军，攻占了色当，并威胁到了德国的主要铁路。到了这个阶段，德国人几乎无法有序地撤退。自 4 月以来，他们已经损失了 32 个师，只有一个新的后备师。[62]西线德军的满员师从 4 月 1 日的 98 个减少到 9 月 1 日的 47 个，再减少到 10 月 4 日的 14 个和 11 月 11 日的 4 个，这还是他们提前征召了 1919 年的义务兵才做到的。[63]在关键性的 10 月 17 日内阁会议后，德国已经决定接受任何条件的停战，在这一阶段，向边界上的新防御工事撤退似乎仍然是一个可行的选择。协约国在 11 月初的加速推进可能部分反映在威廉·格勒纳决定撤回安特卫普-默兹一线的德军一事上。局势迅速恶化，但仍可控。直到战争结束，德军仍然给协约国军队造成了重大伤亡。[64]德国面临的局势没有好转，但也没有绝望到投降的程度。

　　这一时期的第二个发展态势——同盟国集团的瓦解——对德国更加不利，导致德国孤立无援。保加利亚停战后，斐迪南一世退位。在接下来的一个月里，协约国军队前进了 500 英里，塞尔维亚军队沿着多瑙河前进，解放了贝尔格莱德。[65]连锁效应很快就波及土耳其。奥斯曼帝国的军事形势和国内形势都很糟糕，但在保加利亚崩溃前，还不至于要求立即停战。此外，土耳其在高加索地区取得了成功，但是在其他地区却遭遇失败。大战期间，150 万～250 万土耳其人死亡，其中大多数人死于饥荒和疾病，而非死于战争。[66]这表明，人口只有法国一半的土耳其，损失与法国相当。尽管在战争期间土耳其共征兵 285 万人，但到 1918 年秋天时，土耳其只剩下 56 万士兵，也没有后备部队可供调用。土耳其精锐师重新装备了

483

从俄国缴获的武器，在高加索地区集结后被派往巴库，而拒绝增援巴勒斯坦和美索不达米亚。4 个不满员的师守卫着君士坦丁堡和海峡地区，只有几个营控制着保加利亚边境。德国曾警告土耳其人，他们处在危险之中，但恩维尔计划利用高加索地区的部队在安纳托利亚进行最后的防御。有关局势方面，恩维尔误导了内阁，导致其他大臣尤其是自 1916 年起担任大维齐尔的塔拉特仍然自满，拒绝考虑单独媾和。保加利亚投降打开了通往君士坦丁堡的道路，同时艾伦比在巴勒斯坦包围了奥斯曼土耳其的军队。土耳其从距离君士坦丁堡 1 000 多英里的高加索地区召回 4 个师，但直到一个月后土耳其签订停战协议时，只有 1 个团抵达。当德国请求停战的消息传来时，土耳其战时政府宣布辞职，土耳其希望内政变化能够减轻协约国对它的惩罚。[67]

为了缓解"十四点"和平纲领的冲击，奥斯曼帝国当局表示将允许帝国非土耳其部分自治。1918 年夏天，可能是为了鼓舞士气，并希望展示公众对其领土主张的支持，奥斯曼帝国当局取消了新闻审查制度，允许政治流亡者回国。对青年土耳其党的批评越来越多，正是各种来自国外的消息终结了青年土耳其党的政权。塔拉特政府于 10 月 7 日倒台，伊扎特（Izzet）帕夏的新政府只有少数青年土耳其党成员，该党随后解散。[68]伊扎特是一名军人，前战争大臣，曾代表土耳其参加布列斯特-里托夫斯克谈判。他曾为青年土耳其党服务，但很快就远离了该党。其大臣们认为，君士坦丁堡应设为不设防城市，因为国家破产，政府对大部分地区已经失去控制，进一步抵抗毫无意义。为了自卫，土耳其需要德国提供资金和

484

武器，但在 10 月 12 日，德埃斯佩里切断了德国和土耳其之间的铁路。德埃斯佩里主要是朝北向塞尔维亚推进，但英国的萨洛尼卡部队指挥官米尔恩（Milne）将军正在集结 7 个师，准备进攻君士坦丁堡。但是随后的几周内，米尔恩的部队都无法出发，而且随着冬天临近，他们必须穿越行军困难的地区，于是协约国军队立即开始向达达尼尔地区增援。因此，10 月 16 日，土耳其决定立即寻求单独和平，英军将领汤申德将军及其下属曾在库特被土耳其人俘虏，所以选他作为中间人与英国舰队接触。土耳其愿意接受"十四点"和平纲领，复员军人，开放海峡。由于谈判中的失误和对和平的渴望，他们最终做出了很多让步。[69]

就协约国而言，它们在战时的秘密条约中已为奥斯曼帝国规定了和平条款，尽管这些条款很难与卡克斯顿大厅演说和"十四点"和平纲领的承诺保持一致，卡克斯顿大厅演说和"十四点"和平纲领承诺即便使奥斯曼帝国瓦解，土耳其人的主权也会得到尊重。协约国还没有讨论停战条款，部分原因是没有人预料到中东战争会这么快结束。直到保加利亚停火，英国政府才起草了土耳其的停战条件，劳合·乔治于 10 月 6 日至 8 日在巴黎讨论了这些条件。英国为了达到让土耳其开放海峡的目的，愿意对奥斯曼帝国宽大处理，并将土耳其军队从战场中抽调出来以用于其他地方。但是法国和意大利则提高了奥斯曼帝国的停战条件，这些条件成为对土耳其最终协议的基础。英国人建议由他们占领达达尼尔海峡要塞，土耳其人应交出海军，并将君士坦丁堡作为海军基地，协约国应控制土耳其的铁路，土耳其军队应撤回到 1914 年的边界，而阿拉伯半岛的土耳其军队则应投降。除此之外，巴黎会议还增加了一些条款，比如协约国占领巴库和巴统，土耳其在美索不达米亚和叙利亚的驻军必须投降，以及其余土耳其军人复员。土耳其应允许协约国占领"战略据点"——这是意大利为了控制它所声称拥有的地区而加入的一项条款，这使协约国能够接管它们想要的任何领土。劳合·乔治政府非常渴望与土耳其达成协议，因此其谈判条件更低，于是劳合·乔治指示英国在爱琴海的代表考尔索普（Calthorpe）上将与土耳其新任外交部长劳夫·贝（Rauf Bey）进行停战谈判。当土耳其代表团于 10 月 27 日抵达时，奥匈帝国已经崩溃，所以协约国与土耳其的和解没有那么紧迫，劳夫·贝准备做出让步，以便迅速达成和解，因为土耳其十分感谢英国善意的信任。考尔索普逐条宣读条款，土耳其不赞成协约国的集体贸易优惠原则，因为这意味着土耳其在与协约国进行贸易往来时，丧失了与各国逐一谈判并实现平等贸易的机会。土耳其代表与政府暂时失去了无线电联系，他们于 10 月 30 日签署了协议，协议规定由英法军队而非希腊或意大利军队占领海峡要塞。这些条款为帝国瓦解铺平了道路，远远超过了土耳其政府最初的设想，也超过了英国人认为的最低限度。协约国方面之所以如此严厉，主要是因为需要履行秘密条约来满足法国和意大利的需要，以及希望为进一步打击同盟国和苏俄奠定基础。[70] 土耳其退出战争使一战中的大部分战争结束了，如果欧洲战争持续到 1919 年，将会有更多的英国海军和陆军部队从高加索战场解放出来。土耳其寻求和平的消息于 10 月 18 日传到柏林，这对于马克斯政府来说，又是一次沉重的打击。土耳其停战也进一步说明了鲁登道夫寻求停战的决定是如何推动同盟国集团解体的。然而，从军事和政治的影响来看，奥斯曼帝国解体并没有奥匈帝国解体那么重要。

奥匈帝国领导人长期以来一直担心帝国会被国内民族主义和外部压力摧毁，果不其然，后来他们的担忧应验了。当奥匈帝国解体时，其官僚机构和军队既无意愿也无能力控制心怀不满的民族，卡尔一世宁愿和平地失去王位，也不愿发动内战。事实上，奥匈帝国军队主力在 10 月底的维托里奥·维内托（Vittorio Veneto）战役中已经溃败，通过军事镇压来应对帝国的解体几乎不可行。矛盾的是，到 1918 年，奥匈帝国的战争基本结束，而且基本上取得了成功，尽管这一成功主要是通过德国援助赢得的。奥匈帝国的对手塞尔维亚、黑山和罗马尼亚都被击溃了，俄国也陷入了一片混乱。尽管德军在 1918 年伤亡惨重，但是奥匈帝国在这一年的伤亡人数还不到 1914 年的一半。截至 10 月 15 日，约有 40 万奥匈军人在意大利前线服役，5 万人在巴尔干前线服役，15 万人在俄国和巴尔干半岛作为占领军服役，1.8 万人在西线服役，即总共 60 多万人，而 100 多万军人在国内休整或者休病假。[71] 自 7 月 1 日以来，意大利境内的奥匈帝国驻军主要受到疾病（疟疾、痢疾和流感）和逃跑的影响，开始逐渐减少。那些留下来的军人虽然没有叛变，但缺乏食物、衣服和弹药，在协约国宣传运动的影响下，也产生了强烈的不满情绪。从 9 月开始，帕多瓦委员会一次行动就制作了 1 500 万份传单，也就是说，日渐衰落的奥匈帝国军队人均收到 30 份传单，尽管很难评估这些传单的影响，因为还有很多其他因素如皮亚韦河战役、德国战败、军队糟糕的物质条件等也在影响着奥匈帝国军队。[72]奥匈帝国军队虽然维持着战线，但是它的内部正在溃败。尽管意大利兵源严重匮乏，没有得到美国远征军的支援和补充，但在最终发起进攻时，意军人数还是比奥匈军队多。迪亚兹仍然犹豫不决，10月，奥兰多坚持在意大利人的贡献失去任何政治价值之前发动攻势。经过大规模的前期轰炸，他们于24日发起进攻。两天内，虽然意军遭遇了奥匈军队的顽强抵抗，但在战斗开始之前，一部分奥匈军队已经起义了。几天内，多达50万的奥匈帝国军人向意大利人投降，对于意大利而言，这场战役是停战前占领《伦敦密约》所承诺领土的一次成功案例。正如迪亚兹的情报所预测的那样，奥匈帝国的军队已经变得像一枚炮弹，一旦外壳破裂，就会爆炸。[73]

军队覆灭使卡尔一世已无可能通过武力来维持帝国，而且缺乏调动军队所需的火车和燃料。[74]奥匈帝国最后的解体在维托里奥·维内托战役前就已经开始。帝国解体虽然是由停战谈判引起的，但是由国内叛乱完成的，奥匈帝国不愿也无力镇压这些国内叛乱。这一进程的先决条件是奥匈帝国内部民族主义运动的高涨，这一发展至今仍不为人知，但战争对帝国内部民族主义运动发展产生了重大影响。1914年，几乎没有一位奥匈帝国的政治家呼吁帝国内部各个民族独立。青年波斯尼亚运动是个别现象，一战开始后，这一组织就停止了活动。在一战的前期，激进分离主义者包括一小群波兰人、捷克人和南斯拉夫人，他们主要流亡在协约国和美国，国内的激进分离主义势力仍然十分谨慎。1917—1918年，约瑟夫去世后，卡尔一世上台，卡尔一世更加顽固，经过两年镇压后，奥匈帝国放

487

松了对政治活动的控制。同时，奥匈帝国与德国结盟，加上奥匈帝国效忠柏林，进一步强化了它作为德意志民族代言人的形象。1918 年 1 月，奥匈帝国境内的捷克领导人和南斯拉夫领导人寻求独立，在奥匈帝国和乌克兰签订和平条约后，波兰人也开始谋求独立。① 现在，奥地利可以作为一个单一的独裁政权来运行（但是卡尔一世对此毫无热情）；或者作为一个分崩离析的联邦政权来运作，但是建立在各民族联合基础之上的二元制王朝已不可行。1918 年，在奥地利和克罗地亚，独立运动都发展起来，吸引了大批追随者。在当局的默许下，武装部队的镇压最终不了了之。到 9 月，逃兵人数达到 40 万。在克罗地亚，逃兵在农村组建了武装组织，而当局对此无能为力。[75]维托里奥·维内托战役后，意大利战线剩余的奥匈军人要么放弃抵抗，要么叛逃回家。[76]

　　民族主义运动对哈布斯堡王朝的统治构成了严重挑战。1918 年春天之后，令当局惊恐万分的工人罢工平息了。1918 年的奥地利经济和 1917 年的俄国经济有很多相似之处——铁路瘫痪、工业产量暴跌、通货膨胀加速以及城市粮食供应出现危机。6 月，奥地利人每日配给量已降至 8 盎司面包和 3 盎司肉。[77]然而当政权崩溃时，革命运动的主要目标是获得政治独立。除了在德意志人和马札尔人地区，社会抗议几乎没有起到什么作用，即使在德意志人和马札尔人地区，左翼力量也比俄国或德国要弱。因此，很难将奥匈帝国的经济危机与摧毁它的民族主义运动发展联系起来，尽管对被布

---

　　①　参见第 15 章。

尔什维克主义抨击的恐惧促使捷克领导人采取行动。协约国和美国的确通过意识形态战争推动了奥匈帝国的解体。1918 年夏天之后，协约国和美国的立场更加激进，不仅要求奥匈帝国境内各民族自治，还要求其独立。① 它们帮助奥匈帝国的政治流亡者说服帝国内部的反对派拒绝与帝国妥协。[78] 只有德国胜利才能挽救奥匈帝国的政权。

488

德国提出停战要求后，奥匈帝国的瓦解态势迅速发展。卡尔一世遵循德国人的策略——对外呼吁美国调停，对内推动自由化，但是收效甚微。当威尔逊继续与马克斯对话时，奥匈帝国于 10 月 4 日向威尔逊提出了停火与和平请求，这一请求基于"十四点"和平纲领，但是没有得到威尔逊的回应。16 日，为了遵守威尔逊方案的第 10 点，卡尔一世发表了一份宣言，宣称在奥匈帝国建立联邦政府，这一宣言被匈牙利政府拒绝，匈牙利领导人拒绝实行民主化。10 月 18 日，威尔逊在一份声明中做出回应，撤回了第 10 点计划，并表示要由各民族自行决定其命运，这实际上是一次变相的革命呼吁。[79] 奥匈帝国的瓦解主要不是由协约国的外交造成的，虽然到了这个阶段，协约国肯定想瓦解奥匈帝国。事实上，长期以来一直是哈布斯堡王朝中流砥柱的波兰人打算从帝国中分离出去。10 月 10 日，在克拉科夫成立了一个代表大多数波兰政党的民族委员会，而德国的波兰人在华沙成立了一个摄政委员会，这两个委员会都同意建立一个独立的波兰，将波兰的三部分重新统一起来。10 月 24

---

① 参见第 16 章。

日，波兰人决定退出奥匈帝国国会，并接管波兰人在奥地利居住区的管理权，他们在这个月月底之前完成了这项工作。[80]

在波兰分离出去后，奥匈帝国仍然能够幸存下来，但是在捷克独立后，它无法再支撑下去了，布拉格革命给了奥匈帝国致命一击，直接促成了它的瓦解。帝国政府要求不同地区的民族委员会帮助实施卡尔一世所颁布的 10 月 16 日法令，但由于该法令将匈牙利排除在外，所以不利于捷克和斯洛伐克合并，故而捷克领导人无法接受这一法令，因为他们的民族委员会已经准备和平接管斯洛伐克。奥匈帝国的新政府也是卡尔一世任命的最后一任政府决定抓住机会，接受威尔逊的所有条件，奥匈帝国要求立即停火，并放弃和德国的结盟。10 月 27 日的声明只是布拉格民族委员会开始接管地方政府的信号，它声称正在执行 10 月 16 日的宣言，事实上它的目标是建立一个独立的捷克斯洛伐克共和国。哈布斯堡王朝的官员没有反抗，军队正在失控，当地的军队指挥官允许民族委员会组建志愿军，以替代非捷克的军队。[81] 捷克的权力转移是有序的、不流血的、迅速的，与 11 月 1 日斯洛文尼亚的独立非常相似。

在匈牙利，韦克勒政府也失去了对周边地区的控制。罗马尼亚代表退出了匈牙利议会，11 月初，罗马尼亚国王斐迪南一世任命了一个亲协约国政府，并重新参战，派遣军队占领特兰西瓦尼亚，而捷克军队则进入斯洛伐克。面对高涨的民族主义情绪，几个月以来，匈牙利对克罗地亚的控制持续下降。萨格勒布（Zagreb）民族委员会发挥了与布拉格民族委员会类似的作用。10 月 24 日，萨格勒布民族委员会宣布奥匈帝国境内的塞尔维亚人、克罗地亚人和斯洛文尼亚人独立，并宣布克罗地亚打算与塞尔维亚、黑山联合。在组建公民卫队后，萨格勒布民族委员会接管了波斯尼亚和黑塞哥维那，但是它和塞尔维亚、黑山并为"塞尔维亚-克罗地亚-斯洛文尼亚王国"（1929 年更名为南斯拉夫王国）是 12 月的事情了。在这里，法律、秩序和连续性再次成为主基调，当地军事指挥官与民族委员会保持密切联系，以确保平稳过渡。[82]

标准模式是权力转移到地方民族主义政党的委员会，同时爱国和反哈布斯堡的示威游行也在进行，但没有发生广泛的暴力和混乱事件。卡尔一世不再要求军官必须对他效忠，允许他们加入新独立国家的军队，其中许多人在过渡进程中表现出色。[83]维也纳革命模式和布达佩斯相似，但内容更丰富。奥地利革命运动主要局限于维也纳和省会，绕过了保守的农村地区。奥地利社会党并没有像德国社会民主党那样发生分裂，而且该党领导层与工会关系更密切，也较少受到左翼的挑战。与德国社会民主党不同，它不是奥地利最大的政党，该党人数不及基督教社会党。10 月 21 日，奥地利社会党的参议院代表与基督教社会党以及日耳曼民族主义者一起组成了一个独立的奥地利德意志人临时国民议会。[84] 10 月 30 日，维也纳爆发了大规模示威游行，游行人群要求建立共和国，哈布斯堡王朝的标志被拆除，这是 1918 年革命的一个共同特点。与之类似，共产主义标志在 71 年后被拆除。临时国民议会掌握了立法权，成立行政执行委员会，帝国警察和官僚机构继续为新政府服务，维持法律秩序和维持食品供应，从意大利返回的军人迅速复员。然而，奥匈帝国境内德意志人的新领导有着更大的目标，声称他们是奥匈帝国境内

490

所有德意志人的代表，包括居住在苏台德地区（Sudeten）的德意志人。之前，苏台德地区属于波希米亚（Bohemia），当捷克军队占领苏台德地区时，德意志人的新领导人却无力反击。大多数奥地利的德意志领导人也希望与德国结盟。10 月，威廉二世和鲁登道夫都在考虑兼并苏台德地区作为德国战败的补偿[85]，但德国怕兼并苏台德地区会破坏停战谈判。总之，哈布斯堡王朝覆灭为奥地利独立扫清了障碍，奥地利也将失去匈牙利。

　　这里的关键是匈牙利军队的解体，甚至在维托里奥·维内托战役前，匈牙利的南斯拉夫部队就开始造反。布达佩斯的官员举行示威活动，要求实现和平，并要求成立一个由迈克尔·卡罗利领导的新政府，卡罗利是强烈批判匈牙利现政府的代表人物，匈牙利的反对党组成了一个民族委员会，城市守军宣誓效忠该委员会。31 日，奥匈帝国任命卡罗利为匈牙利首相，他还得到了社会主义者的支持；同一天，士兵接管了公共部门。战争期间领导匈牙利的保守派政治老手被赶下台，蒂萨也被革命者暗杀，他们谴责蒂萨，认为他应对战争负责。激进派、独立派和社会民主党等反对战争的政党在布达佩斯以外几乎没有追随者，他们在革命军队的支持下、在卡尔一世的默许下接管了政权。他们希望保持匈牙利原有领土的统一，但匈牙利很快就四分五裂，因为罗马尼亚占领了特兰西瓦尼亚，捷克占领了斯洛伐克，南斯拉夫从匈牙利分离出去。[86]甚至在 11 月 11日卡尔一世下台前，哈布斯堡王朝的权威就已经在匈牙利消失了。

　　到意大利和巴尔干半岛停火时，协约国已不再和同盟国单独媾和了。各交战国于 11 月 3 日在帕多瓦（Padua）附近的朱斯蒂别墅

（Villa Giusti）签订了意大利战线的停战协议；11 月 13 日，协约国与匈牙利新政府签订了停战协议，即《贝尔格莱德公约》（*Belgrade Convention*）。[87] 10 月 31 日，协约国在巴黎会议上同意了《朱斯蒂别墅停战协定》（*Villa Giusti Armistice*）。它们要求哈布斯堡军队复员并交出一半火炮和武器装备，还要求奥匈帝国大部分舰队投降。德军将从奥匈帝国的各个战略要地撤走，由协约国占领。豪斯同意意大利人可以占领 1915 年《伦敦密约》承诺给他们的边界，意大利人很快就按照豪斯的意见采取了行动：这是他忽视军事决策的政治影响的又一例证。协约国决定暂时不承认南斯拉夫，这引发了南斯拉夫人的抗议；尽管协约国支持卡尔一世将舰队移交给克罗地亚民族委员会，但当意大利海军扣押奥匈帝国的船只时，协约国接受了既成事实。[88] 因此，在政治上，停战剥夺了正在形成的南斯拉夫的海军和北部民族边界。在军事上，这使协约国有可能向德国南部挺进，在德军已经捉襟见肘的情况下开辟一个新战场。协约国军队计划从意大利出发经南部的因斯布鲁克（Innsbruck），以及从林茨（Linz）和萨尔茨堡（Salzburg）沿着多瑙河，齐头并进入侵巴伐利亚。随着冬季临近，再加上奥地利铁路状况恶化，这一行动能否迅速展开，令人怀疑。但协约国的计划还是让巴伐利亚感到震惊，德国最高统帅部重新部署了残余部队以应对协约国的威胁。[89]

11 月初，德国失去了所有盟友，在南部面临新的威胁，德国支持奥匈帝国的目标彻底失败了，德国就是因为支持奥匈帝国而参加一战的。现在轮到德国面对革命动荡了，这将迫使它接受任何停战条件。奥匈帝国的革命是由原来成立的民族委员会领导的，德国

491

的革命形势发展类似于俄国二月革命而不是十月革命，让左翼政党感到惊讶。德国革命起源于基尔军港的一次水兵起义，起因是德国计划秘密对英国海军发动攻势。错误的军事行动比不采取行动更让德国处境艰难，这次损失是致命的。

舍尔领导着公海舰队，后来由希佩尔接管，这二人都严重依赖他们的参谋长马格努斯·冯·莱韦佐夫（Captain Magnus von Levetzow）和冯·特罗塔（Admiral von Trotha），两人都是保守派。威廉二世支持海军改革，但水兵起义的发起人却打算削弱威廉二世的指挥权。[90] 水兵兵变还造成了军官的分裂，使霍尔岑多夫和卡佩勒（Capelle）的支持者对立起来，霍尔岑多夫被解除海军部参谋长职位，卡佩勒失去了海军大臣的职位。重组后，海军第一线中队的几乎半数上尉和大副都被调动了，一些舰艇同时失去了两名军官，因为许多最优秀的军官自愿借调到 U 型潜艇。[91] 事实上，德国海军司令部继续奉行偏爱潜艇部门的海军政策。"舍尔计划"是在兴登堡计划的基础上构想出来的，它建议将 U 型潜艇的产量从 1918 年底的每月 7 艘提高到每月 12 艘，到 1919 年 10 月提高到 36 艘，这是海军脱离现实的一个明显迹象。[92] 在德国海军司令部看来，它不需要停战，它无视德国最高统帅部避免击沉客轮的建议。然而，当"伦斯特"号被击沉，威尔逊要求停止潜艇攻击时，德国海军司令部没有怎么抵抗，因为它构思了一个替代方案。

德国海军司令部建议对英国皇家海军进行最后一击，作为对德国战败证据的回应。德国海军决定拼死一搏，除了战略理由之外，还有政治上和情感上的原因，因为海军军官们认为，如果没有全力作战就向英国人投降，他们的未来就会受到影响。这不仅是不光彩的，而且特罗塔还担心不战而降会打击德国在战后重建海军的决心（与欣茨和鲁登道夫一样，他也在考虑重建德国海军的问题）。他更喜欢殊死一搏，换句话说就是壮烈牺牲，而不是无所作为。莱韦佐夫表示同意，海军官兵"长眠海底"总比被俘好。舍尔相信有一定的成功机会，他认为这个问题事关"荣誉和存在"。[93]因此，舍尔和莱韦佐夫同意在潜艇战暂停的情况下，水面舰队将发起攻击，他们虽然向鲁登道夫做了简单汇报，但没有询问马克斯或威廉二世的意见。他们这样做违反了威廉二世的指示，可能违反了宪法。他们是否希望破坏停战谈判尚未得到证实，尽管看起来很有可能，但无论如何，他们都没有尊重首相和政府，他们如果公开自己的意图，就可能受到批判。因此，希佩尔的工作人员秘密准备了一份命令，让公海舰队进入泰晤士河河口，同时让轻型舰轰炸佛兰德斯海岸并突袭多佛海峡，目的是将皇家海军吸引到泰尔斯海灵岛（Terschelling）附近，然后利用潜艇进行伏击和海战。10月27日，舍尔将30日定为开战日。[94]

该计划发起者无视8万名水兵和船员的生命，把他们的生命当作赌注。然而，最高统帅部得到的消息是，军官们对人事变动感到不安，士兵敌视战争和反对战争的意愿越来越强烈。10月18日，希佩尔警告说，舰队随时会爆发革命，但他和特罗塔认为，海军不会违抗命令。就潜艇和小型水面舰艇而言，这一看法是合理的，但一战时期德国海军的问题集中在战列舰方面。战列舰的情况与大型工厂的情况相似，战列舰上水兵们的伙食劣质单一，工作繁重单调。士兵与军官隔离，与潜艇军官相比，战列舰军官们不仅伙食好，还不关心下属，不与士兵同住。官兵不平等诱发了 1917 年 8 月的海军兵变。事变后，官兵不公平的状况没有得到纠正，但是镇压兵变的记忆令人痛心。海军的管理风格，加之这几个月水兵们无所事事，以及他们定期与岸上悲观失望的平民接触，导致水兵甚至连爱国的水兵也产生了敌对情绪。政府要求停战的消息，以及水手和造船厂工人从佛兰德斯港口返回的消息，更加剧了基尔军港水兵的敌对情绪。[95]

在这样的情况下，海军开始了出海作战的准备工作，希佩尔向他的军官们通报了情况，很快就有传言说，这支舰队要执行一项自杀式任务，目的是破坏停战协议进而颠覆政府。从 10 月 27 日起，违抗命令之风在巡洋舰和主力舰中蔓延开来，水兵们拒绝登船，也拒绝起锚和给锅炉添加燃料，并熄灭了船上的灯。希佩尔得到的建议相互矛盾，有人赞成镇压，有人赞成调解，当局选择了一种折中的方式，将二者结合起来，结果引发了灾难性的后果。29 日，希佩尔推迟发出出港作战的命令，尽管海军司令部大规模逮捕水兵，但是他们仍然拒绝执行命令。希佩尔派遣第三战列舰中队前往基尔军港，他认为如果水兵们能够进行休整并与家人见面，他们的士气就会有所提高。但当第三战列舰中队于 11 月 1 日抵达时，其指挥官违背了先前的赦免承诺，逮捕了 200 多名士兵，但允许其余人员上岸，这些海军士兵在那里成立了一个委员会，要求释放被逮捕的士兵。基尔是一个激进的集中地，曾支持 1918 年 1 月的工人罢工活动，示威活动愈演愈烈，11 月 3 日晚上，军队开枪打死了几名抗议者。这种做法和尼古拉二世于 1917 年 2 月下令使用武力极其相似，也引发了类似的反应。11 月 4 日，水兵闯入武器库，接管船只，成立了士兵委员会，这一事件被称为"红色星期一"。在岸上，抗议者设置路障，基尔驻军叛变了。政府失去了对该城镇的控制，革命开始了。[96]

　　俄国革命是由首都的面包短缺引起的。德国革命则是从地方开始的，以抗议进一步的徒劳无益的战斗。虽然罗马尼亚在 1917 年给德国提供粮食，改善了德国的处境，但罗马尼亚的粮食通道很快就被切断。乌克兰的粮食供应量远低于预期，其他被占领地区的粮食供应量也不大。[97]德国也没有太多机会从中立国购买粮食，因为协约国的封锁非常严格。5 月至 7 月粮食严重短缺，1918 年的收成只能暂缓粮食短缺的危机。虽然 1918 年小麦的收成比 1917 年好，但土豆的收成很差。[98]到了 1917—1918 年，平民死亡率远高于战前水平，而且还在不断上升：即使不把流感受害者统计在内，战争造成的苦难也可能导致 42.4 万～47.85 万人因肺结核和其他疾病而死亡。[99]新闻界对食品供应细节的报道非常自由，既没有掩盖不断上升的死亡率，也没有掩盖令人沮丧的前景。[100]尽管如此，根据德国内部报告和协约国观察员的说法，是战局对德国不利而不是粮食供应危机打击了民众的士气。一旦不再有获胜的机会，持续的困难就变得无法忍受，对和平的渴望则与日俱增。[101]此外，尽管马克斯进行了宪法改革，但从威廉二世过去的表现来看，他不可能成为英国式的立宪君主。到 10 月底，他的未来已被列入政治议程。威尔逊没有坚持要求威廉二世必须退位，但第三份美国照会可被理解为主张

494

退位，而德国驻瑞士和丹麦的外交官表示，这正是总统的想法。威廉·佐尔夫告诉首相，威廉二世退位可能意味着德国的投降条件更为宽松，社会民主党及其媒体接受了这一看法。大多数内阁成员都赞成皇帝主动退位，但威廉二世仍然不同意。29 日，威廉二世未经政府批准，就离开了德国最高统帅部。[102]这时，革命爆发了。

在魏玛共和国时期，右翼指责海军兵变和基尔军港水兵起义相当于是"在背后给帝国捅刀子"，这是德国战败的原因。1925 年，左翼人士在慕尼黑参加了多尔希斯特审判（Dolchstoss trial），并就德国战败被德国国会调查委员会调查了三年。他们的证词集中在官兵不平等以及海军滥用职权的问题上，莱韦佐夫和其他人将叛乱归咎于煽动者。事实上，自 1917 年以来，德国独立社会民主党同情工人和反战情绪一直在增长，但是起义者的要求最初仅限于官兵口粮平等和士兵拥有公民的自由权。基尔军港士兵委员会和工人委员会的情况比较相似：一些水兵希望威廉二世退位、立即实现和平以及实行民主选举，当时他们并没有考虑建立社会主义政权——更不用说俄国式的布尔什维克主义了。[103]这场运动也不是特别暴力：三名海军军官被杀，但水兵委员会同意赔偿其财产损失。另外，10月初，极左集团即斯巴达克团在社会运动中兴起，这个集团致力于苏维埃统治而非议会制，主张将土地和财产国有化，但这个集团仍然只是一个小型秘密组织。德国独立社会民主党规模很大，它想要建立一个社会主义共和国，但在对待革命和布尔什维克的态度上存在分歧。它的工会盟友，以柏林金属工人为中心的"革命工会"，正在计划一场革命性的大罢工，但独立社会民主党建议其推迟罢工。相比之下，社会民主党领袖虽然理论上是共和派，但愿意在君主立宪制下参加政府，并效忠马克斯，尽管他们也希望罢免威廉二世。然而，基尔军港水兵起义给德国的政治形势增添了新因素，使社会民主党面临着新的威胁。作为回应，社会民主党派它的一名领导人古斯塔夫·诺斯克（Gustav Noske）前往基尔军港，他很受欢迎，当选为水兵委员会主席，并成为该市市长，他很快就结束了水兵起义。一时间，革命似乎被工会组织扼杀了。

尽管诺斯克在基尔军港取得了成功，但在随后的几天里，随着起义者队伍向四处分散，革命开始向其他地区蔓延。11月5日，当基尔军港水兵抵达吕贝克（Lübeck）时，当地的驻军向水兵投降；基尔军港水兵抵达汉堡（Hamburg），他们与士兵和工人一起解除了当地军官的武装，占领火车站和造船厂，建立苏维埃。11月6日，威廉港成立了水兵委员会，他们在这里遭遇的阻力甚至比在基尔军港遭遇的还要小。当沿海城镇脱离政府控制时，11月7日，水兵们抵达科隆，在数小时内控制了这座城市。革命迅速蔓延到德国北部和莱茵兰，很少遭到政府和当地军队的抵抗，议会主要关注的是避免流血事件和维持秩序，几乎没有发生抢劫或暴力事件，军官们受到了羞辱，但身体没有受伤。警察与起义者保持着友好关系，帝国官僚机构依然完好无损。然而，一旦起义者控制了莱茵河大桥，德国国防军就更难回国镇压了。与俄国不同的是，德国革命中，水兵和士兵发挥了带头作用。[104] 革命士兵在德国十一月革命中发挥了至关重要的作用，但是很少有人对此展开研究。尽管当局的报告显示，战争失败动摇了军人的信心，他们希望早日实现和平，建立共和国，享有充分的公民权利，同时他们对军官团的不满没有海军那么强烈。[105]士兵委员会呼吁和平、民主，号召罢免威廉二世，这些口号同样适用于德国各省最激进的革命，如慕尼黑革命。慕尼黑的革命局势直接源于德国的停战要求和奥匈帝国崩溃后德国面临被入侵的威胁。慕尼黑的独立社会民主党领导人库尔特·艾斯纳（Kurt Eisner）是一名来自柏林的犹太知识分子，同时也是一名记者，他正在策划一场起义，并在11月7日采取行动之前与工会成员和士兵领袖进行了接触。他带领他的追随者在一次大规模集会时潜入附近的军营，夺取武器，而士兵们叛逃了，巴伐利亚国王逃亡，慕尼黑起义者在一场不流血的政变中建立了共和国。然而，与北部发生的事件不同，慕尼黑起义是由独立社会党策划和领导的，当地的社会民主党领导人不情愿地加入了新政府。[106]

在基尔军港水兵起义爆发的几天内，大多数省会城市都被掌握在革命者手中，柏林周围的革命浪潮汹涌而至。随着停战协议的签订和霍亨索伦王朝的覆灭，战争宣告结束。这两起事件的关键是，如果社会民主党不采取行动，德国将走上俄国的道路，社会民主党领导人、中产阶级政党和军队领导层都不愿看到这一前景。协约国在提出停战要求时，没有意识到德国革命即将爆发。威尔逊直到11月6日才知道海军兵变一事，直到8日劳合·乔治才被说服同意德国停战，德国人别无选择，只能签字。[107]另外，协约国在10月27日答复威尔逊之后暂停审议德国的停战问题，令德国感到不安。根据"十四点"和平纲领，兰辛向德国提出停战照会时，德国人大为宽慰。11月6日，格勒纳告知马克斯，鉴于南部边境受到威胁以及基尔军港水兵起义，德国必须立即停战，格勒纳此前曾设想德军有序撤退到较短的防线。马克斯指示以埃茨贝格尔为首的德国停战代表团要不惜一切代价实现停火。这样一来，奥匈帝国的瓦解和德国自身的革命最终击溃了德国，使其不再拒绝协约国的停战条件。埃茨贝格尔和德国代表团被护送穿过法国边境，前往贡比涅森林，在贡比涅森林一片空地上的一节火车车厢内，福熙向德国代表团说明了协约国的停战条件，并公然拒绝德国讨价还价。但是，福熙确实做出了一些让步，显然是担心德国爆发革命。由于德国代表团希望维持一支纪律严明的军队，以对抗布尔什维克主义，福熙减少了要求德国放弃的卡车、飞机和机关枪的数量，并将德军撤回国内的时间从 25 天延长到 31 天，将右岸非军事区缩小到 10 公里，不再要求立即从俄国撤出德军。埃茨贝格尔勉强接受了这些条件，他认为这些收获很重要，并建议柏林政府接受这些条件，这是他后来遭到暗杀的重要原因。[108]

　　然而，当埃茨贝格尔的信使抵达柏林时，马克斯政府已经垮台。社会民主党领导人在马克斯政府垮台过程中发挥了重要作用，随着革命扩散，社会民主党认为必须采取措施，否则将失去对独立社会民主党的控制。11 月 7 日，社会民主党领导人告诉马克斯，除非威廉二世退位，否则将发生革命，威廉二世必须下台，宪法必须完全民主化，否则他们将退出政府。马克斯知道他已失去帝国议会的多数席位，提出辞职；威廉二世拒绝接受他的辞呈，也拒绝退位。11 月 9 日上午，随着社会民主党人加入柏林的群众游行，柏林守军开始倒戈。因此，马克斯主动宣布威廉二世退位，并将首相职位交给弗里德里希·艾伯特（Friedrich Ebert），艾伯特组建了社会民主党主导的政府。为了防止斯巴达克团宣布德国为苏维埃政权，另一位社会民主党领导人谢德曼在国会大厦宣布德国是共和国。[109]然而，如果威廉二世不让步，社会民主党可能也无法阻止极端分子，直到8日，在远离首都的斯帕，威廉二世坚持要在军队领导下恢复秩序。和尼古拉二世一样，威廉二世下台是将军们叛变的结果。

在德国最高统帅部联系的39名西线军官中，只有1人认为军队可以重新控制德国的局势，15人对此表示怀疑，23人表示不可能完成这项任务；39人中只有8人相信军队会与布尔什维克主义做斗争。兴登堡和格勒纳决定，由于大城市和铁路枢纽处于起义者的控制下，而且没有可靠的军队，他们无法镇压革命运动。9日，当他们与威廉二世意见相左时，兴登堡拒绝内战，这件事后来为他赢得了声誉。兴登堡告诉威廉二世，自己不能保证威廉二世的安全，并建议他流亡荷兰，次日，威廉二世流亡荷兰。荷兰女王和政府同意给德皇提供庇护。[110]威廉二世流亡消除了革命发展的第一个主要障碍；同一天，艾伯特同意了福熙的停战条件，革命发展的第二个主要障碍也清除了。新政府在宪法上处于不利地位，它的权力是由马克斯以最后一任帝国首相的身份授予的，但艾伯特政府受到柏林工兵苏维埃执行委员会的影响。尽管独立社会民主党加入了政府，但从一开始，艾伯特就打算在过渡时期自行统治，直到民选制宪议会建立议会民主。同时，他希望维护公共秩序，维持食物供应，并保持帝国官僚机构的完整。11月10日，他还与格勒纳进行了秘密谈话，艾伯特政府承诺打击布尔什维克主义，尊重军官的指挥权，这与俄国"第一号命令"打击俄国军事权威形成了鲜明对比。[111]威廉二世下台是十一月革命的必要条件，威廉二世如果不下台，革命就难以成功。从一开始，社会民主党领导人就决心遏制这场革命，并且他们的做法得到了很多支持。无论如何，十一月革命毕竟开启了反抗之路。

　　11月11日上午11点，西线的枪声终于沉寂下来。虽然战场上的协约国士兵没有像巴黎和伦敦狂热的人群那样兴高采烈地庆祝，但这仍是一个不同寻常的时刻。[112]1918年的大规模死亡主要有两个因素在起作用，其中第二个因素更为重要。到10月底，大流感每周造成7 000英国人死亡，总共夺去了50多万美国人的生命，超过了美国在两次世界大战和朝鲜战争、越南战争中死亡人数的总和。世界范围内的流感死亡人数远远超过战争中的死亡人数，可能超过3 000万。医学上没有针对大流感的防御措施，受害者在肮脏的环境中痛苦地死亡。大流感与战争或封锁造成的营养不良没有直接联系，尽管战争极大地影响到年轻人，无数军人被迫周转于战壕、医院、火车和客轮之间，军人的流动加快了流感的传播。驶向欧洲的美国军舰是流感集中传播的场所，威尔逊和他的战争部被迫接受这一代价，因为必须将士兵送到默兹-阿尔贡地区。[113]也许是因为它是一场自然灾害而非人为灾害，也许是因为大多数死者都不在西方，也许是因为世界变得越来越冷酷无情，大流感的创伤为一战的创伤所掩盖，此后也一直没有受到关注。1918年11月是一个不寻常而悲伤的时刻，也是一个集体歇斯底里的时刻，但与1914年7月的情况截然不同。对于战败者来说，无论威尔逊式的和平前景将会在多大程度上缓解他们的痛苦，这都是一个不祥的预兆。尽管如此，至少在西线和意大利，在巴尔干半岛、近东以及遥远的东非，杀戮现在停止了，这似乎是个值得庆祝的理由。一战后，中欧和东欧的突然民主化带来的希望也许超过了 1848 年革命或 1989 年苏东剧变。

尽管如此，很快协约国中就有人认为停战来得太早；而德国则认为，如果军队没有受到德国革命的"背后一刀"，就没有必要停战。这两种观点都是错误的。德国革命改变了格勒纳对政府的建议，并影响了马克斯在 11 月 6 日做出了立即寻求停战的决定。但是基尔军港水兵起义是由让水兵冒险出港引发的，这是对停战谈判的一种反应。格勒纳在 11 月 6 日提出的另一个关键问题是德国南部边界面临的威胁源于奥匈帝国的解体，而德国的停战呼吁也同样促成了奥匈帝国的解体。整个崩溃过程的关键是鲁登道夫在 9 月 28 日的精神崩溃，这不是国内事态发展的结果，而是保加利亚投降和协约国总攻综合作用的结果，也与鲁登道夫攻势导致德国军队丧失战斗力有关。十一月革命是德国战败的结果，而不是原因，社会民主党领导人尽力缓和这场革命。如果鲁登道夫坚持，德国的抵抗可能会持续到 1919 年初。他的行为只能决定协约国胜利的方式，而不能改变协约国胜利的事实。

美国国会中的共和党人、潘兴、普恩加来以及劳合·乔治等领导人质疑，现在是不是停战的最佳时机。当德国崩溃的势头日益明显时，劳合·乔治认为这一决定是正确的，直到 20 世纪 20 年代德国再次挑战协约国时，人们才又一次质疑一战的停战时间是否合

适。劳合·乔治和亨利·威尔逊松了一口气，英军不需要进入布尔
什维克出没的德国心脏地带[114]，而且没有人主张占领莱茵河以东的
领土。诚然，协约国军队对德军保持了克制，这意味着艾伯特在欢
迎德军返回柏林时宣布他们没有打败仗，从而使德军继续为假象所
蒙蔽。然而，在 1870—1871 年，德国对巴黎的围攻和轰炸，以及 _500_
随后的胜利进军，埋下了法国复仇的种子。1945 年后，一个被彻
底击败、满目疮痍的德国的心态确实发生了转变，但这一转变需要
数年时间，其前提条件不仅是征服柏林，还包括苏联和协约国的持
续占领，以及战时战胜国的协议，即德国不应再成为一个独立的一
流军事强国。1919 年驻军柏林可能对协约国没有太大帮助，除非
它们愿意留在那里，并冒着在此期间自己国家发生革命的风险。即
使它们不这样做，停战协议中也有很多内容，使它们能够在 8 个月
后给德国强加一个苛刻而令人难以忍受的和平条约，这个条约严重
削弱了德国，使其不可能发动另一场大战。1914—1918 年的牺牲
有可能使北大西洋地区实现持久和平，或者至少没有敌对行动，从
这个意义上说，那个灰色的 11 月的确值得庆祝。西方世界并非注
定要重蹈其后几十年所走的灾难性轨迹。然而，胜利的代价是破坏
政治和社会稳定，使和平的未来变得更加渺茫。如果不评估战争的
后果及不良遗产，那么对战争之影响和意义的描述就算不上完整。

第四部分

遗产

第 18 章　缔造和平
（1919—1920）

　　第一次世界大战是当时最重大的事件，不仅因为它本身，而且　
因为它所产生的后续影响。它的全球性影响一直持续到 1945 年，
甚至可以说持续到苏联解体和冷战结束，乃至更远。人们习惯将一
战视为一个灾难时代的开始，或者持续到 1989 年的"短暂的二十
世纪"的开始，此后尤其是"9·11"事件之后，世界进入了一个
不同的时代。1 对于个别参战人员及其家属来说，战争并未随着一战
结束而结束。1918 年，半数以上的西线英军年龄不到 19 岁2；帕斯
尚尔战役的最后一名参与者于 1998 年去世；2003 年，仍有 37 名英
国远征军老兵在世。① 对于他们来说，战争依然鲜活生动。

---

　　① 　2003 年 4 月 8 日，英国广播公司公共记录办公室招待会新闻报道，9 名退伍军
人参加了招待会。

　　尽管如此，随着岁月流逝——尤其是自发生了二战这一规模更大的世界大战后，一战已经成为一个不那么重要的事件了。随着一战影响的扩散，其影响力在逐渐减弱。一战的遗产不仅包括它在随后几年里给西方社会造成的破坏，也包括创伤愈合和痛苦减轻的过程。到了 20 世纪 20 年代末，这些进程进展顺利，经济复苏虽然缓慢但很明显。这是一场灾难，因为希特勒随后上台，他承诺不清算战争，而是重新发动战争，从而引发了二战，二战对 1945 年后的世界历史产生了深远影响，就像一战深刻影响了 1918 年后的世界历史一样。然而，如果没有一战，二战是难以想象的，虽然前面的战争不一定必然导致后面的战争。20 世纪 30 年代的事件可能会以另外一种形式发生，区分一战的直接后果和一战仅仅是事态发展的先决条件是至关重要的。在 1918 年后的每一个十年中，更多的事件都属于第二类。为了突出战争的冲击波是如何扩散并随后平息的，以下内容将按时间顺序分为四个部分：第一，1919—1920 年的和约谈判；第二，1919—1929 年经济复苏的流产；第三，战后体系崩溃，纳粹主义兴起，以及二战临近；第四，战争记忆在文化领域内对 20 世纪下半叶和新千年的持续影响。

　　和约是一战最显著的政治遗产。围绕执行这些条约的斗争是战后国际政治的重要问题，这些斗争对各国的国内政治发展同样重要。最关键的是《凡尔赛和约》最终失败，引发了人们对通过武力来实现国家间的和平这一方式产生了质疑。经过 52 个月的杀戮，仅欧洲协约国就损失了 1 300 亿美元的财富和 360 万条生命，它们的领导人认为他们有权利和义务制定一套新的国际法，使他们和他们以前的敌人都受到约束。正如福熙在停战前提出的那样，为了达到目的，人们发动了战争：胜利者如果足够强大，可以将他们的条件强加于战败国，那么就不必再做出牺牲。尽管协约国的胜利可能并不引人注目，但它确实足以达到以上目的。协约国在停战后才开始复员军人，在与德国签署和平条约之前，它们一直运行着封锁机制，并保留了大量机动部队。奥匈帝国军队已经溃散，保加利亚军队和奥斯曼军队都无法应战。欧洲大部分地区迫切需要美英的粮食供应。但是，在俄国和东欧部分地区，胜利者几乎没有影响力。1919 年，土耳其兴起凯末尔（Kemal）民族主义运动后，协约国失去了对小亚细亚的控制。美国如果能够和欧洲各协约国达成一致，就可以决定德国、亚得里亚海、巴尔干半岛、东地中海、非洲和东亚的领土划分。

　　1919 年 1 月，巴黎和会开幕，和会一直持续到 1920 年 1 月，之后由各个协约国大使组成的常设会议取代巴黎和会。[3]巴黎和会通过了五项和平条约：1919 年 6 月 28 日与德国签订的《凡尔赛和约》，9 月 10 日与奥地利签订的《圣日耳曼条约》，11 月 27 日与保加利亚签订的《纳依条约》，1920 年 6 月 4 日与匈牙利签订的《特里亚农条约》，1920 年 8 月 10 日与土耳其签订的《色佛尔条约》。会议困难重重，不仅由于行政程序上的分歧，还有更深层次的分歧。欧洲各协约国不愿接受停战协议和"十四点"和平纲领的约束，结果战胜国带着巨大的分歧来到了巴黎。此外，困扰欧洲大部分地区的混乱使建立和平本身就很棘手。尽管英法外交部授命研究1814—1815 年的维也纳会议，但政治领导人却很少关注维也纳会议。和会的规模和复杂性是前所未有的，领导人只能在巴黎会议中即兴发挥。尽管所有协约国代表都能公开出席全体会议，但是重大问题首先由五大国在十人会议上进行博弈，十人会议由美国、英国、法国、意大利和日本的政府首脑、外交部长或他们的代表组成，会议散漫而没有结果。1919 年 2 月，威尔逊和劳合·乔治离开巴黎，回国处理国内事务，有人试图暗杀克列孟梭，导致他受伤。从 3 月下旬开始，除了国际联盟的创始文件《国联盟约》之外，几乎没有达成任何协议。随后，威尔逊、劳合·乔治和克列孟梭与奥兰多开始每日会面，以四人委员会的身份在一个月内敲定了关于对德条约的大纲。他们向官员移交了许多技术材料，参会的所有代表团发现，在其庞大的小组委员会之间进行协调十分困难。此外，协约国外交官还为一种误解所困扰，他们以为自己起草的是"初步"条款，可以重新谈判，但实际上这些已是最终条款。5 月 7 日，当条约草案提交给德国时，英国和美国代表团中的许多人都对条约之残酷感到震惊，但经过几个月的讨论后，英美领导人宁愿将条约全部强加给德国，也不愿重新修改它。尽管如此，威尔逊、克列孟梭和劳合·乔治都十分清楚该文件的主要条款，认为列强走向和平是误打误撞，与声称列强盲目地发动了战争一样具有误导性。

　　由此产生的和平解决方案十分脆弱。《色佛尔条约》从未得到土耳其政府的批准，更别提执行了，而《凡尔赛和约》墨迹未干，便遭到了德国人的挑战，在接下来的 20 年里，它不断地被修改，以有利于德国。1919 年底英国经济学家约翰·梅纳德·凯恩斯（John Maynard Keynes）的畅销书《和平的经济后果》（*The Eco-*

nomic Consequences of the Peace）问世，该书反映了当时许多与条约以及战争本身相关的评论，这些评论的论调都不乐观。显然，德国人不会自愿遵守和平协议，协约国需要继续对德国保持警惕和对抗心态，而此时协约国的大多数复员士兵都迫切希望恢复正常的个人生活。尽管在20世纪20年代，战后世界比较动荡，但至少没有再次发生重大战争。到了30年代，这一点已经不复存在，人们对1914—1918年的牺牲能够"结束战争"、能够消除造成这场灾难的国际不安全因素的希望彻底化为泡影。可能正是出于这个原因，不仅是战败国，甚至是战胜国的许多人都认为战争是徒劳的和无意义的，这种看法不仅改变了人们对战争的记忆，而且影响到西方的政治家，使他们倾向于实行绥靖政策。如果停战协议不能阻止二战，和平条约也做不到，那么和平缔造者所做的这些工作还有何意义？所以，和平缔造者承受了本不应承受的巨大压力。正如前人一样，和平缔造者在毫无先例的情况下摸索前行，他们构建的解决方案更灵活，既可以维持与德国魏玛共和国的持久和解，也可以确保德国在军事上不构成威胁。两次世界大战时期的真正悲剧在于没有做到以上两点，结果是1939年英法不得不在更糟糕的情况下开始执行它们在1918年放弃了的任务。

　　造成这一悲剧的主要原因不是条约的条款不切实际或不公正，也不是协约国缺乏足够强的军事力量去落实这些条约，根本问题是战胜国之间不团结，在建立和平的进程中，它们的矛盾已很明显，条约的条款进一步加剧了战胜国的分裂。俄国、日本和意大利或多或少与大西洋列强疏远了，美国、法国和英国的合作达到一个极限后开始下降。战胜国之间的战后分裂与战时共同反德的团结协作形成鲜明对比，战胜国之间的不团结给希特勒提供了机会。

　　首先应该考虑俄国、日本和意大利，因为它们相对超然，这意味着美国、法国和英国主导了和平进程。一战给俄国留下的遗产主要是布尔什维克政权和协约国的干预。刚开始时，协约国干涉俄国是对柏林斗争的延伸，但在停战以及德军撤离俄国领土后，协约国的干涉仍持续了很长时间。协约国军队留驻俄国的部分原因是它们仍然担心德俄结盟。事实上，德国魏玛政府拒绝了莫斯科的示好，而是转向华盛顿寻求粮食供应和外交援助。然而，其他因素也对协约国军队继续留在俄国发挥了作用。日军想继续控制东西伯利亚。劳合·乔治想撤出英国军队，但由于其内阁反布尔什维克主义以及认为英国应该承担对抗俄国白军的责任而受阻。此外，英国希望通过分裂俄国的东欧、波罗的海和高加索的边远省份，永久削弱俄国作为潜在对手的地位。最后在意识形态上，强烈反对苏维埃政权的法国领导人克列孟梭派遣远征军前往敖德萨，希望保护法国在乌克兰的资产，并取代德国成为那里的保护力量。在这个阶段，布尔什维克赢得俄国内战的可能性还不明显，红军在冬季进军所取得的成就部分为白军的夏季攻势所抵消。因此，在和平会议期间，协约国不太诚心地试图与莫斯科谈判，但随后将赌注押在了白军胜利上，从表面上的公正中立立场转向了明确的反布尔什维克立场。[4] 1919年1月，协约国提议在马尔马拉海的普林基帕岛（Prinkipo Island）举行俄国各派之间的会议。苏维埃同意参加会议，但是莫斯科参会的条件是协约国要为俄国的外债提供方便并约束它们针对苏俄的颠覆活动，沙俄白军在法国的暗中支持下拒绝了会议邀请。3月，布尔什维克再次提出，如果协约国撤出其部队并停止援助沙俄白军，他们将进行谈判，但是四国委员会却批准了一项美国计划，即在挪威探险家弗里乔夫·南森（Fridtjof Nansen）的领导下成立一个中立委员会，该委员会将在苏俄遵守停火协定且由美国控制俄国铁路的情况下给苏俄民众分配粮食；布尔什维克对此表示反对。最后，协约国领导人在5月有条件地承认了驻扎在鄂木斯克（Omsk）的高尔察克（Kolchak）海军上将的白军政府，承诺帮助他建立一个全国性政权。尽管俄国为击败德国做出了巨大贡献，但它最终被排除在和平会议之外。

不应过于夸大错失的机会。让协约国的议会批准与布尔什维克政权签订和平条约，这对于协约国领导人而言是一个重大挑战，协约国的多数民众舆论谴责布尔什维克政府和德国签署了《布列斯特-里托夫斯克和约》，他们还谴责布尔什维克政权没收了外国投资，践踏公民自由，杀害沙皇。此外，他们认为，列宁的公开演讲纯粹是一种策略。他反对永久停火，并打算与白军秋后算账。列宁认识到《布列斯特-里托夫斯克和约》的双重好处，既能与同盟国休战，也有利于赢得内战，但列宁仍然致力于世界革命。直到20世纪20年代中期，布尔什维克认为向中欧输出社会主义革命是其生存的最佳保障，希望在西方国家建立共产党政权，并在西方国家的殖民地鼓动革命。将苏俄领导人拉入对德国的新包围圈是不可行的。尽管索尼诺、福熙和丘吉尔等人都主张推翻布尔什维克政权，但这是不可能的。1919年，红军扩充到300多万人，对苏俄红军作战面临着

508

巨大的后勤困难和政治障碍。黑海舰队的法国水兵也发生了兵变，克列孟梭不得不召回在敖德萨的远征军。此后，英国军队在福克斯通发生了兵变，他们反对被派往俄国。士兵愿意与德国一直作战下去，在和平条约签署之前都是如此，他们不想被派遣到一个偏远的新战场，而且无论如何，协约国政府的财政已捉襟见肘到无法派遣他们。因此，协约国只是给高尔察克派遣志愿者、训练人员和弹药，代价是加深了协约国与莫斯科之间的隔阂。最后，在 1919—1920 年的冬天，内战明显有利于列宁一方，协约国取消了对白军的支持，并限制了对俄国边缘地带新独立国家的援助。苏维埃重新征服了高加索和乌克兰的大部分地区，但波罗的海国家和芬兰最终保持了独立，波兰也实现了独立。波兰在法国的协助下击退了苏俄军队的入侵，并在 1919—1921 年的苏波战争中夺取了大量前俄国的领土。与此同时，罗马尼亚占领了俄国的比萨拉比亚。苏维埃虽然在欧洲被击退，但在其他地方重新夺回了 1914 年前的沙俄领土，在两次世界大战之间，苏联的边境不断扩展和巩固。作为一个大国，苏俄仍然不满足，苏联不再与德国接壤；相反，波兰这个新国家位于俄国和德国之间，对波兰的敌意使俄德团结在一起。

　　和平会议也阻碍了西方国家与日本的合作。日本从参战中获得的收益甚至超过了美国。一战期间，日本在国际贸易收支中保持了顺差，成为债权国。它占领了德国的北太平洋岛屿和山东省的青岛基地。当欧洲人关注欧洲战事时，日本加强了在中国的地位。在和平会议开始时，日本作为一个大国获得了平等的代表权。然而，日本没能进入四国委员会，它的影响仅限于参与亚太地区的解决方案。不可否认，日本政府的期望不大。日本政府认为其首要利益是巩固在亚太地区的优势，并指示其代表仅在与日本利益直接相关的事项上采取主动。[5]

对于以上论述，有一个例外，即日本在《国联盟约》中提出的所谓"种族平等条款"，谋求国联批准"国家平等和国民公正待遇原则"的非歧视条款。事实上，日本人要求的只是一项总体声明，而不是具体措施。在国际联盟委员会召开的会议上，16 个国家中有 11 个投票支持日本的建议，但英国和美国投了弃权票，作为主席的威尔逊裁定，在没有达成一致意见的情况下，应该否决日本的建议。澳大利亚总理休斯强烈反对日本的建议，劳合·乔治和威尔逊让他牵头反对日本的建议，因为只有澳大利亚和新西兰强烈要求排斥日本移民的权利，否则统一的大英帝国就可能受到威胁；因为如果太平洋沿岸各州不禁止日本移民，美国参议院就可能拒绝《国联盟约》。这一事件给人的印象是，日本已经发展到可以提出国家平等和民族平等建议的程度，但仍没有发展到被承认为平等国家的程度。此外，尽管日本被允许控制德国的北太平洋岛屿，但它只是代替国际联盟进行"托管"的，名义上日本是在国际监督下开展行动的，日本被禁止在这些岛屿设置防务。日本的合作伙伴显然试图遏制它。

然而，在巴黎和会上，有关日本利益的最大争议是山东问题。日本人希望把德国在山东的权利无条件地转让给日本，他们表示以后会将山东归还中国，但要通过中日双边谈判来解决。在谈判中，日本拥有明显的优势。中国希望立即恢复山东省的完全主权。英国、法国和意大利在 1917 年签订的秘密协议中支持了日本的主张，而威尔逊发现只有美国一国反对日本的主张。当这个问题在 1919 年 4 月达到高潮时，他判断日本人会退出和会而不是让步。对日本施加经济压力将是无效的，他正确地判断出美国舆论不会支持战争。劳合·乔治反对全面放弃在中国所有领域的利益。为了让日本人留在和会和国联中，在一番深思熟虑后，威尔逊同意了一个折中方案。这一方案基本上满足了日本人的要求，即把德国在山东的权利转让给日本，条件是日本将在自己选择的时间把租界还给中国。美国媒体谴责威尔逊的方案，这最终成为参议院后来拒绝批准《凡尔赛和约》和美国退出国联的原因之一。对于日本来说，《凡尔赛和约》也没有完全达到它的目的。中国拒绝批准条约，当和约内容传到中国时，引发了学生抗议示威和抵制日本商品的五四运动。对和约的不满激发了中国人的民族自豪感，在 20 世纪 20 年代，中国人强烈抵制帝国主义的侵略。一战期间，日本在东亚赢得的战争胜利最初巩固了日本的地位，使它更不需要盟友。

当时，意大利的情况和日本相似。[6] 威尔逊对东京采取和解态度的一个原因是，1919 年 4 月，他同时面临着罗马的反对。和日本一样，到一战结束时，意大利比一战前在本地区的领导地位更加强大，拥有 5 000 多万人口的奥匈帝国被北部边境的奥地利和南斯拉夫王国取代，奥地利有 700 万人口，南斯拉夫王国有 1 200 万人口，但是内部四分五裂。这场战争消除了意大利过去的安全梦魇，这种效果比消除了德国对法国东部边境的威胁和俄国对德国东部边境的威胁更持久。和日本一样，一战期间英法需要意大利的支持，所以英法和意大利签署了《伦敦密约》，但是战后英法不再需要意大利的军事支援，尽管它们仍然需要意大利的经济援助。战后意大利国际地位的变化确实对其不利，但奥兰多还是没有处理好本该对自己有利的谈判立场，他主要是试图整合广泛的国内观点。当他的大臣们在和平会议召开前讨论意大利的主张时，索尼诺希望履行1915年的《伦敦密约》。他认为南斯拉夫是主要威胁，法国是次要威胁。相比之下，迪亚兹愿意放弃对达尔马提亚的主权要求，他认为这里难以防卫，但海军坚持要求达尔马提亚的主权。与此同时，伊斯特里亚（Istria）海滨小镇阜姆（Fiume）的市议会投票支持与意大利联合，该城镇意大利人略占多数，如果把郊区也算在内，情况就有所不同了。《伦敦密约》并没有将阜姆划给意大利，但合并阜姆将意大利进步派和反斯拉夫民族主义者团结起来。奥兰多决心保持其主权完整，避免单方面放弃领土。在和平会议上，意大利除了要求《伦敦密约》中规定的特伦蒂诺、伊斯特里亚和达尔马提亚之外，还声称应该拥有阜姆，从而不仅包括23万说德语的奥地利人，还包括更多的斯洛文尼亚人和克罗地亚人。意大利人将其要求建立在民族自决、安全需要和条约权利的基础之上，而这些要求有时相互 511
矛盾，从而建立了一个反对自己的统一战线。

　　英国和法国认同《伦敦密约》的有效性。然而，当奥兰多要求阜姆时，劳合·乔治和克列孟梭与威尔逊合作。在"十四点"和平纲领中，威尔逊表示，意大利只应获得意大利民族的领土。他愿意妥协，接受意大利对布伦纳山口（Brenner Pass）北部边境的领土主张。他还愿意使达尔马提亚非军事化，使阜姆国际化，并为意大利提供一份保证协议。但威尔逊从未签署《伦敦密约》，也不会在阜姆问题上做出妥协。对于达尔马提亚，奥兰多考虑可以让步；但是如果在巴黎和会上没有得到阜姆，回国后奥兰多将面临国内爆发革命的风险，至少他是这样说的。正如劳合·乔治后来评论的那样，围绕阜姆引发如此激烈的争端是荒谬的，但威尔逊将其视为能否由自我决定的一个考验案例。意大利人的理由不充分，造成了他们在外交上的孤立，奥兰多拒绝美国的贷款，他得到的消息是如果得不到阜姆，意大利公众舆论也不会支持政府。因此，他在 4 月 23 日发表了一份公开宣言，意大利人认为他们被戏弄了，于是奥兰多离开巴黎回国。尽管代表团在罗马受到了热烈欢迎，但这一做法没有取得任何效果，也损害了意大利的谈判利益。在意大利缺席的情况下，其他协约国背着意大利瓜分了德国的部分殖民地，协约国决定由希腊占领小亚细亚的伊兹密尔（Izmir）地区，但是 1917 年的《圣·让·德·莫里安协议》是将该地区划归意大利的。5 月，奥兰多重返和会，但僵局依然存在。9 月，意大利诗人和民族主义者加布里埃尔·邓南遮（Gabriele d'Annunzio）领导的一支私人武装占领了阜姆，并在那里待了一年。最终，根据 1920 年和 1924 年与南斯拉夫王国签订的两项条约，意大利吞并了阜姆，而伊斯特里亚的其余部分则沿着《伦敦密约》规定的边界进行分割。然而，争夺阜姆的喧嚣掩盖了意大利在完成国家统一和巩固战略安全方面取得的真正成就，并引发了人们对意大利虽然胜利但被"分裂"的抱怨。尽管说这场争端使墨索里尼在 1922 年上台是夸大其词，但该事件有助于他上台是毫无疑问的，而且也强化了意大利是英法的潜在敌人的看法。即使在墨索里尼统治下，意大利在遏制德国和执行《凡尔赛和约》方面仍是英法的重要合作伙伴，但是意大利既不稳定，也不可靠。

苏俄被排除在巴黎和会之外，日本基本上只关注自己的地区利益，意大利也是如此，而且在关键时刻缺席了和会。因此，《凡尔赛和约》是法国、英国、美国三国合作和博弈的产物。尽管在和平会议期间，克列孟梭、劳合·乔治和威尔逊三人的关系近乎破裂，但是三位政治家感到即使分歧再大，也必须保持团结。然而，和约墨迹未干，三国就开始分道扬镳。德国和英美两国抨击和平条约过于苛刻，法国则抨击和平条约过于宽松。《凡尔赛和约》的确是两个截然不同的政治理念调和的产物。这一差异不仅是因为英、法、美三国历史文化和地理环境不同，还因为整个欧洲尤其是德国本身的政治状况的不可预测性。至少，德国暂时崩溃了。在 1 月 7 日前，德国复员了大部分军人[7]，并移交了大量武器装备。根据停战规定，如果找不到中立国，大部分海军将前往斯卡帕湾抛锚关押。对德国的严格封锁一直持续到 3 月，此后一直到 7 月，协约国对德国的封锁才稍微放松，封锁大约导致 25 万平民死亡。协约国占领了莱茵河桥头堡，法兰克福和鲁尔地区处于无人防守的状态。然而，1918 年的革命已经中途停止，鲁登道夫和威廉二世被罢免，但德意志帝国的军官团、官僚机构、司法机构以及学术和商业精英却完好无损地保留下来。社会民主党担心德国会被俄国那样的极端主义者接管，但是极左翼分子希望德国革命更激进。1 月，德国选举产生了制宪会议，起草了魏玛共和国宪法。同月，魏玛政府招募

512

了准军事部队"自由军团"，粉碎了柏林一月起义；3月，一个共产主义政府在慕尼黑短暂掌权。回归军国主义独裁统治或者亲布尔什维克政党夺取政权，在德国似乎都是可能的，而巴伐利亚和莱茵兰的分离主义运动则给德国的民族团结打上了问号。因此，克列孟梭坚持认为，尽管建立了共和政体，德国仍然是一个潜在威胁，但劳合·乔治警告说，过度惩罚德国可能会将德国推向革命。

和平缔造者的基本判断是应该在严惩和宽松之间取得平衡。然而，威尔逊和劳合·乔治都暗示，和平条约不应简单地解决"德国问题"，还应在更普遍的意义上实现"正义"。它应该让敌人为其战争罪行进行赔偿和补偿，并将胜利者的收益限制在进步的和人道主义的观点认为合理的范围内。以这种方式来框定这场辩论，无异于打开了潘多拉魔盒，使条约受到德国和英美自由主义者的猛烈攻击，条约的声誉因此而受损，并从未得到恢复。战争期间，英国的凯恩斯和哈罗德·尼科尔森（Harold Nicolson）以及美国的雷·斯坦纳德·贝克（Ray Stannard Baker）等评论家将巴黎和会视为欧洲强权政治的顽固传统与开明的国际秩序承诺之间的重要较量。根据这一推理，威尔逊在谈判中的失败是《凡尔赛和约》存在缺陷的主要原因。德国人同样认为，《凡尔赛和约》违背了"十四点"和平纲领和"停战协议"。[8] 威尔逊在他的和平计划上妥协是肯定的，但这是否削弱了和约值得怀疑。停战后达成的政治协议对于他来说是一个巨大的成功，但他很难坚持到底，部分原因是他在国内政治地位的不稳定。1918年秋天，他在准备不充分的情况下进行了中期选举，他的表现与他的职位所需的领导能力相去甚远，结果是威尔逊的共和党对手在参议院获得多数。亨利·卡伯特·洛奇（Henry Cabot Lodge）是总统的强硬批评者，他出任参议院外交关系委员会主席，负责监督国会对和平条约的审查。威尔逊知道美国民意的民族主义倾向越来越严重，但他愿意挑战公众情绪，并认为美国的利益在于通过积极的外交接触和加入国联，从而维护一个更和平的世界。然而，他低估了国内面临的障碍，就像他低估了在和平会议上遇到的障碍一样。事实上，在威尔逊前往欧洲途中，他的同伴意识到他对自己想要的东西只有一个模糊的概念。当然，在威尔逊看来，国际联盟是最重要的：他坚持首先处理这一问题，并将《国联盟约》纳入对德条约中，并让该条约在参议院顺利通过。一旦就国联问题达成一致，他就希望减少欧洲的不安全感，从而能够冷静地讨论领土争端。即使是在联盟公约方面，他的建议也是矛盾和模糊的。关于和会的其余问题，威尔逊认为美国作为"最无利害关系的国家"，将对其他国家的主张进行评判。言下之意是，他将严重依赖他带来的学者和金融专家，基于"事实"，实现理性的和平。[9]可以肯定的是，总统的演讲仅仅提供了路线图，在具体问题上，威尔逊依赖美国的学者和专家，但是在细节问题上，专家和学者对他帮助并不大。在经济问题上，他设想迅速放弃政府对国际商业的控制，并以私营企业为基础重建欧洲的经济秩序；至于德国，他对德国的民主性表示怀疑，他期待着在德国重新进入国际社会之前，对其施加一段时间的惩罚，以检验德国的诚意。德国最初没有资格加入国联。[10]威尔逊的做法是试探德国，他设想以后在国联的主持下重新调整条约。然而，他显然希望与欧洲各协约国保持距离，他告诉

514

专家，欧洲各协约国政府并不能代表其人民。如果有必要，他会诉诸欧洲各国民意，施加经济压力，使欧洲各协约国政府屈服于他的意志。

话虽如此，威尔逊在会议的第一阶段可以说是最成功的，当时他与英国建立了联盟。[11] 尽管威尔逊像不信任其他协约国一样不信任英国，但劳合·乔治和大多数英国内阁成员都倾向于与美国合作，而不是与法国合作，希望通过与国际联盟合作，英国能够在其他事务上取得进展。因此，英国同意国联应主导和会议程，英国和威尔逊一起反对日本提出的种族平等条款，两国共同反对法国提出的一个实际上会延续战时联盟的国联方案，也反对法国提议的国联拥有监督德国解除武装的权力以及成立参谋长委员会负责起草军事计划。由此产生的《国联盟约》的第 10 条体现了一项重要的威尔逊主义原则，即普遍保障所有成员的独立和完整，《国联盟约》体现在每一项和平条约的开头条款中。但是，国联的创立也并非只有美国一家的贡献，威尔逊从出席会议的大英帝国代表团尤其是斯穆茨和罗伯特·塞西尔（Robert Cecil）勋爵那里借鉴了很多：国联议程、大国主导理事会、秘书处结构、协约国受国联"委托"管理同盟国的殖民地以及国联和平解决争端的程序。根据《国联盟约》第 12 条至第 16 条，有成员国发生争议时，设置一个冷静期，将分歧提交仲裁、司法解决或理事会调查，在判决或建议公布后的三个月内双方不能开战。如果理事会所有各方（争议方除外）一致同意，成员国就不能开展敌对行动；如果一方无视这些程序，理事会可以要求所有成员对其实施经济制裁，并在必要时建议它们使用武力。

威尔逊和英国的国联狂热支持者从国际主义团体的战时思维中借用了一个基本假设，即公众舆论可以阻止政府发动战争——如果快速和秘密的进攻被宣布为非法，那么战争就很难发生。然而，这一假设与 1914 年同盟国蓄意侵略相矛盾，一战是同盟国挑起的，这是签订《凡尔赛和约》的前提和基础。和约对民主和经济制裁抱有极大的信心，对自愿接受一段反思期的国家也抱有很大的信心。此外，《国联盟约》体现了一种潜在的冲突，一方面是英国希望加强 1914 年前欧洲协调一致的争端解决程序，另一方面是威尔逊坚持对现状给予普遍保障，而会议正在对现状进行修改，以使其对协约国有利。回想起来，国联可能会成为这场战争中最引人注目的遗产之一，但其创始人对国联的运作方式有着相互矛盾的想法，其目的仅仅在某种程度上起到了作用：威尔逊希望国联能为和会的谈判创造一种建设性的气氛，而英国人则希望利用国联来操纵威尔逊。[12]

　　英国政府还需要国联，以满足公众要求建立这样一个机构的呼声。所有主要政党和大多数媒体都支持成立国联，主要的国际主义压力团体国际联盟也是如此。然而，在其他方面，劳合·乔治面临的国内压力就要大得多了。1918 年 12 月大选前，劳合·乔治及其自由党议员同意保守党人和他们同台竞选，从而使他领导下的联合政府能够继续执政，并将阿斯奎斯等自由党人排除在联合政府之外。劳合·乔治的这一做法加深了自由党的分裂，但联合政府赢得了绝大多数议员的支持，工党成为英国最大的反对党。然而，与劳合·乔治的愿望相反，在诺斯克利夫等媒体人的煽动下，这场选举成为英国政治史上最排外的选举运动，英国人最关注的问题不是建立国联，而是寻求赔偿和惩罚战犯。劳合·乔治在执政期间与一个强大的保守党并肩作战，他不得不谨慎地对待德国问题的解决方案，尽管他在处理领土和安全问题上有更多的回旋余地。

　　事实上，停战协议已经实现了英国的许多核心目标：德国被逐出比利时；公海舰队大部分军舰和所有 U 型潜艇都被扣押；德国的大部分殖民地、巴勒斯坦和美索不达米亚都被英国占领。尽管在停战时，威尔逊保留了重新挑战英国封锁权的权利，但事实上他没有这样做。此外，根据和约规定，协约国对德国前殖民地的永久控制在巴黎和会谈判初期就得到了保证。有关领土将由委任国直接管理，委任国只需定期向国联提交报告，委任统治地被限制军事化，它们的征兵仅限于国防目的，其他国家在委任领地上享有平等的贸易机会。战后协议确认了战时达成的共识，即德国的北太平洋岛屿将委托给日本，南太平洋岛屿将委托给澳大利亚和新西兰。德属西南非委托给南非；德属东非被英国和比利时瓜分，比利时接管了卢旺达-布隆迪；英国和法国委任统治多哥和喀麦隆。威尔逊希望德国交出殖民地，但是他禁止协约国正式吞并这些殖民地，不过最后还是同意了委任统治的做法。[13] 英美之间的其他争论，有两点已于 4 月得到解决。2 月，威尔逊回到华盛顿，他在那里遭到了越来越多的反对。39 名参议员签署了一份联名信，这一人数足以使国会行使否决权，这些参议员宣布《凡尔赛和约草案》不可接受。为了安抚这些议员，威尔逊赢得了英国对《巴黎和约》修正案的支持，修正案明确表示将尊重美国 19 世纪的门罗主义，这一主义将其他国家排除在拉丁美洲之外，国联将尊重这一传统。作为回报，威尔逊做出了两个让步。其一，审判战犯的问题，劳合·乔治和克列孟梭坚持要审判战犯，但美国一直拖延，部分原因是美国不愿为这种侵犯主权的行为开一个法律上的先例。然而，威尔逊最终还是同意了条约第 227 条至第 230 条的规定，即嫌疑人将在军事法庭受审，如果荷兰愿意释放威廉二世，他本人将受到协约国法官的审判。[14] 其二，威尔逊同意了一项海军协议，放弃了他在 1918 年提交给国会的海军建设方案。无论如何，国会都不太可能投票支持这项计划，而且美国打算全面推进 1916 年的计划，从而使美国拥有一支在质量和规模上与英国相当的舰队。这是一个迹象，表明在战时持续存在的隐蔽的英美竞争现在又浮出水面。[15] 从个人关系来说，威尔逊与劳合·乔治关系不佳，在《凡尔赛和约》敲定后，英美不再协调合作，从而给克列孟梭提供了机会。

　　事实上，有关赔款的条款方面，英国发现它与法国的立场更接近，而与美国的立场相距甚远。赔偿条款比其他条款更具争议性，也遭受了更多批评。可以说，赔偿条款最引人注目的地方是它的纰漏和开放性。第 231 条被称为"战争罪责条款"，它确认了同盟国对其侵略美国与协约国造成的全部损失和损害负有责任。然而，第 232 条对其进行了限定，承认同盟国无法支付整个战争的全部费用，并有效地限制了同盟国对财产损失的赔偿和战争抚恤金的偿还责任。在此期间，德国按 1914 年的价值计算，以现金和实物支付 200 亿金马克，但赔款总额和分配比例尚未确定，这些问题将由赔偿委员会在 1921 年 5 月 1 日前确定。[16]

　　赔偿条款背后的驱动力既有经济因素，也有情感因素。向战败国征收赔款的先例早已有之，尤其是 1871 年普法战争后，法国就向德国支付赔款，但之前的赔款数额从未像一战后那么巨大。法国和英国是主要索赔国，两国在结束战争时都背负着巨额赤字，还需偿还本国公民和海外的债务。两国还面临着持续攀升的战争抚恤金费用和艰巨的重建任务，法国的重建任务尤为艰巨，但是两国不想通过大幅增加税收或削减公共开支来解决战后的重建问题。两国想当然地认为这些重建费用都是由德国侵略造成的，因此德国应该为其所造成的损失买单，这是一个简单的道义问题。事实上，在英国人看来，赔偿就像审判战犯一样，会阻止未来的战争冒险行为。此外，如果没有赔偿，德国仍然会享有不对等的优势。正如英国代表团在巴黎被告知的那样，德国必须付出代价，否则法国会怎样？尽管有这些考虑，但在战争期间，英国贸易委员会和法国商务部并没有设想对德国提出过分的赔款要求。英国官员希望保护德国以作为贸易伙伴；克列孟梭及其顾问预见到，大额现金转移到法国只会加剧本国的通货膨胀，使法国产品失去竞争力。然而在停战后，12月选举的紧张气氛使劳合·乔治的处境更加艰难，自治领也施加压力，要求英国提出巨额索赔，以确保它们获得大笔赔款。此外，英法都曾希望美国勾销两国的借款。威尔逊及其顾问同意英法延期还债，但是不能取消借款，因为那样做会遭到国会的反对，而且美国自身的财政负担也很重。[17] 美国还坚持要求取消战时对协约国间航运和商品出口的管制措施，这让法国人非常懊恼，因为法国希望通过航运管控和商品出口管制来约束德国，并为法国重建提供廉价的原材料。因此，克列孟梭授权他的财政部长克洛茨不仅要求德国赔

518

偿，而且要求德国赔偿全部战争费用，甚至要求德国偿还 1871 年
法国赔偿金的利息。法国强硬的立场，是为了给美国人留下深刻印
象，而非真要这样做。即使美国更宽容，法国和英国仍要求德国赔
偿。除了赔款问题，没有任何问题包括军事安全问题能使劳合·乔
治和克列孟梭在国内承受如此大的压力。

相反，威尔逊的经济顾问希望德国一次性支付一笔数额适中的
赔款，这笔赔款将在和约中迅速确定下来并予以说明。他们采取这
种立场不仅是因为美国自己的赔款要求很少，还因为他们认为在德
国债务仍不确定的情况下，由美国私人贷款资助欧洲重建是不切实
际的。威尔逊在演讲中谴责了"赔偿问题"，认为停战协议应将赔
偿限制在被入侵领土的有形损害方面。因此，美国人认为他们有合
理的道德、法律和实际理由来抵制要求德国偿还协约国所有的战争
费用。英法可能知道自己的要求不切实际，故而很快就在第 231 条
和第 232 条中放弃了这些过分的要求，这两项条款要求德国承担全
部责任。尽管协约国领导人确信德国犯下了侵略罪，但他们并不打
算挑衅德国：只有当条约草案被提交，德国人对其提出质疑时，这
一主张才引起了争议。然而，除了在战争赔款方面取得成功外，美
国几乎没有取得其他成就。针对德国的支付能力，协约国召开了专
家讨论会，会上，法国立场更接近美国，而不是英国，英国代表萨
姆纳（Sumner）勋爵和坎利夫（Cunlife）勋爵的要求远远超过劳
合·乔治认为可行的要求。尽管劳合·乔治拒绝了下议院极端分子
的要求，给人一种温和的印象，但是劳合·乔治却坚持战争抚恤金
应该包括在赔款之内，这就使德国赔款的数额比"十四点"和平纲

领所设想的增加了一倍。威尔逊不顾专家建议，同意了赔款方案，这是他明显背离停战协议的表现之一。不仅如此，豪斯上校承认，赔偿的付款没有时间限制，需要赔偿委员会一致同意才能减少德国的赔款金额。因此，德国的赔款问题可能会消耗一代人的时间。劳合·乔治可能游说以增加赔款的抚恤金，从而增加英国从德国赔款中获得的份额；另外，克列孟梭意识到，一笔数额巨大但金额不详的赔偿可能成为协约国长期占领莱茵兰的借口。通过这一机制，解决方案的财政、安全和领土规定可以相互关联起来。

　　除了《国联盟约》之外，《凡尔赛和约》中的主要安全条款都主张永久限制德国军备和使莱茵兰非军事化，暂时允许协约国占领莱茵河左岸和右岸的桥头堡。英美在单独的保障条约中承诺协助法国抵抗德国的无端侵略。条约的领土条款规定，德国将阿尔萨斯-洛林归还法国，并将奥伊彭（Eupen）、马尔梅迪（Malmédy）和莫雷斯内（Moresnet）的一部分割让给比利时。法国占领萨尔煤田，拥有并经营那里的煤矿，并将其纳入法国货币和关税区，在国联监督下，15年后由当地公民投票来解决萨尔地区的未来，禁止奥地利与德国合并，苏台德（以前是奥地利的一部分）说德语的地区被并入新成立的捷克斯洛伐克。建立了一条领土"走廊"，使波兰能够进入波罗的海，这一走廊将东普鲁士与德国其他地区分隔开来，但是公民投票减少了德国割让给波兰的领土。1921年在上西里西亚又举行了一次公投，这次公投使得该地区割让给德国的领土有所减少，上西里西亚的大部分领土仍然属于德国。在波罗的海沿岸，原德国港口但泽（Danzig）成为国联监管下的自由市，但其码头和

519

铁路由波兰控制；德国将梅梅尔（Memel）割让给立陶宛，石勒苏益格北部经公投后割让给丹麦。除所有海外殖民地外，德国在欧洲总共损失了大约 13％的领土和 10％的人口[18]，尽管这些被割让的领土多数原来并非德国人的世代居住地。

　　安全条款和领土条款取决于美国、英国、法国之间的博弈，但多数情况下法国掌握着谈判主动权。[19]正如 1918 年 10 月的"科布－李普曼备忘录"所阐明的那样，威尔逊的思想并没有超出"十四点"和平纲领。① 由于美国对欧洲问题缺乏自我主张，威尔逊认为自己的职责只是在其他国家之间进行仲裁。英国外交部赞同威尔逊的民族自决原则，并认识到只有满足民族要求的和平才可能更持久。英国外交部期望达成一种解决方案，这种方案既不鼓励仇外心理，也不鼓励共产主义掀动的纷扰，确保一个稳定的贸易框架，并不用使英国在欧洲大陆做出外交和军事安全承诺。正如劳合·乔治所说，他不想产生阿尔萨斯-洛林那样的制造麻烦的新问题。[20]但是，一旦比利时被解放，德国作为殖民地对手和海军对手被淘汰，英国代表团就和美国一样，没有了就欧洲领土问题达成一致的谈判方案。战时，伦敦关于德国未来的讨论一直没有定论，并怀疑其盟友。如今，随着俄国陷入混乱，德国被击败，英法之间的历史仇恨很快重新浮出水面，对英国政策产生了广泛而有害的影响。法国不仅和英国争夺殖民地，从劳合·乔治到英国代表团的许多成员都怀疑法国的帝国主义野心会破坏欧洲的稳定与和平，并可能直接威胁

520

---

① 参见第 17 章。

到英国。基于这些考虑，英国反对法国的大部分领土要求和安全计划。克列孟梭决心维持战时联盟，尽管他提出的要求与 1917 年春天的"康邦信件"和《杜梅格协议》中所表达的白里安政府的战争目标相似。国内的主要压力来自中右翼，公众要求获得赔偿和国家安全，而不是报复德国。如果克列孟梭失败了，他可能会与福煕和普恩加来发生冲突。然而，他的个人威望和议会支持如此强大，以至于他享有相当大的自由裁量权，而且他的公开要求得到了政治精英们的普遍支持。

战时法国驻华盛顿高级专员安德烈·塔迪厄（André Tardieu）将法国的和平计划整合到一起。法国人没有要求德国解体。然而，他们确实要求解除德国武装，并要求在莱茵河左岸建立独立的缓冲国，这一缓冲国在协约国的占领下，与法国建立关税同盟。法国在莱茵河上的永久军事存在将保护巴黎和低地国家免受德国的突然袭击。法国人还希望收复阿尔萨斯-洛林，同时扩大它的边界，包括萨尔地区的南部，其余部分将成为法国的另一个小卫星国。此外，法国建议比利时、荷兰、丹麦，特别是波兰，应该获得更多的德国领土。该计划与法国的商业、金融和殖民要求相结合，代表了削弱德国和恢复西欧力量平衡的共同努力。即便如此，法国人也会缓和他们的赔偿要求，只要美国人在战争债务问题上表现得更为积极。在安全问题上，克列孟梭的主要目标是保持战时同盟关系。当他在新闻发布会上提出自己的要求时，除了国联保证之外，他没有得到英美的支持。他面临着德法继续对抗的前景，法俄联盟已经破裂，而他预计德国将继续保持侵略性，德国在人口和工业生产方面超过法国。当然，他和他的顾问们想为 1870—1871 年的普法战争复仇，他们希望扩大法国的领土和影响力，但他们的要求源于经济和安全需求，威尔逊和劳合·乔治承认法国的要求有一定的合理性。但是，英美领导人不能同意克列孟梭的所有要求。法国的要求远远超出了"十四点"和平纲领的规定。劳合·乔治担心，法国太过强大，可能会令其他国家不安，从而引发欧洲持续的动荡和紧张，德国有可能发生布尔什维克革命。他在 3 月的"枫丹白露备忘录"中阐述了其中的一些担忧。塔迪厄轻松反驳了这份文件，他评论说，"枫丹白露备忘录"提出的对德让步牺牲了除英国外的所有国家的利益。劳合·乔治和威尔逊几乎一样，都需要与克列孟梭达成协议，以便将法国纳入国联并带回一份和平条约，但妥协的过程是艰难的。

最终妥协的基础是对德国主权的一系列永久和严苛的限制。对德国的这些惩罚 19 世纪在对待中国和奥斯曼帝国方面已有先例，但德国是一个欧洲大国。所有胜利者都同意限制德国的军备。在英国的要求下，禁止德国建造潜艇，德国不得拥有六艘以上的战列舰；法国明确要求，德国不应拥有总参谋部、空军、毒气和坦克，并且德军义务兵不超过 20 万人。劳合·乔治和威尔逊同意德国组建一支 10 万人的自卫队，这意味着德国受过军事训练的人将逐渐减少，协约国裁军委员会将监督德国遵守这一规定。[21]阿尔萨斯-洛林问题没有太多争议，法国坚持收回阿尔萨斯-洛林，而无须公投，这将使法国增加 100 多万公民，此外还有这里的铁矿石、钢铁厂和莱茵河的部分领土。自洛林的北部边界开始，各方出现了争议。威尔逊将萨尔地区视为"十四点"和平纲领和民族自决权的又一个试

验案例。4 月初，威尔逊威胁要离开巴黎和会，而不是向英法领导
人屈服。劳合·乔治不再强硬，降低了要求，打破了法国人企图在
英美之间制造矛盾的企图。鉴于德国人破坏了法国北部的煤田，威
尔逊承认克列孟梭占领萨尔煤田的主张是公正的，勉强同意了法国
在国际联盟监督下控制萨尔地区。他坚持萨尔地区名义上属于德
国，但克列孟梭及其顾问相信，他们已经获得了足够的筹码，15
年后法国能够在萨尔地区赢得公投。

　　相比之下，在莱茵河左岸的其余地区，劳合·乔治和威尔逊坚
决反对法国提出的建立缓冲国的建议，更是坚决反对法国永久占领
该地区。对于威尔逊来说，在莱茵兰地区实行非军事化没有问题，
但是将莱茵兰与德国分离是有问题的。因此，劳合·乔治和威尔逊
于 3 月 14 日对法国提出安全担保，于是克列孟梭不再要求建立缓
冲国。然而，威尔逊对这一保证并不上心，劳合·乔治认为这只是
打破僵局的一种策略。[22]克列孟梭对英法的保证持怀疑态度，他继续
寻求其他保障措施。克列孟梭通过与威尔逊合作，以及孤立劳合·
乔治，让法国获得了莱茵兰地区 15 年的占领权，如果德国遵守条
约，法军则每隔五年依次从北部、中部和南部地区撤离。但是，如
果德国拒绝遵守条约或法国安全得不到充分保护，法军有权延长对
莱茵兰地区的占领期限，甚至重新占领该地区。这是将法国安全与
德国赔款联系在一起的条款，正如克列孟梭向法国政府透露的那
样，如果德国无法履行赔偿义务，法军可以无限期地留在莱茵兰，
甚至可以把莱茵兰并入法国。法国军事当局已经将莱茵兰地区与德
国其他地区分割开来，并与莱茵兰自治运动取得联系。因此，当克

522

列孟梭用临时占领和英美担保代替建立缓冲国项目时，他有一个潜在的目的，他正确地预见到美国国会可能不会批准美国对法国的安全担保，因此法国将获得在莱茵兰地区更久的占领权。克列孟梭坚持认为，鉴于英美部队距离遥远，动员缓慢，而且德国有可能规避解除武装的条款，法国必须有针对德国攻击的保护措施，以及恢复勇气和信心所需的心理保证。尽管三国在德国西部边界的谈判中都有所让步，但由于英美缺乏合作，克列孟梭获得了很多他想要的东西。

同样，法国在德国的其他边境地区也处于主导地位。英美拒绝了塔迪厄的提议，即把部分德国领土划给荷兰，以换取荷兰割让领土给比利时。德奥两国政府赞同德奥合并，但是却遭到了英美的反对。这是和平缔造者明显侵犯他国自决权的表现之一。如果德奥合并，捷克斯洛伐克将被包围，德国将增加约 700 万人。条约允许国联重新考虑禁止德奥合并，这意味着法国将保留否决权。至于苏台德地区，所有协约国都承认它在战略和经济上对捷克斯洛伐克不可或缺，没有人愿意将苏台德地区划给德国，虽然这里的人讲德语，但 1914 年之前这里不属于德国，所以德国对此也没有什么强烈的感受。在这个方面，捷克斯洛伐克的解决方案与波兰的解决方案形成了鲜明对比，波兰领土解决方案比任何其他领土变更都更让德国人愤怒。尽管法国支持扩大波兰，但劳合·乔治担心未来波兰的困难，不希望大规模地转移说德语的民众。威尔逊比劳合·乔治更同情波兰，克列孟梭再次分化了反对派。协约国最初将上西里西亚煤田划归波兰，并同意把波兰走廊划给波兰，劳合·乔治设法缩小了波兰走廊。但泽是个港口城市，是维斯瓦河的河口，德国人在这个港口城市占绝大多数，但泽没有被划给波兰，而是被划归国联，但协约国承诺波兰可以把但泽作为它的出海口进入大海。协约国知道这些安排会引发德国的怨恨，克列孟梭则认为无论协约国做什么，德国的怨恨都是不可避免的。[23]

经过艰辛工作达成的一揽子条约于 5 月 7 日被提交给了德国，并在持续数周的紧张工作后于 6 月 28 日签署。德国人被允许以书面形式陈述自己的观点，但不能进行平等的讨论。对于德国人而言，首先在形式上就处于不平等的地位。德国人对协约国不容置疑的"命令"表示抗议，尤其是和布列斯特-里托夫斯克谈判时的德俄平等谈判进行对比，德国人就更加不满了。但是如果双方遵循自由谈判的解决方案，那么协约国的胜利就没有意义了，而且协约国会重新分裂，给对手以可乘之机。事实上，德国代表团并非要求简单地回到 1914 年的边境，且愿意接受裁军，但认为其他条款不能接受，并违反了当时的停战协议。德国代表团呼吁在阿尔萨斯-洛林、奥地利和苏台德地区举行公民投票，并希望德国保留波兰走廊、但泽、上西里西亚及其海外殖民地。作为补偿，德国在 1926 年提供 200 亿金马克的赔款，随后再提供 800 亿金马克的赔款。德国也希望立即成为国际联盟的成员国，并且协约国只占领莱茵兰 6 个月。根据这些提议，德国很可能仍然会失去阿尔萨斯-洛林，但如果获得奥地利，德国将比 1914 年的领土更大。协约国自己将支付大部分重建费用，而法国的安全只能得到德国解除武装的保障，而 1 000 亿马克这个赔偿数额则比原来的要少得多。没有一个胜利者认为这种惩罚措施是足够的。即便对德国的惩罚如此之轻，它还是激起了英国对和平条款草案的抗议，劳合·乔治威胁说，除非放宽这些条款，否则英国不会使用武力以配合这些条款的实施。然而，克列孟梭和威尔逊都反对英国的做法，部分原因是劳合·乔治再次设想法国和波兰应该做出牺牲，而不是英国。最终对德国做出的唯一重大让步是在上西里西亚举行公民投票，外加一个协约国文职委员会监督对莱茵兰的占领。德国代表团提出反对意见，德国政府宣布辞职。除了战争罪和审判威廉二世之外，继任的德国政府同意了其他全部条款，并获得议会批准。格勒纳警告说，军事抵抗是不可能的，而且协约国的入侵即将到来，德国议会最终默许了这些观点。尽管是英国人打破了协约国间合作的秩序，但德国在和平会议上的策略是指望美国利用 1918 年的十一月革命，使新生的魏玛共和国不必为前任政府的行为负责，虽然当年的德国并没有给十月革命后的俄国布尔什维克这样的宽容。然而，威尔逊并不相信德国会实现永久民主化，他认为，在德国恢复实力之前，需要一代人的深思熟虑去应对德国问题。此外，在与日本、意大利和法国发生冲突后，威尔逊决心维护协约国之间的团结，以此作为国联运转的基础。这一次，德国对美国的期望落空了。自呼吁停战以来，德国期望通过拉拢华盛顿来挽救自己的大国地位，但最终证明这是徒劳的。[24]

和平缔造者们不仅要应对罗曼诺夫王朝和霍亨索伦王朝的崩溃，还要应对哈布斯堡帝国和奥斯曼帝国的分裂。事实上，《凡尔赛和约》为协约国领导人提供了一种标准模式，在很大程度上，他们在与其他同盟国打交道时复制了这种模式。在威尔逊和劳合·乔治离开巴黎后，其他较小的和平条约陆续被制定出来。随着威尔逊健康状况的恶化，以及参议院抵制对德和约，威尔逊失去了对和平进程的影响力。就胜利者可以强加自己的观点而言，英国、法国和意大利在东南欧的影响力最大。尽管它们之间存在分歧（意大利敌视南斯拉夫和希腊，更同情匈牙利和保加利亚），但它们之间存在着实质性的协议。奥匈帝国解体是该地区的关键事件，协约国认同并愿意接受这一点。奥匈帝国解体不是和平条约的结果，对协约国分裂奥匈帝国从而造成地区混乱的批评是错误的。考虑到当地兵力非常有限（亚得里亚海的意大利除外），即使协约国愿意，奥匈帝国一经破坏，就再也无法重建。尽管如此，协约国确实对新边界的划定施加了一定影响，其中大部分将被证明是非常稳定的。关于奥地利，四国委员会的基本决定是应该保持奥地利的独立。奥地利将支付赔款，军队人数将被限制在 3 万以内。它与匈牙利在布尔根兰（Burgenland）州的边界改变有利于奥地利，1920 年的公民投票确认奥地利将保留南斯拉夫所占领的克拉根福（Klagenfurt）盆地。保加利亚受到了更严苛的对待，它的军队规模变得更小，需要割让一些领土给新的南斯拉夫王国，并将爱琴海的出口割让给希腊。最后，1919 年 3 月，当库恩·贝拉（Kun Béla）领导的共产党接管了迈克尔·卡罗利的温和的共和政府时，匈牙利的未来变得复杂起来。匈牙利的局势是由协约国让罗马尼亚占领特兰西瓦尼亚的大部分地区引起的，库恩·贝拉宣布他将用武力保卫边境。协约国的反应与它们对待布尔什维克的态度相似：协约国派遣斯穆茨执行任

525

务，向匈牙利提出它们的要求，但拒绝与库恩·贝拉进行谈判，也拒绝派遣军队，而是封锁匈牙利并向罗马尼亚提供补给，罗马尼亚于 8 月推翻了匈牙利的共产主义政权。由于库恩·贝拉事件，匈牙利失去了更多领土，《特里亚农条约》瓜分了 1914 年前匈牙利王国 2/3 的领土，并要求匈牙利进行赔偿和限制其军队规模。尽管大多数失去的领土上都没有居住马札尔人，但其中 300 多万人被划给南斯拉夫、捷克斯洛伐克，划给罗马尼亚的更多。罗马尼亚现在统治着特兰西瓦尼亚的马札尔人，而不是反过来。[25]

在中东地区，协约国之间的竞争更加激烈，并且各国的竞争都以军事为后盾。除了拥有海军优势之外，到停战时，大英帝国已经在中东地区部署了 100 多万军队。英军在战斗中首当其冲，他们占领了美索不达米亚和巴勒斯坦，并于 1918 年 10 月进入叙利亚。相比之下，美国人从未向土耳其宣战，对该地区也几乎没有影响力。尽管协约国同意将阿拉伯地区作为国际联盟的"A 类"委任统治区，并应按人民的意愿进行分配，但情况实际并非如此。金-克莱恩代表团的报告却被忽视了，这个代表团由两个美国人组成，他们主张听取当地居民的意见。金（King）和克莱恩（Crane）建议叙利亚在谢里夫·侯赛因的儿子费萨尔的领导下建立君主立宪制国家，由美国或英国作为委任国；阿拉伯舆论反对犹太人移民巴勒斯坦。然而，叙利亚最终被法国统治，在接下来的 20 年里，巴勒斯坦的犹太人数量增加了 9 倍。

在没有美国参与的情况下，英国掌握了中东地区关键的决定权。劳合·乔治长期以来一直对《赛克斯-皮科协定》感到不满，

526

在土耳其投降后，他完全可以改变这一协定。1918 年 12 月，克列孟梭与他达成非正式协议，同意将摩苏尔转移到英国的美索不达米亚，并将巴勒斯坦置于英国而非国联的控制下。作为回报，克列孟梭期待英国在和会上支持法国关于莱茵兰的主张，当法国关于莱茵兰的想法未能实现时，他迁怒于英国。更糟糕的是，在占领大马士革后，英国建立了一个费萨尔领导下的阿拉伯政府，从而挑战了法国在叙利亚的影响。劳合·乔治及其内阁成员认为，英国应该获得与其贡献对应的战利品，并担心如果法国占领叙利亚，将引发与阿拉伯民族主义的对抗，这可能会更普遍地危及西方的利益。然而，克列孟梭面临着来自国内殖民主义团体的压力，后者想要夺取叙利亚，他尽管不支持这一想法，但还是觉得自己受到了劳合·乔治的欺骗。在他和劳合·乔治之间，没有比这更令人不愉快的事情了。到 1919 年 9 月，伦敦已经开始重新考虑英法关系。随着英军复员，英国的军力变得紧张起来，英军总参谋部认为印度、美索不达米亚、埃及、爱尔兰以及国内潜在的动乱是当务之急。此时，劳合·乔治担心英法关系会受到永久性的损害，他仍然需要法国的友谊，于是最终决定从叙利亚撤军，让费萨尔与克列孟梭实现和解。这意味着法国事实上成了叙利亚的保护国，在 1920 年的叛乱之后，法国入侵并接管了叙利亚。与此同时，英国人镇压了美索不达米亚的叛乱，并将美索不达米亚与摩苏尔合并，组建新的伊拉克王国，任命费萨尔一世为伊拉克首位国王。劳伦斯曾希望把法国人赶出叙利亚，他觉得阿拉伯人被英国出卖了，但还是帮助说服费萨尔接受了这个方案。[26] 因此，当叙利亚和黎巴嫩成为法国的托管地时，伊拉克和巴勒斯坦成为英国的托管地，后者被分为对犹太移民开放的圣地和另一个新王国——外约旦，外约旦由费萨尔的弟弟阿卜杜拉（Abdullah）统治，但不对犹太移民开放。到 1923 年底，战后的解决方案差不多完成了。在奥斯曼帝国的统治下，伊拉克从未组建过行政单位，通过建立伊拉克，由北部的库尔德人与中部、南部的逊尼派和什叶派组成一个不稳定的政治单元，与此同时，犹太复国主义的目标越来越明确，从而在阿拉伯人和犹太人之间引发了持续几十年的动荡。[27]

在小亚细亚，战胜国的发言权要小得多。尽管它们于 1920 年 8 月与土耳其苏丹签订《色佛尔条约》，将奥斯曼军队限制在 50 700 人之内，并将土耳其财政完全置于协约国的控制之下，1919 年 5 月四人委员会决定授权希腊占领伊兹密尔，但是该条约从未得到批准和实施。[28]伊兹密尔地区讲希腊语的居民与讲土耳其语的居民人数大致相当，但这一决定并非主要基于自决。英国人希望希腊成为它在东地中海的盟友，并通过加强韦尼泽洛斯政府，以对抗希腊内部的反英派。法国和美国担心，如果不先发制人，意大利就可能夺取伊兹密尔。这一决定草率且考虑得不够周全，从而产生了深远的后果。希腊在伊兹密尔登陆之前，土耳其的裁军进展顺利，但不久后，由凯末尔领导的民族主义抵抗运动在安纳托利亚腹地兴起。尽管凯末尔准备与苏俄合作，但他真正的目标是与西方达成新的解决方案，前提是他能够建立一个完全独立的现代民族国家。他愿意放弃阿拉伯地区，甚至库尔德地区，但坚持认为土耳其必须对自己的领土拥有绝对主权，不受外界干涉。当协约国开始认真讨论土耳其的未来时，1919—1920 年的冬天，凯末尔已经控制了安纳托利亚的大部分地区，而此时协约国的大部分军人已经复员回家。

英国人受到土耳其人的沉重打击，也最难适应土耳其的政权变更。英国领导人蔑视土耳其，并对土耳其战时的暴行记忆深刻，尤其是针对英国战俘的暴行。英军在加利波利战役中付出的代价让他们难以放弃在近东的传统利益。然而，现在大部分英军已经复员，英国担心军事行动会把凯末尔推向列宁的怀抱。出于类似的原因，法国和意大利都不会与英国并肩作战，以强行实施《色佛尔条约》。相反，协约国授权希腊进军伊兹密尔，以迫使土耳其人屈服。一旦凯末尔击退入侵者，土耳其的战争就结束了。1922 年，凯末尔将希腊人驱逐出伊兹密尔。土军和英军在恰那克（Chanak）海峡附近对峙，双方随后在瑞士谈判，最终在 1923 年 7 月签订了《洛桑条约》（Lausanne Treaty）。在这种情况下，双方实力相当，最后通过协商达成了和解。希腊和土耳其大规模交换人口；和平时期，海峡对所有航运开放，如果土耳其在战时保持中立，海峡也将保持开放；但在其他方面，土耳其恢复了完全独立，协约国取消了对土耳其的控制。除了 1936 年《蒙特勒条约》（Treaty of Montreux）对海峡制度进行修改之外，《洛桑条约》的安排一直持续了很长时间。

凯末尔的目标比较温和并且连贯稳定，考虑到协约国在中东的主要利益是在阿拉伯地区而不是在土耳其，它们与凯末尔达成和解就并不奇怪。《洛桑条约》并没有为协约国和德国的交往提供一个良好的模式，因为在欧洲，双方分歧和利害关系都很大。德国人指责《凡尔赛和约》是一个虚伪的和平协议，它是一种以武力威胁、违反停战协议、片面地运用威尔逊原则而强行实施的和平，这引起了许多英美人士的共鸣。一方面，德国被解除武装，协约国承诺解除武装但事实上却没有解除武装；另一方面，德国失去了殖民地，而协约国仍然保留着殖民地，并掠夺了德国和奥斯曼帝国过去的殖民地。自决权也坚持"双标原则"，对损害德国的地方则适用，对不会损害德国的地方则不适用。凡尔赛会议大大超过了"十四点"和平纲领，例如在萨尔和莱茵兰以及战争赔款方面，协约国对德国废除威廉二世的独裁统治几乎没有任何功劳。然而，这些观点并不能证明该条约是不公正的。法国取消了建立缓冲国的计划，德国几乎没有失去 1914 年之前德意志民族居住的领土。奥地利和但泽没有与德国统一，但也没有被置于他国主权之下，波兰走廊也是如此。波兰的出海口被纳入了"十四点"和平纲领，如果没有一点正义，波兰走廊就无法绘制，协约国通过允许公民投票和要求波兰人签署少数民族权利条约缓解了德波的对立。此外，德国承认协约国有权获得巨额赔偿，尽管它们可能有充分的理由质疑如此大规模的、长期的赔款支付是否明智。解除武装、战争罪和战争罪条款都以德国的侵略与暴行事实为基础，协约国有充分的理由怀疑十一月革命在多大程度上标志着德国人心的转变。至于对莱茵兰的占领，尽管劳合·乔治怀疑法国在支持分离主义，但克列孟梭认为这对条约的执行至关重要，这是完全正确的。基本问题是，如果对德法各打五十大板，德国人将获得事实上的优势。[29] 鉴于德国的人口和经济实力更强大，德国如果不能克制自己，就将继续危及邻国，所以必须通过外界来限制德国。克列孟梭的悲观预测很可能是正确的，即

529

除非德国做出彻底改变，否则德国永远不会自愿遵守该条约，任何宽松的和约条款都将使协约国的牺牲变得毫无意义。

　　然而，《凡尔赛和约》未能制止另一场战争。解除武装和占领莱茵兰使德国无法与法国作战。尽管在 20 世纪 20 年代，德国试图规避这些条款，但是希特勒上台时，德国的国防开支仍不到国民收入的 1%[30]，这使德国的武装力量甚至无法对抗波兰，更不用说对抗英国、法国和俄国了。该和约若得到维持，本可以阻止另一场大屠杀。更大的问题是，《凡尔赛和约》是否决定了德国民主的命运，并使军国主义政权回归。一方面，德国的民主制度在《凡尔赛和约》签署前还不健全，一战后的德国政治精英们也没有放弃与协约国斗争。另一方面，《凡尔赛和约》无疑激起了德国的民族主义，但是又刻意加入了一些条款，这些条款允许在德国行为发生变化时对德放松管制和对德和解。单方面给予协约国最惠国地位的歧视性商业条款将在 5 年后结束。莱茵兰的占领和法国在萨尔地区的存在可能也是暂时的。国际联盟可以审查奥地利问题，德国并没有无限期地被排除在国联之外。简言之，这些条款保护了协约国的经济权益和安全需求，尽管德国有权对违背和约的行为提出抗议，但和约并没有预先决定第二轮冲突，和约留下了各种各样的可能。克列孟梭告诉法国议员：“这项和约取决于你对于它的理解。”[31]

第19章　重建
（1920—1929）

在战后的第一个十年，一战的全球影响达到最大。协约国胜利
的首要后果是签署了和平条约，从而为国际关系制定了议程。但
是，当政治家们忙于处理战争的政治后果时，各国也不得不哀悼死
者并照顾幸存者。各国还要在废墟上重建，并支付相关费用。在经
历了最初的剧烈动荡之后，到20世纪20年代中后期，世界似乎正
在从创伤中恢复过来并走向正常状态，国际紧张局势逐渐缓和，国
内的极端左翼和右翼的压力逐渐消退，然而，战争幽灵不会被轻易
驱散，新的稳定转瞬即逝。

最好从国际政治开始研究，尽管它们与国内发展不可分割地联
系在一起。在欧洲，国际政治的主题是通过其他方式继续斗争，对
和平的最严重的长期威胁来自德国对《凡尔赛和约》的挑战，以及

胜利者未能就维护《凡尔赛和约》建立统一战线。与二战后一样，军事胜利消除了脆弱的联盟之间合作的动力，在共同的敌人迫使各国走到一起进而建立联盟之前，联盟各成员国有着长期的相互敌对的历史，而它们的胜利包含着联盟解体的基因。事实上，在某些方面，协约国之间的被迫合作加深了它们对彼此的恐惧和厌恶。在和平会议期间，裂痕已经显现出来，后来裂痕进一步扩大。一战前和一战期间，协约国的团结令人印象深刻；1918 年之后，战胜国集团瓦解的速度则同样令人印象深刻。部分原因是，战胜国将苏俄排除在战后解决方案之外，意大利和日本在一定程度上也遭到排斥。围绕和平条约的斗争最初并没有涉及整个世界，有几个大国仍然处于游离状态。法国、英国和意大利直到 1924 年才承认苏俄政权，而美国直到 1933 年才承认苏联。西方列强要求柏林赔偿，要求俄国赔偿沙俄帝国时期的贷款以及被苏俄没收的资产。因此，德国和俄国开始秘密进行军事合作，并且双方在 1922 年的《拉帕洛条约》（*Treaty of Rapallo*）中放弃了各自的赔款要求，这并不令人惊讶。苏俄谴责《凡尔赛和约》是帝国主义性质的，并且在该条约执行贯彻时不会提供任何便利和帮助。[1]1922 年墨索里尼在意大利掌权，其后的第一个十年里，他对南斯拉夫和巴尔干半岛抱有敌意。墨索里尼有巨大的扩张野心，如果有机会，他会对英法发动攻势，从而控制地中海。战后日本最可能的潜在敌人是美国，在巴黎和会之后，美国参议院拒绝批准威尔逊在山东问题上的妥协，美日正处于太平洋军备竞赛的边缘。的确，1921—1922 年冬天的华盛顿会议暂时缓和了局势，并对强国的军舰建造计划设置了一些限制。美国、英国、日本、法国和意大利接受了对新主力舰的限制，即五大国遵守5：5：3：1.75：1.75 的主力舰吨位比例。尽管没有强制执行条款，它们还是承诺尊重中国的主权独立和领土完整，日本放弃了在山东的权利并撤离了西伯利亚。由于受到国内经济衰退和无法取胜的海军军备竞赛的影响，日本遏制了自己的扩张，接受了海军主力舰吨位的比例；尽管如此，日本海军仍将是远东地区最强大的军事力量。另外，主要迫于美国的压力，英日同盟被一种更宽松的安排取代，即英国、美国、法国和日本承诺尊重彼此的领土，并和平解决争端。日本与其战时伙伴之间最牢固的外交关系已经破裂。当时，这一点无关紧要，因为在 20 世纪 20 年代，寻求与西方合作的平民政治家主导了东京的外交，但凡尔赛-华盛顿体系助长了日本武装力量中民族主义势力的急剧增长，并增加了日本长期独自作战的风险。[2]

　　战胜国之间存在矛盾的最明显例证就是美国未能批准《凡尔赛和约》。威尔逊在参议院的共和党对手大多支持和约中有关欧洲的条款。他们的担忧集中在《国联盟约》第 10 条上，他们担心这意味着美国无限制地进行海外干预，尽管威尔逊向他们保证，国会将保留宪法赋予他们的权利，由他们决定是否动用美军进行海外干预。共和党人希望在批准文件中加入"保留意见"，但被威尔逊拒绝，理由是他将被迫重新和其他战胜国谈判。事实证明，无论是否有保留意见，都无法获得参议院 2/3 的多数赞成票；在为该和约进行斗争的过程中，威尔逊的健康状况也日益恶化。在 1920 年的选举中，共和党人哈定（Harding）当选美国总统，他与德国、奥地

532

利和匈牙利分别签订了和平条约，但没有批准美国加入国联。事实上，国联的权力十分有限，美国没有加入国联对于世界和平来说无关紧要，但对于保障法国安全却十分重要。劳合·乔治以美国不批准和约为由，也拒绝承担法国的安全责任，从而让法国陷入安全困境。结果是，克列孟梭在和平会议上让步，但没有得到任何回报，法国仍然没有得到强大盟友的保护。此外，美国在 1923 年撤走了莱茵兰的驻军，以贸易保护主义为宗旨的《福德尼-麦坎伯关税法案》（Fordney-McCumber Tariff Act）和限制移民的新立法的出台，进一步表明美国正在走向孤立主义。在参战之前，即使共和党人也愿意利用美国的金融实力影响欧洲，但在 1917—1919 年参加一战之后，美国退出了全球事务。

　　因此，执行《凡尔赛和约》的任务将主要落在英法身上。英法的合作也主要建立在对德国的恐惧之上，法国对德国的恐惧很快又变得强烈起来，而英国对德国的恐惧很快就消退了。早在 1920 年，劳合·乔治及其顾问们就认为，德国经济复苏是英国出口工业走出萧条的必要条件，英国还将法国视为潜在敌人。[3] 在华盛顿会议上，英国希望限制法国战列舰的实力，而法国则试图使潜艇不受海军吨位的限制，因为法国潜艇能够对英国的海上霸权构成威胁。[4] 1922年，英国政府批准了一项建造轰炸机的计划，以威慑法国对伦敦的空中威胁。[5] 在美国拒绝保障法国的安全后，历届英国政府都拒绝单独对法国做出任何安全承诺。[6] 历届英国政府甚至不愿延长对比利时的安全保障，它们认为对比利时的安全担保在 1914 年已经失效。[7] 数以百万计的英军在佛兰德斯和法国逗留了 4 年，但这并没有缓解

英法由来已久的仇恨；相反，英国远征军老兵的回忆录中充斥着对　*533*
盟友的反感。英国也像美国一样，回到了孤立主义。

这些情况从一开始就侵蚀着和平条约。对于战胜国来说幸运的
是，德国及其前盟友无力反对这些条约。1922 年，奥地利不得不
接受国联主导的金融救助计划，奥地利再次承诺保持独立，不受德
国影响。1921 年，卡尔一世试图在匈牙利重新掌权，并建立联合
政府。1920—1921 年，捷克斯洛伐克和南斯拉夫签订了防御条约，
罗马尼亚也加入其中，三国组建了"小协约国"集团。法国支持
"小协约国"集团，与其签订了合作协议。然而，法国和"小协约
国"之间的这种团结只是特例。至于土耳其，法国和意大利并没有
支持英国执行《色佛尔条约》，而是在 1921 年分别与土耳其签订了
和平协议，从而开了它们与英国在欧洲决裂的先例。在此情况下，
在德国殖民地分配中起了最大作用的法国，担负着执行的主要责
任，而无法依靠任何其他力量。[8]战胜国之间的不团结导致了对德国
实行强制措施的失败，也意味着与德国和解的失败。从广义上说，
1919—1923 年是一个抵制和维护《凡尔赛和约》的时期，最终以
法国和比利时占领鲁尔地区而告终。相比之下，1924—1929 年是
通过谈判废除条约的时期。然而，尽管法德关系逐渐从对峙走向缓
和，但贯穿这十年的关键主题是，法德都不认为它们之间的斗争已
经结束。

德国在压力下接受了和平条约，而且只有在受到军事威胁时才
会执行条约。这并不意味着协约国在 1918 年停止战争是错误的，
但这确实意味着它们需要团结和坚定。事实上，它们只是断断续续

地展现出这两种能力，而且由于它们依赖德国政府的自愿合作，和约的执行从一开始就遇到了麻烦。签署《凡尔赛和约》的德国温和派政党试图遵守和约，但该政党在 1920 年的国会选举中表现不佳。在军方的默许下，德国发生了一场右翼政变，政变虽然失败，但也产生了重大影响。不久，被裁减的德国国防军试图规避裁军条款。在 1921 年之前应支付的临时赔款问题上，尤其在有关煤炭运输的问题上，德国和战胜国也发生了冲突，德国再次违约。英国对自己的经济需求很敏感，建议对德国采取温和措施，下调德国的煤炭外运数量。与此同时，德国钢铁公司由过去从洛林进口铁矿转向从西班牙和瑞典进口，德国需要更多的废铁，而通货膨胀有助于德国偿还债务并建造新工厂。到 1923 年，由于煤炭短缺，只有 1/3 的法国钢铁业在运转，但德国钢铁业却蓬勃发展。在重工业的较量中，法国败下阵来。[9] 最后，当协约国在 1920 年初公布一份包括兴登堡、鲁登道夫和贝特曼在内的数百名被通缉的战犯名单时，德国发出了强烈抗议，英法担心共产主义者或民族主义者接管德国。最后，它们达成了妥协，由德国莱比锡的最高法院来审判这些战犯，事实上最后只是轻微地处罚了几个人。[10]

　　更令人不安的事态是，德国外交部抵制对德国犯有"战争罪"的指控及质疑和平条约的合法性。[11] 1922—1927 年，关于战争起源的 40 卷外交文件《1871—1914 年欧洲各国内阁的重大政策》（*Die Grosse Politik der Europäischen Kabinette 1871 -1914*）由 J. 莱普修斯（J. Lepsius）等人编辑后在柏林出版，这一行为旨在煽动协约国出版相关文件，以证明它们对战争负有共同责任。国防部成立了

"战争罪责部"，该机构表面上是一个独立的研究机构，但实际上它与企业和其他组织密切联系，开展演讲、集会等活动，并出版小册子和新闻稿。"战争罪运动"研究受到大多数德国学校和大学教师的重视，二者全力配合，这一运动还传播到国外，尤其是美国，在那里，反对《凡尔赛和约》的"修正主义派"历史学家如哈里·埃尔默·巴恩斯（Harry Elmer Barnes）和悉德尼·布拉德肖·费伊（Sidney Bradshaw Fay）的作品受到德国的赞助，由德国出资翻译。然而，修约运动主要还是在德国本土。魏玛政客们希望通过抗议运动能巩固共和国，但他们把抗议运动大都托付给了威廉时代的官僚，其结果可能是破坏了魏玛政权。[12]最明显的迹象是许多德国人从道义上和军事上都反对裁军，就像他们在战争期间所认为的那样，德军既没有侵略，也没有犯下暴行，协约国对他们的指控是虚假的，毫无根据。

　　对于德国外交官来说，抨击"战争罪行谎言"本身是次要问题。莱普修斯声称想要成立一个国际调查委员会对一战进行全面调查，但他的这一要求被协约国拒绝了，莱普修斯是否真的要这样做令人怀疑，因为 1914 年事件的全面披露可能会使双方都陷入尴尬处境。[13]但和平条约中的战争罪责条款也是协约国索赔的法律基础，这是导致鲁尔危机的最具争议的条款。正如和平条约所规定的那样，1921 年 5 月，协约国确定了德国负有全部赔偿责任，并制订了一项分期赔款计划，即《伦敦赔款计划》（*London Schedule of Payments*）。在协约国占领杜塞尔多夫（Düsseldorf）、杜伊斯堡（Duisburg）和鲁赫洛特（Ruhrort）后，德国人在武力威胁下接受

535

了该计划。赔款计划规定德国总赔款为 1 320 亿金马克；其中 500亿金马克将在 36 年内付清。与巴黎和会上讨论的赔款总额相比，这个赔款数额比较合适，但是协约国保留要求更多赔款的权利。事实上，德国在 1921 年夏天之后就没有支付过任何费用，德国的理由是没有能力支付；而且，很有可能是德国故意让通货膨胀加速，而不是通过提高税收来支付赔款。[14] 与此同时，战争债务问题也变得更加严峻，这是战争遗留下来的另一件未完成的事情。美国共和党主导的新国会成立了一个外债委员会，通过了法国偿还美国外债的时间表，从而对巴黎施加更大的压力。在一系列复杂的国际会议中，英国人试图斡旋，但徒劳无功。最后，普恩加来重新担任法国总理，并决心实施和平条约，1923 年 1 月，他以德国拖欠木材交付为借口，派兵进入鲁尔地区。[15] 比利时追随法国，两国制裁德国，英国和意大利却袖手旁观，鲁尔危机凸显了战后协约国阵营的混乱。鲁尔的矿工举行罢工，德国政府资助他们，这种策略被称为"消极抵抗"。这场不流血的对抗变成了一场新的法德对决：这是凡尔登战役在和平时期的翻版。

　　鲁尔危机是一个转折点。普恩加来的目标最初比较温和，集中在恢复赔款上。然而，随着危机加剧，财政压力使德国陷入恶性通货膨胀，法国人野心更大。经济混乱导致了德国的动荡，促使鲁登道夫和希特勒在慕尼黑发动了一场未遂的政变，还引发了共产主义起义和莱茵兰分裂主义的复兴。到了秋天，普恩加来取得了技术上的胜利，鲁尔地区的公司同意向法国供应煤炭，施特莱斯曼（Gustav Stresemann）领导的德国新政府取消了消极抵抗。但法国支持莱茵兰的分离主义运动影响到法国的国际形象，普恩加来的做法过于露骨。此外，普恩加来拒绝了施特莱斯曼的德法进行双边谈判的提议，而是同意了美国提出的建议，即由芝加哥银行家查尔斯·道威斯（Charles Dawes）担任主席的国际专家委员会就赔偿问题进行研究。在博弈过程中，法国失去了赔款问题的主动权。1923— *536* 1924年的冬春两季，施特莱斯曼推出了一种稳定的新货币——地租马克。法郎出现了挤兑，摩根大通的贷款稳住了法郎，在法国的选举中，普恩加来输给了爱德华·赫里欧（Edouard Herriot）领导的左翼联盟，1924年7月—8月的伦敦会议接受了专家委员会的建议，即道威斯计划。德国政府获得了一笔美国私人贷款，并在一个比较宽松的时期内恢复了现金支付。法国失去了利用赔款委员会宣布德国违约的权力，他们同意撤离鲁尔地区。此后，尤其是在1925—1932年白里安担任外交部长期间，在英美的鼓励下，法国开始实行和解政策，以平等伙伴的身份与德国谈判。[16]

　　鲁尔危机的真正问题在于和平条约能否得到执行，以及协约国在战争中对德国施加的限制和制裁能否得到维持。从本质上讲，这一结果表明，就像自1919年以来一再表明的那样，在面对德国的抗争时，协约国将会妥协。赔款是一个棘手的问题，因为战胜国的经济利益不一致：英国人希望看到德国经济复苏，而美国人没有自己的重大赔偿要求。法国人得到的教训是，单边行动不会成功，他们后来即使面临德国更大的挑战时，也不敢打破这一原则。与此同时，法国开始对德奉行合作政策，这一政策的象征是白里安和施特莱斯曼（1923—1929年任德国外交部长）之间的友谊，虽然两人的友谊并不牢固。对德合作政策的核心文件是 1925 年在瑞士的洛迦诺（Locarno）达成的《莱茵保安公约》（*Rhineland Pact*）。法国、德国和比利时承诺尊重彼此的边界，如有边界争端将提交仲裁委员会进行解决，这意味着法国获得了不被入侵的承诺，由于承诺是相互的，所以它们也不能入侵德国。意大利和英国承诺支持这些

537 安排，但它们做出的保证并非自动生效，而且很容易被规避。此外，随后又对德国做出了进一步的让步。其中包括 1927 年撤销监督德国裁军的国际委员会，以及协约国在 1929 年的海牙会议上同意提前五年完全撤出莱茵兰地区，从而实施新的赔款方案——杨格计划。这些安排被乐观地称为"战争的最终解决方案"。事实上，放弃莱茵兰意味着协约国不可能对德国未来的任何军事挑战迅速做出反应，欧洲和平很大程度上将取决于德国的善意。

　　两项引人注目的举措标志着和解的高潮，它们都以各自的方式凸显了战争给欧洲政治带来的象征意义上的变化。第一个是 1928 年的《白里安-凯洛格公约》，根据该公约，所有主要大国承诺除自卫外绝不发动战争。在 1914 年之前，能做出这样的表态是不可想象的，尽管这对于白里安来说是可怜的安慰，他一直希望美国做出一些更具体的承诺。第二个是 1929—1930 年白里安提出的"欧洲联邦"提案，该提案倡议设立一个常设协商会议，缔结一个全欧洲的洛迦诺式的仲裁条约，建立一个共同市场。1914 年之前，一些人曾敦促建立欧洲组织，但没有持续地、有组织地支持欧洲合作的运动。在 20 世纪 20 年代初，这样的运动出现了，几个团体游说建立欧洲关税联盟，理查德·康登霍维-凯勒奇（Richard Coudenhove-

Kalergi）伯爵领导了"泛欧运动"组织，它呼吁欧洲达成更广泛的政治团结，白里安是"泛欧运动"组织的名誉主席。对于这种发展，一战也可以被视为一个必要的前提条件，它说服了中欧和西欧的政治家、商人、知识分子，欧洲大陆需要更紧密的一体化，以抵御美国的经济和文化挑战，并减少革命和战争的危险。在法国军事优势日渐衰落之际，白里安对这个想法很感兴趣，他认为这是一种可以抑制德国再次发动战争的手段；德国人反对这一倡议，因为德国人担心这会限制其行动自由，德国人不希望东部的波兰和捷克斯洛伐克得到任何额外增援。[17]因此，白里安"欧洲联邦"提案的失败凸显了 20 世纪 20 年代末紧张局势的缓和是虚假的。的确，美国私人贷款正在流入德国，帮助德国赔款。而在洛迦诺，英国鼓励法德通过相互担保的方式实现和解。随着英美重新开始有限地参与欧洲大陆事务，并且双方都在敦促缓和《凡尔赛和约》，法德关系不再是零和游戏。法国人选择和解，只是因为他们曾尝试过对德强硬，但效果不佳；同时，德国实力仍很弱，除非合作，否则它无法修改条约。在不损害自身重大利益的情况下，一旦法国不能做出更多让步，缓和进程就会停滞。合作增强了柏林温和派的影响力，将极端分子边缘化，并且在 20 世纪 20 年代后期，双方都出现了文化对抗的缓和以及战争仇恨消退的迹象。不幸的是，这些变化只是表面的。从根本上说，战争仍以其他方式继续，理解这一时期的国际政治不能脱离国内事态的发展。

　　在战争期间，交战双方的国内特征有许多相同之处，尤其是因为双方都不知道谁会赢得战争。1918 年后，战胜国和战败国的国

内情况有了很大的差异。在 20 世纪 20 年代，各交战国都在一定
程度上恢复了国内稳定，但协约国恢复稳定的基础比德国牢固得
多。四年战争造成的动荡引发了两个根本问题：第一，在战争的
后半段，现有的政府机构受到了质疑，对它们的挑战也在增加；
第二，在面对大规模伤残和丧亲之痛时，需要发展新的集体应对
机制。研究这些主题时，我们将首先以英国、法国和美国为研究
对象。

　　到 1918 年末，一战似乎增强了激进派和民主派的力量。左翼
在俄国和德国掌权，奥匈帝国和奥斯曼帝国解体，世界各地的工会
和社会主义政党获得了新的吸引力与战斗力。然而，在俄国之外，
左翼很少能取得成功，到 20 世纪 20 年代中期，西方世界的保守势
力日益巩固。[18] 从长远来看，一战可能对右翼有利。大国的进步运动
力量过小或过于爱国，无法阻止战争爆发，也无法削减战争目标和
通过谈判妥协来实现和平。1918 年后，它们仍然无法或不愿让国
际政治体系发生根本性的变革。这场战争是对政府权威的考验，也
是对既有种族、阶级和性别制度的考验，因为交战国政府从海外领
地、工人阶级和妇女那里得到了大量援助。然而，国内政治体系并
没有发生根本性的变化。

　　正如列宁所言，在某种程度上，世界大战是一场重新分配帝国
之间利益的斗争。[19] 德国和土耳其失去了它们的殖民地，这些殖民地
主要转让给了英国、法国和日本，而殖民地几乎没有发言权。法国
在叙利亚遭遇了当地人民的强烈反对，1925—1927 年，法国不得
不镇压叙利亚的叛乱。1914—1918 年，为法国劳动的印度人和为

法国而战的非洲人得到的补偿很少。1919—1920 年，殖民部长阿尔伯特·萨罗（Albert Sarraut）在法国海外领土设置了咨询委员会，但这些委员会的职责单纯是经济方面的，在委员会中任职的土著代表既不是民选的，也不能代表多数民众。[20] 一战使法国大众前所未有地关注殖民地，但法国殖民地的性质和统治方式仍呈现出很大的连续性。[21]

在大英帝国，有四大变化可被视为一战的直接结果。第一个重大变化是 1919—1921 年的英国和爱尔兰战争，在 1916 年复活节起义和 1918 年征兵危机后，新芬党夺取了爱尔兰民族主义运动的领导权，在 1918 年 12 月的大选中，在爱尔兰南部和西部各县赢得了胜利。劳合·乔治政府无法镇压爱尔兰共和军的游击运动，但它迫使新芬党领导人于 1921 年 12 月接受了《英爱条约》（*Anglo-Irish Agreement*），通过这一条约，爱尔兰远远达不到完全独立的条件。爱尔兰被分割，英国人保留了新成立的爱尔兰自由邦西海岸的三个通商港口，爱尔兰自由邦暂时作为自治领留在帝国内。在这种情况下，爱尔兰人施加压力，导致了第二个重大变化，即英国对自治领的外交政策做出实质性让步。1914 年，伦敦做出了一项新的决定，自治领自动卷入战争，1917 年帝国战争会议承诺自治领有更大的代表权和协商权。虽然各自治领仍是大英帝国代表团的一部分，但是它们各自派出代表参加巴黎和会，以各自名义签订和平条约，印度土邦王公也获得了相应的权利，他们在国际联盟获得了相应席位。1926 年的帝国会议和 1931 年的《威斯敏斯特法案》（*Statute of Westminster*）确认将来自治领有权自行决定战争与和平问题。

当 1922 年劳合·乔治在恰那克海峡与土耳其人对峙时，他呼吁自治领提供援助，加拿大和南非对此保持沉默；在 20 世纪 30 年代英国实行绥靖政策时，一战中的痛苦经历迫使自治领谨慎行事，没有盲目追随英国的外交政策。[22]

第三个重大变化发生在埃及。自 1882 年以来，埃及一直由英国管理，一战爆发后，英国宣布埃及成为它的保护国，1919 年埃及爆发了反英起义。起义的部分原因是埃及作为英国的军事基地，出现了物资短缺、劳动力被征用和通货膨胀，尽管英国殖民政府驱逐埃及民族主义领袖萨阿德·柴鲁尔（Saad Zaghlul）的决定是引发埃及起义的导火线。艾伦比将军恢复了埃及秩序，他建议结束埃及的保护国统治。1922 年，英国允许埃及独立，但埃及并没有实现真正意义上的完全独立，英国仍然控制着埃及的外交政策，拥有在埃及驻军的权利，还控制着苏伊士运河。[23]第四个也是最后一个重大变化是，印度在 1919—1921 年也经历了全国性的动乱。在战争期间，印度承受了与埃及类似的经济压力。1917 年，英国向印度承诺允许其分阶段独立。然而，1919 年的《印度政府法案》（*Government of India Act*）只允许地方政府由选举产生以及赋予地方政府一些自治权，英国政府保留了它在印度的主要权力，就像它在爱尔兰和埃及所做的那样。对该措施的失望以及限制公民自由的新规定导致了印度民众的抗议活动，最终引发了 1919 年 4 月的阿姆利则惨案（Amritsar massacre），英印军队开枪打死了 379 名示威者，引发了甘地的第一次不服从运动。虽然英国人成功地镇压了反对者，但从此以后，英国殖民政府越来越依赖于印度国大党。此外，这场战争使英印政府陷入金融危机之中，英国承诺，如果印度军队被用于海外，印度纳税人将不必买单，而印度则被允许对兰开夏郡（Lancashire）的棉花进口征收关税。[24] 英国人顶住了压力，但是印度对英国的经济和战略价值越来越小。[25] 事实上，在战后初期，英国面临着全球性的挑战，因为 1920 年伊拉克也爆发了反英起义，为了镇压起义，英国的花费比一战时在中东的所有费用都要多。尽管如此，到 20 世纪 20 年代中期，英国已经击败了对其全球霸主地位的最大挑战，其他协约国没有面临英国那么大的压力。总的来说，欧洲对其他地区的殖民统治地位没有受到根本影响。

关于战争对工业国的社会结构的影响，也可以得出类似的结论。在英国，这导致了收入再分配的微调，主要是因为实行了累进税，但也因为体力劳动者的固定工资增长缩小了一些收入差距。[26] 1921 年后，收入差距再次扩大，但没有达到战前的水平。社会调查人员发现，战后有收入的家庭中，贫困率明显下降。大多数体力劳动者的工资与通货膨胀保持同步。1919—1920 年，工作时间大幅减少，而所得税和附加税在 1925 年大约占到最高收入的一半，而 1914 年仅为 1/12。[27] 1920 年，失业保险的覆盖范围扩大到 2/3 的男性劳动力。1914—1921 年，工会会员翻了一番，1918—1924 年，工党取代自由党成为最大的反对党，这是阿斯奎斯与劳合·乔治分裂、1918 年选举权扩大以及英国工人阶级意识提高的结果，所有这些因素都可以归因于战争。然而，从长期来看，政治左转给人的印象并不深刻。1920 年，随着大萧条开始，工会会员人数再次下降，失业率达到 10% 甚至更高，并持续了 20 年之久。停战后的三年内，国家不再控制矿产和铁路，也不再控制价格和配给，强大的英国矿工联合会在 1921—1922 年和 1926 年的两次长期停工中受到打击。[28] 在 1924 年、1929—1931 年执政期间，工党除了提高失业救济金外，几乎没有为工人提供任何帮助。尽管工人阶级运动取得了长足进步，但其主要成就还是提高了在职人员的工资，缩短了工作时间，这可能是以失业人数增加为代价的。在美国，情况与此类似。尽管在 1919 年，1/5 的美国工人参加了罢工，但工会赢得集体谈判权和获得认可的希望，以及在新的大规模生产行业中组织工会的希望，在一次全国性的钢铁工人罢工失败后就破灭了。战时国家对铁路的控制结束了，没有颁布任何重要的有利于劳工的立法，还实施了减薪。仅 1920 年元旦这一天，就有 6 000 名共产主义同情者被捕。另一个标志事件是美国的镇压黑人运动，在 1916—1920 年，有 30 多万黑人从美国南部迁往北部。三 K 党重新组建，不是仅在南方，而是在全国范围内；在 1917—1919 年，南方的私刑发生率增加了一倍多；1919 年夏天，芝加哥和其他北方城市爆发了种族骚乱。出生于南方的威尔逊对美国黑人的要求漠不关心，也没有采取任何措施帮助他们；同时，威尔逊政府通过突袭苏俄在纽约的办事处和驱逐俄裔工人，助长了当时美国歇斯底里的反共情绪。[29] 如果说美国的劳工运动在战争期间有了很大的发展，那么在战后则出现了逆流回潮。

最后，法国也经历了通货膨胀和战后工业繁荣，最终导致 1919 年全国铁路工人罢工的失败。然而，在 1919 年底克列孟梭离任后，政府迅速取消了对价格和生产的控制，工人除了工作时间缩短之外，并没有获得其他什么好处。1920 年，法国社会党和法国总工会分裂为社会主义和共产主义两派，社会主义者因担心失去支持者而拒绝参与政府。因此，在 20 世纪 20 年代的大部分时间里，右翼政府占据法国政治的主导地位，1924 年赫里欧的"左翼集团"政府持续时间比英国第一届工党政府稍长。在赫里欧政府倒台后，白里安在中间偏右联盟的支持下实施对德和解政策，并在 1926—1929 年与普恩加来先后出任总理。在整个西方世界，战时和战后兴起的激进主义的阶级意识被击退，这让许多人怀疑这场战争的意义。

　　这一讨论强调了工人阶级和工人运动所取得成就的局限性，在考虑妇女运动所取得的成就时，不论其阶级地位如何，都必须看到妇女运动的局限性，即便她们取得了一些永久性的成果。战争期间，更实用的服装和诸如陪护等习俗的减少增加了妇女在日常生活中的自由，威尔逊为了赢得妇女的支持，支持改革，宣传这"对战争的胜利至关重要"[30]。在英国，1918 年的选举改革法案赋予了 30 岁以上的妇女选举权，该法案的起草者不希望女性在选民中占多数。[31]虽然法国众议院通过了一项解放妇女的法案，但是参议院考虑到神职人员对女性选民的排斥而拒绝了该法案，改革不得不再等一代人才能继续推进。[32]此外，中产阶级和职业女性的就业比例也永久性地增加了。在英国，战后女性白领的就业机会增加了[33]，她们受益于 1919 年的《取消性别限制法案》（*Sex Disqualification Removal Act*），该法案为女性从事法律、建筑领域的工作以及从政等开辟了道路。[34]在法国，妇女在金融、商业和其他行业的就业人数在战争期间大幅增长，并在战后继续增长。[35]除了这些成就之外，战争年代女性经济实力的增强只是暂时的，1918 年后，她们被毫不客气地赶出了劳动力市场。

543　　尽管一些人认为，妇女参与战时工作促进了女性解放，但也有人质疑这一点，怀疑在不安全的工厂长时间工作、男女报酬不平等，加之工厂生活中的排队情况、物资短缺、缺乏亲人陪伴，所有这些是否真的配得上"女性解放"这一名头。[36]然而，至少在英国，许多妇女发现战时的工作还是令人满意的，并希望在战争结束后继续从事类似的工作。[37]但是战后她们被剥夺了选择的权利。战争期间通过的《战前职业恢复法案》（*Pre-War Practices Act*）规定，一旦战争结束，从事制造业工作的英国女性就必须放弃工作。工党和大多数工会都认同政府的观点，认为政府必须优先考虑复员的男兵，他们被认为是家庭的经济支柱，政府的行为导致战后妇女大量下岗，到 1919 年 5 月，她们占失业人口的 3/4。她们可以获得 6 个月的失业救济金（金额比男性少），并且只能申请纺织等传统行业的工作。1922 年后，所有已婚妇女都自动被排除在失业救济之外，理由是她们的丈夫有责任养她们。许多人被迫回到她们曾希望逃避的家务劳动中，或者完全离开就业市场。在战争期间曾赞扬她们的媒体，现在却谴责她们挤占了退伍军人的工作机会。到 1921 年，"从事有收入的工作"的女性占比为 30.8%，比 1911 年的 32.3%还要低。除了友情和自信这些无形的东西之外，对于大多数妇女来说，战争几乎没有给她们带来任何持久的好处。[38]在美国，大约有100 万妇女不顾工会的强烈敌意，从事了与战争相关的工作；大多数人都是单身，以前的工作收入不高，现在她们又回到了原来的工

作岗位上。到 1920 年，美国女性在就业市场上的占比比 1910 年时还低。[39]法国的不同之处在于，与英国相比，战前法国女性尤其是已婚女性的就业比例更高，但是一战对法国妇女就业的持久影响同样微乎其微。在冶金行业，1911 年的女性占比为 5.5％，1918 年上升为 25％，1921 年又降低为 9.5％，在两次世界大战之间的其余时间里，这一数据一直保持不变。家庭津贴以及反对避孕和堕胎的新立法旨在鼓励妇女回归家庭生活，并提高法国日益下降的出生率，法国的出生率下降问题比以往任何时候都更加紧迫。[40]尽管法国的中产阶级女性有更多机会保住工作岗位，但她们的命运与工人阶级女性一样，与从事同一工作的男性之间有着巨大的差距，这体现了战前传统等级制度的广泛恢复。

　　到 20 世纪 20 年代末，一战似乎不仅失去了作为国际冲突根源的效力，而且也失去了从根本上挑战社会秩序的效力。此外，通过各种仪式纪念一战，有可能使一战焕发出一种传统的、爱国的、团结的力量，政府出于这一目的，刻意纪念一战。"纪念一战"现象是这十年中最引人注目的新奇事物之一。由于这场战争的影响，"纪念一战"承载着一种特殊的情感。

544

表 5　一战中各国的死亡人数[41]

英国	723 000
大英帝国（不包括英国）	198 000
法国	1 398 000
俄国	1 811 000
意大利	578 000
美国	114 000

续表

其他协约国	599 000
协约国和美国总数	5 421 000
德国	2 037 000
奥匈帝国	1 100 000
保加利亚和土耳其	892 000
同盟国总数	4 029 000
总数	9 450 000

　　平民死亡人数比军人死亡人数更难估计。德国死于与战争有关的疾病和饥荒或死于轰炸和入侵的人数可能达到 50 万，奥匈帝国和意大利的这一数字甚至更高，塞尔维亚和黑山的平民死亡人数占总人口的比例最高。因丈夫参军而未能怀孕的妇女比例也很高，因此婴儿数量大大减少（奥匈帝国可能有 360 万，德国超过 300 万，法国和意大利各有 150 万，英国超过 70 万），加上死于俄国内战和大流感的婴儿，1914—1921 年欧洲的总人口损失可能超过 6 000 万。[42] 在欧洲历史上，最接近一战的伤亡规模的是拿破仑战争，拿破仑战争共造成 310 万人伤亡，其中至少一半是法国人，但这些伤亡是在持续 15 年的战争中造成的。时间更近的普法战争造成 19 万人死亡，普法战争已经预示了现代武器的威力，但除了美国内战之外，在之前的任何战争中，西方社会都没有使用大规模军队和现代武器进行过超过一年的战争。考虑到死者多为 20～30 岁的年轻人，到 1918 年，欧洲各交战国中很少有家庭不受影响。仅在英国，就有 300 万人失去了亲人。[43] 斯蒂芬·格雷厄姆（Stephen Graham）所说的"死者的挑战"给战后欧洲蒙上了阴影。

　　第一个挑战是找回尸体，辨认并掩埋尸体。战争之初，那个时代的人就清楚地认识到，这场战争是历史上最伟大的战争，他们认为必须铭记这场战争，不仅是为了纪念阵亡者，而且是为了防止后人漠视这场战争，因为后人可能永远不会理解战争亲历者所经历的一切。逝者的名字必须被铭记[44]，在战争期间，交战双方已经准备好纪念那些阵亡的将士。劳伦斯·比尼恩（Lawrence Binyon）的挽歌《致阵亡者》（*To the Fallen*）写于 1914 年 9 月，其中的歌词"我们将记住他们"成为英国停战纪念日仪式的固定内容。西欧交战国很快规定，所有死去的士兵，不论军衔高低，都将被埋葬在特殊的墓地。美国内战期间，美国通过了一个立法，为类似事件提供了一个先例，但在欧洲却很少实行，拿破仑战争期间的阵亡者被铲入万人坑，他们的遗骸甚至被用作农业肥料。然而，在 19 世纪，西方社会对死亡的态度发生了巨大变化，更具浪漫主义和人道主义的情怀。无论是自愿参军还是应征入伍，都激发出人们对军人的感情，这与早期战争中对待雇佣军的态度截然不同。

　　法国在 1914 年通过立法，建立军人公墓[45]；到 1915 年底，法国人开始收集阵亡者的遗体，并重新进行安葬。在 1916—1917 年，有人提议在凡尔登修建一座国家公墓。[46]其他国家紧随其后。英国人费边·韦尔（Fabian Ware）开始了记录阵亡者的工作，随后的坟墓登记委员会在 1917 年更名为帝国战争墓地管理委员会（IWGC）。前一年，伦敦东区出现了街头神龛，上面列出了每个街区的死亡人数[47]；市民艺术协会举行了一个关于纪念碑设计的会议，并被广泛报道，皇家艺术学院成立了一个建筑师和雕塑家委员会。战争结束前，帝国战争墓地管理委员会已经委托埃德温·勒琴斯（Edwin Lutyens）爵士、赫伯特·贝克（Herbert Baker）爵士、雷金纳德·布洛姆菲尔德（Reginald Blomfield）爵士设计法国和比利时的主要纪念碑，并确定了大英帝国墓地的特点。统一的墓碑将标记坟墓，不分级别。家属可以在墓碑上刻上自己的铭文，但不能建造私人纪念碑。每个墓地都有一块由勒琴斯设计的纪念石，上面有英国小说家鲁德亚德·吉卜林（Rudyard Kipling）选择的《圣经》铭文"他们名垂千古"，以及鲜明的基督教特征，即"牺牲的十字架"。墓碑的设计融合了传统宗教形象和抽象元素。[48]

　　一旦枪炮声沉寂下来，战场上的首要任务就是清除战争废墟，引爆地雷和炮弹，开垦荒地，重建城镇和村庄。在西线，这些任务大多在五年内就完成了。伊普尔的大教堂和布厅等纪念碑被精心重建，直到1930—1934年才完成。在这些尸体中，许多已经被埋在集体的或没有标记的坟墓中，数以万计士兵的姓名已无法考证。美国政府把他们家人想要的所有可辨认的尸体都运回了美国，最终约有一半尸体无法确认身份。[49]剩下的3万名士兵被安置在8个军事墓地，其中最大的位于默兹-阿尔贡的斜坡上，这些墓地的设计和维护标准很高，为其他国家提供了参考。英国政府将死者埋葬在他们牺牲地附近，部分原因是为了节约成本，同时也是为了公平对待那些已被确认身份和未被确认身份的人。对于大多数英国人来说，这一决定使访问亲人的安息之地十分困难，对于自治领的家庭来说更是望而却步。最初，法国当局还规定士兵的尸体应该留在现场或附近，但在许多士兵的尸体被私下挖出后，当局让步了。在被确认的 70 万法国阵亡者中，大约有 30 万具遗体最终被运送回国。[50]

尽管官方对英国远征军尸体的搜寻在 1921 年就结束了，但到 1939 年，又发现了 38 000 具尸体。到 20 世纪 30 年代初，帝国战争墓地管理委员会已经在西线建成了 918 个墓地，其中包括 58 万个已命名的英国坟墓和 18 万个未命名的英国坟墓；在意大利、巴尔干半岛、加利波利以及伊拉克、巴勒斯坦还有更多墓地。这项工作的高潮是巨大拱门的揭幕，上面列出了失踪人员名单。1927 年，坐落于伊普尔的梅宁门由布洛姆菲尔德完成，上面刻有 54 896 个阵亡者的名字；坐落在帕斯尚尔的泰恩科特（Tyne Cot）公墓的墙上刻有 34 888 个阵亡者的名字；蒂耶普瓦勒（Thiepval Arch）拱门由勒琴斯于 1932 年完工，上面刻有 75 357 名索姆河战役牺牲者的名字。两位建筑师都使用了传统形式的改良版本：胜利拱门和大门可以追溯到欧洲近代早期和古典时期，这些新建筑是为了纪念普通士兵的牺牲，而不是将军和皇帝的胜利，例如，英国的这一创新只能追溯到南非战争。[51]多米尼加的建筑师们没有迎合帝国政府的喜好，而是单独建造了纪念碑，他们的做法更大胆，尤其是维米岭上的加拿大国家战争纪念碑，它有两个方尖碑形的柱子和象征性人物，这个纪念碑直到 1936 年才完工。[52]法国的纪念碑主要是由国家企业建设，但是最引人注目的四个国家纪念馆——凡尔登的杜奥蒙特纪念馆、多尔芒纪念馆（Dormans）、洛雷特圣母院（Notre-Dame-de-Lorette）和哈特曼斯维勒科夫公墓（Hartmannsweilerkopf）是由私人倡议建造并得到了教会的大力支持。[53]在教会的支持下，所有

547

小教堂成了成千上万具无名尸骨的仓库。杜奥蒙特的藏骸室于 1932 年开放，就其规模和相关性而言，最为重要，估计藏有 32 000 具法军尸体。然而，洛雷特圣母院采用了罗马式长方形教堂的天主教堂形式，而杜奥蒙特则是一个更现代的建筑，它坐落在堡垒墙一样的基座上，上面有一个巨大的底座，底座上面刻着一个十字架。[54]

在战场建造纪念碑只是纪念工作的一部分。阵亡士兵的祖国也建造了很多纪念碑，从而在整个西方世界留下了大量战争印记。不列颠群岛大约建造了 54 000 座纪念碑，法国建造了 38 000 座，澳大利亚至少建造了 1 500 座——相当于每 40 名阵亡士兵就拥有一座纪念碑，也相当于每 3 000 人就拥有一座纪念碑。[55]新西兰有 500 多座。[56]大多数纪念碑都是在 20 世纪 20 年代初建成的，但也有一些是在 30 年代建成的。法国政府只提供了少量补贴，而没有出全资进行建设，与大英帝国一样，建设纪念碑的倡议来自当地社区。由于这个原因，社区的纪念馆可能比官方墓地的样式更多，而且纪念碑在很大程度上揭示了普通城镇和村庄对大规模丧亲的反应。在盎格鲁-撒克逊国家通常被称为战争纪念碑，在法国则被称为"死者纪念碑"。在英法，其主要功能是列出死者名单；在未实行征兵制的澳大利亚，纪念碑有更潜在的多重目的，即记录所有志愿者，无论他们是战场殒命还是生还回国。法国的纪念碑将阵亡将士描述为"为法国而牺牲"，而大多数英国纪念碑都没有明显的爱国主义色彩。法国的纪念碑宗教色彩较淡，最常见的样式是方尖碑、葬礼瓮或步兵雕像。[57]在英国，这样的雕像很少，凯尔特十字架与圆柱、方尖碑并存，基督教救赎主题在雕像和铭文中很常见。[58]在美国，这样

的纪念形式比较少，更多是采用其他更实用的形式，如建图书馆或
会议厅。一般来说，当地的纪念碑比较保守，故意避开现代主义艺
术，并利用古典、《圣经》和浪漫主义传统中熟悉的与令人回忆的
图像来表达悲伤，并为军人牺牲建构一些意义。 *548*

　　国家战争纪念碑的设计服务于国家目的而不是家庭和社区，更
容易引起争议。因此，爱尔兰国家纪念碑于 1938 年建成，它位于
都柏林城外，以避免赋予它政治意义。[59]在英国，尽管帝国战争博物
馆在 1917 年得到了官方支持，但修建一条新的伦敦大道和一座大
型纪念厅的计划却毫无结果。[60]堪培拉的澳大利亚战争纪念馆也是一
座博物馆，直到 1941 年才建成。[61]在索姆河畔的德尔维尔伍德，人
们建造了一座有关南非人的纪念碑，用卡斯特（Castor）和波利克
斯（Pollux）握手的雕像来象征南非布尔白人与英国后裔的合作。①
64 449 名印度战争亡灵的名字被刻在新德里印度门的拱门上，另一
座风格独特的纪念碑在新沙佩勒落成，这是协约国在西线战役中牺
牲人数最多的地方。这一时期最具特色的创新是无名战士墓。在某
种程度上，这一想法的灵感来源是衣冠冢，也就是空坟墓。勒琴斯
设计衣冠冢，是白厅庆祝和平条约签订而举行胜利游行的临时起
意。1920 年 11 月 11 日，当无名勇士被埋葬在威斯敏斯特教堂时，
它永久地取代了衣冠冢。建造这样一座坟墓的想法似乎分别起源于
法国和英国。在一场导致大量战斗人员尸骨无存的战争后，它具有

---

　　①　在比勒陀利亚（Pretoria）附近的阿尔特里奇维尔（Altridgeville），每年都会纪
念 608 名南非本土黑人劳工，他们牺牲于在英吉利海峡沉没的"门迪"（the SS Mendi）
号上。我非常感谢 J. L. 基恩（J. L. Keene）提供了这个信息。

某种特殊意义。同一天，经过精心设计，一名战士被埋葬在巴黎的凯旋门下，其他人被埋葬在布鲁塞尔和美国。[62] 新的工业文明在战争上投入了前所未有的资源，现在同样投入了前所未有的资源来纪念战争，建造了自古埃及以来无与伦比的纪念建筑。然而，这些纪念碑并不仅仅是静态的代表：它们已成为公众哀悼行为的焦点，人们还发明了一些哀悼仪式，这些仪式后来成为人们熟悉的固定流程。

549　　　在英国，刚开始时的仪式是默哀。战争期间，开普敦每天都举行默哀仪式，前驻南非高级专员将这一想法提交给劳合·乔治政府，高级专员写到，默哀的目的不仅仅是哀悼死者，还为了向死者致敬以及警醒后人。在工作日上午 11 点，进行两分钟的默哀，鞭炮声、枪声和钟声是默哀的仪式。在 1919 年 11 月 11 日举行的一场活动中，声势之大出人意料，随后人们要求把它变成一年一度的活动。商店停止营业，人们脱下帽子，在广场上鞠躬，兰开夏郡的棉纺厂和伦敦证券交易所暂停营业，火车停在轨道上。1920 年 11 月，人们的默哀与纪念碑的落成和无名勇士的葬礼同时进行。一周内就有多达 100 万名游客前来瞻仰陵墓，10 万个花圈被放置在纪念碑前，几天后，献花队伍仍有 7 英里长。在后来的几年里，战争纪念碑（通常在 11 月 11 日揭幕）成为当地默哀仪式的场景，以呼应首都的仪式。阵亡将士纪念日是离停战纪念日最近的周日，在这一天，英国主要的宗教教派举行特别仪式，通常会有一支由退伍军人参加的游行队伍前往纪念碑。黑格基金会为残疾军人而设，1921年，黑格基金会举行售卖罂粟花为残疾军人募集资金的活动，这一行动再次取得了巨大而意想不到的反响，佩戴罂粟花很快就成了普遍现象。1927 年，在阿尔伯特音乐厅举行英国军团纪念活动，以在社区唱战时歌曲和从天花板上散落百万朵罂粟花的形式，来纪念那些"百万阵亡者"，这一活动实际上完成了纪念的复杂过程。从 20 世纪 20 年代末开始，由圣巴纳巴斯协会（St. Barnabas Society）和英国军团组织的前往战场的"朝圣"活动开始了，从那时起，《最后一张邮票》（Last Post）每晚都在梅宁门响起。到了 20 世纪 30 年代，停战纪念日的纪念仪式通过广播在全国范围内播放，阵亡将士纪念日在整个帝国范围内举行。在澳大利亚，1915 年 4 月 25 日是加利波利登陆之日，为纪念这一天而设立了"澳新军团纪念日"，"澳新军团纪念日"在战时发展成一个比 11 月的停战纪念活动更大的节日；而在北爱尔兰的新教徒中，7 月 1 日是阿尔斯特师进攻索姆河的日子，此役北爱尔兰损失了 1/3 兵力，7 月 1 日还是 1690 年博因河（Boyne）战役的周年纪念日，所以这一天对于北爱尔兰人而言，具有特殊的意义。[63]

与大英帝国最相似的是法国。英国是由国家组织纪念活动，与英国不同，法国是由退伍军人协会组织，退伍军人协会在 1922 年提议在法律上把 11 月 11 日定为公共假日。杜奥蒙特的藏骸室是巴黎之外大家关注的另一个地点；从 1927 年起，人们每年都会在这里守夜、献花，以纪念 1916 年 2 月开始的凡尔登战役，以及 6 月击败德国最后一次进攻的胜利纪念日。虽然有神职人员参与，而且停战纪念日的纪念活动与万圣节时间接近，在很大程度上要归功于天主教的礼拜仪式，但退伍军人和他们的横幅是活动最突出的特征。[64]与英国一样，默哀是活动的核心内容。

随着时间推移，人们越来越难以把握这些仪式的意义。两分钟的默哀，安葬无名士兵，建造墓地，这些都是官方行为，其意图可以从内阁会议记录和议会辩论中重新建构。停战、澳新军团和凡尔登仪式在成千上万参与者心中所代表的意义则更加难以捉摸。在英国，每年11月退伍军人举办的用来庆祝他们幸存的"胜利舞会"被媒体和神职人员批评为不合时宜，"胜利舞会"最终被取消。演讲和布道都带着一种诚挚的语气，而不是祈祷：失去亲人的人应该感到自豪，他们的牺牲不是徒劳的，他们是为了正义和崇高的事业而牺牲的，是为了实现持久的和平，英国的命运是为人类服务。[65]语气是爱国的，几乎没有沙文主义。同样，11月11日在法国举行的仪式包括授旗、吹军号和演奏《马赛曲》，但它们并没有像政府所希望的那样富有庆祝意义。此外，退伍军人协会拒绝在最近的星期天举行富有宗教内涵的庆祝活动，为了不让人产生军国主义的联想，他们拒绝游行。[66]仪式的核心内容是宣读阵亡者的姓名和敬献花圈；接下来的布道，既没有提到1870年的复仇，也没有提到阿尔萨斯-洛林，而是强调法国为权利和自由而战，并击退了侵略势力，法国的这种努力没有白费，只是胜利的背后是巨大的阴影和高昂的代价。[67]

传统战争是现代冲突之母，因此战后的西方国家也发展出新的哀悼模式，这些模式大量借鉴了原有的公民和宗教主题。一名英国无名勇士的陪葬品是一把十字军之剑，以嘉奖他的骑士精神。在部分去基督教化的社会中，与抽象的和现代主义的纪念品相比，这些符号更能唤起人心，更能令人安心。[68]然而，停战仪式的组织者也想传达一个信息：英国政府希望分散人们对战后社会冲突的注意力，法国老兵的演讲呼吁民族团结。纪念仪式可能确实有助于达到这些目的，但这只是因为英法是相对单一的社会，民族身份没有争议。在澳大利亚，澳新军团纪念日的纪念活动赞美了那些自愿参军的人，而不是那些被迫从军者，并由此扩展为赞颂新教徒和盎格鲁-撒克逊人，而不是该国的天主教徒和爱尔兰人。[69]战争纪念活动不一定都有助于巩固国家，有时还可能颠覆国家。

　　1918年后，欧洲各国不仅要埋葬死者，还要照顾伤残退伍军人以及健全的退伍军人、寡妇和孤儿。法国征召了789.3万人，其中649.2万人幸存。1930年，每100名20岁以上的男性中，有45人是退伍军人。在20世纪30年代，政府向那些在战争中受伤或患病的人支付了近110万法郎的养老金。[70]在英国，大约有50万名严重残疾的士兵，其中24万多人截肢，6万人患有炮弹休克症，1万人失明。[71]照顾伤残退伍军人是一项长期的工作：到二战前，仍有22.2万名军官和41.9万多名其他军衔的军人在领取残疾抚恤金。[72]1942年，在美国退伍军人医院接受治疗的6.8万人中，有一半以上是一战的精神创伤者。[73]像照顾丧失亲人者和伤残军人一样，健全军人重新融入社会也是一个大难题。战争期间，数百万年轻人远离家庭，抛下工作，他们被武装起来，接受杀戮训练，人们对这一群体日益感到焦虑。在和平时代，他们可能会徘徊在社会边缘，走向暴力和极端主义，而不是心怀感激地重新适应和平时代漫长而琐碎的生活。[74]事实证明，绝大多数退伍军人想要回归平民生活[75]，但也有相当一部分人未能重新适应平民生活。战后，政府如果对幸存的军

551

人慷慨大方，就会面临财政破产的风险；如果过于吝啬，就会引发国内动乱。每个国家在军人复员期间都面临挑战，退伍军人对现状不满意这一长期问题在 20 世纪 30 年代到了最严重的程度。英国、法国和美国相对成功地解决了这一问题，而意大利和德国则没能很好地解决这一问题。

552 　　战争的另外两个遗产是在前交战国建立了一个新的福利机构和一个退伍军人协会。过去，英国主要由私人慈善机构关怀退役军人，因此现在英国不得不做出比欧洲大陆其他国家更大的调整。然而，战时分居津贴开了给牺牲将士家属发放抚恤金的先例，1916—1917 年，英国成立抚恤金部，本质上是一个战争抚恤金部。[76] 1915年，涉及领取抚恤金的人员很少，立法规定对残疾人进行再培训，政府宣布所有复员军人将获得 12 个月的失业保险金。[77] 财政部不愿承担无限责任，因而要领取抚恤金需要满足很多条件，这激起了退伍军人的强烈不满，引发了一场退伍军人抗议运动，在一段时期内，这场运动加深了复员军人对政府的怨恨和疏远。随着时间流逝，复员士兵能够找到不需要技术的工作，但他们要求得到更多的培训，他们的抚恤金在通货膨胀背景下严重缩水。1916 年，布莱克本协会即后来的全国退伍士兵和水兵协会（NADSS）成立，以抗议退伍军人受到的不公正待遇；1917 年的立法意味着国家可以征召受伤和退伍军人参加战斗，这引起了退伍军人的极大愤怒，并导致了全国退伍军人、复员士兵和水兵联合会（NFDDSS）的成立。由于这两个组织在政治上都是左翼，德比勋爵创建了一个更温和的组织"一战同志会"。到 1919 年，全国退伍士兵和水兵协会大约有 5 万名成员，全国退伍军人、复员士兵和水兵联合会可能有 10 万名成员，而一战同志会人数比二者都多。[78]

　　尽管一战同志会取得了成功，但 1919 年是动荡不安的一年，当时发生了严重的工业冲突，警察和现役部队举行了抗议活动，退伍军人团体受到了特别部门的监视。一个新的组织即士兵、水手和海员联盟，试图在现役部队中发展势力；全国退伍军人、复员士兵和水兵联合会在海德公园举行示威活动，最后与警方发生了冲突；退伍军人在卢顿（Luton）暴动，烧毁了市政厅。1920 年 11 月的抗议活动指出，修建战争纪念碑消耗了本可以帮助幸存将士的资源。在 1919—1920 年的经济繁荣时期，失业并不严重，但军人代表希望获得更多的伤残抚恤金，希望政府更积极地处理他们的申请，希望得到更好的康复治疗和培训，并声称"接受抚恤金是正义行为，而非政府的慈善行为"。在某种程度上，当局通过满足最尖锐的要求来分化这场运动。1919 年底的改革确立了退伍军人优先接受国家培训和优先就业的权利。《战争抚恤金法》（*The War Pensions Act*）同样规定，抚恤金不是王室的打赏，而是一种法定权利，法律还规定了退伍军人的上诉权，并提高了支付标准。[79]1919—1921 年，政府让退伍军人充当辅助人员和"黑棕部队"以对抗爱尔兰共和游击队[80]，其中一些退伍军人留下了恶名，但退伍军人协会未能成为一支独立的政治力量。在 1918 年 12 月的选举中，他们派出了 29 名候选人，但只有 1 人当选。此外，尽管再培训被削减，1920 年后的大规模失业沉重打击了退伍军人，但是他们的组织日益受到重视，全国退伍军人、复员士兵和水兵联合会，全国退伍士

553

兵和水兵协会以及一战同志会与军官协会在 1921 年合并为"英国军团"。从现在起，英国军团成了退伍军人机构的最典型代表，而且明显看起来是一个温和的机构；英国军团选举黑格为第一任主席，杰利科为第二任主席。该机构顽强地为退伍军人的就业权利和抚恤金而斗争，并取得了相当大的成功。此外，它还通过呼吁佩戴罂粟花、设置纪念日和举行战场朝圣活动，将退伍军人纳入纪念仪式。如果说极左势力或极右势力曾经有机会在激进的政治变革背后利用退伍军人，那么现在已经没有这个机会了。

法国退伍军人运动的发展轨迹与英国相似。法国退伍军人运动也出现在战争期间，起初也是四分五裂、各自为战。到 20 世纪 30 年代初，在各国的退伍军人运动中，法国的规模最大，约有 300 万人参与，几乎占全国幸存战斗人员的一半。[81] 1915—1917 年，法国出现了第一波退伍军人组织，它们为伤残退伍军人争取更多的抚恤金和就业机会。这一时期出现了一个退伍军人组织——联邦联盟（UF），该组织是当时最大的退伍军人组织。退伍军人组织的第二波浪潮出现在停战后，1919 年，英法退伍军人的不满情绪达到了顶峰。在德国签署和平条约之前，许多士兵不得不继续武装数月。士兵们通常是在丧失尊严的情况下复员的，当他们被运货马车运回家乡时，他们发现自己已经失去了 1914 年时拥有的财产，而他们恢复平民生活时得到的只是一套廉价的制服。他们原来的工作岗位本来是留给他们的，但他们必须在 14 天内提出申请，否则这些岗位就可能转让给别人。然而，像在英国一样，面对退伍军人的示威，政府做出了让步，免除了贫困士兵补交税款的义务，并提供现金和补贴。此外，法国组建了全国战斗人员联盟（UNC），与英国的一战同志会类似，该联盟得到了克列孟梭、军方和教会的支持，并得到了企业的资助，它与企业合作挫败了 1919 年的铁路罢工。全国战斗人员联盟发展得十分迅速，其规模足以与联邦联盟相匹敌，后者总是无法吸引到更多的成员。尽管联邦联盟和全国战斗人员联盟的起源不同，但在 1924 年的选举中，二者共同参与了提高 554 抚恤金的运动，并且从 1927 年起，它们都隶属于一个联盟，即国际残疾人和退伍军人协会（CIAMAC）。此后，只要战死者得到尊重，幸存者的物质需求得到充分满足，法国退伍军人运动就支持第三共和国，并在中左翼和中右翼领导人的领导下保持稳定。[82]

美国也差不多，尽管美国退伍军人协会比英国的规模更大，也更复杂。在高层的鼓励下，1919 年美国成立了退伍军人协会，到 1931 年，该组织已有 115.3 万名成员，约占战争时期征召人数的 1/4。1927 年，25 000 名老兵及其家人乘坐 15 艘班轮前往法国进行"朝圣"。它不仅是一个社会的、互助的纪念牺牲将士的组织，还是一个强大的游说集团，该组织成员精心设计了旗帜。1924 年，国会不顾柯立芝（Coolidge）总统的否决，通过了一项法案，对退伍军人服役时的工资与他们作为战时平民工人时的收入之间的差额进行了补偿；到 1932 年，美国支付给退伍军人的各类支出超过了英国、法国和德国三国在这个方面的支出的总和。此外，美国退伍军人协会的政治立场鲜明，它公开强调"美国主义"，并为此出版了一本手册。它发起了反对移民的运动，并界定了一系列反美主义，主要是布尔什维克主义，但也有激进主义、社会主义、和平主义。该协会特别关注保护青年人不受这种反美主义的影响，开展大规模青年运动并监督教师。美国退伍军人协会创建于 1919 年的"红色恐慌"期间，至今仍保留着它初建时的特征。[83] 从广义上讲，英法美主要的退伍军人组织仍然支持政治现状，它们既不是右翼，也不是左翼。

20 世纪 20 年代后期，各交战国国内局势稳定，同时国际政治也比较稳定。一战虽然促进了激进的社会主义和民族主义的发展，但到 20 世纪 20 年代中期，温和的保守势力仍然在英国、法国和美国执政，激进势力对传统阶级和性别等级的挑战被击退，同时对纪念建筑和福利制度的大规模投资有助于安抚国民：战争是为了一个有价值的目的而进行的，牺牲是令人尊敬的，幸存者会得到照顾。当然这只是交战国如何应对战争后果的一个模式，而不是唯一模式，参与战争的大国的反应各不相同。例如，战后日本也出现了左转趋势，1919 年，日本第一个政党内阁就职。议会政府持续了十年，直到 1932 年恢复军事和官僚统治。但日本在这场战争中的死亡人数不到 2 000，日本人也在靖国神社举行了纪念活动，这一纪念活动的影响远不及欧洲，11 月 11 日从未成为日本的全国性节日。[84] 相比之下，俄国与同盟国的交战带来了毁灭性的后果，但更可怕的内战经历使一战黯然失色，布尔什维克诅咒一战，没有为一战建立国家纪念碑，退伍军人组织被取缔，由于没有一种公共纪念方式，公民不得不以其他方式纪念一战。[85] 然而，拉脱维亚却建起了纪念碑和博物馆，拉脱维亚曾属于沙皇帝国，在 1916 年发生过激烈战斗。

其他多数欧洲大陆国家在 1919—1920 年出现了更广泛的激进化运动，1921—1923 年出现了右翼反攻，尽管各国政治基础差异很大，但到了 20 世纪 20 年代中期，各国革命逐渐稳定下来。在某种程度上，一战使从加利福尼亚到巴伐利亚再到伦巴第（Lombardy）的政治周期出现了同步，尽管后来又重新出现分化。一战还引入了布尔什维克革命这个新因素，列宁努力传播布尔什维克革命，标志性的事件是 1919 年列宁倡导成立了共产国际，而很多社会主义者仍然效忠于第二国际。然而，英美的共产党员很少，在德国、意大利和法国，共产国际与社会主义者的竞争更加激烈。总的来说，共产主义在俄国之外的传播削弱了其他左翼势力，首先是增强了右翼势力和政府对宪法外程序的容忍意愿，其次是分裂了进步阵营。事实上，在世界各地，战争似乎削弱了中间的自由主义，有利于极端主义，在许多国家，它促成了一种新的丑陋的准军事政治风格。

意大利和德国与三个大西洋民主国家截然不同。意大利认为自己取得的胜利是"残缺不全的"，而德国根本就没有取胜（尽管许多德国人不接受战败的现实）。尽管对和平会议存在争议，意大利自由党政府还是将自己的无名战士埋葬在罗马宏伟的复兴纪念碑下，并开始在山上建造巨大的纪念碑，令人印象最深刻的是为第三军在雷迪普利亚（Redipuglia）建造的纪念碑，那里有超过 10 万个坟墓。雷迪普利亚纪念碑是由退伍军人协会于 1920—1923 年开始建造的，采用古典风格，法西斯政权在 20 世纪 30 年代完成这项工作时，重点是突出士兵的英雄地位。[86]这种差异象征着一个更大的问

556

题。大多数意大利老兵似乎与其他地方的老兵一样温和，最大的组织全国战斗协会在前景上是改革派，它在来自南部与地中海岛屿的农民军和初级军官中影响最大，在那些地区它的地方委员会挑战了地主。然而，意大利的战后危机为少数激进分子创造了一个特殊机会。意大利法西斯主义的兴起是两次世界大战期间众多灾难中的第一次，如果没有一战，很难想象会发生这些灾难。这场战争至少在四个方面促成了法西斯的胜利。第一，墨索里尼本人从激进的社会主义者转变为在前线服役的战争主义者。第二，对意大利参战的争议和对和约的失望刺激了仇外的民族主义。第三，法西斯运动产生于 1919—1921 年的全国性社会动荡，社会动荡产生社会骚乱的例子早已有之，但从未发生过如此大规模的社会事件。在 1919 年的选举中，传统的执政党自由党失去了在议会中的多数席位，在向大众民主的微妙过渡过程中，意大利不得不应对战争造成的经济混乱和布尔什维克主义幽灵带来的恐惧，意大利社会党不妥协的言论丝毫没有缓解这种恐惧。1920 年秋天，社会主义者控制的地方当局支持占领城市工厂和波河流域（Po valley）农业工人的罢工与抗议，这与俄国的情况很相似。第四，也是最后一个方面，是法西斯"小分队"的形成。法西斯"小分队"集中在北部城镇，主要是米兰。退伍军人经常领导和训练他们，他们早期的支持者包括相当于德国冲锋队的意大利人，阿迪蒂（Arditi）（他为墨索里尼提供保镖），还有未来主义构想家，支持战争的社会主义者，以及没有参加过一战的大学生和中学生。[87] 尽管他们声称自己是战争一代的代表，但实际上他们只代表了战争一代的一部分，这是一个按照准军事路线组织起来的激进政治运动，而不是关心退伍军人。意大利的国家利益及其在和平会议上的主张是激发其发展的原因之一，意大利的法西斯分子敌视社会主义以及资产阶级，是他们作为暴力镇压和破坏罢工力量迅速增长的主因。墨索里尼在关闭社会主义媒体和市政当局并控制地方政府后，于 1922 年发动了"进军罗马"运动，并恐吓自由党和国王任命他为总理。1925 年他建立了独裁统治。即便如此，他始终未能完全控制意大利，他不能忽视国王、教会和军队的影响，这是他最初对外交事务持谨慎态度的原因。

557

　　随着 1918—1919 年德国革命的发展，它又迅速回到了欧洲的中心位置，乍一看，德国似乎更接近欧洲的民主规范。德国妇女在魏玛共和国时期获得了选举权，但同时却被无情地赶出了劳动力市场。例如，1914 年，斯图加特的博世公司雇用了 580 名女性，到停战时共雇用了 5 245 名女性，但停战后迅速解雇了 3 500 名女工。[88]而解雇妇女会给复员军人提供就业机会，因为这些复员军人可能产生的不满更让当局担心。那些被解雇的妇女被迫进入家政和农业等部门，而其他人则完全离开了工作场所，因此在一战结束时，与其他欧洲国家一样，德国的结婚率和出生率都暂时上升了。[89]但从艾伯特和社会民主党掌权的那一刻起，新领导人就打算避免重蹈克伦斯基的覆辙。政府则向格勒纳承诺，将尊重军纪，镇压骚乱[①]，工会与雇主签订了《施廷内斯-列金协议》（*Stinnes-Legien Agreement*），接受了集体谈判权和八小时工作制。1918 年 12 月，独立社会民主

---

①　参见第 17 章。

党人退出了临时政府，革命期间建立的工人和士兵委员会在几个月内消失了。最终，在 1920 年的选举中，社会民主党表现不佳，输给德国共产党，到 1928 年社会民主党退出政府，像英国工党和法国社会党一样，成了国内的反对党。到 20 世纪 20 年代初，工人阶级从革命中得到的收获，除了《施廷内斯－列金协议》外，就是建立了工人委员会，仅此而已。从 1923 年直到 1929 年去世，施特莱斯曼一直担任外交部长，他的外交政策是通过与德国以前的敌人合作来修改和平条约，但他在国内的支持通常依赖于中间派和右翼政党联盟，而这一联盟并不稳固，许多政党原则上既不致力于海外和解，也不致力于国内民主。兴登堡于 1925 年当选为德国总统，这段时间是魏玛共和国看起来最安全的时期，这表明了德国公众既没有忘记一战也没有谴责一战。

魏玛共和国在利用对战争的记忆来巩固民主制度方面面临着很大的困难，这不仅是因为战争已经失败，而且是因为直到 1918 年夏天，德国似乎都离胜利如此之近，从而为右翼的说法提供了支持，即国内敌人在背后捅了一刀，削弱了一支不败的军队。它还面临着更多的实际问题。在东线大部分地区，德国人无法进入战场；在西线，法国人也不愿提供方便，德军被迫把尸体留在原地。前同盟国政府也不愿意在纪念碑建设上投入太多，其士兵坟墓由德国阵亡者安葬协会和奥地利的"黑十字会"这样的私人组织照料。同英法一样，德国人使用统一的标记和基督教象征符号，德军坟墓是用石头或铁十字架标记的，不允许有个人的铭文——这使他们的墓地看起来比协约国的墓地更规整和朴素。德国"战士纪念碑"[90]不像英法那样是纪念战争或死者的，关于它们的设计和制作的激烈争论证明了自 1917 年以来关于战争努力的意义和价值的持续辩论。具有德国特色的是"英雄"树林，树林主要由橡树构成，四周散布着巨石，象征着民族的原始力量。[91]死亡城堡也是如此设计的。1927 年，一座巨大的纪念碑在坦能堡揭幕，来自东线的 20 名无名士兵坟墓的周围环绕着堡垒般的墙壁，兴登堡利用这个仪式发表了一篇好战的演讲。[92]尽管计划修建一座国家纪念碑，但从未实现，因为关于把它建在哪里存在争议，协约国继续占领莱茵兰被引为推迟建立国家纪念碑的理由。直到 1931 年，普鲁士政府（而不是帝国政府）在柏林的新岗哨（Neue Wache）专门修建了一个无名士兵的国家陵园。与西方不同，这个陵园并没有埋葬阵亡者。

　　魏玛德国的政治环境更加复杂，人们纪念战争的方式更加多样。德国阵亡者安葬协会设立全国哀悼日，1924 年政府在柏林组织了一场战争死难者葬礼，此时对立的人群分别唱起《国际歌》（*Internationale*）和《莱茵河上的守望者》（*The Watch on the Rhine*），双方发生了冲突。[93]当局赞助了一场颂扬爱国主义战争的活动，主要是颂扬朗格马克战役，据说在第一次伊普尔战役中，学生志愿者唱着爱国赞美诗发起进攻。事实上，这个故事几乎是编造的：这次灾难性的失败不是发生在朗格马克村，大部分军人也不是志愿入伍的，唱爱国赞美诗也没有经过证实。但是德国的全国学生组织从 1919 年开始每年 11 月 10 日庆祝一年一度的朗格马克日。1928—1932 年，在朗格马克村附近修建了一座公墓，一位亲纳粹者在落成典礼上发表了讲话。1928 年，一份小册子被广泛传播，

559

其中对朗格马克的理想与魏玛共和国和西方民主国家的理想进行了对比。[94]

除了建造纪念碑和设计纪念仪式，德国还必须像战胜国一样处理战争幸存者的问题。德国的困难与其他国家的不同。德国战时的伤亡人数最多，战后的问题也最严重。德国的相关人员有 600 万之多，要么是伤残的退伍军人，要么是他们的家人，要么是死者遗属，其中 270 万人是永久性残疾者，53.3 万人是寡妇，119.2 万人是孤儿。1919—1922 年，国家预算的抚恤金增加了 8 倍，1924—1928 年，扣除赔款和对州政府的转移支付后，帝国支出的 30％都投在了抚恤金项目上。事实上，在 20 世纪 20 年代后期，德国战争抚恤金支出占国家预算的比例是英国的两倍多。如此庞大的金额，在很大程度上导致了德国在 1929 年后陷入了财政危机，尽管政府如此慷慨大方，还是有一批老兵对魏玛政府不满。[95]

德国已经有了一个庞大的退伍军人组织德国退伍军人协会，该组织在战前与军队合作招募和训练成员，并反对社会民主党，拒绝接纳社会主义者为其成员。它在 1915 年取消了这一禁令，随后它仍将共产主义者排除在外。1918 年后，兴登堡成为该组织的名誉主席，并积极发起"修约运动"，谴责法国和波兰窃取德国领土。这一组织成员众多，在 1922 年有 220 万名成员，当局容忍它的民族主义立场，但质疑它的君主主义倾向，因而出现了众多与之竞争的组织。[96]此外，该协会有一个传统，即高度政治化，同时自称无党派，这一传统在 1916—1919 年成立的新机构中得到了发扬，年轻的退伍军人希望这些组织与他们祖辈的组织有所不同。就像在协约国一样，倡导者希望为残疾军人提供慷慨的抚恤金，为身体健康的军人提供就业保障，但在1917—1919年的分裂气氛中，他们的政治观点更加雄心勃勃。其中最大的新组织是成立于1917年的帝国退伍军人和残疾军人协会（RKK）。在社会主义者的领导下，该组织希望从战争利润中为寡妇和残疾军人争取更多的抚恤金，实现选举权的民主化，并实现"和平谅解"。1918年12月，该组织在柏林组织了一场有一万名残疾军人和丧亲者参加的集会，这一悲情场面给几位魏玛共和国的艺术家留下了深刻的印象。到1924年，约有140万名残疾军人被组织起来，其中64万人隶属于帝国退伍军人和残疾军人协会，25.5万人隶属德国退伍军人协会，20.9万人隶属于倾向自由主义的团结德意志协会。针对残疾军人的不满，政府颁布法令，确保残疾军人在公共部门就业，国家保证负责他们的福利。同时，1920年国家通过立法，在劳动部下建立一个统一的抚恤金、就业咨询和职业培训体系。这项措施过于仓促，而且德国经济困难，在此环境下，这些措施实施起来比较困难。但正如老兵们所看到的，政府在处理他们的要求时行动迟缓，直到1925年，很多人还不知道他们的抚恤金是多少，政府一开始设定的抚恤金很低，也没有根据通货膨胀进行调整，1923年削减抚恤金将数十万轻微残疾者完全排除在外。帝国退伍军人和残疾军人协会虽然支持魏玛共和国，但却不能为抚恤金辩护。与英法美相比，德国的退伍军人组织四分五裂，不能进行有效的游说，在解决退伍军人问题和不满方面也不太成功。[97]

　　与协约国不同的是，德国的财政紧张，而且老兵们不配合。此外，许多退伍军人还加入了大规模的准军事组织。就像意大利的法西斯组织一样，这些组织旨在充当右翼政治的打手，而不仅仅是为了保护退伍军人的利益，而且有几个组织对非退伍军人开放。第一个是臭名昭著的自由军团，1919 年被用来镇压左翼运动。[98] 像法西斯组织一样，自由军团包括许多老兵，也包括右翼分子，尤其是学生，到 1919 年春天，自由军团有 20 万～40 万人，在前帝国军官的领导下组成地方旅。"家园警卫团"在 1914 年之前就已经成立，其成员年龄更大，成分更加复杂多样，这一组织是德国中产阶级的代表，他们对 1918 年十一月革命中工人阶级力量的表现感到震惊。

561 1914 年前，政治暴力和暗杀在德国极为罕见，现在却成为魏玛时期政治生活的常态，如果它们来自右翼，法院会予以宽恕。政府最初批准了这些机构，后来失去了对它们的控制，在协约国及其支持者的压力下，魏玛政府在 1920 年禁止了这些组织，但它们仍在秘密运行着。在 20 世纪 20 年代中期，德国重新出现了合法和公开的准军事联盟，由退伍军人和在战后组织中服役的年轻人组成。这些新组织呼吁在解决了内部敌人之后，建立一个威权政府，发动一场针对法国的解放战争。这种组织最典型的例子是"钢盔团"，其创始人弗兰茨·塞尔特（Franz Seldter）在索姆河战役中失去了一只手臂。"钢盔团"排斥犹太人和左翼分子，在 20 世纪 20 年代中期，这一组织大约有 40 万名成员，但是在 20 世纪 20 年代末期，"钢盔团"被纳粹党的棕衫军超越了。然而，最大的政治战斗联盟是"帝国战旗"，它成立于 1924 年，是为了抗衡"钢盔团"而成立的，它招募了多达 100 万名成员。社会民主党、德国民主党、天主教中央

党和工会支持老兵领导这项运动，它向所有保卫共和国的人员开放，他们统一着装，主要的活动方式是游行和开展军事训练。共产主义组织"红色前线联合会"的规模要小得多，大概有 10 万名成员，但更加暴力。作为最大的退伍军人组织之一，"帝国战旗"不主张威权政府，也不主张复仇战争，尽管很多其他组织都这样做。[99]

战争对魏玛德国的恶劣影响对于理解这一时期的政治至关重要。在国际外交中，"白里安计划"和《凯洛格-白里安公约》都可以被视为对一战记忆的回应。二者在一战前都不可能成为官方政策，顶多只是理想主义者的愿景。经过一战，人们意识到现代战争可能意味着什么，这一启示促使人们努力废除战争，并超越旧的国家体系。自 1924 年以来，法德两国历经五年，实现了和解，经济复苏，政治极端主义减少，战时敌对行动似乎正在失去吸引力。强大的力量正在愈合伤口。墓地、纪念馆和一系列仪式安慰了失去亲人的人们，并创造了一个机会去考虑牺牲的意义，为受害者提供福利计划，退伍军人协会提供陪伴和互助。欧洲对殖民地的控制重新确立。在许多国家，妇女不仅获得了某些政治权利，而且大多回到原来的岗位。工人们获得了一些福利，比如八小时工作制，但工会受到了压制，即使社会主义政党或工党上台执政，也很少做出改变。国内和国际同时保持了稳定的局面。然而，西方国家在 1924 年后认为通过放松《凡尔赛和约》的约束，可以安抚德国，而事实却是，尽管许多德国人和德国领导人对于一战持有不同的态度，但是他们既没有忘记德国的军事传统，也不甘心失败。战争神话和战争记忆仍然具有激发民族主义情绪的高度危险性。此外，20 世纪

20 年代末，德国的经济复苏尚不稳固，这将被证明是德国这座大厦不稳定的致命缺陷。从表面上看，战后 10 年，《凡尔赛和约》的大部分内容仍然完好无损，德国仍然被限制在 1919 年设定的边界和军事力量水平之内，并在 1924—1931 年按照时间表支付赔款。但是，自 1923 年以来，法国执行和解的能力已经萎缩，当国际气候再次恶化时，这一点变得非常明显。

第 20 章　毁灭
（1929—1945）

　1929 年之后，有三件事备受世人瞩目：大萧条、纳粹党的崛起和对第三帝国的绥靖政策。这些事件使一位领导人上台，他的上台也引发了第二次世界大战，这些事件意味着前协约国不太可能在他发动战争前阻止他。此时距离一战已经有十多年了。虽然它不是 20 世纪 30 年代悲剧的必然条件，但它绝对是二战爆发的必要条件，并使西方政治家在应对他们面临的挑战时所要处理的任务变得极其复杂。

　　首先要考虑的是一战对经济的影响。战争不仅造成了巨大的伤亡，而且破坏了经济，其破坏程度很难估计。1930 年，英国统计学家 A. L. 鲍利（A. L. Bowley）估算，以战前价格计算，英国在一战中的实际损失为 20 亿英镑，而包括俄国在内的所有欧洲国家的损失总额为 550 亿英镑。他推断，1919 年的世界资本存量已经倒退到 1911 年的水平，此外还遭受了 10 年的经济停滞。[1]最严重的破坏发生在比利时、法国、波兰、罗马尼亚、塞尔维亚和意大利，但是一战的大部分战役都不是运动战，这使它的破坏范围没有二战那么大。比利时损失了 6％的住房、2/3 的铁路和 1/2 的钢铁厂。法国的财富损失所占比例要小一些，但从绝对价值来看要大一些。波兰损失了大部分牲畜和铁路基础设施，英国损失了近 800 万吨航运，但大部分海上沉船和战区的破坏在几年内就得到了弥补。战争的持久后果不太明显，战争的后果集中表现在贸易和金融方面。

乍一看，欧洲的经济复苏相当迅速。到 1920 年，大多数中立国，以及英国和意大利的工业生产回到了 1913 年的水平；经历 1921 年经济衰退后，欧洲的经济进一步增长，到 1924 年，英国、意大利、比利时和法国的经济水平已远远超出战前水平。但在德国和奥地利，经济水平仍低于战前水平，直到 20 世纪 20 年代末，两国的经济发展水平才超过战前。一般来说，中立国遭受的损失最小，同盟国遭受的损失最大，协约国遭受的损失居中。[2]20 世纪 20 年代，美国的经济增长率超过欧洲，日本与欧洲的经济增速大致相当，但在所有这些国家中，农业的复苏都比工业缓慢。总的来说，一战开始至二战结束的这段时间内，欧洲资本主义国家的经济增长比 20 世纪的任何时候都要慢。1913—1950 年，西欧和中欧 15 个国家的人均国内生产总值平均每年仅增长 0.9％，而 1890—1914 年为 1.4％，1950—1973 年为 4.0％。[3]尽管车辆、飞机和化学品等领域的技术发展迅速，军事需求加速了技术变化，但是生活水平却上升缓慢。欧洲经济的增长速度低于其产能所允许的水平，早在 1929 年经济衰退之前，高失业率和设备闲置就已经在一些国家显现出来。如果说产出增长令人失望，那么贸易增长就更令人失望了。一战期间，世界从 1914 年之前开放、快速一体化的全球经济倒退了许多，20 世纪 20 年代出现了一些开放的现象，但在 1929 年的经济大萧条加剧之前，逆全球化仍是主流。

国际贸易增长缓慢有几个原因，出口占比较高的国家（例如英国和德国）受到的影响更大。其中最常被援引的原因是一系列新民族国家的建立。从 1914 年到 1919—1920 年签订和平条约时，欧洲独立国家的数量从 26 个增加到 38 个，政治边界的总长度增加了 12 500 英里。[4]在哈布斯堡王朝统治时期，东南欧形成了一个关税联盟，但现在那里关税壁垒纵横交错，甚至西欧的关税也大概上升了 50%。[5]由于内部混乱和其他国家政府拒绝在外交上承认苏俄，在 20 世纪 20 年代中期之前，苏俄实际上被禁止从事对外贸易。1924 年之前，德国政治十分混乱，这导致其经济和对外贸易无法恢复到战前水平。

战争期间产生的过剩生产能力进一步阻碍了贸易复苏。如果战时的国家干预持续得再久一些，停战后的过渡可能会更顺利，但控制航运、小麦和其他商品的协约国机构在 1919 年基本停止运作。这或许有助于解释 1919—1920 年的全球贸易繁荣与 1921—1922 年的全球贸易急剧衰退之间的剧烈交替。自 1914 年以来，世界造船能力几乎翻了一番，20 世纪 20 年代中期，英国和中欧的钢铁产能比战前高出 50%。为了减轻从德国进口人造染料的束缚，协约国提高了化学制品的产量，结果在 1914—1924 年，德国的国际市场份额减少了一半。[6]日本和印度增加了棉纺织品产量，部分原因是英国供应不足，现在它们在满足亚洲国家的需求方面是英国的竞争对手。一战期间，军事订单使马来亚和玻利维亚的橡胶与锡的产量激增，但随着战后需求减少，它们的产量也大幅下降。在食品方面，美国、加拿大、澳大利亚和阿根廷的小麦产量在 1909—1913 年至 20 世纪 20 年代中期之间增加了近 50%，导致出现大量库存，世界市场价格下跌，欧洲保护性关税增加。蔗糖也是如此，当欧洲甜菜产量因战争而下降时，古巴和爪哇增加了甘蔗产量，导致 1924—1925 年甘蔗价格暴跌，政府被迫采取奖励和补贴措施。[7]

除了新的政治边界和生产过剩之外，国际贸易停滞主要是金融方面的原因。一战造成的经济损失同物质损失一样难以估算，各方面的估计数字也有很大差异。经常被引用的数字是，以当前价格计算，同盟国的经济损失为 615 亿美元，其对手的经济损失为 1 470 亿美元，总计 2 085 亿美元。按照 1913 年的不变价格计算，分别为 247 亿美元、577 亿美元和 824 亿美元。[8]未来的重要问题是如何弥补这些损失。① 一战期间，大多数欧洲交战国中止了金本位，积累了巨额的预算赤字，税收只占政府支出的一小部分。通过在国内或国外发行债券，长期借款填补了大部分预算缺口，国库券或无担保的央行贷款填补了剩余的预算缺口。尽管如此，货币存量的增速还是超过了经济产出的增速，从而加剧了潜在的通货膨胀，因为零售

---

① 参见第 9 章。

价格的上涨幅度低于流通中货币数量的增速。这个问题也是战争直接导致的后遗症，而且由于协约国之间金融合作的结束，在美国停止支持后，英镑和法郎在 1919 年贬值，问题变得更加复杂。有几种可能的反应。英国在 1919 年通过维持低利率的英镑，以确保经济的发展，直到军人复员工作结束。随后，当局大幅提高了借贷成本，导致了严重的经济衰退和高失业率，但压低了物价。美国与之类似。相比之下，法国和德国在稳定预算方面遇到了更多的阻力，特别是在 1921 年之后，又卷入了赔款争端。和英国一样，法国在重建、抚恤金和偿还巨额国债方面面临着越来越大的压力，但克列孟梭的财政部长克洛茨承诺，在明确德国将支付多少赔款之前，法国不会提高税收，法国政府将增税推迟到 1924 年。法国没能减少流通中的货币，通胀压力持续存在。1925 年，英国暂时将英镑恢复到战前 1 英镑＝ 4.86 美元的水平，这是英国另一个试图夺回战前世界地位的标志性事件。对于法郎来说，这是不可能的，法国投资者接受了他们战前金融资产永久贬值的现实。[9] 相反，德国人试图通过削减开支或提高税收来平衡预算的做法很容易受到攻击，因为他们这样做是为了报复敌人。无论如何，战后德国的财政问题比协约国的更严重，但与法国一样，赔款问题加剧了社会动荡。[10] 战后，金融动荡与各交战国内部和彼此之间的政治斗争紧密交织在一起。

　　尽管如此，到 20 世纪 20 年代末，欧洲在经济和政治上似乎都出现了转机。受损严重的地区得到了重建，生产恢复并超过了战前水平，货币逐渐固定。继马克（1924 年）和英镑（1925 年）之后，法郎、里拉、日元都与黄金和美元挂钩。尽管欧洲在全球出口中的

566

份额在一战期间有所下滑，但到 1929 年，欧洲已经收复了大部分过去丢失的市场份额。但 1929 年开始的新萧条不只是像 1920 年那样的周期性衰退，它更是造成了持久的破坏。1931 年，一场席卷全欧洲的金融危机爆发，各国普遍提高关税，稳定的货币开始崩溃，由此开启了 20 世纪 30 年代，这是一个充满可怕挫折的十年。一位历史学家将政治和经济上衰退的 30 年代称为"毁灭的十年"。[11]

　　经济衰退并非凭空出现的。1929 年 10 月美国股市崩盘引发了这场危机。在 20 世纪 20 年代，战争造成的问题只是得到缓解，而没有得到解决。商品价格下跌，商品出口国陷入困境。自恢复金本位以来，英镑被高估了约 10%，英国出口贸易的长期停滞问题依然存在。1924 年后，德国的经济复苏趋于平稳，随后它的经济也开始停滞不前。美国的经济衰退加剧了这些问题，首先是因为美国需求崩溃使世界各地更难在美国销售商品和赚取美元，1930 年严苛的《斯穆特–霍利关税法》（*The Smoot-Hawley Tariff Act*）进一步加剧了这一问题；其次是因为这一法案阻止了美国资本的出口。在 20 世纪 20 年代，美国已经取代英国成为最大的国际投资者。在为道威斯计划提供贷款后，美国私人资金流向德国，其数额远远超过德国需要支付的赔款额，也远远超过协约国支付给美国的战债。[12]事实上，在 20 世纪 20 年代末，法国得到了一些它在和平会议上所追求的东西：尽管美国的资金是提供给德国而不是法国的，但美国的资金还是促进了欧洲经济和法国经济的复苏，英国在洛迦诺会议上为法国提供了安全保障。英美的参与营造了一种和解的氛围，在这种氛围下，法国可以更有信心地向德国做出让步。但美国提供的贷款让德国严重依赖美国。随着 20 世纪 20 年代华尔街大牛市达到高潮，美国对外贷款枯竭，在美国经济崩盘后，未发放的信贷被收回。这在一定程度上导致了 1931 年一系列违约行为在整个欧洲蔓延。奥地利最大的银行奥地利信贷银行在 5 月破产；7 月，在德国银行业危机后，魏玛当局实际上放弃了金本位；9 月，英国也采取了同样的行动。英国在 1932 年的《进口关税法案》（*Import Duties Act*）中对大部分进口商品征收关税，而罗斯福在 1933 年就任美国总统后的第一个动作就是单方面让美元贬值。到那时为止，世界大部分地区已经在实施外汇和贸易管制。

　　分析的关键涉及一战与大萧条之间的联系，以及大萧条与纳粹主义之间的联系。首先，关于第一点，一战遗产与美国经济衰退无关，但一战遗产确实促进了经济衰退在欧洲的蔓延。一战有助于解释为什么经济低迷会产生如此剧烈的影响，以及为什么复苏如此困难，特别是它在一定程度上造成了主要生产国包括东欧各国的产能过剩，当美国和西欧市场萎缩、资本外流枯竭时，这些国家就变得脆弱不堪。其次，一战是赔款争议的根源，部分是为了缓和这一争议，美国当局鼓励 1924 年向德国提供贷款，此后美国资金开始流向德国。最后，一战遗产促成了 1931 年的金融危机。1930 年，德国外交政策中的民族主义倾向更强烈，下文将讨论其背后的原因。1931 年春天，海因里希·布吕宁（Heinrich Brüning）宣布与奥地利建立关税同盟，并且不再支付杨格计划中规定的赔款。此时距离 1929 年宣布的"最终结束了战争状态"还不到两年。法国利用奥地利信贷银行危机报复奥地利，法国宣称向奥地利提供援助的条件

是后者将德奥关税同盟项目提交给海牙国际法院，由国际法院对此
做出裁决。法国随后搁置了美国总统胡佛（Hoover）提出的暂停战
争债务和赔款支付的建议。这些战争的遗留问题体现在法德对抗以
及《凡尔赛和约》的奥地利条款中，在一场威胁到所有西方民主政
权的经济风暴中，合作进一步受阻。[13] 此外，政府预算不仅受到赔款
和海外战争债务的拖累，还受到 1914—1918 年国内借款的拖累。
这个问题在英国可能最为严重，因为英国的通货膨胀没有那么严
重，战争贷款也没有贬值。但是战争抚恤金对于德国政府来说也是
一笔巨大的开支，1929 年初，德国政府已经没有钱来发放战争抚
恤金了。因此，在经济危机时，英德都负债累累，通过预算赤字来
应对经济衰退的回旋余地更小；一旦经济衰退袭来，法国政府就发
现自己陷入了赤字危机。影响还不止此。在英国和美国，货币贬
值和降息最终有助于经济的好转。相比之下，在 1931 年德国放弃
马克的金本位后，海因里希·布吕宁坚持实行削减开支和通货紧缩
的政策，显然是为了彻底表明德国无力支付赔款。[14]

　　因此，一战与大萧条之间有许多联系，而大萧条与纳粹主义之
间的联系似乎更明显。在 1923 年恶性通货膨胀危机期间，纳粹党
首次在德国南部获得了广泛支持。在经历了四年的经济繁荣之后，
在 1928 年德国国会选举时，纳粹党的追随者逐渐减少。然而，在
1929 年，纳粹党在地方上又恢复了影响，在 1930 年成为德国国会
的第二大党，在 1932 年的国会选举和总统选举中，纳粹党的影响
力进一步增强。似乎随着失业人数的增加，纳粹党的选票也在增
加。事实上，尽管一些失业者投票支持希特勒并加入了棕衫军，但

工人阶级更有可能从社会主义者转为共产主义者，随着经济萧条的加剧，共产党的选票也在增加。因此，为了解释纳粹的成功，我们需要考虑非经济因素。1929 年后，纳粹党在信奉新教的德国北部和东部的中产阶级选民中取得突破，尤其是在农村地区、小城镇和郊区。不仅首次投票的年轻选民支持纳粹党，连保守派和自由派的传统支持者也开始支持纳粹党，保守派和自由派的支持率因此而下降。[15]这场经济危机让农民和店主破产，让白领工人沦为无产者。希特勒为经济危机提供的解决方案是纳粹党赢得广泛支持的重要原因。同时，冲锋队也发挥了作用，这一组织似乎抵制了左翼革命的发生。但希特勒也受益于一种文化转型并促成了这种文化转型，这种文化转型的核心是人们对战争的态度的转变。

569

魏玛德国的和平主义势力比 1914 年前更强大，但它的政治影响有限。魏玛时代的伟大画家，如奥托·迪克斯（Otto Dix）、格奥尔格·格罗茨（Georg Grosz）和马克斯·贝克曼（Max Beckmann），对战争及其后果的描绘毫不留情[16]，在 1918 年，许多德国士兵只想复员回家，这是事实。[17]在 20 世纪 20 年代早期和中期，德国出版商发现与战争有关的书籍销售困难，电影院也回避战争话题。但是，这一时期有关战争罪责和帝国被"背后捅刀子"的争议从未停止；此外，这一时期德国还出现了"钢盔团"和兴登堡当选总统等政治事件。这些都表明许多德国人既没有放弃好战姿态，也不甘心失败。早在 1928 年，在经济繁荣的鼎盛时期，激进的右翼就再次发动了对魏玛共和国的攻势。"钢盔团"领导人宣称他们憎恨一个阻止德国重新武装的政权，希特勒决定通过选举程序来夺取权力，在 1929 年举行的全民投票过程中，他与"钢盔团"、保守派联合起来反对杨格计划，虽然失败了，但其影响力让当时的人们感到震惊，这标志着纳粹主义卷土重来。与此同时，冲锋队快速崛起，从 1929 年的 5 万名成员增加到 1933 年 1 月的 50 多万名成员，冲锋队超越"钢盔团"，成为德国最大的右翼准军事组织。[18]文化和政治是同步发展的，1929—1930 年也是"战争书籍"的繁荣时期，最典型的表现是埃里希·玛丽亚·雷马克的《西线无战事》（*Im Westen Nichts Neues*）的巨大成功，它被视为最伟大的战争题材小说，并被证明是迄今为止出版界最大的成功。1929 年 1 月出版后的一年内，这本书在德国卖出了近 100 万册，在国外卖出了 100 多万册。1930 年，它被改编成一部好莱坞电影，改编后的电影同样成功。然而，雷马克的哀怨语气在德国战争书籍中是个另类。[19]他书籍的销量超过了其他民族主义作家，虽然他们的读者数量也很大。最重要的其他民族主义作家有恩斯特·荣格尔，以及荣格尔的弟弟弗里德里希（Friedrich）、弗兰茨·绍韦克尔（Franz Schauwecker）、恩斯特·冯·萨洛蒙（Ernst von Salomon）等人。与雷马克不同，他们将战斗美化为最高贵的艺术和自然秩序的一部分，荣格尔将战争比作"古代大师的受难画……一个宏伟的构想，震撼了视觉和血液"[20]。这些文章最初发表在"钢盔团"的期刊上，它们要求由前线士兵领导国家，因为他们在战壕中变得更坚强；民族主义作家呼吁推翻民主政治家，为德国重新扩张做好准备。德国出版的战争书籍从 1926 年的 200 种增加到 1930 年的 400 多种，在 1933 年希特勒掌权后增加到 500 多种。[21]如果说雷马克的小说是 1929 年的成功代表，那么此后其他民族主义作家取代了他的位置，电影院也出现了同样的趋势，美国电影《西线无战事》被禁止上映，表面上是因为它损害了德国的声誉，实际上是因为它威胁到纳粹德国的内部秩序。[22]

在希特勒上台之前，不断变化的国内情绪助长了德国外交政策的激进化，并陷入了一个恶性循环。1929 年 10 月，施特莱斯曼去世，1930 年由天主教中央党的海因里希·布吕宁组织新政府。作为一名老兵，他支持禁播美国电影《西线无战事》，并将其政府描述为"前线士兵内阁"。布吕宁政府拒绝了"白里安计划"，认为它限制了德国的野心。[23]在 6 月 3 日法国人撤离莱茵兰后，布吕宁政府发表了一份民族主义宣言以示庆祝。纳粹党在 1930 年 9 月的选举中获胜后，布吕宁发动了更强硬的外交攻势，试图通过强硬的外交政策来阻止纳粹党发展，他暂停支付赔款，并尝试与奥地利建立关税同盟。事实上，到 20 世纪 30 年代初，协约国在《凡尔赛和约》上的让步似乎并没能阻止德国极端势力的发展。在 1932 年的洛桑会议上，赔款几乎被取消，在 1931—1933 年的日内瓦会议上，协约国接受了德国军备平等原则，但德国国内对纳粹党的支持继续扩大，迫使最后几届魏玛政府对内实行威权主义，对外采取强硬态度。军队领导人在 1924 年后秘密地恢复了军备计划，1932 年，布吕宁的继任者弗兰茨·冯·巴本（Franz von Papen）推行了一个大规模的重整军备计划。民族主义不仅在国民中，而且在国家领导层中的影响力不断增长，这对于解释希特勒为何能够受到兴登堡的邀请和军队的支持，并在 1933 年 1 月被任命为总理至关重要。[24]

　　简而言之，这场战争对于纳粹掌权至关重要，不仅因为它对经济危机的贡献，还因为它在重新评估一战记忆时重新唤醒德国民族主义方面所起的作用。这并不意味着老兵是支持纳粹势力的主要组成部分。1930 年，布吕宁削减一战老兵的津贴后，纳粹党发起了一场支持残疾军人的运动[25]，但有多少人投票支持纳粹党很难确定。至于冲锋队，它的大多数成员都太年轻了，冲锋队的"活跃"成员一般都在 25 岁以下。冲锋队从前陆军和自由军团的军官中招募新人，并接受了一些自由军团的部队，后来又从"钢盔团"那里挖人，尽管如此，在 1929—1933 年加入棕衫军的新兵中，退伍军人的占比还是可能不到 1/4。[26]因此，在将战争经历的记忆视为一个独立的因果变量时，需要谨慎。德国和其他国家一样，都历经了战火，关于一战的重要性存在着许多不同的观点。但在战争结束十年后，德国国内外环境的变化为其接受激进右翼势力创造了条件。尽管希特勒避免公开评论对外政策，也没有公开主张发动一场新的战争，但他确实谴责了《凡尔赛和约》和 1918 年 11 月背叛德国的"罪犯"；他提出要对国家进行全面的救赎性改造，而不是简单地解决物质问题。[27]此外，关键的一点是，早在 1917—1918 年，纳粹党领导人严重的反犹主义就已经在德国右翼势力中，特别是在泛德意志联盟和祖国党的激进扩张主义者中普遍存在，这些人在许多方面都是希特勒的前辈。1916 年后，普鲁士军队不再接纳犹太人，因为有指控称，在前线服役的犹太人少得可怜，与他们在德国的人口不成比例。这一指控毫无根据。食品短缺、俄国革命和军事灾难酝酿出了一种奇怪而邪恶的气氛，在这种气氛下，煽动种族主义有了根基。[28]这也是纳粹党领导人（大多数纳粹党领导人都参加过一战）认为一战影响至关重要的一个原因。根据鲁道夫·赫斯（Rudolf Hess）的说法，"第三帝国来自战壕"，希特勒将1914—1918年描述为"我尘世经历中最伟大、最难忘的时光"[29]。像布吕宁和墨索里尼一样，他们把自己塑造成前线士兵掌权的一代人，他们对退伍军人慷慨大方。新政权以其特有的盛大仪式庆祝一年一度的英雄纪念日，英雄纪念日是1914年7月设立的一个新的纪念日，德国为了所谓的民族团结而设立。[30]然而，希特勒真正关心的是其他方面。他写于1924年的《我的奋斗》（*Mein Kampf*）极力避免再犯威廉二世犯过的错误，他为德国绘制了蓝图。希特勒认为，在下一次战争中，德国必须避免被包围，通过拉拢意大利和英国，集中精力对付法国，然后进军乌克兰，它或许能够做到这一点。在上任后的几天内，希特勒告诉他的将军们，在获得国内控制权后，他的首要任务是重整军备，以期"征服东部的生存空间并对这些地区无情地实现日耳曼化"[31]。虽然他是一名西线老兵，但他真正希望重演的是德国在对俄战争中取胜。

在不发生可怕流血事件的情况下，世界遏制希特勒的唯一机会是趁《凡尔赛和约》的效力还存在时，在希特勒重新武装起来之前采取行动。但在20世纪30年代早期和中期的政治氛围中，他几乎没有遇到什么困难就突破了这些新的限制。一战胜利打破了协约国之间的战时团结，大萧条时期协约国的分裂进一步加剧。[32]东京总参谋部从1918年德国战败中得出结论，日本必须自给自足，而大萧条导致了日本对美国的丝绸出口贸易的崩溃，也导致了日本北部农村地区的贫困，这一地区历来是日本的征兵地。[33] 为了追求更大的经济独立，下级军官策划了 1931—1933 年的"满洲事变"，在此过程中，伪满洲国成为日本军事控制下的"卫星国"，日本开始演变为独裁政权。到 1936 年，日本开始在《反共产国际协定》（Anti-Comintern Pact）中与希特勒进行外交合作。墨索里尼在大萧条时期也变得更加激进。他利用德国的复兴来推行更加激进的外交政策，并在 1935—1936 年侵略埃塞俄比亚。在这次行动结束时，他和西方列强断绝了关系，转而与希特勒结盟，这可能是他原来不想要的结果。另外，面对希特勒掌权，苏联表现出了与西方合作的新兴趣，苏德合作至少可以作为一个备选方案以应对国际局势的变化。苏联在 1934 年加入国联，并在 1935 年与法国和捷克斯洛伐克签订安全条约，而共产国际则暂停了其革命路线。但可悲的是，第一次世界大战的记忆对大西洋民主国家外交政策的影响在 30 年代比 20 年代更大。接下来，我们依次论述法国、英国和美国。

　　法国是最直接受到希特勒威胁的大国，由于法国拥有庞大的武装力量，又与德国毗邻，法国的态度对于任何针对德国的预防性行动都是至关重要的。20 世纪 20 年代末，尽管人们对战争的关注增加了，但与德国和英国相比，法国的态度变化不大。雷马克的译著卖得很好；关于凡尔登战役的书籍数量激增；杜奥蒙特的藏骸室在 1927 年部分落成，1932 年完全落成，人们开始定期在那里守夜。[34] 20 世纪 30 年代，法国出现了一些影响深远的战争小说；30 年代早期，法国退伍军人组织的影响力达到峰值，其成员人数超过 300 万，代表了近 1/4 的选民。[35] 国际残疾人和退伍军人协会秘书长在

1933—1935 年担任战争抚恤部部长，在财政危机严重的时期，他将近 110 万战争抚恤金领取者的抚恤金削减了 3%。更引人注目的是，1934 年 2 月 6 日，在巴黎发生的骚乱中，联合司令部成员和右翼准军事人员与警察发生冲突，左翼政府辞职，加斯东·杜梅格领导的保守政府赢得广泛的支持，杜梅格是 1917 年与尼古拉二世签订战争目标协议的人。这场骚乱使许多左翼人士认识到法西斯主义对法国民主的威胁，并推动社会党、共产党和激进社会党联合组建了人民阵线联盟，该联盟在 1936 年的选举中赢得了多数席位。

法国左翼的怀疑是有一定根据的。1928 年成立的"十字架"组织与德国的"钢盔团"类似。它最初是非政治性的，面向的对象仅限于退伍军人，1931 年后，在新领导人德·拉·罗克（de la Rocque）上校的领导下，"十字架"组织谴责政治制度腐败，有六七千名成员参加了 1934 年 2 月的示威活动。[36] 然而，大多数退伍军人组织支持政府进行更温和的改革，旨在保持政府稳定，而不破坏民主制度，他们都支持人民阵线政府的社会改革。[37] 尽管"十字架"组织归德·拉·罗克上校指挥，其成员穿着制服游行，但主流组织既不受管束，也不好战。"十字架"组织选出了自己的领导人，这些领导人中是正式军官的很少，他们指责一战期间的最高统帅部造成了不必要的伤亡。他们极力为战时军事法庭的受害者恢复名誉，并通过了修订后的军事司法。主要的退伍军人组织也不美化战争，当墨索里尼等人这样做时，它们也会激烈反对。它们反对单方面裁军，但在 20 世纪 20 年代，它们支持国际联盟和白里安的和解政策。在 20 世纪 30 年代，虽然不支持希特勒，但它们支持绥靖政策，全国战斗人员联盟和法国退伍军人联合会几乎不惜任何代价谋求和平。许多老兵认为参加一战让法国一无所获，正如既是哲学家同时也是一战老兵的阿兰（Alain）所说，如果"信奉战争不可避免，战争就真的不可避免了"[38]。他们参加了国际示威联合会，这一组织还包括意大利的和德国的退伍军人；1934 年，超过 400 人去拜见墨索里尼。同年，法国退伍军人联合会的负责人皮查特（Pichat）会见了希特勒。皮查特也参加了 1938 年的慕尼黑会议，会后他发表了一份支持性的声明。然而，退伍军人对待绥靖政策的态度并不一致，到 1939 年春天，退伍军人组织赞成重新武装，这反映了整个法国公众舆论的趋势。[39] 在 1940 年 5 月德国发动进攻前的几个月里，法国的相对团结和强硬被迅速侵蚀，随后的崩溃速度更加深了这一印象，即 1917 年的士气危机留下的创伤从未真正愈合。[40]

574　　　因此，战争记忆对法国公众舆论的影响是，在可能以相对较小的代价阻止希特勒时，法国倾向于实行绥靖政策。但其他与战争有关的因素也在以同样的方式发挥作用，而且发挥的作用可能更大。从 1935 年起，由于一战时出生率的下降，法国征兵计划的可用人力减少了。法国只收到了来自德国的一小部分赔款，而重建花费巨大，其预算的大部分用于偿还战争贷款和抚恤伤亡者家属、残疾军人。与德国不同的是，法国还要向美国偿还战争债务。所有这些因素都减少了法国用于重整军备的经费。无论如何，大部分可用的资金都没有用于发展武器装备，而是用于修筑马其诺防线。马其诺防线是以前任陆军部长之名命名，始建于 1928 年，旨在保护边境工业区免受德国新的入侵。法国军事首脑担心另一次仓促备战会造成大的伤亡，他们倾向于等待和长期战略，这反过来强调了英国于他们而言的重要性——借助英国封锁德国，并期望英国提供金融、航运和原材料。[41] 在法国，无论是官方战略还是外交，一战都留下了惨痛教训。这些事态发展在 1936 年 3 月的莱茵兰危机中达到了顶峰，当时软弱的看守内阁在巴黎举行选举，法郎很脆弱，政府刚刚获得了英国财政部的一笔贷款，希特勒看准了这个机会，占领了莱茵兰非军事区。法军人手短缺，尚未开始认真重整军备。法国军事情报尽管准确地评估到了希特勒的意图，但高估了他的实力，认为法国对德国占领莱茵兰进行报复性打击将导致另一场长期的消耗战。[42] 因此，英国的支持似乎必不可少，但伦敦更愿意接受德国占领莱茵兰的既成事实。从这一刻起，法国政府被迫追随英国，从而丧失了在 20 世纪初拥有的所有军事优势。

英国在一战后采取绥靖政策，之所以这样做，部分原因是英国政策是从全球视角而非单纯的欧洲视角制定的，并且英国非常重视美国。尽管反对《凡尔赛和约》，但在 20 世纪 20 年代，美国利用其金融优势，鼓励修改和约以有利于德国，美国对欧洲进行了大量干预。在大萧条时期，美国更关注国内事务，也致力于避免重犯过去的错误，这意味着美国试图通过所谓的中立法案来防止重走任何可能的"一战之路"。这一过程始于 20 世纪 20 年代末，类似于欧洲，当时的美国文学也开始重新反思一战。约翰·多斯·帕索斯（John Dos Passos）和欧内斯特·海明威（Ernest Hemingway）等作家描绘的是怀疑权威和不信任前辈理想的幻灭图景。然而，这些作家是激进分子而不是和平主义者，他们的观点可能与美国远征军老兵的观点不同，传统的爱国主义文学作品继续出版。一项针对一战时自愿当过救护车司机的美国人的调查发现，大多数被调查者仍然相信他们在一战中的行为是正确的和必要的。[43]更具政治意义的是有关美国中立的辩论。从 20 世纪 30 年代初开始，国际法学家、历史学家以及美国和平协会就主张，未来政策的导向不应是防止战争，而应是置身于战争之外。[44]

北达科他州参议员杰拉尔德·奈（Gerald Nye）利用了这种情绪。作为一名来自美国内陆的进步主义者，他不信任东海岸的建制派，并认为是银行家和军火生产商让美国卷入了一战。1934 年，大量关于军火贸易的书籍问世，杰拉尔德·奈抓住这个机会，成立了一个由他担任主席的参议院特别调查委员会。该委员会利用传讯权来梳理军火公司的档案，通过听证会揭露了军火商的游说活动，揭露了军火商与陆军部、海军部的关系，以及它们在战争期间获得的巨额利润。同时，大学生中爆发了大规模的和平主义示威游行。沃尔特·米利斯（Walter Millis）的《通往战争之路：1914—1917 年的美国》（*Road to War：America，1914–1917*）暗示，参战违背了美国的国家利益，对协约国出口武器是美国参战的主要原因，这本书卖出了 2 万多册。罗斯福总统在听证会上作证说，他相信布赖恩在 1915 年支持不介入欧洲战争是正确的，他要求委员会为防止美国卷入欧洲战争进行立法。罗斯福比杰拉尔德·奈更相信积极的外交政策，他欢迎采取措施，防止美国卷入另一场战争。因此，他赞成 1935 年、1936 年和 1937 年的《中立法案》（*Neutrality Act*），尽管这些法案可能会比他希望的更加束缚他的手脚。最终的 1937

年法案明确规定，在危及美国和平的战争或内战中，总统必须禁止向交战国出售武器弹药和提供贷款，并禁止美国公民乘坐交战国船只旅行。他获得了一定程度的自由裁量权，除武器以外的其他货物可以"现购自运"，即购买者必须支付货物的费用，并用自己的船只运输货物，这在实践中对英国和法国有利，而对德国不利。很难不把这项立法看作美国关上大门、避免重犯 20 年前所谓错误的最了不起的尝试。1937 年，盖洛普民意测验（Gallup polls）显示，绝大多数公众支持孤立主义政策。[45] 大萧条、"满洲事变"和日益紧张的欧洲局势可能都促成了美国的孤立主义思想，罗斯福本人也未能幸免——他在一战期间曾担任海军部长助理，但现在他在许多方面已经不再对威尔逊主义抱有幻想。

英国也有类似的孤立主义，即使在战争期间，英国也存在着一股重要的反战声音，这股反战声音在停战后继续发展。尽管保罗·纳什（Paul Nash）、C. R. W. 内文森（C. R. W. Nevinson）和威廉·奥彭（William Orpen）爵士等人被政府正式委任为战争艺术家，但他们还是在 1918—1919 年绘制了反对战争的画作。尽管凯恩斯的《和平的经济后果》关注的是和平条约而不是战争本身，但它还是质疑了协约国胜利的价值及其参战动机的纯粹性；1922 年出版的《醒悟》（*Disenchantment*）也谴责了和平条约，并将战前稳定的世界与空洞而冷漠的战后现实进行了比较，《醒悟》的作者 C. E. 蒙塔古（C. E. Montague）原是《曼彻斯特卫报》的记者，他在 1914 年自愿参加英军。[46] 相比之下，现代主义文学运动的主要代表人物既没有参加战争，也没有直接谈到战争；但弗吉尼亚·伍尔夫（Virginia Woolf）的《达洛维夫人》（*Mrs Dalloway*，1925）描述了一位因患炮弹休克症而自杀的军官；艾略特（Eliot）《荒原》（*The Wasteland*，1922）中忧郁的意象明确地暗示了这场冲突。即便如此，鉴于现代主义文学作品的高度隐晦和传播的有限性，它们的影响力令人怀疑，而这一时期被广泛阅读的"中产阶级小说"往往是反德和爱国的。[47]鲁伯特·布鲁克（Rupert Brooke）的《1914和其他诗歌》（*1914 and Other Poems*）到 1930 年销量已达 30 万册[48]，他仍然是最著名的战争诗人，而许多与战争有关的著作都采用了官方历史和政治家以及将军回忆录的形式。在 20 世纪 20 年代，停战日的布道和演讲认为，击败德国，尽管代价高昂，但是必要的，也是有意义的。[49]直到 20 世纪 20 年代末，人们对战争的态度才发生了根本性变化，朝着厌恶战争和远离战争的方向发展。

577

1914—1918 年，评论家们普遍认为，伟大的战争艺术以后才会出现。事实上，最持久的文学纪念活动发生在十年后，尽管这批人算不上一流的作家，但绝对称得上是优秀的作家。在 1928 年到 1931 年，英国也出现了"战争书籍"的热潮。它比德国开始得早、结束得晚，英国战争文学包括诗歌和戏剧，还有小说和自传。作为《每日纪事报》（*Daily Chronicle*）的西线记者，菲利普·吉布斯（Philip Gibbs）一直在写正面积极的快讯。然而，1928 年，他的《战争的政治》（*The Politics of War*）在美国出版时改名为《现在可以讲了》（*Now It Can Be Told*），对后方的爱国者、奸商以及导致年轻人被屠杀的老年人秘密外交进行了猛烈攻击。1929 年 1 月，R. C. 谢里夫（R. C. Sherriff）的《旅程终点》（*Journey's End*）在萨伏伊剧院（Savoy Theatre）上演。伦敦西区向来回避战争主题的作品，但这部作品是迄今为止在那里最成功的演出，演出了 593 场，可能有 50 万人观看过，剧本售出了 17.5 万册，并以戈兰茨（Gollancz）出版社为名对剧院进行了命名。它虽然没有明确表达反战的信息，但真实地描绘了 1918 年 3 月德国发起进攻前夕，英国士兵与酗酒和怯懦做斗争的场景，许多老兵都能保证作品的真实性。[50] 同样引人注目的是，雷马克的《西线无战事》译本在 3 月问世，该书在两周内卖出了 2.5 万册。[51] 事实上，英国的自传热潮始于 1927 年劳伦斯《沙漠革命记》（*Revolt in the Desert*）的问世，《沙漠革命记》后来改名为《智慧七柱》（*Seven Pillars of Wisdom*）。此外这一时期的自传性代表作还有：1928 年埃德蒙·布伦登（Edmund Blunden）的《战争的暗语》（*Undertones of War*）和西格里夫·萨松的《猎狐人的回忆录》（*Memoirs of a Fox-Hunting Man*），1929 年罗伯特·格雷夫斯（Robert Graves）的《向一切告别》（*Goodbye to All That*）、理查德·奥尔丁顿（Richard Aldington）的《英雄之死》（*Death of a Hero*）和查尔斯·卡林顿（Charles Carrington）的《下属的战争》（*A Subaltern's War*）。1930 年又出版了西格里夫·萨松的《步兵军官回忆录》（*Memoirs of an Infantry officer*）和弗雷德里克·曼宁（Frederick Manning）的《她的隐私：我们》（*Her Privates We*），1933 年又出版了薇拉·布里顿的《青春誓约》（*Testament of Youth*）。评论家 H. M. 汤姆林森（H. M. Tomlinson）在回顾 1930 年的战争书籍时称，这场战争是"自冰川将我们的狩猎祖先推向南方以来，人类遭受的最大困扰"[52]。

1929—1930 年的中产阶级战争小说，与十年前不同，宣扬国际兄弟情谊，谴责战争是一种破坏。[53]另一本畅销书《劳合·乔治战争回忆录》（*Lloyd George's War Memoirs*）出版于 1933—1936 年，该书将战争归咎于意外，而不是德国的侵略，并对黑格进行了持续的抨击。[54]在《真正的战争》（*The Real War*，1934）中，前首相的军事顾问李德·哈特（Liddell Hart）爵士指控英国的西线战略和最高指挥部的失误，并借此放大这一事件，认为协约国取得最终胜利的主要因素是实施了封锁政策。[55]这一现象延伸到了电影领域：美国改编自小说的电影《西线无战事》在伦敦上映，获得了巨大成功，随后又有了电影版的《旅程终点》。这些电影有时是在政府的帮助下制作的，它们打破了 20 世纪 20 年代战争纪录片的庆祝基调，可能比所有其他战争题材的电影加起来都受欢迎。[56]

许多重要的战争书籍都出自战争中的军官之手，由士兵撰写的很少，这些军官通过战争而相互结识。1917 年西格里夫·萨松给《泰晤士报》写信呼吁结束战争，随后他在格雷夫斯的帮助下，被送到克雷格洛克哈特医院（Craiglockhart hospital）治疗炮弹休克症，萨松在这里遇到了威尔弗雷德·欧文，并向他介绍了巴比塞的《火线：一个步兵班的日记》，这本书给二人留下了深刻印象。布伦登也是重要的回忆录作家之一，他于 1931 年出版了威尔弗雷德·欧文诗歌的第一个完整版本，尽管在 20 世纪 30 年代威尔弗雷德·欧文的作品仍然不畅销。以巴比塞、雷马克和海明威为代表的新英国文学专注于描写个人的战争经历。作为一个流派，这些作品并非没有先例，但 19 世纪的战争所产生的先例并不多。新英国文学的独到之处是不关注战略和外交等高级政治，只关注恐怖、悲怆、混乱和闹剧等细微情节[57]，就像格雷夫斯对卢斯毒气袭击的惊人描述一样。这并不是说战争著作的作者是和平主义者。萨松对战争表示抗议后，又回到了他的部队。威尔弗雷德·欧文将前线的苦难与国内的自满和沙文主义相提并论，但在他著名的"序言"中，最主要的争论是关于在描述战争时用什么样的语言才是合适的，他认为应该摒弃浪漫主义和夸夸其谈。然而，自传作家痛苦地意识到战斗人员为战争所付出的代价，他们亲身见证，所以更具权威性。此外，他们自觉地从国际主义运动的视角进行写作——例如，在评论雷马克时，他们的主要评论之一是，雷马克展示了德国士兵和协约国士兵经历的共同特征。[58]回忆录中有一件事司空见惯，那就是各国士兵之间的纽带，是由除了他们自己以外的回忆和把他们与他人隔开的鸿沟所建立起来的。新作家现在试图弥合这个鸿沟，他们的做法取得了明显的效果。

格雷夫斯和萨松注意到，考虑到他们写作的主要目的是自我治疗，他们需要很长一段时间才能足够超然地写作。这一点和后来美国作家们对越战的创作一样，美国作家们也需要很长时间的间隔才能足够超然地写作，这是显而易见的。当然，并不是这些作家想等。早期纪念建筑和纪念仪式的兴盛见证了公众对战争的持续兴趣，梅宁门和蒂耶普瓦勒拱门在战争书籍出版的繁荣时期完工：1930 年，在短短三个月的时间内，就有 10 万人在梅宁门游客簿上签名。[59]然而，矛盾的是，在 20 世纪 20 年代末之前，出版商发现幻灭主题的个人纪念品几乎没有市场，而电影制作人则不敢轻易创作冒险和爱国题材的电影。20 世纪 20 年代结束时，人们的态度发生了变化，创作方法也有所不同。1926 年的大罢工被认为是产生这些变化的原因之一。书中充满冲突的语言和对日常生活的破坏，不禁让人想起了战争时期的某种情绪：工会的失败可能象征着战后过渡的结束和新事物的开始。[60] 到 1929 年，由战时和平主义者（包括拉姆齐·麦克唐纳首相）领导的工党政府上台，各国经济开始衰退，德国民族主义复兴，可能给人造成了这样一种印象，即战争是徒劳的，欧洲正在进入下一轮战争的前奏。[61] 这种观点在 20 世纪 30 年代以前并不普遍，但在 20 世纪 30 年代以后逐渐流行起来，即一战的牺牲是徒劳的。英国和德国一样，对战争的记忆既塑造了两次世界大战之间的岁月，也根据后来的经验进行了重新评估。事实上，20 世纪 20 年代末，两国几乎同时发生的文化转型，将一个国家推向了好战的民族主义，将另一个国家推向了和平主义。

与德国不同，新文学潮流在英国几乎没有引发民众的爱国主义反应，这种现象引起了一些军官和年长的文学评论家的尖锐批评。1930 年，D. 杰罗尔德（D. Jerrold）的《关于战争的谎言》（*The Lie about the War*）和西里尔·福尔斯（Cyril Falls）的《战争书》（*War Books*），强调了战争的崇高动机，并坚持认为战争取得了成就。然而，他们没有像恩斯特·荣格尔那样把武装冲突浪漫化，荣格尔认为战争是实现个人价值和净化社会风气的途径。此外，在 20 世纪 20 年代末和 30 年代初，有迹象表明，人们对英国在政治和文化上的角色重新进行了评估，而战争书籍的热潮必须被视为更大事件的一部分。工党政府在某种程度上带来了一些变革，例如对民间长期以来要求废除"战场处罚 1 号法令"的呼声做出了积极回应，该法令规定将违纪士兵绑在大炮轮子上进行纪律处分。1929 年，下议院有人呼吁取消停战日，但工党决定继续举行纪念仪式，只是减少了军事展示活动。在 20 世纪 30 年代的 11 月 11 日纪念活动之际，所有演讲和新闻评论，甚至包括来自右翼人士的，都比以前更加强调，1914—1918 年必须通过战争才能结束战争，而且永远不会再有类似的战争。[62] 同样，英国军团支持国际联盟和裁军，在 1938 年捷克斯洛伐克危机期间，其主席弗雷德里克·莫里斯飞到德国会见希特勒。[63] 然而，就像在美国一样，虽然退伍军人协会、国际联盟和民主管理联盟等传统组织支持集体安全，但从 20 世纪 30 年代初开始，一场更为激进和单边的和平主义运动开始崭露头角。1935 年，迪克·谢泼德（Dick Sheppard）牧师成立了"和平誓言联盟"，该联盟的成员承诺在任何情况下都不会再参加另一场战争，到 1939 年已有 15 万人做出了该承诺。1933 年，妇女合作协会开始在停战日出售白色罂粟花，以纪念阵亡者。同年，牛津学生联合会的学生投票赞成一项永远不为国王和国家而战的决议，工党的黑斯廷斯会议（Hastings conference）支持在发生战争时举行大罢工。尽管英国没有像美国那样的杰拉尔德·奈委员会，但当局也看到了国内反对武器贸易的骚动，皇家委员会有关武器制造和销售的报告也在国内引起了很多人的反对。直到 1937 年，工党一直在议会投票反对增加国防预算。

因此，和美国民众一样，在需要迅速采取预防行动才能阻止希特勒发动大战之际，英国民众坚持孤立主义态度。机会稍纵即逝，

1933 年希特勒开始秘密重整军备，1935 年德国宣布恢复义务兵役制和空军，1936 年重新占领莱茵兰。尽管如此，将英国的被动仅仅归因于对一战的记忆，还是不够的。许多其他因素促使英国脱离欧洲大陆，包括世界贸易的崩溃和帝国的动荡。到 20 世纪 30 年代，战争的恐怖不仅体现在索姆河和帕斯尚尔，还体现在新的噩梦上，尤其是空袭。此外，政客们夸大了公众情绪对他们的影响。一个很好的例子是 1933 年的东富勒姆（East Fulham）补选，在那次选举中，工党候选人击败了执政的全国联盟的候选人；后来，首相以这个结果为理由，推迟着手重整军备。事实上，这位工党候选人是一位功勋颇丰的退伍军人，他支持集体安全和国联，他竞选的主要议题是住房问题。[64] 然而考虑到各种因素，至少在 1938 年之前，公众对一战的反感是他们支持绥靖政策的重要原因。事实上，政治家和官员们都认同公众对一战的反感情绪，他们的政策和战略的主要特征是避免重犯那些早期的错误。因此，在希特勒重新占领莱茵兰后，英国的政治家和官员们抵制了与法国进行的秘密会谈。进一步的合作计划不得不推迟到 1939 年的春天。20 世纪 30 年代，英军规模比 1914 年还要小，装备也更落后，直到 1937 年，英军训练的目的主要是保卫埃及，同时也越来越专注于巴勒斯坦局势，因为那里的阿拉伯人爆发了反对犹太移民的起义，而财政部考虑到英国的财政困难和美国的《中立法案》，警告不要过早地重新武装英军，并警告长期冲突的前景尚不明朗。尽管如此，英国的最终形势还是发生了变化。西班牙内战削弱了左翼的和平主义情绪，到 1938 年慕尼黑危机时，调查显示，民意分歧很大，相当一部分人同情捷克斯洛伐克，批评内维尔·张伯伦（Neville Chamberlain）的绥靖政策。[65]最终，到1939年8月，76%的人表示，如果德国进攻波兰或但泽，他们愿意与德国作战。[66]无论一战的记忆多么可怕，它最终都没能阻止英国公众接受二战。

这个结论强化了一个基本观点，即关于战争的经历，没有一个单一的或统一的记忆，有关战争的记忆也不是由某种统一的力量决定的。相反，关于战争有许多记忆，在国家内部和国家之间有所不同，以及随着时间的推移，有关战争的记忆也会不同。在20世纪二三十年代，德国和其他西方国家对战争意义有着不同的解读，战败国和战胜国得出了截然不同的结论。此外，随着1939年二战在欧洲爆发，并在1941年扩大为全球战争，之前战争的记忆在很大程度上失去了政治意义。对于大多数国家来说，二战在人员伤亡和中断日常生活方面的影响要大得多。相对于其他欧洲大陆国家，二战对英国的影响较小，即便如此，英国也在1939—1945年取消了一战的停战日纪念活动，尽管销售罂粟花的活动仍在继续，阵亡将士纪念日仍然受到尊重。[67]然而，一战的"教训"对二战时期的将领和政治领导人显然有着深刻的影响，他们中的许多人都曾在一战中服役，这一次他们想更好地管理战争。一战不仅是二战的先决条件，而且决定了二战的展开方式。这种概括不仅适用于轴心国，也适用于同盟国。

一战的先例对于日本和意大利来说最不重要，它们在不同的环境和条件下与以前的伙伴国作战。1940年，墨索里尼可能试图复制1915年萨兰德拉和索尼诺的策略，希望采取迅速而简单的行动，提升他在国内的实力，并通过分享战利品来保护意大利的独立。在战争时间、成本以及谁会赢得战争等问题上，墨索里尼犯了比萨兰德拉和索尼诺更严重的错误，他的错误又一次导致了意大利政权的垮台。相比之下，在德国，陆军和20世纪30年代重新组建的空军都非常重视一战的战术教训，包括陆军士兵和下级军官履行自己职责的重要性，以及空军集中力量获得空中优势以支持陆军作战的必要性。[68]当战争爆发时，海军敦促立即诉诸无限制潜艇战和积极使用水面战舰，以防止海军士气低落。[69]在战略层面，在格勒纳担任魏玛共和国国防部长期间，德军恢复了施里芬原则：在战争中必须使用现代技术来确保出其不意、突破包围圈和取得决定性胜利，避免陷入另一场消耗战。[70]尽管有这些考虑，1940年5月德国进攻西部的计划最初并非为了重演1914年的情形，而是为了通过低地国家直接打击英国。[71]在德军最高层，包括希特勒本人也深入地思考过会以何种不同的方式打一战，希特勒还经常在二战中反思一战。不过，他也打算采取同样的战略，通过迅速而突然的打击，对敌人实行分割包围，并使潜在的敌人发生分裂——至少在一战的第一阶段会如此。一战是由巴尔干半岛的事件引发的，并且是在希特勒认为错误的年份开始的，那么未来的战争将在他选择的时间和情况下开始，如果有必要的话，他会以策划暗杀为借口来引发战争。[72]他认为，威廉二世时代的德国做任何事情都半途而废，没有坚持到底，而且没必要与英国作对。因此，他希望，至少在一开始，通过放弃海军扩张和殖民扩张来获得英国的好感，优先考虑的是重建1918年建立的对东欧的统治。在希特勒的命令下，1940年德法在一战停止时的同一节火车车厢内签订了停战协议，德国完成了对法国的复仇，希特勒为此沉醉，戈培尔（Goebbels）则形容这是一种"德国获得了重生的感觉"，而流亡荷兰的威廉二世向希特勒发来电报，祝贺他完成了此前四年内不可能完成的任务。希特勒选择 1942 年 11 月 11 日为完全占领法国的日子，这也是 1918 年的停战纪念日。[73] 另外，他认识到保持较高的平民生活水平的重要性，以防止再出现"背后捅刀子"的情况。[74] 1939 年，德国的食品和原材料库存高于 1914 年，工资和价格控制成功地抑制了通货膨胀。部分原因是德国可以压榨其他欧洲国家并剥削他国劳工，尽管二战时德国对军队和国内的镇压都要严厉得多，但德国人的生活水平确实比一战时更好。[75] 的确，对新的背后捅刀子指控的恐惧使反对希特勒的保守派领导人心存忌惮。[76] 希特勒还从之前的冲突中吸取了一些教训，指责犹太人是德国大后方士气低落的罪魁祸首，并在《我的奋斗》中评论说，如果有 1.2 万～1.5 万犹太人被消灭，前线的牺牲就可能不会白费。[77] 此外，他把 1918 年的战败归咎于国内软弱，同时他低估了美国的贡献和美国的军事潜力，这促使他在 1941 年对美国宣战时轻描淡写。[78] 也可能只是因为他不太重视以前的教训，随着二战发展并形成了自己的特点，希特勒也开始变得不耐烦了。因此，当法国沦陷后，英国未能对他的和平提议做出回应时，他不顾两线作战的危险，发动了对苏联的进攻。起初，他想尽力避免威廉二世式的狂妄自大，但后来他犯了比威廉二世还严重的错误。

　　在协约国方面，一战产生的影响可能更大。在主要领导人中，我们对斯大林的了解最少，他在 1941 年不愿采取预防性措施，可

583

能是担心出现 1914 年那样的情况，当时俄国动员加剧了与他国不必要的冲突。1918 年协约国对俄国的干预和 1919—1921 年的苏波战争也经常在他的脑海中浮现，此外他还有许多其他理由不信任西方和波兰。在与丘吉尔的一次玩笑中，他承认他的战争目标与沙皇的目标有很多共同之处，包括建立一个波兰缓冲国、实现土耳其海峡航行自由以及从土耳其获得领土。然而，关于斯大林的大西洋伙伴，我们知道得更多。最初，英国和法国非常谨慎，在 1939 年的危机中，两国建议波兰避免过早动员，以免引发连锁反应和意外战争，但是 8 月，英法与波兰签订了联盟条约，两国希望避免重蹈 1914 年 7 月英国立场不确定的覆辙。人们认为，正是一战之前英国立场的不确定鼓励了德国的侵略。[79] 在静坐战期间，英法没有像 1914 年那样发动大规模进攻，实际上也没有做很多事情。也许是受到李德·哈特观点的影响，英法把很大一部分信心寄托在封锁德国和期望德国战时经济崩溃之上，甚至希望德国发生一场反纳粹的革命；对这种可能性抱有毫无根据的信心，让英法愿意冒战争的风险，并暗示了对 1918 年发生的事情的严重误读。[80] 也有从之前的冲突中得到了更积极的教训的，例如，法国制定了经济动员计划[81]，英国迅速地重新组建了护航舰队，事实上英国皇家海军确实对击败德国的 U 型潜艇充满信心[82]，但最重要的是不要重演索姆河战役的悲剧，那样将冒着造成战略灾难和打击平民士气的风险。然而，除非协约国对德国弱点的一厢情愿的认知被证明是正确的，否则它们无法在资金耗尽之前取得胜利。

1940 年法兰西战役之后，一战时期凡尔登战役的英雄贝当领

导法国退出战争，贝当知道参战要付出的真正代价，他早在 1918
年 3 月就已经显现了失败主义倾向。法国战败后，西方阵营的领导
权首先转移到伦敦，但越来越多地转移到华盛顿。罗斯福一直对
《中立法案》表示支持，因为该法案阻止他把国家声望押在捍卫中
立权上。他没有排除参战的可能性，但只有在危及国家的根本利益
时美国才会参战。事实上，罗斯福根本不认为有必要宣布进入战争
状态，他宁愿灵活行事，自行决定。美国在 1939 年对《中立法案》
进行了修订，允许交战国使用现金从美国购买武器，实际上这意味
着向同盟国出售武器。英国在 1940—1941 年的冬天耗尽了外汇，
此后只能依靠美国的援助继续作战，但这次不是通过美国的贷款，
而是通过 1941 年 3 月签署的《租借法案》（Lease-Lend Act）。一旦
美国卷入战争，反对一战时美国外交政策的反应便重新复活。美国
没有提出新的"十四点"和平纲领，其中一个原因是罗斯福不想让
希特勒在被打败之前抓住任何谈判的机会：这一立场在 1943 年他
和丘吉尔在卡萨布兰卡（Casablanca）宣布的"无条件投降"原则
中得到了证实。[83]敌人必须被彻底击败，在战后的解决方案中，罗斯
福认为主要的危险是战胜国之间的不团结将让敌对国东山再起。因
此，他提出了"四警察"概念，即美国、英国、苏联和中国共同维
护二战后的世界秩序。这一原则将体现为赋予联合国安理会维护国
际和平与安全的责任。从表面上看，安理会的职能与国际联盟有很
多相似之处，实则大不相同。[84]与威尔逊不同，罗斯福还决心在国会
中争取两党的支持，例如在旧金山举行的联合国成立大会上，他将
共和党人纳入美国代表团。美国也不会像 1918 年之后那样坚持偿

还战争贷款，因为《租借法案》的援助大部分都被美国一笔勾销了。美国将通过作为世界银行和国际货币基金组织的创始会员国，以及后来作为关税与贸易总协定的创始会员国，寻求重新建立和维持一个开放的世界经济体系。美国将保持强大的军事力量，在世界范围内拥有一系列军事基地和飞行权利。简而言之，美国的对外政策将是积极的、干涉主义的，不过这一次得到了两党的支持。

然而，在某种程度上，美国的目标是矛盾的。罗斯福不希望在战后达成任何协约国之间的秘密条约，他在 1942 年阻止了一个英苏条约，该条约将保证 1941 年的苏联边界。西方各协约国不能与斯大林达成谅解的另一个主要障碍是西方国家迟迟没有在西北欧开辟"第二战场"，迟迟没有的一个主要原因是英国犹豫不决，丘吉尔担心，如果在西北欧开辟第二战场，英国人会像 1916—1918 年那样伤亡惨重。[85] 丘吉尔后来同意在地中海开辟第二战场，并将开辟第二战场的时间推迟到 1944 年。实际上，罗斯福的选项是美英合作优先于美苏合作。甚至他对德国的政策本身也是矛盾的。一方面，他倾向于比一战后更加严厉地惩罚德国，这一点从他在 1944 年支持他的财政部长设计的"摩根索计划"中就能看出端倪，该计划旨在分割德国并使德国经济农业化。另一方面，国务院的规划者们期待一个繁荣和民主化的德国，并最终使其能够重新融入大西洋共同体。这些方法是从一战和二战中吸取了不同的教训，最终对德国实施的是基于以上二者之结合的政策。

在某种程度上，战时计划在 1945 年之后得以延续。美国向德国和被占领的欧洲提供的救济比一战后更加慷慨。德国和日本被占

领，实行非军事化和自上而下的民主化，两国经济受到压制，而它
们的未来由同盟国决定。然而，从 1947—1948 年起，随着在欧洲
推行马歇尔计划以及在日本推行"改造计划"，美国开始承受来自
战时盟友的压力，这也成了美国外交的主要关注点，美国主要通过
和西方阵营合作而非美苏合作来遏制战败的轴心国。20 世纪 20 年
代，法国、英国和美国之间的关系也很紧张，但它们之间的紧张关
系和二战后的冷战是完全不可同日而语的，国际政治进入了一个新
时代，1919 年的教训变得不那么重要——尽管在一战后的几年里，　*586*
苏德通过《拉帕洛条约》实现和解仍然是西方要应对的难题。然
而，随着二战后新的解决方案在冷战这个更具破坏性的冲突和重塑
的世界中沿着无法预见的路线发展，一战的影响和记忆似乎最终从
当代事件的最前线退去。

第 21 章 结语：战争成为历史

　　到 20 世纪中叶，人类经历了第二次世界大战。随着二战结束和战后重建，作为先例的一战，其意义在逐渐减弱。在处理朝鲜战争和苏伊士运河危机等新危机的过程中，西方领导人从 20 世纪 30 年代的"满洲事变"、莱茵兰危机和慕尼黑危机中总结经验教训以供参考。在处理 1962 年的古巴导弹危机时，据说肯尼迪总统受到了芭芭拉·塔奇曼（Barbara Tuchman）有关 1914 年危机的畅销书《八月炮火》（*The Guns of August*）的影响，但他与国家安全委员会执行委员会讨论古巴导弹危机时，参照的是慕尼黑危机、珍珠港事件、苏伊士运河危机和匈牙利事件，随着危机的发展，他们完全抛弃了历史教训。[1]就超级大国领导人设想的军事行动而言，斯大林格勒战役、诺曼底登陆和广岛之役的教训似乎比坦能堡战役和伊普尔战役的教训更重要。像赔款这样的容易引发战争的问题不再重要；人口向德国东部边境转移并定居：阿尔萨斯-洛林在 1940 年被希特勒并入德国，二战后最终回归法国；经过十年的激烈争吵，萨尔地区重新回归联邦德国。的确，1918 年之后帝国之间的利益再分配在很多地方埋下了一系列定时炸弹，其中一些在几十年之后才引爆。捷克斯洛伐克和南斯拉夫在 20 世纪 90 年代解体：前者和平解体，后者的解体伴随着冲突。一战后建立的其他国家也饱受种族之间暴力冲突的折磨，包括卢旺达（原德属东非，一战后由比利时委任管理，后来逐渐形成卢旺达）、黎巴嫩（一战后由法国委任管理，1920 年法国扩大其疆域，吸纳了更多的穆斯林，但是马龙派基督徒仍占多数）以及 1921 年《英爱条约》签订后成立的北爱尔兰。还有一些国家是由威权统治拼凑而成的，最典型的就是伊拉克，它是英国人把奥斯曼帝国的三个省拼凑在一起而组成的一个不稳定的政治体，其中包括北部的库尔德人、中部的逊尼派穆斯林和南部的什叶派穆斯林，殖民地管理者很随意地就划定了伊拉克和科威特之间的边界。1920 年，英国托管巴勒斯坦，由于 20 世纪 30 年代的经济萧条和反犹运动，犹太人大规模向巴勒斯坦移民，导致该地区出现了新的种族冲突，带来了更深远的影响。然而，战争期间播下的种子很久以后才发芽。由于奥匈帝国、德意志帝国和奥斯曼帝国分裂，各国围绕继承三大帝国原有的领土发生了一系列纠纷，但是这种联系远没有一战与法西斯主义、纳粹主义、1929 年大萧条以及二战起源的联系那么直接。

从此，一战的遗留问题从国际政治议程上消失了。作为和解姿态的背景，曾经的二战战场仍具有象征意义，比如戴高乐（Charles de Gaulle）和康拉德·阿登纳（Konrad Adenauer）在 1963 年签订《法德合作条约》（*Franco-German Friendship Treaty*）前访问了巴黎圣母院，1984 年密特朗（Mitterrand）和赫尔穆特·科尔（Helmut Kohl）在凡尔登握手。对于个人来说，一战的影响仍然是非常真实的。20 世纪 70 年代，将近 3 000 名四肢残疾的英国一战幸存者仍在接受治疗。[2] 尽管 1944 年诺曼底战役的伤亡比第三次伊普尔战役更为严重[3]，但是英国在二战中遭受的总体损失较轻。可能之前冲突造成的集体记忆的创伤已经被麻痹，1945 年之后虽然恢复了一战纪念活动仪式，但 11 月 11 日的"哀悼日"被"停战星期日"取代，不再有很多情感上的负担。相反，苏联在二战中的牺牲要大得多，西方在 20 世纪 20 年代建立的纪念设施现在被俄国大规模地加以模仿。对于其他大多数参战国而言，二战也比一战造成的创伤和破坏更大；对于那些没有亲身参与的人来说，一战已成为历史。

对一战进行历史书写早已开始，官方撰写一战历史的计划也在进行中，例如英国由内阁帝国防务委员会的历史部门组织撰写一战史。两次世界大战之间出版的一战书籍大多采用自传和回忆录的形式，也有其他形式，这些历史经常由一战参与者撰写。此外，大量出版物很早就进入了公共领域。首先，卡内基国际和平基金会在20世纪二三十年代出版了关于战争经济和社会层面的多国丛书；其次，由于对战争罪行的界定存在争议，战时外交与和平会议出版了大量 1914 年之前的外交文件①，但是在很长一段时间内没有公开发行；最后，奥匈帝国、英国、英国自治领、法国、德国、意大利、土耳其也编纂了有关军事行动和海军行动的官方历史。在某种程度上，这些书籍引用的资料都标有出处，来源真实。英国西线官方历史的主要作者詹姆斯·埃德蒙兹（James Edmonds）爵士采用了一种通俗的叙述方式来梳理历史，以便在军事学院使用。他将自己的书稿与在世指挥官的评论交叉比对，摒弃了个人对英军总司令部的偏见，而个人偏见最典型的代表是劳合·乔治，他在个人回忆录中猛烈抨击黑格，而埃德蒙兹试图恢复黑格的声誉。4 相比之下，未公开的官方历史被认为披露了过多实情，以至于一直到 1961 年才公开发行。5 另外，在德国，负责书写一战官方历史的前军官们试图恢复德国总参谋部的声誉，他们认为"施里芬计划"是正确的，而小毛奇对这一计划进行了改造和滥用。6 尽管存在缺陷，两次世界大战之间的官方出版物仍旧为后来的作家提供了宝贵的原材料和解释问题的框架。

令人惊讶的是，在二战期间及其随后的十年里，几乎没有出版过任何有关一战的书籍。似乎连学院派历史学家都忽视了一战。直到 1960 年左右，才掀起了第二波研究一战的浪潮，此后一战研究一直保持着良好的发展势头。如果说两次世界大战之间的纪录片资源首次为一战研究提供了证据，那么西方主要档案馆的开放则为一战研究的再次兴起提供了更重要的可用材料，1968 年以来英国档

---

① 参见第 19 章。

案开放，不久后奥地利档案和法国档案开放。在这些文件出现之前，人们对一战的兴趣就已经大大提升。20 世纪 50 年代末和 60 年代初，人们在某种程度上重新发现了 30 多年前的战争，德国和英国再次成为焦点，关于一战，两国在学术界之外出现了新的争议。这些争议在某种程度上也含蓄地涉及二战和冷战。[7]

590 　　德国辩论的焦点再次集中在战争罪行上。德国达成了一个新共识，似乎取代了 20 世纪 20 年代的争论。1945 年后，大多数联邦德国历史学家仍然否认德国应在一战中负主要责任，他们辩称是国际体系的原因导致了一战，并断言没有一个大国想要战争。舒曼计划（Schuman Plan）出台的 1950 年，法国和德国的主要历史学家在一次会议上宣布，"档案表明，任何政府或人民都不可能在 1914 年有预谋地发动欧洲战争"，两国的教科书都将进行相应的修订。[8]这一决定符合联邦德国融入大西洋联盟和新兴欧洲共同体的时代需要。至少一战的起因再次被根据当前需要而重新解读。然而，意大利自由派记者路易吉·阿尔贝蒂尼（Luigi Albertini）的三卷本著作《1914 年战争的起源》（*The Origins of the War of 1914*）展现了一幅截然不同的图画。这本书至今仍是对一战的前因后果考察得最全面的著作。二战期间，该书首次以意大利语出版时鲜为人知，但是 1952—1957 年它的英译本使其名声大噪。它的结论不仅强调了误判，还强调了德国的责任，这一分析与弗里茨·费舍尔（Fritz Fischer）《争雄世界：德意志帝国 1914—1918 年的战争目标与政策》（*Grasp for World Power：The War Aims Policy of Imperial Germany*）对七月危机的分析类似。1961 年，《争雄世界：德意志帝国

1914—1918 年的战争目标与政策》在联邦德国出版后引起了轰动，这本书的出版本身也成为一个历史事件。费舍尔认为，1914 年，德国领导人不仅希望爆发一场局部的巴尔干战争，还故意冒着爆发一场欧洲大陆战争的风险，这场战争并非偶然，也不是无政府主义国际体系的产物，在无政府主义国际体系中，没有哪个国家对战争爆发单独负有责任。费舍尔在深入研究现存档案的基础上得出了这一论断，其中许多档案〔包括贝特曼的《九月计划》（September Programme）〕在民主德国，因此对其他西方学者不开放。他声称，德意志帝国的军方和文职领导人在该国商界与知识界精英的支持下，赞同激进的战争目标，其目的不仅是巩固国内政权，而且是通过统治欧洲大陆和海外扩张来建立全球霸权。他认为，这些目标可以追溯到 19 世纪 90 年代的"世界政策"，一直延续到纳粹种族主义的第三帝国时期。在柏林墙修建的那一年，他写到，德国不仅要为 1939 年的战争负责（许多德国历史学家很容易将二战归咎于希特勒，并认为这有悖于国家传统），而且要为 1914 年的战争负责，在这种情况下，德国的邻国可能会提出让德国保持分裂状态的各种理由。[9]

　　尽管《争雄世界：德意志帝国 1914—1918 年的战争目标与政策》这一学术巨著看起来令人生畏，但费舍尔很好地阐释了它的意义。他希望德国正视过去。他的书遭到了德国历史学界的猛烈攻击，政府暗中鼓励这种攻击行为，并最终演变成一场风暴。随着风暴愈演愈烈，他的论点变得更加尖锐。1969 年，他的第二本专著《幻想的战争：1911—1914 年的德国政策》（War of Illusions：

German Policy from 1911 to 1914）将一战追溯到 1912 年 12 月 8 日"战争委员会"的战争设计。这一论点在最极端的情况下是站不住脚的，费舍尔本人后来也撤回了这一论点。[10]尽管他的第一本书经受住了批评，但书中夸大了柏林精英阶层的意见，低估了德国与协约国战争目标之间的相似之处。尽管如此，大多数德国历史学家还是接受了该书对德国在七月危机中所扮演角色的细致入微的评估，而且该书对德国战时野心范围的大部分分析都没有受到质疑，尽管后来一些作家对德国的野心范围提出了一些重要的限制。[①]"费舍尔辩论"打破了早期的"修正主义"共识，没有任何一个正统学说能够取而代之。相反，德国历史学家分裂成几个学派，而费舍尔和他的弟子只是其中之一。正如他后来在回顾该书的影响时所指出的那样，"费舍尔辩论"的结果是促进了联邦德国大学乃至更广泛社会的知识多元主义，从而有助于使德国实现正常化，并在机会到来时更容易赢得邻国对其统一的默许。[11]

　　费舍尔的研究只是一个更广泛现象的一部分。20 世纪 60 年代，激进作家对国际关系史上一系列重大问题的现有解释提出了挑战，包括 1914 年前的帝国主义[12]、绥靖政策[13]和冷战起源。[14]在美国，他们似乎已经抛开了 20 世纪 30 年代的激烈争吵，并适应了干涉主义的外交政策；他们重新审视了威尔逊总统的外交政策，将"十四点"和平纲领和巴黎和会描述为遏制苏联的早期尝试。[15]尽管以前对战争起源的多数研究都集中在大国之间的外交相互作用上，但费舍

---

　　①　参见第 5 章。

尔利用新的档案资源强调了一个国家的外交政策和国内政策之间的联系。他进行了一系列对 1914 年以前的外交政策和其他大国战争目标的比较研究。因此，在 20 世纪 70 年代和 80 年代，关于战争起源、过程和后果的外交历史被大幅改写。在欧洲导弹和战略防御倡议并存的时代，超级大国军备竞赛的升级激发了政治科学家将冷战和 1914 年进行类比的兴趣。[16]新研究发现了更多证据，表明战前协约国有应对欧洲冲突的应急计划，但几乎没有任何有预谋的战争决定，它表明，与德国相比，协约国的战争目标更具有试探性、防御性，战争与国内冲突无关。所有交战国政府都密切关注自己的政治目标，而对其他大国的考察强化了费舍尔的基本见解，即杀戮是在深思熟虑的政治意愿下开始和延长的。

20 世纪 60 年代，英国出现了第二个争论焦点，这一争论更多集中在战争的战略方面，而不是战争的政治方面。如果费舍尔被视为全球反对冷战保守主义浪潮的巅峰人物，那么 20 世纪 60 年代初至 1964 年的英国也是一个动荡的时期，这时的英国面临着经济停滞、殖民地纷纷要求独立、未来国际地位的不确定、麦克米伦政府腐败等问题，以及可能发生第三次世界大战的风险。柏林危机和古巴导弹危机，以及美国对越战争的升级，促使当代人去超越二战所谓"好的"战争，重新发现早期"坏的"战争。[17]在这种情况下，出现了与 1929 年《旅程终点》相对应的讽刺作品《哦！多么可爱的战争》（*Oh! What a Lovely War*，1963），这部作品在 1969 年被拍成电影；还出版了一些战争书籍，比如里昂·沃尔夫（Leon Wolff）的《在佛兰德斯战场》（*In Flanders Fields*，1958）和艾伦·克拉克（Alan Clark）的《驴》（*The Donkeys*，1961）；英国广播公司关于一战的系列纪录片《西线无战事》，该纪录片共有 26 集，在1964—1965 年有 800 万人观看[18]；还有泰勒的《第一次世界大战：插图历史》（1963），这部由李德·哈特担任顾问的书成为有关一战的最有影响力的书籍，1989 年销量达到 25 万册。威尔弗雷德·欧文的诗歌前所未有地受到欢迎，并成为中学历史教学的主要内容，部分是因为它在本杰明·布里顿（Benjamin Britten）的《战争安魂曲》（*War Requiem*，1961）中被引用，以及它似乎具有预言性的特质。因此，英国的许多新作品在政治上都是激进的。然而，与费舍尔不同的是，它没有针对劳合·乔治和战争的政治问题，而是关注冷酷而又无能的军官阶层，黑格是这些人的突出代表。其隐含的用意是控诉特权精英，他们在 1940—1945 年再次掌权，二战后他们再次失败。与费舍尔不同的是，泰勒把一战的历史描绘成一场误判和错误，最终导致了一场盲目的、毫无意义的杀戮。作为英国核裁军运动组织的创始成员之一，他在作品中暗示，如果 1914 年的威慑未能发挥作用，那么类似的误判可能再次发生并在核时代引发灾难。然而，20 世纪 60 年代开始出现分歧，不仅在泰勒的解释与对一战的政治和外交的新研究之间出现了分歧，而且在对战争军事史的普遍理解和对其战略的新调查之间也出现了分歧。这种分歧在BBC 的电视剧中已经很明显了，令人不安的画面、悲怆的音乐和阴沉的叙事相结合，产生了令人难忘的艺术效果，剧本大部分由约翰·托瑞恩（John Terraine）和科雷利·巴尼特（Correlli Barnett）编写，该剧本试图传达这场斗争是必要的，西线作战是不可避免的，英国将军经受了令人生畏的环境的挑战。类似主题出现在托瑞恩的《道格拉斯·黑格：受过教育的士兵》（*Douglas Haig：The Educated Soldier*，1963）一书中，也出现在他后来的一系列作品中，这些作品与当时的许多战争著作相悖，但在 20 世纪 80 年代和 90 年代，当一代研究人员利用新开放的陆军部、内阁档案和私人文件时，这些作品的影响越来越大。[19]他们的一些作品仍然批评英军最高指挥部，有时还很尖锐，但它们描绘了英国远征军和自治领部队从错误中吸取教训，提高作战效率，并在击溃德军方面发挥了重要作用。尽管它们仍以国家为中心，但它们为整个战争的作战历史做出了重要解释，这与欧洲大陆国家孤立研究指挥和战略形成了对比。

　　到了 20 世纪 90 年代，一些最具创新性的战争史研究转向了另一个方向。继 20 世纪 30 年代和 60 年代之后，人们再次对一战产生兴趣。一战研究的复兴似乎与代际更替有关，一战退伍军人的孙子和曾孙长大成人，他们会像前辈早年所做的那样，回望长辈的苦难和成就。[20]也许，20 世纪 30 年代关注一战，某种程度上是出于对重新爆发全球战争的恐惧；20 世纪 60 年代关注一战，是因为核武器和越南战争；20 世纪 90 年代关注一战，与冷战后的不安全感以及在欧洲尤其是在萨拉热窝重新出现的战争和暴行有关。也许是二战胜利 50 周年，即使离二战越来越远，人们还是重新对 20 世纪上半叶的战争这一普遍现象产生了兴趣。在英国，幸存者的证词被记录在口述历史档案和书籍中，留给后代。在小报的宣传下，11 月 11 日的两分钟默哀被非正式地恢复了。在法国，一本士兵书信选集成为自 20 世纪 30 年代以来同类书籍中最成功的畅销书。新的研究团队出现了，通常包括许多二战老兵，如英国西线协会（1980）和美国大战协会（1987），以及新的博物馆，特别是佩罗讷（Péronne）一战博物馆（1992）。随着最后一位目击者的去世，战争变得更加遥远，战壕考古学发展成为一门新的调查学科，人们很少像现在这样用心地回顾战争。[21]

虽然关于战争史的学术研究产生了大量新著作，例如 1991 年后在俄国出现了很多著作，但是这一时期最重要的新趋势是对战争文化史的研究。法国和美国的作家为这些研究做出了很大贡献，但英国、德国和意大利的其他作家也很快跟进，就像早些时候外交史的复兴一样，它成为一个真正的国际现象。它也反映了更广泛的趋势，与历史和社会科学的其他领域相似，因为冷战结束和苏联解体激起了对集体记忆、民族主义和种族的研究。然而，没有一个作家像费舍尔那样能够主导一种新的研究方法，尽管保罗·福塞尔（Paul Fussell）可能是最广为人知的先驱，但他的作品也没有一个核心论题，相反，他作品中的主要人物往往是分裂的。[22]此外，他们之间的话语变得混乱，尤其是因为"文化"这个词本身的关联范围和意义的多样性，而"文化"是英语中最复杂的词汇之一。[23]尽管如此，我们还是可以从新文献中选出三组作为代表。

首先，战争文化史研究明确了战争与 20 世纪最具特色的艺术运动即"现代主义"兴起之间的联系。"现代主义"是对传统小说中的传统叙事形式、绘画中具象的"现实主义"、19 世纪建筑中的历史主义以及音乐中的浪漫主义的颠覆性反抗。事实上，在欧洲前卫派看来，现代主义在战前就已经开始了，1908 年左右，立体派、未来主义和表现主义在绘画中出现，斯特拉文斯基（Stravinsky）1913 年的芭蕾舞剧《春之祭》（*The Rite of Spring*），以及阿道夫·路斯（Adolph Loos）在维也纳米歇尔广场（Michaelerplatz）上的雕塑《没有眉毛的房子》（*House without Eyebrows*，1910）就证明了这一点。战争并没有进一步推动现代主义的发展：战争期间的一个重要新动向是 1916 年后在瑞士和德国出现的达达主义。在某种程度上，这可能引发了另一种反应，比如像毕加索（Picasso）这样的画家，在某种程度上出于爱国主义的原因，恢复了更传统的形式。[24]绝大多数纪念战争的艺术品和建筑物都回归了古典主义、浪漫主义和基督教的主题，甚至"反战"画家和作家如内文森和威尔弗雷德·欧文也使用了相对传统的技术，可能是为了更有效地交流。[25]随着 20 世纪 20 年代的发展，文学和绘画中的现代主义再次兴起，但战争对现代主义的影响微乎其微。其次，相比之下，现代主义对西方文化影响武装冲突的态度要深远得多，尽管它因社会和年代的不同而有所不同。因此，在战争期间，甚至在建造纪念碑和创造仪式的 20 世纪 20 年代，在英国和法国，使用伤感的、古典的、委婉的词语和意象来描述战争及其代价仍然是可以接受的。[26]20 世纪 30 年代，对这种做法的反对最为强烈，但它并没有导致普遍和无条件的和平主义。相反，二战最终像一战一样被人们接受，1945 年后，相对温和的记忆鼓励了英国、美国，甚至戴高乐主义的法国支持军备和强硬的外交政策，而关于一战的记忆却产生了相反的效果。然而，发生永久性变化的是有关流血事件的措辞，

595

正如巴比塞所说，"屠杀虽不光彩，但有时是必要的"[27]。最后，如果新文化史的大部分内容集中在如何表现和记忆战争上，那么它也阐明了当时士兵和平民接受战争的动机，以及政府用来动员和重新动员的手段。在由此产生的深刻见解中，最重要的是，人们普遍认为，一战不像二战或冷战那样具有浓厚的意识形态色彩，一战在很大程度上被同时代人视为文明和道德的冲突：德国认为一战是一场与西方唯物主义和愚昧的斯拉夫专制主义的殊死搏斗；西方国家则把一战视为一场驱逐专制、暴行和军国主义的十字军东征。[28]在文化和政治历史的交界地带，通过考察战争的主要根源，将有新的发现。

自20世纪60年代以来，持续的研究已经深刻改变了我们对战争的政治、战略和文化面貌的理解；相对来说，对一战的经济方面的研究还不够。[29]《争雄世界：德意志帝国1914—1918年的战争目标与政策》对本书开头提出的问题有何启示？整个故事的核心是德国的发展：用戴高乐的话说，这是一片"庄严而白茫茫的大海"，"渔民的渔网在这里捞起怪物和珍宝"。在某种程度上，正如两次世界大战之间的修正主义者所说的那样，战争的确是恐惧和不安的产物，战争诞生于一个以武装国家和主权国家为基础的国际体系之中，在这个国际体系中，19世纪不断发展的民主化和经济一体化未能超越权力平衡体系。在1914年之前的十年里，所有欧洲大国都对紧张的国际局势负有责任。尽管如此，《凡尔赛和约》"战争罪责"条款的基本论点仍然是合理的，阿尔贝蒂尼和费舍尔等人的工作也证实了这一点。奥匈帝国和德国的统治者在1914年之前并没有预先决定诉诸武力，但在七月危机中，他们决定发动一场巴尔干战争，并愿意冒可能升级为一场欧洲战争的风险。当然，两国政府都感到了威胁，但这都不足以减轻它们的罪责。尽管奥地利人对塞尔维亚感到愤怒，但他们大大高估了塞尔维亚对他们构成的威胁，并接受了奥匈帝国发出最后通牒可能造成的后果，奥匈帝国显然过度回应了萨拉热窝暗杀事件。至于德国，虽然其在外交上被孤立，且由于军备竞赛而变弱，军事平衡进一步有利于协约国，但是也没有证据表明俄国、法国或英国打算攻击德国。只要德国保持足够的军事防御力量，德国的领土就不会有危险，而且除了战争之外，德国还有其他办法来解决困境。但柏林的决策水平令人诟病："施里芬-小毛奇计划"似乎为帝国的政治问题提供了一个可能的技术解决方案，而人们仍然通过每年的纪念活动和对俾斯麦的崇拜来纪念1870 年的普法战争，德国领导人沉迷于武力恫吓和军事赌注，这些措施在以前已经得到了回报，他们相信今后还会再次得到回报。就这样，1870 年的战争促成了 1914 年的战争，正如 1914 年的战争促成了 1939 年的战争一样：如果德国再次迅速获胜（如果英国不参与，德国很可能会如愿），进一步冒险的诱惑将比以往任何时候都更强烈。最有可能的后果是，德国主导的西欧与英国摩擦不断，迟早会爆发两个大国之间的热战。几乎可以肯定的是，英国领导人对德国胜利会威胁到英国的评估是正确的，他们认为这一次英国不能袖手旁观，但是他们严重低估了卷入战争所要付出的代价。

之后发生的一切都是由德国向西线派遣 200 万军队的决定引起的。德军穿越保持了几十年和平的工业区和农村，这对其他国家造成的冲击恐怕不亚于当今战争造成的伤害。到"施里芬-小毛奇计划"失败的时候，成千上万的年轻人被杀或受伤，德军在法国和比利时的土地上构筑了坚固的防御阵地。对德作战的协约国军队，既没有高科技炸弹，也没有巡航导弹，只有没有装甲掩护的军队和轻型野战火炮的支持，发射的炮弹数量有限，而且还不精准。到1915年底，同盟国已经深入俄国境内，除了侵略的暴行之外，德军还犯下了其他暴行，如使用毒气、潜艇和齐柏林飞艇等；德国的暴行使周边国家深信，除非打败德国，否则欧洲不可能拥有稳定的和平。到1917年，德国决定把赌注押在无限制潜艇战上，这再现了1914年的许多特征，美国政府也认为德国具有侵略性。然而，在以巨大的代价占领了西欧和东欧之后，德国不想放弃这些领土，妥协的和平是不可接受的，因为这既会影响霍亨索伦家族在国内的统治，也会给德国的外部安全带来国际风险，而德国自己的行动又使这种风险变得更加具有威胁性。

在战争的升级阶段，另外三个因素至关重要。在大战略层面，至少在1916年之前，协约国未能将其资源优势转化为战斗力；在战术层面，双方还没有掌握速决战的技术，特别是在机械化和空中力量方面；双方政府都能说服本国的士兵和平民，不仅接受战争，而且积极地支持和参与战争。协约国无法以压倒性优势对付德国和奥匈帝国。德国在1915年集中力量对付俄国，在1916年集中力量对付法国，在1917年集中力量对付英国，却无法打破协约国的团结。1914年冬季到1917年春季的中间阶段是现代战争中一个可怕的尝试期，这一阶段两个实力相当的高度工业化的联盟在国际层面和其他层面展开激烈斗争，在美国内战、普法战争和日俄战争中都没有发生过这种情况。当时的人都清楚地意识到，这是以前从未见 598 过的情况，到 1916 年的大规模消耗战时，各国已经跌入深渊，其恐怖和破坏程度超出人的想象。克劳塞维茨认为，双方都不能控制对方，双方都不按套路出牌。然而，如果把这场战争的起源看作偶然的或无意的，也是一种误导；把一战的延长和升级看作一种独立于人类活动之外、不受人为控制的现象，也是错误的。相反，那些夺去了很多生命的战役和战斗是经指挥官们深思熟虑后发起的，他们大多政治上同意延长和升级战争，和谈方案一再被双方拒绝。说协约国和同盟国在 1914 年都不"希望"发生战争，也都不希望战争在 1914 年后继续下去，多少有点站不住脚。当然，双方都不喜欢敌对行动，但双方愿意接受敌对行动，而排除了其他选择。每年冬天都进行新的战略评估，每年夏天都拒绝新的和平尝试；随着伤亡人数的增加，在没有取得相应回报的情况下，解决冲突变得更加困难。正如一位同时代的漫画家所指出的，对立的领导人发现自己就像麦克白（Macbeths）一样，"在血泊中走了这么远，如果我不再坚持，调转回头就会使过去的坚持失去意义"。

　　到 1917 年，随着俄国革命和美国参战，战争进入了第三阶段，尽管其战略态势直到 1918 年才完全转变。有人认为，同盟国战败的关键是德军崩溃[30]，但这种崩溃与一系列先决因素有关，包括德军最高统帅部自身的错误。德国人所犯的第二个错误是发动无限制潜艇战，如果没有这一失误，他们几乎会以更有利的条件退出战争；但是鲁登道夫攻势也使德国陷入了比 1917 年秋天向协约国提出停战时更糟糕的境地。进攻失败严重地打击了德军的士气，并使其面临人员匮乏的危机，协约国的战斗力无疑得到了提升，否则德国失败至少可以再推迟一年。然而，决定实施无限制潜艇战和"迈克尔攻势"都是德国对协约国战略挤压的回应，尤其是无限制潜艇战更是对1916年夏天协约国协同进攻的直接回应，"迈克尔攻势"则是对美国即将大规模参战做出的回应。最后，早期战役的减员、美国远征军的到来、英法军事的胜利以及对保加利亚的突破，都导致了德军的士气和纪律崩溃，加之鲁登道夫恐慌和精神崩溃，最终导致了德国的失败。然而，必须同时考虑军事因素和政治因素，才能更好地理解同盟国崩溃的原因和时机。美国参战打破了战争的僵局，既缩小了协约国的目标，也为德国提供了一个退出战争的机会，即使德国利用美国来减少损失的希望最终落空了。

　　战争的长期影响在一战结束后的第一个十年表现得最为明显。现在很难理解这场战争的规模有多大，后果有多严重。围绕和平条约的斗争不仅主导了欧洲政治和外交长达20年，而且这场战争——以及随后的法德较量——还导致了欧洲金融和货币混乱，并对贸易、生产和就业造成了巨大破坏。总体而言，战胜国和战败国都损失惨重，各交战国需要帮扶成千上万的残疾者和丧亲者，还需要重建家园和复兴国家，所有这些都使各国不堪重负。即便如此，20世纪20年代欧洲的复苏仍旧令人印象深刻。20世纪30年代初，经济危机、纳粹运动兴起之时恰逢过去的战胜国日益退回到分裂主义、孤立主义与和平主义状态，一系列惨剧导致世界出现了新的战争危机。因此，各战胜国错过了在希特勒掌权之前坚决采取行动以遏制他的宝贵机会，而当时本可以在不发动大规模战争的情况下就遏制住希特勒。但这并不意味着一战必然引发二战，一战只是二战的一个必要前提条件，一战的影响不利于持久和平，要确保持久的和平，既需要幸运，也需要才智非凡的政治家。而当时，这两个条件都不具备。

一战一直以恐怖杀戮和徒劳无功而为人所知。在西方世界，只有美国的越南战争能与之相提并论。事实上，尽管德奥集团不断扩张，但协约国的努力既不是微不足道的，也不是毫无价值的。驱逐德军真正解放了被占领的领土，推翻威廉二世的独裁统治为建立一种比 1914 年之前更稳固的和平创造了机会，尽管这一和平转瞬即逝。此外，到战争末期，战胜国已经完成了许多不可或缺的任务——进行工业动员、战略协调，赢得制海权和制空权，这有助于它们在后来的战争中取胜，尽管过程缓慢而痛苦。虽然这些都是不小的成就，但回想起来，它们代价高昂，当这场结束战争的战争被证明根本没有消除国际风险时，更是如此。然而，现在几十年的历史研究已经褪去了后见之明的外衣，使我们能够更好地从发动一战的那代人的角度来看待一战，政府似乎目的十分明确，武装部队适应性很强，普通士兵和平民也愿意参与战争并且对这些战争知情。这些视角的变化使人们更容易理解大规模的杀戮是如何发生的，以及为什么如此难以制止它。它们的危险在于，可能掩盖了一个更深层次的认识，即战争仍然是一场悲剧，是一场巨大的、可以避免的浪费，尽管威尔逊的认识有种种局限，但他谴责这场战争却是正确的，他还正确地分析了造成这场战争的政治结构。现在看来，由冲突引发

600

的长达数十年的对抗和暴力循环终于结束了。从 19 世纪后期到 20 世纪后期，以一战为代表的大规模战争几乎肯定已成为过去。再过十年，当我们纪念一战百年时，它们将离我们更加遥远，就像 1914 年刚刚庆祝了拿破仑战争结束百年一样。[31]然而，自冷战结束以来，热战场面不仅没有减少，反而出现得更频繁，迫使这一代人重新思考在国际政治中使用武力是否具有合法性这一古老命题。如果不是有证据表明不采取行动可能会导致更大的灾难，采取绝对和平主义立场似乎是最容易的——在任何情况下采取武力都是不合理的。然而，任何战争决定都必须面对历史的审判，即战争是一种可怕的钝器，使用它的后果无法可靠地预测，而且可能会使情况变得更糟糕。所有军事行动，无论其动机多么正当，都存在内在的风险，即它们将违反"目的与手段相称"的原则，它们也将导致一场糟糕的战争与糟糕的和平。一战及其解决方案仍然是研究二者的典型案例，从研究中得出的见解具有普遍适用性，即使一战只是一个久远的警告，但这一警告仍然十分有力。对于我们来说，一战还回荡在威尔弗雷德·欧文悲恸的号角声中，或者回响于暮色中的梅宁门，忘却一战的疼痛还为时过早。

注　释

图书在版编目（CIP）数据

和平的毁灭：第一次世界大战及其遗产．下册 /
（英）戴维·史蒂文森（David Stevenson）著；罗永忠
译．-- 北京：中国人民大学出版社，2025.7. -- ISBN
978-7-300-33224-6

Ⅰ．K143

中国国家版本馆 CIP 数据核字第 20248PN964 号

和平的毁灭

第一次世界大战及其遗产（下册）

[英] 戴维·史蒂文森（David Stevenson）　著

罗永忠　译

Heping de Huimie

出版发行	中国人民大学出版社			
社　　址	北京中关村大街 31 号		**邮政编码**	100080
电　　话	010 - 62511242（总编室）		010 - 62511770（质管部）	
	010 - 82501766（邮购部）		010 - 62514148（门市部）	
	010 - 62511173（发行公司）		010 - 62515275（盗版举报）	
网　　址	http://www.crup.com.cn			
经　　销	新华书店			
印　　刷	北京瑞禾彩色印刷有限公司			
开　　本	890 mm×1240 mm　1/32		**版　　次**	2025 年 7 月第 1 版
印　　张	13 插页 4		**印　　次**	2025 年 7 月第 1 次印刷
字　　数	272 000		**定　　价**	188.00 元（上下册）